Politik und Wirtschaft

Qualifikationsphase (Q1/Q2)

bearbeitet von

Stephan Benzmann

Kersten Ringe

Martina Tschirner

Jan Weber

unter Beratung von

Sabrina Reinhardt

C.C.Buchner Verlag · Bamberg

Hessen

Kolleg Politik und Wirtschaft Hessen

Qualifikationsphase (Q1/Q2)

Bearbeitet von Stephan Benzmann, Kersten Ringe, Martina Tschirner, Jan Weber
unter Beratung von Sabrina Reinhardt

Zu diesem Lehrwerk sind erhältlich:
- Digitaler Lehrerassistent click & teach (BN 72034-1)

Weitere Materialien finden Sie unter www.ccbuchner.de

Dieser Titel ist auch als digitale Ausgabe unter www.ccbuchner.de erhältlich.

1. Auflage, 3. Druck 2019

Alle Drucke dieser Auflage sind, weil untereinander unverändert, nebeneinander benutzbar.

Dieses Werk folgt der reformierten Rechtschreibung und Zeichensetzung. Ausnahmen bilden Texte, bei denen künstlerische, philologische oder lizenzrechtliche Gründe einer Änderung entgegenstehen.

Die Mediencodes enthalten ausschließlich optionale Unterrichtsmaterialien. Auf verschiedenen Seiten dieses Buches finden sich Verweise (Links) auf Internetadressen. Haftungshinweis: Trotz sorgfältiger inhaltlicher Kontrolle wird die Haftung für die Inhalte externer Seiten ausgeschlossen.

Redaktion: Stephanie Gebhardt
Grafische Gestaltung: HOCHVIER GmbH & Co. KG, Bamberg
Umschlaggestaltung: tiff.any GmbH, Berlin
Druck und Bindung: creo Druck & Medienservice GmbH, Bamberg

www.ccbuchner.de

ISBN 978-3-661-72024-1

ZUR BENUTZUNG DER LEHR- UND ARBEITSBÜCHER

Unsere Oberstufenreihe **Kolleg Politik und Wirtschaft** geht in die nächste Generation. Ziel der Bände bleibt es, den Schülerinnen und Schülern Anregungen zur selbstständigen Arbeit zu geben und den Unterrichtenden Hilfen für einen methoden- und handlungsorientierten Unterricht anzubieten.

Zum Aufbau der Kapitel

Der Kapitelaufbau folgt dem Doppelseiten- bzw. Vier-Seiten-Prinzip. Dieser Aufbau erleichtert die Strukturierung der Unterrichtsstunden.

Einführung	Jedes Kapitel beginnt mit einem Problemaufriss, einer Lernstandserhebung und der Formulierung der im Kapitelverlauf zu erwerbenden Kompetenzen.
Basiskonzepte	Jedem Großkapitel werden entsprechende Basiskonzepte vorangestellt und diese durch Fachkategorien und Leitfragen konkretisiert.
Materialien	Die Materialienseiten sind multiperspektivisch angelegt und vertiefen zentrale Themenaspekte. Sie ermöglichen einen vielseitigen und kompetenzorientierten Unterricht. In Infokästen und in der Randspalte werden zentrale Begriffe und wichtige Zusatzinformationen knapp erklärt, um eine genaue fachwissenschaftliche Verwendung zu erleichtern. Die Darstellung aktueller Kontroversen fördert die Urteilskompetenz der Schüler. Materialien und Aufgaben für das erhöhte Anforderungsniveau werden gekennzeichnet ⭐ .
Aufgaben	Jede Themeneinheit schließt mit Aufgaben ab, die gezielt auf die Probleme und Zusammenhänge vorangegangener Lernsequenzen eingehen. Angebote in der Randspalte zum Helfen 🅗 und Fordern 🅕 unterstützen die Binnendifferenzierung des Unterrichts. Semesterübergreifende Aufgaben werden extra gekennzeichnet 🔲 .
Methoden	Methodenseiten nehmen für das jeweilige Thema zentrale Fachmethoden und Arbeitsweisen auf und stärken so die Methodenkompetenz.
Kompetenzen ausbilden	Zusätzlich können an konkreten Aufgabenstellungen die Kompetenzen „Analysieren", „Handeln" und „Urteilen" schrittweise erlernt werden.
Zusammenfassungen	Orientierungswissen am Ende der Unterkapitel sichert das erworbene Wissen und ermöglicht eine Wiederholung zentraler Inhalte.
Kompetenzen anwenden	Kompetenzseiten runden die Kapitel ab und wenden die am Kapitelbeginn formulierten Kompetenzen mit komplexen Aufgabenstellungen an.

Das **Register** dient dem Auffinden zentraler **Begriffe** und ermöglicht Querverbindungen innerhalb der einzelnen Themengebiete.
Aufgrund der besseren Lesbarkeit wird im Folgenden darauf verzichtet, immer beide Geschlechter anzusprechen („Bürgerinnen und Bürger"…), auch wenn selbstverständlich beide gemeint sind.

Über QR-Codes können in verschiedenen Kapiteln digitale Inhalte direkt angesteuert werden. Diese können außerdem über die Eingabe von Mediencodes im Suchfeld auf www.ccbuchner.de aufgerufen werden.
Beispiel: 72024-01

Alle Staatsgewalt geht
vom Volke aus. Sie wird
vom Volke in Wahlen
und Abstimmungen und
durch besondere Organe
der Gesetzgebung, der
vollziehenden Gewalt
und der Rechtsprechung
ausgeübt.

Artikel 20 (2), Grundgesetz
der Bundesrepublik Deutschland

Institution	Beteiligungsmöglichkeit
Europäisches Parlament	
Bundestag	Bundestagswahlen
	Landtagswahlen, Volksentscheide
Kommunalparlamente	
Bundesrat	
	Verfassungsklage
Massenmedien	
Bürgerinitiative	
Verbände (z. B. Gewerkschaften)	
Parteien	
	Petitionen
	Beteiligung an Demonstrationen und Protestveranstaltungen

Lebt die Demokratie vom Mitmachen?

Mehr als 82 Millionen Menschen in Deutschland können nur schwer alle politischen Entscheidungen selbst fällen. Die Bürgerinnen und Bürger müssen sich vertreten lassen, obwohl „alle Staatsgewalt vom Volk" ausgeht. Dazu wählen sie Vertreter (Abgeordnete) auf Zeit, die dann im „Namen des Volkes" entscheiden und handeln. Die Bundesrepublik Deutschland ist also eine repräsentative Demokratie.

Mit den Wahlen entscheiden die Bürgerinnen und Bürger über die Verteilung der politischen Macht und legitimieren diese. Gibt es außer der Wahl auch andere Möglichkeiten, sich politisch zu beteiligen und Einfluss auf politische Entscheidungen zu nehmen? Was heißt überhaupt politische Beteiligung?

KOMPETENZEN

Am Ende dieses Kapitels sollten Sie Folgendes wissen und können:

... die Begriffe Partizipation und Engagement unterscheiden.

... Beispiele für politische Beteiligung nennen.

... Beispiele für bürgerschaftliches Engagement nennen.

Aufgabe

Welche politischen Beteiligungsmöglichkeiten kennen Sie bereits? Vervollständigen Sie die Tabelle.

Mitmachen in der Demokratie

M 1 ● Sich einmischen – engagieren oder partizipieren?

a)

Eine Jungwählerin
gibt ihre Stimme ab.

b)

Die Polizei löst das Occupy-Camp
vor der EZB in Frankfurt auf.

c)

Eine Schülerin hält eine Rede
vor dem Jugendparlament.

d)

Mitglieder der
Greenpeace-Jugend bei
einer Aktion gegen den
Klimawandel.

e)

Unterschriftensammlung gegen Tierversuche

f)

Freiwillige Helfer zählen die Briefwahl-Stimmen vom
Referendum über „Stuttgart 21" aus, 27.11.2011.

g)

Werbeplakat für soziales Engagement

h)

„Guerilla-Gardening" in London

M 2 ● Wo sich Bürgerinnen und Bürger engagieren

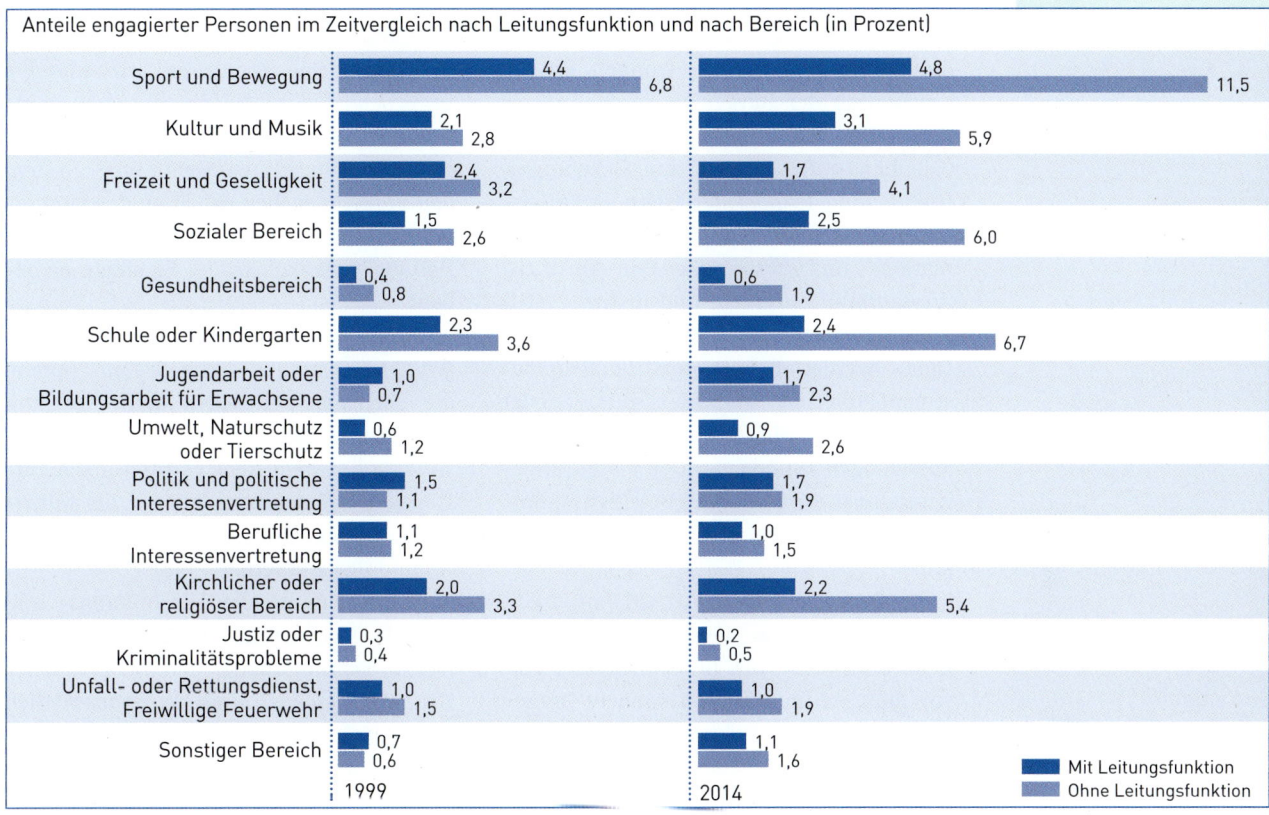

Anteile engagierter Personen im Zeitvergleich nach Leitungsfunktion und nach Bereich (in Prozent)

Bereich	1999 Mit Leitungsfunktion	1999 Ohne Leitungsfunktion	2014 Mit Leitungsfunktion	2014 Ohne Leitungsfunktion
Sport und Bewegung	4,4	6,8	4,8	11,5
Kultur und Musik	2,1	2,8	3,1	5,9
Freizeit und Geselligkeit	2,4	3,2	1,7	4,1
Sozialer Bereich	1,5	2,6	2,5	6,0
Gesundheitsbereich	0,4	0,8	0,6	1,9
Schule oder Kindergarten	2,3	3,6	2,4	6,7
Jugendarbeit oder Bildungsarbeit für Erwachsene	1,0	0,7	1,7	2,3
Umwelt, Naturschutz oder Tierschutz	0,6	1,2	0,9	2,6
Politik und politische Interessenvertretung	1,5	1,1	1,7	1,9
Berufliche Interessenvertretung	1,1	1,2	1,0	1,5
Kirchlicher oder religiöser Bereich	2,0	3,3	2,2	5,4
Justiz oder Kriminalitätsprobleme	0,3	0,4	0,2	0,5
Unfall- oder Rettungsdienst, Freiwillige Feuerwehr	1,0	1,5	1,0	1,9
Sonstiger Bereich	0,7	0,6	1,1	1,6

■ Mit Leitungsfunktion
■ Ohne Leitungsfunktion

Bundesministerium für Familie, Senioren, Frauen und Jugend, Deutsches Zentrum für Altersfragen, Freiwilliges Engagement in Deutschland. Der Deutsche Freiwilligensurvey 2014, Berlin 2016

M 3 ● Formen politischer Beteiligung

Dimension politischer Beteiligung	Formen politischer Beteiligung	Konkrete Akte politischer Beteiligung
Konventionell bzw. verfasst	– Staatsbürgerrolle	– sich an Wahlen beteiligen
	– parteienorientierte Partizipation	– in eine Partei eintreten, aktiv mitarbeiten
Unkonventionell bzw. unverfasst a) legal	– problemorientierte Partizipation	– Mitarbeit in einer Bürgerinitiative, Teilnahme an einer genehmigten Demonstration, Unterschriften sammeln, sich in Versammlungen beteiligen
b) illegal – gewaltlos	– ziviler Ungehorsam	– Teilnahme an einer verbotenen Demonstration, Beteiligung an wilden Streiks, Hausbesetzungen, Blockaden
– gewaltsam	– politische Gewalt	– Gewalt gegen Personen und Sachen

Beate Hoecker, Politische Partizipation: systematische Einführung, in: Dies. (Hg.), Politische Partizipation zwischen Konvention und Protest, Opladen 2006, S. 11

Partizipation

kommt aus dem Lateinischen und leitet sich ab von „pars" (Teil) und „capere" (Geben / Nehmen), also: „Teil-Habe"

Engagement

kommt aus dem Französischen, in der Grundbedeutung heißt es Verpflichtung oder Einsatz

M 4 ● Beteiligungsrechte im Grundgesetz

Das Grundgesetz verankert die rechtlichen und politischen Voraussetzungen für die Beteiligung der Bürger an der Politik als Bestandteil der Grundrechte in Art. 4 GG
5 (Glaubens-, Gewissens- und Bekenntnisfreiheit und Prinzip der freien Religionsausübung), in Art. 5 GG (Meinungs-, Informations- und Pressefreiheit), in Art. 8 GG (Versammlungsfreiheit) und in Art. 17 GG
10 (Petitionsrecht).
Damit werden Rechte und Chancen bestimmt, die die einzelnen Bürger oder Gruppen von Bürgern nutzen oder auch ausschlagen können. [...] Den institutionel-
15 len Rahmen für politische Beteiligung normiert das Grundgesetz in drei Bereichen: [...]
1. Die Formulierung in Art. 20 Abs. 2 GG, dass alle staatliche Gewalt vom Volke aus-
20 gehe und vom Volk in Wahlen und Abstimmungen und durch besondere Organe der Gesetzgebung, der vollziehenden Gewalt und der Rechtsprechung ausgeübt werde, bedeutet nach der übereinstimmen-
25 den Interpretation der Verfassungsrichter, dass neben den Wahlen auch andere Formen der Beteiligung an der Staatsgewalt

wie Volksinitiativen, Volksbegehren und Volksentscheide durch das Grundgesetz gedeckt sind. Einigkeit besteht auch darü- 30 ber, dass die Schöpfer des Grundgesetzes einem eindeutig repräsentativen System den Vorzug gegeben haben. In den Länderverfassungen, vor allem denen jüngeren Datums, sind plebiszitäre Elemente einge- 35 baut.
2. Die herausragende Rolle der Parteien in Art. 21 GG als politische Organisationen, die „bei der politischen Willensbildung mitwirken" und daher in ihrer Binnen- 40 struktur demokratischen Grundsätzen entsprechen müssen, etabliert sie als Mittler zwischen der Herrschaftsstruktur des Staates und den Bürgern.
3. Die Sicherung der Vereinigungs- und 45 Koalitionsfreiheit in Art. 9 GG stellt die freien Vereinigungen der Bürger unter Grundrechtsschutz und betont zusätzlich im Abs. 3 die besondere Bedeutung von Vereinigungen „zur Wahrung und Förde- 50 rung der Arbeits- und Wirtschaftsbedingungen".

Gert Joachim Glaeßner, Politik in Deutschland, 2., aktualisierte Auflage, Wiesbaden 2006, S. 499 f.

Info

Was ist Politik?

Nach dem **engen Politikbegriff** versteht man Politik als eine klar abgrenzbare „Arena", die sich aus der jeweiligen Organisation und Zusammensetzung des politischen Systems (v.a.: Regierung, Parlament, Parteiensystem, Verwaltung etc.) und der jeweiligen politischen Ordnung ergibt. Betrachtet man die Politik vom engen Politikbegriff ausgehend, dann interessieren die Abläufe, Akteurinnen und Akteure, die Ereignisse, Institutionen und Handlungsweisen, die sich innerhalb dieser Ordnung abspielen.

Der **weite Politikbegriff** versteht Politik vor allem als Prozess, der in allen gesellschaftlichen Bereichen abläuft. Wenn diese mit Machtverhältnissen zusammenhängen, haben alle gesellschaftlichen Verhältnisse eine politische Dimension. So zum Beispiel das Verhältnis von Mann und Frau. Legt man einen weiten Politikbegriff zugrunde, dann betrachtet man auch die gesellschaftlichen Bedingungen und Voraussetzungen für die „politische Arena".

Autorentext

M 5 ● Wie engagieren sich junge Menschen?

	Kommt in Frage	Bereits gemacht
Sich an Wahlen beteiligen	94	87
Beteiligung an einer Unterschriftensammlung	87	75
Teilnahme an einer genehmigten Demonstration	65	43
Sich in Versammlungen an öffentlichen Diskussionen beteiligen	53	34
Aus politischen, ethischen oder Umweltgründen Waren boykottieren oder kaufen	51	37
Sich an einer Online-Protestaktion beteiligen	50	25
Mitarbeit in einer Bürgerinitiative	39	5
In einer Partei aktiv mitarbeiten	22	4
Teilnahme an einer nicht genehmigten Demonstration	20	7

Für die genannten Bereitschaften erfolgte dann die Nachfrage: „Welche der genannten Möglichkeiten haben Sie schon einmal gemacht bzw. waren Sie schon einmal beteiligt?"

Wolfgang Gaiser, Martina Gille, Politische Partizipation junger Menschen, in: POLIS Heft 1/2012, S. 15

> „ Wenn Sie politisch in einer Sache, die Ihnen wichtig ist, Einfluss nehmen, Ihren Standpunkt zur Geltung bringen wollen: Welche der Möglichkeiten käme für Sie in Frage und welche nicht? "

Aufgaben

① a) Beschreiben Sie (arbeitsteilig) die jeweilige Situation, die auf den Fotos (M 1) dargestellt wird.

b) Setzen Sie die dargestellten Aktionen zur Statistik M 2 in Beziehung.

② a) Überprüfen Sie für die in M 1 dargestellten Handlungen, ob es sich um eine Form bürgerschaftlichen Engagements oder der politischen Partizipation (M 2 - M 4) handelt.

b) Entwickeln Sie auf dieser Grundlage eine Definition der Begriffe „bürgerschaftliches Engagement" und „politische Partizipation."

③ a) Charakterisieren Sie anhand von M 5 die Bereitschaft junger Menschen zum gesellschaftlichen und politischen Engagement.

b) Erläutern Sie – unter Berücksichtigung Ihrer eigenen Erfahrungen – Faktoren, die die Attraktivität von Beteiligungsformen beeinflussen.

④ Das Ausmaß politischer Beteiligung gilt allgemein als „Gradmesser für eine starke Demokratie". Diskutieren Sie diese Aussage und ihre Grundannahmen. Gehen Sie dabei zunächst von Ihrer Perspektive als junge Bürger (vgl. M 5) aus.

Ⓗ zu Aufgabe 2 b
Nutzen Sie politikwissenschaftliche Wörterbücher (z. B. auf der Internetseite *www.bpb.de*), um Ihre Definition weiter zu präzisieren.

Sich im Rahmen schulischer Partizipationsmöglichkeiten demokratisch einbringen und Möglichkeiten gezielter Interessenvertretung simulativ erproben (Handlungskompetenz I)

Aktiv in der Schülervertretung – gut für dich und andere

Wenn du dich in der Schülervertretung (SV) engagierst, hilfst du dabei, dass Schülerinnen und Schüler sich einmischen und ihre schulische Umgebung selbst gestalten. Du schaust nicht einfach weg und „erleidest" deine Schulzeit, sondern du nimmst dir die derzeitige Schule vor und versuchst, sie für dich und deine Mitschülerinnen und Mitschüler besser zu machen. Und da ist noch einiges zu tun. Nutze die bestehenden Möglichkeiten voll aus und fordere mehr Mitbestimmung für uns alle.

Aber auch du als Person erlernst neue Fähigkeiten und Wissen, das du im Leben besser gebrauchen kannst als vieles, was du sonst so in der Schule lernst: Teamarbeit, Planung und Organisation, Reden halten, diplomatisches Geschick, wie was entschieden wird und wie du darauf Einfluss nehmen kannst. Außerdem lernst du viele interessante Menschen kennen, kannst an tollen Veranstaltungen teilnehmen und hast jede Menge Spaß. [...]

Aktiv sein als gewählte Schülervertreterin oder gewählter Schülervertreter, Schulsprecherin und Stellvertreter

Du hältst die SV zusammen und hast alles im Blick. Du leitest die Schülerräte und Vorstandssitzungen, du bist erste Ansprechperson für die Lehrer/innen, Eltern und die Schulleitung. Du nimmst an den Gesamtkonferenzen teil und hältst so zu den Schülerinnen und Schülern deiner Schule Kontakt. Du kannst die Kreis- und Stadtschülerräte besuchen. [...]

Beisitzerin oder Beisitzer im SV-Vorstand

Du arbeitest im SV-Vorstand mit und kannst bei Vorstandsentscheidungen mit abstimmen. Du startest eigene Projekte und beteiligst dich an den SV-Aktionen. Du kannst die Gesamtkonferenz besuchen. [...]

Als Delegierte oder Delegierter zu einer Fachkonferenz

Du besuchst stellvertretend für die Schülerinnen und Schüler die Fachkonferenzen, an denen alle Lehrerinnen und Lehrer eines Fachs teilnehmen. Du diskutierst, wie die Lehrpläne umgesetzt und welche Schulbücher gekauft werden. Abstimmen darfst du leider nicht. Du hast aber das Recht, Vorschläge zu machen und auf den Sitzungen im Namen der Schülerinnen und Schülern zu sprechen. [...]

Als Delegierte oder Delegierter in die Schulkonferenz

In der Schulkonferenz kommen alle Gruppen zusammen – die Vertretung der Schülerinnen und Schüler, die Eltern, die Lehrkräfte und die Schulleitung. Du besuchst die Sitzungen der Schulkonferenz für die SV und stimmst über Änderungen der Schulordnung und andere wichtige Angelegenheiten ab. Du trägst die Ideen und Themen vom Schülerrat in die Schulkonferenz und umgekehrt. Dafür kannst du selbst Anträge stellen und dafür sorgen, dass Themen schulweit diskutiert werden. Du informierst die Schülerinnen und Schüler über die aktuellen Vorgänge in der Schule. [...]

Als Delegierte in den Kreis- und Stadtschülerrat

Im Kreis- und Stadtschülerrat (KSR / SSR) kommen Vertreterinnen und Vertreter aller Schulen zusammen. Du vertrittst deine Schule und berichtest, was eure SV gerade macht. Du erzählst von den KSR- bzw. SSR-Sitzungen im Schülerrat und kannst für ihn wiederum Anträge im KSR oder SSR stellen. Du wählst den Kreis- oder Stadt-Vorstand und die Delegierten für den Landesschülerrat.

Landesschülervertretung Hessen, Das Buch. Für Schülervertreter und Schülervertreterinnen. 3. Aufl. 2014, S. 167 f.

Die Landesschülervertretung Hessen (LSV)

Die LSV vertritt die ca. 800.000 Schülerinnen und Schüler in Hessen. Dem Landesschülerrat gehören je ein Delegierter und Stellvertreter aus den 31 Kreisen und Städten sowie beratend die Kreis- und Stadtschulsprecher an. Er ist das oberste beschlussfassende Gremium der hessischen Schülervertretung und entscheidet über bildungspolitische Belange der hessischen Schülerschaft. Die LSV verfügt über ein Budget von 89.5000 Euro, das aus dem Landeshaushalt zur Verfügung gestellt wird.

Autorentext

Keine Stellenstreichung an Oberstufen – Petition an die hessische Landeregierung

Im Jahr 2015 entschied das hessische Kultusministerium zum Beginn des Schuljahres 2016/17 die Lehrerstellen an den hessischen Oberstufen zu kürzen, um mit den freiwerdenden Stellen die den Ganztag an den Grundschulen und die Inklusion an hessischen Schulen auszubauen. Nach massiven Protesten seitens der LSV, der hessischen Eltern- und Lehrerverbände wurde diese Kürzung wieder rückgängig gemacht. Die LSV hatte eine Petition an die hessische Landesregierung gerichtet, die mehr als 30.000 Unterstützer fand. Sie nutzte dazu die Plattform www.openpetition.de. Art. 16 der Hessischen Landesverfassung sieht vor, dass sich jeder Bürger mit einer Eingabe, Bitte oder Beschwerde an den Landtag wenden kann. Die Kanzlei des Landtages fordert dann die Landesregierung zur Stellungnahme auf. Der Petitionsausschuss des Landtags (PTA) diese Petitionen. und ein Beschlussvorschlag für den Landtag gefasst. Das Plenum des Landtages entscheidet nun über den Vorschlag des Petitionsausschusses. Die Stellenstreichungen hat das Kultusministerium allerdings von sich aus zurückgenommen.

Autorentext

Weitere Beispiele für Aktivitäten der LSV 2016

„Du brauchst keine Hausaufgaben! Hausaufgabe abschaffen – sofort!" – Petition an die hessische Landesregierung

„Ausbildungsgarantie für alle Jugendlichen in Deutschland"

„Einführung eines Schülertickets in Hessen"

„Landesschülervertretung schockiert über Abschiebung an Wetterauer Schule"

Aufgaben

1 Wie können Sie sich in die Bildungspolitik einbringen? Sammeln Sie Vorschläge, wo Sie Änderungsbedarf in der Bildungspolitik sehen.

2 Zeigen Sie auf, wie diese Vorschläge ihren Weg in die Öffentlichkeit und in die Landespolitik finden können.

KOMPETENZEN AUSBILDEN

Im Frühjahr 2014 tauchte im britischen Badeort Cheltenham dieses Graffito auf, das von dem berühmten Streetart-Künstler Banksy stammen könnte, weil es seinem Stil entspricht. In Cheltenham hat der britische Geheimdienst seinen Hauptsitz.

Verfassung und Verfassungswirklichkeit: Rechtsstaatlichkeit und Verfassungskonflikte

1

Das Grundgesetz, die Verfassung der Bundesrepublik Deutschland, bildet seit fast sieben Jahrzehnten die Grundlage für eine stabile Demokratie und einen funktionierenden Rechtsstaat. Insbesondere die Verankerung und die Stellung der Grundrechte, die die Freiräume der Bürgerinnen und Bürger gegenüber dem Staat sichern, haben sich mittlerweile als „Exportschlager" erwiesen und wurden von vielen Ländern, die ähnlich wie Deutschland eine schlimme Diktatur hinter sich haben, zur Grundlage für die neue Verfassung. Aber auch die Werteordnung des Grundgesetzes hat Vorbildcharakter: So wurde seine zentrale Norm, die Unantastbarkeit der Menschenwürde, wörtlich in die europäische Grundrechtecharta übernommen.

Sie werden sich im ersten Teil dieses Kapitels (1.1) am Beispiel der Frage, wie der Staat die Freiheit und Sicherheit seiner Bürgerinnen und Bürger achtet und schützt, mit dieser Zentralnorm und der Bedeutung der Grundrechte beschäftigen. Dabei werden Sie erkennen, in welchem Spannungsverhältnis diese beiden Werte zueinander stehen. Bei Ihrer Beschäftigung mit den Grundrechten werden Sie sich auch mit den Grundlagen des sozialen Rechtsstaates auseinandersetzen.

Im zweiten Teil des Kapitels (1.2) lernen Sie die zentralen Akteure im politischen Entscheidungsprozess kennen. Hierbei werden Sie erkennen, inwiefern die deutsche Politik mit der europäischen verwoben ist.

KOMPETENZEN

Am Ende dieses Kapitels sollten Sie Folgendes wissen und können:

... die Menschenwürde, das Demokratieprinzip, die Staatsstrukturprinzipien (insbesondere den sozialen Rechtsstaat) und die Ewigkeitsgarantie als Wesensmerkmale des Grundgesetzes charakterisieren.

... die verfassungsrechtliche Stellung und Aufgaben des Bundeskanzlers und der Bundesregierung, des Bundestages, des Bundesrates sowie des Bundesverfassungsgerichtes erklären.

... das Prinzip der Gewaltenteilung erklären und überprüfen, inwiefern das politische System der Bundesrepublik diesem entspricht.

Was wissen und können Sie schon?

1. Beschreiben Sie das Bild.
2. Charakterisieren Sie, welches Verhältnis zwischen Bürger und Staat Ihrer Meinung nach hier zum Ausdruck gebracht wird.
3. Diskutieren Sie, ob Sie Graffitis als eine Form öffentlicher Meinungsäußerung für angemessen halten.

1.1 Grundrechte und Rechtsstaat

Basiskonzept	Kategorie	Leitfragen
System und Struktur	politische Herrschaft und Ordnung Institutionen Recht / Normen	· Was ist Menschenwürde und was bedeutet sie als Wert für die politische Ordnung? · Auf welchen politischen Ideen basiert das Grundgesetz? · Auf welchen Staatsstrukturprinzipien beruht die politische Ordnung der Bundesrepublik?
Akteure und deren Dispositionen	Wertebezug Grundorientierungen	· Schließen Freiheit und Sicherheit der Bürgerinnen und Bürger einander aus?
Wandel	Gewordenheit Transformation	· Wurde das Grundgesetz für die Ewigkeit verfasst oder unterliegt es einem Wandel?

1.1.1 Der gläserne Bürger: Im Zweifel für die Sicherheit?

Das Grundgesetz auf dem Smartphone:

Mediencode: 72024-01

M 1 ● Darf der Staat alles über seine Bürgerinnen und Bürger wissen?

Körperscanner oder auch Nacktscanner werden an einigen deutschen und ausländischen Flughäfen zum Test eingesetzt, um Sprengstoff oder Waffen, die eng am Körper getragen werden, sichtbar zu machen. Sie sollen den Luftverkehr sicherer machen und Terroranschläge wie am 11. September 2001 verhindern. An den deutschen Flughäfen können die Fluggäste noch wählen, ob sie gescannt oder wie bislang abgetastet werden möchten. Die Körperscanner sind umstritten, weil gesundheitliche Schäden durch die Strahlenbelastung befürchtet werden. Kritiker sehen im Scannen einen massiven Eingriff in die Intimsphäre und die Persönlichkeitsrechte der Fluggäste, weil dadurch auch Prothesen, Implantate und anderes sichtbar gemacht würden.

Menschenrechte gelten weltweit für alle Menschen

Grundrechte ist die Bezeichnung der Menschenrechte im Grundgesetz, die für alle Menschen gelten, die in Deutschland leben. Dazu zählen u.a. das Recht auf Gleichheit vor dem Gesetz, Glaubens- und Gewissensfreiheit, das Recht auf freie Meinungsäußerung, Das Post- und Briefgeheimnis, das Recht auf Asyl, die Gewährleistung des Eigentums.

M 2 ● Die Menschenwürde als oberster Verfassungswert

Die Würde des Menschen ist in unserer Rechts- und Wertordnung oberster Verfassungsgrundsatz, an dem sich alles staatliche Handeln zu orientieren hat. Folglich
5 hat der Mensch im Mittelpunkt staatlichen Geschehens zu stehen. Der Grundsatz lautet: Der Staat ist für den Menschen da, und nicht umgekehrt.

Träger der Menschenwürde ist jeder Mensch von der Geburt bis zum Tode, wo-
10 bei es unerheblich ist, ob sich der Einzelne seiner Würde bewusst ist oder dieses Be-

wusstsein nicht hat (etwa der Geisteskranke).

15 Die Würde kommt dem Menschen deshalb zu, weil er als einziges Wesen die Fähigkeit besitzt, sich in Freiheit zu entscheiden und sich selbst zu bestimmen.

Die Menschenwürde ist Ursprung und 20 Quelle aller weiteren Freiheits-, Gleichheits- und Unverletzlichkeitsrechte. Demnach sind es Ansprüche und Berechtigungen, die die Einmaligkeit des Mensch-Seins kennzeichnen und die Würde des Men- 25 schen verkörpern.

Aus der absoluten Verpflichtung der gesamten Staatsgewalt, die Würde des Menschen zu achten und zu schützen, folgt, dass jeder Träger staatlicher Gewalt bei der 30 Begegnung mit dem Einzelnen dessen Würde nicht antasten oder gar verletzen darf (achten) und dass er (z.B. der Polizeibeamte) gleichermaßen abwehrend eingreifen muss, wenn die Würde des Men- 35 schen von dritter Seite verletzt zu werden droht bzw. verletzt wird. [...]

Wann ist die Menschenwürde verletzt?
Die Würde des Menschen ist allgemein immer dann verletzt, wenn
40 · er zum reinen Objekt staatlicher Maßnahmen gemacht,
· die innere Freiheit des Menschen angetastet oder
· seine Personenwertgleichheit geleugnet
45 wird.

Die Rechtsprechung hat z.B. in folgenden Fällen auf eine Verletzung der Menschenwürde erkannt:

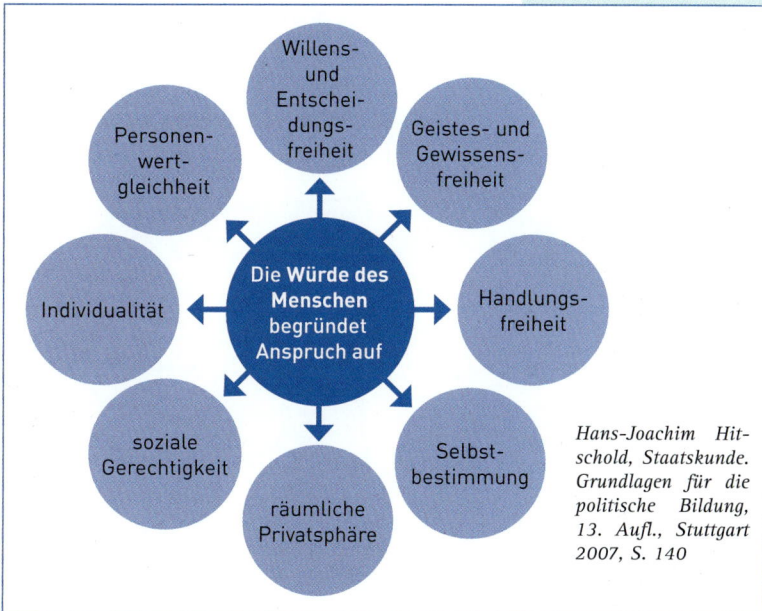

Hans-Joachim Hitschold, Staatskunde. Grundlagen für die politische Bildung, 13. Aufl., Stuttgart 2007, S. 140

· Vorgänge, die den Menschen auf die Ebene des Tieres erniedrigen, wie Massenaustreibung, Ausrottung rassischer oder reli- 50 giöser Gruppen durch Tötung, Geburtenverhinderung oder Kindesverschleppung (BVerfGE 1, 104).
· Beeinträchtigung der Willens- und Entschließungsfreiheit durch Misshandlung, 55 um ein Zwangsgeständnis herbeizuführen.
· Verletzung der Privatsphäre (Geheimnisbruch) wie unberechtigte Ton- und Bild- 60 aufnahmen, widerrechtliches Abhören von Telefongesprächen oder das öffentliche Verlesen persönlicher Briefe.

Hans-Joachim Hitschold, Staatskunde. Grundlagen für die politische Bildung, 13. Aufl., Stuttgart 2007, S. 139 ff.

Bürgerrechte

Rechte für Menschen, die die deutsche Staatsangehörigkeit besitzen, zum Beispiel das Wahlrecht oder das Recht auf Zugang zu öffentlichen Ämtern in Behörden oder Gerichten.

WissensWerte. Menschenrechte

Mediencode: 72024-02

Ⓗ zu Aufgabe 3
Ziehen Sie hierzu Art. 1,1 GG heran, der die Achtung und den Schutz des Menschen als Person vor dem Staat und der Gemeinschaft sicherstellt. Hilfreich können auch die Kriterien sein, die der Verfassungsrechtler Hitschold (M 2) entwickelt.

Aufgaben

1. Entscheiden Sie sich spontan, ob Sie sich vor Ihrem nächsten Urlaubsflug in einen Körperscanner stellen würden. Begründen Sie Ihre Entscheidung. (M 1)
2. Erarbeiten Sie aus M 2, wie der ehemalige Richter am Bundesverfassungsgericht Hitschold die Menschenwürde als obersten Verfassungswert begründet.
3. Beurteilen Sie, ob die Menschenwürde durch den Einsatz von Körperscannern verletzt werden könnte.

1.1.2 Freiheit oder Sicherheit – ein Dilemma?

M 3 ● **Ein Spannungsverhältnis?**

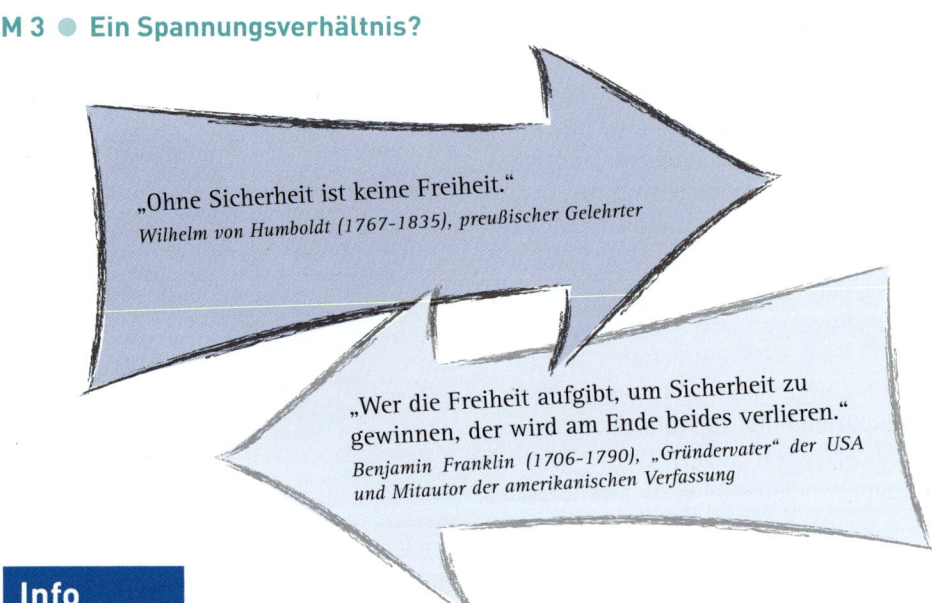

„Ohne Sicherheit ist keine Freiheit."
Wilhelm von Humboldt (1767-1835), preußischer Gelehrter

„Wer die Freiheit aufgibt, um Sicherheit zu gewinnen, der wird am Ende beides verlieren."
Benjamin Franklin (1706-1790), „Gründervater" der USA und Mitautor der amerikanischen Verfassung

---

Info

Freiheitsrechte im Grundgesetz

(1) Jeder hat das Recht auf die freie Entfaltung seiner Persönlichkeit, soweit er nicht die Rechte anderer verletzt und nicht gegen die verfassungsmäßige Ordnung oder das Sittengesetz verstößt.

(2) Jeder hat das Recht auf Leben und körperliche Unversehrtheit. Die Freiheit der Person ist unverletzlich. In diese Rechte darf nur auf Grund eines Gesetzes eingegriffen werden. (Art. 2 GG)

Weitere grundgesetzlich garantierte Freiheitsrechte sind beispielsweise: Gewissensfreiheit, Religionsfreiheit, Meinungsfreiheit, Versammlungsfreiheit, Vereinigungsfreiheit, Brief-, Post- und Fernmeldegeheimnis, Unverletzlichkeit der Wohnung

---

M 4 ● **Was versteht das Grundgesetz unter Freiheit?**

Das Grundgesetz spricht von zwei Freiheiten: der Freiheit Deutschlands und der Freiheit der in Deutschland Lebenden. Die Freiheit Deutschlands […] ist die Grundlage
5 für die Freiheit der in Deutschland Lebenden, der Deutschen und der Nichtdeutschen.

Die Freiheit der Menschen
Im Dienste dieser Freiheit steht das Grund-
10 gesetz. Es hat eine „freiheitliche demokratische Grundordnung" errichtet, […]

Die Vielfalt der Freiheiten
Kern dieser Grundordnung sind die Menschen- oder Grundrechte, im Wesentlichen niedergeschrieben in den Art. 1-19 GG, 15 aber auch sonst über die Verfassung verstreut. Sie nennen einzelne Lebens- oder Rechtsbereiche, in denen wir „frei", das heißt vor staatlicher Einmischung sicher sein sollen. Beispiele: Religion, Gewissen, 20 Weltanschauung, Meinungen, Presse und Rundfunk, Kunst und Wissenschaft, Familie, Schule, Versammlungen, Vereinigungen, Telekommunikation, Freizügigkeit,

---

Gesetze zur inneren Sicherheit seit dem 11. 9. 2001

New York, Madrid, London, Boston, Paris, Brüssel, Istanbul – die Liste der Städte, in denen seit dem 11. September 2001 terroristische Anschläge verübt wurden, wird immer länger. In Deutschland führte dies zu immer mehr Gesetzen, die die Sicherheit der Bürgerinnen und Bürger gewährleisten sollen:

2001
• Telefonüberwachung bereits nach Anfangsverdacht
• Sky Marshalls (Bundespolizei) in Flugzeugen möglich
• Rasterfahndung (2006 vom BVerfG mit hohen Hürden versehen)

2002
• Einreiseverbote Verdächtiger möglich ohne konkrete Straftat

2004
• US-Behörden erhalten Zugang zu Fluggastdaten

2005
• Luftsicherheitsgesetz (Abschuss entführter Passagierflugzeuge) (vom BVerfG aufgehoben)

2006
• Einrichtung einer „Anti-Terror-Datei" zwischen 38 Behörden

2007
• Gesetz zur Vorratsdatenspeicherung

25 Arbeit und Beruf, Wohnung, Eigentum und Erbrecht, Wahlen zum Bundestag. Was nicht von diesen Freiheiten erfasst wird, wird in Gestalt der „freien Entfaltung der Persönlichkeit" garantiert. [...]

30 In allem, was wir tun und lassen, sind wir, so sagen die Grundrechte, zunächst einmal und grundsätzlich frei. Unsere Freiheit ist die Regel, die keiner besonderen Rechtfertigung bedarf, weil sie als Regel vom 35 Grundgesetz garantiert ist. Besonderer Rechtfertigung - durch eine Ermächtigung im Grundgesetz - bedarf umgekehrt der Staat, wenn er diese Freiheit beschränken will.

40 Diese Ermächtigungen spricht das Grundgesetz [...] in großem Umfange aus. Das ist verständlich und notwendig: Die Freiheiten so vieler Einzelner auf so engem Raum unter so beschränkten Lebensumständen 45 müssen sich miteinander vertragen, das heißt vor allem aufeinander und auf das Ganze Rücksicht nehmen. [...]

Freiheit und Gleichheit

Die in den Grundrechten beschriebenen 50 Freiheiten kommen allen Menschen, gelegentlich - so zum Beispiel die Berufs-, die Versammlungs-, die Vereinigungsfreiheit - nur den deutschen Menschen zu. Darin liegt eine von der Verfassung gewollte - und nicht von allen geliebte - Ungleichheit 55 der Menschen, die auch vom Gleichheitssatz nicht beseitigt wird. [...]

Wenig bewirkt das Grundgesetz, wenn es darum geht, von der Freiheit überhaupt Gebrauch machen zu können. [...] Die Berufsfreiheit ist für den Arbeitslosen eine 60 vage Verheißung, der Schutz der Wohnung wenig interessant für den Obdachlosen. [...]

Der Grund der Freiheit

Als Grund und Ziel unserer Freiheiten und 65 der staatlichen Verpflichtung auf sie nennt das Grundgesetz die Menschenwürde (Art. 1 I, II GG), nichts anderes (wie zum Beispiel Reichtum) und nichts Höheres (wie zum Beispiel Gott). Jedem Menschen - und nur 70 ihm - kommt eine Würde zu, die sich - wie das Grundgesetz aus der Vergangenheit gelernt hat - ohne Freiheit nicht verwirklichen oder erhalten lässt.

Christian Pestalozza, www.fluter.de, 1.7.2005

Christian Pestalozza ist Professor für Staats- und Verwaltungsrecht an der Freien Universität Berlin.

2008
- biometrische Daten in Personalausweisen
- anlasslose Vorratsdatenspeicherung (2010 vom BVerfG aufgehoben)
- Online-Durchsuchungen („Bundestrojaner") (durch BVerfG mit hohen Hürden versehen, als neues „Grundrecht auf Gewährleistung der Vertraulichkeit und Integrität informationstechnischer Systeme")

2010
- BVerfG erklärt das Gesetz zur Vorratsdatenspeicherung in Teilen für verfassungswidrig

2011
- Verlängerung der Anti-Terror-Gesetze von 2001 um weitere vier Jahre

2015
- neues Gesetz zur Vorratsdatenspeicherung

Frühjahr 2016
- CDU/CSU und SPD beschließen im Koalitionsausschuss weitere Maßnahmen zur Terrorismusbekämpfung, so sollen Prepaid-Handykarten künftig nur noch gegen Vorlage eines Personalausweises verkauft werden dürfen.

Aufgaben

1 Arbeiten Sie das in den Zitaten deutlich werdende Verhältnis von Freiheit und Sicherheit heraus und setzen Sie dieses in Bezug zur Diskussion um die Einführung der Körperscanner. (M 3)

2 Recherchieren Sie (arbeitsteilig) ausgewählte Maßnahmen und Gesetze zur inneren Sicherheit, die nach 2001 in der Bundesrepublik durchgeführt bzw. erlassen wurden und präsentieren Sie diese in Form eines Posters.

3 Erarbeiten Sie aus dem Text von Pestalozzi das Freiheitsverständnis des Grundgesetzes. (M 4)

4 Erklären Sie am Beispiel der Straßenverkehrsordnung, weshalb das Freiheitsverständnis des Grundgesetzes es durchaus erlaubt, die Freiheit des Einzelnen einzuschränken. (M 4)

5 Erklären Sie davon ausgehend an einem selbstgewählten Beispiel das Spannungs- und Bedingungsverhältnis der Grundwerte Freiheit und Sicherheit.

H zu Aufgabe 3
Gliedern Sie den Text zunächst in Sinnabschnitte und versehen ihn mit Zwischenüberschriften.

1.1.3 Für die Ewigkeit gemacht? – Der unveränderliche Verfassungskern

Recep Tayyip Erdoğan ist seit 2014 Präsident der Republik Türkei. Auf seine Initiative wurde eine Verfassungsänderung eingeleitet, wonach die Machtbefugnisse des Präsidenten deutlich ausgeweitet eingeführt und ein Regieren per Erlass ermöglicht werden sollte (Präsidialsystem). Nachdem das Parlament der Verfassungsänderung zugestimmt hatte, wurde im April 2017 darüber eine Volksabstimmung durchgeführt.

M 5 ● Per Volksabstimmung zur Verfassungsreform

Abstimmung über Präsidialsystem in Türkei
Focus Online, 22.02.2017

TÜRKEI: SO VIEL MACHT BEKOMMT ERDOGAN NACH DER VOLKSABSTIMMUNG
Westdeutsche Allgemeine Zeitung 09.03.2017

Präsidialsystem in der Türkei
Noch mehr Macht für Erdogan

Mit den Wahlen in der Türkei ist die Einführung des von Erdogan angestrebten Präsidialsystems abgeschlossen. Der Präsident wird nun zugleich Staats- und Regierungschef, das Parlament verliert Befugnisse.

aar/dpa/AFP, www.spiegel.de, 25.6.2018

Art. 79 GG

(1) Das Grundgesetz kann nur durch ein Gesetz geändert werden, das den Wortlaut des Grundgesetzes ausdrücklich ändert oder ergänzt. [...]
(2) Ein solches Gesetz bedarf der Zustimmung von zwei Dritteln der Mitglieder des Bundestages und zwei Dritteln der Stimmen des Bundesrates.
(3) Eine Änderung dieses Grundgesetzes, durch welche die Gliederung des Bundes in Länder, die grundsätzliche Mitwirkung der Länder bei der Gesetzgebung oder die in den Artikeln 1 und 20 niedergelegten Grundsätze berührt werden, ist unzulässig.

M 6 ● Die Grundsätze der Verfassung

(1) Die Bundesrepublik Deutschland ist ein demokratischer und sozialer Bundesstaat.

(2) Alle Staatsgewalt geht vom Volke aus. Sie wird vom Volke in Wahlen und Abstimmungen und durch besondere Organe der Gesetzgebung, der vollziehenden Gewalt und der Rechtsprechung ausgeübt.

(3) Die Gesetzgebung ist an die verfassungsmäßige Ordnung, die vollziehende Gewalt und die Rechtsprechung sind an Gesetz und Recht gebunden.

M 7 ● Welche Staatsprinzipien kennt das Grundgesetz?

Das **Demokratieprinzip** besagt, dass alle Gewalt vom Volk ausgeht, dieses also der Souverän ist. In der repräsentativen Demokratie der Bundesrepublik werden die Interessen der Bürgerinnen und Bürger durch die gewählten Vertreter in den Parlamenten wahrgenommen, die nach dem Mehrheitsprinzip entscheiden.

Dem **Sozialstaatsprinzip** sind im Grundgesetz nur wenige Worte gewidmet, durch die Erwähnung in Artikel 20 GG aber kommt ihm Verfassungsrang zu. Zusammen mit Artikel 1 GG, der die Würde des Menschen als unantastbar garantiert und deren Schutz zu einer Verpflichtung der staatlichen Gewalt erklärt, lassen sich für den Sozialstaat bestimmte Prinzipien ableiten. So geht man allgemein davon aus, dass sich daraus die Garantie eines bestimmten Existenzminimums ableiten lässt und das bestimmte Gruppen des besonderen Schutzes bedürfen. Diese Verpflichtung führt zusammen mit Artikel 3 GG, welcher das Diskriminierungsverbot enthält, auch dazu, dass der Staat für eine Angleichung der Lebenschancen aller Bürger Sorge zu tragen hat. Das Ziel der Sozialpolitik ist die Schaffung von sozialer Gerechtigkeit.

www.bpb.de, 2.11.2009

Das Strukturprinzip der **Rechtsstaatlichkeit** bedeutet, dass die Gesetzgebung an die Verfassung gebunden ist und Gesetze nicht willkürlich verabschiedet werden dürfen. Auch die Politik ist an das Recht gebunden und steht nicht über ihm. [...] Auch die vollziehende Gewalt, die Verwaltung und die Rechtsprechung sind an das geltende Recht gebunden. Dieses schützt die Bürger vor Willkürakten und garantiert zugleich auch die Gleichheit eines jeden Bürgers vor dem Gesetz. In einem Rechtsstaat wachen unabhängige Richter über die Einhaltung der Gesetze. Der Rechtsweg zu ihnen steht jedem Bürger offen.

Die deutschen Länder blicken auf eine lange Geschichte der Unabhängigkeit zurück. [...] Darauf aufbauend haben sich die Mütter und Väter des Grundgesetzes für eine **bundesstaatliche Republik** entschieden. In dieser stehen den Bundesländern, die aus diesen alten Territorien hervorgegangen sind, viele Befugnisse im föderalen System zu. [...] Das Grundgesetz regelt die Aufgabenverteilung zwischen Bund und Ländern sehr genau. Eine Vielzahl von Gesetzen, die der Bundestag verabschiedet, bedarf der Zustimmung durch die Vertretung der Länder, des Bundesrates. Sie sind also in entscheidender Weise an der Gesetzgebung beteiligt. Zudem sind ihnen viele Aufgaben der öffentlichen Verwaltung zugeordnet.

Was genau sind Staatsprinzipien?

Staatsprinzipien sind diejenigen grundlegenden Verfassungsnormen, die den Geist und den Charakter der Verfassung und somit auch des Staates, dessen Ordnung auf ihr beruht, erkennen lassen, besonders hinsichtlich Staatsform, Herrschaftsform und Rechtsstaatlichkeit sowie ihrer territorialen Gliederung.

Nach: Duden Recht A-Z. Fachlexikon für Studium, Ausbildung und Beruf, 2. Aufl. Mannheim, Bibliographisches Institut & F.A. Brockhaus 2010. Lizenzausgabe Bonn, Bundeszentrale für politische Bildung

Rechtsweg

Als Rechtsweg wird der Zugang der Bürgerinnen und Bürger zur Gerichtsbarkeit bezeichnet.

M 8 ● Ist die Zukunft des Grundgesetzes offen?

Das Grundgesetz treibt die Selbstverewigung des Art. 79 Abs. 3 GG nicht auf die Spitze, sondern kennt nach wie vor eine Alternative zu sich selbst und lässt den
5 Weg zu einer neuen Verfassung offen. Das ist [...] kluge Selbstbeschneidung. Das Grundgesetz zeigt so eine wohltuende Offenheit für die Zukunft - sowohl für Herausforderungen, die wir heute vielleicht noch gar nicht antizipieren können, als
10 auch für solche, die über kurz oder lang

durchaus anstehen mögen, etwa die Fortentwicklung der Europäischen Union zu einem echten Bundesstaat, was die Bundesrepublik Deutschland wie die anderen 15 Staaten der EU zu bloßen Untergliederungen eines höheren politischen Gemeinwesens herunterstufen und so ihre Identität in maßgeblicher Weise verändern würde.
Klug ist es umgekehrt aber auch, dass das 20 Grundgesetz die Verabschiedung einer neuen Verfassung nicht zur Pflicht macht,

Art. 149 GG

Dieses Grundgesetz, das nach Vollendung der Einheit und Freiheit Deutschlands für das gesamte deutsche Volk gilt, verliert seine Gültigkeit an dem Tage, an dem eine Verfassung in Kraft tritt, die von dem deutschen Volke in freier Entscheidung beschlossen worden ist.

also keinen (womöglich befristeten) Auftrag zur Verfassungsgebung erteilt. Wir
25 können somit alles so lassen, wie es ist, und uns auf Fortentwicklungen durch inkrementale (schrittweise) Änderungen des Grundgesetzes beschränken. Aber eben dieses Grundgesetz eröffnet weiterhin die
30 Möglichkeit, auf nichtrevolutionärem Wege eine neue Verfassung „in freier Selbstbestimmung" zu schaffen, wenn die Bürgerinnen und Bürger dieses Landes das wollen. Dieses Recht der Verfassungsge-
35 bung steht einem freien Volk gut an - und es steht ihm zu.

Auch die Neufassung des Art. 146 GG im Zuge der Wiedervereinigung hat nichts an der prinzipiellen Option einer neuen, das
40 Grundgesetz ablösenden Verfassung geändert. [...] Schließlich [...] bringt Art. 146 GG in seiner neuen ebenso wenig wie in seiner alten Fassung [...] die seit der Französischen Revolution [...] gängige Selbstver-
45 ständlichkeit zum Ausdruck, dass sich ein Volk kraft seiner verfassunggebenden Gewalt stets seiner bisherigen normativen Fesseln entledigen und auf revolutionärem

Wege zu einer neuen Grundgestalt seiner politischen Existenz schreiten könnte. Art.
50 146 GG [...] baut eine [...] Brücke von der alten zur neuen Ordnung und zeigt, dass eine Verfassung durchaus die Voraussetzungen ihrer eigenen Ablösung regeln kann. [...] Die neue Verfassung wird nicht
55 in den Bereich konstitutioneller Illegalität abgedrängt, sondern von der alten, dem Grundgesetz, ausdrücklich zugelassen.
[Dies] bedeutet, dass es bei Ausbleiben fundamentaler Verfassungskrisen, grund-
60 stürzender Umbruchsituationen oder gravierender Wandlungsprozesse kaum zu einer erfolgreichen Aktivierung des Art. 146 GG kommen wird. Aber genau für solche (hier und heute vielleicht als unwahr-
65 scheinlich anzusehenden) Fälle kann der Schlussartikel des Grundgesetzes einen nichtrevolutionären, friedlich-evolutionären Übergang in eine neue Verfassungsordnung bahnen und so dem Rechtsgedan-
70 ken dienen.

Horst Dreier, Das Grundgesetz – eine Verfassung auf Abruf? In: Aus Politik und Zeitgeschichte, 18-19/2009, S. 26

M 9 ● Wie Umwelt- und Tierschutz ins Grundgesetz kamen

Ob die Förderung erneuerbarer Energien, die Sicherung wertvoller Biotope oder eine ressourcenschonende Kreislaufwirtschaft – staatliche Politik zum Schutz von Umwelt
5 und Klima ist heute in Deutschland eine Selbstverständlichkeit. Kaum vorstellbar, dass trotz diverser gesetzlicher Regelungen noch vor zwei Jahrzehnten Natur- und Tierschutz nicht verfassungsrechtlich ver-
10 ankert waren. Es brauchte etliche, teils heftige wissenschaftliche und parteipolitische Diskussionen bis 45 Jahre nach dem Inkrafttreten des Grundgesetzes am 27. Oktober 1994 mit dem neugeschaffenen Artikel
15 20a auch der Umweltschutz als Staatsziel in die Verfassung aufgenommen wurde.

Es war eine der umfangreichsten Änderungen seit Bestehen des Grundgesetzes. Der Tierschutz fand acht Jahre später, am 1.
20 August 2002, seinen Weg in die Verfassung – vorangegangen war auch hier eine jahrelange gesellschaftspolitische Debatte. [...] Seither lautet Artikel 20a des Grundgesetzes: „Der Staat schützt auch in Verantwor-
25 tung für die künftigen Generationen die natürlichen Lebensgrundlagen und die Tiere im Rahmen der verfassungsmäßigen Ordnung durch die Gesetzgebung und nach Maßgabe von Gesetz und Recht durch
30 die vollziehende Gewalt und die Rechtsprechung."

Sandra Schmid, www.bundestag.de, Abruf am 21.7.2016

M 10 ● Sollte das Grundgesetz verändert werden?

Politische Diskussionen zur Änderung des Grundgesetzes werden von unterschiedlichen Akteuren angestoßen. Diese reichen von Ministerien, Bundestagsfraktionen,
5 Parteien, parteiinternen Gruppen und Gremien bis hin zu einzelnen Politikern. Entsprechende Änderungsvorschläge können aufgrund einer veränderten innen- oder außenpolitischen Lage erforderlich werden.
10 Mitunter dienen sie aber auch der innenpolitischen Profilierung eines Akteurs. Aussicht auf Umsetzung haben jedoch nur die Vorstöße, die über das Potential verfügen, eine Zweidrittelmehrheit im Bundes-
15 tag und im Bundesrat zu erlangen. [...] Der bayerische Finanzminister, Markus Söder, forderte Anfang Oktober 2015 eine „massive Begrenzung der Zuwanderung" durch Obergrenzen und Kontingente und
20 brachte so eine Einschränkung von Art. 16 GG ins Gespräch. [...]

Am 25. September 2015 verabschiedete die VN-Generalversammlung die 17 Globalen Nachhaltigkeitsziele von Hunger und Armut und dem Schutz der Umwelt. Darauf 25 warf der Rat für Nachhaltige Entwicklung (RNE) die Frage auf, ob die Globalen Nachhaltigkeitsziele im Rahmen der nationalen Umsetzung ins Grundgesetz aufgenommen werden sollten. [...] 30
Seit 2007 hat sich das Aktionsbündnis Kinderrechte für die Aufnahme von Kinderrechten ins Grundgesetz eigesetzt. Die Initiative wurde von den Bundestagsfraktionen von DIE LINKE. und BÜNDNIS 90/DIE 35 GRÜNEN aufgegriffen. Ende Januar 2016 fand eine öffentliche Anhörung des Familienausschusses zu den Anträgen der Fraktionen statt.

Deutscher Bundestag, Wissenschaftliche Dienste, Die aktuelle politische Diskussion zur Änderung des Grundgesetzes, WD 1 - 3000 - 037/16 (2016), S. 5ff

Aufgaben

1. Analysieren Sie die Texte in diesem Unterkapitel mithilfe eines Gruppenpuzzles:

   a) Bilden Sie drei Gruppen (A,B,C), in denen Sie arbeitsteilig jeweils die zentralen Vorstellungen der Philosophen und Politiker erarbeiten und thesenhaft (z. B. auf einer Wandzeitung) festhalten:

   Gruppe A: M 5 und M 6 – Gruppe B: M 7 – Gruppe C: M 8

   b) Präsentieren Sie Ihre Ergebnisse.

   c) Bilden Sie nun neue Gruppen, in denen jeweils ein Mitglied der Gruppen A, B und C vertreten ist. Untersuchen Sie, an welchen Vorstellungen der Philosophen und Politiker das Grundgesetz anknüpft.

2. a) Erklären Sie, was unter der „Ewigkeitsklausel" des Grundgesetzes zu verstehen ist.

   b) Bewerten Sie diese Regelung.

   c) Erklären Sie, weshalb das Grundgesetz aber dennoch nicht für die Ewigkeit verfasst wurde. (M 6)

3. Erläutern Sie, weshalb man den Art. 20 GG auch als „Verfassung in Kurzform" bezeichnet. (M 6 – M 8)

4. Erläutern Sie am Beispiel des Umwelt- und Tierschutzes die prinzipielle Offenheit des Grundgesetzes. (M 9)

5. a) Stellen Sie (arbeitsteilig) die Voraussetzungen, die zur politischen Diskussion über die einzelnen Änderungsvorschläge führten, dar. (M 10)

   b) Verfassen Sie eine Stellungnahme aus der Sicht eines Befürworters oder Gegners eines Änderungsvorschlages Ihrer Wahl.

H zu Aufgabe 1 c)
Greifen Sie dabei auf die Materialien der Unterkapitel 1.1.1 und 1.1.2 zurück.

H zu Aufgabe 2
Ziehen Sie dazu auch den Art. 146 GG heran.

H zu Aufgabe 5 a)
Die „17 Ziele" der „Agenda 2013 zur nachhaltigen Entwicklung" bestimmen seit 2015 die Entwicklungspolitik der Bundesregierung. Die UN-Kinderrechtskonvention wurde 1989 von der Generalversammlung der Vereinten Nationen verabschiedet, vorbehaltslos gilt sie in Deutschland seit 2010.

H zu Aufgabe 5 a)
Recherchieren Sie ggf. über den Text hinaus.

1.1.4 Warum alle Staatsgewalt vom Volke ausgeht

M 11 ● Fiktives Gesetz zur Beschleunigung von Politik

§ 1　Gesetze können außer nach dem in der Verfassung vorgesehenen Verfahren auch durch die Regierung beschlossen werden. Dies gilt auch für das Beschließen des Staatshaushalts.

§ 2　Die von der Regierung beschlossenen Gesetze können von der Verfassung abweichen, soweit sie nicht die Einrichtung des Bundestags und des Bundesrats als solche zum Gegenstand haben.

§ 3　Die von der Regierung beschlossenen Gesetze werden vom Kanzler ausgefertigt und im Gesetzblatt verkündet. Sie treten, soweit sie nichts anderes bestimmen, mit dem auf die Verkündung folgenden Tage in Kraft.

M 12 ● Welche Bedeutung hat das Parlament in der deutschen Demokratie?

Legitimität
- Anerkennungswürdigkeit für ein politisches System, Konzept, eine Position o. Ä.
- Input-Legitimität: Partizipation und Interessenausgleich in Entscheidungs*verfahren*
- Output-Legitimität: Politik*ergebnisse* fördern allgemeines Wohl statt Partikularinteressen.

Im Mittelpunkt der Demokratie in Deutschland (und in vielen anderen Ländern) steht das Parlament, das von den Bürgern gewählt wird. Dieser Wahlvorgang ist der
5 Ausgangspunkt aller nachfolgenden Delegationsvorgänge und somit – direkt oder indirekt – aller demokratischen, politischen und staatlichen Entscheidungen. Die Wahl des Parlaments durch die Bürger erzeugt für
10 dieses eine demokratische Legitimation. Da keine andere staatliche Institution auf Bundesebene durch die Bürger gewählt wird, hat das Parlament (Bundestag) ein „Monopol für demokratische Legitimation". [...]

Die Parlamentsabgeordneten [...] unterlie 15 gen potentiell einer Sanktion durch die nächsten demokratischen Wahlen. Sie sind damit grundsätzlich mehr als alle anderen Institutionen (bzw. als einzige unmittelbar) prädestiniert für die normativen Richtungs 20 entscheidungen der Gesellschaft [...].

Jörn Kruse, Das Monopol für demokratische Legitimation und seine Überwindung, in: Stefan Bayer, Klaus W. Zimmermann (Hg.), Die Ordnung von Reformen und die Reform von Ordnungen, Marburg 2008, S. 219, 223; Reihenfolge geändert.

Jörn Kruse ist Professor für Volkswirtschaftslehre an der Helmut-Schmidt-Universität der Bundeswehr in Hamburg.

M 13 ● Wozu und woraus besteht Gewaltenteilung?

a) Funktion der Gewaltenteilung
Art. 20 Abs. 2 Satz 2 fordert die Ausübung der Staatsgewalt durch „besondere Organe der Gesetzgebung, der vollziehenden Gewalt und der Rechtsprechung" und veran
5 kert damit den Grundsatz der Gewaltenteilung im GG. [...]
[Der Gewaltenteilung] eigentlicher Sinn liegt in der Verhinderung oder doch der Erschwerung einer **Willkürherrschaft**. Übt

nicht nur ein einzelner oder ein einzelnes 10 Staatsorgan die Staatsgewalt aus, sondern sind die staatlichen Aufgaben zwischen mehreren Staatsorganen so verteilt, dass keines legal über die gesamte Staatsgewalt verfügen kann, so verringert sich die Gefahr 15 einer widerrechtlichen Okkupation oder Ausübung der Staatsgewalt entscheidend. Die Gewaltenteilung bezweckt, die Aus-

übung staatlicher Gewalt in ihren Grund-
20 funktionen organisatorisch und personell
zu trennen, auf verschiedene Mächte zu
verteilen und in ein System gegenseitiger
Hemmung zu bringen. [...]
Der Ausdruck „Gewaltenteilung" ist nicht
25 ganz unmissverständlich. Die staatliche Gewalt wird nicht geteilt, sondern nur verteilt,
sie ist an sich unteilbar und bildet stets eine
Einheit. Der Ausdruck „Gewaltenteilung" ist
aber im heutigen Sprachgebrauch fest ver-
30 wurzelt.
Die Gewaltenteilung wird dadurch erreicht,
dass die drei staatlichen Grundfunktionen
verschiedenen Organen zugewiesen werden, so dass keines dieser Organe legal
über die gesamte Staatsgewalt verfügen 35
kann (**organisatorische Gewaltenteilung**)
und die Amtsträger der einen Gewalt nicht
zugleich Amtsträger der anderen Gewalt
sein dürfen (personelle Gewaltenteilung;
sog. **Inkompatibilität**). So darf beispiels- 40
weise ein amtierender Richter nicht zugleich Abgeordneter oder Minister sein,
ebensowenig kann ein amtierender Beamter
gleichzeitig als Richter oder Abgeordneter
fungieren. 45

Dieter Hesselberger, Das Grundgesetz. Kommentar für die politische Bildung, 13. Auflage, Bonn 2003, S. 186 (Hervorhebungen im Original)

b) Horizontale und vertikale Gewaltenteilung in Deutschland

horizontale Ebene der Gewaltenteilung

Grundgesetz
Art. 20 Abs. 2 GG: „Alle Staatsgewalt geht vom Volke aus. Sie wird vom Volke in Wahlen und Abstimmungen und durch besondere Organe der Gesetzgebung, der vollziehenden Gewalt und der Rechtsprechung ausgeübt."

Gesetzgebende Gewalt (Legislative)			Vollziehende Gewalt (Exekutive)		Rechtsprechende Gewalt (Judikative)
Art. 38–48 Bundestag	Art. 50–53 Bundesrat	Bundesebene	Bundesregierung Bundeskanzler · Bundesminister	Bundesebene	Art. 92–104 Bundesverfassungsgericht
Volksvertretung	Ländervertretung				
Art. 71, 73 Ausschließliche Gesetzgebung			Art. 80, 87 Bundeseigene Verwaltung		Oberste Gerichtshöfe
Parlamente der Länder = Landtag		Länderebene	Landesregierung Ministerpräsident · Landesminister	Länderebene	Gerichte der Länder
Art. 72, 74 Konkurrierende Gesetzgebung			Art. 85 Auftragsverwaltung, Landtagsverwaltung, Kreisverwaltungen, Gemeindeverwaltungen		Landesverfassungsgericht
Gesetzgebung der Länder					Obergerichte

vertikale Ebene der Gewaltenteilung

Nach: Landtag Brandenburg (Hg.), So arbeitet das Landesparlament, Potsdam 2005, S. 7

„Politische Freiheit findet sich nur dann, wenn man die Macht nicht missbraucht; aber es ist eine ewige Erfahrung, dass jeder der Macht hat, zu ihrem Missbrauch neigt. Er geht so weit, bis er auf Schranken stößt [...]. Um den Missbrauch der Macht zu verhindern, muss die Macht der Macht Schranken setzen."

Charles de Montesquieu „De l'esprit des loix" (Vom Geist der Gesetze), 1748, (Übersetzung: Kurt Weigand)

Erklärfilm Gewaltenteilung

Mediencode: 72024-03

M 14 ● Gewaltenverschränkung in der Bundesrepublik

Gewaltenverschränkung

- Statt durch eine strikte Trennung der Gewalten ist die parlamentarischen Demokratie durch eine Gewaltenverschränkung gekennzeichnet
- Legislative und Exekutive sind miteinander verknüpft. Getrennt von ihnen ist dagegen die Rechtsprechung.

Bundeszentrale für politische Bildung, www.bpb.de, 2.11.2009

M 15 ● Reicht Gewalten(ver)teilung zur Machtkontrolle? Das Prinzip von checks and balances

Das Prinzip der Gewaltenteilung ist [...] nicht rigoros durchgeführt, sondern erlaubt gewisse Durchbrechungen. So verstößt es herkömmlicherweise nicht gegen

5 den Grundsatz der Inkompatibilität, wenn ein Abgeordneter gleichzeitig ein Ministeramt innehat. Auch kann die Exekutive Rechtssätze, nämlich Rechtsverordnungen, erlassen, wenn sie durch ein formelles

10 Gesetz dazu ermächtigt wird, obwohl der Erlass von Rechtsverordnungen materiell eine Gesetzgebungstätigkeit darstellt. Die Gewaltenteilung will gleichzeitig die getrennten Gewalten in ein System gegen-

15 seitiger Abhängigkeit und Hemmung *(checks and balances)* bringen.
a) Vielfach sind Mitwirkungs- und Kontrollrechte einer organisierten Gewalt bei Handlungen einer anderen Gewalt vor-

gesehen. So kontrolliert das Parlament 20 die Regierung, überprüfen die Gerichte die Akte der Exekutive auf ihre Rechtmäßigkeit und die Akte der Gesetzgebung auf ihre Verfassungsmäßigkeit, muss der Bundespräsident ein Gesetz 25 ausfertigen und verkünden.
b) Überwiegend erfolgt die Bestellung der Amtsträger der einen Gewalt durch Amtsträger einer anderen Gewalt. So werden der Bundeskanzler vom Parla- 30 ment, die Richter der Bundesgerichte von Richterwahlausschüssen gewählt; so werden die übrigen Richter durch die Exekutive ernannt.
c) Manchmal werden die Aufgaben einer 35 Gewalt nicht einem, sondern mehreren Organen als gemeinsame Aufgabe übertragen. Diese Organe müssen dann zu-

40 sammenwirken, um eine rechtswirksame Handlung vornehmen zu können. So können zustimmungsbedürftige Gesetze nicht vom Bundestag allein, sondern nur mit Zustimmung des Bundesrates erlassen werden.

45 d) Endlich können spezielle Aufgaben einer Gewalt einem rechtlich selbständigen und unabhängigen Organ zur alleinigen Erledigung übertragen werden (z. B. Bundesbank, Bundesrechnungshof).

50 Die Gewaltenteilung gilt in den westlichen Demokratien als Verfassungsgrundsatz. In neuerer Zeit wird aber in Zweifel gestellt, ob unter den gewandelten politischen Verhältnissen das [...] Modell der Gewaltenteilung im Ganzen noch zureicht. Da- 55 bei wird darauf hingewiesen, dass in einer modernen parlamentarischen Demokratie die stärkste Partei oder Parteikoalition Regierung und Parlament gleichermaßen beherrscht, so dass der Gewaltenteilungs- 60 effekt durch diese Verklammerung zunichte gemacht wird.

Dieter Hesselberger, Das Grundgesetz. Kommentar für die politische Bildung, 13. Auflage, Bonn 2003, S. 186 ff.

Checks and balances im neuen Bundestag

Karikatur: Klaus Stuttmann, 2013

Aufgaben

1. Stellen Sie sich vor, das „Gesetz zur Beschleunigung der Politik" würde von der Bundesregierung in den Bundestag eingebracht werden. Bewerten Sie den Entwurf aus der Sicht (a) eines Abgeordneten der Regierungs-, (b) eines Abgeordneten einer Oppositionsfraktion und (c) aus Sicht von Bürgern. (M 11)

2. Stellen Sie dar, warum der Bundestag über das höchste Maß an (Input-)Legitimität aller Verfassungsorgane verfügt. (M 12)

3. Erklären Sie Begriff und Funktion von Gewalten(ver)teilung und Gewaltenverschränkung. (M 13 – M 15)

4. In der Bundesrepublik wählt der Bundestag den Kanzler meist mit absoluter Mehrheit und dieser bestimmt die Minister; dadurch ist ein wesentlicher Teil der Gewaltenteilung faktisch eingeschränkt. Überprüfen Sie diese Aussage.

Ⓜ zu Aufgabe 3
Nutzen Sie zur gegenseitigen Erklärung und Ergänzung ein „Kugellager".

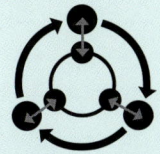

Ⓕ zu Aufgabe 3
Zeigen Sie Elemente der Gewaltenverschränkung im politischen System der Bundesrepublik Deutschland (M 14).

1.1.5 Sozialstaat – Rechtsstaat oder sozialer Rechtsstaat?

M 16 ● Rechte und Ansprüche gegen den Staat

Hartz-IV-Sanktionen bleiben vorerst

Karlsruhe weist eine Prüfungsvorlage des Sozialgerichts aus Gotha zurück. Das Jobcenter darf Leistungen kürzen, wenn jemand ein Angebot ausschlägt. [...] Im
5 konkreten Fall hatte das Jobcenter Erfurt einem 1982 geborenen arbeitslosen Lageristen eine Stelle im Lager des Internethändlers Zalando angeboten. Im Bewerbungsgespräch sagte der Mann
10 jedoch, er wolle lieber im Verkauf arbeiten, und wurde von Zalando daraufhin nicht eingestellt. Das Jobcenter kürzte ihm deshalb das ALG II (*Arbeitslosengeld II*) um 30 Prozent. [...] Dagegen klagte der Mann beim Sozialgericht Gotha. Mit 15 gewissem Erfolg. Das Gericht hielt die Sanktionsmöglichkeiten des Jobcenters Erfurt generell für verfassungswidrig und legte den Fall deshalb im Mai 2015 dem Bundesverfassungsgericht zur Prü- 20 fung vor. Das Existenzminimum dürfe nicht gekürzt werden, so die Gothaer Richter. Solche Sanktionen verstießen gegen Menschenwürde und Sozialstaatsprinzip. Die Karlsruher Entscheidung 25 war mit Spannung erwartet worden.

Christian Rath, www.taz.de, 2.6.2016

Info

Formales Rechtsstaatsprinzip

Ein Gesetz kann nur gelten, wenn es formal korrekt zustande gekommen ist (positives Recht). Das formale Rechtsstaatsprinzip garantiert den Vorrang des Rechts vor der Politik (Verfassungsstaatlichkeit, Gesetzmäßigkeit der Verwaltung) und die Machtbeschränkung (Rechtssicherheit, Gewaltenteilung).

Materielles Rechtsstaatsprinzip

Ein Gesetz gilt nur dann als rechtens, wenn es im Sinne einer höherrangigen Idee von Gerechtigkeit Bestand hat. Nach diesem Rechtsstaatsverständnis werden die Menschenrechte und die Gerechtigkeit - im Sinne von Willkürverbot, Verhältnismäßigkeit und Gemeinwohl garantiert.

Autorentext

M 17 ● Der Rechtsstaat – ein Staat für den Menschen

Der Parlamentarische Rat war sich einig, dass die Beschränkung rechtsstaatlicher Grundsätze auf die formelle „Herrschaft des Gesetzes" – unabhängig von ihrem
5 Inhalt – keineswegs ausreicht, um eine erneute Ablösung des Rechtsstaates zu verhindern. Als Voraussetzung für den demokratischen und sozialen Rechtsstaat wurden im Grundgesetz zwei neue rechts-
10 staatliche Grundsätze niedergelegt, die nach Art. 79 jeder Verfassungsänderung entzogen sind: Die Grundrechte sind unmittelbar geltendes Recht; Gesetzgebung, vollziehende Gewalt und Rechtsprechung sind an die Grundrechte gebunden (Art. 1). 15 Darüber hinaus sind nicht nur [...] die vollziehende Gewalt und die Rechtsprechung an Gesetz und Recht, sondern auch die Gesetzgebung ist an die verfassungsmäßige Ordnung gebunden (Art. 20). Zu diesen 20

neuen Elementen der Rechtsstaatlichkeit gehört auch nicht mehr nur die bisherige Garantie der Gleichheit aller vor dem Gesetz, sondern der Gleichheitssatz im sozia-
25 len Rechtsstaat des Grundgesetzes ist selbst inhaltlich „zum rechtlichen Grundprinzip des leistenden und verteilenden staatlichen Handelns geworden" (K. Hesse).

Ebenso wie schon der liberale Rechtsstaat
30 kennt auch das Grundgesetz den „Vorbehalt des Gesetzes", d.h. staatliche Eingriffe in die individuellen Freiheitsrechte sind nur aufgrund eines Gesetzes möglich, das mit der verfassungsmäßigen Ordnung nicht in
35 Widerspruch stehen darf. Durch ein Nor-

menkontrollverfahren vor dem Bundesverfassungsgericht kann geprüft werden, ob ein Gesetz mit der Verfassung überein-
stimmt. Um den Rechtsschutz gegenüber allen Maßnahmen der öffentlichen Gewalt 40 zu sichern, gewährleistet das Grundgesetz als „Krönung des Rechtsstaates" jedem Bürger das Recht, falls er sich in seinen Rechten verletzt sieht, den Rechtsweg zu beschreiten (Gerichte) und Verfassungsbe- 45 schwerde beim Bundesverfassungsgericht einzulegen [Rechtswegegarantie].

Hanno Drechsler u. a. (Hg.), Gesellschaft und Staat. Lexikon der Politik, 10. Auflage, München 2003, S. 818 f.

Bundesverfassungsgericht

Höchstes deutsches Gericht mit Sitz in Karlsruhe. Seine Richter/innen werden je zur Hälfte von Bundestag und Bundesrat mit Zweidrittelmehrheit auf 12 Jahre gewählt. Das Bundesverfassungsgericht wacht darüber, dass Parlamente, Regierungen und Gerichte in Deutschland das Grundgesetz einhalten. Es kann z.B. ordnungsgemäß beschlossene Gesetze und Regierungsanordnungen wieder aufheben, wenn sie seiner Meinung nach verfassungswidrig sind. Es entscheidet über Parteiverbote und über Verfassungsbeschwerden, die jede Bürgerin und jeder Bürger beim Bundesverfassungsgericht einreichen kann.

Eckart Thurich, pocket politik. Demokratie in Deutschland. überarb. Neuaufl. Bonn: Bundeszentrale für politische Bildung 2011

M 18 ● Sozialer Rechtsstaat

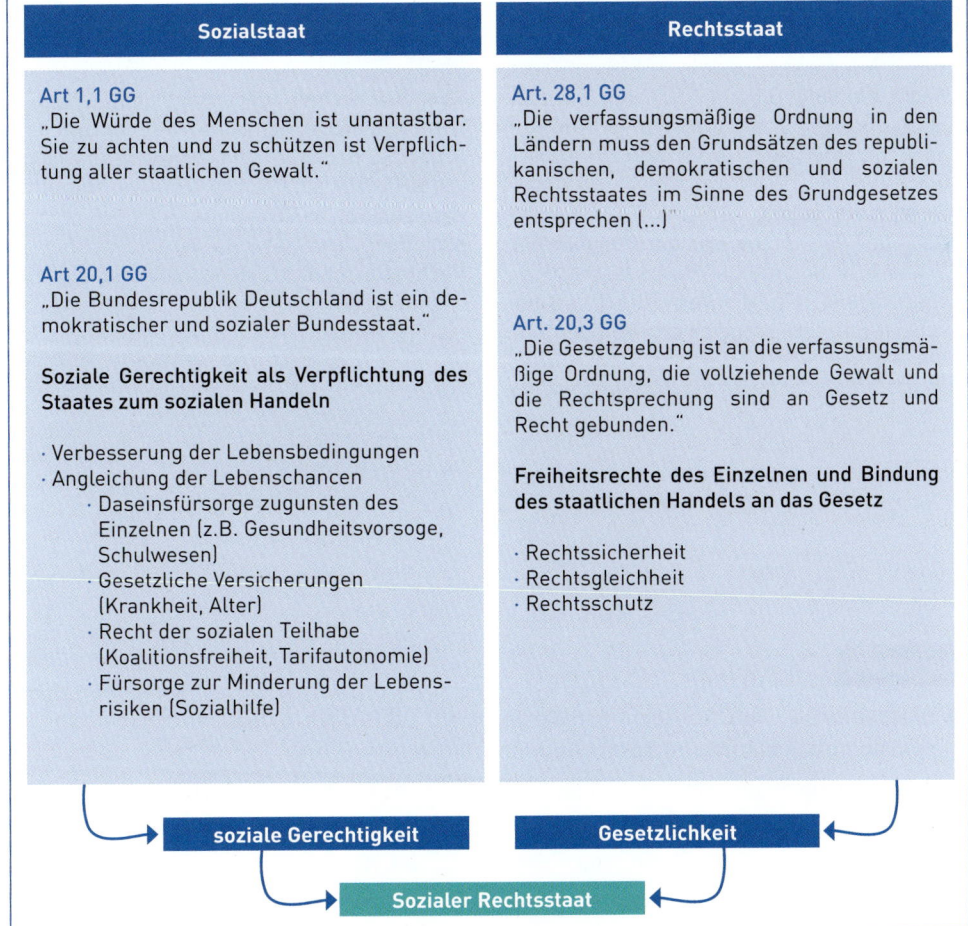

Sozialstaat	Rechtsstaat
Art 1,1 GG „Die Würde des Menschen ist unantastbar. Sie zu achten und zu schützen ist Verpflichtung aller staatlichen Gewalt."	**Art. 28,1 GG** „Die verfassungsmäßige Ordnung in den Ländern muss den Grundsätzen des republikanischen, demokratischen und sozialen Rechtsstaates im Sinne des Grundgesetzes entsprechen (...)"
Art 20,1 GG „Die Bundesrepublik Deutschland ist ein demokratischer und sozialer Bundesstaat."	**Art. 20,3 GG** „Die Gesetzgebung ist an die verfassungsmäßige Ordnung, die vollziehende Gewalt und die Rechtsprechung sind an Gesetz und Recht gebunden."
Soziale Gerechtigkeit als Verpflichtung des Staates zum sozialen Handeln · Verbesserung der Lebensbedingungen · Angleichung der Lebenschancen · Daseinsfürsorge zugunsten des Einzelnen (z.B. Gesundheitsvorsorge, Schulwesen) · Gesetzliche Versicherungen (Krankheit, Alter) · Recht der sozialen Teilhabe (Koalitionsfreiheit, Tarifautonomie) · Fürsorge zur Minderung der Lebensrisiken (Sozialhilfe)	**Freiheitsrechte des Einzelnen und Bindung des staatlichen Handels an das Gesetz** · Rechtssicherheit · Rechtsgleichheit · Rechtsschutz
soziale Gerechtigkeit	**Gesetzlichkeit**

Sozialer Rechtsstaat

Bearbeitergrafik nach Horst Pötzsch, Die deutsche Demokratie, Bonn 5. Aufl. 2009, S. 29

M 19 ● Gibt es ein Grundrecht auf ein Existenzminimum?

Wenn das Grundgesetz von einem sozialen Staat ausgeht, so ist hier ein beständiger Auftrag enthalten, soziale Verhältnisse herzustellen, zu erhalten oder zu sichern. [...] Als Ermächtigungsnorm ist das Sozialstaatsprinzip damit Gestaltungsauftrag an diejenigen Verfassungsorgane, die für die Umsetzung gesellschaftspolitischer Zielvorstellungen zuständig sind. [...] Das Urteil des Bundesverfassungsgerichts in Sachen „Hartz IV" [...] hat [...] eine beachtenswerte Neuerung gebracht: Aus Art 1,1 GG in Verbindung mit Art. 20,1 GG ergibt sich nach dieser jüngsten Rechtsprechung ein Grundrecht auf Gewährleistung eines menschenwürdigen Existenzminimums. Art 1,1 GG begründet diesen Anspruch. Das Sozialstaatsgebot des Art. 20,1 GG verpflichtet den Gesetzgeber, jedem ein menschenwürdiges Existenzminimum zu sichern, wobei dem Gesetzgeber ein Gestaltungsspielraum bei den unausweichlichen Wertungen zukommt, die mit der Bestimmung der Höhe des Existenzminimums verbunden sind.

Christof Gramm, Ulrich Pieper, Grundgesetz. Bürgerkommentar, Bonn 2015, S. 101

Info

Grundsätze des Rechtsstaates

Rechtsbindung: Bindung der Legislative an die Verfassung. Das Gesetz hat Vorrang gegenüber jeder anderen staatlicher Handlung.

Gesetzesvorbehalt: dem Gesetzgeber durch die Verfassung erteilte Befugnis, ein Grundrecht unmittelbar durch Gesetz einzuschränken oder die Verwaltung gesetzlich zur Einschränkung zu ermächtigen.

Rechtssicherheit: garantiert dem Einzelnen die gleiche rechtliche Wertung gleichartiger Einzelfälle, die Voraussehbarkeit von Rechtsfolgen und das Vertrauen darauf, dass eine von den Gerichten getroffene Entscheidung durchgesetzt wird

Rechtsgleichheit: Gleichbehandlung gleich liegender Sachverhalte

Aufgaben

1 Erarbeiten Sie, welches Recht der Bürgerinnen und Bürger in dem Zeitungsbericht zum Ausdruck kommt. (M 16)

2 Erläutern Sie an diesem Beispiel (M 16), wie sich die Rechts- und Sozialstaatlichkeit zeigt.

3 Erläutern Sie den Begriff „sozialer Rechtsstaat". (M 18 – M 19)

4 „Was nutzt mir die Freiheitsgarantie des Rechtsstaates, wenn ich keine Arbeit habe?"

Setzen Sie sich mit dieser Äußerung auseinander und verfassen Sie einen Brief an eine fiktive Person, die diese Äußerung getätigt haben könnte. (M 19)

Z zu Aufgabe 4
Diskutieren Sie: Weshalb ist es Aufgabe des Staates, jedem Bürger, jeder Bürgerin ein menschenwürdiges Existenzminimum zu gewährleisten?

1.1.6 Ist unser Rechtsstaat perfekt?

M 20 ● Wer hat Halit Yozgat ermordet?

Die Tat ist zehn Jahre her: Am 6. April 2006 betreten kurz vor 17 Uhr zwei junge Männer das Internetcafé in der Holländischen Straße 62 in Kassel und erschießen
5 den 21-jährigen Betreiber Halit Yozgat. Der Mord folgt einem bekannten Muster: Das Opfer ist ein Kleinunternehmer ausländischer Herkunft, die Tatwaffe ist eine CES-KA, Kaliber 7.62. Es ist der neunte Mord
10 mit dieser Waffe. Die Mordserie begann am 9. September 2000 in Bayern [...] Seit November 2011 scheinen die Todesschützen festzustehen: Uwe Mundlos und Uwe Böhnhardt, die zusammen mit Beate Zsch-
15 äpe die Terrorzelle Nationalsozialistischer Untergrund (NSU) bildeten. [...] [Ein] Beamter des hessischen Verfassungsschutzes war unmittelbar vor oder sogar während der Tat in dem Kasseler Internetcafé, tele-
20 fonierte am selben Tag lange mit einem V-Mann aus der Neonazi-Szene Nordhessens. Für die Kasseler Mordkommission war der Verfassungsschützer anfangs sogar einer der Hauptverdächtigen. Dennoch durfte er
25 von der Kriminalpolizei nicht direkt befragt werden, ebenso wenig wie die V-Männer aus der Neonazi-Szene. Die Kasseler Mordkommission schloss anfangs ein fremdenfeindliches, rassistisches Motiv für
30 die Tat nicht aus, doch mit Nachdruck verfolgt wurde eine andere Spur: Mord im kriminellen Milieu unter Ausländern. Vermutetes Motiv: Schutzgelderpressung oder Drogengeschäfte, obwohl es dafür keine
35 konkreten Gründe gab. Seitdem hält sich ein ungeheurer Verdacht: Sind staatliche Stellen in den Kasseler Mord verstrickt? Wurden die Ermittlungen damals behindert? Ist das alles nur Zufall? [...] Darum
40 bemühen sich inzwischen Gerichte und mehrere parlamentarische Untersuchungsausschüsse, seit Mai 2014 auch einer des Hessischen Landtags.

www.hr-online.de, 5.4.2016

Am 1.10.2012 wurde in Kassel ein Platz nach Halit Yozgat benannt, der am 6.4.2006 von der rechtsextremistischen Terrorgruppe NSU (Nationalsozialistischer Untergrund) ermordet wurde.

Verfassungsschutz

Behörde, die dem Bundesinnenminister bzw. dem jeweiligen Landesinnenminister unterstellt ist. Sie hat den Auftrag, zum Schutz der freiheitlichen demokratischen Grundordnung Informationen über verfassungswidrige Aktivitäten zu sammeln und auszuwerten. In einem jährlich erscheinenden Verfassungsschutzbericht informieren Bundes- und Länderinnenminister die Öffentlichkeit über die Ergebnisse dieser Arbeit. Im Gegensatz zu einer Geheimpolizei besitzen Mitglieder des Verfassungsschutzes keinerlei Recht, Personen zu verhaften oder gefangen zu halten.

Eckart Thurich, pocket politik. Demokratie in Deutschland. überarb. Neuaufl. Bonn: Bundeszentrale für politische Bildung 2011

Interaktive Karte zu den NSU-Verbrechen

Mediencode: 72024-04

M 21 ● Staatsaffäre NSU?

Prof. Dr. Hajo Funke, Professor für Politik-wissenschaften an der Freien Universität Berlin, forscht seit den 1970er Jahren zum Rechtsextremismus. Er ist Autor des Bu-
5 *ches „Staatsaffäre NSU. Eine offene Unter-suchung" (2015) und führt einen politi-schen Blog.*

Herr Funke, zehn Jahre nach dem Mord an Halit Yozgat: Wie groß ist Ihre Hoff-
10 **nung darauf, dass der NSU-Terror aufge-klärt wird?**

Es wird nach wie vor blockiert, insbeson-dere vom Bundesamt für Verfassungs-schutz. Gleichwohl ist der Druck der Öf-
15 fentlichkeit so groß, dass ich die skeptische Hoffnung habe, dass das Entscheidende aufgeklärt wird.

Stichwort „entscheidend": Laut Beobach-tern sind zentrale Fragen zur Mordserie
20 **des NSU noch immer ungeklärt. Welche sind das?**

Erstens: Wie groß war der Täter- und Mit-täterkreis? Es waren nicht nur drei! Zwei-tens: Wer hat wann aus welchen Gründen
25 wen angegriffen oder erschossen? Drittens: Kennen wir den Kopf, kennen wir die zwei-ten und dritten Ebenen der Terrorgruppe? Gab es vielleicht doch eine engere Verbin-dung zwischen organisierter Kriminalität
30 und gewaltbereiten Rechtsextremisten? Viertens: Welche Rolle spielten Verfas-sungsschützer und Teile der Polizei? Wel-ches Wissen hatten und haben sie? Wel-ches Wissen wird zurückgehalten oder
35 aktiv vertuscht?

Und bei der Polizei?

Dort haben wir ganz unterschiedliche Um-gangsformen, mit durchaus positiven Bei-spielen. Gegenüber neuen terroraffinen
40 Netzwerken und rechtsterroristischen An-sätzen gibt es immer wieder und vermehrt Versuche, dies unter Kontrolle zu nehmen.

Das ist angesichts einer Gewaltwelle, wie wir sie seit Beginn der 90er Jahre nicht mehr erlebt haben, auch dringend geboten. 45 Es ist sehr systematisch vertuscht worden, es sind sehr systematisch Akten geschred-dert [...], es sind V-Leute geschützt worden. Wenn Klaus-Dieter Fritsche, der jetzige Ge-heimdienstkoordinator im Bundeskanzler- 50 amt, erklärt: „Sie kriegen von uns keine Informationen, selbst wenn sie den Weg zum Bundesverfassungsgericht gehen", dann ist das eine Anmaßung der Exekuti-ve, sich weder durch die Legislative noch 55 durch die Judikative kontrollieren zu las-sen. [...] Es ist ganz offensichtlich, dass der Verfassungsschützer [Andreas Temme, Anm. d. Red.] am Tatort war und ein Wis-sen, möglicherweise sogar Täterwissen, 60 leugnet. [...] Im Fall Temme handelt es sich um eine Blockade von ganz oben, vom ehemaligen Verfassungsschutzchef Irrgang und vom damaligen Innenministers Bouf-fier. [...]   65

Vertuschung, Blockade, Unterstützung: Was bedeutet all das für die Angehörigen der Opfer?

Für sie zählen weder Rache noch Bestra-fung, sondern das Wissen darüber, wer 70 wann warum erschossen wurde. Die Vor-enthaltung des möglichen Wissens wirkt zerstörerisch auf die Angehörigen der Op-fer. [...]

Hat sich seit dem Auffliegen des NSU et- 75 **was verändert?**

In der Blockade, insbesondere des Verfas-sungsschutzes: Kaum etwas. Die Tatsache, dass die Aufklärung blockiert wird, eröff-net einer Institution im Ausnahmezustand 80 neue Spielräume, so weiterzumachen. Ohne Kontrolle dessen haben wir keine De-mokratie.

Interview: Robert Kiesel, www.vorwaerts.de, 7.4.2016

M 22 ● Es sind sehr viele Fehler gemacht worden

Anlässlich des fünften Jahrestages der Selbstenttarnung des NSU äußert sich Justizminister Heiko Maas:

"Dass Rechtsextreme der NSU über ein
5 Jahrzehnt lang mordend durch die Lande gezogen sind und wir nicht in der Lage gewesen sind, dies zu stoppen und die Bürgerinnen und Bürger besser zu schützen, ist nichts anderes als ein großes Staatsversa-
10 gen. Es sind sehr viele Fehler gemacht worden, und die können auch nicht revidiert werden. Das Leid, das die Terroristen angerichtet haben, können wir nicht wiedergutmachen. Aber: Das darf nie wieder gesche-
15 hen. Dafür müssen wir alles tun. Ich kann das Entsetzen und die Enttäuschung der Angehörigen der Opfer sehr gut nachvollziehen. Wir können uns bei Ihnen nur entschuldigen.
20 Es gab einen Untersuchungsschuss des Deutschen Bundestages, der Empfehlungen zur Veränderung der Sicherheitsstrukturen gegeben hat. Wir haben auch mit Gesetzesänderungen reagiert und Paragraph 46 des
25 Strafgesetzbuches verändert. Danach sollen beim Strafmaß fremdenfeindliche und rassistische Motivation stärker berücksichtigt werden. Der Generalbundesanwalt wurde ermächtigt, Verfahren, die über die
30 Grenzen von Bundesländern hinausgehen, leichter an sich zu ziehen.
Und leider müssen wir auch heute einen dramatischen Zuwachs fremdenfeindlicher

Seit Mai 2013 findet vor dem 6. Strafsenat des Oberlandesgerichts München der Prozess gegen mehrere Personen statt, denen zur Last gelegt, Mitglieder des rechtsextremen NSU zu sein. Mitangeklagt ist auch Beate Zschäpe, die sich wegen der Mittäterschaft an zehn Morden verantworten muss. Vor Prozessbeginn demonstrierten in München mehrere Tausend Menschen gegen Rechtsextremismus.

Gewalt feststellen. Rechte Gewalt ist nicht Geschichte, sondern sie bleibt brennend 35 aktuell. Die Antwort muss lauten: Rechtsstaatliche Härte gegen die Straftäter und kluge Prävention, damit niemand zum Täter wird. Auch das sind wir den Opfern des NSU schuldig." 40

Heiko Maas, www.bmjv.de, 4.11.2016

Aufgaben

1 Arbeiten Sie die zentralen Fakten und offenen Fragen im Fall Yozgat aus dem Text M 20 heraus.

2 Erläutern Sie, weshalb Funke im Zusammenhang mit der Aufklärung der NSU-Morde ein Schwinden der Demokratie befürchtet. (M 21)

3 In der politischen Öffentlichkeit wird mittlerweile von einem NSU-Skandal gesprochen. Dieser führe zu einem zunehmenden Vertrauensverlust in den Rechtsstaat. Setzen Sie sich mit dieser Aussage kritisch auseinander.

4 a) Erläutern Sie, was Maas mit Staatsversagen meint. (M 22)

b) Diskutieren Sie, inwiefern diese Bewertung gerechtfertigt ist.

H zu Aufgabe 2
Setzen Sie seine Aussagen in Beziehung zum Prinzip von checks and balances.

H zu Aufgabe 3
Ein Skandal ist ein öffentlich Aufsehen erregendes Ärgernis.

Z zu Aufgabe 3
Beurteilen Sie, ob dieser Vorwurf gerechtfertigt ist.

ORIENTIERUNGSWISSEN

Grundwerte im Grundgesetz
M 8

Der Wertekonsens wird über die im Grundgesetz formulierten Grundrechte definiert. Von der **Menschenwürde** (Art.1, 1 GG) als **oberstem Verfassungswert** leiten sich alle anderen **Grundrechte**, die das Verhältnis von Bürger und Staat regeln, ab. Der Erhalt der Menschenwürde gilt als primärer Staatszweck.

Offenheit des Grundgesetzes und „Ewigkeitsklausel"
M 6 – M 8

Neben der **Wertgebundenheit** ist die gleichzeitige **Offenheit für den Wandel in Politik und Gesellschaft**, veränderte Vorstellungen oder technische Neuerungen ein Charakteristikum des Grundgesetzes. Durch die „**Ewigkeitsklausel**" (Art.79, 3 GG) werden **Menschenwürde** wie auch **Volkssouveränität**, **Gewaltenteilung** und die **Strukturprinzipien des Staates** (Rechtsstaat, Sozialstaat, Bundesstaat) (Art. 20 GG) zu überzeitlichen, **unaufhebbaren** Grundlagen des bundesdeutschen Staates.

Sozialer Rechtsstaat
M 17 – M 19

Die Grundrechte garantieren dem Bürger **Schutz gegen staatliche Willkür**. Eine Freiheitseinschränkung ist nur ausnahmsweise durch ein Gesetz möglich. Die **Rechtswegegarantie** gewährleistet dem Bürger, unabhängige Gerichte anzurufen, sollte er sich von staatlichen Stellen verfassungswidrig behandelt fühlen. Damit sich der Bürger auf die Gesetze verlassen kann, wird ihm **Rechtssicherheit** garantiert. Der Staat muss die Gesetze genauso beachten wie der Bürger (**Rechtsbindung staatlicher** Gewalt, Art. 20,3 G). Zum Rechtsstaat gehört auch, dass es keine Bevölkerungsgruppen mit besonderen Rechten geben darf: Vor dem Gesetz sind alle Bürger gleich (Rechtsgleichheit). Während durch rechtsstaatliche Garantien v.a. die Eigentums- und formalen Freiheitsrechte der Bürger gesichert werden, wird durch sozialstaatliche Rechte ein **Mindestmaß materialer Freiheit** angestrebt (z.B. Geldtransfers zur Existenzsicherung, kostenloses Bildungssystem). Sozialstaatliche Ansprüche kann der Bürger gerichtlich geltend machen.

Gewaltenteilung / Gewaltenverschränkung
M 13 – M 15

Verflechtungen und gegenseitige Kontrolle sorgen für eine **Machtbegrenzung** der einzelnen Verfassungsorgane: Die legislative (gesetzgebendes) Gewalt wird von Bundestag und Bundesrat ausgeübt, die exekutive (ausführende) Gewalt teilen sich Regierung und Verwaltung, die Rechtsprechung (judikative Gewalt) liegt in den Händen der Gerichte des Bundes (v.a. Bundesverfassungsgericht) und der Länder. Insbesondere zwischen den Organen der Legislative und Exekutive kommt es auch zur **Gewaltenverschränkung**, um die gegenseitige Machtkontrolle auszubauen (checks and balances).

Versagen des Rechtsstaates
M 20 – M 22

Angesichts der Morde der rechtsextremistischen Terrororganisation Nationalsozialistischer Untergrund (NSU) und der Probleme bei deren Aufklärung sind auch staatliche Organe in die Kritik geraten, sodass von Staatsversagen und einem drohenden Vertrauensverlust in den Rechtsstaat gesprochen wurde.

Soziale Rechtsstaatlichkeit in der Praxis – ein Urteil des Bundesverfassungsgerichts

[In Deutschland] erhalten erwerbsfähige Hilfebedürftige Arbeitslosengeld II und die mit ihnen in einer Bedarfsgemeinschaft lebenden, nicht erwerbsfähigen Angehöri-
5 gen, insbesondere Kinder vor Vollendung des 15. Lebensjahres, Sozialgeld. [...]
Der Erste Senat des Bundesverfassungsgerichts hat entschieden, dass die Vorschriften [...], die die Regelleistung für [...]
10 Kinder betreffen, nicht den verfassungsrechtlichen Anspruch auf Gewährleistung eines menschenwürdigen Existenzminimums aus Art. 1 Abs. 1 GG in Verbindung mit Art. 20 Abs. 1 GG erfüllen. [...]
15 Das Grundrecht auf Gewährleistung eines menschenwürdigen Existenzminimums aus Art. 1 Abs. 1 GG in Verbindung mit dem Sozialstaatsprinzip des Art. 20 Abs. 1 GG sichert jedem Hilfebedürftigen diejeni-
20 gen materiellen Voraussetzungen zu, die für seine physische Existenz und für ein Mindestmaß an Teilhabe am gesellschaftlichen, kulturellen und politischen Leben unerlässlich sind. [...]
25 Das Sozialgeld für Kinder bis zur Vollendung des 14. Lebensjahres von 207 Euro genügt nicht den verfassungsrechtlichen Vorgaben, weil [...] die Festlegung auf keiner vertretbaren Methode zur Bestimmung des Existenzminimums eines Kindes im Al-
30 ter bis zur Vollendung des 14. Lebensjahres [beruht]. Der Gesetzgeber hat jegliche Ermittlungen zum spezifischen Bedarf eines Kindes, der sich im Unterschied zum Bedarf eines Erwachsenen an kindlichen
35 Entwicklungsphasen und einer kindgerechten Persönlichkeitsentfaltung auszurichten hat, unterlassen. Sein vorgenommener Abschlag von 40 % gegenüber der Regelleistung für einen Alleinstehenden
40 [von damals 345 Euro] beruht auf einer freihändigen Setzung ohne empirische und methodische Fundierung. Insbesondere blieben die notwendigen Aufwendungen für Schulbücher, Schulhefte, Taschenrech-
45 ner etc. unberücksichtigt, die zum existentiellen Bedarf eines Kindes gehören. Denn ohne Deckung dieser Kosten droht hilfebedürftigen Kindern der Ausschluss von Lebenschancen. Auch fehlt eine differen-
50 zierte Untersuchung des Bedarfs von kleineren und größeren Kindern.

Bundesverfassungsgericht – Pressestelle, Pressemitteilung Nr. 5/2010, 9. 2. 2010

Aufgaben

1 Fassen Sie das Urteil und dessen Begründungen des Bundesverfassungsgerichts zum Sozialgeld für Kinder und Jugendliche zusammen.

2 Erklären Sie an diesem Beispiel Funktionsprinzipien der Bundesrepublik Deutschland als sozialen Rechtsstaat.

3 Entwickeln Sie Grundlagen der Sozialgeldbemessung für Kinder und Jugendliche, die dem Verfassungsgrundsatz sozialer Rechtsstaatlichkeit genügen.

4 Recherchieren Sie die aktuelle Höhe des Sozialgeldes für Kinder.

1.2 Warum, wie und wo werden Gesetze gemacht?

Basiskonzept	Kategorie	Leitfragen
System und Struktur	Institutionen Recht / Normen Legitimität und Effizienz	· Welche zentralen Institutionen gibt es im politischen System der Bundesrepublik? · Arbeiten die Institutionen innerhalb des politischen Systems effizient zusammen?
Akteure und deren Dispositionen	Interessen	· Werden die Interessen der Bürgerinnen und Bürger ausreichend berücksichtigt?
Wandel	Entscheidung Macht	· Wo werden politische Entscheidungen getroffen? · Wer ist daran beteiligt? · Wer verfügt über welche Macht und kann sich im Gesetzgebungsprozess durchsetzen?

1.2.1 Vom (Terrorismus-)Problem zum Gesetz

M 1 ● Terroranschläge in Europa

Am Tag nach dem Anschlag trauern Menschen in Nizza um die Opfer. Ein Attentäter fuhr während der Feierlichkeiten zum französischen Nationalfeiertag am 14. 07.2016 mit einem LKW in eine Passantenmenge und tötete dabei 84 Menschen, mehr als 300 Menschen wurden zum Teil schwer verletzt. Die Terrormiliz „Islamischer Staat" beanspruchte das Attentat für sich.

M 2 ● Mit Gesetzen gegen den Terrorismus

Nach den Anschlägen vom 11. September 2001 verabschiedete das deutsche Parlament das größte Sicherheitspaket in der Geschichte der Bundesrepublik. Der Ge-
5 setzgeber ließ sich bei den Beratungen nicht viel Zeit. Schon einen Tag nach den Anschlägen verkündete der damalige Bundeskanzler Gerhard Schröder (SPD) in einer Regierungserklärung: „Wir müssen nun
10 rasch noch wirksamere Maßnahmen ergreifen, um dem Terrorismus weltweit den Nährboden zu entziehen."

Tatsächlich beschloss der Bundestag nur drei Monate, nachdem die Flugzeuge der
15 Terroristen in das World Trade Center in New York geflogen waren, Dutzende Gesetzesänderungen. Die Sicherheitsbehörden bekamen deutlich mehr Befugnisse. Unter anderem wurde ihnen weitreichen-
20 der Zugriff auf Post-, Bank-, Luftverkehrs- und Telekommunikationsdaten gewährt.

Herzstück des Pakets war das „Terrorismusbekämpfungsgesetz", mit dem allein 23 Gesetze und Verordnungen geändert
25 wurden. Betroffen von den Neuregelungen waren unter anderem der Verfassungsschutz, der Bundesnachrichtendienst, das Bundeskriminalamt, der Bundesgrenzschutz und der Militärische Abschirm-
30 dienst. Geändert wurden aber auch mehrere ausländerrechtliche Vorschriften oder Passbestimmungen.

Verfassungsschützer bekamen unter anderem die Möglichkeit, die Reisebewegungen
35 von Terrorverdächtigen nachzuverfolgen, deren Finanztransaktionen zu überwachen oder Postfächer einzusehen. Die deutschen Reisepässe und Personalausweise wurden mit biometrischen Merkmalen versehen,
40 um die Identifizierung sicherer zu machen und Fälschungen zu verhindern. Asylbe-
werber wurden stärker unter die Lupe genommen, Sprachaufzeichnungen zugelassen und die Fingerabdrücke der Betroffenen über Jahre aufbewahrt. Die Visa-Vergabe 45 wurde strenger.

Bekannt wurden die Anti-Terror-Gesetze auch als „Otto-Katalog", benannt nach dem damaligen Innenminister Otto Schily (SPD). Er sprach im Bundestag von Rege- 50 lungen, mit denen Konsequenzen gezogen würden „aus einem ganz schlimmen Ereignis und aus einer Bedrohung, die uns wahrlich das Fürchten lehrt".

Der Entwurf für das Terrorismusbekämp- 55 fungsgesetz lag Anfang November 2001 vor. Gut fünf Wochen später, am 14. Dezember 2001, stimmte der Bundestag zu, eine Woche später folgte das OK des Bundesrats. Anfang 2002 trat das Regelwerk in 60 Kraft.

Oppositionsvertreter kritisierten damals die parlamentarische Hast und beklagten eine Missachtung des Bundestages. So erklärte die spätere Bundesjustizministerin Sabine 65 Leutheusser-Schnarrenberger (FDP), der Gesetzentwurf sei „weder rechtspolitisch noch nach dem Verfassungsprinzip der Verhältnismäßigkeit zu rechtfertigen". [...]

Viele der deutschen Regelungen wurden 70 zunächst auf fünf Jahre befristet. 2006 folgte die erste Verlängerung. [...] Die Ausnahmeregelungen von damals sind inzwischen Alltag geworden. [Eine weitere Verlängerung der Gesetze bis 2021 beschloss 75 der Bundestag am 27.11.2015.]

Während Sicherheitsbehörden und Ermittler die Regelungen für unverzichtbar halten und zum Teil sogar noch eine Ausweitung fordern, gehen Kritikern die 80 Befugnisse zu weit.

www.fr-online.de, 31.8.2016

Dem Anschlag fallen 12 Personen zum Opfer.

13. November 2015: Mehrere Anschläge an unterschiedlichen Orten in Paris. Es kommen 129 Menschen ums Leben und 352 werden verletzt.

22. März 2016: Anschlagserie in Brüssel, 34 Menschen werden getötet, 230 verletzt.

14. Juli 2016: Während der Feierlichkeiten zum französischen Nationalfeiertag fährt ein Attentäter in Nizza einen LKW in eine Menschenmenge und tötet dabei 84 Menschen, mehr als 300 werden verletzt.

19.12.2016: Anschlag auf den Berliner Weihnachtsmarkt, Breitscheidplatz. Der Attentäter Anis Amri steuerte einen gestohlenen LKW in die Menschenmenge. Dabei starben elf Besucher des Weihnachtsmarktes und weitere 55 Besucher wurden zum Teil lebensgefährlich verletzt. Die Terrormiliz „Islamischer Staat" (IS) behauptete später, der Attentäter habe als „Soldat des Islamischen Staates" gehandelt. Er konnte schnell ermittelt werden und wurde am 23.12.2016 bei einer Polizeikontrolle in Mailand von einem Polizisten erschossen.

Wissenschaftliche Dienste des Bundestages, Chronik islamistischer Terroranschläge in Europa seit 2004 und eigene Recherchen

Info

Vorratsdatenspeicherung

Was ist Vorratsdatenspeicherung?
Vorratsdatenspeicherung bedeutet, dass sogenannte Bestands-, Standort-, und Verkehrsdaten von Bürgerinnen und Bürgern zunächst ohne konkreten Anlass von Telefon- und Internetprovidern für einen bestimmten Zeitraum gespeichert werden müssen. Im Falle eines Verbrechens sollen die Daten vorsorglich zur Verfügung stehen und damit ggf. zur Aufklärung von Straftaten beitragen. Entscheidend ist, dass nicht die Inhalte der Kommunikation selbst, sondern nur die sogenannten Metadaten der Kommunikation (Ort, Personen, Dauer) gespeichert werden.

Welche Daten werden gespeichert?
Grundsätzlich kann man die Daten aber in drei Kategorien unterteilen:
1. Bestandsdaten: Name, Adresse, Kontodaten oder die IP-Adresse
2. Standortdaten: Bei mobilen Geräten die GPRS-Position, also wo sich eine Person im Augenblick der Datenübertragung aufhielt.
3. Verkehrs- und Verbindungsdaten: gewählte Rufnummern, E-Mail-Adressen, Datum und Uhrzeit und Dauer der Kommunikation.

www.bpb.de, Abruf am 19.6.2016

M 3 ● Kontrolle ist besser?

Aufgaben

1 Erläutern Sie, wie mithilfe der Vorratsdatenspeicherung, die erst mit einem entsprechenden Gesetz möglich ist, Strafverfolgung und Verhinderung von Straftaten erleichtert werden sollen. (M 1, M 2)

2 Nennen Sie Argumente, die für und gegen die Vorratsdatenspeicherung sprechen. (M 1, M 2)

3 Hat die Vorratsdatenspeicherung überhaupt etwas mit Ihnen zu tun? Äußern Sie sich spontan in ein bis drei Sätzen.

4 Erarbeiten Sie die Maßnahmen, die der Bundestag im Zuge der Terroranschläge seit 2001 verabschiedet hat. (M 2)

5 Analysieren Sie die das Plakat. Nehmen Sie Stellung zu der möglichen Wirkungsabsicht.

H zu Aufgabe 5
Wer ist der Adressat? Wer ist der Urheber? Untersuchen Sie dazu die Text- und Bildelemente. Recherchieren Sie dazu auch Informationen über die Figur „Uncle Sam".

METHODE

Politische Prozesse analysieren – der Politikzyklus

Politik befasst sich immer mit Problemen. Dabei müssen politische Systeme – auch Demokratien – beweisen, dass sie politische Probleme lösen können. Daran wird u. a. der Erfolg von Politik gemessen.

5 Doch wie läuft diese Problembewältigung ab? Der Politikzyklus stellt ein Modell dar, in dem der Prozess – der zeitliche Ablauf – veranschaulicht wird. Handlungsdruck entsteht für die Politiker, wenn gesellschaftlich relevante Probleme öffentlich disku-

10 tiert und somit auf die politische Tagesordnung gelangen (Agenda-Setting). Dies gelingt dann, wenn viele Menschen und/oder starke Interessengruppen, die von diesen Problemen betroffen sind, – häufig mit Unterstützung der Medien – das Problem thema-

15 tisieren. Politiker sehen sich nun zum Handeln veranlasst und formulieren Politiken, die auf eine Lösung des definierten Problems abzielen sollen und im Folgenden in formalen und informellen Aushandlungsprozessen durchgesetzt werden sollen. Ist eine

20 Entscheidung einmal gefallen, wird sie einerseits von der öffentlichen Verwaltung umgesetzt (implemen-

tiert) und andererseits von gesellschaftlichen Gruppen bewertet (evaluiert).

Manchmal ist das Problem gelöst, oftmals aber kann davon keine Rede sein. In diesem Fall muss die Poli- 25 tik erneut nach Lösungen suchen und der Politikzyklus beginnt von neuem. Deshalb wird Politik auch als eine (endlose) Kette von Versuchen zur Bewältigung politischer Probleme verstanden.

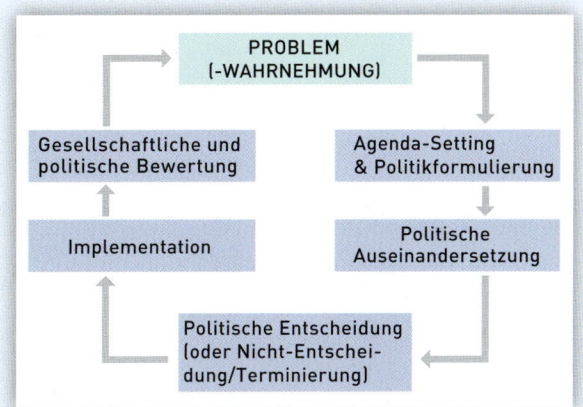

Kategorien	Leitfragen
Problem(-wahrnehmung)	Worin besteht das Problem? Welche Aufgabe hat die Politik zu lösen?
Agenda-Setting & Politikformulierung	Welche gesellschaftlichen Gruppen setzen das Thema auf die politische Tagesordnung? Welche Problemwahrnehmungen und -lösungen dominieren dabei, welche werden ausgeklammert? Welche gesellschaftlichen Interessen werden dadurch (nicht) repräsentiert?
Politische Auseinandersetzung	Welche politischen Akteure sind an der Entscheidungsfindung beteiligt? Welche politischen Strategien und Machtmittel setzen diese ein, um ihre Ziele und Interessen erfolgreich durchzusetzen?
Politische Entscheidung	Zu welchen Ergebnissen hat die Auseinandersetzung geführt? Welche Akteure/Interessen konnten sich durchsetzen?
Implementation	Auf welchen politischen Ebenen wird die Entscheidung umgesetzt? Welche Schwierigkeiten treten dabei auf?
(Gesellschaftliche und politische) Bewertung (Evaluation)	Ist das Problem gelöst oder ist nur die Problemlage verändert? Wird das Problem von den Akteuren anders wahrgenommen? Greift der Vollzug der Entscheidung an den Ursachen an oder werden nur die Folgen bekämpft? Schafft es das Problem erneut auf die politische Agenda?

1.2.2 Nach dem Gesetz ist vor dem Gesetz

M 3 ● Von der europäischen Richtlinie zum nationalen Gesetz

Die **EU-Kommission** legte am 21. September 2005 einen Entwurf für eine **Richtlinie** vor. Im Europarecht sind Richtlinien Rechtsakte der Europäischen Union. Richtlinien werden vom **Rat der Europäischen Union** und dem **Europäischen Parlament** nach dem ordentlichen Gesetzgebungsverfahren gemeinsam erlassen. Anders als die **Verordnungen**, die in allen Mitgliedsländern unmittelbar gültig sind, müssen Richtlinien von den einzelnen EU-Mitgliedstaaten in nationales Recht umgesetzt werden.

Nach mehreren Änderungen wurde die Richtlinie zur Vorratsdatenspeicherung schließlich am 14. Dezember 2005 im **Europaparlament** mit 378 zu 197 Stimmen angenommen.

2008 legten 35.000 Bürgerinnen und Bürger beim **Bundesverfassungsgericht** Beschwerde gegen das Gesetz ein. Das war das größte Massenklageverfahren in der Geschichte des Gerichts.

Konkrete Zuständigkeiten der EU-Institutionen vgl. Kapitel 3.

2004	2005	2007	2008	2010

Nach den Madrider Zuganschlägen vom 11. März 2004 beauftragte der **Europäische Rat** den Ministerrat zu prüfen, ob und welche Rechtsvorschriften zur Vorratsdatenspeicherung erlassen werden sollten.

Der **Deutsche Bundestag** verabschiedete am 9. November 2007 das **Gesetz** zur *Neuregelung der Telekommunikationsüberwachung und anderer verdeckter Ermittlungsmaßnahmen sowie zur Umsetzung der Richtlinie 2006/24/EG* mit der Mehrheit der Abgeordneten der Großen Koalition. Verbindungsdaten aus Telefon-, Mail- und Internetverkehr konnten nun sechs Monate lange gespeichert werden. Das Gesetz war von Anfang sehr umstritten und wurde in der Öffentlichkeit zum politischen Reizthema.

Am 2. März 2010 stellte das Bundesverfassungsgericht fest, dass das Gesetz zur Vorratsdatenspeicherung mit dem Grundgesetz (v.a. Art. 10 GG) nicht vereinbar sei, weil die Sicherheit der Daten nicht gewährleistet sei.

Bearbeitertext/-grafik

2014 stellte der **Europäische Gerichtshof** (EuGH) fest, dass die Richtlinie mit der **Charta der Grundrechte der Europäischen Union** nicht vereinbar sei: Das Grundrecht auf Achtung des Privatlebens sowie das Grundrecht auf Schutz personenbezogener Daten würden missachtet. Der irische High Court und der österreichische Verfassungsgerichtshofes hatten den EuGH angerufen.

Am 21. Dezember (2016) bestätigte der Europäische Gerichtshof (EuGH) nochmals sein Urteil zur anlasslosen Speicherung von Kommunikations- und Standortdaten. Sie sei nicht mit den Grundrechten vereinbar. Anlass für das neuerliche Urteil waren zwei Gesetze aus Großbritannien und Schweden. Das Urteil hat auch Auswirkungen auf die deutsche Regelung aus dem Jahr 2015.

Die **EU-Kommission** leitete 2011 gegen Deutschland ein **Vertragsverletzungsverfahren** ein, weil sich die damalige Bundesregierung aus CDU/CSU und FDP nicht auf ein neues Gesetz einigen konnte.

2011	2013	2014	2015	2016

Nach der Bundestagswahl 2013 einigten sich CDU, CSU und SPD im Rahmen ihrer Koalitionsverhandlungen auf die Wiedereinführung der Vorratsdatenspeicherung.

Am 16. Oktober 2015 verabschiedete der **Deutsche Bundestag** mit der Mehrheit der Stimmen der Großen Koalition abermals ein *Gesetz zur Einführung einer Speicherpflicht und Höchstspeicherfrist für Verkehrsdaten* (Vorratsdatenspeicherung). Danach werden Telekommunikationsunternehmen, Internetprovider und andere Zugangsanbieter verpflichtet, sogenannte Verkehrsdaten zehn Wochen lang zu speichern. Standortdaten, die bei der Nutzung von Mobildiensten anfallen, sollen vier Wochen lang gespeichert werden.

Am 6. November 2015 stimmte der **Bundesrat** dem Gesetz zu. Ein von Schleswig-Holstein unterstützter Antrag Thüringens, das Gesetz in den **Vermittlungsausschuss** zu schicken, fand aber keine Mehrheit.

Gegen das neue Gesetz kündigten die Oppositionsparteien, Datenschützer und Bürgerrechtler eine erneute Klage vor dem Bundesverfassungsgericht an.

Aufgaben

① Erklären Sie das Gesetzgebungsverfahren zur Vorratsdatenspeicherung mithilfe des Politikzyklus. (vgl. vorherige Seite)

② Erörtern Sie am Beispiel der Gesetzgebung zur Vorratsdatenspeicherung Chancen und Risiken dieses komplizierten Verfahrens von der europäischen auf die nationale Ebene. (M 3)

1.2.3 Wie entsteht ein Gesetz?

M 4 ● **Die formalen Etappen der Gesetzgebung**

Gesetzesinitiative

Das Recht, ein Gesetz
Vorschlagen zu können.

* bei Ablehnung durch Bundesrat

Autorengrafik

1 Die meisten **Gesetze**, die in den Bundestag **eingebracht** werden, sind Vorlagen der Regierung. Die Entwürfe werden in den zuständigen Fachministerien erarbeitet.

2 Generell können **Gesetzentwürfe** von der **Bundesregierung**, aus dem **Bundestag** oder vom **Bundesrat** eingebracht werden.

3 Die erste **Beratung** im **Plenum des Bundestages** dient der Begründung des Gesetzesvorhabens und der Erörterung der Grundsätze der Vorlage. Es erfolgt noch kein Beschluss.
Der Gesetzentwurf wird anschließend an die fachlich zuständigen **Ausschüsse** überwiesen und dort intensiv beraten. Dort können in sogenannten „hearings" auch **Experten** von außerhalb zu einem Gesetz gehört werden. Der Ausschuss kann dann dem Plenum eine Abänderung, Annahme oder Ablehnung des Entwurfs empfehlen.

4 Die zweite **Lesung** (Beratung) des Entwurfs erfolgt auf der Grundlage der Ausschussempfehlung. Über die einzelnen Bestimmungen wird dann abgestimmt.
Die **dritte Lesung** schließt sich unmittelbar an. Anschließend erfolgt die **Schlussabstimmung**.

5 Das im Bundestag beschlossene Gesetz wird dann dem **Bundesrat** zugeleitet. Die **Zustimmung** des Bundesrats ist erforderlich, wenn es sich um ein Zustimmungsgesetz handelt, in der Sache also Bund und Länder zuständig sind. Bei einem Einspruchsgesetz kann der Bundestag einen Einspruch des Bundesrats in einer weiteren Abstimmung überstimmen.

6 Bei Uneinigkeit über ein Zustimmungsgesetz und einer drohenden Ablehnung kann der **Vermittlungsausschuss** angerufen werden, der einen Kompromissvorschlag erarbeitet, über den Bundestag und Bundesrat erneut abstimmen. Bundestag und Bundesrat entsenden je 16 ihrer Mitglieder in den **Vermittlungsausschuss**. Können sich die Vertreter dabei **nicht einigen**, ist das Gesetz – wenn es sich um ein zustimmungspflichtiges Gesetz handelt – **gescheitert**.

7 Nach der Verabschiedung des Gesetzes wird es dem zuständigen **Minister** und dem **Bundeskanzler** zur Unterzeichnung vorgelegt.
Anschließend muss noch der **Bundespräsident das Gesetz unterzeichnen**. Er kann seine Unterschrift nur verweigern, wenn er der Auffassung ist, dass das Gesetz gegen die Verfassung verstößt.
Das Gesetz wird im **Bundesgesetzblatt** verkündet und tritt in Kraft.

Autorentext

Erklärfilm zum Gesetzgebungsprozess

Mediencode: 72024-05

---

1 a) Beschreiben Sie den formalen Gang der Gesetzgebung in der Bundesrepublik Deutschland. (M 4)

b) Erklären Sie hypothesenartig, bei welchen Etappen besonders die Gefahr des Scheiterns für einen Gesetzesvorschlag besteht. (M 4)

1.2.4 Wer regiert? – Bundeskanzlerin und Bundesregierung

M 5 ● Regierungserklärung im Bundestag: Angela Merkel will zurück zur Vorratsdatenspeicherung

Angela Merkel bei der Regierungserklärung am 15.01.2015 im Deutschen Bundestag

Angela Merkel hat eine Regierungserklärung zu den Pariser Anschlägen abgegeben. Die Bundeskanzlerin bekundete Deutschlands Solidarität zu Frankreich und sprach ein strittiges Thema an. Kommt bald die Vorratsdatenspeicherung in Deutschland und in weiten Teilen Europas? Das könnte zumindest eine Konsequenz aus den Anschlägen mit 17 Todesopfern in

Paris (am 7. Januar 2015) sein. Bundeskanzlerin Angela Merkel (CDU) hat sich für eine Rückkehr zur umstrittenen Vorratsdatenspeicherung ausgesprochen. Die Kanzlerin forderte nach der Anschlagsserie einen neuen Anlauf der EU zur Speicherung von Telefon- und Internetdaten. Es müsse auf die schnelle Vorlage einer überarbeiteten EU-Richtlinie gedrungen werden, sagte Merkel in einer Regierungserklärung im Bundestag. Diese müsse dann möglichst bald in neues Recht umgesetzt werden. Parteiübergreifend seien alle Innenminister von Bund und Ländern der Überzeugung, dass solche Mindestspeicherfristen notwendig sind. SPD-Fraktionschef Thomas Oppermann erklärte sich zu neuen Gesprächen über die Vorratsdatenspeicherung bereit. SPD-Justizminister Heiko Maas lehnt sie bisher ab.

Meike Massig, REUTERS, N24, DPA , www.n24.de , 15.1.2015

M 6 ● Wieviel Macht hat die Bundeskanzlerin?

Absolut zentral in der Regierung ist die Stellung des Bundeskanzlers[1], und diese Zentralität verleiht dem Amt eine ungeheure Machtfülle. Diese wird allerdings eingeschränkt durch dessen Abhängigkeit vom Bundestag, der ihn wählt [...]. Ist er auf Vorschlag des Bundespräsidenten bzw. der -präsidentin gewählt, so schlägt er die Namen der Minister und Ministerinnen vor, die seinem Kabinett angehören sollen. Dem Bundespräsidenten wiederum obliegt dann die Ernennung. Eine genauso zentrale Stellung hat der Kanzler bezüglich der Entlassung der Minister und Ministerinnen inne, er schlägt vor und der Bundespräsident entlässt (Art. 64 GG). Und schließlich endet die Amtszeit der Kabinettsmitglieder auch mit derjenigen des Kanzlers (Art. 69 Abs. 3). [...]

Art. 65 GG weist dem Amt des Bundeskanzlers keinesfalls nur die Stellung eines *primus inter pares* zu, sondern echte Führungsfunktionen:
- Der Kanzler schlägt die Minister und Ministerinnen zur Ernennung und Entlassung vor
- er bestimmt „die Richtlinien der Politik und trägt dafür die Verantwortung" (Art. 65 Abs. 1 S. 1)
- er allein ist gegenüber dem Parlament mit voller Sanktionsmöglichkeit verantwortlich

Artikel 63 GG

(1) Der Bundeskanzler wird auf Vorschlag des Bundespräsidenten vom Bundestage ohne Aussprache gewählt.
(2) Gewählt ist, wer die Stimmen der Mehrheit der Mitglieder des Bundestages auf sich vereinigt. Der Gewählte ist vom Bundespräsidenten zu ernennen.
(3) Wird der Vorgeschlagene nicht gewählt, so kann der Bundestag binnen vierzehn Tagen nach dem Wahlgange mit mehr als der Hälfte seiner Mitglieder einen Bundeskanzler wählen.

• und schließlich hat er die Organisations-
gewalt der Regierung, d.h., er bestimmt
35 über Anzahl und Struktur der Ministerien.
Die verfassungsrechtliche Basis für die
Machtstellung des Bundeskanzlers liegt
eindeutig in seiner Richtlinienkompetenz.
Sie ist das Instrument zur „Disziplinierung"
40 seines Kabinetts.
Durch eine ihm geeignet erscheinende
„Personalpolitik" in seinem Kabinett kann

er sich nicht nur eine arbeitsfähige Regierung zusammenstellen, sondern durch die
Um- oder Neuorganisation kann er auch 45
auf bestimmte Problemlagen oder Stim-
mungen in der Bevölkerung eingehen.

*Irene Gerlach, Bundesrepublik Deutschland, 3. Aufla-
ge, Wiesbaden 2010, S. 239 f.*

*1) Im Grundgesetz steht die Amtsbezeichnung in
männlicher Form und wird auch hier entsprechend
verwendet.*

M 7 ● Wie arbeitet die Bundesregierung?

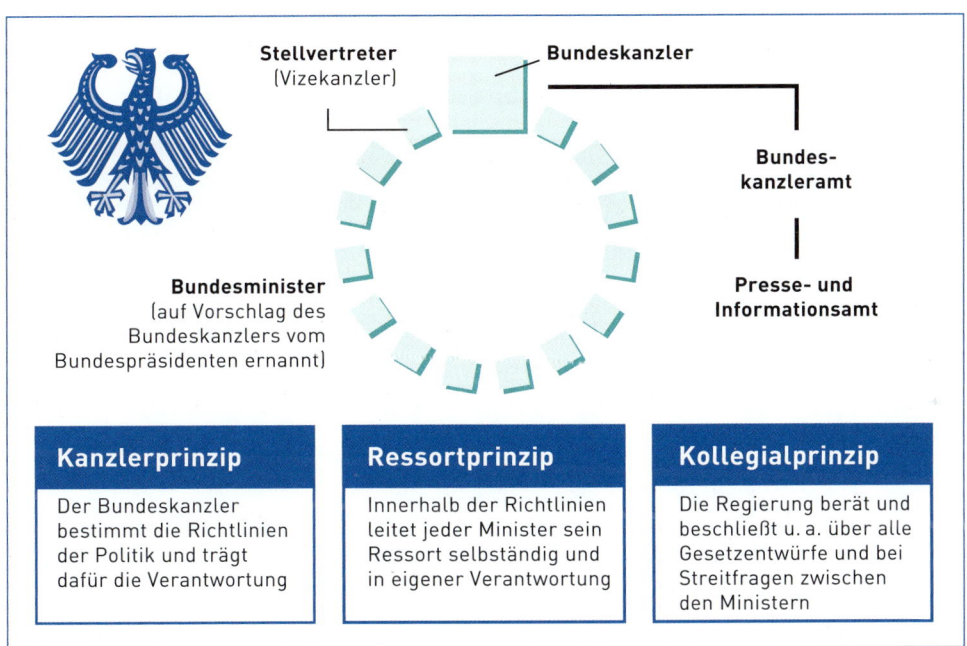

Bergmoser + Höller Verlag AG, Zahlenbilder 67123

M 8 ● Wo liegen die Grenzen ihrer Macht?

Bei der Regierungsbildung unterliegen
aber auch die weitgehenden Rechte des
Bundeskanzlers faktischen Einschränkungen. [...] [Es] hat sich die Rücksichtnahme
5 auf eine Reihe von „Proporzüberlegungen"
bei der Zusammensetzung der Kabinette
eingebürgert. So sind neben den partei-
politischen Interessen der Koalitionspartner z.B. unterschiedliche konfessionelle

Interessen durch eine entsprechende Perso- 10
nalauswahl zu berücksichtigen genauso
wie die der ostdeutschen und der westdeut-
schen Bevölkerung und sonstiger regionaler Gruppen, die von wichtigen Interessen-
verbänden (z.B. bei der Besetzung des 15
Landwirtschafts-, Wirtschafts- oder Sozi-
alministeriums) oder auch die der Geschlechter. Dies erklärt, dass es im Zuge der

CDA

Die Christlich-demokratische Arbeitnehmerschaft (auch als CDU-Sozialausschüsse genannt) ist eine Gruppierung innerhalb der CDU, in der sich Arbeitnehmerinnen und Arbeitnehmer zusammenfinden, um ihre Interesse gemeinsam zu vertreten und sich für Sozialpolitik zu engagieren. Die CDA steht den (christlichen) Gewerkschaften nahe.

Kabinettsbildung vorkommen kann, dass
20 für ein bestimmtes Ressort nur eine Kandidatin aus Ostdeutschland mit katholischer Konfession in Frage kommt, die günstigerweise auch noch Mitglied der CDA ist. Der suchende Blick landet dann notgedrungen
25 zuweilen auf Neulingen.

Die trotz dieser Einschränkungen immer noch bestehende Machtfülle des Kanzleramts in der Demokratie der Bundesrepublik hat zu deren Etikettierung als Kanzler-
30 demokratie geführt. [...]

Viel stärker, als es in den ersten Jahrzehnten der Existenz der Bundesrepublik Deutschland der Fall war, wird aber das Kanzlerprinzip heute von den Handlungsprinzipien des Parteienstaates überdeckt, 35 was wiederum zu einer faktischen Schwächung des Prinzips beiträgt. Schwer wiegt dabei die Tatsache, dass Entscheidungen von Koalitions- und nicht nur von Kanzlerrunden vorgeprägt werden, denn die 40 Koalitionsrunde als empirisch identifizierbarer Kern der politischen Entscheidungsfindung ist weder dafür legitimiert noch kontrollierbar.

Irene Gerlach, Bundesrepublik Deutschland, 3. Auflage, Wiesbaden 2010, S. 241 f.

M 9 ● Welche Gestaltungmacht haben die Bundesregierungen?

	13. WP 1994–1998		14. WP 1998–2002		15. WP 2002–2005		16. WP 2005–2009		17. WP 2009–2013	
	Anzahl	in %	Anzahl	in %	Anzahl	in %	Anzahl	in %	Anzahl	in %
Vom Bundestag verabschiedete Gesetze	566	100	559	100	400	100	616	100	553	100
Regierungsvorlagen	403	71,2	394	70,5	281	70,2	488	79,2	434	78,5
Initiativen des Bundesrates	36	6,4	22	3,9	17	4,2	19	3,1	17	3,1
Initiativen des Bundestages	102	18	108	19,3	85	21,2	89	14,4	88	15,8
Beim Bundestag eingebrachte Gesetzentwürfe	923	100	864	100	643	100	905	100	844	100
Regierungsvorlagen	443	48,0	443	51,3	320	49,8	537	59,3	484	57,1
Initiativen des Bundesrates	151	16,4	93	10,8	112	17,4	104	11,5	82	9,7
Initiativen des Bundestages	329	35,6	328	38,0	211	32,8	264	29,2	278	32,8

Deutscher Bundestag, 6.12.2013

Die Differenz zwischen den verabschiedeten Gesetzen und deren Vorlagen ergibt sich aus Zusammenlegungen von Gesetzesinitiativen im Laufe des Verfahrens.

Aufgaben

1. Analysieren Sie die verfassungsrechtliche Stellung der Bundeskanzlerin und erläutern Sie diese am Beispiel der Vorratsdatenspeicherung. (M 5, M 6)
2. Werten Sie die Tabelle M 9 aus.
3. Erläutern Sie ausgehend vom Text M 8 die Ursachen, weshalb die Macht der Bundeskanzlerin faktisch begrenzt ist.
4. Diskutieren Sie die These: „Alle politische Gestaltungsmacht geht von der Bundeskanzlerin aus."

1.2.5 Wie arbeitet der Bundestag?

M 10 ● Die Positionen der Parteien im 17. Deutschen Bundestag zur Vorratsdatenspeicherung

CDU/CSU

Der Staat muss persönliche Kommunikationsdaten der Menschen schützen. Zugleich dürfen wir jedoch Schutzlücken bei Strafverfolgung und Gefahrenabwehr nicht hinnehmen. Mindestspeicherfristen für Verbindungsdaten
5 sind notwendig, damit bei der Verfolgung von schweren Straftaten auf Anordnung eines Ermittlungsrichters oder zur Abwehr von erheblichen Gefahren für die öffentliche Sicherheit ein Datenzugriff erfolgen kann. Manche Straftaten, wie etwa die Verbreitung von Kinderpornographie im
10 Netz, lassen sich nur darüber aufklären. Gerade auch im Kampf gegen Terroristen ist dies oftmals ein entscheidendes Mittel, um Anschläge verhindern zu können. CDU und CSU wollen eine entsprechende Richtlinie der Europäischen Union in nationales Recht umsetzen.

Gemeinsam erfolgreich für Deutschland. Regierungsprogramm 2013-2017, CDU / CSU, S. 114

Die Linke

Die Grund- und Bürgerrechte geraten auch in parlamentarischen Demokratien immer wieder unter Druck. Sie werden aus ökonomischen Gründen relativiert oder mit der Begründung, die Freiheit zu schützen, der Sicherheit geopfert. [...] Wir wollen das Recht auf informationelle Selbstbe-
5 stimmung sichern: gegen Vorratsdatenspeicherung, Bestandsdatenauskunft und Online-Durchsuchungen, nicht-individualisierte Funkzellenabfrage, Video-, Späh-, Lauschangriffe und Rasterfahndung. Mit Blick auf die sozialen Medien müssen die Bürgerrechte erneuert und gesichert wer-
10 den. Dies schließt einen Schutz vor Mobbing ebenso ein wie das Recht auf eine vollständige Löschung aller gespeicherten Daten.

100 Prozent sozial. Bundestagswahlprogramm 2013

SPD

Wir spielen nicht Sicherheit und Freiheit gegeneinander aus, sondern sehen in einem umfassenden und sozialen Verständnis von Sicherheit das Fundament für demokratische Freiheit und Offenheit. In der Demo-
5 kratie gehören Freiheit und Sicherheit zusammen. Frei sind nur Menschen, die nicht in ständiger Furcht vor Gewalt, Kriminalität und Terror leben. Sicherheit und Bürgerrechte dürfen keine Gegensätze sein. Wir wollen eine Sicherheitspolitik mit Augenmaß.

Das Wir entscheidet. Regierungsprogramm 2013-2017, S. 99

Bündnis 90/ Die Grünen

Eine freiheitliche Gesellschaft braucht BürgerInnen, die frei sind von Furcht vor Kriminalität, aber ebenso frei von Angst vor Überwachung durch den Staat. Niemand kann absolute Sicherheit gewährleisten – auch
5 nicht auf Kosten oder unter Aufgabe der Freiheit. Aufgabe der Politik ist es, mit den Mitteln des Rechtsstaates für das größtmögliche gesellschaftlich verantwortbare Maß an Sicherheit zu sorgen, Grundrechte zu schützen und Bedrohungen effektiv abzuwehren [...].
10 Eine verpflichtende anlasslose Massenspeicherung von Telekommunikationsdaten wäre ein massiver Eingriff in die Grundrechte, zudem auch noch ineffektiv. Deshalb werden wir alles in unserer Macht Stehende tun, um eine Wiedereinführung der vom Bundesverfassungsgericht gestoppten Vorratsdatenspeicherung zu verhindern. Wir wollen keinen Generalverdacht gegen
15 Unbescholtene, sondern gezielte Ermittlungsarbeit.

Zeit für den grünen Wandel. Bundestagswahlprogramm 2013, S. 219

M 11 ● Verabschiedung des Gesetzes zur Vorratsdatenspeicherung am 16. Oktober 2015

Der Bundestag hat am Freitag, 16. Oktober 2015, nach zweiter und dritter Lesung die Wiedereinführung der Vorratsdatenspeicherung beschlossen. Ein von der Regie-
5 rungskoalition eingebrachter Gesetzentwurf wurde in der vom Rechtsausschuss geänderten Fassung in namentlicher Abstimmung mit den Stimmen der Koalition verabschiedet. Die Opposition stimmte gegen das Vorhaben, auch einige SPD-Abge-
10 ordnete votierten gegen die Vorlage oder enthielten sich. Für den Gesetzentwurf

Über die einzelnen Aufgaben des Bundestages können Sie sich unter folgendem Link informieren: *www.bpb.de/politik/grundfragen/deutsche-demokratie/39341/aufgaben-des-bundestages?p=all*

stimmten 404 Abgeordnete, 148 stimmten mit Nein, sieben weitere enthielten sich.

15 Ein Antrag der Linken, auf die Vorratsda-

tenspeicherung zu verzichten [...], fand keine Mehrheit.

Sören Christian Reimer, www.bundestag.de, 16.10.2015

Der Bundestag entscheidet über umstrittene Fragen in namentlichen Abstimmungen. Dabei wird bei jedem Bundestagsabgeordneten über Stimmkarten festgestellt, wie er gestimmt hat. Dann wird im Plenarprotokoll dokumentiert, wie jeder Abgeordnete votiert hat.

M 12 ● Wo werden Entscheidungen getroffen?

Wenn die Fernsehkamera über den Plenarsaal [im Bundestag] schwenkt, sieht der Zuschauer, dass oft nur 30 oder 50 Abgeordnete anwesend sind, von denen ein Teil 5 auch noch Akten studiert oder Zeitung liest. Das führt zu dem weitverbreiteten Missverständnis, die Abgeordneten kämen ihren Pflichten nicht nach. Dieser Kritik liegt die Vorstellung zugrunde, das Plenum 10 sei der eigentliche Ort der parlamentarischen Arbeit. Dort würden die wichtigsten Probleme des Landes in Rede und Gegenrede zwischen Regierungsmehrheit und Opposition debattiert, und die besseren Argumente setzten sich durch. Diesem Idealbild kommt am ehesten das britische Unterhaus nahe, das als „Redeparlament" gilt. Der andere Typ ist das „Arbeitsparlament", in dem, wie vor allem im amerikanischen 20 Kongress, der Schwerpunkt auf der Gesetz-

gebungsarbeit in Ausschüssen liegt. Der Bundestag wird oft als eine Mischung aus den beiden Parlamentstypen bezeichnet. Nimmt man den Zeitaufwand als Maßstab, so leisten die Bundestagsabgeordneten ihre 25 Arbeit weit überwiegend in Ausschüssen, Fraktionen, Arbeitskreisen und Arbeitsgruppen. [...]

Die eigentliche parlamentarische Arbeit wird also in den Ausschüssen geleistet. [...] 30 Deren Mitglieder sind meist zugleich die Vertreter ihrer Fraktionen in entsprechenden Fachausschüssen. In den Ausschüssen werden die Gesetzesentwürfe und sonstige Initiativen diskutiert und formuliert, um 35 dann dem Plenum zur Beschlussfassung vorgelegt zu werden. Die Ausschüsse tagen in der Regel nicht öffentlich. Daher kann dort ungezwungener und sachlicher debattiert werden als in den öffentlichen Sitzun- 40

Fraktion
Zusammenschluss der Abgeordneten einer Partei im Parlament

gen des Plenums. Auch die Ausschussmitglieder der Opposition haben so die Chance, einen erheblichen Einfluss auszuüben. Es gibt ständige Ausschüsse, die die gesamte
45 Legislaturperiode über bestehen, und solche, die für eine bestimmte Aufgabe gebildet und nach deren Erledigung wieder aufgelöst werden, zum Beispiel „Untersuchungsausschüsse". [...]
50 Haben die Experten in wochen- und monatelangen Beratungen alle Argumente ausgetauscht und sind die Standpunkte geklärt, ist es nicht verwunderlich, wenn die meisten Beschlüsse im Plenum ohne Debatte oder nach kurzer Diskussion gefasst 55 werden. [...]

Die großen Debatten über wichtige Themen, wie zum Beispiel die Haushaltsdebatte, haben nicht die Funktion, die jeweils andere Seite zu überzeugen. Es handelt 60 sich um Reden, die für die Öffentlichkeit bestimmt sind. Dem Bürger sollen die unterschiedlichen Meinungen und die Gründe, die etwa zu dieser oder jener Entscheidung geführt haben, deutlich gemacht 65 werden.

Horst Pötzsch, Die deutsche Demokratie, 5. Auflage, Bonn 2009, S. 68 ff. (Reihenfolge geändert)

M 13 ● Informelle Entscheidungszentren in der Politik

a) Auszug aus dem Koalitionsvertrag zwischen CDU/CSU und SPD (2013)
Die Koalitionspartner CDU, CSU und SPD werden ihre Arbeit in Parlament und Regierung laufend und umfassend miteinander abstimmen und zu Verfahrens-, Sach- und Personalfragen Konsens herstellen. Die Koalitionspartner treffen sich regelmäßig zu Koalitionsgesprächen im Koalitionsausschuss. Darüber hinaus tritt der Koalitionsausschuss auf Wunsch eines Koalitionspartners zusammen. Er berät Angelegenheiten von grundsätzlicher Bedeutung, die zwischen den Koalitionspartnern abgestimmt werden müssen, und führt in Konfliktfällen Konsens herbei. Die Koalitionsparteien werden sich einvernehmlich auf die Besetzung des Koalitionsausschusses verständigen. Im Bundestag und in allen von ihm beschickten Gremien 20 stimmen die Koalitionsfraktionen einheitlich ab. Das gilt auch für Fragen, die nicht Gegenstand der vereinbarten Politik sind. Wechselnde Mehrheiten sind ausgeschlossen. Über das Verfahren und die Arbeit im 25 Parlament wird Einvernehmen zwischen den Koalitionsfraktionen hergestellt. Anträge, Gesetzesinitiativen und Anfragen auf Fraktionsebene werden gemeinsam oder, im Ausnahmefall, im gegenseitigen 30 Einvernehmen eingebracht. Die Koalitionsfraktionen werden darüber eine Vereinbarung treffen.

Deutschlands Zukunft gestalten. Koalitionsvertrag zwischen CDU, CSU und SPD, 18. Legislaturperiode, S. 184

b) Der Koalitionsvertrag zur Vorratsdatenspeicherung
Auszug aus dem Koalitionsvertrag zwischen CDU/CSU und SPD (2013):
5 Wir werden die EU-Richtlinie über den Abruf und die Nutzung von Telekommunikationsverbindungs-daten umsetzen. Dadurch vermeiden wir die Verhängung von Zwangsgeldern durch den EuGH. Dabei
10 soll ein Zugriff auf die gespeicherten Daten nur bei schweren Straftaten und nach Genehmigung durch einen Richter so-wie zur Abwehr akuter Gefahren für Leib und Leben erfolgen. Die Speicherung der deutschen Telekommunikationsverbindungsda- 15 ten, die abgerufen und genutzt werden sollen, haben die Telekommunikationsunternehmen auf Servern in Deutschland vorzunehmen. Auf EU-Ebene werden wir auf eine Verkürzung der Speicherfrist auf 20 drei Monate hinwirken.

Deutschlands Zukunft gestalten. Koalitionsvertrag zwischen CDU, CSU und SPD, 18. Legislaturperiode, S. 147

informell

ohne (formalen) Auftrag, nicht offiziell; hier: Gremien werden im Grundgesetz nicht genannt

c)

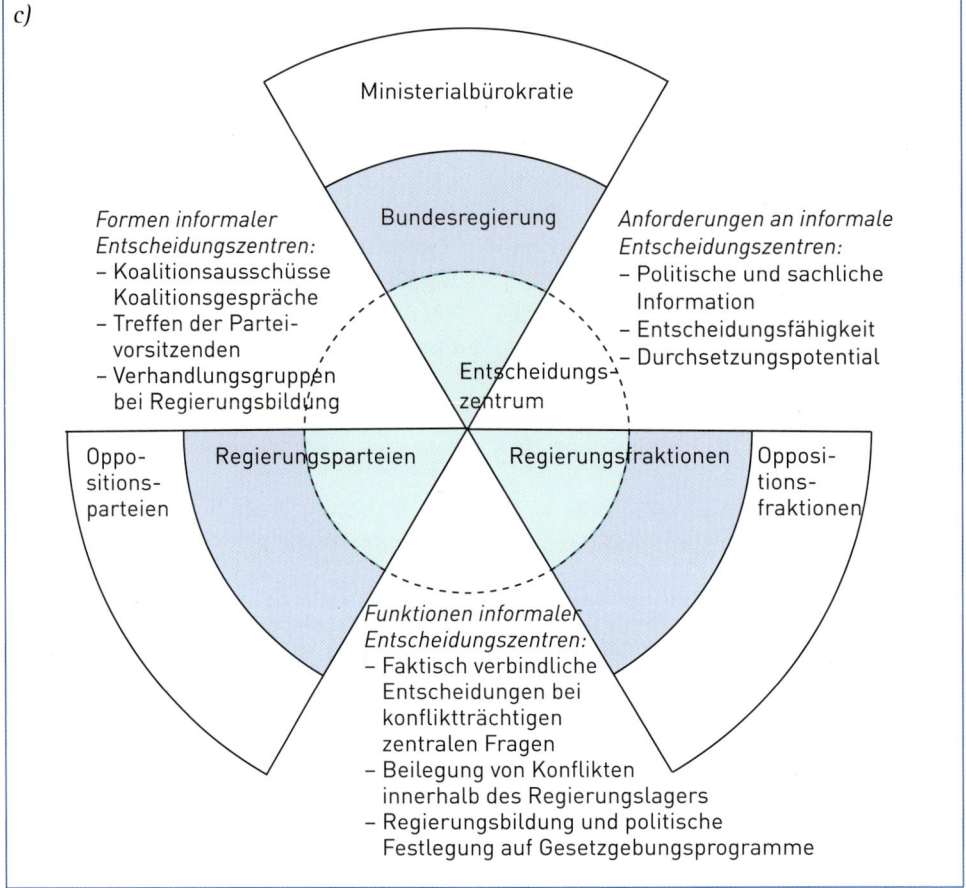

Ministerialbürokratie

Bundesregierung

Formen informaler Entscheidungszentren:
– Koalitionsausschüsse Koalitionsgespräche
– Treffen der Partei- vorsitzenden
– Verhandlungsgruppen bei Regierungsbildung

Entscheidungs- zentrum

Anforderungen an informale Entscheidungszentren:
– Politische und sachliche Information
– Entscheidungsfähigkeit
– Durchsetzungspotential

Oppo- sitions- parteien

Regierungsparteien

Regierungsfraktionen

Opposi- tions- fraktionen

Funktionen informaler Entscheidungszentren:
– Faktisch verbindliche Entscheidungen bei konfliktträchtigen zentralen Fragen
– Beilegung von Konflikten innerhalb des Regierungslagers
– Regierungsbildung und politische Festlegung auf Gesetzgebungsprogramme

Aufgaben

1. Erarbeiten Sie die Positionen der Parteien (M 10) und stellen Sie begründete Vermutungen an, wie die Abstimmung über das Gesetz zur Vorratsdatenspeicherung im Bundestag ausgegangen ist.

2. Erklären Sie das Abstimmungsergebnis (M 11). Untersuchen Sie dazu, wie es möglich sein konnte, dass nicht alle SPD-Abgeordneten dem Gesetzentwurf zu gestimmt haben? (M 11)

3. Gruppenpuzzle:
   a) Erarbeiten Sie in den Expertengruppen die Aufgaben des Bundestages.
   b) Erstellen Sie dann in den Stammgruppen ein Schaubild zu den Aufgaben des Bundestages.

4. Der Bundestag wird häufig als Mischform zwischen Rede- und Arbeitsparlament bezeichnet. (M 12)
   a) Stellen Sie die Unterschiede dieser parlamentarischen Arbeitsweisen dar.
   b) Charakterisieren Sie den Bundestags als Rede- bzw. als Arbeitsparlament.

5. Erklären Sie, was man unter informellem Entscheiden versteht? (M 13).

6. Politikwissenschaftler befürchten durch das informelle Entscheiden eine Aushöhlung der parlamentarischen Demokratie. Nehmen Sie Stellung zu diesen Befürchtungen.

🄷 zu Aufgabe 2:
In der Mediathek des Bundestages www.bundestag.de/mediathek gibt es Videos zum „Fraktionszwang"

🄷 zu Aufgabe 3a):
Unter www.mitmischen.de finden Sie viele Informationen zum Bundestag und seinen Aufgaben.

Sachverhalte, Thesen und Problemstellungen kategorien- und kriteriengeleitet beurteilen (Urteilskompetenz I)

A) Aufgabenstellung

Thema	Informelles Regieren
Aufgabe	Politikwissenschaftler befürchten durch das informelle Entscheiden eine Aushöhlung der parlamentarischen Demokratie. Nehmen Sie Stellung zu dieser Befürchtung.
Operator	Stellung nehmen (AFB III): zu einem Sachverhalt oder einer Aussage unter Verwendung von Fachwissen und Fachmethoden eine begründete Einschätzung geben und zusätzlich die eigenen Maßstäbe begründet darlegen

B) Hinweise zum Verständnis der Aufgabe

Wesentlich für die erfolgreiche Bearbeitung einer Aufgabe ist das Verständnis der Aufgabenstellung. Daher sollten Sie sich zunächst verdeutlichen, was genau die Aufgabenstellung verlangt.

	Politikwissenschaftler befürchten durch das informelle Entscheiden eine Aushöhlung der parlamentarischen Demokratie. Nehmen Sie Stellung zu dieser Befürchtung.	
Leitfragen	a. Welche Schlüsselbegriffe enthält die Aufgabe?	→ Stellung genommen werden soll in diesem Fall zu einer Aussage, mit der informelle Entscheidungsverfahren kritisiert werden.
	b. Gibt die Aufgabe Erarbeitungsschwerpunkte vor?	→ Dazu soll die These der „Aushöhlung der parlamentarischen Demokratie" beurteilt werden, nicht etwa unmittelbar die Frage der Effizienz informeller Entscheidungsverfahren.
	c. Enthält die Aufgabe Hinweise zum möglichen Aufbau der Bearbeitung?	→ Verlangt wird eine Argumentation für die eigene Position, die nicht zwingend das Abwägen (also das Darstellen und Entkräften) von Gegenargumenten enthält. Es bleibt aber gleichwohl möglich. → Möglich ist das Anführen von Wert- und Sachargumenten.
	d. Was genau verlangt der Operator?	→ Argumente müssen durch Belege bzw. logische Schlussfolgerungen gestützt werden. → Auch wenn dies nicht explizit gefordert wird, steigt die Qualität der Begründung mit sinnvoller Kriterienorientierung (s. u.). → Verlangt ist eine eindeutige Positionierung.

C) Argumente entwickeln, eine Argumentation strukturieren und formulieren – Zum Nutzen von Kategorien und Kriterien

Neben der Unterscheidung von Sach- und Werturteil sollten Sie auch Kategorien bzw. Kriterien als Hilfsmittel zu Urteilsbildung nutzen. Unter Kategorien versteht man Oberbegriffe. Neben der Werte-Ebene sind die beiden zentralen Kategorien der politischen Urteilsbildung die der **Legitimität** (also die *Anerkennungswürdigkeit* einer politischen Position oder Entscheidung) und die der **Effizienz** (also die *Wirtschaftlichkeit im weiteren Sinne* einer politischen Entscheidung oder eines politischen Vorschlags). Kategorien bzw. die unter ihnen versammelten politischen Urteilskriterien können zu zweierlei dienen: Erstens haben sie die Funktion, bisher unbedachte Argumente aufzuspüren. Zweitens können damit Pro- und Kontra-Argumente besser aufeinander bezogen werden (z. B. in einer Pro-Kontra-Debatte oder einer schriftlich Erörterung); sie helfen also bei der Strukturierung von Gesprächen und von Texten.

Wiederholung zum Sach- und Werturteil

Mediencode: 72024-12

Kriterien politischer Urteile

Im Folgenden werden mögliche Kriterien – geordnet nach Kategorien – zur Orientierung dargestellt. **Nicht bei jeder Urteilsfrage sollen alle Kriterien schematisch „abgearbeitet" werden, sondern Sie sollten jeweils zuerst prüfen, welche Kriterien bei der speziellen Urteilsfrage überhaupt hilfreich sind.**

Vom Sachurteil zum Werturteil		
Effizienz	**Legitimität**	**Grundwerte**
• Politische Durchsetzbarkeit (Handlungsmöglichkeiten bzw. -beschränkungen politischer Entscheider) • Effektivität, Wirksamkeit • Kosten (Minimalprinzip) • Nutzen (Maximalprinzip) • Schnelligkeit • Genauigkeit • (un)erwünschte Nebenfolgen	• Legalität • Grund- und Menschenrechte, Verfassungsmäßigkeit • Gemeinwohlorientierung • Responsivität (politische Umsetzung der Wählerwünsche) • Repräsentativität • Partizipation (Mitbestimmung) • Transparenz (Nachvollziehbarkeit) • Kontrollierbarkeit • Autonomie (Selbstbestimmung) • Verhältnismäßigkeit der Mittel • Subsidiarität	• Freiheit • Gerechtigkeit (Leistungs-, Egalitäts-, Bedarfsprinzip) • Sicherheit • Solidarität • ökologische Nachhaltigkeit

Beim Umgang mit Wert-Argumenten ist besonders zu beachten, dass **Werte (sogar gleichzeitig) in Bedingungs- und Spannungsverhältnissen zueinander stehen** können. So ist ein Mindestmaß an Sicherheit notwendig (Rechtssystem, staatliches Gewaltmonopol), um Handlungsfreiheit überhaupt erst verwirklichen zu können (Bedingungsverhältnis). Aber es besteht tendenziell die Gefahr (insb. bei innenpolitischen Maßnahmen, die der Kriminalitätsprävention dienen sollen), dass die Freiheit der Bürger durch die staatlichen Behörden aus (angeblichen) Sicherheitserwägungen heraus über das notwendige Maß hinaus eingeschränkt wird (Spannungsverhältnis).

Herausarbeiten bzw. Entwickeln von Argumenten (mithilfe von Urteilskriterien)

PRO (Kategorie: Kriterium)	KONTRA (Kategorie: Kriterium)
• Die Parlamentarier als einzige durch direkte Wahl legitimierte Repräsentanten des Souveräns (Volk) büßen ihre Prüfungs- und Entscheidungsmacht faktisch ein. Es droht sich ein faktisches Entscheidungsoligopol zu bilden. (Legitimität: Repräsentativität) • Politische Entscheidungsverfahren bzw. -strukturen sind für den Souverän nicht mehr einsehbar und damit kontrollierbar. Dadurch könnte auch Vertrauen in Politiker verloren gehen. (Legitimität: Transparenz, Kontrollierbarkeit) • Entscheidungen dienen weniger dem Gesamtinteresse des Volkes, sondern eher den Machtinteressen einzelner Politiker oder Parteiinteressen. (Legitimität: Responsivität)	• Die formale Entscheidungsgewalt des Parlaments bleibt unangetastet. Der Bundestag kann sich gegen die informelle Vereinbarung stellen. (Legitimität: Kontrollierbarkeit, Repräsentativität) • Absprachen zwischen Spitzenpolitikern der Regierungsparteien führen zu wahrscheinlich schnelleren Entscheidungen, die ihrem Inhalt nach auch nach langen parlamentarischen Konflikten nicht anders getroffen worden wären. Das System erweist sich dem Souverän dadurch als leistungsfähig. (Effizienz: Nutzen, Schnelligkeit) • Parlamente benötigen einen Mechanismus der Konfliktbeilegung, der mit nur wenigen Verhandelnden überhaupt erst möglich wird. Das verhindert dauerhafte Blockaden und damit parlamentarische Entscheidungsunfähigkeit. (Effizienz: Durchsetzbarkeit; Legitimität: Responsivität)

Gewichtung bzw. Identifikation von Hauptargumenten

Nach der Auswahl der notwendigen Kriterien und der Formulierung der entsprechenden Argumente ist es für die abschließende Urteilsbildung hilfreich, diese zu gewichten. Sie sollten auch immer die (je nach Urteilsfrage variierenden) Gesichtspunkte darlegen, nach denen Sie Ihr Hauptargument ausgewählt haben.

Aufbauvarianten einer kriteriengeleiteten Stellungnahme

Gliederungsaspekt der Aufgabenbearbeitung	inhaltliche Anforderungen (inkl. Beispielen)	
Einleitung	→ Nennung (und ggf. Einordnung) des Themas („Sachverhalt/Aussage") und der folgenden Operation („Bewertung") *„Informelle Entscheidungsprozesse, die Konflikte zwischen den Bundestagsfraktionen zu lösen versuchen und Parlamentsbeschlüssse vorbereiten, sind an der Tagesordnung. Stimmen aus der Politikwissenschaft befürchten dadurch aber eine Aushöhlung der parlamentarischen Demokratie. Im Folgenden werde ich zu dieser Befürchtung begründet Stellung nehmen."* → Bereits hier kann die eigene Position genannt/angedeutet werden. → Überleitung zum Argumentationsteil: *„Kritiker informeller Entscheidungsstrukturen führen für Ihre Meinung folgende zentralen Gesichtspunkte an:"*	
Argumentationsteil	→ Der Argumentationsteil muss zwingend Argumente für die eigene Position enthalten. → Wenn eine Abgrenzung gegen den Sachverhalt/die Aussage erfolgt, sollte diese/r dennoch zuvor begründet werden. → Der Aufbau kann alternativ den bekannten Anforderungen an einen Erörterungsaufsatz folgen – entweder im Sanduhrmodell (Pro- und Kontra-Argumente jeweils in zusammenhängenden Blöcken) oder als dialektische Erörterung (jeweils aufeinander bezogene Pro- und Kontra-Argumente abwechselnd). In einer dialektischen Erörterung können die Argumente entweder nach Perspektiven oder nach Urteilskriterien geordnet werden. → Der Argumentationsteil sollte mit dem überzeugendsten Argument enden. → Zudem sollten die Argumente <u>sprachlich miteinander verbunden</u> werden. Dabei sollte das Hauptargument sprachlich hervorgehoben werden.	
	Überleitung zwischen zwei Pro- bzw. zwei Kontra-Argumenten	*Dazu kommt noch ... / Von noch größerer Bedeutung ist ... / Noch wichtiger scheint... / Ergänzend kann gesagt werden ... / Hinzuzufügen ist... / In die gleiche Richtung geht der Gesichtspunkt, dass ... / Ähnlich Argumentieren lässt sich aus der Perspektive von ..., indem ...*
	Überleitung von einem Pro- zu einem Kontra-Argument bzw. umgekehrt	*Demgegenüber argumentieren/behaupten/führen aus/ziehen in Zweifel die Gegner/Befürworter einer solchen Maßnahme ... / Einwenden lässt sich gegen dieses Argument ... / Entkräftet/ relativiert wird diese Begründung durch ... /*
	Sprachliche Markierung des Hauptarguments für die eigene Position	*„Meines Erachtens/meiner Ansicht nach ist trotz der formal beim Bundestag verbleibenden Entscheidungsgewalt die Repräsentativität durch informelles Entscheiden zu sehr eingeschränkt, da nur wenige Politiker miteinander verhandeln und die Ergebnisse dieses Aushandelns faktisch im Parlament beschlossen werden müssen, um nicht handlungsunfähig zu erscheinen."*

KOMPETENZEN AUSBILDEN

	→ Die Kategorien/Kriterien, in die sich die Argumente einordnen lassen, sollten sprachlich kenntlich gemacht werden. → Die Argumentation sollte durchgehend sachlich formuliert sein und keine Befindlichkeitsäußerungen enthalten („*Ich finde/fühle/glaube ...*", „*leider/zum Glück ...*")
Fazit	→ Hier findet sich Ihre klare Positionierung, die sich eindeutig aus dem vorher Gesagten ergibt. „*Daher komme ich zu dem Schluss/gelange ich zu der Überzeugung, dass informelle Entscheidungsstrukturen auf Ebene des Parlaments ...*" → Es kann auch eine eigene Idee entwickelt werden, die sich aus der geforderten Position zum Sachverhalt/zur Aussage ergibt.

D) Die kriteriengeleitete Erörterung überarbeiten

Überprüfen Sie Ihre eigene Darstellung hinsichtlich folgender Kriterien:

Kriterien	+	0	–
Ich nehme durchgängig zu dem Sachverhalt/die Aussage Stellung, der/die in der Aufgabe angegeben ist – zu keinen anderen.			
Meine Stellungnahme enthält einen Einleitungsteil, aus dem der Sachverhalt/die Aussage exakt deutlich wird.			
Im Argumentationsteil strukturiere ich Argumente sinnvoll (inkl. Nennung von strukturierenden Urteilskriterien, Verdeutlichung des Hauptarguments). Ggf. entkräfte ich auf sinnvolle Weise Argumente, die gegen meine eigene Position sprechen.			
Alle angeführten Argumente habe ich belegt bzw. durch logische Schlussfolgerungen plausibel gemacht.			
Alle angeführten Argumente habe ich belegt bzw. durch logische Schlussfolgerungen plausibel gemacht.			
Ich habe keine „Argumente" allein aus Einzelbeispielen abgeleitet oder Autoritätsargumente genutzt.			
Im Fazit nenne ich meine Position zur These/Problemstellung deutlich. Diese Position ergibt sich erkennbar aus meiner Argumentation			
Die Argumente habe ich sprachlich sinnvoll und abwechslungsreich miteinander verbunden. Dabei habe ich das Hauptargument sprachlich hervorgehoben.			
Im Fazit nenne ich meine Position zu dem Sachverhalt/zu der Aussage deutlich. Diese Position ergibt sich erkennbar aus meiner Argumentation.			

Überarbeiten Sie Ihre Darstellung ausgehend von den Erkenntnissen, die Sie durch die Überprüfung gewonnen haben.

1.2.6 Der Bundesrat – Blockade oder Mitwirkung?

M 14 ● Gegengewicht zu Bundestag und Bundesregierung?

Bundesrat vertagt Entscheidung über sichere Herkunftsstaaten
Die Länder haben keine Mehrheit für die Einstufung der Maghreb-Staaten als sichere Herkunftsländer organisieren können. Grund ist der Widerstand der Grünen.

nfh, AFP, www.zeit.de, 16.06.2016

Bundesrat winkt neue Vorratsdatenspeicherung durch
Die Länderkammer hat den umstrittenen Gesetzentwurf zum anlasslosen Protokollieren von Nutzerspuren passieren lassen. Einwände aus Thüringen und Schleswig-Holstein fanden im Plenum keine Mehrheit. Die umkämpfte Gesetzesinitiative [...] muss keine zusätzliche Runde im Vermittlungsausschuss von Bundesrat und Bundestag drehen. Die Länderkammer hat am Freitag den einschlägigen Entwurf [...] nach kurzer Debatte abgenickt.

Stefan Krempl, www.heise.de, 06.11.2015

NRW blockiert neue Erbschaftsteuer
Mehrere rot-grün-regierte Länder kündigen Widerstand im Bundesrat an. Der Koalitionskompromiss zur Reform der Erbschaftsteuer droht im Bundesrat zu scheitern.

qua, mar, www.rp-online.de, 23.06.2016

Vermittlungsausschuss

Ausschuss, der tätig wird, wenn ein Gesetzesbeschluss des Bundestages auf Einwände des Bundesrates stößt. Er besteht aus 32 Mitgliedern, die Bundestag und Bundesrat je zur Hälfte entsenden. Seine Aufgabe ist es, Kompromisslösungen zu finden.

M 15 ● Die verfassungsrechtliche Stellung des Bundesrates

Der Bundesrat ist die Institution, mittels derer die Gliedstaaten auf die Politik des Zentralstaates einwirken können. Die Länder liefern über den Bundesrat wichtige
5 Impulse, nicht nur, um ihre eigenen Interessen zu wahren, sondern auch, um die Durchführbarkeit der Bundesgesetze zu sichern. Zudem wirken die Länder über den Bundesrat auch in Angelegenheiten der
10 Europäischen Union mit. Dies ist dann der Fall, wenn in der Europäischen Union Materien geregelt werden sollen, die in die originäre Zuständigkeit der Länder fallen. Zu den grundlegenden Aufgaben des Bun-
15 desrates gehört es sicherzustellen, dass die Länder an der Willensbildung des Zentralstaates beteiligt sind. [...] Das Hauptaugenmerk des Bundesrates richtet sich dabei auf die Lösung von Verwaltungsproblemen
und die Praktikabilität der Regelungen. 20
Dabei besteht allerdings die Gefahr, dass nicht mehr die betroffenen Bürgerinnen und Bürger, sondern die Interessen der Verwaltung zum Maßstab werden. Zudem können fiskalische Rücksichten auf die 25
Etats der Länder und ihre Ressorts dazu führen, dass eine von der Mehrheit im Bundestag und der Bundesregierung geplante, dringend notwendige Reformmaßnahme verhindert oder abgeschwächt wird. 30
[...]
Im Bundesrat ist jedoch nicht nur die bundesstaatliche Komponente wirksam, sondern es spielen auch parteipolitische Strategien eine Rolle. Welches Element stärker 35
wiegt, hängt in erster Linie von den Mehrheitsverhältnissen in Bundestag und Bundesrat ab.

Föderalismus als Staatsstrukturprinzip
→ vgl. Kapitel 3.2.3

Subsidiaritätsprinzip
→ vgl. Kapitel 6.2.2

Arbeiten in Bundesrat und Bundestag un-
40 terschiedliche parteipolitische Mehrheiten,
wird der Bundesrat auch oft als Instrument
der Opposition bezeichnet. Dieser Behauptung liegt die Annahme zugrunde, dass die
Partei, die im Bundestag in der Minderheit
45 ist, ihre politische Mehrheit im Bundesrat
dazu benutzt, die Gesetzesvorlagen der
Bundesregierung zu blockieren. Der Hintergrund für diese – nicht immer zutreffen-
de – Wahrnehmung ist die Tatsache, dass
50 Bundes- und Landespolitik von den politischen Parteien unter einer gesamtstaat-
lichen einheitlichen Strategie gesehen werden und die Taktik entsprechend gestaltet
wird. Deshalb ist es stets ein wichtiges Ziel
für die Regierungskoalition im Bund, die 55
Bundesratsmehrheit zu gewinnen, wie es
umgekehrt das Ziel der Bundestagsopposi-
tion ist, dies zu verhindern.

*Ursula Münch, Informationen zur politischen
Bildung, Föderalismus in Deutschland (Nr. 298),
Bonn 1/2008, S. 40 ff.*

M 16 ● Schwierige Mehrheitsfindung: Neue Allianzen sind nötig

Stimmenverteilung im Bundesrat — insgesamt 69 Stimmen. neutraler Block 49, Regierungsblock 20. *Südschleswigscher Wählerverband. Quelle: Bundesrat   Stand Ende Mai 2016   dpa-24097

**Zustimmungs-
gesetz**
→ vgl. Kap. 1.2.3

Seitdem die Regierungen in Baden-Württemberg, Rheinland-Pfalz und Sachsen-
Anhalt gebildet sind, wird der Machtver-
lust der Großen Koalition in der
5 Länderkammer aber noch deutlicher: Union und SPD bringen es im Bundesrat auf
nur noch 20 der 69 Stimmen. Für eine
Mehrheit sind in der Länderkammer 35
Stimmen notwendig. Davon ist die aktuelle
10 Bundesregierung so weit entfernt wie selten zuvor. [...] In der Geschichte der Bundesrepublik war zwar schon häufig zu beobachten, dass diejenigen Parteien, die im
Bund die Regierung stellten, in der Länder-
15 kammer in der Unterzahl waren. Das führte
beispielsweise in der Amtszeit von Bundeskanzler Helmut Kohl (CDU) dazu, dass die
rot-grün regierten Länder Entscheidungen
der Bundesregierung blockierten.
Doch eine Fundamentalopposition ist im 20
Bundesrat eher selten: Meist spielen hier
weniger die Parteifarben eine Rolle, sondern die Interessen der Länder. [...] Die
neue Vielfalt im Bundesrat zeigt sich darin,
dass kein politischer Block eine Mehrheit 25
stellt. Damit wird es für alle Lager schwer,
den Vermittlungsausschuss einzuberufen.
Auch dafür bedarf es der Mehrheit der
Stimmen. Alles läuft darauf hinaus, dass
im Bundesrat Allianzen geschmiedet wer- 30
den müssen. [...] Wenn Entscheidungen
fallen sollen, müssen sich alle Seiten kom-
promissbereit zeigen.
Roland Pichler, www.badische-zeitung.de, 20.05.2016

M 17 ● Die Sicht des Karikaturisten

Karikatur: Heiko Sakurai, 25.9.2010

**Abstimmungsver-
halten**
→ vgl. Kapitel 2.2.4

Aufgaben

1 Geben Sie die Aufgaben und Funktionen des Bundesrates wieder. [M 14, M 15]

2 Erläutern Sie die möglichen Auswirkungen des Sieben-Parteien-Systems im Bundesrat auf das Abstimmungsverhalten der Länder im Bundesrat und die Gesetzgebung
des Bundes. [M 16]

3 Ist der Bundesrat ein Blockadeinstrument der Opposition? Erörtern Sie die Frage
mithilfe von M 14.

F zu Aufgabe 2
Erklären Sie, welche
Auswirkungen dies
möglicherweise auf die
künftige Formulierung
von Gesetzen haben
könnte.

F zu Aufgabe 3
Erläutern Sie, welche
Konsequenzen hat dies
für die Gesetzgebungs-
formulierung im
Bundestag hat.

1.2.7 Hat das Bundesverfassungsgericht zu viel Macht?

M 18 ● Kann man die Politik durch Justiz korrigieren?

Karikatur: Kosta Koufogiorgos, 2011

M 19 ● Die Aufgaben des Bundesverfassungsgerichts

Das Bundesverfassungsgericht wird nicht von sich aus tätig, sondern nur auf Antrag, es muss von einer Person oder Institution angerufen werden. Seine Zuständigkeit ist
5 in verschiedenen Artikeln des Grundgesetzes geregelt, die wesentlichen Aufgaben sind in den umfangreichen Art. 93 und 100 detailliert aufgeführt.

Verfassungsbeschwerde
10 Mit einer Verfassungsbeschwerde kann jeder Bürger das Gericht anrufen, der glaubt, durch die öffentliche Gewalt in seinen Grundrechten verletzt worden zu sein. Das kann ein Verwaltungsakt, eine Gerichtsent-
15 scheidung oder auch ein Gesetz sein. Seit 1951 waren nur 3.094, das sind 1,76 Prozent aller Verfassungsbeschwerden, erfolgreich. Verfassungsbeschwerde kann erst dann eingelegt werden, wenn der Rechtsweg ausgeschöpft ist, das heißt, wenn zuvor 20 alle Instanzen des zuständigen Gerichts angerufen worden sind. Kammern, die mit je drei Bundesverfassungsrichtern besetzt sind, prüfen jede eingereichte Beschwerde auf ihre Zulässigkeit. [...] 25

Normenkontrolle
Von großer politischer Bedeutung ist die Zuständigkeit des Bundesverfassungsgerichts für die Normenkontrolle. Es kontrolliert, ob ein Gesetz, eine Norm, mit dem 30 Grundgesetz übereinstimmt. Es gibt zwei Arten von Verfahren der Normenkontrolle: Konkrete Normenkontrolle: Wenn ein Gericht bei der Verhandlung eines konkreten Falles zu der Überzeugung gelangt, dass 35 das anzuwendende Gesetz nicht mit dem

Verfassungsbeschwerde

Ca. 96 % der „Fälle" vor dem Bundesverfassungsgericht sind Verfassungsbeschwerden. Von allen eingehenden Beschwerden werden aber lediglich 0,5 % von einem der beiden Senate behandelt. Der Rest der über 6.000 Beschwerden pro Jahr wird von einer aus drei Bundesverfassungsrichtern bestehenden Kammer entschieden (Ablehnung der Annahme oder Stattgabe der Beschwerde).

Grundgesetz vereinbar ist, muss es das Verfahren unterbrechen und die Entscheidung des Bundesverfassungsgerichts ein-
40 holen.

Abstrakte Normenkontrolle: Auf Antrag der Bundesregierung, einer Landesregierung oder mindestens eines Drittels der Bundestagsabgeordneten prüft das Bun-
45 desverfassungsgericht, ob Bundesrecht oder Landesrecht mit dem Grundgesetz übereinstimmt. Das Gericht entscheidet in solchen Verfahren „abstrakt" über die Verfassungsmäßigkeit eines Gesetzes oder ei-
50 nes Vertrages, bevor das Gesetz in einem „konkreten" Fall angewendet worden bzw. der Vertrag rechtsgültig geworden ist. Hier geht es um Entscheidungen in wichtigen Fragen, oftmals um zentrale politische
55 Kontroversen. [...]

Meinungsverschiedenheiten zwischen Verfassungsorganen

Verfassungsstreitigkeiten zwischen Organen sind verhältnismäßig selten. Dabei geht es um Meinungsverschiedenheiten 60 über die Rechte und Pflichten von Bund und Ländern oder um Streitigkeiten zwischen Ländern. Antragsberechtigt sind Bundesregierung oder Landesregierungen. Streitigkeiten zwischen Verfassungsorga- 65 nen des Bundes nennt man Organstreitigkeiten. Prozessparteien können die obersten Bundesorgane (Bundestag, Bundesrat, Bundesregierung, Bundespräsident), aber auch Bundestagsfraktionen und einzelne 70 Abgeordnete, zu bestimmten Streitfragen (Zulassung zur Wahl, Parteienfinanzierung, Fünfprozentklausel) auch Parteien sein.

Von den weiteren Zuständigkeiten des 75 Bundesverfassungsgerichts ist vor allem die Aufgabe zu erwähnen, über die Verfassungsmäßigkeit von Parteien zu entscheiden und gegebenenfalls ein Parteiverbot auszusprechen. 80

Horst Pötzsch, Die deutsche Demokratie, 5. Auflage, Bonn 2009, S. 144 ff.

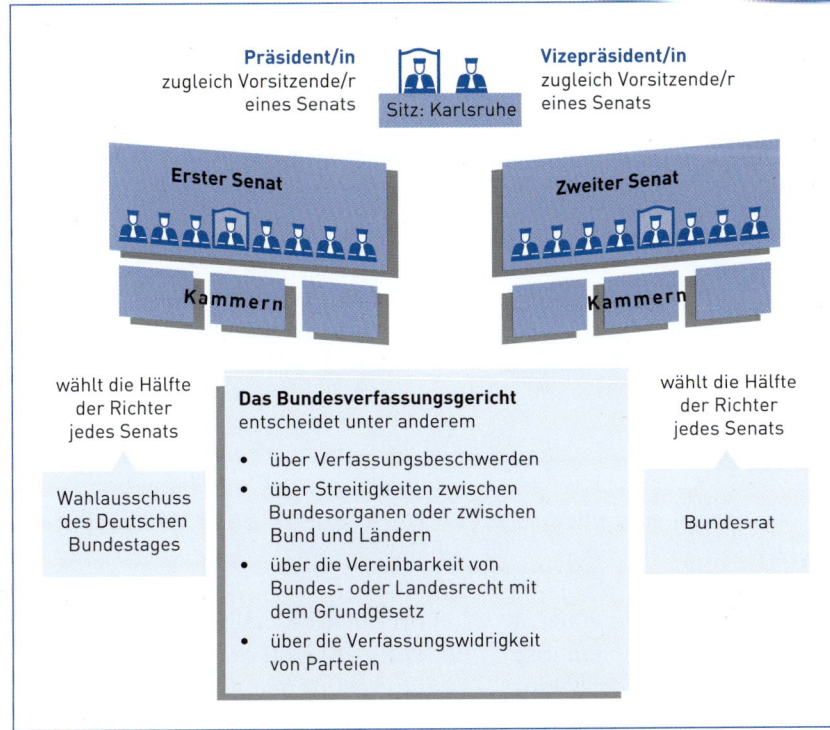

Bergmoser + Höller Verlag AG, Zahlenbilder 129015

M 20 ● Karlsruhe kippt deutsche Regelung

Die Regelungen zur Vorratsdatenspeicherung sind nicht mit dem Grundgesetz vereinbar. Der Erste Senat des Bundesverfassungsgerichts in Karlsruhe begründete seine Entscheidung damit, dass die Datensammlung des Staates in der jetzigen Form gegen das Fernmeldegeheimnis verstoße. Damit wurde das entsprechende Gesetz außer Kraft gesetzt. Der Gesetzgeber muss ein neues Gesetz verabschieden und die vorhandenen Daten löschen lassen. (Az.: 1 BvR 256/08 u.a.)

Die Karlsruher Richter erklären die Vorratsdatenspeicherung allerdings für zulässig, wenn eine Reihe enger Vorgaben zur Verwendung der Daten, zu ihrer Sicherheit bei der Speicherung sowie zur Transparenz bei ihrer Verwendung erfüllt werden.

Nach Ansicht der Richter handelt es sich bei der Speicherung aller Telefon- und Internetverbindungsdaten für sechs Monate um einen „besonders schweren Eingriff in das Fernmeldegeheimnis", weil die Verbindungsdaten inhaltliche Rückschlüsse „bis in die Intimsphäre" ermöglichten und damit aussagekräftige Persönlichkeits- oder Bewegungsprofile gewonnen werden könnten.

Weil zudem Missbrauch möglich ist und die Datenverwendung von den Bürgern nicht bemerkt werde, sei die Vorratsdatenspeicherung in ihrer bisherigen Form geeignet, „ein diffus bedrohliches Gefühl des Beobachtetseins hervorzurufen".

woja, dpa, www.sueddeutsche.de, 02.03.2010

Info

Europäischer Gerichtshof

Der Europäische Gerichtshof (EuGH) ist das Rechtsprechungsorgan der Europäischen Union. Er hat seinen Sitz in Luxemburg. Die Aufgabe des Gerichts besteht darin, das EU-Recht bei der Auslegung und Anwendung der europäischen Verträge sowie der von den Organen der Europäischen Union erlassenen Rechtsvorschriften wie Richtlinien und Verordnungen zu wahren. Im Gerichtshof ist jedes Mitgliedsland der EU mit einem Richter oder einer Richterin vertreten. [...] Als Verfassungsgericht entscheidet er bei Streitigkeiten zwischen den EU-Organen und bei der Kontrolle der Rechtmäßigkeit der Gesetzgebung der EU;

- als Verwaltungsgericht überprüft er, ob die Verwaltungsvorschriften und das Verwaltungshandeln der EU-Kommission und der Behörden der Mitgliedstaaten mit dem EU-Recht vereinbar sind;
- als Arbeits- und Sozialgericht entscheidet er bei Fragen, die die Freizügigkeit, die soziale Sicherheit der Arbeitnehmer und die Gleichbehandlung von Mann und Frau im Arbeitsleben betreffen;
- als Strafgericht überprüft er die Bußgeldentscheidungen der EU-Kommission;

- als Zivilgericht urteilt er bei Schadensersatzklagen und bei der Auslegung der Brüsseler Konvention über die Anerkennung und die Vollstreckung gerichtlicher Entscheidungen in Zivil- und Handelssachen.

Der EuGH kann von einem Mitgliedstaat, einem Organ der EU sowie von unmittelbar und individuell betroffenen natürlichen und juristischen Personen angerufen werden. Jede Bürgerin und jeder Bürger kann sich also an den EuGH wenden.

Presse- und Informationsamt der Bundesregierung, www.bundesregierung.de, Abruf am 22.6.2016

M 21 ● Aus dem Urteil des Europäischen Gerichtshofes zur Vorratsdatenspeicherung

Desgleichen greift die Richtlinie 2006/24 in das durch Art. 8 der Charta garantierte Grundrecht auf den Schutz personenbezogener Daten ein, da sie eine Verarbeitung personenbezogener Daten vorsieht.

[...] Der mit der Richtlinie 2006/24 verbundene Eingriff in die in Art. 7 und Art. 8 der Charta verankerten Grundrechte ist, [...] von großem Ausmaß und als besonders schwerwiegend anzusehen. Außerdem ist der Umstand, dass die Vorratsspeicherung der Daten und ihre spätere Nutzung vorgenommen werden, ohne dass der Teilnehmer oder der registrierte Benutzer darüber informiert wird, geeignet, bei den Betroffenen [...] das Gefühl zu erzeugen, dass ihr Privatleben Gegenstand einer ständigen Überwachung ist. [...] Die Richtlinie 2006/24/EG des Europäischen Parlaments und des Rates vom 15. März 2006 über die Vorratsspeicherung von Daten, die bei der Bereitstellung öffentlich zugänglicher elektronischer Kommunikationsdienste oder öffentlicher Kommunikationsnetze erzeugt oder verarbeitet werden [...] ist ungültig.

www.curia.europe.eu, 8.4.2014

M 22 ● Justizminister Heiko Maas: Karlsruhe ist nicht das Problem

Neunundfünfzigmal ist der Text des Grundgesetzes seit 1949 geändert worden. Bestehende Artikel wurden verändert, neue kamen hinzu. Das ist konsequent, denn auch die Welt hat sich gewandelt. Das Staatsziel Umweltschutz, das Verfassungsgebot zur tatsächlichen Durchsetzung der Gleichberechtigung von Mann und Frau oder die Neujustierung der Aufgabenteilung zwischen Bund und Ländern haben das Grundgesetz erneuert und bereichert. [...]

Das Grundgesetz verdankt seine Autorität ganz besonders dem Verfassungsgericht. Trotzdem wird in der Politik immer wieder Klage laut, Karlsruhe überdehne die Grenzen seiner Zuständigkeit und mische sich in das Geschäft von Parlament und Regierung ein. Diese Vorwürfe sind so alt wie das Bundesverfassungsgericht selbst. Konflikte und Reibungen sind keine Krisensymptome, sondern Lebenszeichen einer funktionierenden Partnerschaft. Das Verfassungsgericht soll die Belange der Minderheit notfalls auch gegen eine politische Mehrheit schützen. Da wundert es nicht, dass die Mehrheit nicht immer applaudiert. Anlass zum Umsteuern gibt es deshalb nicht. Im Gegenteil: Eine Änderung der Struktur und der Zuständigkeiten des Verfassungsgerichts brauchen wir nicht. Die Politik muss sich vielmehr selbstkritisch fragen, ob sie nicht ihren Teil dazu beigetragen hat, dass so viele grundsätzliche politische Fragen in Karlsruhe geklärt werden müssen. Wer nicht den Mut und die Kraft hat, selbst zu entscheiden, sollte sich nicht über die Urteile anderer beschweren. [...] Unser Grundgesetz mit seiner starken Verfassungsgerichtsbarkeit ist inzwischen zu einem Exportschlager in Europa und der Welt geworden. Das verdankt es auch seiner kontinuierlichen Aktualisierung. Aber allen Veränderungen zum Trotz ist die freiheitliche DNA des Grundgesetzes unangetastet geblieben.

Heiko Maas, www.faz.net, 22.05.2014

Aufgaben

1 Analysieren Sie die Karikatur M 18 und setzen Sei diese in Beziehung zum Gesetzgebungsverfahren zur Vorratsdatenspeicherung.

2 Geben Sie die Aufgaben und Rechte des Bundesverfassungsgerichts wieder. (M 19)

3 Analysieren und vergleichen Sie die Rechtsprechungen des Bundesverfassungsgerichtes und des Europäischen Gerichtshofes. (M 20, M 21)

4 a) Erarbeiten Sie die Position zum Spannungsverhältnis von Legislative und Judikative, die Justizminister Heiko Maas einnimmt. (M 22)

   b) Diskutieren Sie diese vor dem Hintergrund der Gesetzgebung und Rechtsprechung zur Vorratsdatenspeicherung.

Der internationale Terrorismus als Herausforderung für die Politik
M 1 - M 3

Seit den Terroranschlägen vom 11. September 2001 in den USA wurde auch in der Bundesrepublik die **Sicherheitsgesetzgebung** stark ausgeweitet (v.a. Zugriff auf elektronisch gespeicherte, persönliche Daten, Überwachung und Speicherung von Kommunikationsdaten).

Im Fall der so genannten **Vorratsdatenspeicherung** wurde die Bundesrepublik aufgefordert, eine entsprechende **europäische Richtlinie** in deutsches Recht umzusetzen. Die Sicherheitsgesetzgebung veranlasste das Bundesverfassungsgericht immer wieder zu mehreren Grundsatzentscheidungen, um Regierung und Veraltung enge Grenzen für die staatlichen **Eingriffe in die Freiheitsrechte** der Bürger zu setzen.

Gesetzgebungsverfahren und informelles Regierung
M 4 - M 17

Im Gesetzgebungsverfahren wirken **Bundesregierung**, **Bundestag** und **Bundesrat** zusammen. Durch das sehr komplexe Gesetzgebungsverfahren, das auch gesellschaftlichen Akteuren Raum zur Einflussnahme ermöglicht, erreichen die Entscheidungen ein hohes Maß an **Legitimität**. Allerdings werden vor der Einleitung des formellen Gesetzgebungsverfahrens im Koalitionsausschuss, der in Mehrparteienregierungen der Normalfall ist, mehrheitsfähige Kompromisslösungen ausgehandelt. Kritiker behaupten, dass sich so die politische Entscheidungskompetenz verlagern würde.

Bundesverfassungsgericht und Europäischer Gerichtshof
M 18 - M 22

Das **Bundesverfassungsgericht (BVG)** ist das oberste deutsche Gericht. Es prüft, inwieweit das Handeln der Staatsorgane verfassungsgemäß ist. Jedem Bürger steht es frei, sich mit einer **Verfassungsbeschwerde** an das BVG zu wenden, wenn er sich in seinen Grundrechten eingeschränkt fühlt. Bei der **abstrakten Normenkontrolle** überprüft das BVG die Verfassungsmäßigkeit auf Antrag der Bundesregierung, einer Länderregierung oder mindestens eines Drittel der Bundestagsabgeordneten. Bei der **konkreten Normenkontrolle** geschieht dies auf Antrag eines Gerichts.

Der **Europäische Gerichtshof (EuGH)** ist das oberste Rechtsprechungsorgan und damit Teil der Judikative der Europäischen Union. Er ist zugleich **Verfassungs-, Verwaltungs-, Arbeits- und Sozial-, Straf- und Zivilgericht**.

BKA-Gesetz teilweise verfassungswidrig

Die weitreichenden Befugnisse des Bundeskriminalamts [BKA] zur Terrorabwehr sind zum Teil verfassungswidrig. Das entschied das Bundesverfassungsgericht. „Die
5 Befugnisse der Behörde zur heimlichen Überwachung greifen in der Praxis unverhältnismäßig in die Grundrechte der Bürger ein", so die Richter. So fehle es zum Teil an flankierenden rechtsstaatlichen Absi-
10 cherungen, „insbesondere zum Schutz des Kernbereichs privater Lebensgestaltung". Sie machten zahlreiche Vorgaben, damit die Regelung vorerst weiter angewandt werden kann, und setzte dem Gesetzgeber
15 eine Frist zur Nachbesserung bis Ende Juni 2018. Die beanstandeten Regelungen dürfen bis dahin zum Teil nur mit Einschränkungen angewandt werden. [...]
Um Anschläge zu verhindern, dürfen die
20 Ermittler seit 2009 Wohnungen abhören, Überwachungskameras installieren und Telefonate anzapfen. Zudem ist dem BKA die Bespitzelung von unbeteiligten Kontaktpersonen erlaubt. Das [...] BKA-Gesetz ist
25 auch Grundlage für den „Bundestrojaner", eine eigens entwickelte Software, die auf der Computer-Festplatte eines Terrorverdächtigen Daten zum Beispiel aus Chats abschöpft. Laut Urteil sind solche Eingriffe
30 in die Persönlichkeitsrechte zur Terrorab-

wehr zwar grundsätzlich zulässig - allerdings nur, wenn sie das Verhältnismäßigkeitsgebot „strikt einhalten". Diesen Anforderungen werden allerdings viele der Ausführungsbestimmungen nicht gerecht: 35 Das Gericht entschied, dass sie teils zu unbestimmt sind oder zu weit gehen, dass es an Transparenz oder richterlicher Kontrolle sowie der Pflicht fehlt, das Parlament und die Öffentlichkeit über Maßnahmen zu in- 40 formieren. [...] So müssten mehr Schutzvorschriften in das Gesetz. Zum Beispiel bei der Wohnraumüberwachung: Dort werde mit Kameras oder Mikrofonen in den Wohnungen sehr stark in die Intimsphäre 45 der Menschen eingegriffen. Deshalb müsse jetzt im Gesetz klar geregelt werden, dass eben nur die überwacht werden dürften, die wirklich im Verdacht stünden, möglicherweise terroristische Anschläge zu be- 50 gehen. Dritte, die sich auch in der Wohnung aufhalten [könnten], [dürften] nicht davon betroffen sein [...]. Besonders hohe Anforderungen formuliert das mehr als 100 Seiten starke Urteil für die Überwa- 55 chung von Wohnungen und die Online-Durchsuchung, die tief in die Privatsphäre eindringen. Die Bundesregierung will nun zügig nachbessern.
www.tagesschau.de, 20.04.2016

Aufgaben

1 Fassen Sie den Sachverhalt zum „BKA-Gesetz" und zum Urteil des Bundesverfassungsgerichts zusammen.

2 Erklären Sie zentrale Aspekte der Funktionsweise des bundesdeutschen Rechtsstaates an diesem Beispiel.

3 Bundesinnenminister Thomas de Maiziere äußerte sich zu diesem Urteil in einem Interview mit dem Nachrichtenmagazin „Der Spiegel" (17/2016), es sei nicht Aufgabe des Gerichts, „ständig dem Gesetzgeber in den Arm zu fallen". Verfassen Sie von dieser Äußerung ausgehend einen Kommentar zum Spannungsverhältnis von Legislative und Judikative.

Eine Schülervorstellung von Parteien

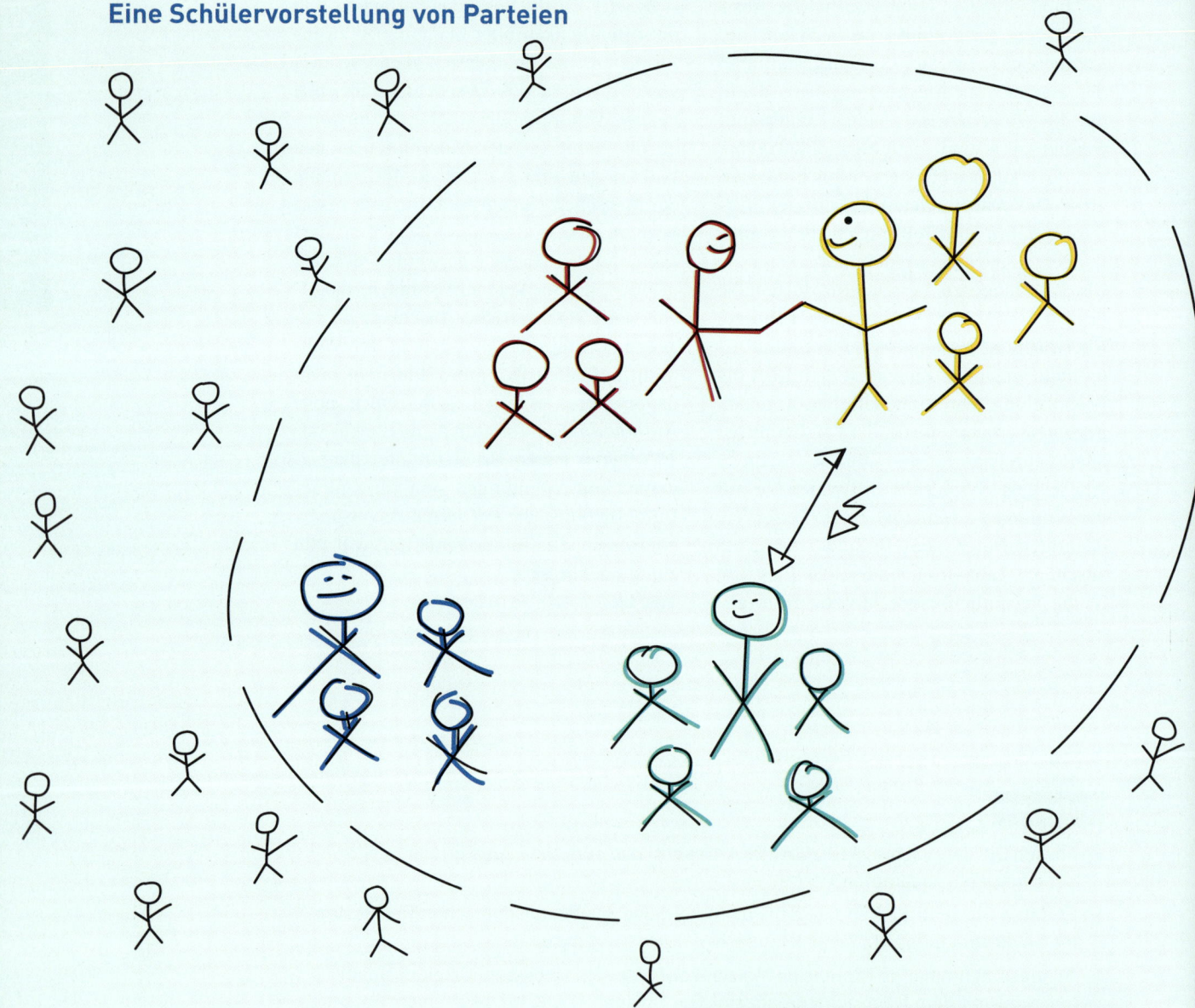

Herausforderungen der Parteiendemokratie

Parteien spielen eine überragende Rolle bei der personellen und inhaltlichen Gestaltung von Politik. Doch können Parteien heute noch die ihnen gesetz- und verfassungsmäßig übertragenen Aufgaben für das politische System erfüllen? Ist es überhaupt noch gerechtfertigt, dass sie – auch angesichts schwindenden Mitgliederzuspruchs – überhaupt noch vor dem Gesetz und materiell gegenüber anderen Vereinigungen privilegiert werden? Und wie könnte (innerparteiliche) Partizipation so gestaltet werden, dass die Parteien wieder attraktiver werden, gerade auch für jüngere Menschen?

Durch Wahlen werden die Repräsentanten überhaupt vom souveränen Volk zu politischen Entscheidungen legitimiert. Doch reichen Wahlen heutzutage, um politische Legitimität herzustellen, oder braucht es Verfahren direkter bzw. deliberativer Demokratie, um das System zu stärken? Und selbst wenn man ausschließlich Verfechter repräsentativer Verfahren ist, gibt es eine Fülle von Möglichkeiten, das Institutionensystem auszugestalten, wie der Unterschied zwischen präsidentiellem und parlamentarischem Regierungstypus genauso zeigt wie der Vergleich des zwischen dem bundesdeutschen und dem europäischen Wahlsystem.

Aus soziologischer Perspektive ergibt sich überdies die Frage, wie tatsächliches Wählerverhalten zu erklären ist: Entscheiden Wählende rational-interessegeleitet oder sind sie „Gefangene" langfristiger Parteibindungen? Wie ist Wechselwahlverhalten und Wahlabstinenz zu erklären? Und: Gibt es Protestwähler wirklich?

Was wissen und können Sie schon?

1 Beschreiben Sie die Zeichnung und arbeiten Sie daraus die Vorstellungen der Reutlinger Schülerinnen zu politischen Parteien heraus.

2 Nennen Sie politische Beteiligungsmöglichkeiten – in Parteien und darüber hinaus – die Sie kennen und nutzen/genutzt haben.

3 Begründen Sie, warum Sie bestimmte politische Beteiligungsmöglichkeiten eher nutzen (würden) als andere.

KOMPETENZEN

Am Ende dieses Kapitels sollten Sie Folgendes wissen und können:

… wesentliche Elemente des politischen Systems der Bundesrepublik Deutschland (insb. Parteien- und Wahlsystem sowie Institutionengefüge) beschreiben.

… Wählerverhalten, Parteientstehung, Gefüge von Staatsorganen u. ä. theoretisch erklären bzw. demokratietheoretisch einordnen.

… Reformvorschläge für das politische System (z. B. Wahlrecht, Volksabstimmungen, Deliberation) kriteriengeleitet bewerten

2.1 Politische Parteien – Ermöglicher von Mitgestaltung oder überkommene Machtapparate?

Basiskonzept	Kategorien	Leitfragen
System und Struktur	Politische Herrschaft und Ordnung Legitimität und Effizienz	· Welche Bedeutung haben Parteien für das politische System bzw. sollten sie haben? · Sollten Parteien angesichts ihrer Aufgaben(erfüllung) ihre verfassungsrechtliche Sonderstellung behalten?
Wandel	Transformation	· Wie und warum verändern sich Parteien und das Wählerverhalten?

2.1.1 Wie sollten sich junge Menschen in Parteien beteiligen können?

M 1 ● Vertrauen Jugendliche politischen Parteien?

„Sieht man ja alleine an den Wahlversprechen. Die werden ja auch nicht eingehalten. Die [Politiker bzw. politischen Parteien] machen nur Wahlversprechen, weil sie wissen, wir wollen das, und dann machen sie sie doch nicht, weil sie denken, „jetzt sind wir ja an der Macht.“

Katrin, 21 Jahre, Studentin, West

Zitiert nach: Deutsche Shell Holding (Hg.), Jugend 2015. Eine pragmatische Generation im Aufbruch. Frankfurt a. M. 2015, S. 180

Polizei 3,5

Gerichte 3,5

Umweltschutzgruppen 3,5

Gewerkschaften 3,3

Bürgerinitiativen 3,3

Menschenrechtsgruppen 3.5

Europäische Union 3,1

Bundesregierung 3,0

Große Unternehmen 2,8

Kirchen 2,7

Banken 2,6

Parteien 2,6

Vertrauen in gesellschaftliche Gruppierungen und Institutionen. Jugendliche im Alter von 15 bis 25 Jahren. Mittelwerte bei einer Skala von 1 (sehr wenig Vertrauen) bis 5 (sehr viel Vertrauen). N = 2.064

Autorengrafik, Zahlen nach: Deutsche Shell Holding (Hg.), Jugend 2015. Eine pragmatische Generation im Aufbruch. Frankfurt a. M. 2015, S. 177

M 2 ● Wie möchten sich junge Menschen politisch beteiligen?

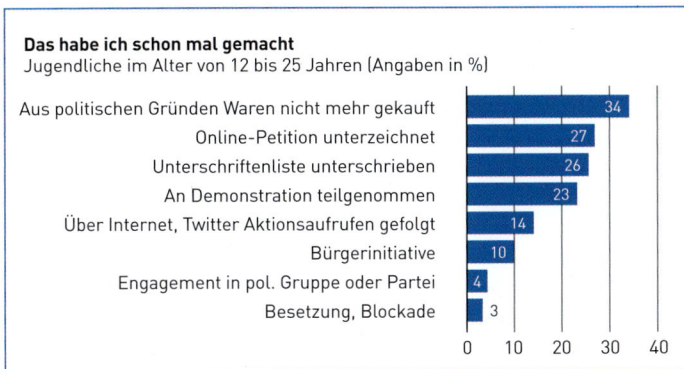

Das habe ich schon mal gemacht
Jugendliche im Alter von 12 bis 25 Jahren (Angaben in %)

Aus politischen Gründen Waren nicht mehr gekauft	34
Online-Petition unterzeichnet	27
Unterschriftenliste unterschrieben	26
An Demonstration teilgenommen	23
Über Internet, Twitter Aktionsaufrufen gefolgt	14
Bürgerinitiative	10
Engagement in pol. Gruppe oder Partei	4
Besetzung, Blockade	3

Nach: Mathias Albert, Klaus Hurrelmann, Gudrun Quenzel & TNS Infratest Sozialforschung, Deutsche Shell Holding (Hg.), Jugend 2015. Eine pragmatische Generation im Aufbruch. Frankfurt a. M. 2015, S. 198.

M 3 ● Mitgliederentwicklung deutscher Parteien

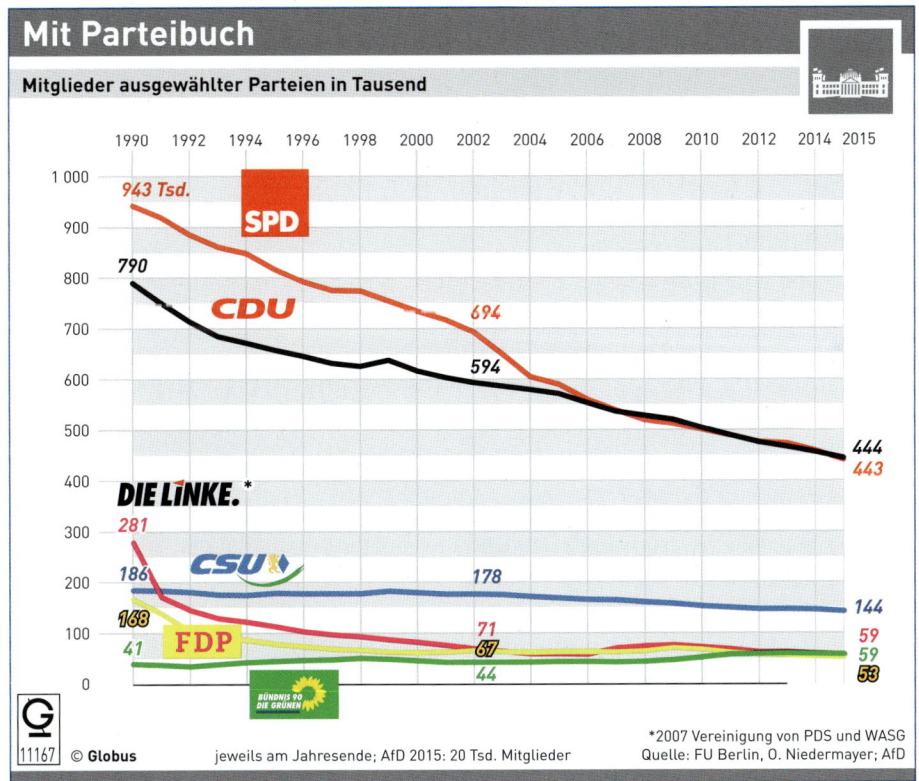

Mit Parteibuch

Mitglieder ausgewählter Parteien in Tausend

SPD 943 Tsd. → 443
CDU 790 → 694 → 594 → 444
DIE LINKE.* 281 → 71 → 59
CSU 186 → 178 → 144
FDP 168 → 67 → 53
BÜNDNIS 90/DIE GRÜNEN 41 → 44 → 59

© Globus 11167 jeweils am Jahresende; AfD 2015: 20 Tsd. Mitglieder

*2007 Vereinigung von PDS und WASG
Quelle: FU Berlin, O. Niedermayer; AfD

Politisches Interesse junger Deutscher

Jahr	(Starkes) Interesse an Politik (in %)
1991	57
1996	47
1999	43
2002	34
2006	39
2010	40
2015	46

Repräsentative Umfrage unter 15- bis 24-jährigen Deutschen.

Zahlen nach: Deutsche Shell Holding (Hg.), a.a.O., S. 157.

Durchschnittsalter von Parteimitgliedern

Jahr	Durchschnittsalter in Jahren
Die Linke	60
CDU	59
SPD	59
CSU	58
FDP	54
Bündnis 90/ Die Grünen	49

Stand: 31.12.2014

Zahlen nach: www.statista.com, Abruf am 18.4.2016

Aufgaben

1. a) Beschreiben Sie Katrins Kritik an politischen Parteien. (M 1)

   b) Vergleichen Sie den Grad an Vertrauen junger Deutscher in politische Parteien mit dem in andere Institutionen und arbeiten Sie mögliche dafür Ursachen heraus. (M 1)

2. Charakterisieren Sie das politische Interesse junger Menschen in Deutschland. (M 2, Randspalte)

3. Erklären Sie die (jüngere) Mitgliederentwicklung der Parteien im deutschen Bundestag. (M 2, M 3, Randspalte)

F zu Aufgabe 1
Beurteilen Sie vorläufig Katrins Kritik an politischen Parteien.

F zu Aufgabe 3
Entwickeln Sie Grundzüge einer Parteistrategie, mehr jüngere Menschen für die Parteiarbeit zu interessieren und ggf. mittelfristig als Mitglieder zu gewinnen.

2.1.2 Sollen die Parteien ihre privilegierte Rechtsstellung behalten?

M 4 ● Deutsche Bundespräsidenten über Parteien

Parteien sind „machtvergessen und machtversessen".
Richard v. Weizsäcker,
DIE ZEIT Nr. 26, 19.6.1992

„Die Parteien tragen seit Jahrzehnten wesentlich zur Ausgestaltung unserer Freiheit, unseres sozialen Friedens, unseres Wohlstandes bei. Ohne sie wären wir nicht da, wo wir heute sind."
Bundespräsident Joachim Gauck, in:
Der Spiegel, 4.3.2013

M 5 ● Stellung der Parteien im Grund- und Parteiengesetz

Grundgesetz, Art. 21

(1) Die Parteien wirken bei der politischen Willensbildung des Volkes mit. Ihre Gründung ist frei. Ihre innere Ordnung muss demokratischen Grundsätzen entsprechen. Sie müssen über die Herkunft und Verwendung ihrer Mittel sowie über ihr Vermögen öffentlich Rechenschaft geben.

(2) Parteien, die nach ihren Zielen oder nach dem Verhalten ihrer Anhänger darauf ausgehen, die freiheitliche demokratische Grundordnung zu beeinträchtigen oder zu beseitigen oder den Bestand der Bundesrepublik Deutschland zu gefährden, sind verfassungswidrig. Über die Frage der Verfassungswidrigkeit entscheidet das Bundesverfassungsgericht.

§ 1 Verfassungsrechtliche Stellung und Aufgaben der Parteien

(1) Die Parteien sind ein verfassungsrechtlich notwendiger Bestandteil der freiheitlichen demokratischen Grundordnung. Sie erfüllen mit ihrer freien, dauernden Mitwirkung an der politischen Willensbildung des Volkes eine ihnen nach dem Grundgesetz obliegende und von ihm verbürgte öffentliche Aufgabe.

(2) Die Parteien wirken an der Bildung des politischen Willens des Volkes auf allen Gebieten des öffentlichen Lebens mit, indem sie insbesondere auf die Gestaltung der öffentlichen Meinung Einfluss nehmen, die politische Bildung anregen und vertiefen, die aktive Teilnahme der Bürger am politischen Leben fördern, zur Übernahme öffentlicher Verantwortung befähigte Bürger heranbilden, sich durch Aufstellung von Bewerbern an den Wahlen in Bund, Ländern und Gemeinden beteiligen, auf die politische Entwicklung in Parlament und Regierung Einfluss nehmen, die von ihnen erarbeiteten politischen Ziele in den Prozess der staatlichen Willensbildung einführen und für eine ständige lebendige Verbindung zwischen dem Volk und den Staatsorganen sorgen.

(3) Die Parteien legen ihre Ziele in politischen Programmen nieder.

Gesetz über die politischen Parteien (Parteiengesetz), in der Fassung der Bekanntmachung vom 31.1.1994

Info

Parteienprivileg in der Bundesrepublik

Unter dem bundesrepublikanischen Parteienprivileg wird vor allem der besondere Schutz der politischen Parteien verstanden, der ihnen durch Artikel 21 GG gewährt wird. Da sie auf allen Ebenen entscheidend an der politischen Willensbildung beteiligt sein sollen, können sie nur dann verboten werden, wenn das Bundesverfassungsgericht ihre Verfassungswidrigkeit und eine aggressiv-kämpferische Grundhaltung ihrer Mitglieder festgestellt hat. Deutlich wird das Privileg auf nationaler Ebene im Vergleich mit dem Vereinigungsvebot (Art. 9, Abs. 2 GG), das durch den Innenminister des Bundes- oder den des betroffenen Bundeslandes ausgesprochen wird. Auf internationaler Ebene existiert kaum ein ähnliches Parteienprivileg: So werden beispielsweise in den parteienskeptischen USA durch allgemeine Vorwahlen die Bürger bereits an der Kandidatenauswahl beteiligt, in Großbritannien haben Parteien dieselbe Rechtsstellung wie private Vereinigungen.

Autorentext

M 6 ● Funktionen politischer Parteien in der Bundesrepublik

Für das Funktionieren der bundesrepublikanischen Demokratie entscheidend sind gerade jene Funktionen, die Parteien als Mittler zwischen Gesellschaft und Staat wahrnehmen. [...]

Auswahlfunktion

Durch Parteien findet die Rekrutierung und Auswahl der politischen Elite aus der Gesellschaft - vom Ortsrat bis zum Kanzleramt - statt. Was häufig übersehen und moralisierend abgewertet wird: Parteien waren und sind immer auch Patronageorganisationen, das bedeutet Vereinigungen von Bürgern, die Ämter, Posten, Funktionen, Beförderungen und Karrieren zu vergeben haben. Daran ist nichts Anrüchiges. Politisch problematisch (und dann moralisch fragwürdig) ist es, wenn Machtpositionen um ihrer selbst willen erobert werden, es also nicht mehr um die Durchsetzung von Inhalten geht. [...]

Interessenausgleichsfunktion

Auch innerparteilich bemühen Parteien sich, gegenläufige und widerstreitende Interessen verschiedener gesellschaftlicher Gruppen, die außerhalb wie innerhalb der Partei organisiert sein können, auszugleichen, zwischen ihnen einen Kompromiss zu finden und zugleich eine eigene „parteiliche" Position zu formulieren. Parteien integrieren also die breit gestreuten Gruppeninteressen. [...]

Vermittlungsfunktion

Parteien und ihre Vertreter in Parlamenten und Regierungen sind Repräsentanten von Partikularinteressen, von spezifischen Interessen, die in der Gesellschaft angelegt sind. Parteien vertreten immer nur Teilinteressen, nicht das Gesamtinteresse einer Gesellschaft, nicht das Gemeinwohl. Der Politikwissenschaftler Ernst Fraenkel hat das sinngemäß so ausgedrückt: Erst wenn die Parteien und ihre Parlamentarier sich auch dazu bekennen, Repräsentanten von - zugespitzt formuliert - Sonderinteressen bzw. Sonderbedürfnissen zu sein, wird die freimütige Austragung von kollektiven Interessengegensätzen möglich. [...]

Legitimierungsfunktion

Indem Parteien die Vermittlungs- und die Interessenausgleichsfunktionen wahrnehmen, tragen sie zur Begründung des politischen Systems und zur Konsensstiftung bei. Die bundesrepublikanische Demokratie, der Parteienstaat, bietet Regelungsmechanismen zur Konfliktaustragung zwischen den Parteien und innerhalb der Parteien und damit auch zwischen auseinandergehenden gesellschaftlichen Interessen. Es sind Regeln festgelegt, nach denen Kampf um Macht(anteil) stattfindet, ohne dass dieser in Bürgerkrieg ausartet. [...]

Peter Lösche, Informationen zur politischen Bildung (Heft 292), Bonn 2013, S. 12 f.

M 7 ● Woher erhalten die Parteien ihr Geld?

■ Einnahmen der Parteien

Im Bundestag vertretene Parteien, Einnahmen in Mio. Euro, 2013

	Mitgliedsbeiträge	Mandatsträgerbeiträge	Spenden	Staatliche Mittel	sonstige Einnahmen	
SPD	49,6	23,6	15,0	47,9	28,5	164,6
CDU	38,7	17,5	30,8	48,1	16,0	151,1
CSU	10,0	3,2	14,6	12,0	7,8	47,6 insgesamt
GRÜNE	8,7	9,0	5,0	15,1	2,4	40,2
FDP	6,6	2,8	10,9	10,5	2,6	33,3
LINKE	9,2	3,6	2,6	11,1	1,1	27,6

0 10 20 30 40 50 60 70 80 90 100 110 120 130 140 150 160 170 in Mio. Euro

Quelle: Durch den Deutschen Bundestag veröffentlichte Rechenschaftsberichte der Parteien; 2013: Bundestagsdrucksachen 18/4300 vom 11.3.2015 (BT-Parteien) und 18/4301 vom 11.3.2015 (sonst. Parteien)
Lizenz: Creative Commons by-nc-nd/3.0/de
Bundeszentrale für politische Bildung, 2015, .www.bpb.de

Nach: www.bpb.de, Abruf am 20.4.2014

Info

Staatliche Parteienfinanzierung

Um Wahlkämpfe und das laufende Geschäft finanzieren zu können, benötigen Parteien Einnahmen.

Die im Jahr 1959 eingeführte staatliche Parteifinanzierung wird begründet durch die Funktionen, die (nur) die Parteien für das demokratische System erbringen (können). Die Höhe der Zuschüsse richtet sich (seit 1994) allgemein gesagt nach der Repräsentativität bzw. gesellschaftlichen Verankerung der jeweiligen Partei. Jene wird bestimmt nach Stimmenprozenten bei Wahlen, Höhe der erhaltenen Spenden und eingenommenen Mitglieder- bzw. Mandats-beiträgen. Dabei erhalten die Parteien für die ersten 4 Millionen Stimmen bei Bundestags- bzw. Landtagswahlen 0,85 Euro und für jede weitere Stimme 0,70 Euro. Für jeden Euro erhaltener Spenden (bis max. 3.300 Euro pro Spender) und Beiträge erhalten die Parteien 0,38 Euro.

Die staatliche Parteifinanzierung ist absolut gedeckelt (2012 bei 150,8 Millionen Euro/Jahr). Dieser Betrag erhöht sich jährlich automatisch um die Inflationsrate parteispezifischer Ausgaben.

Autorentext

M 8 ● Parteimitglieder – ein Querschnitt der Bevölkerung?

a) Bildungsabschluss der Mitglieder

	CDU	CSU	SPD	Die Linke	B 90/ Die Grünen	FDP	Gesamtbe-völkerung
Hochschule	38	33	37	46	68	56	28,3
(Fach-)Abitur	14	9	13	17	17	17	
Mittlere Reife	26	27	22	18	11	17	28,9
Hauptschule/ ohne Abschluss	22	32	28	19	5	10	42,7

(Stand: 2009)
Zahlen nach: Markus Klein, Wie sind die Parteien gesellschaftlich verwurzelt?, in: Tim Spier et al. (Hg.): Partei-mitglieder in Deutschland. Wiesbaden 2011, S. 39-59, S. 47.

b) Geschlechterverteilung der Mitglieder

	CDU	CSU	SPD	Die Linke	B 90/ Die Grünen	FDP	AfD	Gesamtbe-völkerung
Frauen	25,9	20,1	32,0	37,2	38,6	22,8	16,0	51
Männer	74,1	79,9	68,0	62,8	61,4	77,2	84,0	49

(Stand: 2015)
Aus: Oskar Niedermayer, Parteimitglieder in Deutschland: Version 2016. Arbeitshefte aus dem Otto-Stammer-Zentrum, Nr. 26. Berlin 2016, S. 17.

c) Altersverteilung der Mitglieder

	CDU	CSU	SPD	Die Linke	B 90/ Die Grünen	FDP	Gesamt-bevölkerung
bis 30	5,8	5,3	7,5	11,9	12,7	9,5	30,5
31-40	9,0	10,4	8,1	9,3	16,3	14,6	11,8
41-50	14,9	16,8	11,2	10,3	20,1	18,3	16,6
51-60	19,0	20,6	19,8	17,8	29,1	18,0	14,6
über 60	51,3	46,9	53,4	50,7	21,8	39,6	26,3
Durchschnitts-alter	60	59	60	59	50	54	45,9
Mindest-eintrittsalter	16	16	14	14	keines	16	

(Stand: 2015)
AfD (2013): bis 35 Jahre – 18,1 %; 36-64 Jahre – 60,9 %; 65 Jahre und älter – 21,0 %
Aus: Oskar Niedermayer, Parteimitglieder in Deutschland: Version 2016. Arbeitshefte aus dem Otto-Stammer-Zentrum, Nr. 26. Berlin 2016, S. 21f.

Aufgaben

1 Geben Sie die wesentlichen Elemente der Rechtsstellung von Parteien in Deutschland wieder. (M 5, Info)

2 Arbeiten Sie Verbindungen zwischen der Legitimitätsfunktion und den anderen Funktionen der Parteien für das politische System heraus. (M 6)

3 Erklären Sie die besondere rechtliche und finanzielle Privilegierung der politischen Parteien vor dem Hintergrund ihrer Aufgaben. (M 5 – M 7, Info)

4 Die politischen Parteien sollten rechtlich den Verbänden gleichgestellt und damit deutlich weniger privilegiert werden. Nehmen Sie Stellung zu dieser Aussage. (M 3 – M 8)

Z Aufgabe 1
Grenzen Sie politische Parteien von Interessen-verbänden ab (Kap. 5.1.2).

H zu Aufgabe 4
Analysieren Sie die Mitgliederzusammen-setzung und -entwick-lung der Parteien und beziehen Sie sich auf das Kriterium der Repräsentativität.

✪ 2.1.3　Repräsentiert das Parteiensystem die gesellschaftlichen Interessen? – Zur Entwicklung des Parteiensystems und von Parteitypen

M 9 ● Neues Gewicht im Parteienspektrum?

Interpretations-hilfe

Im März 2016 erzielte die „Alternative für Deutschland" (AfD) ihre bis dahin besten Landtagswahlergebnisse (Baden-Württemberg: 15,1%, Rheinland-Pfalz: 12,6%, Sachsen-Anhalt: 24,2%). Ihr Parteilogo wird dominiert durch einen geschwungenen, nach rechts oben weisenden Pfeil.

Protestwähler

Wähler, die ihre Stimme nicht aus Überzeugung oder aus koalitionstaktischen Überlegungen für eine Partei abgeben, sondern zum Signalisieren der eigenen Unzufriedenheit mit den etablierten Parteien. Davon profitieren oft neue Parteien an den politischen Rändern.

Karikatur: Paolo Calleri, 14.3.2016

M 10 ● Programmatische Grundzüge der AFD

Die 2013 gegründete AfD setzt sich für einen Rückbau der Europäischen Union zurück zu einer reinen Freihandelszone ein, da das Abgeben nationaler Rechte an eine
5 supranationale Organisation undemokratisch sei. Die Partei tritt gegen einen Beitritt der Türkei in die Europäische Union ein. Die AfD möchte die Bundeswehr wieder ausbauen und auch verstärkt zur Wah-
10 rung „deutscher Interessen" im Ausland einsetzen. Dazu soll u. a. die Wehrpflicht wieder eingeführt werden. Im Inneren sollen aufgrund einer angeblich verschärften Sicherheitslage Polizei und Justiz mehr
15 „Eingriffsmöglichkeiten" erhalten.
Gesellschaftspolitisch möchte die AfD anscheinend wieder eher traditionelle Geschlechterrollen als z. B. Frauenerwerbstä-

tigkeit politisch fördern. Außerdem soll die weitere Entfaltung des Islams in Deutsch- 20 land u. a. durch ein Minarett-Verbot und ein Kopftuchverbot im öffentlichen Dienst verhindert werden. Durch eine Verschärfung der Asyl- bzw. Flüchtlingsrechte soll der Zuzug von Migranten verringert wer- 25 den.
Wirtschaftspolitisch möchte sich die AfD gegen Regulierung von Wirtschaftsunternehmen – u. a. auch bei CO_2-Emissionen – einsetzen. Die Erbschaftssteuer soll ge- 30 strichen und die Einkommensteuer nach einem Stufentarif erhoben werden. Zur Finanzierung dieser Maßnahmen sollen zentrale Sozialleistungen (wie die bisherige staatliche Arbeitslosenversicherung) priva- 35 tisiert werden.
Autorentext

M 11 ● Warum entstehen und etablieren sich neue Parteien?

Parteien sind ein Produkt gesellschaftlicher Konflikt- oder Spaltungslinien (*cleavages*). Diese stellen einerseits einen Reflex der sozialen Verhältnisse dar, können
5 also an Merkmalen wie Erwerbsposition, Gruppenzugehörigkeit, Lebensstil u. a. festgemacht werden. Auf der anderen Seite dienen sie als analytische Klammer, um eine Vielzahl von politischen Streitfragen
10 zu wenigen Grundkonflikten zusammenzufassen. In der heutigen Parteienforschung wird [häufig] angenommen, dass für eine solche Zusammenfassung im Wesentlichen zwei Kategorien genügen. Alle
15 Konflikte lassen sich danach entweder auf ökonomische oder kulturelle Gegensätze zurückverfolgen.
Die kulturelle Konfliktlinie hat ihren historischen Ursprung im Staat-Kirche-Gegen-
20 satz, der in Deutschland durch den konfessionellen Gegensatz zwischen Protestanten und Katholiken zusätzlich überlagert wurde. Er trennte im 19. Jahrhundert die liberalen von den konservativen Parteien und
25 diese wiederum von der Zentrumspartei als politischem Arm des Katholizismus.
Die ökonomische Konfliktlinie [...] des 19. Jahrhunderts [wurde] vom Klassenkonflikt beherrscht [...]. Auf ihr positionierten sich
30 die sozialdemokratischen und kommunistischen Parteien als Interessenvertreterinnen der Arbeiterschaft, während die konservativen und liberalen Parteien auf der Gegenseite für die Landbesitzer und das aufstre-
35 bende Bürgertum eintraten. [...]
[A]usgangs der siebziger Jahre zog eine „postmaterialistische" Konfliktlinie die Etablierung der Grünen als vierter Partei nach sich. Charakteristisch für das neue *cleavage*
40 war zum einen, dass es sich weniger an sozialstrukturellen als an Einstellungs- und Lebensstilmerkmalen festmachte. Zum anderen lag das Umweltthema, aus dem sich der Gegensatz Materialismus – Postmateri-
45 alismus speiste, quer zu den bestehenden kulturellen und ökonomischen Konfliktlinien. [...]

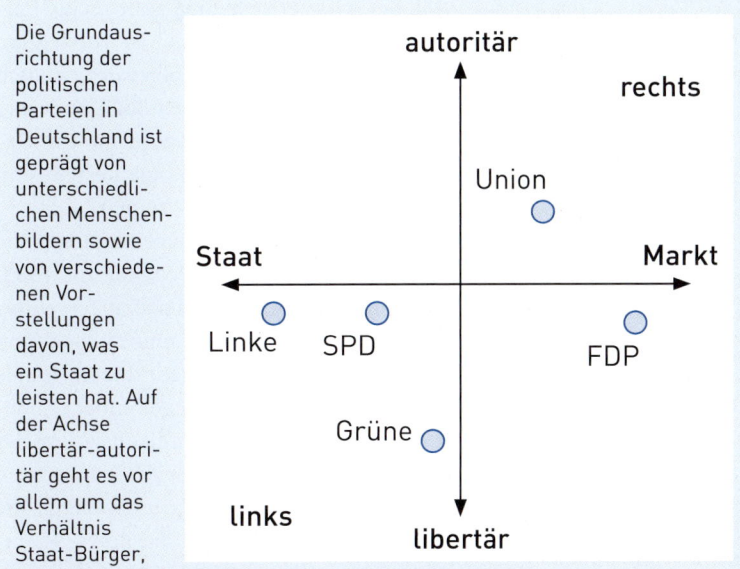

Die Grundausrichtung der politischen Parteien in Deutschland ist geprägt von unterschiedlichen Menschenbildern sowie von verschiedenen Vorstellungen davon, was ein Staat zu leisten hat. Auf der Achse libertär-autoritär geht es vor allem um das Verhältnis Staat-Bürger, z. B.: (Wie sehr) Soll der Staat in die Bürgerrechte eingreifen, um die Sicherheit seiner Bürger zu gewährleisten?

Bei der Zuordnung der Parteien auf der Markt-Staat-Achse werden deren Aussagen zur Wirtschafts- und Sozialpolitik herangezogen, z. B.: (Wie sehr) sollte der Staat die Wirtschaft zu gestalten versuchen?

Nach: Frank Decker, a. a. O.

Die unverhofft möglich gewordene deutsche Vereinigung bescherte der Bundesrepublik 1989/90 eine nochmalige Erweite- 50 rung ihres Parteiensystems in Gestalt der postkommunistischen PDS. [...] Mit der PDS hielt also ein regionalistisches *cleavage* in das Parteiensystem Einzug, das durch ökonomische und kulturelle Konflikte glei- 55 chermaßen unterfüttert wurde. Ablesen ließ sich das zum einen an der sozialstrukturellen Zusammensetzung der PDS-Wähler in Ostdeutschland, unter denen Arbeitslose und Leistungsempfänger keineswegs 60 überrepräsentiert waren. [...]
Der Übergang von der Viereinhalb- zur Fünfparteienstruktur wurde möglich, nachdem sich in den alten Ländern 2005 eine Abspaltung von der SPD gebildet hat- 65 te und diese mit der ostdeutschen PDS zur Partei „Die Linke" fusionierte.

Frank Decker, Regieren im „Parteienbundesstaat",
Wiesbaden 2011, S. 81 ff.

M 12 ● Woher stammt die Schwäche der etablierten Parteien?

[Mit der AfD hat sich eine] neue rechte Partei [...] etabliert; auf einmal ist vorstellbar, dass die beiden großen Volksparteien auch gemeinsam keine Mehrheit im Bundestag

5 erlangen könnten; überhaupt ist die Bedeutung der Parteien in Frage gestellt [...]. Sieht es so aus, das neue Weimar? [...] Wenn wir von Weimar [gemeint ist hier die Endphase der Weimarer Republik bis 1933]

10 reden, meinen wir einerseits eine Zersplitterung des Parteiensystems, eine Aufspaltung in immer kleinere Einheiten, die die Handlungsfähigkeit der Politik gefährdet. Andererseits meinen wir eine Radikalisierung der

15 Sprache und der Taten. Beides beobachten wir. Die beiden großen Parteien haben die Aufgaben vernachlässigt, die ihnen in unserem politischen Gefüge gegeben sind. Zu Beginn der Bundesrepublik gab es ein

20 paar Großthemen, die das Potenzial hatten, das politische System zu zerreißen: die Wiederbewaffnung, die Westbindung, später die Ostpolitik. Es gelang im Lauf der Zeit, einen Konsens herzustellen. Oberhalb

25 dieses gemeinsamen Fundaments jedoch pflegten die Parteien ihre Unterschiede. In einem stabilen politischen System verfügen die Parteien gerade über so viel Gemeinsamkeit wie nötig und so viel Differenz wie möglich. Diese Regel haben sie in 30 den vergangenen Jahren nicht nur vernachlässigt – sie haben sie umgedreht: Auf der Jagd in die Mitte versuchen sie sich so ähnlich zu sein, wie es geht. Das ist für beide großen Parteien eine Katastrophe. Wofür 35 steht die SPD? Wofür die CDU?

Es muss eine Kernidentität der Parteien geben, die nicht verhandelbar ist, die nicht anpassbar ist, die sich keinem Sachzwang unterordnet, für die im Zweifelsfall auch 40 auf die Macht verzichtet wird. Diese Identität definiert sich im Wandel der Zeiten jeweils unterschiedlich. [...]

Das Problem ist nur: Wer glaubt der SPD, dass ihr [das] Thema [sozialer Gerechtig- 45 keit] überhaupt ein echtes Anliegen ist? Eine Studie der staatlichen Kreditanstalt für Wiederaufbau hat gerade festgestellt, dass 40 Prozent der deutschen Haushalte heute weniger Geld haben als vor 20 Jah- 50 ren. Gleichzeitig stieg das verfügbare Einkommen der oberen Einkommensgruppe um mehr als 38 Prozent. [...] Der Chef des Wirtschaftsforschungsinstituts DIW, Marcel Fratzscher, sagt schlicht: „Die soziale 55 Marktwirtschaft existiert nicht mehr." Wohlgemerkt, KfW und DIW sind nicht als Sprachrohre der Linkspartei bekannt.

Dem Versagen der SPD steht der Wesenswandel der CDU gegenüber, der für ihre 60 Anhänger nicht weniger schmerzhaft ist. Nachdem Angela Merkel mehr oder weniger alle Traditionen der christlich-konservativen Union geschreddert hatte, kommt nun die nationale Identität dran. Aus Uni- 65 onssicht steht mit der Flüchtlingspolitik der Regierung ja nicht weniger auf dem Spiel als das. [...] Die Parteien berauben sich auf diese Weise selbst ihrer Bedeutung. Sie verkommen zu Plattformen für 70 populäre Politiker. Personalisierung statt Programm.

Jakob Augstein, Der Freitag, 17.3.2016

Info

Parteitypen

Parteien lassen sich einerseits hinsichtlich ihrer Organisationsstruktur typologisieren, andererseits hinsichtlich der Zusammensetzung ihrer Anhängerschaft.

In Bezug auf die **Organisationsstruktur** lassen sich alte **Honoratiorenparteien** (die eher Wählervereinen gleichen) von straff organisierten und basiskontrollierten Massenparteien unterscheiden. Heute dominieren Formen der **Wählerparteien**: Die in Deutschland dominante Form der professionalisierten Wählerpartei ist zentral organisiert und stark auf Öffentlichkeitswirksamkeit mit entsprechender PR-Abteilung ausgerichtet. Daneben existiert der Typus der Unternehmerpartei, deren Geschicke ein bekannter und einflussreicher Unternehmer zentralistisch lenkt. Parteien vom Typus der Bewegungspartei gehen im genauen Gegensatz zur Unternehmerpartei aus einem mehr oder weniger losen Netzwerk politischer Aktivisten hervor.

Bezogen auf die **Anhängerschaft** werden **Klientelparteien**, die sich inhaltlich an eine kleinere Bevölkerungsgruppe richten, von **Volksparteien** (catch-all party) unterschieden, die prinzipiell alle gesellschaftlichen Schichten bzw. Milieus als mögliche Wählergruppen in den Blick nimmt.

Autorentext

M 13 ● Entwicklung der Stammwählerschaft?

Karikatur: Jan Tomaschoff, 16.3.2016

Info

Wählertypen

Stammwähler
Wähler, die über einen langen Zeitraum hinweg – oft auf Gewohnheit, Tradition oder der Verankerung in einem bestimmten sozialen Milieu heraus – immer dieselbe politische Partei wählen, ohne sich zwingend mit deren Programmatik zu beschäftigen. Insbesondere im 21. Jahrhundert hat die Stammwählerschaft gerade der großen Parteien in Deutschland abgenommen. Zwar gibt es noch einen messbaren Prozentsatz Stammwähler, aber der Anteil der **Wechselwähler** nimmt zu. Gründe für die Wechselbereitschaft können in der Auflösung sozialer Milieus, in der Enttäuschung über das politische Establishment („Protestwähler") oder in rationalen Überlegungen gesucht werden.

Aufgaben

1. Beschreiben und Analysieren Sie die Karikatur M 9.
2. Erklären Sie den Erfolg der AfD, indem Sie sie bzw. ihre Programmatik in das Konfliktlinienmodell einordnen. (M 10, M 11)
3. „Die deutschen Großparteien haben sich von Volksparteien hin zu professionalisierten Wählerparteien entwickelt." Erläutern Sie diese Aussage sowie die Folgen dieser Entwicklung. (M 11, M 12, Info)
4. Analysieren Sie die Karikatur. (M 13)
5. Entwickeln Sie Möglichkeiten für die Parteien des gemäßigten Spektrums, wieder größeren Rückhalt und Verankerung in der Wahlbevölkerung zu erlangen.

Z Aufgabe 1
Überprüfen Sie die Aussage der Karikatur, indem Sie recherchieren, ob es sich bei den Wahlerfolgen der AfD tatsächlich um reines Protestwahlverhalten gehandelt hat.

H zu Aufgabe 2
Fassen Sie zunächst den Cleavage- bzw. Konfliktlinien-Ansatz zur Erklärung des Entstehens und der Etablierung von Parteien zusammen. (M 11)

H zu Aufgabe 4
Problematisieren Sie zuvor die Entwicklung in der Parteienlandschaft.

✪ 2.1.4 Sollte innerparteilich der Einfluss der Basis gestärkt werden?

M 14 ● Mitgliederentscheid über Koalitionsvertrag

SPD-Mitglieder stimmen Koalitionsvertrag zu

Der Weg für eine neue große Koalition in Deutschland ist frei. Nach Angaben von Barbara Hendricks, der Vorsitzenden der SPD-Zählkommission vom Samstag, stimmten 75,96 Prozent der Parteimitglieder dem Bündnis mit CDU und CSU zu. Damit kann die CDU-Vorsitzende Angela Merkel am Dienstag wie geplant zum dritten Mal im Bundestag zur Kanzlerin gewählt werden. [...] SPD-Generalsekretärin Andrea Nahles verteidigte [...] die umstrittene Entscheidung, die Mitglieder über den Koalitionsvertrag abstimmen zu lassen. „Das hat die Debattenkultur belebt", sagte sie.

Georg Ismar, Michael Fischer, www.fr-online.de, 14.12.2013

M 15 ● Kontrovers diskutiert: Mitgliederentscheide zu zentralen politischen Entscheidungen?

a) Kontra: Freies Mandat der Abgeordneten gefährdet

Nach Einschätzung des Leipziger Staatsrechtlers Christoph Degenhart ist der SPD-Mitgliederentscheid über den schwarz-roten Koalitionsvertrag nicht mit dem
5 Grundgesetz vereinbar. „Auch wenn es weder im Grundgesetz noch im Parteiengesetz oder im Abgeordnetengesetz eine Bestimmung gibt, die Mitgliederbefragungen explizit verbietet, halte ich sie in diesem Fall
10 für verfassungsrechtlich nicht legitim", sagte Degenhart [...].
Degenhart begründete seine Vorbehalte mit dem Grundsatz des freien Mandats nach Artikel 38 des Grundgesetzes, der auch bei
15 der Kanzlerwahl gelte. „Auch wenn natürlich das Ergebnis der Mitgliederbefragung für die Abgeordneten bei der Stimmabgabe nicht formell verbindlich ist, kommt die Befragung aus meiner Sicht jenen Aufträ-
20 gen und Weisungen nahe, die nach Art. 38 Abs. 1 Satz 2 GG ausgeschlossen sind", erläuterte der Verfassungsjurist.
Die Parteien als solche dürften nicht über die Stimmabgabe der Abgeordneten bei der Kanzlerwahl bestimmen. Die Mitgliederbe- 25
fragung habe aber „Elemente eines imperativen Mandats, das es nach dem Grundgesetz nicht geben darf", so Degenhart.
Degenhart machte zudem deutlich, sofern die Mitgliederbefragung stattfinden sollte 30
und hierbei die Koalitionsvereinbarungen gebilligt werden, so könne dies jedoch „keine rechtlichen Bindungen für die Zukunft" bedeuten. „Die Vorstellung, Abgeordnete müssten sich vor einer Abstim- 35
mung die Zustimmung der Basis holen, ist dem Grundgesetz fremd", unterstrich der Staatsrechtler.

Dietmar Neuerer, www.handelsblatt.com, 28.11.2013

Pro: Belebendes Element innerparteilicher Demokratie

Denkt man [den Mitgliederentscheid-Gegner] Degenhart [...] konsequent zu Ende, dann ließen sich eine ganze Reihe von verfassungsrechtlichen Bedenken gegen die Parteiendemokratie vorbringen. Warum 5
handeln eigentlich die Parteien den Koalitionsvertrag aus? Warum trägt das

185-Seiten-Werk die Unterschrift der Parteivorsitzenden? Warum eigentlich ist es
10 weniger imperativ, wenn statt der Basis der Parteivorstand dem Koalitionsvertrag seinen Segen gibt? [...] Und was ist mit dem Fraktionszwang? Auch der schränkt das freie Mandat der Abgeordneten ein. Ist wo-
15 möglich der ganze Koalitionsvertrag verfassungswidrig, weil die drei Koalitionspartner in spe darin festgelegt haben, dass sie im Bundestag „einheitlich" abstimmen und „wechselnde Mehrheiten" ausschlie-
20 ßen? [...]
So kann nur argumentieren, wer [...] entweder den politischen Alltag nicht kennt oder der Sozialdemokraten zwischen die Beine treten will. Zumal politische Abspra-
25 chen in der Politik zum Alltag gehören und ohne eine gewisse Fraktionsdisziplin sich der parlamentarische Alltag kaum bewältigen lässt. Wer sich an dieser Stelle nach einem freien Parlament frei gewählter Ab-
30 geordneter sehnt, ohne Parteien und ohne Fraktionen, dem sei gesagt, dass dies mitnichten demokratischer wäre. Von einem schwachen Parlament ohne Parteien und Fraktionen, in dem es vermutlich recht
35 chaotisch zugehen würde, profitiert nur die Exekutive.
Aber die Parteien gibt es nun mal. Bei aller Kritik im Detail haben sie sich als Institutionen der Demokratie bewährt. Und deshalb
40 genießen sie neben dem freien Abgeordneten den Schutz der Verfassung. Im Artikel 21 des Grundgesetzes heißt es dazu, „die Parteien wirken bei der politischen Willensbildung des Volkes mit." Dort steht
45 auch: „Ihre innere Ordnung muss demo-

kratischen Grundsätzen entsprechen." Es mag sein, dass die SPD gerade einen politischen Fehler macht. Nur, dass die Mitgliederbefragung der SPD zum Koalitionsvertrag nicht demokratischen Grundsätzen 50 folgt, hat nun wirklich noch niemand behauptet.

Christoph Seils, Das Grundgesetz und Frau Slomkas peinliche Fragen, in: Cicero. Magazin für politische Kultur, 29.11.2013

Info

Innerparteiliche Demokratie im traditionellen Parteiaufbau

... bezeichnet i. e. S. die Normen und Regeln, nach denen die personellen und programmatischen Entscheidungen innerhalb der Parteien gefällt werden. Nach Art. 21 Abs. 1 GG und dem Parteiengesetz von 1967 muss die innere Ordnung von Parteien allgemeinen demokratischen Grundsätzen entsprechen (u. a. Wahl aller Parteiorgane, Festlegung der Zuständigkeit der Parteiorgane in einer verbindlichen Satzung, gleiches Stimmrecht aller Mitglieder und die Festlegung des Parteitages als oberstem Entscheidungsorgan etc.). I. w. S. wird I. D. auch durch den Grad der Aktivität der Parteien, der Offenheit (z. B. bestimmte Themen aufzugreifen), der Durchlässigkeit von Informationen etc. und der Möglichkeit zu personellen Wechseln bestimmt.

Klaus Schubert, Martina Klein, Das Politiklexikon, 6. Auflage, Bonn 2016

Fraktionszwang

abgeschwächt auch Fraktionsdisziplin; faktischer Druck auf Abgeordnete, bei Parlamentsabstimmungen für die offiziellen Position ihrer Fraktion zu stimmen; Kritiker sehen eine Unvereinbarkeit mit dem freien Abgeordnetenmandat (vgl. Kap. 1.2)

Liquid democracy

Idee zur stärkeren Beteiligung der Parteibasis durch themenbezogene Stimmendelegation

Ⓜ zu Aufgabe 2
Lesen Sie die Texte zunächst arbeitsteilig und bearbeiten Sie die Aufgabe dann in Partnerarbeit.

Ⓜ zu Aufgabe 3
Initiieren Sie zunächst eine Fernsehdiskussion zu dieser Frage zwischen Sigmar Gabriel und Christoph Degenhart (mit knappen Redezeiten für beide).

Aufgaben

1 Positionieren Sie sich spontan zum Verfahren der SPD, die Mitglieder über den Koalitionsvertrag 2013 abstimmen zu lassen, und begründen Sie Ihre Haltung mit dem für Sie wesentlichen Argument. (M 14)

2 Stellen Sie die Positionen für und gegen den SPD-Mitgliederentscheid einander gegenüber. (M 15)

3 Sowohl über Koalitionsverträge als auch über andere wichtige Sachfragen sollten die (Regierungs-) Parteien Mitgliederentscheide ermöglichen. Nehmen Sie Stellung zu dieser Aussage.

Verfassungsrecht-liche Stellung von Parteien und innerparteiliche Demokratie
M 5

Anders als in den meisten anderen Staaten genießen die politischen Parteien Verfassungsrang. Durch Art. 21 GG wird ihre bevorzugte Stellung bei der politischen Willens- und Meinungsbildung des Volkes gesichert. Dafür müssen Parteien aber auch innerparteilich demokratisch organisiert sein und über Herkunft und Verwendung ihrer Mittel öffentlich Rechenschaft ablegen. Als Ausbau innerparteilicher Demokratie wird manchmal „Liquid-Democracy" vorgeschlagen. Dabei kann jedes Mitglied seine Stimme delegieren (und diese delegierten Stimmen können immer weitergegeben und akkumuliert werden). Diese Delegation kann aber jederzeit zurückgenommen werden.

Funktionen von Parteien
M 6

Durch § 1 Parteiengesetz werden die Aufgaben der Parteien konkretisiert, die sich als Funktionen für das politische System beschreiben lassen. Parteien sollen dazu dienen, politisches Personal aufzufinden und auf Ämter vorzubereiten bzw. sie dafür zu bestimmen (Auswahl- bzw. Rekrutierungsfunktion). Sie sollen die unendlich vielfältigen Interessen der Bevölkerung bündeln und eine Verbindung herstellen zwischen den Souverän und seinen Repräsentanten (Vermittlungs- und Bündelungsfunktion). Parteien sollen innerparteiliche Konflikte – die auch Spiegel gesellschaftlicher Konflikte sein können – mit dem Ziel eines befriedenden Kompromisses moderieren (Interessenausgleichfunktion). Insgesamt sollen Parteien das politische System als Ganzes stabilisieren und gegenüber dem Souverän rechtfertigen (Legitimationsfunktion).

Kritik an Parteiprivilegien
M 7, M 8

Insbesondere an der Frage, ob die politischen Parteien als Ganze noch die Vermittlungsfunktion zwischen dem Volk und seinen politischen Repräsentanten ausreichend wahrnehmen, entzündet sich immer wieder Streit. Sicher ist, dass die Parteimitglieder statistisch nicht den Durchschnitt der Bevölkerung widerspiegeln: Mit Unterschieden zwischen den Parteien dominieren eindeutig Männer. Unter 30-Jährige sind deutlich unter-, über 60-Jährige deutlich überrepräsentiert (Ausnahme: Bündnis 90/Die Grünen).
Auch daher wird auch manchmal gefordert, das verfassungsrechtliche Parteienprivileg und die staatliche Parteienfinanzierung abzuschaffen. Allerdings sorgen – so wenden Befürworter einer starken Stellung politischer Parteien ein – solche Organisationen auch für politische Stabilität und Berechenbarkeit.

✪ Entstehung von Parteien-(systemen)
M 11, M 14, M 15

Die Parteienforschung hat einerseits zur Beschreibung bestehender Parteiensystem und andererseits zur Erklärung, warum neue Parteien entstehen bzw. sich etablieren, das Modell der sogenannten Konfliktlinien (cleavages) entwickelt. Zurzeit kann das deutsche Parteienspektrum anhand einer Kombination der kulturellen Konfliktlinie (Kernfrage: Verhältnis von Staat zu Bürger? libertär – autoritär) und dem ökonomischen cleavage „Staatsorientierung/sozialer Ausgleich – Marktorientierung/Wirtschaftsfreiheit" beschrieben werden.
Die Grenzen des Cleavage-Modells zur Erklärung von Parteientstehung liegen darin, dass sich neu gegründete Parteien nicht immer auf beiden Konfliktlinien verorten lassen. Auch weitere Konfliktlinien wären denkbar wie eine ökologische.

„Flüssige Abstimmungsverfahren" für mehr Vertrauen in Parteien?

Der Programmierer von LiquidFeedback, schildert im Interview, warum flüssige Demokratie das Vertrauen der Bürger in Politik wieder herstellen könnte.

5 ZEIT ONLINE: Was will Liquid Democracy?
Andreas Nitsche: Für uns ist das ein Organisationsprinzip, das die Nachteile der beiden Demokratieformen kompensieren will: Direkte Demokratie führt zu einer Über-
10 forderung der Menschen; parlamentarische Demokratie hat zwar den Vorteil der Arbeitsteilung, ist dafür aber statisch – wer mitmachen will, muss sich wählen lassen. Liquid Democracy will die Arbeitsteilung
15 dynamisieren: Jeder beteiligt sich genau da selbst, wo er etwas beitragen will und kann. [...]

Könnte eine Liquid Democracy in der Zukunft Wahlen ersetzen?
20 Es handelt sich um eine Vision, ein Gedankenexperiment. Eine Liquid-Democracy-Gesellschaft lässt sich zwar nicht für alle Zeiten ausschließen. Ich kann allerdings aus heutiger Sicht keinen realistischen Weg
25 dahin sehen. Es ist beispielsweise unklar, ob die vollständige Aufhebung der Arbeitsteilung zwischen Politik und Bürger, also jeden Bürger zum Politiker zu machen, über-
30 haupt ein sinnvolles Ziel ist. [...]

In der derzeitigen Gesellschaftsstruktur ist es also kein Ersatz für Wahlen, sondern höchstens eine Ergänzung?
35 Uns erschien, als wir die Software LiquidFeedback programmierten, der direkte Parlamentarismus als wenig praxisnah. Das Problem der direkten Demokratie ist aus meiner Sicht die Überforderung des Einzelnen. Es sind 40 viele Entscheidungen über komplexe Probleme zu treffen. [...] Bei Parteien gibt es viel Gestaltungsspielraum, Mitglieder können miteinander die Richtung verhandeln. Das ist in der gesamten Gesellschaft nicht so 45 leicht. Die repräsentative Demokratie wollten wir gar nicht infrage stellen. Wir wollten erreichen, dass Parteien volksnäher werden. [...]

Was für eine Form von Demokratie 50 **schwebt Ihnen vor?**
Eine parlamentarische Demokratie mit Parteien, die jedoch wesentlich volksnäher sind als heute. Indem sie beispielsweise ihren Mitgliedern die direkte Mitbestimmung 55 ermöglichen. Ohne diese gläserne Decke aus Delegierten, die letztlich zur Verselbstständigung von Politik führt. Dann würde die parlamentarische Demokratie wieder attraktiver. 60

Interview: Kai Biermann, ZEIT ONLINE, 15. 2. 2013

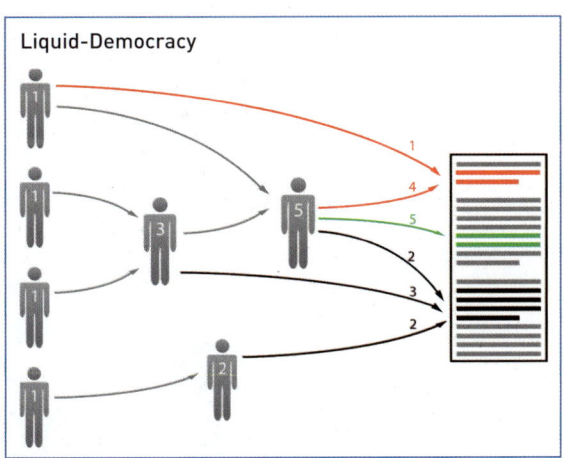

Liquid-Democracy

Nach: Liquid Democracy e. V.

KOMPETENZEN ANWENDEN

Bei **Liquid-Democracy** haben die Bürger mehrere Möglichkeiten der Mitbestimmung. Sie können das Wahlverfahren selbst bestimmen und entscheiden, ob sie ihre Stimme direkt abgeben möchten oder ob sie lieber einem Delegierten oder auch einer Experten-Gruppe (vgl. Parteien) ihr Vertrauen schenken. Zudem können sie diese Entscheidung jederzeit und bei jedem Thema neu ändern und nicht nur alle paar Jahre.
wiki piratenpartei.de/ Liquid_Democracy

🄷 zu Aufgabe 3
Berücksichtigen Sie die Kategorien Effizienz (effektive Entscheidungsfindung) und Legitimität (Partizipation). Erklären Sie in diesem Zusammenhang die Problematik der „gläsernen Decke der Delegierten" (Kai Biermann).

🄵 Nehmen Sie Stellung zu der Idee, Liquid Democracy als Abstimmungsmodus für Gesetzgebungsverfahren auf Bundesebene einzuführen.

Aufgaben

1 Fassen Sie das Modell von Liquid democracy bzw. Delegated voting zusammen.

2 Erklären Sie, auf welche Probleme politischer Parteien mit diesem (innerparteilichen) Abstimmungsverfahren reagiert werden könnte.

3 Das Delegated voting des Liquid democracy-Modells sollte im Parteiengesetz als verpflichtendes innerparteiliches Abstimmungsverfahren verankert werden. Nehmen Sie dazu Stellung.

2.2 Wahlen – einziger geeigneter Ausdruck der Volkssouveränität?

Basiskonzept	Kategorie/n	Leitfragen
System und Struktur	Politische Herrschaft und Ordnung Institutionen	· Welche spezifischen Formen politischer Herrschaft und deren Legitimierung liegen in der Bundesrepublik und in der EU vor? · Welche (demokratietheoretischen) Ergänzungen bzw. Alternativen gibt es zu den bestehenden Herrschaftsformen?
Prozesse und Handeln	Öffentlichkeit; Politische Gestaltung und Legitimation	· Wie lassen sich (Nicht)Wahlentscheidungen erklären? · Wie lässt sich das Problem mäßiger demokratischer Beteiligung bearbeiten?

2.2.1 Wer wählt warum nicht? – Wahlenthaltung als Problem?

M 1 ● Triumph der Nichtwähler?

Nichtwahl und soziale Gerechtigkeit

„[E]her die unterprivilegierten Wählerschichten [tendieren] zur Wahlenthaltung [...] als die Wähler/innen aus mittleren und oberen Schichten der Gesellschaft. Bedenkt man zusätzlich, dass Bürger mit hoher Bildung, gesichertem Einkommen und beruflichen Netzwerken ohnehin bessere Möglichkeiten zur eigenen Interessenvertretung haben, verschärft die sozial unterschiedliche Wahlbeteiligung die Schieflage in der politischen Repräsentanz weiter. Eine niedrige Wahlbeteiligung führt somit auch zu mehr sozialer Ungerechtigkeit."

Nichtwähler in Deutschland, Manfred Güllner

Karikatur: Klaus Stuttmann, 2009

M 2 ● Wie entwickelte sich die Wahlbeteiligung?

a) Beteiligung an Bundestagswahlen (1949-2013)

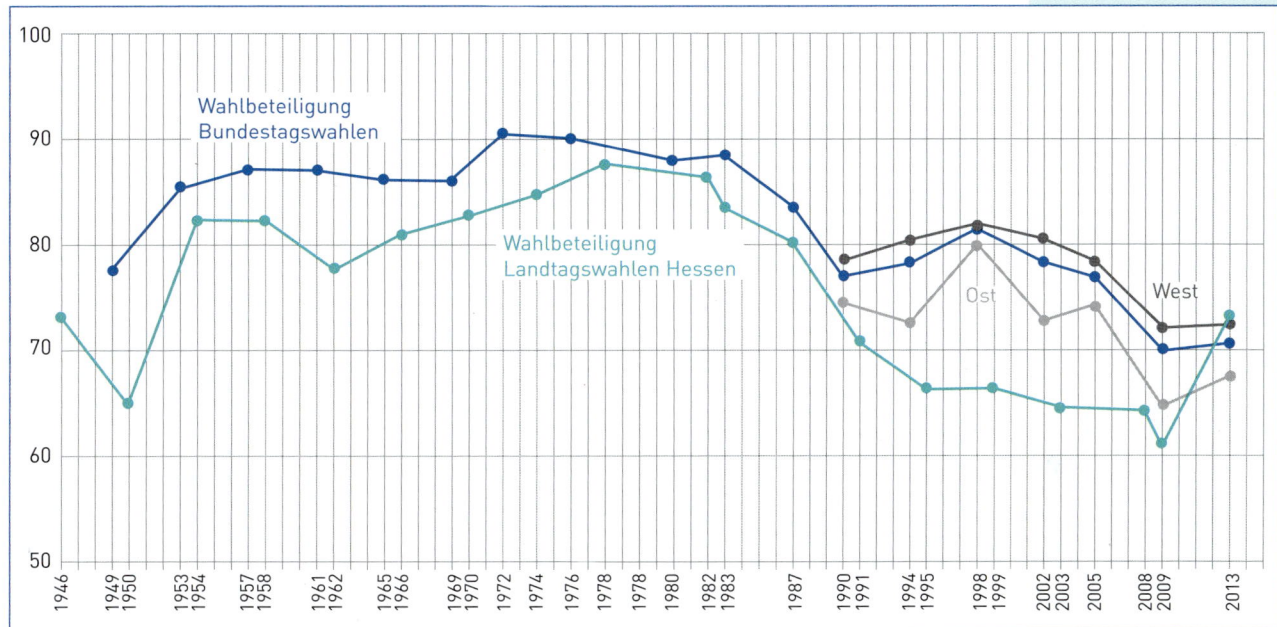

Beteiligung an Wahlen zum Deutschen Bundestag und Hessischen Landtag in % der Wahlberechtigten

Info

Funktionen von Wahlen für das politische System

• *Repräsentation des Volkes*
Die Gewählten, zum Beispiel die Abgeordneten, repräsentieren die Gesamtheit der Bürgerinnen und Bürger. Repräsentiert wird das gesamte Volk. Jede soziale Gruppe muss sich an dem politischen Wettbewerb beteiligen können, um die Offenheit der Machtkonkurrenz zu gewährleisten. Repräsentative Demokratien verlangen Mehrheitsentscheidungen.

• *Legitimation und Kontrolle von politischer Herrschaft*
Durch Wahlen legitimieren die Wählerinnen und Wähler bestimmte Personen, politische Funktionen auszuüben. Diese sind legitimiert, im Namen aller und für alle verbindlich zu entscheiden. Durch die regelmäßige Wiederholung der Wahl gewinnt sie die Funktion der Machtkontrolle. Die Opposition muss immer die Chance haben, an die Macht zu kommen.

• *Integration der Meinungen*
Die Wahl ist die Stimmabgabe jedes einzelnen Wahlberechtigten. Das Wahlergebnis spiegelt insgesamt die Willensartikulation der Wählerinnen und Wähler wider. Durch die Wahlen erfolgt eine Integration des gesellschaftlichen Pluralismus und die Bildung eines politisch aktionsfähigen Gemeinwillens. Letzteres ist jedoch auch vom jeweiligen Wahlsystem abhängig, das die Integration der Wählerschaft fördern oder auch hemmen kann. Nicht immer geht aus dem Wahlprozess eine handlungsfähige Regierung hervor.

Karl-Rudolf Korte, Wahlen in Deutschland, bpb, Bonn 2013, S. 13 f.

Wahlbeteiligung nach Altersgruppen bei der Bundestagswahl 2013

unter 21 Jahre	64,2
21–24 Jahre	60,3
25–29 Jahre	62,4
30–34 Jahre	65,5
35–39 Jahre	68,7
40–44 Jahre	72,4
45–49 Jahre	74,7
50–59 Jahre	75,5
60–69 Jahre	79,8
70 und älter	74,8

Zahlen: Bundeswahlleiter
Angaben in % der Wahlberechtigten

M 3 ● Warum enthalten sich Bürger der Wahl?

**Wahllos –
Deutschland,
deine Nichtwähler**

Projekt von Nachwuchs-
journalisten der Axel
Springer Akademie, die
durch Gespräche mit
Nichtwählern deren
Motive herauszufinden
versuchen:
*www.wahllos.de,
Abruf am 15.9.2016*

Die **politikfernen Nichtwähler** [...] zeichnen sich durch fehlendes Interesse am politischen Geschehen aus. Sie sind in bestimmten sozialen Gruppen stärker zu 5 finden als in anderen, weil soziale Merkmale wie z. B. die Bildung einen positiven Einfluss auf das politische Interesse und damit auch auf die Wahlbeteiligung haben. Die Abhängigkeit der Wahlbeteiligung 10 vom politischen Interesse kann aber den allgemeinen Beteiligungsrückgang ab Mitte der Siebzigerjahre nicht erklären, da das politische Interesse in diesem Zeitraum nicht wesentlich zurückgegangen ist. Es 15 müssen also zusätzliche Erklärungsfaktoren hinzukommen [...]. Mit zunehmender sozialer Integration steigt die Wahlbeteiligung. Dies ist [...] auch auf den sozialen Druck durch das Umfeld [zurückzuführen]. 20 [...] Werden diese Faktoren schwächer oder fallen ganz weg, wie es in Deutschland durch den Prozess der gesellschaftlichen Individualisierung seit längerer Zeit der Fall ist, bleiben die Uninteressierten ver25 mehrt zu Hause und die Wahlbeteiligung sinkt.
Zentrales Kennzeichen [...] des **unzufriedenen Nichtwählers**, ist seine Unzufriedenheit mit den politischen Führungspersonen 30 (bzw. ihrer Politik) und/oder den politischen Institutionen (insbesondere den Parteien) und/oder der demokratischen politischen Ordnung insgesamt. [...]
Während die bisherigen Nichtwählertypen 35 zur permanenten Wahlenthaltung neigen,

trifft der **abwägende Nichtwähler** seine Entscheidung über die Wahlteilnahme bei jeder Wahl neu, und zwar unter Abwägung der ihm dabei entstehenden Kosten und des zu erwartenden Nutzens. Solche Perso 40 nen lassen sich z. B. eher zur Wahl bewegen, wenn der Wahlausgang sehr knapp ist. Sie [...] beteiligen sich an von ihnen als wichtig angesehenen Wahlen eher [...] als an unwichtigen. Die Bundestagswahl gilt 45 generell als die wichtigste und die Europawahl als die unwichtigste Wahl, so dass dort Nichtwähler dieses Typs verstärkt anzutreffen sind.

Oskar Niedermayer, www.bpb.de, 31.5.2013

M 4 ● Welche Einstellungen zu Demokratie und Politik haben Nichtwähler?

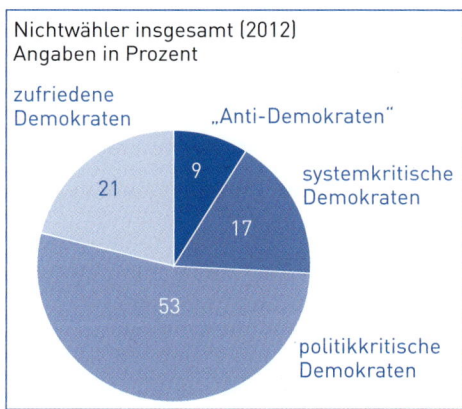

Nichtwähler insgesamt (2012)
Angaben in Prozent

zufriedene Demokraten — 21
„Anti-Demokraten" — 9
systemkritische Demokraten — 17
politikkritische Demokraten — 53

Nach: Manfred Güllner, Nichtwähler in Deutschland. Eine Studie im Auftrag der Friedrich-Ebert-Stiftung. Berlin 2013, S. 24.

Ⓜ zu Aufgabe 1
Führen Sie eine
Ampelkartenabfrage
durch zu der Frage:
„Würde Sie (am
kommenden Sonntag)
bei der nächsten
Bundestagswahl Ihre
Stimme abgeben?"

Ⓗ zu Aufgabe 3
Erklären Sie insbesondere die Wahlenthaltung
„zufriedener Demokraten".

Ⓗ zu Aufgabe 4
Überlegen Sie zunächst,
was Sie zum Wählen
motiviert.

Aufgaben

1️⃣ Analysieren Sie die Karikatur sowie die Statistiken. (M 1, M 2)

2️⃣ Problematisieren Sie den in der Karikatur kritisierten Umstand auch vor dem Hintergrund der Aussage Manfred Güllners und der Funktionen von Wahlen. (M 1, Randspalte, Info)

3️⃣ Arbeiten Sie Gründe für Bürger heraus, auf das eigene Stimmrecht zu verzichten und nicht zu wählen. (M 3, M 4)

4️⃣ Entwickeln Sie Ideen auf der Ebene des politischen Systems bzw. der politischen Parteien, Nichtwähler wieder für die Stimmabgabe zu motivieren.

Konzepte in Grundzügen entwickeln (Urteilskompetenz II)

A) Aufgabenstellung

Thema	Wahlen/Wählerverhalten, Parteien
Aufgabe	Entwickeln Sie Ideen auf der Ebene des politischen Systems bzw. der politischen Parteien, Nichtwähler wieder für die Stimmabgabe zu motivieren.
Operator	entwickeln (AFB III): einen eigenen Gedankengang bzw. ein Konzept zu einem Thema entfalten und Schlussfolgerungen ziehen

B) Hinweise zum Verständnis der Aufgabe

Wesentlich für die erfolgreiche Bearbeitung einer Aufgabe ist das Verständnis der Aufgabenstellung. Daher sollten Sie sich zunächst verdeutlichen, was genau die Aufgabenstellung verlangt.

	Entwickeln Sie Ideen auf der Ebene des politischen Systems bzw. der politischen Parteien, Nichtwähler wieder für die Stimmabgabe zu motivieren.	
Leitfragen	a. Welche Schlüsselbegriffe enthält die Aufgabe?	→ Es geht um nicht weiter eingegrenzte (Alter, soziales Milieu, Motive der Wahlenthaltung...) Nichtwähler.
	b. Gibt die Aufgabe Erarbeitungs-schwerpunkte vor?	→ Berücksichtigt werden sollen das politische System und die politischen Parteien, nicht aber etwa private Kontexte (Familie...).
	c. Enthält die Aufgabe Hinweise zum möglichen Aufbau der Bearbeitung?	→ Entwickelt werden sollen Ideen, keine umfassenden, geschlossenen Gesamtkonzeptionen → Wie bei jeder Entwickeln Aufgabe sollten de Ideen begründet werden (hier z. B. an den bekannten Ursachen/Motiven der Wahlenthaltung).
	d. Was genau verlangt der Operator?	

C) Empfohlene Vorgehensweise zum Entwickeln von Ideen oder Grundkonzepten

Zunächst kann unterschieden werden, ob begründete Ideen oder ein gesamtes Konzept in seinen Grundzügen entwickelt werden sollen. Ideen müssen keinen (engen) inneren Zusammenhang zueinander aufweisen, ein Konzept benötigt zwingend eine solche Kohärenz, die vor allem darin besteht, dass sich seine einzelnen Bestandteile einander nicht widersprechen, sondern ergänzen. Eine Ideensammlung ist also offener als ein Konzeptentwurf, dennoch keineswegs beliebig: Die Güte von entwickelten Ideen bzw. Konzepten misst sich daran, ob sie plausibel begründet sind. Dieser Anforderung genügen sie, wenn nachvollziehbar ist, dass dadurch die Ursachen eines Problems (hier: Wahlenthaltung) erkennbar berücksichtigt worden sind. Mit anderen Worten sollen die entwickelten Ideen bzw. Konzepte zumindest theoretisch geeignet sein, das Problem abzuschwächen oder sogar aufzuheben. **Wenn in der Aufgabe keine weiteren Angaben zum erwarteten Ergebnis gemacht werden, sollten Sie ein Grundkonzept entwickeln.**
Folgende **Vorgehensweise** könnte beim Entwickeln gewählt werden:
1. Zunächst könnten Ideen frei assoziiert oder gerichtet entwickelt werden. Bei der erstgenannten Vorgehensweise geht es gerade nicht um eine Systematisierung von Gedanken oder gar eine Prüfung der Plausibilität und Durchsetzbarkeit von Möglichkeiten, sondern um das möglichst freie Aufwerfen von (auch utopisch erscheinenden) Gedanken. Beim letztgenannten Verfahren kann die Methode „Morphologischer Kasten" (vgl. Methodenglossar) eingesetzt werden.
2. In einer ersten Prüfung werden Ideen aussortiert, die zu geringen Problembezug aufweisen oder auf den zweiten Blick nicht geeignet sind, Ursachen wirksam anzugehen.

3. Im nächsten Schritt werden die Ideen bzw. Konzeptbausteine systematisiert. Ideen könnten z. B. nach Adressaten oder Ausführenden der vorgeschlagenen Maßnahmen geordnet werden bzw. nach Teilproblemen, die sie beheben helfen sollen. Wenn Konzeptgrundlagen entwickelt werden sollen, findet in dieser Phase die Prüfung auf innere Widerspruchsfreiheit statt – auf deren Grundlage auch durchaus sinnvoll erscheinende Einzelmaßnahmen begründet wieder verworfen werden könnten. Außerdem können die Maßnahmen in eine geeignete zeitliche Abfolge gebracht werden.

4. In den fakultativen letzten beiden Schritten könnten erstens die Ergebnisse beurteilt werden hinsichtlich der Frage, ob sie geeignet sind, die Problemursachen weitgehend bzw. vollständig aufzuheben (Wirksamkeitseinschätzung). Zweitens könnten die Resultate auf ihre Umsetzbarkeit (z. B. Finanzierbarkeit) und politische Durchsetzbarkeit (z. B. aktuell herrschende Mehrheitsverhältnisse) geprüft werden.

Zwingend zu berücksichtigen ist immer, dass die letztendlich entwickelten Ideen bzw. Konzepte den im Grundgesetz festgehaltenen Verfassungswerten nicht widersprechen.

D) Aufbau einer entsprechenden Aufgabenbearbeitung

Gliederungsaspekt der Aufgabenbearbeitung	inhaltliche Anforderungen *(inkl. Beispielen)*	
Einleitung	→ Kurze Einführung in die Problematik als Anlass für die folgenden Überlegungen *„In Deutschland sinkt die Wahlbeteiligung bei Bundestags- und Landtagswahlen tendenziell. Besonders Menschen aus niedrigeren sozialen Schichten und junge Wähler*innen üben sich überproportional in Wahlenthaltung. Daneben existiert die These der aus Zufriedenheit mit dem politischen System und dessen Ergebnissen nicht wählenden Bürgers."* → Nennung des Vorhabens und ggf. bereits der wesentlichen Idee/des zentralen Konzeptbausteins → ggf. kurze Darstellung, nach welchem Kriterium die entwickelten Maßnahmen geordnet sind (s. u.). *„Im folgenden Text werden konzeptionelle Gedanken entfaltet, mit welchen Maßnahmen die Wahlbeteiligung in Deutschland, die in den 1970er Jahren ihren Höhepunkt hatte, wieder angehoben werden kann. Dabei kommt die Einführung der Wahlpflicht aufgrund des Grundrechts der Entscheidungsfreiheit nicht infrage, wohl aber ..."*	
Hauptteil (Entwicklung und Strukturierung tragfähiger Ideen/ konzeptioneller Überlegungen)	→ Der Aufbau erfolgt nach dem gewählten Ordnungskriterium (z. B. Darstellung Maßnahmen geordnet nach Perspektiven oder nach Teilproblemen des Gesamtproblems oder in einer andern sinnvollen Abfolge (Chronologie) der Maßnahmen ...)	
	→ Maßnahmenteile, die zu einem Aspekt der Gesamtlösung beitragen, sollten sprachlich entsprechend verbunden werden.	*„Mit diesem Punkt korrespondiert die Idee ..." / „Der Effekt dieser Teilmaßnahme würde noch verstärkt durch ..." / „Gerade das Problem der relativ geringen Wahlbeteiligung von Menschen aus bildungsfernen Schichten lässt sich begegnen durch ... und ..." /*
	→ Es können auch illegitime oder unwirksame Ideen begründet verworfen werden, um das eigene Konzept zu stärken. *„Gegen die Idee einer Wahlpflicht spricht die durchs Grundgesetz (Art. 2 (1) GG) allgemeine Handlungsfreiheit der Menschen sowie die mögliche Kriminalisierung von Nichtwählern. Finanzielle Wahlanreize (Einmalzahlungen, Steuererleichterungen für Wähler) sollten nicht eingeführt werden, da dadurch nicht der politische Informationsgrad der Bevölkerung und die primäre Wahlmotivation steigt. Außerdem entstünden erhebliche Kosten."*	
Fazit	→ Hier kann die zentrale Maßnahme noch einmal hervorgehoben werden *„Unabdingbar für die Steigerung der Wahlbeteiligung scheint ... zu sein, da...."* → Gegebenenfalls kann taxiert werden, auf welchem Weg das entwickelte Maßnahmenbündel politisch durchgesetzt werden kann und wie hoch die Durchsetzungschance ist.	

✪ 2.2.2   Wie lassen sich Wählerentscheidungen erklären? – Modellvorstellungen der Stimmabgabe

M 5 ● Eine Bürgerin trifft ihre Wahlentscheidung

Constanze (26) hat vor einem Jahr ihr Mathematik- und Informatikstudium abgeschlossen. Sie arbeitet jetzt in einem mittelständischen High-Tech-Unternehmen im Stadtzentrum und hat allerbeste Chancen aufzusteigen und ihr ohnehin nicht gerade geringes Gehalt zu steigern. Constanze lebt mit ihrem gleichalterigen Freund, einem Ingenieur, in einer hübschen

5 und für zwei Personen auch recht großen Stadtwohnung. Die beiden planen, zwei oder drei Kinder zu haben und sich ein Haus mit Garten am Stadtrand zu kaufen oder zu bauen. Dabei kommen natürlich nur die Gebiete östlich der Stadt infrage, alle anderen sind für Constanze landschaftlich nicht ansprechend genug und bereits viel zu eng bebaut. Constanze hat sich schon bei der ersten Wahl, an der sie teilnehmen durfte, eine Liste mit

10 einer Rangfolge ihrer drei wichtigsten Interessen gemacht und im Anschluss die Wahlprogramme danach analysiert. Die Partei, die ihren Interessen damals am nächsten kam, war die der „Roten". Heute steht auf ihrem Zettel: „1. Ausbau des Kinderbetreuungssystems; 2. Steuersenkungen für mittlere und höhere Einkommensgruppen; 3. Förderung des öffentlichen Nahverkehrs, um auch von Randlagen in die Innenstadt zu kommen". Nach Auswertung

15 der Wahlprogramme steht für Constanze fest: Diesmal wird sie ihr Kreuz bei den „Pinken" machen. Und vielleicht gibt sie ihre Zweitstimme – über die ja weitgehend die Zusammensetzung des Bundestags bestimmt wird, die also entscheidender ist als die Erststimme – den „Grauen", denn es ist wahrscheinlich, dass die mit den „Pinken" koalieren und dadurch eine Regierungsmehrheit erhalten.

Autorentext

M 6 ● Der soziologische Erklärungsansatz

Ein erster klassischer Ansatz betont die verhaltensrelevante Bedeutung des sozialen Umfelds: Wahlverhalten ist Gruppenverhalten. [...] Weniger der ursprünglich

5 angenommene Einfluss der Massenmedien oder der Wahlpropaganda als vielmehr die Zugehörigkeit zu verschiedenen sozialen Gruppen mit festen politischen Verhaltensnormen bestimmte demnach die indi-

10 viduelle Wahlentscheidung. Das Zusammenspiel der verschiedenen Gruppenzugehörigkeiten konnte mithilfe der Merkmale sozioökonomischer Status, Konfessionszugehörigkeit und Größe des Wohnorts in

15 hohem Ausmaß nachgewiesen werden. [...] Bis zu den jüngsten Wahlanalysen konnten auch neuere Untersuchungen immer wieder den großen Einfluss des sozialen Umfelds auf den individuellen politischen

20 Meinungsbildungsprozess nachweisen. Die Mitgliedschaft in einer Gewerkschaft, eine starke Bindung an die katholische Kirche oder auch eine Verwurzelung im protestantischen Selbstständigen- bzw. Hand-

25 werkermilieu haben auch heute noch – insbesondere bei Koppelung mehrerer Faktoren – einen hohen Vorhersagewert für die Wahlentscheidung. Das Erklärungsmodell sieht das Individu-

30 um idealtypisch im Mittelpunkt konzentrischer, sich gegenseitig verstärkender sozialer Einflusskreise und veranschaulicht aus dieser Perspektive in besonderer Weise ein stabiles, über einen längeren Zeitraum hin-

35 weg konstantes Wahlverhalten. Kurzfristige Änderungen der Wahlentscheidung können auf diese Weise hingegen nur unzureichend erklärt werden.

Karl-Rudolf Korte, Wahlen in Deutschland, bpb, Bonn 2013, S. 105 ff.

Motive für Wahlverhalten

Christian: Die Wahl könnte für mich ein Weg sein für meine Ziele und Wünsche. Eine Partei zu wählen, die meine Vorstellungen in gewisser Weise bestmöglich vertreten kann.

Anne-Katrin: Auf lange Sicht macht es schon einen Unterschied, ob eine Partei an der Macht ist, die viel für Sozialpolitik macht, wenn ich irgendwann mal eine Familie gründen will. Im Vergleich zu einer Partei, die alles in die Wirtschaft buttert oder in die Rüstung.

Wolfram: Toll wäre es, wenn mir die Partei 500 Euro rübergeben würde, dafür, dass ich sie wähle. Das wäre für mich persönlich ein Anreiz.

Aus: Interview: Alexandra von Streit, Fluter Nr.3/Juni 2002

M 7 ● Der individualpsychologische Erklärungsansatz

Einen deutlichen Perspektivenwechsel nimmt der zweite klassische Erklärungsansatz vor: Wahlverhalten ist Ausdruck einer individuellen psychologischen Beziehung
5 zu einer Partei. [...] Kernstück dieses als individualpsychologisches „Ann Arbor-" oder „Michigan-Modell" bezeichneten Ansatzes bildet die individuelle Parteiidentifikation. Damit ist eine längerfristige emoti-
10 onale Bindung der Wählerinnen und Wähler an ihre Partei gemeint. Sie wird erworben bei der politischen Sozialisation durch Elternhaus, Freundeskreis oder Mitgliedschaft in politischen Gruppen und be-
15 einflusst – einmal ausgeprägt – die Wahrnehmung sowie die Bewertung politischer Ereignisse in hohem Maße. Neben dieser Langzeitvariable Parteiidentifikation existieren zwei weitere Einflussfaktoren: die
20 Bewertung der Kandidatinnen und Kandidaten sowie die Einstellungen zu aktuellen politischen Streitfragen (die sogenannte Issue-Orientierung). Die individuelle Wahlentscheidung resultiert nun aus dem
25 spezifischen Zusammenspiel dieser drei Faktoren (Parteiidentifikation, Kandidatenorientierung, politische Streitfragen) [...].

Karl-Rudolf Korte, Wahlen in Deutschland, bpb, Bonn 2013, S. 109 f.

M 8 ● Das Modell des rationalen Wählers

Ein anderer Blick auf den Prozess der Wahlentscheidung kennzeichnet den dritten wichtigen Erklärungsansatz. In seiner in den fünfziger Jahren entwickelten öko-
5 nomischen Theorie der Demokratie konzentriert sich Anthony Downs ganz auf die Analyse von individuellen Entscheidungskalkülen: Die persönliche Wahlentscheidung wird bestimmt durch ihren maximal
10 zu erzielenden politischen Nutzen. Ein „rationaler Wähler" entscheidet sich demnach für diejenige Partei, von deren Politik er sich den größten Vorteil verspricht. [...] In der wissenschaftlichen Wahlforschung
15 wird rationales Wahlverhalten im Allgemeinen mit der Orientierung der Wählerinnen und Wähler an aktuellen politischen Streit- und Sachfragen (issue-voting) gleichgesetzt. [...] Soziale Loyalitäten oder
20 längerfristige emotionale Parteieigungen spielen aus dieser Perspektive nur eine untergeordnete Rolle. [...]
Allerdings hat auch das rationale Erklärungsmodell seine Grenzen. Innerhalb sei-
25 ner engen Modellannahmen lässt sich die Frage, warum jemand überhaupt an einer Wahl teilnimmt, nicht schlüssig beantworten. Die Wirkung der eigenen Stimme, also der Nutzen einer Beteiligung, ist ver-
30 schwindend gering gegenüber den entstehenden Kosten, den Mühen einer Teilnahme. Ebenfalls unbefriedigend bleibt die Erklärung der Wahlentscheidung zugunsten kleiner Parteien, die keine Chance auf
35 eine Regierungsbeteiligung haben.

Karl-Rudolf Korte, Wahlen in Deutschland, bpb, Bonn 2013, S. 110

M 9 ● Das Modell der sozialen Milieus

Seit den achtziger Jahren ist ein neuer Zugang zur Erklärung von Wahlverhalten entwickelt worden: die Einteilung der Wählerinnen und Wähler in sozial-morali-
5 sche Milieus. [...] Die Einteilung der Gesellschaft in soziale Milieus erfolgt [...] durch die Identifikation fundamentaler Wertorientierungen, die die jeweilig vorherrschenden Lebensstile und -strategien bestimmen.
10 Und auch die Einstellungen zu Arbeit, Familie oder Konsumverhalten werden dabei genauso einbezogen wie Wunschvorstellungen, Ängste oder Zukunftserwartungen. [...]
Den Vorteil des Milieukonzepts sehen seine 15 Entwickler darin, dass es damit den politischen Parteien möglich ist, zielgruppengerechter zu agieren und auf diese Weise neue Wählerpotenziale zu erschließen.

Karl-Rudolf Korte, Wahlen in Deutschland, bpb, Bonn 2013, S. 111

Info

Methoden der Wahlforschung

Kurzfristige, auf die anliegende Wahl ausgerichtete Forschung nutzt drei Untersuchungsmethoden: (1) Repräsentative Umfragen bilden nur aktuelle Wahlabsichten ab und haben eine Fehlertoleranz von zwei bis 4 Prozent. (2) Wahlprognosen beruhen auf Befragungen vor repräsentativ ausgewählten Wahllokalen direkt nach der Stimmabgabe („exit polls"). Sie können tatsächliches Wahl- (und Nichtwahl-)Verhalten erfassen. (3) Hochrechnungen am Wahlabend beruhen auf Auszählungsergebnissen aus einer Auswahl von Wahllokalen, die bei der vergangenen Wahl exakt den Wahlausgang widerspiegelte.
Langfristige Wahlforschung nutzt Daten der statistischen Ämter bezogen auf Wahlkreise (durch die eine Zuordnung von Wahlentscheidungen und sozialen Schichten bzw. Milieus erfolgen kann), Zeitreihen von Umfrageergebnissen sowie die amtliche Wählerstatistik (Abstimmungsverhalten nach Alter und Geschlecht).

Autorentext

Aufgaben

1 Prüfen Sie, ob es sich bei Constanzes Wahlentscheidung um ein realitätsnahes Beispiel handelt, und entwickeln Sie ggf. weiterführende Ansätze, Wahlverhalten zu erklären. (M 5)

2 Stellen Sie die Merkmale der Erklärungsansätze von Wählerverhalten in einer Übersicht dar (M 6 – M 9).

3 Ordnen Sie Constanze sowie die Aussagen der Jugendlichen begründet in die Modellvorstellungen ein. (M 6 – M 9, Randspalte)

4 Überprüfen Sie die Erklärungsansätze (M 6 – M 9) auf ihren Erklärungswert.

Ⓗ zu Aufgabe 1
Fassen Sie zunächst die Gründe für Constanzes Wahlentscheidung zusammen.

Ⓗ zu Aufgabe 2
Unterscheiden Sie z. B. nach folgenden Kriterien: Entstehungshintergrund, Wählerstruktur, Einflussfaktoren auf die Wahlentscheidung, Kritik.

2.2.3 Sollte der Bundestag anders gewählt werden?

M 10 ● Die Sitzverteilung im Bundestag – repräsentativ?

a) Gewonnene Direktmandate in Wahlkreisen

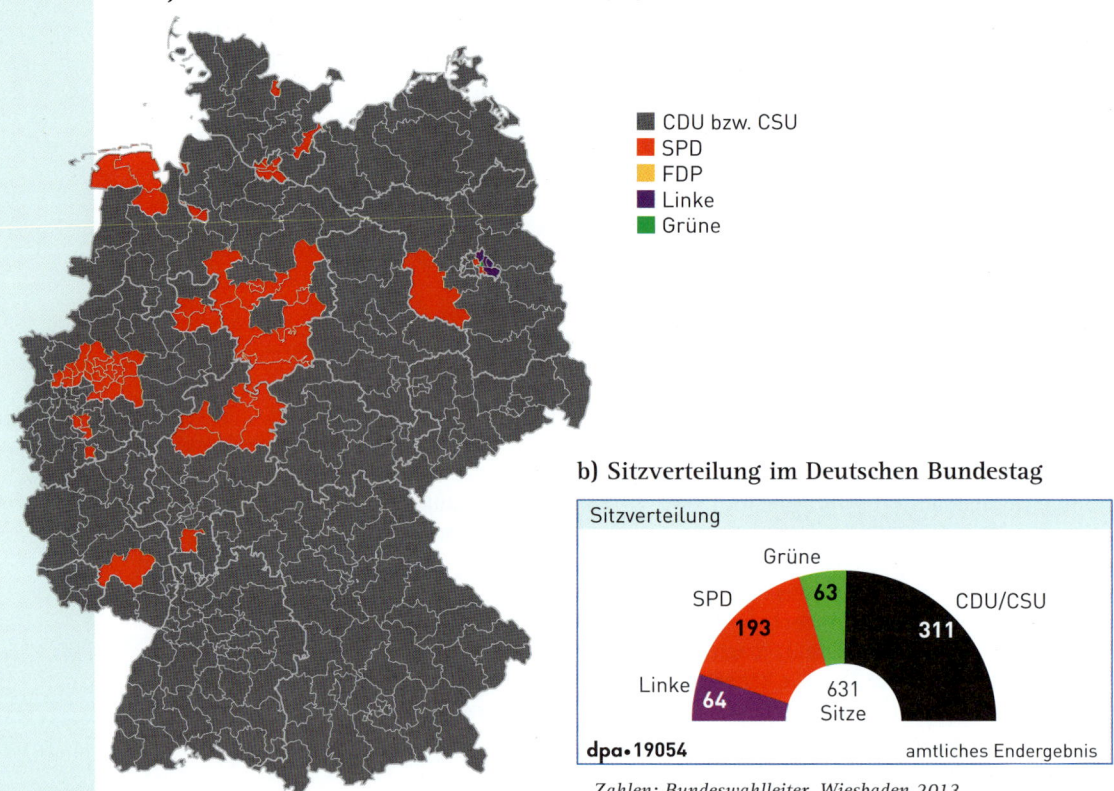

- ■ CDU bzw. CSU
- ■ SPD
- ■ FDP
- ■ Linke
- ■ Grüne

b) Sitzverteilung im Deutschen Bundestag

Sitzverteilung

Grüne 63
SPD 193
Linke 64
631 Sitze
CDU/CSU 311

dpa·19054   amtliches Endergebnis

Zahlen: Bundeswahlleiter, Wiesbaden 2013

M 11 ● „The winner takes all" vs. Verhältnisse abbilden – Wahlsysteme im Vergleich

Das Ergebnis der Wahl kann je nach Wahlsystem – bei gleicher Stimmverteilung – ganz unterschiedlich aussehen.

Diese lassen sich auf zwei Grundtypen zu-
5 rückführen: Mehrheitswahl und Verhältniswahl. Sie unterscheiden sich in der Art und Weise, wie die Stimmen der Wählerinnen und Wähler in Mandate verwandelt werden. Dabei handelt es sich um mehr als ein bloß
10 formelles Problem. Die Zusammensetzung des Parlaments fällt je nach Wahlsystem unterschiedlich aus. In der parlamentarischen Demokratie bestimmt das Wahlsystem darüber, wer die Regierung stellen kann. [...]

Verhältniswahl   15
Die Grundvorstellung der Verhältniswahl ist, dass im Parlament alle gesellschaftlichen Gruppen gemäß ihrem Anteil an Wählerstimmen vertreten sind. Es soll die „Landkarte" der Gesellschaft sein. Deshalb ist die 20 Anzahl der Sitze, die jede Partei erhält, proportional zu der Anzahl ihrer Stimmen. So gehen nicht wie bei der Mehrheitswahl Stimmen verloren. Sie zählen alle gleich und haben den gleichen Erfolgswert. [...]   25

Relative Mehrheitswahl
Bei der relativen Mehrheitswahl wird das

Wahlgebiet in so viele Wahlkreise unterteilt, wie Abgeordnete zu wählen sind. Je-
30 der Wahlkreis wählt einen Abgeordneten.
Man spricht daher von Einpersonenwahl-
kreisen. Der Wähler hat eine Stimme, die er
einem der Kandidaten gibt. Der Kandidat,
der mehr Stimmen als jeder andere seiner
35 Mitbewerber (d. h. die relative Mehrheit)
auf sich vereinigt, zieht ins Parlament ein.
Die Stimmen für die unterlegenen Kandidaten gehen verloren („The winner takes it
all"-Prinzip). Die Zusammensetzung des
40 Parlaments ist leicht durchschaubar, da
sich in der Regel klare Mehrheiten bilden.
Die relative Mehrheitswahl hat einen
„mehrheitsbildenden Effekt".

Absolute Mehrheitswahl
Eine Variante der Mehrheitswahl stellt das 45
System der absoluten Mehrheitswahl dar.
Auch hier werden Abgeordnete auf Wahl-
kreisebene gewählt. Diese benötigen jedoch
im ersten Wahlgang die absolute Mehrheit
($>50\%$) der abgegebenen Stimmen. Er- 50
reicht dies keiner der Kandidaten, so findet
nach einer gewissen Frist (häufig 14 Tage)
ein zweiter Wahlgang statt, bei dem – je
nach Ausgestaltung – nur die beiden besten
Kandidaten des ersten Wahlgangs zur Wahl 55
stehen und/oder die relative Mehrheit der
Stimmen ausschlaggebend ist.

*Karl-Rudolf Korte, Wahlen in Deutschland,
Bonn 2013, S. 25*

Wahlrechts-grundsätze in Deutschland

Das Grundgesetz definiert in Art. 38 die Ansprüche an demokratische Wahlen in der Bundesrepublik Deutschland: „Die Abgeordneten des Deutschen Bundestages werden in allgemeiner, unmittelbarer, freier, gleicher und geheimer Wahl gewählt."

Zweitstimmen-anteil „kleiner Parteien" bei der Bundestagswahl 2013

- FDP: 4,8 %
- AfD: 4,7 %
- Piraten: 2,2 %
- NPD: 1,3 %
- Freie Wähler: 1,0 %
- „Sonstige": 1,7 %

Bundeswahlleiter 2013

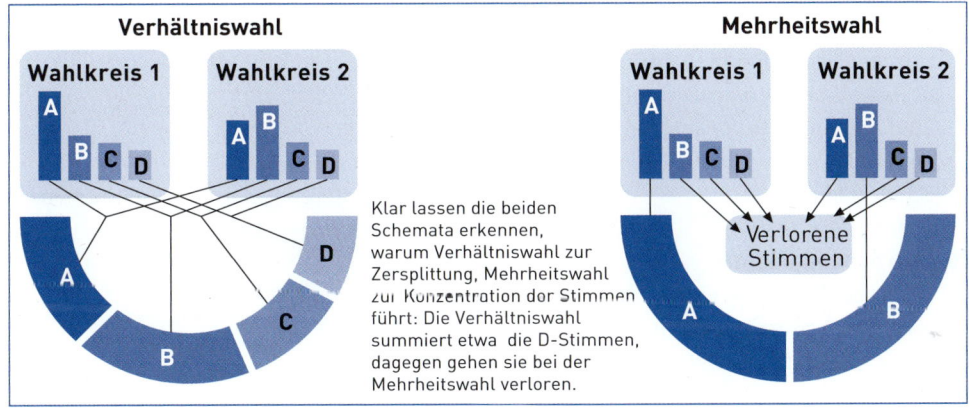

M 12 ● Alternativen zur personalisierten Verhältniswahl

Was wäre, wenn der Deutsche Bundestag nach anderem Wahlrecht gewählt würde?

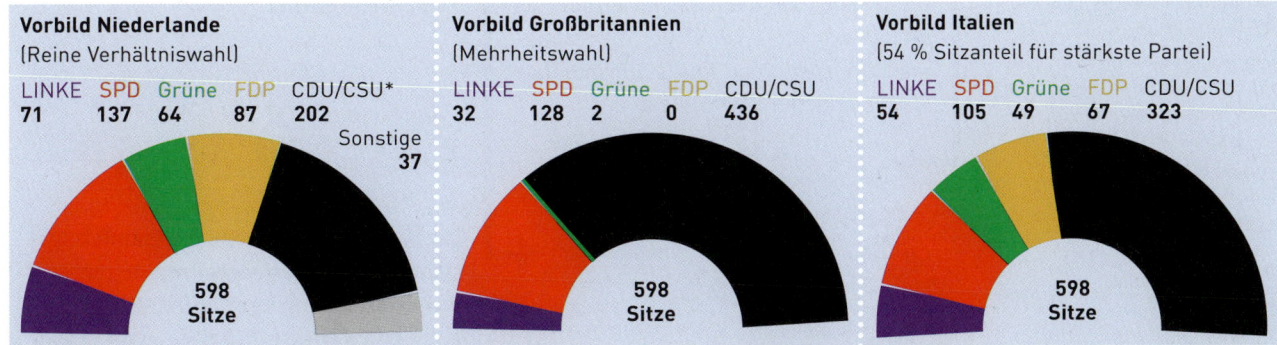

Vorbild Niederlande (Reine Verhältniswahl)

LINKE	SPD	Grüne	FDP	CDU/CSU*
71	137	64	87	202

Sonstige 37

598 Sitze

Vorbild Großbritannien (Mehrheitswahl)

LINKE	SPD	Grüne	FDP	CDU/CSU
32	128	2	0	436

598 Sitze

Vorbild Italien (54 % Sitzanteil für stärkste Partei)

LINKE	SPD	Grüne	FDP	CDU/CSU
54	105	49	67	323

598 Sitze

*CDU und CSU werden für diese Modellrechnung als eine Partei behandelt, weil einige Wahlverfahren sonst nicht sinnvoll darstellbar gewesen wären. Die Ergebnisse stehen auch unter dem Vorbehalt, dass ein anderes Wahlsystem vermutlich das Wahlverhalten der Menschen beeinflussen würde.

Claudia Henzler, Süddeutsche Zeitung, 4.6.2012

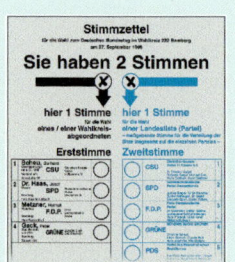

Ausschnitt aus einem Wahlzettel zur Bundestagswahl.

Sperrklausel

in Deutschland auch 5%-Hürde; besagt, dass eine Partei bei einer Wahl einen prozentualen Mindestanteil (in Deutschland min. 5%) der Stimmen erhalten haben muss, um Abgeordnete in die Parlamente (hier: Bundestag bzw. Landtag) entsenden zu können; soll einer „Zersplitterung" und damit Destabilisierung der Volksvertretung entgegenwirken. Bei der Bundestagswahl 2013 verfielen dadurch insg. 15,7% der abgegebenen Stimmen. Es gibt einige Länder mit Verhältniswahlsystemen ohne Sperrklausel (z. B. Finnland, Portugal).

M 13 ● Wie wird der Deutsche Bundestag gewählt?

● Die Erststimme und ihre Bedeutung

Das Gebiet der Bundesrepublik ist in 299 Wahlkreise eingeteilt. Jeder Wähler entscheidet sich für einen Kandidaten seines Wahlkreises. Gewählt ist, wer mindestens eine Stimme mehr hat als jeder andere Bewerber (relative Mehrheitswahl). Ein gewählter Direktkandidat kommt auf jeden Fall ins Parlament, auch wenn seine Partei die 5 %-Hürde nicht schafft.

● Die Zweitstimme und ihre Bedeutung

Nach der Gesamtzahl der Zweitstimmen, die für eine Partei bei der Wahl abgegeben werden, richtet sich die Anzahl der Sitze, die diese Partei im Bundestag erhält (Verhältniswahl).
299 Abgeordnete ziehen bei der Sitzverteilung über diese Listen in den Bundestag ein.

● Überhangmandate

Hat eine Partei in einem Bundesland mehr Direktmandate errungen als ihr – den Zweitstimmen nach – zustehen, erhält sie Überhangmandate.
Beispiel: Die Partei B hat im Bundesland Y 28 Direktmandate gewonnen. Nach Zweitstimmen stehen ihr nur 26 Mandate zu. Die zwei fehlenden Sitze erhält die Partei als Überhangmandate. Die Gesamtzahl der Sitze im Bundestag nimmt um die Anzahl der Überhangmandate sowie der Ausgleichsmandate für die anderen Parteien zu.

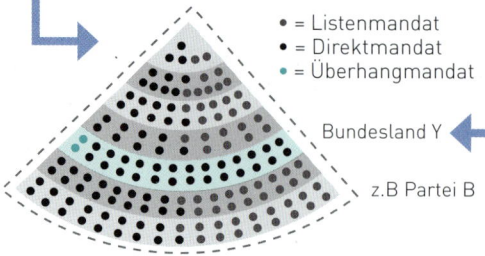

● = Listenmandat
● = Direktmandat
● = Überhangmandat

Bundesland Y

z.B Partei B

● Verteilung der Sitze auf die Parteien

Bei der Vergabe der Sitze werden nur Parteien berücksichtigt, die bundesweit mindestens 5 % der Zweitstimmen oder drei Direktmandate errungen haben ( ). Wie viele Abgeordnetensitze den Parteien zustehen, wird mithilfe der Divisormethode mit Standardrundung (Sainte-Laguë/Schepers) berechnet. Die Stimmen der Parteien, die an der Stimmvergabe teilnehmen, werden dazu durch einen Divisor geteilt. Als Divisor eignet sich die Zahl der durchschnittlich auf einen Sitz entfallenen Stimmen. Beispielrechnung:

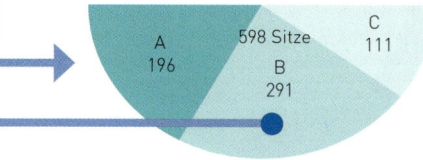

Partei	Zweitstimmen	Divisor	Ergebnis	Sitze
A	3.700.000	18.896	195,80	196
B	5.500.000	18.896	291,06	291
C	2.100.000	18.896	111,13	111
598 Sitze zu vergeben	gesamt: 11.300.000	Gesamtstimmenzahl/Gesamtzahl der Sitze	Stimmen für Partei X/ Divisor	nach Standardrundung

● Die Sitzverteilung nach Zweitstimmen

598 Sitze
A 196
B 291
C 111

Verteilung der Sitze auf die Landeslisten der Parteien

Der Landesverband einer Partei erhält die Anzahl an Sitzen, die dem Anteil an Zweitstimmen entspricht, der auf seine Landesliste entfiel.

Partei	Sitze insgesamt	Zweitstimmen im Bundesland Y	Gesamtzahl der Zweitstimmen der Partei B	Sitze im Bundesland Y
B	291	x 500.000	: 5.500.000 = 26,45	26

Die Anzahl der errungenen Bundestagssitze wird dann zunächst mit den in dem Bundesland direkt gewählten Wahlkreiskandidaten dieser Partei besetzt (Direktmandate), die verbleibenden Sitze mit Kandidaten der Landesliste (Listenmandate).

Autorentext

Info

Funktionen eines Wahlsystems

[Es] lassen sich [...] vier allgemeine Funktionserwartungen an ein Wahlsystem identifizieren:

Repräsentation

Ein Wahlsystem muss einerseits dafür Sorge tragen, dass die in der Gesellschaft vorhandenen Meinungen und Interessen im Parlament annähernd spiegelbildlich vertreten sind (Proportionalität). Zum anderen sollte es benachteiligten Gruppen wie den Frauen und strukturellen Minderheiten eine faire Repräsentation gewähren. Auch Fachleute sollten in ausreichender Zahl vertreten sein.

Konzentration / Regierungsfähigkeit

Ein Wahlsystem muss die Bildung einer regierungsfähigen Mehrheit ermöglichen (was Minderheitsregierungen durchaus mit einschließt). Die Regierungsstabilität kann an der durchschnittlichen Lebensdauer der Kabinette sowie der Häufigkeit vorgezogener Neuwahlen gemessen werden.

Partizipation / Personalisierung

Ein Wahlsystem muss dem Wähler die Möglichkeit geben, einerseits auf die parteipolitische Zusammensetzung der Regierung und andererseits auf die personelle Zusammensetzung der Parlamente Einfluss zu nehmen. Letzteres führt zu einer Stärkung der „gelebten" Verbindung zwischen Wählern und Gewählten, die sich auch auf die Funktionsweise des Parlamentarismus auswirkt (indem es die Abgeordneten im Verhältnis zu ihrer Partei unabhängiger macht). Ein Wahlsystem sollte außerdem dazu beitragen, dass die Bürger zur Wahl ermuntert werden (Wahlbeteiligung).

Einfachheit / Transparenz

Ein Wahlsystem muss so konstruiert sein, dass es für alle verständlich ist. Die Wähler müssen nachvollziehen können, was mit ihren Stimmen geschieht. Diese dürfen sich also nicht zufallsbedingt anders auswirken als intendiert. Ein zu kompliziertes Wahlsystem kann auf die Wahlbeteiligung drücken und / oder zu einer unangemessen hohen Zahl ungültiger Stimmen führen.

Frank Decker, Regieren im „Parteienbundesstaat",
Wiesbaden 2011, S.144 f.

Aufgaben

1 Werten Sie die Wahlergebnisse der Bundestagswahl 2013 und die Sitzverteilung im Deutschen Bundestag aus. (M 10)

2 Vergleichen Sie die Funktionsweise von Verhältnis- und Mehrheitswahlsystemen (M 11) und die daraus resultierenden „Stärken" und „Schwächen" beider Systeme (tabellarisch).

3 Erläutern Sie anhand des in M 10 dargestellten Wahlergebnisses das Wahlsystem der Bundesrepublik Deutschland. (M 13)

4 Erörtern Sie anhand der dargestellten Kriterien das Wahlsystem der Bundestagswahlen. (M 10 – M 13)

H zu Aufgabe 2
Berücksichtigen Sie folgende Aspekte: Vertretung gesellschaftlich unterschiedlicher Gruppen, Verständlichkeit des Wahlrechts, Verbindung von Wählern und Abgeordneten, Regierungsbildung, Gewicht der Wählerstimme.

2.2.4 Regierungsbildung in Deutschland – ein komplizierter Kompromiss?

M 14 ● Regierungsbildungspuzzle

**Interpretations-
hilfe**

Die Karikatur bezieht sich auf die Landtags-wahlen am 13.3.2016, durch die jeweils fünf Parteien in die Parla-mente einzogen (in Baden-Württemberg und Rheinland-Pfalz: CDU, SPD, B 90/Die Grünen, FDP, AfD; in Sachsen-Anhalt : CDU, SPD, B 90/Die Grünen, Die Linke, AfD) und die großen Parteien zumeist starke Verluste verzeichnen mussten.

**Regierungs-
koalition**

Bündnis von zwei oder mehr Parteien, um eine stabile Regierung zu bilden, wenn keine absolute Mehrheit (Sitzanteil im Parlament von 50% oder mehr) für eine Partei zustande gekommen ist; daher überwiegend in Systemen mit Verhältnis-wahl zu finden. Nicht-Regierungsabge-ordnete bilden die Opposition.

Karikatur: Martin Erl, 14.3.2016

M 15 ● Das Regierungssystem der Bundesrepublik Deutschland

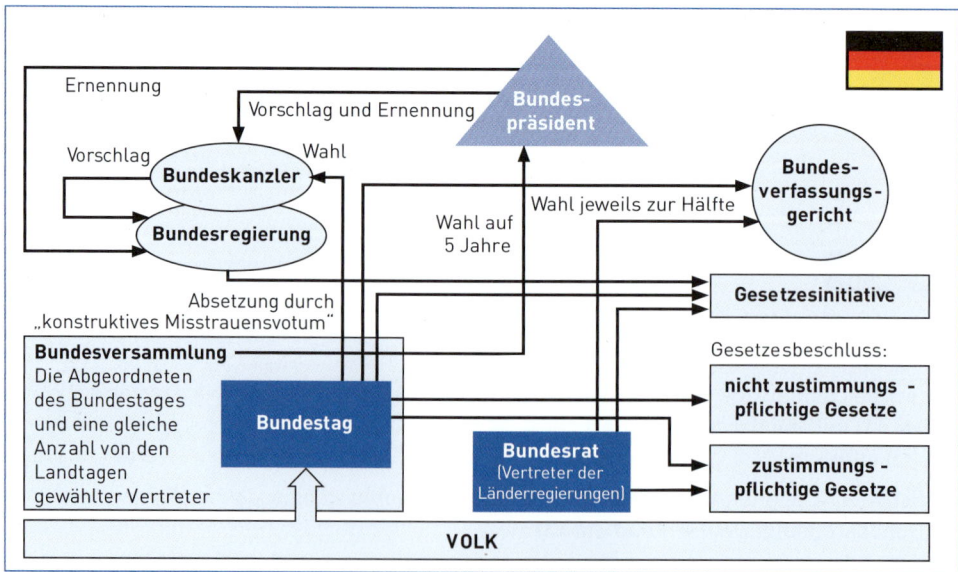

Ralf Rytlewski, Carola Wuttke (Hg.), a.a.O., S. 125

M 16 ● Parlamentarischer und präsidentieller Regierungstypus

Die Begriffe parlamentarisches und präsidentielles Regierungssystem kennzeichnen zwei Grundformen des Parlamentarismus der westlichen Demokratien. Unter Parlamentarismus in diesem allgemeinen Sinne wird ein Repräsentativsystem verstanden, in dessen politischem Entscheidungsprozess das Parlament eine signifikante, d. h. eine für die Gesetzgebung, Haushaltsentscheidung und Kontrolle der Regierung wesentliche Rolle spielt. [...]

Als sinnvolles und zunächst allein maßgebliches [Unterscheidungs-]Merkmal gilt das Recht des Parlaments, die Regierung aus politischen Gründen jederzeit abberufen zu können. Parlamente in einem parlamentarischen Regierungssystem (parlamentarische Parlamente) verfügen über dieses Recht, Parlamente in einem präsidentiellen Regierungssystem (präsidentielle Parlamente) hingegen nicht. [...]

Funktionale Konsequenzen des Abberufungsrechts sind, dass dem parlamentarischen Parlament die Aufgabe der politischen Regierungsbestellung zuwächst (Wahlfunktion des Parlaments). Je eindeutiger eine Parlamentsmehrheit die Regierung bestimmt und sie in ihr Führungsamt wählt, desto eher wird sie bereit sein, der Regierung die Wahrnehmung ihrer Führungsaufgaben – insbesondere als Initiator im Gesetzgebungsprozess – zuzugestehen. Die Bestellung der Regierung und das Recht ihrer Abberufung aus politischen Gründen durch das Parlament führen zu einer engen Verbindung beider mit der Folge, dass die Regierung und insbesondere der Regierungschef auf dem Wege der Vermittlung durch die Regierungsfraktion(en) die Parlamentsmehrheit gegebenenfalls in einem Ausmaße politisch zu lenken vermag, wie dies in präsidentiellen Systemen nicht möglich ist. Präsidentielle Parlamente neigen [zu] mangelhafter Fraktionsdisziplin [...], parlamentarische Parlamente zur Herausbildung möglichst tragfähiger Fraktionsdisziplin. Präsidentielle Parlamente

Im parlamentarischen Regierungstypus der Bundesrepublik Deutschland wird der Regierungschef (Kanzler) vom Bundestag gewählt und ist nicht gleichzeitig der Staatschef.

sind vor allem (und darin liegt ihre Kontrollmacht gegenüber der Regierung) gesetzgebende und über die Haushaltskontrolle wachende Versammlungen; parlamentarische Parlamente sind vor allem politische Entscheidungsgremien, die bei gegebenen Mehrheitsverhältnissen die Regierung aus dem Amt entfernen können. Dies zu verhindern, ist eine entscheidende Führungsaufgabe der Regierung und der sie stützenden Fraktions- bzw. Parteiführungen – eine Aufgabe, die sich so nicht in präsidentiellen Systemen stellt. [...]

[Es] ergibt sich, dass dem präsidentiellen System das Prinzip der geschlossenen Exekutive (Regierungschef und Staatsoberhaupt bilden eine Einheit) und dem parlamentarischen das der doppelten Exekutive zugrunde liegt. Die einfachste Konstruktion einer geschlossenen Exekutive besteht in den USA: Der Präsident ist Staatsoberhaupt, Regierungschef und einziger verantwortlicher Minister in einer Person. Auf dieser ungeteilten Kompetenz beruht verfassungsrechtlich das hohe Machtpotenzial des amerikanischen Präsidenten.

Winfried Steffani, Zur Unterscheidung parlamentarischer und präsidentieller Regierungssysteme, in: Zeitschrift für Parlamentsfragen 14 (1983) H. 3, S. 390 ff.

M 17 ● Vertrauensfrage und konstruktives Misstrauensvotum

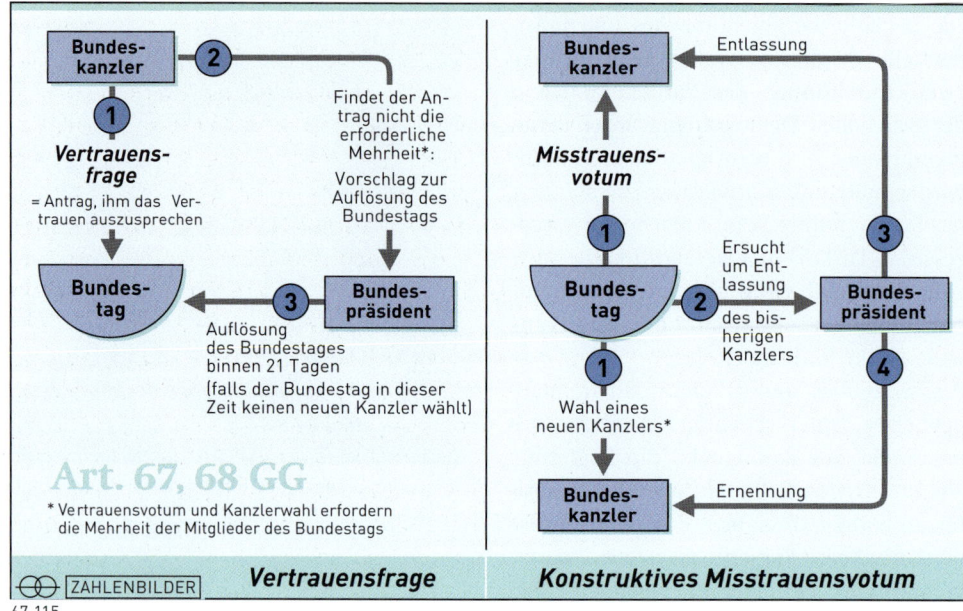

Bergmoser + Höller Verlag AG, Zahlenbilder 067115

Info

Konstruktives Misstrauensvotum

Artikel 67, 1 GG ermächtigt den Bundestag mit der Mehrheit seiner Mitglieder, einem Bundeskanzler das Misstrauen auszusprechen; aber nur, indem ein neuer Kanzler gewählt wird. So soll lückenlose Regierungsfähigkeit gesichert werden. Die Urheber des Grundgesetzes reagierten damit auf ein Problem der Weimarer Reichsverfassung von 1919, durch die sowohl der Reichskanzler als auch einzelne Reichsminister auf Beschluss des Reichstags entlassen werden konnten, ohne eine neue Regierungsbildung einzuleiten.

Autorentext

Ⓩ zu Aufgabe 1
Arbeiten Sie heraus, welche Regierungskoalitionen aufgrund der derzeitigen Sitzverteilung rechnerisch möglich wären, um einen Regierungschef (Kanzler) mit absoluter Mehrheit der Abgeordneten wählen zu können. (M 10b)

Ⓕ zu Aufgabe 2
Erläutern Sie den Umstand, dass Koalitionsverhandlungen bzw. -regierungen in einem Verhältniswahlsystem deutlich häufiger vorkommen als in Mehrheitswahlsystemen.

Aufgaben

① Analysieren Sie die Karikatur M 14.

② Erläutern Sie mögliche Schwierigkeiten bei der Regierungsbildung, sollten bei kommenden Bundestagswahlen wieder die FDP und zusätzlich die AfD (oder andere Parteien) in den Bundestag einziehen.

③ Analysieren Sie das Verhältnis zwischen Bundestag und Bundesregierung/-kanzler und ordnen Sie vor diesem Hintergrund das System der Bundesrepublik in die Regierungstypen ein. (M 15, M 17)

2.2.5 Europawahl – verkappte nationale Wahlen?

M 18 ● Europawahl – nationale Themen?

Bei den Wahlen [zum Europäischen Parlament 2014] gab es erstmals europäische Spitzenkandidaten der Parteifamilien, die sich um das Amt des EU-Kommissionspräsidenten bewarben. Diese durch den Lissabon-Vertrag eingeführte Neuerung ermöglichte eine Personalisierung des Wahlkampfs, die ansatzweise eine europäische Öffentlichkeit und abgestimmte Wahlkampfstrategien der europäischen Parteien herstellte.

Allerdings konnte das Duell der Spitzenkandidaten die nationalen Debatten nicht überlagern. [...] Nationale Fragen dominierten über europäische.

Uwe Optenhögel et al., Gesamteuropäische Schlussfolgerungen, in: Reinhard Krumm, Anne Seyffert (Hg.), Europa hat gewählt. Kurze Analysen der Wahlen zum Europäischen Parlament 2014 aus den Büros der Friedrich-Ebert-Stiftung. Berlin 2014, S. 3-6

M 19 ● Bedeutung des EU-Parlaments aus der Sicht deutscher Wähler

Entwicklung von Wahlbeteiligungen (in Prozent) im Vergleich

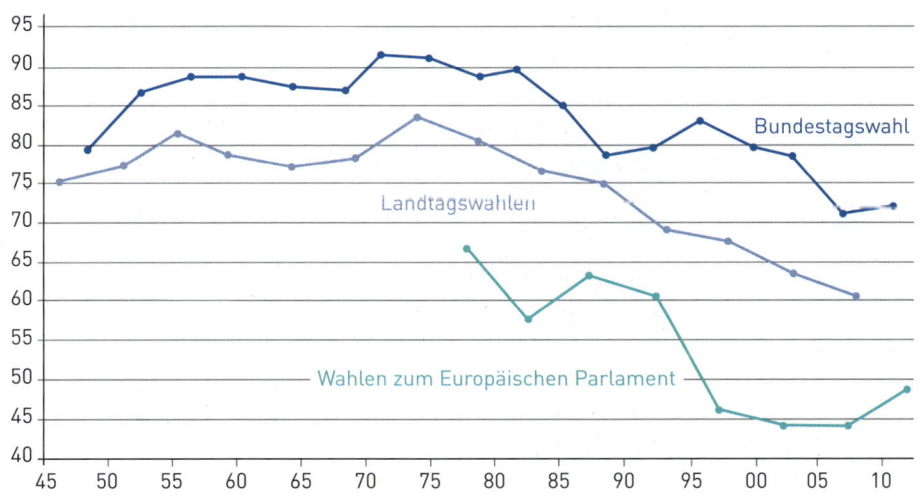

Nach: Oskar Niedermayer, Immer noch eine „nationale Nebenwahl"? Die Wahl zum Europäischen Parlament vom 25. Mai 2015, in: Zeitschrift für Parlamentsfragen 45 (2014) H. 3, S. 523-546; hier S. 537.

M 20 ● Die EU-Kommission

Die dritte wichtige Kraft in der Europäischen Union neben dem Rat und dem Parlament ist die Europäische Kommission. [...] [Sie] besteht aus je einer Person pro Mitgliedsland. [Jeder Staat macht einen Vorschlag für einen Kommissar und die gesamte Liste muss dann vom Rat in Absprache mit dem designierten Kommissions-

präsidenten mit qualifizierter Mehrheit angenommen werden.] Die Kommissarinnen und Kommissare sind allerdings keine Vertreter ihres Heimatstaates und nicht an dessen Weisungen gebunden. Sie sollen die europäische Sache vertreten. Deshalb nennt man die Europäische Kommission auch die „Hüterin der Verträge".

Jean-Claude Juncker

2014 Spitzenkandidat der Europäischen Volkspartei (EVP) und seitdem EU-Kommissionspräsident

Martin Schulz

seit 2012 mit Unterbrechungen Präsident des Europäischen Parlaments; 2014 Spitzenkandidat der Sozialdemokratischen Partei Europas (SPE) für das Amt des EU-Kommissionspräsidenten

Die einzelnen Kommissionsmitglieder haben bestimmte Aufgabengebiete. Allerdings trifft die Kommission Entscheidungen als Ganzes, und zwar mit Mehrheit. [...]
20 Die Europäische Kommission ergreift Initiativen zur Weiterentwicklung der Europäischen Union und legt dem Rat und dem Parlament entsprechende Vorschläge vor.
25 Dieses Initiativrecht hat die Kommission exklusiv als einziges Organ der EU. Die Kommission übt zudem die Kontrolle darüber aus, dass sich alle in der EU, also sowohl die Mitgliedstaaten als auch Unternehmen, an die getroffenen Regeln halten. 30 Wenn das nicht der Fall ist, kann sie Bußgelder gegen Unternehmen verhängen, wenn diese beispielsweise gegen Binnenmarktregeln verstoßen oder Kartelle für Preisabsprachen treffen. 35

Eckart D. Stratenschulte, www.bpb.de, 4.12.2014

M 21 ● Werbung zur EU-Parlamentswahl 2014

Wahlplakat der deutschen CDU für die Europawahl 2014. Die CDU ist Mitglied der Europäischen Volkspartei (EVP).

M 22 ● Neue Rolle der europäischen Parteien?

„Politische Parteien auf europäischer Ebene sind wichtig als Faktor der Integration in der Union. Sie tragen dazu bei, ein europäisches Bewusstsein herauszubilden und 5 den politischen Willen der Bürger der Union zum Ausdruck zu bringen." [...] Aber erfüllen sie auch die[se] Rollen und Funktionen [...]? Nationale politische Parteien werden oft als Organisationen beschrieben, 10 die politische Inhalte, Wählerstimmen und Ämter erreichen wollen. In ihrem Versuch, „echte" Parteien zu werden, haben die europäischen Parteien sich dasselbe Ziel gesetzt. [...] Wichtig ist [...], dass die europäischen Parteien in den letzten Jahren auch 15 im Streben nach Ämtern eine Rolle spielen. In der Vergangenheit wurden Spitzenposten wie die Präsidentschaft der Europäischen Kommission von den Regierungschefs hinter den verschlossenen Türen des 20 Europäischen Rates ausgehandelt. [...] Eine Anzahl von Europaabgeordneten nahm

[2013] eine Resolution an, die vorschlug, dass die europäischen Parteien ihre Kandi-
25 daten für das Amt des Kommissionspräsidenten deutlich vor der Europawahl 2014 ernennen sollten, sodass diese einen europaweiten Wahlkampf über europäische Themen führen könnten. [...] Der Kommis-
30 sionspräsidentschaftskandidat der größten Fraktion im neu gewählten Parlament sollte dann aus Sicht der Abgeordneten als Erster für das Amt in Betracht gezogen werden.
35 Als Nächstes wählten alle größeren europäischen Parteien ihre Kandidaten für die Kommissionspräsidentschaft aus. [...]
Das Beispiel der Europawahl 2014 zeigt also, dass die europäischen Parteien zu-
40 nehmend wie klassische, nach Ämtern strebende Parteien geworden sind. Es zeigt auch, dass die europäischen Parteien beginnen, durch ihre Beteiligung am Wahlkampf einen Beitrag zur Entstehung eines
45 „europäischen Bewusstseins" unter Europas Bürgern zu leisten.
Doch trotz der steigenden Bemühungen der europäischen Parteien, politische Inhalte zu gestalten und Ämter zu gewinnen,
50 sind ihnen teilweise durch ihre Mitgliedsparteien die Hände gebunden. Dies wird deutlich, wenn man die dritte Funktion von Parteien betrachtet: das Streben nach Wählerstimmen.
55 Obwohl die Europawahl 2014 den Aufstieg der Spitzenkandidaten und der dahinterstehenden europäischen Parteien brachte, waren es weiterhin die nationalen Parteien, die die Kandidaten für das Parlament selbst
60 auswählten. Mehr noch, die nationalen Parteien organisierten auch weiterhin ihre eigenen Wahlkampagnen und identifizierten dafür selbst die Schlüsselthemen. [...] Nationale Parteien sehen es also weiterhin als ihre Aufgabe an, den „politischen Willen der Bürger der Union zum Ausdruck zu bringen" und setzen sich der Stärkung der europäischen Parteien vehement entgegen.
Dieser Widerstand wird noch deutlicher, wenn wir die jüngsten Versuche der europäischen Parteien betrachten, eine Individualmitgliedschaft [statt wie bisher nur die von Vereinigungen] einzuführen. [...] Entscheidend [hier-
65 bei] aber ist, dass sich bisher nur die europäischen Liberalen dazu entschieden haben, ihren Individualmitgliedern das Stimmrecht beim jährlichen Parteikongress
70 zu geben. Dabei muss man bedenken, dass es sich hier nicht um die gesamte Individualmitgliedschaft handelt, sondern um eine Handvoll Delegierte. Pro 500 Individualmitglieder wird ein/e Delegierte/r für den Parteikongress gewählt.

Isabelle Hertner, www.foederalist.eu, 2.2.2016

Isabelle Hertner lehrt Deutsche und Europäische Politik an der Universität Birmingham.

Im EU-Parlament mit Fraktionen vertretene deutsche Parteien(-Familien)

Fraktion im EP	Ausrichtung	Deutsche Mitglieder
EVP	Christdemokraten, Konservative	CDU, CSU
S&D	Sozialdemokraten	SPD
EKR	Konservative, EU-Skeptiker	ALFA, Familie
ALDE	Liberale	FDP, FW
GUE/ NGL	Sozialisten, Kommunisten	Linke
Grüne/ EFA	Grüne	Grüne, Piraten, ÖDP
EFDD	EU-Skeptiker, Rechtspopulisten	AfD
ENF	Rechtspopulisten, Rechtsextreme	AfD

75 **H** zu Aufgabe 1
Beschreiben Sie dazu zunächst die Kurvendiagramme. (M 19)

Z zu Aufgabe 1
Vergleichen Sie die Wahlen zum Europäischen Parlament mit denen zum Deutschen Bundestag. (Kap. 2.2.3)

H zu Aufgabe 3
Geben Sie zunächst die von Isabelle Hertner dargestellten Probleme europäischer Parteien wieder.

Aufgaben

1. Arbeiten Sie die Bedeutung der Europawahl für die deutsche Bevölkerung heraus. (M 18, M 19)
2. Vergleichen Sie die Bildung der „Regierung" der EU mit der der Bundesrepublik Deutschland (M 20, Kap. 1.2.?).
3. Analysieren und beurteilen Sie das Wahlplakat hinsichtlich der Fragen, für welche Wahl geworben wird und wer für welches Amt kandidiert. (M 21)
4. Entwickeln Sie Möglichkeiten, die europäischen Parteien in der Wahrnehmung der EU-Bürger aufzuwerten, um somit der EU mehr Input-Legitimität zu verleihen. (M 22)

2.2.6 Reicht Repräsentation? – Diskussion über direkte Demokratie

M 23 ● Direkte Demokratie im Koalitionsvertrag?

Es klang nach einer Revolution: Die Große Koalition wolle [nach einem Bericht der Süddeutschen Zeitung] mehr direkte Demokratie auf Bundesebene erlauben [...].
5 Das Volk solle künftig über einzelne Gesetze abstimmen können, bei besonders wichtigen europapolitischen Entscheidungen sogar stets mitreden können.
Konnte das sein? Sollte Angela Merkel tatsächlich ihre tiefe Skepsis aufgegeben haben und den Weg für mehr Bürgerbeteiligung ebnen wollen? Die Aufregung um die vermeintliche Sensation legte sich schnell. Denn es gibt keine Sensation. Die
15 CDU machte umgehend klar: nicht mit uns. „Wir sind gegen solche bundesweiten Volksabstimmungen", sagte Unionsfraktionsvize Günter Krings (CDU). „Demzufolge wird die nächste Koalition dies auch nicht
20 einführen." [...]

Warum also die Unruhe? Auslöser war ein gemeinsames Dokument vom [damaligen] Innenminister Hans-Peter Friedrich (CSU) und SPD-Innenexperte Thomas Oppermann. [...] Die Unterhändler [der Arbeits- 25 gruppe Inneres und Justiz in den Koalitionsverhandlungen brachten] auch ihre Vorstellungen zu plebiszitären Elementen [...] zu Papier. „Ein behutsamer Einstieg in direktdemokratische Teilhabe soll ein Refe- 30 rendum über beschlossene Gesetze sein", heißt es da. Demnach könnte der Bundestag mit Zweidrittelmehrheit bestimmen, ein Gesetz den Bürgern zur Abstimmung vorzulegen. Oder die Bürger sammeln eine 35 Million Unterschriften und erzwingen eine solche Abstimmung.

Philipp Wittrock, CDU beerdigt Pläne für Volksabstimmungen, www.spiegel.de, 12.11.2013

M 24 ● Direkte Demokratie in Hessen

a) **Verfassung des Landes Hessen, Art. 124**
(1) Ein Volksentscheid ist herbeizuführen, wenn ein Fünftel der Stimmberechtigten das Begehren nach Vorlegung eines Gesetzentwurfs stellt. Dem Volksbegehren muss ein ausgearbeiteter Gesetzentwurf zu Grunde liegen. Der Haushaltsplan, Abgabengesetze oder Besoldungsordnungen können nicht Gegenstand eines Volksbegehrens sein.
(2) Das dem Volksbegehren zu Grunde liegende Gesetz ist von der Regierung unter Darlegung ihres Standpunktes dem Landtag zu unterbreiten. Der Volksentscheid unterbleibt, wenn der Landtag den begehrten Gesetzentwurf unverändert übernimmt.
(3) Die Volksabstimmung kann nur beja-

hend oder verneinend sein. Es entscheidet die Mehrheit der abgegebenen Stimmen.
(4) Das Verfahren beim Volksbegehren und Volksentscheid regelt das Gesetz.

b) **Gesetz über Volksbegehren und Volksentscheid (in der Fassung vom 13.12.2012)**
I. Volksbegehren, § 2
(1) Der Antrag auf Zulassung eines Volksbegehrens muss enthalten:
1. einen ausgearbeiteten Gesetzentwurf, der mit einer Begründung einschließlich einer Darstellung der finanziellen Auswirkungen versehen sein kann,
2. die persönlichen und handschriftlichen Unterschriften von mindestens zwei vom Hundert der bei der letzten Land-

---

Wahlberechtigte in Hessen

In Hessen sind ca. 4,4 Mio. Bürger bei Landtagswahlen wahlberechtigt (Stand: 2013).

Quorum

notwendige Anzahl von Stimmen, die benötigt wird, damit eine Wahl oder Abstimmung gültig ist; Quoren sollen die Überrepräsentanz von Minderheiten verhindern, die bei zu geringer Beteiligung entstehen könnten.

Zurzeit wird die Hessische Verfassung überarbeitet. Dabei geht es auch um die Regelung zum Volksbegehren / Volksentscheid. Alle Fraktionen im Landtag sind sich bislang einige, dass hier Veränderungen notwendig sind.

tagswahl Stimmberechtigten. Das Stimmrecht der Unterzeichner muss im Zeitpunkt der Unterzeichnung bestehen [...].

§ 12

(1) Das Volksbegehren ist zustande gekommen, wenn ihm ein Fünftel der Stimmberechtigten zugestimmt hat. Die Landesregierung prüft unverzüglich, ob dies der Fall ist.

(2) Als Zahl der Stimmberechtigten gilt die bei der letzten Landtagswahl im Lande amtlich ermittelte Zahl der Wahlberechtigten.

II. Volksentscheid

§ 16

(1) Der Volksentscheid findet statt, wenn der Landtag den dem Volksbegehren zugrunde liegenden Gesetzentwurf nicht unverändert zum Gesetz erhebt. [...]

§ 20

(2) Der Stimmzettel lautet nur auf „Ja" und „Nein", Zusätze sind unzulässig. [...]

§ 22

(1) Das Gesetz ist angenommen, wenn die Mehrheit der abgegebenen gültigen Stimmen auf „Ja" lautet. Gleichheit der Stimmen für die Annahme und Ablehnung eines Gesetzentwurfes gilt als Ablehnung.

Erklärfilm zum Volksentscheid

Mediencode: 72024-07

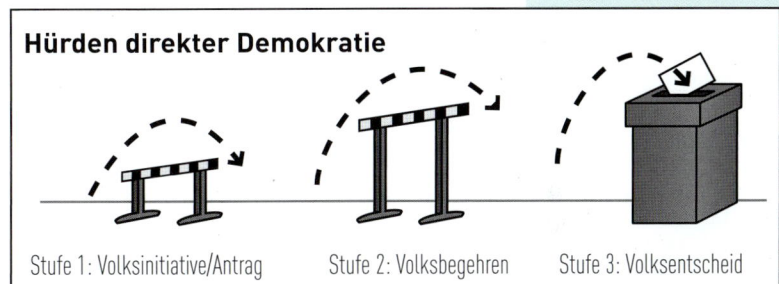

Hürden direkter Demokratie

Stufe 1: Volksinitiative/Antrag Stufe 2: Volksbegehren Stufe 3: Volksentscheid

M 25 ● Grenzen und Paradoxien direkter Demokratie

Soziale Selektivität

Können Referenden das Problem zurückgehender Partizipation und ansteigender sozialer Selektion lindern oder gar beheben?
5 Geht „das" Volk tatsächlich zu Volksabstimmungen? Aus der empirischen Forschung wissen wir, dass die Teilnahme an Volksabstimmungen auf lokaler, regionaler oder nationaler Ebene hinter der Beteiligung an
10 allgemeinen Wahlen zurückbleibt. Dies gilt insbesondere im Vergleich zu den nationalen Parlamentswahlen. [...] Je komplexer die Materie und je häufiger die Abstimmungen, umso geringer ist die Beteiligung. [...]
15 Nicht das Volk in seiner Gesamtheit, sondern die höheren und mittleren Schichten, die Gebildeten und überproportional die Männer stimmen typischerweise bei Referenden ab. Der politisch aktive Demos ist
20 dabei mehr als halbiert und hat bei Volksabstimmungen damit eine noch größere soziale Schieflage als bei den nationalen Parlamentswahlen. [...]

Diskurs und Deliberation

[...] Bei hochpolitischen Fragen [...] tragen 25 Volksabstimmungen tatsächlich zu intensivierten Diskursen bei. Auch Positionen außerhalb des etablierten Politik- und Medienbetriebs haben Chancen, Gehör zu finden. Die Diskurse befreien sich dabei häufig von 30 den üblichen Personaldebatten und verlagern sich auf Sachfragen. Im optimalen Fall entsteht das, was Jürgen Habermas emphatisch als „Öffentlichkeit" bezeichnet [...]. Das sind jedoch Sternstunden von Refe- 35 rendumskampagnen, die sich im Alltag der zahlreichen Policy-Referenden in der Schweiz oder etwa Kalifornien nicht zeigen oder wiederholen lassen.

Interessengruppen 40

Die Verfügbarkeit von Macht und Geld entscheidet über den Einfluss auf politische Entscheidungen. Sie gewährt mächtigen Interessenverbänden und multinationalen Unternehmen einen asymmetrisch 45 privilegierten Einfluss. Das politische

Jürgen Habermas

(*1929), bekanntester deutscher Gegenwartsphilosoph; starker Befürworter politischer Partizipation der Bürger in ihren eigenen Angelegenheiten durch vernunftgeleitete, konsensorientierte sprachliche Aushandlungsprozesse

Bürgerhaushalte

erstmals 1989 im brasilianischen Porto Alegre; für alle offene Bürgerversammlungen der Stadtbezirke unterbreiten Vorschläge zum Einsatz der städtischen Mittel. Gewählte Vertreter dieser Versammlungen gewichten die Vorschläge. Dabei erhalten ärmere Stadtteile eher den Zuschlag als reichere. In Lateinamerika existieren derzeit ca. 1.000 Bürgerhaushalte.

Gleichheitsprinzip wird verletzt. Ändert sich das in Volksinitiativen oder Volksentscheidungen? Fast alle empirischen Unter-
50 suchungen geben zu erheblicher Skepsis Anlass. Volksabstimmungen werden nicht vom „Volk" initiiert. Es bedarf der Initiatoren – und die kommen aus den meinungsstarken politisierten Mittelschichten, Inter-
55 essengruppen, NGOs, nicht selten auch aus Regierung und Parteien. Der Erfolg ist keineswegs nur, aber stets auch von der Kampagnenfähigkeit der Initiatoren abhängig. Dafür bedarf es der Ressourcen: politisch,
60 organisatorisch und finanziell. Über solche verfügen vor allem politische Organisatoren oder wirtschaftliche Interessengruppen.

So paradox es auch klingen mag: [Die] In-
65 teressen [des unteren Drittels der Gesellschaft sind] in repräsentativen Institutionen besser aufgehoben als in Entscheidungen, die „das Volk" trifft. Wer in Volksentscheiden vor allem initiiert und
70 dekretiert, ist nämlich nicht ein repräsentativer Querschnitt, oder gar das Volk selbst. [...] Die große Malaise [Misere] der gegenwärtigen Demokratien, nämlich der schleichende Ausschluss der unteren Schichten,
75 würde noch erheblich beschleunigt.

Wolfgang Merkel, Volksabstimmungen: Illusion und Realität, in: APuZ 44–45/2011, S. 50 ff.

Wolfgang Merkel ist Professor für Vergleichende Politikwissenschaft und Demokratieforschung an der Humboldt-Universität Berlin.

✪ M 26 ● Habermas' deliberative Demokratie als bester Weg der Bürgerbeteiligung?

[Habermas] versteht [...] unter „kommunikativer Macht" [...] vereinfacht formuliert die Macht, die tatsächlich vom Volk ausgeht. Sie wird verstanden als ein sponta-
5 nes, dynamisches, vor allen Dingen aber symmetrisches Phänomen, welches sich *zwischen* den Menschen immer dann bildet, wenn diese sich zusammentun. Sie ist damit ein Potential, welches dem einzelnen
10 Individuum als solchem gerade nicht zur Verfügung steht. In Abgrenzung dazu wird „administrative Macht" als diejenige Macht definiert, die vom Staat und seinen Institutionen ausgeht. Sie ist Befehls-, Sank-
15 tions-, Organisations- und Exekutivmacht. [...] Für Habermas sind beide Machtformen aufeinander angewiesen, kommunikative Macht bedarf des Instruments der kontrollierten administrativen Macht nicht nur
20 zur Umsetzung des gebildeten Willens, sondern allein schon um die Voraussetzungen ihres eigenen Entstehens zu gewährleisten. Und administrative Macht bedarf der Legitimation durch kommunikative
25 Macht, sonst verkommt sie zur bloßen Gewalt und droht sich über kurz oder lang selbst zu zerstören. [...]

[K]ommunikative Macht nach Habermas [ist] ein Ergebnis von Deliberation, d. h.
30 von Verfahren der Beratung und der Meinungs- und Willensbildung in Diskursen. Als *Diskurs* wird dabei ein „Versuch der Verständigung über problematische Geltungsansprüche" (Habermas 1992, S. 138)
35 verstanden, wobei es in den hier interessierenden politischen bzw. rechtlichen Diskursen um die unparteiliche Setzung von Handlungsnormen (zur Erreichung kollektiver Ziele oder zur Regelung von Konflik-
40 ten) geht, mit dem Ziel eines *rational motivierten Konsenses über die Geltung einer Handlungsnorm*. Um dies zu erreichen, müssen die gesuchten Handlungsnormen dem Diskursprinzip genügen: „Gültig sind
45 genau die Handlungsnormen, denen alle möglicherweise Betroffenen als Teilnehmer an rationalen Diskursen zustimmen könnten." (Habermas 1992, S. 138).
[...] Das Demokratieprinzip, welches also
50 die Bedingung legitimer Rechtsetzung festlegen soll, besagt: „[N]ur die juridischen Gesetze [dürfen] legitime Geltung beanspruchen [...], die in einem ihrerseits rechtlich verfaßten diskursiven Rechtsetzungs-

55 prozeß die Zustimmung aller Rechts- genossen finden können." (Habermas 1992, S. 141).

[...] Auf der Grundlage des Systems der Rechte entsteht sie in Diskursen, die in der 60 Setzung von konsentierten [= durch Über- einstimmung vereinbarte] Rechtsnormen ihr vorläufiges Ende finden. [...] [D]ie Bera- tungen [vollziehen sich] in argumentativer Form, sind inklusiv und öffentlich (alle 65 von den Beschlüssen möglicherweise Be- troffenen haben gleiche Chancen des Zu- gangs und der Teilnahme), sind ferner frei von externen und internen Zwängen (jeder hat die gleichen Chancen, gehört zu wer- den, Themen einzubringen, Beiträge zu 70 leisten, Vorschläge zu machen und zu kri- tisieren; Ja-/Nein-Stellungnahmen sind al- lein motiviert durch den zwanglosen Zwang des besseren Argumentes) und zie- len schließlich auf ein rational motiviertes 75 Einverständnis [...].

Tim König, In guter Gesellschaft? Einführung in die politische Soziologie von Jürgen Habermas und Niklas Luhmann. Wiesbaden 2012, S. 14-17.

✪ M 27 ● Kritik an Deliberation in der Praxis

Im deliberativen Modell bleiben Bürger passive Untertanen. Sie werden, wenn es den Regierenden so gefällt, in die Hallen und Höfe der Macht vorgeladen, reden mit 5 anderen Untertanen und beraten am Ende die Entscheider. Dann geht es zurück nach Hause. So ein Verfahren stabilisiert das be- stehende System: der Untertan bleibt Un- tertan, der Regierende bleibt Regierender. 10 [...]

Das ist der Paternalismus deliberativer De- mokratie. Zu ihm gehört auch eine roman- tische Vorstellung von Politik als Diskussi- on. [...] Aber Politik ist keine Diskussion, 15 und ihr Kriterium ist nicht Wahrheit. Poli- tik ist Handeln, und ihr Kriterium ist Ver- änderung [...].

Am Ende frustrieren Ergebnisse, die nicht umgesetzt werden. Deliberative Empfeh- lungen passen in der Regel nur zufällig zur 20 Entscheidungslogik der Politik. Da haben sich Bürger ein Stück gemeinsamen Kon- sens erarbeitet, und das war eine aufregen- de Erfahrung mit wichtigen demokratiepä- dagogischen Effekten – aber dieser Konsens 25 reicht in der Regel nicht zur Umsetzung. Das macht traurig. Es fördert den Zynis- mus über die Bürgerferne der Politik.

Christopher Gohl, www.cicero.de, 1.5.2016

deliberative polls
Eine zurzeit (z. B. auf EU-Ebene) häufiger angewendete deliberati- ve Methode, bei der eine repräsentative Auswahl an Bürgern (ein Wochenende) über ein ausgewähltes politi- sches Problem diskutiert; die veröffent- lichten Ergebnisse des Diskurses können den politischen Entscheidern und der Öffentlichkeit als Entscheidungs- und Meinungsbildungs- grundlage diesen.

🄵 zu Aufgabe 2
Der Verein Mehr Demokratie! e. V. fordert die Zulassungs- hürde für Volksbegeh- ren in Hessen auf 20.000 Unterschriften zu senken. Nehmen Sie Stellung zu dieser Forderung.

🄷 zu Aufgabe 3
Entwickeln Sie zunächst eine Argumentation für Volksabstimmungen und differenzieren Sie dabei ggf. nach Politikbereichen (Innen-, Außen-, Sozial-, Finanz-, Wirtschaftspolitik...).

🄼 zu Aufgabe 4
Visualisieren Sie Habermas Überlegun- gen in einem systemati- schen Schaubild.

Aufgaben

1 Positionieren Sie sich – vorläufig – zu der in M 23 dargestellten Forderung, direktde- mokratische Entscheidungsverfahren auch auf Bundesebene einzuführen.

2 Geben Sie die direktdemokratischen Elemente in Hessen in eigenen Worten wieder. (M 24)

3 Entwickeln Sie eine Argumentation für das Einführen von Volksabstimmungen auf Bundesebene. Orientieren Sie sich dabei an der Gegenargumentation. (M25)

4 Fassen Sie die zentralen Elemente der deliberativen Demokratie nach Habermas zusammen. (M 26)

✪ 5 Erklären Sie das deliberative Potenzial der in der Randspalte genannten Beteiligungs- elemente von Bürgern.

✪ 6 Nehmen Sie Stellung zu der Frage, ob eher deliberative Elemente oder eher andere direktdemokratische Elemente geeignet wären, das repräsentative System zu ergänzen.

✪ 2.2.7   In welchem Verhältnis sollten Regierende und Regierte zueinander stehen? – Von der Identitäts- zur Pluralismustheorie der Demokratie

M 28 ● Zwei Vorstellungen demokratischen Entscheidens

„Die Souveränität kann […] nicht vertreten werden […]. Jedes Gesetz, das das Volk nicht selbst beschlossen hat, ist nichtig; es ist überhaupt kein Gesetz."
Jean-Jacques Rousseau (1762)

„[D]ie Delegierung der Herrschaftsgewalt an eine kleine Zahl von den Übrigen gewählter Bürger […] bewirkt […] eine Erweiterung des Horizonts und Differenzierung der öffentlichen Meinung, da sie das Medium eines gewählten Gremiums von Bürgern durchläuft, die aufgrund ihrer Kenntnisse und Erfahrungen das wahre Interesse des Landes am besten erkennen können […]."
James Madison (1787)

M 29 ● Einheit von Regierenden und Regierten – Rousseaus Identitätstheorie

Jean-Jacques Rousseau

(1712–1778), aufklärerischer Philosoph, Schriftsteller und Pädagoge

a) Feststehender Gemeinwille
Rousseau geht von der Grundfrage aus, wie Menschen eine politische Gemeinschaft bilden können, um sich gegenseitig zu schützen, ohne Gefahr zu laufen, dass die-
5 *ses neu geschaffene Gemeinwesen dem Bürger Freiheiten nimmt. Er argumentiert, dass jeder in einen Gesellschaftsvertrag (contrat social) einwilligt und sich damit dem sog. Gemeinwillen (volonté générale)*
10 *unterwirft. Dieser Gemeinwille sei aber nichts von außen an den Bürger Herangetragenes, sondern schlummere ohnehin in ihm als eine rationale Orientierung am Wohl für die gesamte Gemeinschaft. Dieser*
15 *Gemeinwille könne aber im Individuum schlechterdings überdeckt oder verschüttet sein durch dessen egoistische Einzelinteressen (volonté particulière). Diese abzulehnende Orientierung an Einzelinteressen*
20 *könne sogar noch verstärkt werden, indem sich durchsetzungsstarke Parteien von Bürgern bilden, die alle ähnlichen Sonderinteressen zu Lasten der Gemeinschaft verfolgen. Rousseau leitet aus diesen*
25 *Überlegungen Folgendes ab:*

Damit nun aber der Gesellschaftsvertrag keine Leerformel sei, schließt er stillschweigend jene Übereinkunft ein, die allein die anderen ermächtigt, dass, wer immer sich weigert, dem Gemeinwillen zu folgen, von 30 der gesamten Körperschaft dazu gezwungen wird, was nichts anderes heißt, als dass man ihn zwingt, frei zu sein […]. [1, 7]

Dass die Souveränität unveräußerlich ist
Ich behaupte deshalb, dass die Souveräni- 35 tät, da sie nichts anderes ist als die Ausübung des Gemeinwillens, niemals veräußert werden kann und dass der Souverän, der nichts anderes ist als ein Gesamtwesen, nur durch sich selbst vertreten werden 40 kann […]. [II, 1]

Ob der Gemeinwille irren kann
Aus dem Vorhergehenden folgt, dass der Gemeinwille immer auf dem rechten Weg ist und auf das öffentliche Wohl abzielt: 45 Woraus allerdings nicht folgt, dass die Beschlüsse des Volkes immer gleiche Richtigkeit haben. Zwar will man immer sein Bestes, aber man sieht es nicht immer […].
Wenn die Bürger keinerlei Verbindung untereinander hätten, würde, wenn das Volk 50

wohlunterrichtet entscheidet, aus der großen Zahl der kleinen Unterschiede immer
der Gemeinwille hervorgehen, und die Ent-
55 scheidung wäre immer gut. Aber wenn Par-
teiungen entstehen, Teilvereinigungen auf
Kosten der großen, wird der Wille jeder dieser Vereinigungen ein allgemeiner hinsichtlich seiner Glieder und ein besonderer
60 hinsichtlich des Staates; man kann dann
sagen, dass es nicht mehr so viele Stimmen
gibt wie Menschen, sondern nur noch so
viele wie Vereinigungen. Die Unterschiede
werden weniger zahlreich und bringen ein
65 weniger allgemeines Ergebnis. Wenn
schließlich eine dieser Vereinigungen so
groß ist, dass sie stärker ist als alle anderen,
[...] gibt es keinen Gemeinwillen mehr, und
die Ansicht, die siegt, ist nur eine Sonder-
70 anschauung. Um wirklich die Aussage des
Gemeinwillens zu bekommen, ist es deshalb wichtig, dass es im Staat keine Teilge-

sellschaften gibt und dass jeder Bürger nur
seine eigene Meinung vertritt [...]. [II, 3]

Von den Abgeordneten oder Volksver- 75
tretern
Die Souveränität kann aus dem gleichen
Grund, aus dem sie nicht veräußert werden
kann, auch nicht vertreten werden; sie besteht wesentlich im Gemeinwillen, und der 80
Wille kann nicht vertreten werden: er ist
derselbe oder ein anderer; ein Mittelding
gibt es nicht. Die Abgeordneten des Volkes
sind also nicht seine Vertreter, noch können sie es sein, sie sind nur seine Beauf- 85
tragten; sie können nicht endgültig beschließen. Jedes Gesetz, das das Volk nicht
selbst beschlossen hat, ist nichtig; es ist
überhaupt kein Gesetz. [III, 15]

*Jean-Jacques Rousseau, Vom Gesellschaftsvertrag
oder Grundsätze des Staatsrechts (Hg. und übersetzt
von Hans Brockard), Stuttgart 1991, S. 17-21,
28-31, 103*

b) Politische Entscheidungen treffen nach Rousseau

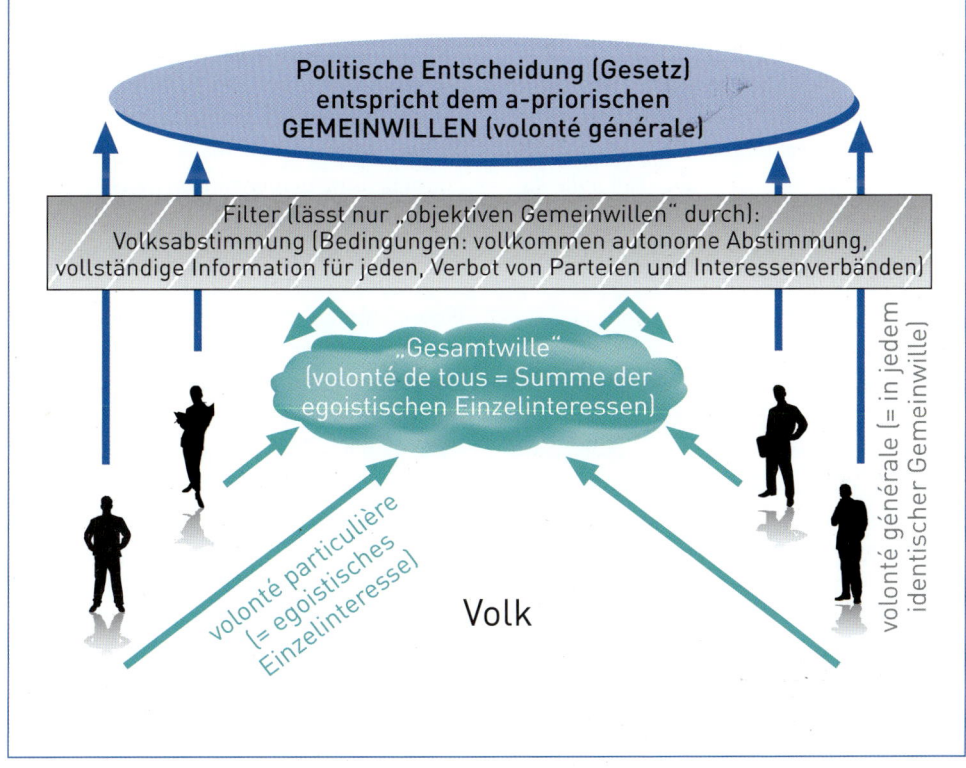

Autorengrafik

M 30 ● Repräsentation und Gewaltenteilung als Bewahrer der Demokratie – die Federalist-Papers

James Madison

(1750-1836), Mitautor der US-amerikanischen Verfassung und der Bill of Rights, unter dem Präsidenten Thomas Jefferson Außenminister, von 1809 bis 1817 vierter Präsident der Vereinigten Staaten von Amerika

Patriotismus

Vaterlandsliebe; im Gegensatz zum Nationalismus aber nicht verbunden mit Abwertung anderer Staaten bzw. deren Bürger

Federalist Papers

→ vgl. Kap. 1.1.3, M7

In den Jahren 1787/1788 herrschte im Gebiet der heutigen Vereinigten Staaten von Amerika ein Streit über die zukünftige Verfassung. Eine Gruppe bevorzugte eine eher
5 *lockere Verbindung der Einzelstaaten (i.S. eines Staatenbundes). Eine andere Gruppe (Federalists) um den späteren US-Präsidenten James Madison, den obersten Richter John Jay und den hochrangige Politiker*
10 *Alexander Hamilton warb für einen Bundesstaat mit einer vergleichsweise starken Stellung des Präsidenten. Mit insesamt. 85 Artikeln („Federalist-Papers") warben die Federalists in New Yorker Zeitungen für ihr*
15 *Verfassungskonzept, das sich schließlich auch durchsetzte.*
Aufgrund ihres Menschenbilds (Vernunftfähigkeit, Egoismus, Durchsetzungswille) erklären sich die Federalists die Zusam-
20 *menschlüsse der Bürger in Interessengruppen bzw. Parteien (sog. „Faktionen"). Das Vertreten der eigenen Interessen sei aber nicht grundsätzlich schädlich, sondern vielmehr notwendige Basis einer Konkur-*
25 *renzdemokratie. Allerdings dürfe keine dieser Faktionen so große (institutionelle) Macht gewinnen, dass sie die anderen Gruppen dauerhaft unterdrücken und damit das demokratische System von innen*
30 *heraus abschaffen kann. Gegen diese Gefahr sehen Madison, Hamilton und Jay folgende Maßnahmen vor:*

10. Artikel [James Madison]
Wie das öffentliche Wohl und individuelle
35 Recht vor der Gefahr einer solchen Faktion geschützt und gleichzeitig Geist und Form eines [freiheitlichen] demokratischen Regierungssystems gewahrt werden können, ist der zentrale Gegenstand unserer Unter-
40 suchung. [...]
[Ich komme] zu dem Schluss, dass eine reine Demokratie – womit ich das Gemeinwesen meine, dass aus wenigen Bürgern besteht, die sich *in personam* versammeln
45 und die Regierungsgewalt selbst ausüben

– kein Heilmittel gegen die schädlichen Folgen von Faktionen kennt. In fast allen Fällen wird die Mehrheit [...] von einem gemeinsamen Interesse erfasst werden; [...]
50 und es gibt nichts, was diesen Impuls hemmen könnte, [...] die schwächere Partei den eigenen Interessen zu opfern. [...] Eine Republik, womit ich die Herrschaftsform meine, in dem das Konzept der Repräsentation verwirklicht ist, eröffnet ganz andere Pers-
55 pektiven und bietet das Heilmittel, nach dem wir suchen. [...]
Die beiden entscheidenden Unterschiede zwischen einer Demokratie und einer Republik sind: erstens, die Delegierung der
60 Herrschaftsgewalt an eine kleine Zahl von den Übrigen gewählter Bürger in letzterer; zweitens, eine größere Zahl von Bürgern und ein größeres Territorium, auf das die Republik ausgedehnt werden kann. [...]
65 Der erste Unterschied bewirkt [...] eine Erweiterung des Horizonts und Differenzierung der öffentlichen Meinung, da sie das Medium eines gewählten Gremiums von Bürgern durchläuft, die aufgrund ihrer
70 Kenntnisse und Erfahrungen das wahre Interesse des Landes am besten erkennen können, und deren Patriotismus und Gerechtigkeitsliebe kaum erwarten lassen, dass sie sie momentanen oder parteilichen
75 Überlegungen opfern. [...] [Es muss aber] gesagt werden, dass, ganz gleich wie klein die Republik ist, die Repräsentanten doch zahlreich genug sein müssen, um den Intrigen einiger weniger vorzubeugen, und
80 ganz gleich, wie groß sie ist, ihre Zahl begrenzt bleiben muss, um ein Durcheinander allzu vieler zu verhindern. [...]

51. Artikel [James Madison]
Um ein gutes Fundament für die getrennte
85 und voneinander unabhängige Ausübung der verschiedenen Regierungsgewalten *[powers of government]* zu schaffen, [...] muss offensichtlich jede Gewalt über sich selbst bestimmen können und also so kon-
90

stituiert [= beschaffen] sein, dass die Mitglieder der einen Gewalt so wenig wie
möglich mit der Ernennung oder Wahl der
Mitglieder der anderen zu tun haben. [...]
95 Insbesondere bei der Konstituierung der
rechtsprechenden Gewalt könnte es un-
zweckmäßig sein, starr an diesem Grundsatz festzuhalten: zum einen, weil spezifische rechtliche Qualifikationen für deren
100 Mitglieder ganz unerlässlich sind, und [...]
zweitens, weil die langfristige Ernennung
bei den Mitgliedern dieser Gewalt schon
bald jegliches Gefühl der Abhängigkeit von
der Autorität, von der das Amt verliehen
105 wurde, erlöschen lässt. [...]
Der beste Schutz vor einer allmählichen
Konzentration der verschiedenen Kompetenzen bei derselben Gewalt besteht [...]
darin, den Amtsinhabern jeder der Gewal-
110 ten die notwendigen verfassungsmäßigen
Mittel und persönlichen Motive zu geben,
Übergriffe der anderen abzuwehren. [...]
Machtstreben muss Machtstreben entgegenwirken *[Ambition must be made to*
115 *counteract ambition].* [...] Es wirft ein

schlechtes Licht auf die menschliche Natur,
dass solche Vorkehrungen nötig sind, um
den Missbrauch der Regierungsgewalt zu
verhindern. Aber ist nicht die Notwendigkeit von Regierung schon an sich die 120
stärkste Kritik an der menschlichen Natur?
Wenn die Menschen Engel wären, so
bräuchten sie keine Regierung. [...]
Allerdings kann man nicht jeder der drei
Gewalten gleich viel Macht zur Selbstver- 125
teidigung geben. In einem republikanischen Regierungssystem dominiert notwendig die Legislative. Eine mögliche
Abhilfe für dieses Problem ist es, die Legislative in unterschiedliche Kammern aufzu- 130
teilen [...]. Ebenso wie das große Gewicht
der Legislative deren Teilung erfordert,
kann sich aus der relativen Schwäche der
Exekutive die Notwendigkeit ergeben, diese zu stärken. 135

Alexander Hamilton, James Madison, John Jay, Die
Federalist-Artikel. Politische Theorie und Verfassungs-
kommentar der amerikanischen Gründerväter. Hg. von
Angela und Willi Paul Adams. Paderborn u.a.: 1994,
S. 54-56, 314f. (Rechtschreibung und Zeichensetzung
aktualisiert)

M 31 ● Ernst Fraenkels Pluralismustheorie der Demokratie

Ob wir es wahrhaben wollen oder nicht: In
unserem unreflektierten politischen Unter-
bewusstsein spukt nach wie vor die Vorstellung, dass das Gemeinwohl nur verwirk-
5 licht werden kann, wenn ein universaler
Konsens [allgemeingültige Übereinstim-
mung] über alle das Gemeinwesen berüh-
renden Angelegenheiten begründet und
aufrechterhalten werden kann. Jean Jac-
10 ques Rousseau, auf den diese Vorstellung
zurückgeht, ist vermutlich der einfluss-
reichste politische Denker des Abendlandes.
Ein derartiger Konsens setzt aber [...] die
Existenz einer homogenen Gesellschaft vo-
15 raus, [in der] alle Bürger einander kennen,
die gleichen Interessen verfolgen und soziale Spannungen [aufgrund ähnlicher sozioökonomischer Ausstattung der Menschen]
nicht entstehen können [...].
20 Die moderne parlamentarische [Konkur-

renz-]Demokratie gestattet ihren Bürgern
[im Gegensatz dazu], auch in ihrer Eigenschaft als Bürger um die Förderung ihrer
Interessen besorgt zu sein. Sie ermuntert sie
geradezu, dies auf dem einzig wirksamen 25
Wege – nämlich kollektiv – zu tun. [...]
Unter Gemeinwohl soll im Folgenden eine
in ihrem Kern auf einem als allgemein gültig postulierten Wertkodex [consensus om-
nium] basierende, in ihren Einzelheiten den 30
sich ständig wandelnden ökonomisch-sozi-
alen Zweckmäßigkeitserwägungen Rechnung tragende regulative Idee verstanden
werden, die berufen und geeignet ist, bei
der Gestaltung politisch nicht kontroverser 35
Angelegenheiten als Modell und bei der
ausgleichenden Regelung politisch kontroverser Angelegenheiten als bindende Richt-
schnur zu dienen. [...] Ich wiederhole [aber],
dass mit der für den demokratischen Staat 40

Ernst Fraenkel
(1898–1975), deutscher
Politikwissenschaftler;
hatte Kontakt zu
Widerstandsgruppen
gegen die Nationalso-
zialisten, emigrierte 1938
in die USA und kehrte
1951 nach Deutschland
zurück.

kennzeichnenden Vorstellung der Autonomie politischer Willensbildung der Gedanke eines a-priori-Gemeinwohls [...] nicht in Einklang zu bringen ist. [...]

45 Pluralismus darf nicht mit einem laissez-faire [unregulierter Zustand] auf kollektiver Ebene gleichgesetzt werden. Ein richtig verstandener Pluralismus schließt die Erkenntnis ein, dass auch in der heterogens-
50 ten Gesellschaft stets neben dem kontroversen auch ein nicht kontroverser Sektor des gesellschaftlichen Lebens besteht. Ein richtig verstandener Pluralismus ist sich der Tatsache bewusst, dass das Mit- und Nebeneinander der Gruppen nur dann zur
55 Begründung eines a-posteriori-Gemeinwohls zu führen vermag, wenn die Spielregeln des politischen Wettbewerbs mit Fairness gehandhabt werden, wenn die Rechtsnormen, die den politischen Wil-
60 lensbildungsprozess regeln, unverbrüchlich eingehalten werden und wenn die Grundprinzipien gesitteten menschlichen Zusammenlebens uneingeschränkt respektiert werden.
65

Ernst Fraenkel, in: Ders., Gesammelte Schriften, Bd. 5: Demokratie und Pluralismus, Baden-Baden 2007, S. 285 f., 292–294

Info

Gemeinwohl a-priori bzw. a-posteriori

Grundsätzlich lassen sich zwei unterschiedliche theoretische Konzepte des Zustandekommens von Gemeinwohl unterscheiden. Die heute gängige Auffassung eines **Gemeinwohls a-posteriori** besteht darin, dass jedes Ergebnis eines politischen Prozesses als Gemeinwohl zu bezeichnen ist, wenn das Entscheidungsverfahren demokratischen Grundsätzen genügt (und wenn durch das Ergebnis die Menschen- und Bürgerrechten gewahrt bleiben). Gemeinwohl wird in diesem Sinne hergestellt. Anders bei der Vorstellung eines **Gemeinwohls a-priori**: Nach dieser steht das Gemeinwohl (der Inhalt/Gehalt der politischen Entscheidung) von vornherein fest, es ist gleichsam objektiv und (naturgegeben) in jedem verankert. Das demokratische Entscheidungsverfahren dient nur noch dazu, das Gemeinwohl herauszufinden.

Autorentext

H zu Aufgabe 2
Berücksichtigen Sie die Aspekte Menschenbild, Gesellschaftsbild, Gemeinwohlvorstellung, Haltung zu Partikularinteressen, konkrete demokratische Entscheidungsverfahren, Bedeutung von Menschen- und Bürgerrechten/Minderheitenschutz, Haltung zu Gewaltenteilung.

F zu Aufgabe 2
Bewerten Sie Rousseaus „Zwang zur Freiheit" (vgl. M 29, Z. 26 – 33).

F zu Aufgabe 4
Ordnen Sie das Demokratiemodell des Grundgesetzes demokratietheoretisch ein. (vgl. Kap. 1)

Aufgaben

⭐ ❶ Erklären Sie Rousseaus Vorstellung von Gemeinwohl („Gemeinwille") und das daraus abgeleitete politischen Entscheidungsverfahren (M 29, Info) sowie die Haltung der „Federalists" zu Interessengruppen sowie deren Konsequenzen daraus für das politische System (M 30).

⭐ ❷ Vergleichen Sie die demokratietheoretische Konzeption Rousseaus mit der der „Federalists". (M 29, M 30)

⭐ ❸ Erläutern Sie Ernst Fraenkels Demokratietheorie (insb. Pluralismus, Gemeinwohl a-posteriori, universaler Konsensus) am Beispiel des politischen Systems der Bundesrepublik Deutschland. (M 31)

⭐ ❹ Beurteilen Sie die Parteiendemokratie der Bundesrepublik aus der Sicht Rousseaus sowie aus der der „Federalists". (M 29, M 30)

Veränderte gesellschaftliche Bedingungen (Wertepluralismus, Individualisierung) haben auch Einfluss auf das Wählerverhalten. Zwar ist die Bindung an eine Partei noch immer wichtiger als die Sympathie für einen Politiker, aber die **langfristige Parteibindung**, die ehemals mit soziostrukturellen Merkmalen (Beruf, Einkommen, Konfession...) verbunden war, hat deutlich abgenommen. Daher finden sich heutzutage auch mehr **Wechsel-** oder sogar **Protestwähler**; letztere bringen ihre Kritik an den Parteien oder am politischen System als Ganzem durch die Wahl extremer, häufig auch neu entstandener Parteien zum Ausdruck.

Unterschieden werden das sozioökonomische Modell des Wahlverhaltens, das individualpsychologische (individuelle Parteibindung), das des rationalen Wählers (rein vernunft- und interessengeleitete Wahlentscheidungen) sowie das Modell der sozialen Milieus (Parteiorientierungen nach Werthaltungen und Lebensstilen).

Demokratische Wahlen (bzw. deren Ergebnisse) haben grundsätzlich vier Funktionen zu erfüllen: Repräsentation des Wählerwillens, Legitimation und Kontrolle der Regierenden, Integration der Wähler in das politische System, Schaffung von Konkurrenz personeller und programmatischer Alternativen.

In Deutschland sollen diese Funktionen durch die personalisierte Verhältniswahl realisiert werden: Dieses System beruht auf der Verhältniswahl, die zunächst die Repräsentation jeder Stimme gewährleistet. Die **5-Prozent Sperrklausel** sorgt für die notwendige Konzentrationswirkung und stellt Regierungsstabilität her.

Für die Wahl der 598 Abgeordneten des Deutschen Bundestages haben die Wähler zwei Stimmen: Die **Zweitstimme**, die nach den Prinzipien der Verhältniswahl abgegeben wird, ist die entscheidende Stimme: Durch sie wird die Zahl der Mandate bestimmt, die den gewählten Parteien im Bundestag zusteht. Mit der **Erststimme** entscheiden die Wähler – nach den Prinzipien der relativen Mehrheitswahl – über ihren Wahlkreisabgeordneten (= Direktmandat). Hat eine Partei die Sperrklausel überwunden (5 % der Zweitstimmen oder drei Direktmandate), wird die Gesamtzahl der für sie abgegebenen Zweitstimmen in Mandate umgerechnet.

In Deutschland werden lediglich die Parlamente direkt vom Volk gewählt, nicht aber der Staats- oder der Regierungschef. Letzterer – also der Bundeskanzler – wird vom Bundestag mit absoluter Mehrheit gewählt, weswegen Koalitionsregierungen an der Tagesordnung sind, wenngleich Minderheitenregierungen auch denkbar wären. Wegen seiner Legitimation durch das Parlament kann der Kanzler auch durch dasselbe per konstruktivem Misstrauensvotum abberufen werden. Insbesondere wegen dieses Verhältnisses von Parlament und Regierung gehört das deutsche System zum sog. parlamentarischen Regierungstypus.

Erklärungsansätze für (Nicht-) Wahlverhalten
M 3, M 6 – M 9

Wahlsystem der Bundesrepublik
M 13

Besonderheiten des deutschen Regierungssystems
M 15, M 17

ORIENTIERUNGSWISSEN

Bundestags- und Europawahl im Vergleich

Folgendes ergibt sich beim Vergleich der Wahlen:

	Bundestag	Europäisches Parlament
Vorschlag für „Regierungschef"	Bundespräsident	Europäischer Rat (Staats- und Regierungschefs der Mitgliedstaaten)
Wahl des „Regierungschefs"	Absolute Mehrheit der Abgeordneten	Absolute Mehrheit der Abgeordneten
Regierungskoalition	Zumeist gebildet	Bisher nicht gebildet
Bestimmung der Minister bzw. Kommissare	Vorschlag durch Regierungschef; ernannt durch Bundespräsidenten	Entsandt aus den Mitgliedstaaten; als Gesamtgruppe durch EP zu bestätigen
Zahl und Zuschnitt der Ministerien bzw. Kommissariate	Von Regierungschef bestimmt; faktisch in Koalitionsverhandlungen festgelegt	ein Kommissariat pro Mitgliedstaat

Direkte Demokratie
M 23 – M 25

Plebiszitäre Elemente sind in Deutschland auf kommunaler Ebene sowie zunehmend auch in den Bundesländern zu finden, allerdings ist bereits ihre Durchführung an hohe Hürden gebunden. Befürworter erwarten eine stärkere Partizipation der Bürger sowie insgesamt gemeinwohlorientierte(re) Entscheidungen, während Kritiker die Tendenz zu populistischen Entscheidungen sowie eine geringe(re) Gemeinwohlorientierung aufgrund der Dominanz der Mittelschicht befürchten. Rein abstimmungsorientierten Elementen direkter Demokratie setzen Vertreter deliberativer Demokratie verstehens- und konsensorientierte Gespräche von Bürgern entgegen. Sie gehen davon aus, dass Menschen in herrschaftsfreien Diskussionsforen mit Entscheidungsbefugnis rational und gemeinschaftsorientiert handeln.

Demokratietheorien: Unterschiede zwischen Indentitätstheorie und Repräsentaionstheorien
M 29 – M 31

	Identitätstheorie	Repräsentationstheorie
Menschenbild	rational, Einzelinteressen, aber auch Gemeinwohlorientierung	rational, Einzelinteressen
Verhältnis Gemeinwohl und Einzelinteressen; Gemeinwohlvorstellung	Schädliche Einzelinteressen verdecken Gemeinwohlorientierung; Gemeinwohl steht von vornherein fest (a priori)	Nützliche Einzelinteressen, von denen aber keines die anderen dominieren darf; Gemeinwohl als Ergebnis demokratischer Verfahren (a posteriori)
Entscheidungsverfahren	Volksabstimmungen	gewählte Vertreter
Umgang mit Parteien; Minderheitenschutz	Parteien verboten; kein Minderheitenschutz	Mehrparteiensystem erwünscht; Minderheitenschutz
Gewaltenteilung	Nicht notwendig, da Gemeinwohl durch Abstimmungen herausgefunden	Unbedingt notwendig, um Dominanz einer Institution zu verhindern

Die Pluralismustheorie Ernst Fraenkels schließt an die Konkurrenztheorie der Federalists an in ihrer Vorstellung eines a-posteriori-Gemeinwohls und der positiven Sicht auf Einzelinteressen. Wichtige Ergänzung: Fraenkel spricht – auch vor dem Hintergrund der Erfahrungen in Nazi-Deutschland – von der Bedeutung eines consensus omnium, eines durch politische Entscheidungen nicht verletzbaren Verfassungskerns (ausgehend von der unantastbaren Menschenwürde).

Claus Leggewie: Für eine neue vierte Gewalt

[D]ie viel berufene Bürgergesellschaft muss sich entschiedener politisieren und demokratische Beteiligung auch jenseits von Parteien und Parlamenten (aber nicht ge-
5 gen sie) verankern. Dazu bedarf es demokratischer Experimente. Der Vorschlag, den Patrizia Nanz und ich [...] unter dem Namen „Konsultative" unterbreiten, ist die Einrichtung eines Netzwerkes von Zu-
10 kunftsräten. Darunter verstehen wir eine dauerhafte Einrichtung einer Gemeinde oder eines Stadtteils, die Zukunftsfragen identifiziert und Lösungsvorschläge ausarbeitet. Einem Zukunftsrat gehören bis zu
15 15 zufällig ausgewählte Personen an, welche die lokale Bevölkerung annähernd repräsentativ spiegeln, auch in der Generationenmischung.

Die Mitwirkenden treffen sich regelmäßig
20 und erhalten, ähnlich wie Schöffen, eine maßvolle Aufwandsentschädigung. Die Amtsperiode des Zukunftsrates beträgt zwei Jahre, er wird von einem ehrenamtlichen oder professionellen Team von Mode-
25 ratoren unterstützt. Zukunftsräte entstehen von unten, werden aber in der Gemeindesatzung fest verankert; Stadtverordnete und Magistrate sind verpflichtet, sich mit den Vorlagen der Zukunftsräte substanziell
30 auseinanderzusetzen und diese in den Entscheidungsprozess einzubringen. Von der lokalen Ebene ausgehend, kann sich ein Netzwerk analoger Zukunftsräte auf der Landes-, Bundes- und europäischen Ebene
35 ausdehnen. Das knüpft an bestehende Möglichkeiten in einem an sich partizipationsfreundlichen Land an: Bürgerinitiati-

ven zu gründen, sich an Planverfahren zu beteiligen, Bürgerentscheide zu initiieren, in Planungszellen und Zukunftswerkstät-
40 ten mitzumachen und vieles mehr.

Zu wünschen ist, dass diese vielfältigen Ansätze zu einer „vierten Gewalt" neben Legislative, Exekutive und Judikative verbunden werden, so dass Beteiligung nicht
45 den Aufs und Abs des Engagements unterworfen bleibt und versickert. Zudem werden Beteiligungsverfahren oft von Sonderinteressen und Betroffenen dominiert. Die von uns vorgeschlagene Zufallsauswahl
50 überwindet diese soziale Selektion [= Auswahl nach gesellschaftlicher Stellung] und bringt Stimmen zum Sprechen, die sonst kaum einmal artikuliert werden.

Ein Mittel gegen die Gegenwartsfixierung
55 der Politik, auch bei Bürgerinitiativen, ist der längere Atem von Zukunftsräten. Es geht nicht um diese oder jene Umgehungsstraße oder Stromtrasse jetzt, sondern etwa um ein nachhaltiges Mobilitätskonzept –
60 letztlich um die Frage, wie wir in 10, 20 und mehr Jahren leben wollen. Damit rücken die [...] „künftigen Generationen" ins Zentrum der heutigen Politik. [...]

[Die Zukunftsräte] tragen konstruktiv zur
65 Gestaltung der Energiewende nach dem Pariser Klimagipfel bei und engagieren sich für eine nachhaltige Flüchtlingspolitik. Zukunftsräte können sicher keine Notunterkünfte bereitstellen, aber die akute
70 Wohnungsnot aufgreifen und Raumplanungskonzepte für alle möglichen Belange vorlegen.

Claus Leggewie, der Freitag, 31.3.2016

Claus Leggewie
(*1950), Politikwissenschaftler und Direktor des Kulturwissenschaftlichen Instituts Essen

Aufgaben

1 Fassen Sie das Konzept der Zukunftsräte nach Leggewie und Nanz zusammen.

2 Ordnen Sie das Konzept demokratietheoretisch ein.

3 Erörtern Sie die Forderung der Einführung von Zukunftsräten.

Friedensnobelpreis für die EU

Karikatur: Gerhard Mester

Karikatur: Burkhard Mohr

Karikatur: Burkhard Mohr, 2010

Demokratie jenseits der Nationalstaaten – Europa entscheidet mit

3

Im 21. Jahrhundert gehören die Errungenschaften der europäischen Integration in der Europäischen Union (EU) für viele zur Normalität. Im Fokus der Öffentlichkeit stehen jedoch häufig auch negative Assoziationen mit der EU: Brüsseler Technokraten, Regelungswut, Demokratiedefizite, großer Einfluss von Lobbyisten, Blockade. Die Mehrheit der Menschen in Großbritannien hat sich im Jahr 2016 sogar dafür ausgesprochen, die EU zu verlassen und in vielen Mitgliedsstaaten gibt es Bewegungen, die das gleiche Ziel verfolgen. Es stellen sich deshalb mehrere Fragen. Aus welchem Grund macht die EU überhaupt Politik? Welche Grundsätze bzw. Werte sind dabei die Basis? Wie sieht das Europäische Rechtsetzungsverfahren aus? Was versteht man unter dem Demokratiedefizit der EU? Welche Kompetenzkonflikte zwischen der EU und den Mitgliedsstaaten gibt es? Wäre eine Rückkehr zu den Nationalstaaten besser? Soll die Europäische Integration vertieft werden? Soll es ein Europa der zwei Geschwindigkeiten geben?

In diesem Kapitel erarbeiten Sie die Errungenschaften der EU und lernen die Rechtsetzungsverfahren sowie die Institutionen der EU kennen. Auf dieser Basis setzen sich mit Problemen und Herausforderungen auseinander und beurteilen Lösungsstrategien sowie Zukunftsszenarien.

KOMPETENZEN

Am Ende dieses Kapitels sollten Sie Folgendes wissen und können:

... die Errungenschaften der Europäischen Integration beschreiben.

... das Rechtsetzungsverfahren der EU und Konflikte im Mehrebenensystem erklären.

... Antworten des Lissabon-Vertrages auf Formen des Demokratiedefizits beurteilen.

... Zukunftsszenarien für die EU bewerten.

Was wissen und können Sie schon?

1. Formulieren Sie zu den Abbildungen jeweils passende Fragestellungen.
2. Wählen Sie eine Abbildung aus, die derzeit die EU am stärksten für Sie symbolisiert und begründen Sie Ihre Wahl.
3. a) Bilden Sie im Klassenraum eine Meinungslinie, deren Extreme „Ich finde die EU sehr positiv" und „Ich finde die EU sehr negativ" sind.

   b) Diskutieren Sie im Plenum die verschiedenen Einstellungen, die sich aus Ihrer Positionierung ergeben.

3.1 Die Europäische Union im Spiegel ihrer Werte

Basiskonzepte	Fachkategorien	Leitfragen
Akteure und deren Dispositionen	· Identität · Grundorientierungen	· Welche Ziele haben zur Gründung der EU geführt? · Welche Werte pägen die EU?

M 1 ● Bilder von Europa

Zerstörtes Frankfurt 1945

Europäisches Parlament 2016

M 2 ● Friedensnobelpreis für die EU im Jahr 2012

„[...] Die Union und ihre Vorgänger haben über sechs Jahrzehnte zur Förderung von Frieden und Versöhnung beigetragen. Seit 1945 ist diese Versöhnung Wirklichkeit ge-
5 worden. Das furchtbare Leiden im Zweiten Weltkrieg zeigte die Notwendigkeit eines neuen Europa. Über 70 Jahre hatten Deutschland und Frankreich drei Kriege ausgefochten. Heute ist Krieg zwischen
10 Deutschland und Frankreich undenkbar. Das zeigt, wie historische Feinde durch gut ausgerichtete Anstrengungen und den Aufbau gegenseitigen Vertrauens enge Partner werden können. In den achtziger
15 Jahren sind Griechenland, Spanien und Portugal der EU beigetreten. Die Einfüh-rung der Demokratie war Voraussetzung für ihre Mitgliedschaft. Der Fall der Berli-ner Mauer machte den Beitritt möglich für mehrere zentral- und osteuropäische Staa-
20 ten. [...] Die Demokratie wurde gestärkt. Viele ethnisch bedingten Konflikte wurden gelöst. Das Norwegische Nobelkomitee wünscht den Blick auf das zu lenken, was es als wichtigste Errungenschaft der EU
25 sieht: den erfolgreichen Kampf für Frieden und Versöhnung und für Demokratie sowie die Menschenrechte; die stabilisierende Rolle der EU bei der Verwandlung Europas von einem Kontinent der Kriege zu einem
30 des Friedens. [...]"

Nobelpreis für EU: Erklärung des Komitees im Wort-laut, www.spiegel.de, 12.10.2012

M 3 ● Werte und Ziele der EU im Vertrag von Lissabon

Artikel 2, EUV

Die Werte, auf die sich die Union gründet, sind die Achtung der Menschenwürde, Freiheit, Demokratie, Gleichheit, Rechtsstaatlichkeit und die Wahrung der Menschenrechte einschließlich der Rechte der Personen, die Minderheiten angehören. Diese Werte sind allen Mitgliedstaaten in einer Gesellschaft gemeinsam, die sich durch Pluralismus, Nichtdiskriminierung, Toleranz, Gerechtigkeit, Solidarität und die Gleichheit von Frauen und Männern auszeichnet.

Artikel 3, EUV

(1) Ziel der Union ist es, den Frieden, ihre Werte und das Wohlergehen ihrer Völker zu fördern.

(2) Die Union bietet ihren Bürgerinnen und Bürgern einen Raum der Freiheit, der Sicherheit und des Rechts ohne Binnengrenzen [...]

(3) Die Union [...] wirkt auf die nachhaltige Entwicklung Europas auf der Grundlage eines ausgewogenen Wirtschaftswachstums und von Preisstabilität, eine in hohem Maße wettbewerbsfähige soziale Marktwirtschaft, die auf Vollbeschäftigung und sozialen Fortschritt abzielt, sowie ein hohes Maß an Umweltschutz und Verbesserung der Umweltqualität hin. Sie fördert den wissenschaftlichen und technischen Fortschritt. Sie bekämpft soziale Ausgrenzung und Diskriminierungen und fördert soziale Gerechtigkeit und sozialen Schutz, die Gleichstellung von Frauen und Männern, die Solidarität zwischen den Generationen und den Schutz der Rechte des Kindes. Sie fördert den wirtschaftlichen, sozialen und territorialen Zusammenhalt und die Solidarität zwischen den Mitgliedstaaten. Sie wahrt den Reichtum ihrer kulturellen und sprachlichen Vielfalt und sorgt für den Schutz und die Entwicklung des kulturellen Erbes Europas.

www.bpb.de, 09.05.2008

Die Flagge der Europäischen Union

Die Flagge der Europäischen Union ist nicht nur ein Symbol für die EU, sie steht im weiteren Sinne auch für die Einheit und Identität Europas. Sie zeigt einen Kreis aus zwölf goldenen Sternen auf blauem Hintergrund. Die Sterne stehen für die Werte Einheit, Solidarität und Harmonie zwischen den Völkern Europas. Die Zahl der Sterne hat nichts mit der Anzahl der Mitgliedsländer zu tun – der Kreis hingegen ist ein Symbol für die Einheit.

Wertekonflikte

Bei einem System von Werten können unter diesen Widersprüchen entstehen bzw. einzelne Werte können mit anderen Werten in einem Konkurrenzverhältnis stehen. So können sich z.B. die Werte Freiheit und Sicherheit (vgl. Kapitel 1), aber auch die Werte Wohlstand und Nachhaltigkeit oder Freiheit und Gleichheit gegenüberstehen.

Aufgaben

1. a) Erläutern Sie den Gegensatz, der zwischen den beiden Bildern besteht. (M 1)
   b) Arbeiten Sie aus dem Text M 2 heraus, welche Beweggründe zur Gründung der EU führten und welche Ziele sie erreicht hat.
2. Hierarchisieren Sie die Werte im Vertrag von Lissabon nach eigenen Maßstäben. (M 3)
3. Nehmen Sie Stellung zu der Frage, ob die Werte der EU diese verpflichten, das Ertrinken von Flüchtlingen, die auf kaum seetauglichen Booten in die EU kommen wollen, mit allen Mitteln zu verhindern.

3.2 Wie werden in der EU Entscheidungen getroffen?

Basiskonzepte	Fachkategorien	Leitfragen
Prozesse und Handeln	· Gesetzgebung · Macht · Entscheidung · politische Gestaltung und Legitimation · Prozesspolitik	· Wie verläuft der Gesetzgebungsprozess in der EU? · Welchen Einfluss haben nationale Interessen auf den Gesetzgebungsprozess?
System und Struktur	· Politische Herrschaft und Ordnung · Institutionen	· Welche politischen Institutionen sind an Politik-ergebnissen in der EU beteiligt? · Besteht in der EU ein Demokratiedefizit? · Welche Konflikte um Kompetenzen gibt es zwischen der EU und den Mitgliedsstaaten?
Akteure und deren Dispositionen	· Ziele und Zielkonflikte	· Welchen Einfluss nehmen Interessensgruppen auf das Rechtsetzungsverfahrens in der EU?

3.2.1   Rechtsetzungsverfahren in der EU

M 1 ● **Plastiktütenverbrauch in der Europäischen Union**

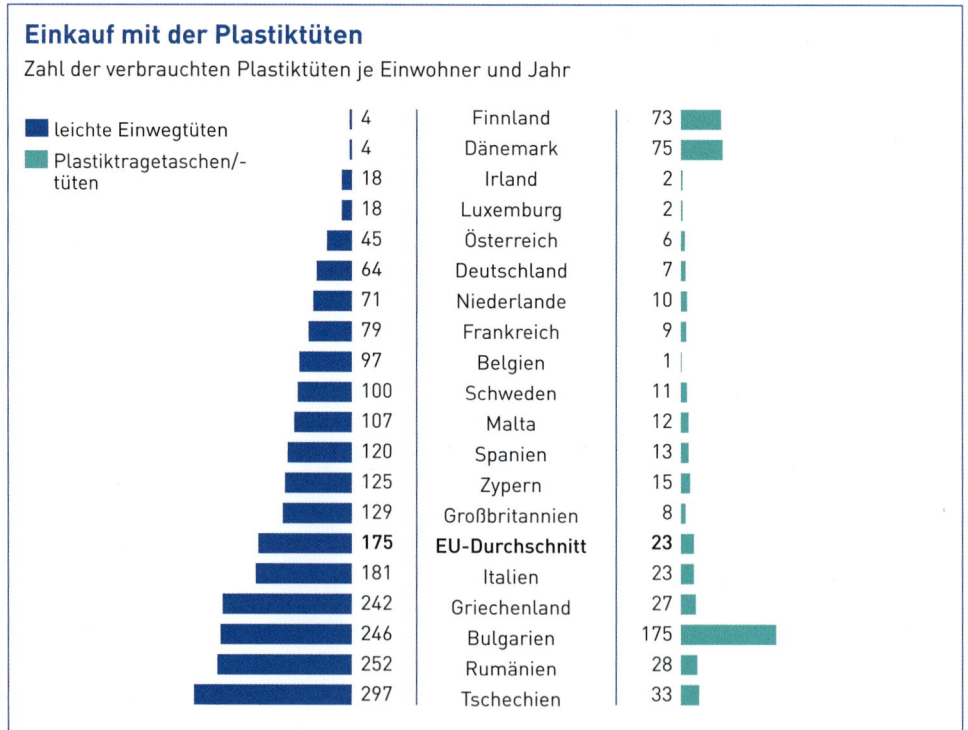

Einkauf mit der Plastiktüten
Zahl der verbrauchten Plastiktüten je Einwohner und Jahr

■ leichte Einwegtüten
■ Plastiktragetaschen/-tüten

	leichte Einwegtüten		Plastiktragetaschen/-tüten
Finnland	4	73	
Dänemark	4	75	
Irland	18	2	
Luxemburg	18	2	
Österreich	45	6	
Deutschland	64	7	
Niederlande	71	10	
Frankreich	79	9	
Belgien	97	1	
Schweden	100	11	
Malta	107	12	
Spanien	120	13	
Zypern	125	15	
Großbritannien	129	8	
EU-Durchschnitt	**175**	**23**	
Italien	181	23	
Griechenland	242	27	
Bulgarien	246	175	
Rumänien	252	28	
Tschechien	297	33	

Nach: dpa Infografik, Globus 6059

M 2 ● Plastik in den Weltmeeren

Durchschnittlich dreiviertel des gefundenen Mülls in den Ozeanen besteht aus Kunststoffen. Plastikmüll im Meer hat deutlich negative Auswirkungen auf Organismen. Plastik hat eine sehr lange Abbauzeit und zersetzt sich zum Teil in immer kleinere Teile. [...] Mikroplastikpartikel haben weiterhin die Eigenschaft, chemische Substanzen aus der Meeresumwelt wie organische Schadstoffe in hohen Konzentrationen an ihrer Oberfläche adsorbieren zu können. Folien und Plastiktüten, oder Bruchstücke davon, treiben mit dem Plankton an der Meeresoberfläche, befinden sich in der Wassersäule oder sinken auf den Meeresboden, je nach Auftrieb der verschiedenen Kunststoffsorten und dem Grad des Bewuchses durch Organismen. Sie verteilen sich vor allem durch Strömungssysteme über Ländergrenzen hinweg und können weit von ihrem Ursprungsort entfernt Schaden anrichten. Neben den ästhetischen Problemen haben sie zur Folge, dass sie von Tieren mit Nahrung verwechselt oder versehentlich verschluckt werden. Die Plastikfragmente können den Verdauungstrakt schädigen, die Mägen der Tiere verstopfen, was zum Tod durch Verhungern oder durch innere Verletzungen führen kann. Von 136 marinen Arten ist bekannt, dass sie sich regelmäßig in Müllteilen verstricken und strangulieren. Weiterhin begünstigen Plastikteile den Transport von nichteinheimischen Arten in neue Habitate, darunter auch invasiven Organismen. Absinkendes Plastik kann den Meeresboden verhärten, da eine Durchmischung und Sauerstoffversorgung des Meeresbodens verhindert wird. [...] Kosten verursacht der Müll im Meer vor allem bei Küstengemeinden. Verursachende und gleichzeitig betroffene Sektoren sind die Fischerei, die Aquakultur, der Tourismus, die Schifffahrt, das Militär, die Energieerzeugung, der Hochwasserschutz und die Landwirtschaft. [...] Aktuelle Daten von der deutschen Ostsee (Fehmarn und Rügen) zeigen, dass dort weitaus mehr kostenfreie kleine Plastiktüten als kostenpflichtige Einkaufstüten aus dem Lebensmitteleinzelhandel gefunden werden.

Nach: jok, www.umweltbundesamt.de, April 2013

Verschmutztes Meer durch Plastikmüll

M 3 ● Die EU-Kommission will Plastiktütenverbrauch durch einen EU-Rechtsakt eindämmen

Die EU-Kommission will die Flut an Plastiktüten notfalls mit nationalen Verboten eindämmen. Umweltkommissar Janez Potocnik stellt[e] [...] Vorschläge vor, um den Verbrauch zu reduzieren. Demnach dürften die EU-Staaten die Tüten künftig sogar verbieten, wie aus einem Entwurf hervorgeht, der der Deutschen Presse-Agentur vorliegt. Derzeit lässt das EU-Recht dies nicht zu. [...] Bisher dürfen die EU-Staaten Tüten nicht untersagen. Das legt die „Richtlinie 94/62/EG über Verpackungen und Verpackungsabfälle" fest: „Die Mitgliedstaaten dürfen in ihrem Hoheitsgebiet das Inverkehrbringen von Verpackungen, die dieser Richtlinie entsprechen, nicht verbieten."

Diesen Artikel 18 will Potocnik nun kassieren. Zudem werden Sondersteuern und Abgaben ins Spiel gebracht. Allerdings braucht der Umweltkommissar für die geplanten Änderungen noch die Zustimmung der EU-Staaten und des Europaparlaments.

www.zeit.de, 4.11.2013

Rechtsakte / Gesetze der EU

- EU-Verordnungen
- EU-Richtlinien
- EU-Entscheidungen und Beschlüsse
- Empfehlungen

EU-Verordnungen werden ohne nationale Rechtsakte verbindlich. EU-Richtlinien müssen von den Mitgliedstaaten umgesetzt werden, wobei es den Mitgliedstaaten selbst überlassen ist, wie sie dies tun. EU-Entscheidungen und Beschlüsse sind verbindliche Festlegungen im Einzelfall. EU-Empfehlungen sind nicht verbindlich.

Info

EU-Kommission

Die EU-Kommission ist das Exekutivorgan der EU. Sie besteht aus dem Kommissionspräsidenten, der vom EU-Parlament gewählt wird und 27 Kommissaren. Jedes Mitgliedsland schlägt einen Kommissar für die Kommission vor, der vom Parlament bestätigt werden muss. Jeder Kommissar ist für ein bestimmtes Sachgebiet zuständig. Die Kommission sorgt für die Einhaltung des EU-Rechts. Sie verfügt zudem als einziges Organ der EU über das Gesetzinitiativrecht und wird deshalb auch oft als Motor der EU bezeichnet. *Autorentext*

M 4 ● Das Europaparlament folgt dem Vorstoß der EU-Kommission

Der Verbrauch von Plastiktüten soll in den nächsten Jahren um 80 Prozent sinken. Bei der Umsetzung der Richtlinie haben die Mitgliedsstaaten freie Hand. Vor allem im
5 Osten der Union sind jetzt gute Ideen gefragt. Das Europäische Parlament hofft, das Ende der Plastiktüte eingeläutet zu haben. Am Mittwoch stimmten die Volksvertreter mehrheitlich dafür, den Verbrauch leichter Plastiktüten bis 2019 um achtzig
10 Prozent zu senken, bezogen auf den Verbrauch von 2010. Sie folgten zudem dem Vorschlag der Europäischen Kommission, wonach die 28 Mitgliedstaaten selber entscheiden sollen, wie das Ziel am besten er-
15 reicht werden kann. Sie dürfen verbieten, Plastiktüten zu vermarkten. Oder eine Gebühr darauf einführen. [...] Die Abgeordneten stimmten auch dafür, sehr leichte Kunststoffbeutel durch vollständig kom-
20 postierbare Verpackungen zu ersetzen. [...] Nicht alle Abgeordneten waren mit dem angepeilten Verbot einverstanden. Die „Verbotskultur" führe zur Bevormundung und Gängelung des Verbrauchers, kritisier-
25 te die CDU-Abgeordnete Christa Klaß. Gebühren seien dagegen ein wirkungsvolles Instrument. So habe etwa Irland mit einer geringen Gebühr den jährlichen Pro-Kopf-Verbrauch von mehr als 300 auf 21 Tü-
30 ten gesenkt. [...] Die Mitgliedstaaten werden das Gesetz im Juni beraten, eine Einigung mit dem Parlament wird Ende 2014 erwartet.

Cerstin Gammelin, www.sueddeutsche.de, 14.4.2014

Info

EU-Parlament

Das EU-Parlament wird alle 5 Jahre von den Bürgerinnen und Bürgern der Mitgliedsstaaten gewählt und ist damit das einzige direktgewählte EU-Organ. Die Anzahl der Abgeordneten aus jedem Mitgliedsland orientiert sich an der Bevölkerungsgröße der Mitgliedsstaaten. Im Parlament finden sich die Abgeordneten in länderübergreifenden Fraktionen zusammen. Das Parlament entscheidet neben dem Ministerrat über Richtlinien und Verordnungen und wählt den Kommissionspräsidenten auf Vorschlag des Europäischen Rates.

Autorentext

M 5 ● Plastiktüten: Was will der Ministerrat?

Mitte April hatte sich das EU-Parlament für ein Reduktionsziel für Plastiktüten ausgesprochen. Diesem Vorstoß könnte auch der Ministerrat folgen. Das berichtet der Um-
5 weltinformationsdienst ENDS Europe. Andere Vorschläge des Parlaments seien hingegen deutlich umstrittener.

Einige Staaten, denen es bereits gelungen ist, den Verbrauch von Plastiktüten zu ver-
10 ringern, zeigten sich nach ENDS-Informationen allerdings verunsichert über den Vorstoß zu einem allgemeinen Reduktionsziel. Ein Kompromiss, der auch frühere Bemühungen berücksichtigt, könnte diese
15 Staaten aber überzeugen. Eine andere Staatengruppe, darunter Frankreich, sprach sich für ein Reduktionsziel des Pro-Kopf-Verbrauchs von Plastiktüten aus. Umstritten ist vor allem, für welche Plastiktüten die neuen Regelungen gelten sollen. Kom- 20
mission und Parlament wollen vor allem gegen dünnwändige Kunststoffbeutel vorgehen. Spanien und Finnland schlagen hingegen vor, den Geltungsbereich der Regeln auf alle Einwegtüten auszuweiten - 25
unabhängig von ihrer Dicke. Andere EU-Länder fragen, wie juristisch sauber zwischen Einweg- und Mehrwegtüten unterschieden werden solle. Diese Unterscheidung könnte Probleme bei der Umset- 30
zung der Richtlinie hervorrufen. Noch gibt es also einige offene Streitpunkte und der Ministerrat steht mit seinen Beratungen erst am Anfang [...].

dh, www.eu-kkoordination.de, 17.4.2016

Info

Rat der EU / Ministerrat

Der Rat der EU bzw. der Ministerrat ist die Vertretung der Mitgliedsstaaten in der EU. Er setzt sich aus jeweils einem Vertreter der 28 Mitgliedstaaten zusammen. In ihm sitzen je nach Politikbereich die Minister der Mitgliedsstaaten, d.h. er tagt je nach Politikbereich in unterschiedlicher Zusammensetzung. Derzeit besteht er aus 28 Mitgliedern. Gemeinsam mit dem Parlament entscheidet er über die Gesetzesvorschläge der Kommission. Die Ratspräsidentschaft wechselt alle sechs Monate zwischen den Mitgliedsstaaten.   *Autorentext*

Exekutiv-föderalismus

Form des Föderalismus, in der Vertreter von Regierungen, d.h. der Exekutive in einem Organ der höheren Ebene über Gesetze abstimmen, d.h. ein Teil der Legislative sind (z.B. Landesregierungen → Bundesrat, Bundesregierung → EU-Ministerrat) sind.

Info

Welcher Rat? Das Chaos der Synonyme

Im Vertrag von Lissabon wird dieses Organ schlicht „Der Rat" genannt. Um Verwechslungen mit dem Europäischen Rat (institutionalisiertes Gipfeltreffen der Staats- und Regierungschefs der EU-Mitgliedstaaten) zu vermeiden, sind auch die Bezeichnungen „Rat der EU", „Rat der Union" oder auch „Ministerrat" gängig. Vor allem die letzte Bezeichnung ist auch häufig in journalistischen Berichten und Kommentaren anzutreffen – da sie die teilnehmenden Politiker namentlich enthält, ist dies wohl die eindeutigste Bezeichnung, die auch in diesem Schulbuch verwendet wird.   *Autorentext*

Selbstverpflichtung

Seit dem 30.Juni 2016 haben sich viele Unternehmen in Deutschland dazu selbstverpflichtet, Plastiktüten nicht mehr kostenfrei anzubieten. Die Bundesregierung will im Jahr 2018 überprüfen, ob diese Selbstverpflichtung ausreicht, um die EU Vorgabe zu erreichen oder ein Gesetz die Errichtung des Ziels sicherstelle muss.

M 6 ● Politikergebnis: Reduzierung von Plastikmüll

Mit der heutigen Zustimmung des Ministerrates stehen die Details zu einer neuen EU-Richtlinie zur Verwendung von Plastiktüten fest. Die Staaten sollen Gebühren
5 oder Steuern auf die Beutel erheben oder konkrete Ziele zur Verminderung beschließen. [...] Alle Vertreter der EU-Mitgliedsstaaten stimmten für den mit dem EU-Parlament ausgehandelten Kompromiss. Mit
10 der Zustimmung des Ministerrates stehen die Details zu einer neuen EU-Richtlinie zur Verwendung von Plastiktüten nun fest. Die EU-Staaten haben die Wahl zwischen zwei Methoden: verbindliche Ziele oder
15 Preisfestsetzung. Entweder beschließen sie Maßnahmen, die sicherstellen, dass Plastiktüten bis zum 31. Dezember 2018 Verbrauchern nicht umsonst zur Verfügung stehen, oder sie beschließen Ziele zur Min-
20 derung des Verbrauchs auf 90 Tüten pro Person bis Ende 2019 und auf 40 Tüten pro Person bis Ende 2025.
Der Umweltausschuss des EU-Parlaments stimmt am kommenden Montag über den Kompromiss ab. Nach endgültiger Zustim- 25 mung im Umweltministerrat am 17. Dezember und im EU-Parlament können die neuen Regelungen Anfang 2015 in Kraft treten. [...]
Bedauerlich [sei], dass die EU-Kommission 30 durch ihre Blockadehaltung bis fünf Minuten vor zwölf entscheidend dazu beigetragen hat, den Kompromiss abzuschwächen. Weil wir befürchten mussten, die Einigung gegen die Kommission durchsetzen zu 35 müssen, waren wir auf die Zustimmung aller 28 Staaten angewiesen. Somit konnte das EU-Parlament ein Verbot der umweltschädlichen Oxo-Plastiktüten nicht durchsetzen. Diese Plastiktüten zerfallen in Mik- 40 roplastikteilchen, verschmutzen somit die Umwelt und bereiten Probleme im Recycling-Prozess. Statt eines direkten Verbots müssen wir nun auf eine Studie der EU-Kommission warten, um weitere Schritte 45 gegen die Oxo-Tüten zu unternehmen.

Dto, www.euractiv.de, 22.11.2014

M 7 ● Einfluss der Lobbyisten?

Nach drei Jahren Verhandlung ist vom ursprünglich angekündigten „Plastiktütenverbot" kaum noch etwas übrig. Am Anfang stand die umweltpolitisch desaströse
5 Erkenntnis, dass von den 98,6 Milliarden Plastiktüten, die jedes Jahr in Europa verwendet werden, mindestens acht Milliarden Stück an allen Mülltrennungssystemen vorbei einfach weggeworfen werden. [...]
10 EU-Umweltkommissar Janez Potocnik versprach seinerzeit, gesetzgeberisch aktiv zu werden: „Wir schauen alle Optionen an – auch ein europaweites Verbot von Kunststofftragetaschen." Das war im Frühjahr
15 2011. Dann begann die Lobbyarbeit.
Zweieinhalb Jahre später [...], präsentierte der Slowene Potocnik dann seine Gesetzesinitiative. Von einem Verbot aller Arten von Plastiktüten ist da allerdings schon nicht mehr die Rede. Die EU-Kommission 20 hörte schon im Vorfeld [...] aus Deutschland eindeutige Signale. Im Namen [eines deutschen Herstellers], [...] wurde [eine] Lobbyagentur [...] bei der Kommission vorstellig. Und überzeugte [...] Am Ende je- 25 denfalls schlug die Kommission lediglich vor, dass die Mitgliedstaaten geeignete Maßnahmen ergreifen müssen, um den Plastikmüll zu reduzieren – ob nun über eine Verteuerung der Tüten oder ein Verbot 30 wird ihnen überlassen. [...]
Und die Kommission kam auch Deutschland entgegen: Gar nicht mehr betroffen sind von Potocniks Gesetzesvorschlag nun Tüten mit einer Stärke von mehr als einem 35 halben Millimeter, wie sie [der deutsche Hersteller] herstellt. Es trifft vor allem dünne Tüten, die hauptsächlich in Asien pro-

duziert werden. Offiziell wird dies damit
40 begründet, dass dickere Tüten potenziell
vom Verbraucher öfter verwendet und wie-
derverwertet werden können. [...]
Umweltorganisationen sind über die deutsche Lobbyarbeit nicht glücklich. „Dann
wird eben die Wandstärke leicht erhöht 45
und die Probleme bleiben die gleichen",
sagt [ein Vertreter eines Umweltverban-
des].

*Christopher Ziedler, Elisa Simantke, www.tagesspie-
gel.de, 20.10.2014*

M 8 ● Der Weg der Gesetzgebung

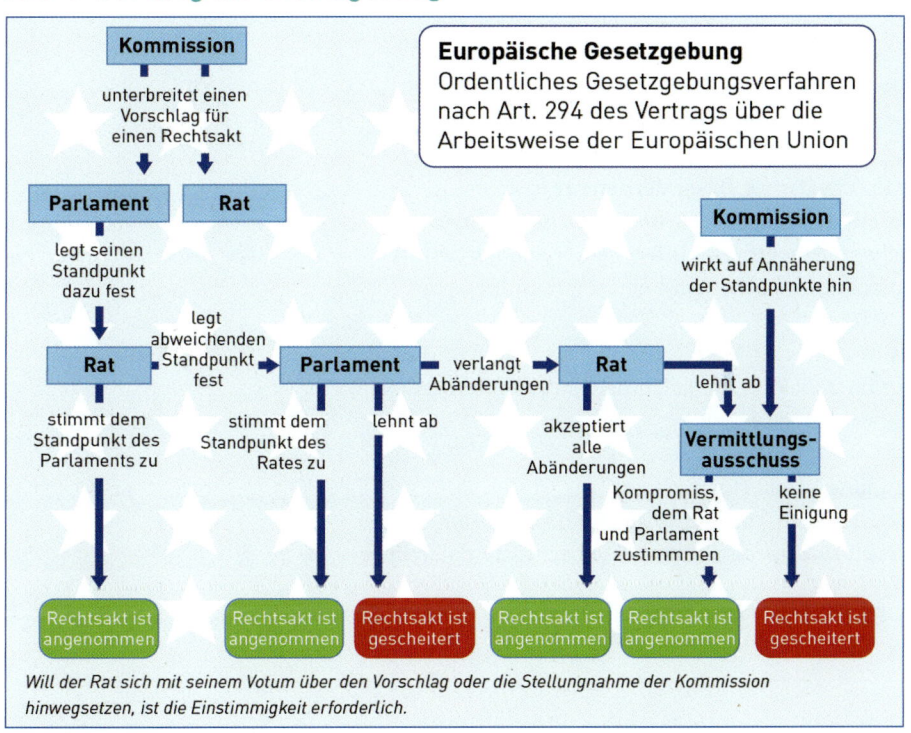

© Bergmoser + Höller Verlag AG, Zahlenbilder 715 420

Aufgaben

1 a) Stellen Sie in einem Schaubild den Gesetzgebungsprozess zum Plastiktütenverbrauch dar. (M 1 - M 8)

   b) Analysieren Sie das Ergebnis dahingehend, welche Interessen sich durchgesetzt
haben. (M 3 - M 7)

2 Verfassen Sie arbeitsteilig Briefe an Abgeordnete des EU-Parlaments bzw. den
Ministerrat aus Sicht verschiedener Akteure. Beziehen Sie in dem Brief dazu Stellung,
welche Position der jeweilige Akteur zu dem Verbot einnimmt. (M 4, M 5)

3 Oft wird kritisiert, dass der Interesseneinfluss der einzelnen Mitgliedsstaaten zu
gering ist. Erläutern Sie, an welchen Stellen nationale Interessen auf den Gesetzgebungsprozess einwirken. (M 3 - M 5, Info)

4 Nehmen Sie Stellung zu der Frage, ob das Verbot von Plastiktüten durch die EU
sinnvoll ist.

⭐ 5 Bewerten Sie den Einfluss der Lobbyisten auf den Gesetzgebungsprozess. (M 7)

⭐ 6 Vergleichen Sie den Gesetzgebungsprozess in Deutschland mit dem der EU. (M 8)

Ⓗ zu Aufgabe 1
Vgl. Politikzyklus
Kapitel 1.2.1

Ⓗ zu Aufgabe 2
Akteure: Einzelhändler,
Umweltverbände,
Plastiktütenhersteller,
Verbraucher.

Analyse eines Strukturmodells

Politische Systeme sind sehr komplex. Mithilfe von Strukturmodellen versucht man, die vielschichtige politische Ordnung möglichst einfach und übersichtlich darzustellen. Um Strukturmodelle eingehend zu analysieren, kann folgender Fragenkatalog helfen.

1. Was erfasst das Strukturmodell?
Sehen Sie sich das Modell an und formulieren Sie in einem Satz, was genau dargestellt wird.

2. Welche Elemente sind abgebildet?
Beachten Sie die Schlüsselstellen des Modells und überlegen Sie, ob es einen Ausgangspunkt für die dargestellten Beziehungen gibt.

3. Was bedeuten Symbole und grafische Besonderheiten?
Verbalisieren Sie die dargestellten Beziehungen und Zusammenhänge und entschlüsseln Sie die grafischen Elemente (z. B. Kästchen, Symbole, Schriftgröße). Beachten Sie die Auswahl der Farben und deren Funktionen.

4. Wie verständlich ist das Modell?
Arbeiten Sie heraus, ob Zusammenhänge übersichtlich dargestellt werden und Prozessabläufe nachvollziehbar sind.

5. Ist die Realität mit dem Modell zutreffend erfasst?
Überlegen Sie, was das Modell leisten kann und inwieweit es Zusammenhänge und Abläufe zu abstrakt, zu ungenau oder zu kleinschrittig darstellt.

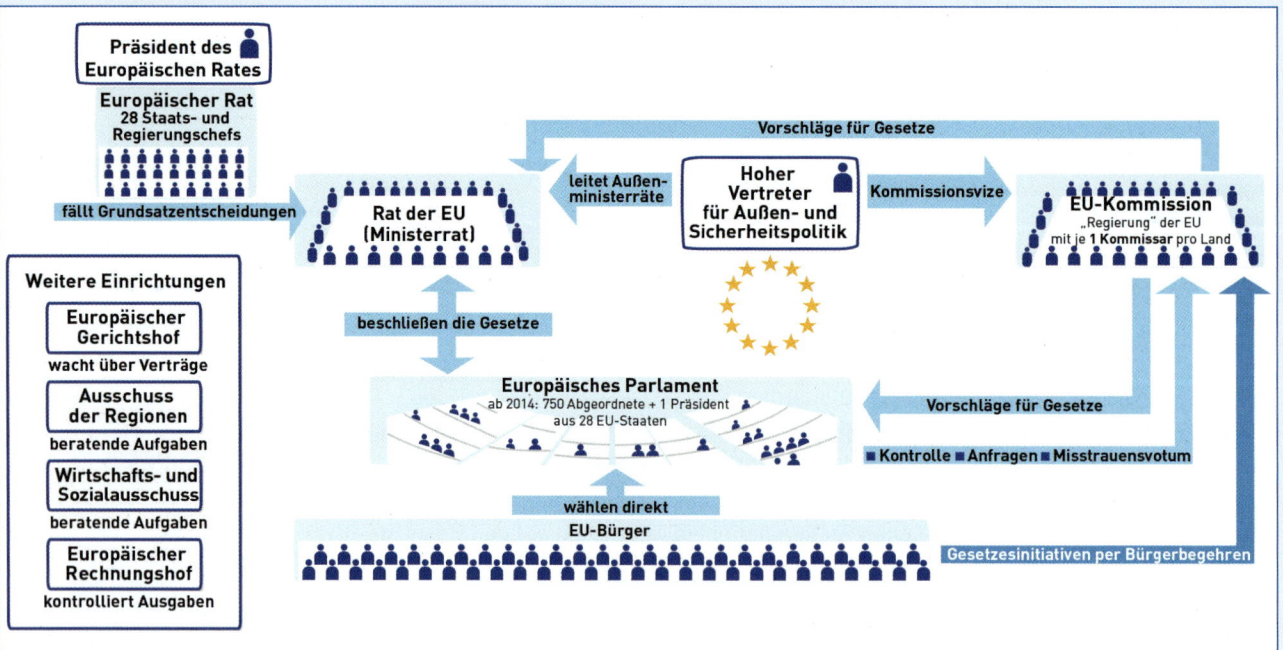

dpa-Grafik, poliTicker, Bamberg 2010, S. 3

✪ 3.2.2 EU-Recht und nationales Recht

M 9 ● Wer steht wie zur Flüchtlingskrise?

> „ Da wir gemeinsam für Menschenrechte einstehen, sollten wir auch gemeinsam regeln, ob wir Flüchtlinge aufnehmen. "

> „ Jedes Mitgliedsland sollte selbst entscheiden, ob es Flüchtlinge aufnehmen will, nicht die EU. "

> „ Ohne Grenzen zwischen den Mitgliedsstaaten brauchen wir gemeinsame Regeln für die Migrationspolitik. "

> „ Jeder Mitgliedsstaat weiß selbst besser, ob es die Aufnahme von Flüchtlingen verkraften kann. "

Fiktive Aussagen

M 10 ● Das Subsidiaritätsprinzip – klare Regelungen für die Kompetenzverteilung?

a)

Formel für ein bürgernahes Europa:

Subsidiarität

Darf die Europäische Union überhaupt tätig werden?	In welchem Umfang darf sie tätig werden?	Wer kontrolliert die Einhaltung der Regeln?
● Die EU darf nur innerhalb der Zuständigkeiten tätig werden, die ihr von den Mitgliedstaaten in den Verträgen ausdrücklich übertragen wurden.	● Wo die EU nicht allein zuständig ist, darf sie nur tätig werden, wenn ein Ziel auf europäischer Ebene besser erreicht werden kann als in den einzelnen Mitgliedstaaten (Subsidiaritätsprinzip).	● Die nationalen Parlamente überprüfen jeden Entwurf der EU-Gesetzgebung auf die Einhaltung des Subsidiaritätsprinzips und geben ihre Stellungnahme dazu ab.
nach Artikel 5 des Vertrags über die Europäische Union	● Ihre Maßnahmen müssen in einem angemessenen Verhältnis zu den angestrebten Zielen stehen.	● Wird gegen das Prinzip verstoßen, können die Mitgliedstaaten, auch im Auftrag ihrer Parlamente, beim Europäischen Gerichtshof Klage dagegen erheben.

ZAHLENBILDER ⊕

© Bergmoser + Höller Verlag AG

714 025

Schengener Abkommen

1985 im Grenzort Schengen (Luxemburg) geschlossene Vereinbarung über den Abbau von Personenkontrollen an den Binnengrenzen. Um den Missbrauch offener Grenzen durch illegale Einwanderung oder das internationale Verbrechen zu verhindern, haben die Schengen-Staaten eine verstärkte Kontrolle der Außengrenzen und eine engere Zusammenarbeit ihrer Polizei- und Justizbehörden vereinbart, z.B. die Einrichtung des Schengener Informationssystems. Das Schengener Abkommen wurde mit dem Amsterdamer Vertrag in den Besitzstand der EU übernommen.

Supranationalität

Bezeichnung für einen Zusammenschluss von Staaten, die ihre nationalen Souveränitätsrechte teilweise auf gemeinsame Institutionen übertragen.

Bruno Zandonella, Pocket Europa. EU-Begriffe und Länderdaten. Bundeszentrale für politische Bildung, Bonn 2009

b) Für die Kompetenzverteilung zwischen Mitgliedstaaten und Föderation ist das Subsidiaritätsprinzip sicherlich das richtige Leitbild. Nur solche Aufgaben, die wirklich 5 eine Lösung auf der Ebene der Föderation [der EU] erfordern, sollten ihrer Kompetenz [Zuständigkeit] unterstehen. Die Zuweisung von Kompetenzen an die europäische Ebene sollte primär dann erfolgen, wenn die 10 zu lösenden Probleme globalen, europaweiten oder grenzüberschreitenden Charakter haben, wie häufig in der Handels- und Umweltpolitik, oder dann, wenn eine gemeinsame Politik erhebliche politische Vorteile 15 nach innen und außen bringt, wie etwa bei der Gemeinsamen Außen- und Sicherheitspolitik. Die Herstellung einheitlicher Le-

bensbedingungen sollte in einem so heterogenen [vielfältigen] Gebilde [wie der EU] dagegen nicht zur Begründung von Politik 20 auf der übergeordneten Ebene dienen. Die Betonung des Subsidiaritätsprinzips darf jedoch nicht zu Illusionen verleiten: Im Zeitalter globaler Märkte, globaler Transport- und Kommunikationssysteme [...] [und] glo- 25 baler Umweltprobleme [...] ist damit zu rechnen, dass der größte Teil aller notwendigen politischen und rechtlichen Maßnahmen den genannten Bedingungen genügt und deshalb [vermeintlich] auf der europäischen 30 Ebene angesiedelt werden muss.

Katharina Holzinger, Christoph Knill, Frankfurter Allgemeine Zeitung, 29.11.2000

M 11 ● Migrationspolitik zwischen EU-Recht und nationalstaatlichen Regelungen

Die Mitgliedstaaten der Europäischen Union haben Regelungskompetenzen im Bereich der Migrationssteuerung an die supranationalen Institutionen der 5 Gemeinschaft übertragen. Die Entwicklungen der letzten Jahre zeigen aber, dass nationalstaatliche Interessen weiterhin dominieren. [...]
Nationalstaaten haben die Hoheit, darüber 10 zu bestimmen, wer, wie lange und aus welchem Grund legal Zugang zu ihrem Territorium erhält und welche Rechte und gesellschaftlichen Partizipationsmöglichkeiten damit verbunden sind. Damit be- 15 rührt Migration zentrale Kernbereiche staatlicher Souveränität. Die Mitgliedstaaten der Europäischen Union (EU) haben Teile ihrer Souveränität im Hinblick auf die Steuerung von Migration an die supranati- 20 onalen EU-Institutionen übertragen. Zwar zählte eine gemeinschaftliche Regelung der Einwanderung und des Asyl- und Flüchtlingswesens nicht zu den ursprünglichen Zielen der Europäischen Gemein- 25 schaft. Eine Harmonisierung der Migrations- und Asylpolitik erschien allerdings aus drei zentralen Gründen notwendig: der

Schwierigkeit, Zuwanderung auf nationaler Ebene zu regeln, der Abschaffung der Kontrollen an den Binnengrenzen und die 30 dadurch verstärkte Notwendigkeit der Kooperation zwischen den einzelnen Mitgliedstaaten sowie der demografischen Entwicklung in Europa.
[...] Bereits 1990 einigten sich die Mitglied- 35 staaten darüber, welches Land für die Bearbeitung eines Asylantrags verantwortlich ist. Nach jahrelangen Verhandlungen wurde 2013 schließlich ein Gemeinsames Europäisches Asylsystem (GEAS) verabschie- 40 det. Auch die Entwicklung eines europäischen Grenzregimes zur Sicherung der EU-Außengrenzen und zur Bekämpfung illegaler Migration hat in den letzten Jahren konkrete Formen angenommen. 45 Hinsichtlich der legalen Migration von Drittstaatsangehörigen ist die Harmonisierung dagegen weniger weit fortgeschritten. Zwar haben sich Europäisches Parlament und EU-Kommission bereits mehrfach für 50 einen gemeinsamen und umfassenden Ansatz in Einwanderungs- und Integrationsfragen ausgesprochen. Die Mitgliedstaaten stehen dem aber weiterhin skeptisch ge-

Mehrebenensystem

Bezeichnung für Beziehungsgefüge horizontaler sowie vertikaler politischer Entscheidungsstrukturen, die miteinander in Konkurrenz über Entscheidungsbefugnisse geraten können. In Deutschland gibt es die kommunale Ebene, die Landesebene, Bundesebene und mit der EU die supranationale Ebene.

Autorentext

55 genüber und treten in diesen Bereichen nur ungern Kompetenzen an die EU ab. Damit bleibt die (Arbeits-)Migration ein Bereich, der von den EU-Staaten weiterhin weitgehend individuell geregelt wird, das heißt 60 sie setzen beispielsweise nationale Quoten fest oder erteilen langfristige Aufenthalts- und Arbeitserlaubnisse.

Migration – Ein kontroverses Thema in den Mitgliedstaaten

Flucht und Asyl

65 Bilder von Flüchtlingskatastrophen vor der italienischen Mittelmeerinsel Lampedusa oder Berichte über desolate Zustände in griechischen Aufnahmeeinrichtungen finden regelmäßig den Weg in die Medien. 70 Der Europäische Gerichtshof (EuGH) entschied im Dezember 2011, dass Asylbewerber nicht in einen EU-Mitgliedstaat überstellt werden dürfen, der die Einhaltung ihrer Grundrechte nicht gewährleisten 75 kann. Die an der EU-Außengrenze gelegenen südeuropäischen Länder fühlen sich mit dem "Migrationsdruck" allein gelassen. Im Rahmen seiner Ratspräsidentschaft (1. Januar bis 30. Juni 2014) setzt sich Grie- 80 chenland für mehr Solidarität unter den Mitgliedstaaten im Hinblick auf die innereuropäische Verteilung der Asylbewerber ein.

Schutz der Außengrenze und Kontrollen an 85 den Binnengrenzen

Auf Beschluss der EU im Oktober 2013 dürfen Schengen-Staaten ab Herbst 2014 wieder temporär Kontrollen an ihren Staatsgrenzen vornehmen, wenn sie ihre innere Sicherheit aufgrund von Defiziten 90 beim Schutz der Schengen-Außengrenze gefährdet sehen. Insbesondere Deutschland hatte sich für diese "Notfallklausel" eingesetzt. Bereits 2011 hatte Dänemark auf Druck der rechtspopulistischen Dänischen 95 Volkspartei (DVP) eigenmächtig wieder Kontrollen an seinen Grenzen eingeführt, um illegale Migration und organisierte Kriminalität aus Osteuropa zu verhindern. Angesichts dieser Entwicklungen befürch- 100 ten Kritiker [...] eine Gefährdung einer der vier Grundfreiheiten der Union.

Freizügigkeit

Die Personenfreizügigkeit war zuletzt auch angesichts steigender Zuzugszahlen aus 105 Bulgarien und Rumänien in mehreren EU-Staaten diskutiert worden. Unter dem Leitspruch "Wer betrügt, fliegt" forderte CSU-Chef Horst Seehofer Maßnahmen gegen den "Missbrauch der europäischen Freizü- 110 gigkeit durch Armutszuwanderung". Auch in anderen Mitgliedstaaten wie Dänemark und Großbritannien wird über den Anspruch von EU-Bürgern auf Sozialleistungen debattiert. [...] 115

Beim Thema Migration dominieren die nationalstaatlichen Interessen der einzelnen Mitgliedstaaten. Von europäischer Solidarität – auch wenn diese ab und an gefordert wird – ist zumeist wenig zu spüren. 120

Vera Hanewinkel, www.bpb.de, 8.4.2014

Bundesstaat

Bundesstaat bezeichnet den Zusammenschluss mehrerer Staaten zu einem übergeordneten Gesamtstaat. Für Bundesstaaten ist charakteristisch, dass sowohl der Bund als auch die Gliedstaaten über eigenständige (rechtliche, politische und territoriale) Kompetenzen (Zuständigkeiten) verfügen und die Gliedstaaten gegenüber dem Bundesstaat zur Bündnistreue verpflichtet sind.

Klaus Schubert, Martina Klein: Das Politiklexikon. 6., aktual. u. erw. Aufl. Bonn: Dietz 2016. Lizenzausgabe Bonn: Bundeszentrale für politische Bildung.

Staatenbund

V. a. außen- und sicherheitspolitisch begründeter Zusammenschluss souveräner Staaten (auch: Konföderation). Politisch engere Vereinigung als eine Allianz, da der S. über einige gemeinsame politische Organe verfügt (in denen die Delegierten im Auftrag der Mitgliedsstaaten handeln), aber politisch losere Vereinigung als ein Bundesstaat, da die Staaten des S. ihre volle innere und äußere Souveränität behalten. S. haben sich historisch als politisch wenig stabil erwiesen.

Klaus Schubert, Martina Klein: Das Politiklexikon. 6., aktual. u. erw. Aufl. Bonn: Dietz 2016. Lizenzausgabe Bonn: Bundeszentrale für politische Bildung.

Aufgaben

1 Wählen Sie eine Aussage, die ihrer eigenen Position am besten entspricht und begründen Sie ihre Wahl. (M 9)

2 Erklären Sie das Subsidiaritätsprinzip. (M 10)

3 Arbeiten Sie aus dem Text heraus, inwiefern sich die Regelungen auf EU-Ebene und Ebene der Nationalstaate gegenüberstehen. (M 11)

4 Erläutern Sie anhand des Beispiels M11, inwiefern sich die Konzepte von Bundesstaat und Staatenbund (Randspalte) einander gegenüberstehen.

5 EU oder die Nationalstaaten - Wo soll die Migrationspolitik in der EU geregelt werden? Nehmen Sie Stellung zu dieser Frage. Gehen Sie dabei auch das Subsidiaritätsprinzip ein. (M 10, M 11)

✪ 3.2.3 Demokratiedefizit in der EU nach dem Vertrag von Lissabon

M 12 ● Was soll der Vertrag von Lissabon bringen? Die Ziele im Überblick

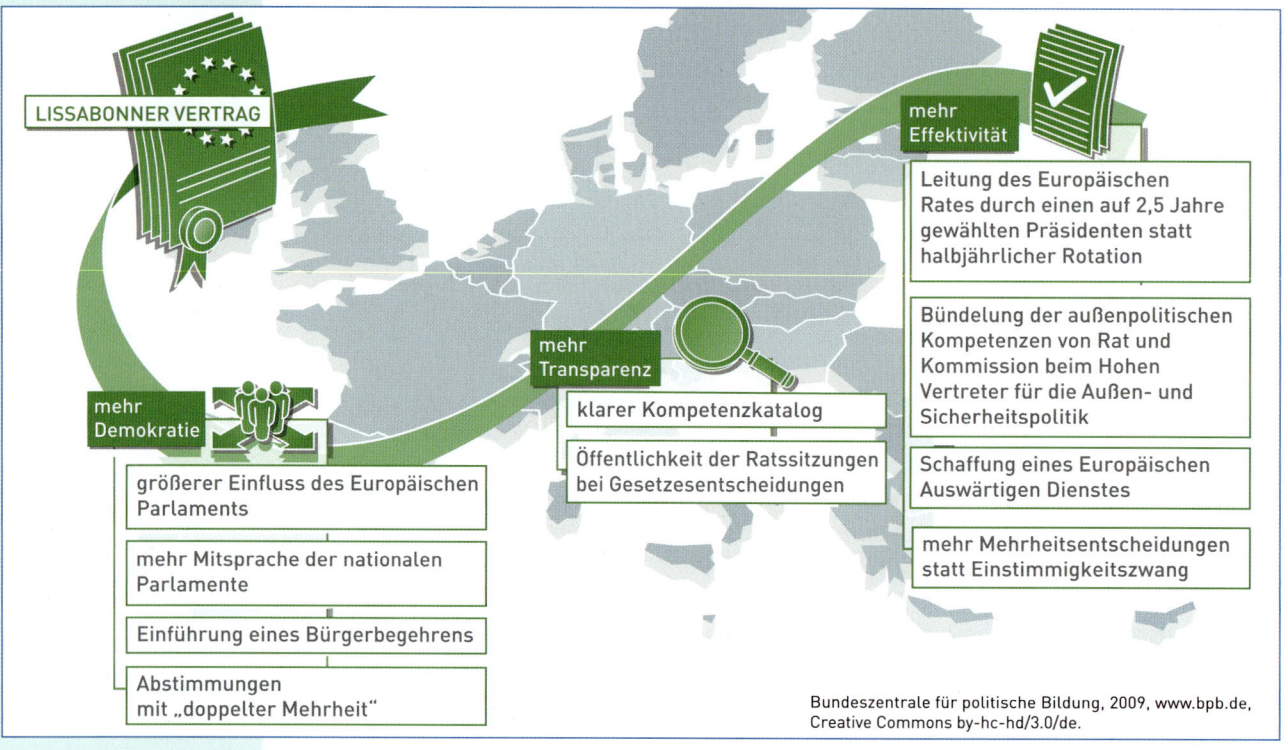

LISSABONNER VERTRAG

mehr Demokratie
- größerer Einfluss des Europäischen Parlaments
- mehr Mitsprache der nationalen Parlamente
- Einführung eines Bürgerbegehrens
- Abstimmungen mit „doppelter Mehrheit"

mehr Transparenz
- klarer Kompetenzkatalog
- Öffentlichkeit der Ratssitzungen bei Gesetzesentscheidungen

mehr Effektivität
- Leitung des Europäischen Rates durch einen auf 2,5 Jahre gewählten Präsidenten statt halbjährlicher Rotation
- Bündelung der außenpolitischen Kompetenzen von Rat und Kommission beim Hohen Vertreter für die Außen- und Sicherheitspolitik
- Schaffung eines Europäischen Auswärtigen Dienstes
- mehr Mehrheitsentscheidungen statt Einstimmigkeitszwang

Bundeszentrale für politische Bildung, 2009, www.bpb.de, Creative Commons by-hc-hd/3.0/de.

M 13 ● Demokratisches Regieren durch Stärkung des Parlaments?

Die Rechtsetzung der EU in den vergemeinschafteten Bereichen könne [...] nur durch den direkten Bezug auf die Bürger legitimiert werden. Dies geschehe [bislang]
5 aber nur in ungenügender Weise, weil das einzige direkt gewählte Organ der EU, das Parlament, kein gleichberechtigter gesetzgebender Akteur sei. Und genau dieser Mangel wird durch den Vertrag von Lissa-
10 bon zwar nicht vollständig, aber doch größtenteils beseitigt. Denn mit dem „ordentlichen Gesetzgebungsverfahren" (EUV Art. 289, Abs. I sowie Art. 294), [...] werden die Beschränkungen der legislativen Kom-
15 petenzen des EP weitgehend aufgehoben. Weitgehend deshalb, weil es neben dem „ordentlichen" auch ein „besonderes" Gesetzgebungsverfahren geben soll, bei dem das EP nur angehört wird, ohne ein Vetorecht zu besitzen. Dieses besondere Gesetz-
20 gebungsverfahren gilt beispielsweise für die Einnahmeseite des EU-Haushalts, die Eigenmittel [...]. Auf der Ausgabenseite sieht es völlig anders aus; hier kommt die klassische Parlamentskompetenz [...] voll
25 zum Tragen, denn die [bisherige,] die Mitwirkung des EP beschränkende Unterscheidung zwischen den obligatorischen Ausgaben, auf die das Parlament bislang keinen Einfluss hatte, und den nicht-obli-
30 gatorischen Ausgaben, die der Haushaltskontrolle des Parlaments schon unterworfen sind, wird aufgehoben, sodass die Ausgaben der EU uneingeschränkt der Kontrolle des Parlaments unterliegen wer-
35 den.

Das Initiativmonopol der Kommission wird auch vom Vertrag von Lissabon nicht angetastet, was sich in der politischen Praxis
40 jedoch kaum auswirkt, da das Parlament – wie schon bisher – die Kommission zum Handeln auffordern kann, „geeignete Vorschläge zu Fragen zu unterbreiten, die nach seiner Auffassung die Ausarbeitung
45 eines Unionsakts ... erfordern" (AEUV Art. 225). Insofern bleiben die legislativen Kompetenzen des Europäischen Parlaments formal hinter denen nationaler Par-

lamente zurück, in der politischen Praxis wird es jedoch zu einem – fast – gleichbe- 50 rechtigten Akteur. Deshalb wird der Vorwurf, die Gesetzgebungsakte der EU seien nicht hinreichend demokratisch legitimiert, nach dem Inkrafttreten des Vertrags von Lissabon in die Irre gehen. 55

Torsten Oppelland, Institutionelle Neuordnung und Demokratisierung, in: Olaf Leiße (Hg.), Die Europäische Union nach dem Vertrag von Lissabon, Wiesbaden 2010, S. 87 f.

M 14 ● Legitimität und Effizienz vereinen? Neue Abstimmungsregeln im Ministerrat

Für Abstimmungen im Rat sind je nach Politikbereich unterschiedliche Mehrheiten vorgeschrieben. Mit der Mehrheit seiner Mitglieder entscheidet der Rat lediglich in
5 Verfahrensfragen wie der Verabschiedung einer Geschäftsordnung. Für politische Fragen war in vielen Bereichen lange Einstimmigkeit erforderlich – ein klassisches intergouvernementales Element. Im Laufe
10 des Integrationsprozesses hat sich die Zahl der Themenfelder, in denen mit qualifizierter Mehrheit entschieden wird, jedoch ständig erhöht. Bei allen Vertragsreformen war die Ausweitung der Mehrheitsent-
15 scheidungen im Rat ein erklärtes Ziel der meisten Mitgliedstaaten. In einer sich ständig erweiternden [sic!] Union konnte nur so die Entscheidungs- und Handlungsfähigkeit gewährleistet werden. Mit dem Ver-
20 trag von Lissabon wurde dieser Trend fortgesetzt [...]. Mit qualifizierter Mehrheit beschließt der Rat etwa in Fragen des Binnenmarktes und der Industriepolitik und – seit dem Vertrag von Lissabon – auch in
25 der Justiz- und Innenpolitik. Zu den Feldern, die bis heute in der Einstimmigkeit verbleiben, gehören die Außen-, Sicherheits- und Verteidigungspolitik, die Festlegung des mehrjährigen Finanzrahmens
30 sowie die Steuerharmonisierung.
Kennzeichnend für die qualifizierte Mehr-

heit war bis zum Vertrag von Lissabon eine Abstimmung mit gewichteten Stimmen. [...] Dieses System der „dreifachen Mehrheit" hat sich nicht nur als extrem intrans- 35 parent, sondern auch als blockadeanfällig erwiesen. Mit dem Vertrag von Lissabon wurde es durch die „doppelte Mehrheit" ersetzt. Demnach braucht es für eine qualifizierte Mehrheit im Rat 55 Prozent der Mit- 40 gliedstaaten [mind. 15 in der EU 28], die gleichzeitig 65 Prozent der EU-Bevölkerung repräsentieren. Die kleineren Staaten setzten dabei die Klausel durch, dass mindestens vier Staaten notwendig sind, um 45 eine Entscheidung zu verhindern. Damit sollte eine Sperrminorität der drei großen Länder Deutschland, Frankreich und Großbritannien verhindert werden.
Um sich der Zustimmung vor allem der 50 mittelgroßen Länder wie Polen zu versichern, denen die bisherige Stimmverteilung ein überproportionales Gewicht zuerkennt, einigte man sich auf eine Übergangszeit für die neuen Abstimmungsre- 55 geln. Die doppelte Mehrheit tritt demnach erst zum 1.11.2014 in Kraft und noch bis zum 31.3.2017 kann ein Ratsmitglied eine Abstimmung nach der dreifachen Mehrheit von Nizza verlangen. 60

Werner Weidenfeld, Die Europäische Union, Paderborn 2013, S. 126 f.

Strukturelles Demokratiedefizit

Bezeichnet im Zusammenhang mit der EU das von Kritikern konstatierte Fehlen eines einheitlichen Staatsvolkes und damit einer gemeinsamen demokratischen Legitimation, da es keine gemeinsame Europäische Identität bzw. kein gesamteuropäisches Gemeinverständnis gäbe.

Institutionelles Demokratiedefizit

Bezeichnet im Zusammenhang mit der EU das Fehlen demokratischer Legitimationen von EU-Institutionen, insbesondere des EU-Parlaments gegenüber dem Ministerrat und damit durch den Exekutivföderalismus einer Verlagerung von der Gewaltenteilung zu Gunsten der Exekutive.

M 15 ● Demokratische Legitimation durch Bürgerbeteiligung? Die Europäische Bürgerinitiative

Im Jahr 2007 hatte Greenpeace 1.000.000 Unterschriften für eine Petition zur Kennzeichnung genmanipulierter Lebensmittel gesammelt. Hier demonstrieren Aktivisten mit den Unterschriften vor dem Hauptquartier der Europäischen Kommission in Brüssel.

Eine Million Unterschriften aus mindestens sieben EU-Mitgliedstaaten – wer von April 2010 an eine „Europäische Bürgerinitiative" an die EU-Kommission herantragen will, der muss sich über Ländergrenzen hinweg vernetzen. Das beginnt bereits bei der Registrierung einer solchen Initiative: Denn dafür müssen sich sieben Bürger aus sieben EU-Staaten zu einem sogenannten Bürgerausschuss zusammentun. Sie haben dann ein Jahr lang Zeit, um EU-weit eine Million Unterschriften für ihr Anliegen zu sammeln, wobei diese Unterschriften aus mindestens einem Viertel der Mitgliedstaaten stammen müssen – aktuell also aus sieben Ländern. Die Initiativen müssen Bereiche betreffen, die im Zuständigkeitsbereich der Kommission liegen.

Unterstützer können auf Papier und im Netz unterschreiben; für Letzteres bietet die Kommission den Bürgerausschüssen Open-Source-Software an. Sie können aber auch eigene Programme zur Zertifizierung vorlegen – in Deutschland beim Bundesamt für Sicherheit in der Informationstechnik. Der ursprüngliche Plan der Bundesregierung, Initiativen solche Zertifizierungen selbst bezahlen zu lassen, ist nach Kritik von Opposition und Nichtregierungsorganisationen vom Tisch.

Hat eine Initiative eine Million Unterschriften gesammelt, dann muss die Kommission reagieren und innerhalb von drei Monaten eine öffentliche Stellungnahme vorlegen. Zuvor hat der Bürgerausschuss der Initiative das Recht, sein Anliegen persönlich bei der Kommission und im Europäischen Parlament zu erläutern. Die Entscheidung, ob die Kommission ein Gesetz auf den Weg bringt, bleibt ihr allerdings vorbehalten [...].

Sebastian Puschner, Europäische Bürgerinitiative, in: Der Freitag, 8.12.2011

Aufgaben

❶ Überprüfen Sie anhand der Begriffe Strukturelles und Institutionelles Demokratiedefizit (Randspalte), inwiefern der Vertrag von Lissabon eine Verbesserung erreichen soll. (M 12 – M 15)

❷ Die EU nach Lissabon - Frei von Demokratiedefiziten? Nehmen Sie Stellung zu dieser Frage. (M 13 – M 14)

❸ a) Die Tatsache, dass viele Entscheidungen im Europäischen Rat getroffen werden, wird oft als Demokratiedefizit beschrieben. Recherchieren Sie, Informationen zu diesem Sachverhalt und stellen Sie diese Ihren Mitschülern vor.

✪ b) Diskutieren Sie auf Basis der recherchierten Ergebnisse, ob der Einfluss des Europäischen Rates verkleinert werden sollte.

✪ 3.3   Wohin steuert die EU?

Basiskonzepte	Fachkategorien	Leitfragen
Wandel	· Alternativen · Transformation	· Welche Entwicklungsperspektiven gibt es für die EU?

M 16 ● **Europa in der Karikatur**

Karikatur: Klaus Stuttmann, 2011

M 17 ● Vier Szenarien für die Zukunft der EU

Szenario 1: Achtung, Kettenreaktion

Nigel Farage, Chef der Anti-Europa-Partei Ukip, jubelte bereits unmittelbar nach der Entscheidung: Großbritannien werde nicht lange allein bleiben. Weitere Staaten in Europa würden schon bald mit ähnlichen Referenden folgen, das Ende der Europäischen Union sei eingeläutet. Das sieht EU-Kommissionschef Jean-Claude Juncker zwar ganz anders. Er räumte allerdings ein, er könne „nicht ausschließen, dass der britische Ausstieg Lust auf mehr machen würde in anderen Ländern". Ein Ja der Briten zum Austritt werde eine „Welle des Nationalismus und Separatismus" in ganz Europa auslösen, sagte der tschechische Regierungschef Sobotka. [...] In Berlin hält man eine solche Kettenreaktion offenbar durchaus für realistisch: In einem Strategiepapier des Bundesfinanzministeriums heißt es, dass der Brexit „Nachahmungstendenzen" in Frankreich, Finnland, Österreich, den Niederlanden und in Ungarn auslösen könnte. Bislang hat zwar noch keine der populistischen Parteien die Regierungsverantwortung übernommen, doch die meisten gewinnen stetig an Zulauf und erhöhen so den Druck auf das politische Establishment. In Frankreich dürfte es Le Pen in die Stichwahl der Präsidentschaftswahlen im kommenden Jahr schaffen. In Tschechien könnte sich der Wahlkampf um „Czexit" drehen. Diese Entwicklungen bergen enorme wirtschaftliche Risiken. „Wenn es weitere Referenden in Euro-Ländern gibt, dann brennt die Euro-Zone", sagt Guntram Wolff, Chef des Brüsseler Forschungsinstituts Bruegel. „Es ist viel komplexer, aus dem Euro auszutreten als aus der Europäischen Union." [...]

Szenario 2: Mehr Integration, aber diesmal richtig

Guy Verhofstadt ist das, was man einen Föderalisten nennt. Der frühere belgische Premierminister gilt als leidenschaftlicher Europäer. Legendär sind die Auftritte des Liberalen im Europäischen Parlament, wenn er sich wortmächtig über die Missstände in Europa beklagt und wieder einmal von den Vereinigten Staaten Europas träumt. Nun, nach dem britischen Referendum, sieht er die Chance gekommen, die Vertiefung Europas voranzubringen. Europa müsse mehr sein als der „lose Zusammenschluss von Staaten, die immer zu wenig und zu spät handeln", sagte er bereits unmittelbar nach der Brexit-Entscheidung. Er fordert einen europäischen Konvent, der eine umfassende Vertragsreform voranbringt. Verhofstadt zielt weit. Und viele europäische Politiker teilen diese Haltung, obwohl die Stimmung in der europäischen Bevölkerung komplett gegenläufig ist. [...] Der Widerstand gegen noch mehr Europa ist groß, insbesondere in Osteuropa. Und allein die Forderung, noch mehr Macht nach Brüssel abzugeben, ist Wasser auf die Mühlen der Populisten. [...] Aus wirtschaftlicher Sicht könnte ein Integrationsschub durchaus sinnvoll sein – sofern er richtig umgesetzt und tatsächlich gewollt ist. Nüchtern betrachtet, existieren eigentlich nur zwei stabile Verfassungszustände: Entweder besitzen die Nationalstaaten einzelstaatliche Freiheiten. Dann müssen sie auch die Verantwortung für ihr Tun übernehmen, im Fall der Währungsunion also auch pleitegehen können. Oder aber Entscheidungen und Verantwortung werden vergemeinschaftet. Bisher praktiziert die EU ein bisschen von beidem – mit entsprechend bescheidenem Ergebnis. Eine stärkere Vertiefung könnte diesen Missstand beheben. Denkbar wäre, dass die EU etwa bei der Genehmigung von einzelnen Staatshaushalten das letzte Wort hätte. Dass Zentralisierung allein kein Allheilmittel ist, zeigt sich beim darbenden Nachbar Frankreich. Die Wirtschaft sklerotisch, die Wettbewerbsfähigkeit schwindend, bei minimaler Bereitschaft zu Reformen. Eine solche Entwicklung würde die EU nicht vom Abgrund wegführen, im Gegenteil.

Szenario 3: Die Koalition der Willigen schreitet voran

In der Krise rücken jene Europäer zusammen, die dieselben Werte teilen. [...] Die Idee ist nicht neu. In den vergangenen Jahrzehnten erlebte man immer wieder ein Europa der „zwei" oder mehr Geschwindigkeiten, bei dem ein „Kerneuropa" schneller voranschritt als der Rest. Diese Koalition der Willigen hat akzeptiert, dass nicht alle EU-Staaten jeden Integrationsschritt mitgehen wollen. So haben nur 19 EU-Staaten den Euro als Währung eingeführt und neben Großbritannien macht etwa auch Dänemark Vorbehalte in der Sicherheitspolitik geltend. Vor allem osteuropäische Staaten wehren sich gegen die EU-Flüchtlingspolitik.

Wenn sich die EU-Staaten im Rat nach dem Ausscheiden der Briten weniger denn je auf ein gemeinsames Tempo und Ziel einigen können, so bleibt jenen, die vorankommen wollen, nur das Ausscheren mit Gleichgesinnten zum Prinzip zu erheben. Unklar ist dabei, welche Rolle etwa die gemeinsamen Institutionen spielen sollen, allen voran das Europäische Parlament. Wenn die Abgeordneten nur bei ausgewählten Themen mitsprechen dürften, drohen Chaos und ein demokratisches Defizit.

Flexibilität klingt wenigstens aus ökonomischer Perspektive vernünftig. Die europäischen Nationen sind nicht nur kulturell vielfältig, sondern sie haben auch ganz unterschiedliche Wirtschaftsstrukturen und Arbeitsethiken. Warum also Griechenland oder Finnland in ein Korsett mit Deutschland pressen? Ein Europa der verschiedenen Geschwindigkeiten würde diesen Unterschieden eher gerecht werden. Und sollte ein Land ökonomisch zu anderen aufschließen, ließe sich die Architektur rasch anpassen. [...]

Szenario 4: [...] [Alles bleibt, wie es ist]

Wären mutige Reformbekenntnisse eine Währung, Europa wäre ein reicher Kontinent. Kein Stein werde nach dem britischen Referendum auf dem anderen bleiben, kündigte Österreichs Außenminister Sebastian Kurz vollmundig an. Wahrscheinlicher aber ist, dass die EU-Staats- und Regierungschefs trotz des Brexit-Schocks künftig tun, was sie immer tun: Den Status quo verwalten und hoffen, dass die Krise auch ohne schmerzhafte Strukturveränderungen verschwindet.

Den großen Wurf wird die Europäische Union trotz der akuten Krisenlage nicht wagen. Denn angesichts des wachsenden Populismus und der massiven Europa-Kritik ist Rückendeckung für massive Veränderungen kaum zu erkennen. Der Widerstand etwa gegen die EU-Flüchtlingspolitik ist in vielen Staaten hart. [...]

Andre Tauber, Christoph B. Schiltz, Holger Zschäpitz,
www.welt.de, 26.6.2016

Aufgaben

1　Interpretieren Sie die Materialien und diskutieren Sie die darin angedeuteten Vorstellungen von der Zukunft der Europäischen Union (M 16).

2　Arbeiten Sie in Gruppen das Ziel des jeweiligen Szenarios aus M17 sowie deren Vor- und Nachteile heraus und stellen Sie sich diese gegenseitig vor.

3　Erörtern Sie vor dem Hintergrund der Brexit-Entscheidung in Großbritannien und dem Aufstieg von Anti-EU-Parteien, welches Modell aus Ihrer Sicht am geeignetsten wäre. (M 17)

ORIENTIERUNGSWISSEN

Werte in der EU
Kap. 3.1, M 1, M 2

Der wesentliche Grund für die Entstehung der EU war, dass nach dem 2. Weltkrieg kein Krieg mehr in Europa herrschen sollte. Im Vertrag über die Europäische Union werden deshalb als gemeinsame Werte die Achtung der Menschenwürde, Freiheit, Demokratie, Gleichheit, Rechtsstaatlichkeit und die Wahrung der Menschenrechte genannt. Die EU hat sich zudem der nachhaltigen Politik sowie der Sozialen Marktwirtschaft verpflichtet.

**Rechtsetzungs-
verfahren**
Kap. 3.2, M 1 – M 8

Das Rechtssetzungsverfahren der EU wird durch das Zusammenspiel der drei Institutionen EU-Kommission, EU-Parlament und Rat der EU bestimmt. Die Kommission hat das alleinige Vorschlagsrecht, während das Parlament und der Rat gemeinsam über die Verabschiedung von Richtlinie und Verordnungen abstimmen müssen. Im Vergleich dazu können in Deutschland auch die legislativen Organe Gesetze initiieren. Es besteht jedoch mit dem Bundesrat auch in Deutschland ein Exekutivföderalismus.

**EU-Recht vs.
nationales Recht**
M 9 – M 12

Im Mehrebenensystem kann es zu Konflikten kommen, welche Ebene über neue Regelungen entscheiden soll. Die Nationalstaaten haben zwar Souveränität an die EU abgegeben, doch wollen sie, wie im Falle der Migrationspolitik z.T. selbst entscheiden. Das Subsidiaritätsprinzip legt fest, dass eine höhere Ebene nur dann entscheiden soll, wenn die untere dies nicht kann. Insbesondere im Bereich der Wirtschaftspolitik und der Agrarpolitik entscheidet die EU, während die Nationalstaaten im Bereich der Sozialpolitik eher alleine entscheiden.

**Demokratiedefizit
in der EU**
M 13 – M 15

Mit dem strukturellen und institutionellen Demokratiedefizit wurden oft mangelnde demokratische Legitimation und Verfahren in der EU kritisiert. Mit dem Vertrag von Lissabon soll dieser Kritik begegnet werden, indem das Parlament in fast allen Politikbereichen mit dem Ministerrat gleichberechtigt ist, die doppelte Mehrheit im Ministerrat eingeführt wurde und die Europäische Bürgerinitiative zu einer Stärkung der Partizipation der Europäischen Bürger führen soll.

**Zukunfts-
perspektiven
der EU**
M 16, M 17

Bei der Frage wohin sich die EU entwickeln soll, werden verschiedene Entwicklungsperspektiven diskutiert. Sowohl die Abgabe sämtlicher nationalstaatlicher Souveränität an die EU, das Festhalten im gegenwärtigen Integrationsstand oder eine tiefere Integration einiger Staaten, als auch die Auflösung der EU sind denkbare Szenarien.

KOMPETENZEN ANWENDEN

Roaming-Gebühren sollen 90 Tage pro Jahr entfallen

Die Europäische Kommission will den Wegfall der Kosten für die Auslandsnutzung von Smartphones deckeln. Das Vorhaben ist ein Zugeständnis an die Netzbe-
5 *treiber.*

Smartphone-Nutzer sollen im EU-Ausland künftig 90 Tage pro Jahr ohne Zusatzkosten telefonieren und im Internet surfen können. Das schreibt die EU-Kommission
10 in einem Entwurf zur Regelung der Roaming-Gebühren ab Juni 2017. Flatrate-Kunden sollen demnach den Durchschnittsverbrauch ihres Pakets nutzen können, bevor Auslandsgebühren anfallen.
15 Der Entwurf soll nun mit der EU-Telekom-Regulierungsbehörde Berec und den EU-Mitgliedstaaten besprochen werden.
Das 90-Tage-Kontingent werde so praktisch jeden Bedarf von Privat- und Ge-
20 schäftsreisenden decken, heißt es in dem Papier. Grenzpendler sollen allerdings ausgenommen sein. Nach 30 Tagen Aufenthalt im Ausland sollen Netzbetreiber zudem ein Einwählen im Heimatnetz verlangen kön-
25 nen. Bei Überschreitung der 90 Tage sollen die Provider maximal 4 Cent pro Minute, 1 Cent pro SMS und 0,85 Cent pro Megabyte verlangen dürfen.
Die EU-Staaten und das Europaparlament
30 hatten den weitgehenden Wegfall der Gebühren im vergangenen Jahr beschlossen, die konkrete Umsetzung der ab Sommer 2017 geltenden Regelung aber zunächst offengelassen. Die 90-Tage-Deckelung ist
35 ein Zugeständnis an die Netzbetreiber.
Mit den Einschränkungen der Gebühren-

abschaffung will die Kommission verhindern, dass Kunden bei einem billigeren ausländischen Anbieter einen Vertrag ab-
40 schließen, ihn aber nur im Heimatland nutzen. Dies soll auch dadurch verhindert werden, dass Prepaidkarten zunächst eine Weile im jeweiligen Netz genutzt worden sein müssen, bevor sie auch im Ausland
45 funktionieren.
Verbraucherschützer kritisieren die geplante Regelung. Dadurch werde das versprochene Ende der Roaming-Gebühren nicht erfüllt, sagte der Vorstand des Verbrau-
50 cherzentrale Bundesverbands, Klaus Müller. Die 90-Tage-Deckelung verhindere einen gemeinsamen Binnenmarkt in der Telekommunikation. Zudem werde der Wettbewerb leiden.

www.zeit.de, 6.9.2016

Aufgaben

❶ Fassen Sie den Text zu den Roaming-Gebühren zusammen.

❷ Stellen Sie den Ablauf bis zur neuen Regelung dar. Beziehen Sie sich dabei auf den Ablauf der Gesetzgebung in der EU und recherchieren Sie Informationen.

❸ Beurteilen Sie den Beschluss der Kommission. Gehen Sie dabei auch auf die im Text dargestellten Interessen ein.

Öffentlichkeit im Wandel – Zivilgesellschaft und Medien im politischen Prozess

4

Welche Rolle spielen die Medien in der Demokratie? Berichten sie nur über Politik oder sind sie auch „Macher von Politik"? Mit dieser Frage steigen Sie in das Kapitel ein und erarbeiten die Bedeutung und die Aufgabe der Medien in der Demokratie. (4.1) Dabei wird auch ein Fokus auf die digitalen Medien gelegt, denn durch das Internet haben sich die öffentlichen Diskurse und die politische Kommunikation deutlich verändert. (4.2)
Was bedeutet es für die politische Meinungsbildung der Bürgerinnen und Bürger, dass Presse, Funk und Fernsehen oder die Anbieter von Informationsseiten im Internet auch als Wirtschaftsunternehmen agieren und somit den Gesetzen der Marktwirtschaft unterliegen? Denn Medienunternehmen wurden nicht vorrangig gegründet, um politische Interessen zu vertreten, sondern vor allem um wirtschaftlichen Gewinn zu erzielen. Sie finanzieren sich neben dem Verkauf ihrer Produkte auch über Anzeigen und Werbeeinnahmen, wobei die Abhängigkeit von Werbeeinnahmen und Käufermarkt auch Auswirkungen auf den Inhalt der verkauften Informationen haben kann. Die Medien agieren dadurch in einem besonderen Spannungsfeld ökonomischer und publizistischer Interessenlagen. (4.3)

KOMPETENZEN

Am Ende dieses Kapitels sollten Sie Folgendes wissen und können:

... die Aufgaben der Medien in der Demokratie benennen können.

... die Herausforderungen für politisches Handeln in der Mediengesellschaft beurteilen können.

... die Bedeutung des Internets für den politischen Prozess und die öffentlichen Diskurse darstellen und beurteilen können.

... die Rolle der Medien zwischen Markt und Politik beurteilen können.

Was wissen und können Sie schon?

1 Welche Medien nutzen Sie, um sich über das aktuelle Tagesgesehen in der Bundesrepublik zu informieren? Erstellen Sie eine Rangliste dieser Medien. An erster Stelle nennen Sie das Medium, das Sie am häufigsten nutzen. Vergleichen Sie Ihre Liste mit der Ihres Nachbarn / Ihrer Nachbarin und begründen Sie Ihre Auswahl.

2 Äußern Sie sich in einem Blitzlicht zu den Aufgaben der Medien in der Demokratie. Notieren Sie diese auf Karten (an einer Pinnwand o.ä.) und vergleichen, korrigieren bzw. ergänzen Sie diese im Laufe der Beschäftigung mit dem folgenden Kapitel.

4.1 Mittler oder Macher? – Die Bedeutung der Medien für die Demokratie

Basiskonzept	Kategorie	Leitfragen
Prozesse und Handeln Akteure und deren Disposition	Öffentlichkeit Macht Interessen	· Über welche Macht verfügen die Medien?· · Wie thematisieren die Medien politische und gesellschaftliche Probleme? · In welchem Verhältnis stehen Medien und Politik?

4.1.1 Welche Aufgaben haben die Medien in der Demokratie?

M 1 ● Die Panama Papers – Investigativer Journalismus oder unerlaubter Einbruch in die Privatsphäre?

2015 kontaktierte eine anonyme Quelle die Süddeutsche Zeitung und übermittelte über Monate verschlüsselt interne Dokumente der Anwaltskanzlei Mossack Fonseca in
5 Panama. Eine Firma, die weltweit anonyme Briefkastenfirmen verkauft, mit denen man allerlei, auch illegale, Geschäfte verschleiern kann. Die Daten geben Auskunft, wie die Besitztümer von Politikern, Fifa-Funk-
10 tionären, Betrügern und Drogenschmuggglern, aber auch von Prominenten und Sport-Stars verschleiert werden. Die Süd-
deutsche Zeitung hat die Dokumente gemeinsam mit dem International Consortium for Investigative Journalists (ICIJ) 15 ausgewertet: Dazu recherchierten ca. 400 Journalisten von mehr als 100 Medienorganisationen in rund 80 Ländern. Am 3. April 2016 präsentierten 109 Zeitungen, Fernsehstationen und Online-Medien in 76 20 Ländern gleichzeitig die ersten Ergebnisse. Die „Panamapapers" gelten mit über 11,5 Millionen Dokumenten als größtes Datenleck der Geschichte.

Investigativer Journalismus

(lateinisch: investigare: untersuchen, auskundschaften) bringt, nach langer und aufwändiger Recherche, Vorgänge aus Politik, Wirtschaft und Gesellschaft an die Öffentlichkeit, die in der Regel skandalträchtig sind. Häufig können die Journalisten dann auf Informanten („Whistleblower") zurückgreifen, die im Hintergrund agieren und über Insiderwissen verfügen.

Erklärfilm Panama Papers

Mediencode: 72024-08

M 2 ● Welche Funktionen haben die Medien in der Demokratie?

In der Demokratie werden den Massenmedien Presse, Hörfunk und Fernsehen drei sich einander zum Teil stark überschneidende Funktionen zugeordnet:

5 • Information,
• Mitwirkung an der Meinungsbildung,
• Kontrolle und Kritik.

Zu den weiteren Aufgaben zählen aber auch Unterhaltung und Bildung.

10 **Informationsfunktion**

Die Massenmedien sollen so vollständig, sachlich und verständlich wie möglich informieren, damit ihre Nutzerinnen und Nutzer in der Lage sind, das öffentliche 15 Geschehen zu verfolgen. Mit ihren Informationen sollen sie dafür sorgen, dass die einzelnen Bürgerinnen und Bürger die wirtschaftlichen, sozialen und politischen Zusammenhänge begreifen, die demokra- 20 tische Verfassungsordnung verstehen, ihre Interessenlage erkennen und über die Absichten und Handlungen aller am politischen Prozess Beteiligten so unterrichtet sind, dass sie selbst aktiv daran teilnehmen 25 können – als Wählende, als Mitglieder einer Partei oder auch einer Bürgerinitiative. Da unsere Gesellschaft viel zu großräumig geworden ist, kommen wir mit dem direkten Gespräch, der unmittelbaren 30 Kommunikation, nicht mehr aus. Wir als einzelne und die vielfältigen Gruppen, die in dieser Gesellschaft bestehen, sind darauf angewiesen, miteinander ins Gespräch gebracht zu werden – dafür sollen die Mas- 35 senmedien sorgen. Dabei müssen wir uns der Tatsache bewusst sein, dass wir die Welt zum großen Teil nicht mehr unmittelbar erfahren; es handelt sich überwiegend um eine durch Medien vermittelte Welt.

40 **Meinungsbildungsfunktion**

Bei der Meinungsbildung fällt den Massenmedien ebenfalls eine bedeutsame Rolle zu. Dies ergibt sich aus der Überzeugung, in der Demokratie sei allen am meisten da- 45 mit gedient, wenn Fragen von öffentlichem Interesse in freier und offener Diskussion erörtert werden. Es besteht dann die Hoffnung, dass im Kampf der Meinungen das Vernünftige die Chance hat, sich durchzusetzen. [...] 50

Da in einer modernen, differenziert strukturierten Gesellschaft eine Vielzahl von mehr oder weniger großen, zum Teil in Konkurrenz zueinander stehenden Interessengruppen existiert, gehört es auch zu den 55 Aufgaben der Massenmedien, diesen Meinungspluralismus in einem angemessenen Verhältnis widerzuspiegeln. [...]

Politische Talkshow am Sonntagabend im Fernsehen (Anne Will)

Kritik- und Kontrollfunktion

Im parlamentarischen Regierungssystem 60 obliegt in erster Linie der Opposition die Aufgabe der Kritik und Kontrolle. Diese wird unterstützt und ergänzt durch die Kritik- und Kontrollfunktion der Medien. Ohne Presse, Hörfunk und Fernsehen, die 65 Missstände aufspüren und durch ihre Berichte unter anderem parlamentarische Anfragen und Untersuchungsausschüsse anregen, liefe die Demokratie Gefahr, der Korruption oder der bürokratischen Will- 70 kür zu erliegen. Gegen den Einwand, Kritik könne dem Ansehen des Gemeinwesens schaden, wird eingewandt: Nicht jene, die Mängel aufdecken, schaden dem Staat, sondern all diejenigen, die für solche Miss- 75 stände verantwortlich sind. Andererseits wird argumentiert, die Kontrolle der Medien dürfe sich nicht auf den Staat beschränken, sondern müsse sich auf die gesamte Gesellschaft erstrecken. Den Medien als Teil 80 dieser Gesellschaft könne dabei nicht zugestanden werden, eine Art eigenständige vierte Gewalt neben den Institutionen des demokratischen Staates zu sein.

85 Wie die Wirkungsforschung hervorhebt, haben viele Medien über die erwähnten Funktionen hinaus weitere übernommen, zum Beispiel die Thematisierungsfunktion. Diese „agenda setting function", wie sie in 90 den USA heißt, bedeutet, dass diejenigen, die die unterschiedlichen Medien lesen, hören und sehen, genau die Themen für wichtig halten, die darin behandelt werden. Die Medien sind jedoch nicht nur entscheidend dafür verantwortlich, welche Themen 95 auf der Tagesordnung stehen, sondern sie legen auch fest, in welcher Rangfolge der Dringlichkeit diese Themen behandelt werden.

Hermann Meyn, in: Informationen zur politischen Bildung Nr. 260, Massenmedien, Bonn 3/1998, S. 3 ff.

Info

„Agenda-Setting" und Leitmedien

Der Begriff Agenda-Setting verweist auf die Rolle der Medien bei der Festlegung der gesellschaftlichen Tagesordnung, d.h. der Themen, mit denen sich die Gesellschaft auseinandersetzt. Mit dieser auch als „Thematisierungsfunktion" bezeichneten Rolle ist eine der zentralen Leistungen der Medien für die öffentliche Kommunikation angesprochen.

Entwickelt wurde das Konzept Agenda-Setting seit Anfang der 1970er Jahre im Zusammenhang mit der Annahme, dass die Medien nicht so sehr beeinflussen, was die Menschen über bestimmte Themen denken, sondern vielmehr worüber die Menschen nachdenken. In diesem Sinne wurde das Agenda-Setting als Medienwirkung verstanden. [...]

Heute unterscheidet man drei verschiedene Tagesordnungen:

– Die **Medienagenda** entspricht der Rangordnung der Themen in der Berichterstattung, also die Häufigkeit und der Umfang, mit denen verschiedene Themen behandelt werden.

– Die **Politische Agenda** spiegelt wider, welche Themen in der politischen Diskussion zwischen Regierung und Opposition und zwischen den politischen Parteien im Vordergrund stehen.

– Die **Publikumsagenda** gibt an, welche Themen die Bevölkerung für mehr oder weniger wichtig hält.

Angenommen wird, dass diese drei Agenden sich gegenseitig beeinflussen: So orientiert sich die Agenda der Politik daran, was die Bevölkerung für wichtig hält und was in den Medien besonderes Gewicht bekommt. [...]

Viel Interesse hat in den letzten Jahren auch das sogenannte **Intermedia Agenda-Setting** gefunden. Damit sind Einflüsse gemeint, die die verschiedenen Medien untereinander ausüben. Bestimmte Medien dienen dabei als „Leitmedien", indem sie Themen setzen, die dann von anderen Medien aufgegriffen werden. Als ein solches Leitmedium wird etwa das Nachrichtenmagazin **Der Spiegel** angesehen, aber auch die Zeitung **Bild** zählt zu den Medien, die besonders oft von anderen Medien zitiert wird.

Uwe Hasebrink, Art. ‚Agenda-Setting', in: Hans-Bredow-Institut für Medienforschung (Hg.), Medien von A bis Z, Wiesbaden 2006, S. 19 f.

Aufgaben

zu Aufgabe 1
Im Presseportal http://pressekompass.net finden Sie dazu eine Auswahl.

❶ Recherchieren Sie, wie die Veröffentlichung der Panamapapers in unterschiedlichen Medien dargestellt wurde. (M 1)

❷ Analysieren Sie die Funktionen der Medien in Fall der Panamapapers. (M 2)

❸ Die Medien werden häufig auch als vierte Gewalt in Staat bezeichnet. Erklären Sie diese Bezeichnung und diskutieren Sie, inwiefern sie berechtigt ist.

4.1.2 Wer beherrscht wen?
Das Verhältnis von Politik und Medien

M 3 ● Politik im Unterhaltungsformat?

Im Dezember 2010 wurde die Talkshow „Kerner" aus dem Bundeswehrstützpunkt Masar-i-Scharif in Afghanistan übertragen. Auf dem Bild sind der Talkmaster Johannes B. Kerner, der damalige Verteidigungsminister Karl-Theodor zu Guttenberg und Bundeswehrangehörige zu sehen.

M 4 ● Alles nur Theater? Politiker setzen sich in Szene

Herr Fischer, [...] wie viel von dem, was wir in den Medien als Politik verfolgen können, ist bloße Illusion?

Joschka Fischer: Politisches Handeln selbst
5 hat ein magisches Element. Als hessischer Umweltminister pflegte ich zu sagen, ein großer Teil meiner Arbeit sei Regentanz. Den müssen Sie immer dann für die Öffentlichkeit aufführen, wenn Sie eigentlich
10 nicht agieren können. Und wehe, Sie tun es nicht, dann gelten Sie als Versager. [...]

Das heißt, die Politik unterwirft sich der Logik der Medien?

In gewisser Weise ist das unvermeidbar. Es
15 gibt allerdings auch Fehlentwicklungen. Zum Beispiel sind weite Teile der Öffentlichkeit mittlerweile der Auffassung, die entscheidenden Debatten fänden [sonntagabends in der Talkshow der ARD] statt. [...]
20 Dabei sollte der Bundestag der kraft Verfassung wichtigste Ort für politische Debatten sein. [...]

Ein guter Politiker ohne schauspielerisches Talent hat heute also schlechte Karten?

Das gilt nicht nur für Politiker, sondern 25 auch für viele Berufe, zu denen die öffentliche Darstellung von Sachverhalten gehört. Und grundsätzlich ist gegen diese Kunst nichts einzuwenden. Ich weiß nicht, wie es Ihnen geht, aber ich höre einem 30 Professor, der gekonnt vorträgt und sein Publikum fesselt, lieber zu als einem, der vor sich hinnuschelt. [...] Einen guten Politiker zeichnet die richtige Mischung aus Sachkompetenz, Vortragsfähigkeit und 35 Persönlichkeit aus. [...]

Sie haben einmal geschrieben: „Der Politiker als solcher lebt [...] durch und mit den Medien." Wie sind Sie zu dieser Erkenntnis gekommen? 40

Bei allem Ärger, den ich mit den Medien hatte – und den hatte ich reichlich – bin ich noch immer der Ansicht, dass der permanente Druck, den sie ausüben, gerecht-

45 fertigt ist. Medien sind dazu da, Politiker zu testen, besonders die in Regierungsämtern. [...] Problematisch wird es dann, wenn die Medien aus ihrer Rolle fallen und sich anmaßen, es besser zu können 50 als die Politiker.

Interview mit dem ehemaligen Bundesaußenminister Joschka Fischer, in: Bergmann, J. / Pörsken, B. (Hrsg.), Medienmenschen, Münster 2007, S. 42/43

M 5 ● Theorien zum Verhältnis von Medien und Politik

Medien werden oft als „Vierte Gewalt" in einem Staat bezeichnet. [...] Um die vielfältigen Beziehungen, die beide Systeme unterhalten, bewerten zu können, lohnt ein 5 Blick auf die vier wirkungsmächtigsten Ansätze der Wissenschaft:

■ **Das Gewaltenteilungsparadigma**

Die Medien werden hier als „Vierte Gewalt" neben Legislative, Judikative und Exekutive 10 verstanden. Kraft ihrer Autonomie bilden sie eine Kontrollinstanz und sind dadurch aktiv an der Ausübung staatlicher Herrschaft beteiligt. Das Gewaltenteilungsparadigma geht davon aus, dass das politische 15 System durch klare Grenzlinien vom Mediensystem getrennt ist. Genau dies bezweifeln aber Kritiker dieses Ansatzes, indem sie auf die mannigfaltigen politischen und ökonomischen Abhängigkeiten 20 des Mediensystems hinweisen.

■ **Der Instrumentalisierungsansatz**

Dieser Ansatz rückt die These in den Fokus, dass die Medien im politischen Feld immer bedeutender werden, gleichzeitig jedoch 25 kommt es zu einem Autonomieverlust. Deutlich wird dies an der wachsenden Bedeutung politischer Kommunikation: Medienreferenten, Wahlkampfstrategen, Redenschreiber und Spin-doctors betreiben 30 PR im Sinne ihrer Auftraggeber und machen sich zu diesem Zweck die medialen Kanäle zunutze.

■ **Der Dependenzansatz**

Der Dependenzansatz geht zwar ebenso wie der Instrumentalisierungsansatz von einer 35 „Mediatisierung der Politik", also von einer gegenseitigen Durchdringung beider Systeme aus. Allerdings kommt er zu dem Ergebnis, dass die politische Kommunikation sich den Gesetzmäßigkeiten der Medien ange- 40 passt und sich damit in ein Abhängigkeitsverhältnis begeben hat. Das bedeutet: Medien „regieren mit", indem sie bestimmen, welche Themen erhöhte Aufmerksamkeit verdienen. Damit setzen sie den Rahmen, in 45 dem politische Arbeit öffentlichkeitswirksam kommuniziert werden kann.

■ **Der Interdependenzansatz**

Von einer engen Verflechtung und einer gegenseitigen Abhängigkeit beider Systeme 50 geht diese Position aus. Demzufolge benötigt die Politik die Medien zur Kommunikation ihrer Entscheidungen. Allerdings sind die Medien auf diese politischen Prozesse angewiesen, da sie einen wichtigen 55 Inhalt für sie darstellen. Durch die Berichterstattung wird schließlich ein Feedback generiert, dass auf das politische Feld zurückwirkt, woraufhin dieses wiederum neue Inhalte hervorbringt. 60

Michael Bornkessel, www.lehrer-online.de 17.3.2009

Aufgaben

1 Stellen Sie dar, worin die Herausforderungen für politisches Handeln unter den Bedingungen der modernen Mediengesellschaft bestehen. (M 3, M 4)

2 Erörtern Sie, welche der Theorien die Beziehung zwischen Politik und Medien am besten beschreibt. (M 5)

3 Immer wieder treten Politiker auch in Unterhaltungsformaten aus. Diskutieren Sie, ob es für derartige Grenzen geben sollte.

4.2 Internet und Politik

Basiskonzept	Kategorie	Leitfragen
Prozesse und Handeln Akteure und deren Dispositionen Wandel	Öffentlichkeit, Entscheidung, politische Gestaltung Interessen Transformation	· Welche Beteiligungsmöglichkeiten bietet das Internet den Bürgerinnen und Bürgern? · Wie können Bürgerinnen und Bürger über das Internet Einfluss auf die politische Gestaltung nehmen? · Wie nutzen Bürgerinnen und Bürger diese Angebote? · Wie verändert sich die (politische) Öffentlichkeit durch das Internet? · Welche Chancen und Risiken birgt die digitale (politische) Öffentlichkeit?

4.2.1 Wo und wie findet Politik im Internet statt?

M 1 ● Politik im Internet –
einige Beispiele

a) Abgeordnetenwatch

b) Bürgerhaushalt
Frankfurt / Main

www.abgeordnetenwatch.de

c) E-Petitionen an den Bundestag

www.ffm.de

www.epetitionen.bundestag.de

Bürgerhaushalt

Bei der Erstellung eines Bürgerhaushaltes lässt die Verwaltung einer Stadt oder Gemeinde ihre Bürgerinnen und Bürger zumindest teilweise über die Verwendung der öffentlichen Gelder mitbestimmen und mitentscheiden.

Petition

Eingabe, Beschwerde oder Bittschrift an eine zuständige Stelle, eine Behörde oder ein Parlament.
Artikel 17 GG legt das Petitionsrecht als ein Grundrecht fest:
„Jedermann hat das Recht, sich einzeln oder in Gemeinschaft mit anderen schriftlich mit Bitten oder Beschwerden an die zuständigen Stellen und an die Volksvertretung zu wenden."
Art. 16 der hessischen Landesverfassung ermöglicht, Petitionen an den hessischen Landtag zu stellen.

M 2 ● Demokratie, Regierung und Bürgerbeteiligung digital

E-Demokratie spiegelt einen Ausschnitt von demokratischen Prozessen und Strukturen zwischen Bürger und Staat im Internet wider. *E-Government* dagegen bildet
5 eine Unterkategorie der elektronischen Demokratie, nämlich die elektronische Abwicklung der Geschäftsprozesse von Verwaltung und Regierung, was auch die sogenannte E-Administration (elektronische
10 Verwaltung) einschließt. *E-Partizipation* schließlich bildet die zweite Unterkategorie der E-Demokratie, allerdings ist diese weniger in Gesetzesbüchern als im wissenschaftlichen Diskurs konstituiert. [...] Die E-De-
15 mokratie bildet eine Ergänzung und Erweiterung der Bürger-Staat-Beziehungen auf digitaler Ebene. [...]

Partizipation von unten

Die überwiegende Mehrheit der bottom-
20 up-Bewegungen im Internet lassen sich entweder als Partizipationsplattformen oder Transparenzinitiativen einordnen. Partizipationsformate reichen von Kampagnenplattformen über Online-Petitionen
25 bis hin zum Internet-Ratgeber. Die Initiatoren sind dabei sowohl einzelne Bürgerinnen und Bürger als auch Nichtregierungsorganisationen.

Transparenzinitiativen untersuchen häufig Abstimmungsverhalten, Spendenpraktiken 30 oder Anwesenheitszeiten der Abgeordneten im Parlament. Mehr Transparenz fördert mehr Demokratie - so zumindest die Annahme der Initiatoren. Sie durchleuchten oder hinterfragen die parlamentarische Ar- 35 beit von Politikern, etwa auf dem Portal „abgeordnetenwatch.de". Die Quellen, aus denen sich viele Transparenzportale speisen, sind öffentlich zugängliche Daten, ihre Werkzeuge sind oft visuelle Applikationen, 40 welche die Fülle von Informationen verdichten und über eine grafische Ausgabe einen niedrigschwelligen Zugang zu komplexen Prozessstrukturen bieten.

Regieren von oben 45

Das E-Government teilt sich hauptsächlich in zwei große Bereiche: die elektronische Verwaltung und die digitale Konsultation. Die Digitalisierung von Geschäftsprozessen in der Verwaltung soll administrative Pro- 50 zesse vereinfachen und den Bürgern mehr Service bieten. Ferner soll die Verbesserung der Zusammenarbeit verschiedener Verwaltungsstellen untereinander mit Hilfe der elektronischen Medien Kosten einspa- 55 ren.

Daniel Roleff, Digitale Politik und Partizipation, in: APuZ 7/2012, S. 16 f.

M 3 ● Politische Beteiligung im Internet

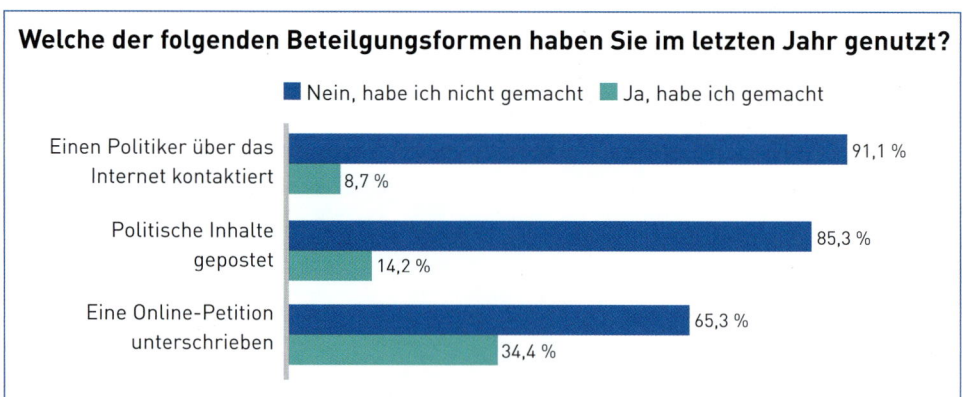

Repräsentative telefonische Befragung von 1000 jungen Erwachsenen (22 bis 35 Jahre alt) aus dem Jahr 2013.

Nach: Claudia Ritzi, www.hamburger-wahlbeobachter.de, 24.3.2014

Im Jahr 2013 wurde im Rahmen eines Forschungsprojektes an der Hamburger Helmut Schmidt-Universität eine repräsentative Studie durchgeführt. Dazu wurden 1000 jungen Erwachsenen im Alter von 22 bis 35 Jahren telefonisch befragt.

Nach: Claudia Ritzi, www.hamburger-wahlbeobachter.de, 24.3.2014

Die Studie kommt u.a. zu folgendem Ergebnis:
Die Zukunft der politischen Beteiligung liegt also nicht nur im Internet – das bedeutet aber nicht, dass demokratische Poli-
5 tik in der Zukunft ohne das Internet auskommen kann.
Ein [...] Merkmal der aktuellen Beteiligungsstruktur ist jedoch, dass das Internet
10 bislang nur wenige junge Menschen politisch mobilisieren kann, die sich „offline" nicht beteiligen. So sind vor allem diejenigen jungen Erwachsenen politisch interessiert und engagiert, die einen überdurch-
15 schnittlich hohen sozio-ökonomischen Status aufweisen. Gering gebildete und einkommensschwache Bevölkerungsgrup-
pen enthalten sich häufiger als andere Teile der Bürgerschaft der Beteiligung am politischen Prozess. Das Internet konnte an 20 dieser Situation (bislang jedenfalls) nichts verändern, der Trend der wachsenden Beteiligungskluft zwischen den verschiedenen Bevölkerungsgruppen hält an. Ein starker sozialer „bias" ist langfristig jedoch 25 bedenklich, schließlich hat die Beteiligungsstruktur auch Einfluss auf die politische Agenda. Ein politisches System, in dem die Interessen der sozial Schwachen immer weniger Gehör finden, verliert des- 30 halb sukzessive an demokratischer Qualität.

Nach: Claudia Ritzi, www.hamburger-wahlbeobachter. de, 24.3.2014

bias
Schieflage, Verzerrung

Aufgaben

1 Stellen Sie (arbeitsteilig) die dargestellten politischen Internet-Angebote vor. (M 1)

2 Erläutern Sie, ob es sich um ein bottom-up oder top-down Angebot handelt. (M 2)

3 Recherchieren Sie, welche Online-Angebote die Gemeinde / die Stadt, in der Sie leben, ihren Bürgerinnen und Bürgern unterbreitet. Stellen Sie dieses Angebot vor.

4 Werten Sie die Grafiken aus. Erklären Sie, weshalb die Studie zu dem Ergebnis gelangt, dass die Zukunft der politischen Beteiligung nicht nur im Internet liege. (M 3)

5 Diskutieren Sie: Belebt das Internet die Demokratie?

4.2.2 Verändert das Internet die politische Öffentlichkeit?

M 4 ● Manipulation durch Maschinen?

Im US-Präsidentschaftswahlkampf 2016 stammten zahlreiche Kommentare nicht von echten Menschen, sondern sind automatisierte „social bots", die den Wahlkampf zugunsten eines Präsidentschaftskandidaten beeinflussen sollten. Eine Studie der Universität Oxford konnte zeigen, dass jeder dritte Follower der beiden Präsidentschaftskandidaten in Wahrheit kein echter Mensch war, sondern eine Maschine. Social bots sollen auch im Vorfeld der Abstimmung in Großbritannien über den sogenannten Brexit aktiv gewesen sein.

M 5 ● Meinungsmache oder digitale Wahlkampfhelfer?

Das Wahlkampfteam von Donald Trump hat das gemacht, was Unternehmen schon seit einigen Jahren sehr erfolgreich betreiben: Online-Marketing! Einige Experten
5 *nennen es auch Online-Manipulation.*
Das britische Unternehmen Cambridge Analytica verfügt über persönliche Profile von 230 Millionen Amerikanern. Die hat die Wahlkampfleitung von Donald Trump
10 als Datenbasis gekauft. Eigens entwickelte Propaganda-Algorithmen haben dann individuelle Botschaften an die potenziellen Trump-Wähler geschickt. Ergab das Online-Profiling zum Beispiel, dass ein Wäh-
15 ler Muslime nicht mag, er aber unsicher ist, ob Trump auch hart genug gegen Muslime vorgehen wird, wurde ihm ein passgenauer Text zugeschickt, in dem ihm die Politik Trumps gegen Muslime so erläutert wurde,
20 wie es seiner Vorstellung entsprach. [...]
Um solche individuellen Botschaften von Propaganda-Software erstellen zu lassen, sind sehr viele Daten über die Empfänger

nötig. Datenexperte Karsten Schramm, der einst GMX gegründet hat [...], weiß wie 25 diese Daten gesammelt werden: „Die Anbieter von kostenlosen Websites, die müssen ihr Angebot refinanzieren und arbeiten deswegen mit Datensammlern zusammen. Die bekommen kleine Schnipsel in ihre 30 Homepage rein. Und diese Snippets sorgen dafür, dass der Datensammler von Ihrem Besuch auf der Seite erfährt. Gleichzeitig wird in aller Regel ein Cookie auf Ihren Rechner gesetzt mit einer eindeutigen 35 User-Kennung, so dass Sie dann, auch wenn Sie sich auf anderen Seiten tummeln, als solcher User eindeutig wiedererkannt werden können."
Von jedem einzelnen Netznutzer müssen 40 die Wahl-Propagandisten wissen, welche politische Einstellung er hat. Wie ausgeprägt seine Vorstellungen sind und ob er in seiner Wahlentscheidung noch schwankt oder festgelegt ist. Karsten Schramm: „Man 45 kann auswerten, was er in irgendwelchen

Foren geschrieben hat, also in Kommentaren zu irgendwelchen Artikeln oder auch in Benutzergruppen. Wenn Sie diese Inhalte nach gewissen Stichpunkten, Stichworten
50 durchsuchen, oder wenn Sie, was ja zum Beispiel bei Google üblich ist, den E-Mail-Verkehr des entsprechenden Benutzers nach Schlüsselworten durchsuchen, dann bekommen sie natürlich sehr schnell ein klares Bild davon, was der eigentlich für Inte-
55 ressen hat."
Lückenlose Netzüberwachung ist die Grundlage für solches politisches Direktmarketing. Und damit wird nicht nur der
60 Politikbetrieb in den USA verändert, sondern auch der bei uns in Deutschland. Der Informatik-Professor Jörn von Lucke von der Zeppelin-Universität in Friedrichshafen schätzt das so ein: „Mit dem Internet der
65 Dinge, mit dem Internet der Dienste, mit Online-Bots, mit Robo-Bots, mit Social Bots werden wir Veränderungen in die Wahlkämpfe kriegen, mit denen wir rechnen müssen. Gerade auch vor dem Hintergrund, dass es nicht nur Freunde der offe-
70 nen Gesellschaft gibt, sondern auch Feinde,

und diese werden diese auch nutzen, um im Wahlkampf ihre Position einzubringen, um mit Desinformation und Gegenpropaganda ihre eigenen Punkte auch zu setzen."

Manfred Kloiber, Peter Welchering,
www.deutschlandfunk.de, 10.12.2016

Info

Social Bots

Bots sind kleine Programme, die selbstständig Kommentare in sozialen Netzwerken verbreiten. Von einem Social Bot spricht man, wenn dabei so getan wird, als stecke hinter dem Account ein echter Mensch. Social Bots nutzen deshalb Profilbilder von jungen hübschen Menschen und versuchen sich mit echten Personen zu befreunden.
Social Bots und Fake News, also gefälschte Meldungen, erkennt man z.B. an der Quellenangabe. Welche Quelle gibt die Meldung an? Ist die Quelle seriös? Ist auch die Webseite hinter der Meldung als seriös bekannt? Auf Twitter hilft oftmals schon ein erster Blick auf das Profil, um Social Bots zu erkennen: Hat der Nutzer ein eigenes Foto und eine glaubwürdige Biografie hochgeladen? Bots haben deutlich weniger Follower als die Accounts, denen sie folgen. Dafür aber eine sehr hohe Zahl an Tweets, wovon nur wenig Kommunikation mit anderen Nutzern ist.

Autorentext

M 6 ● Strukturwandel der Öffentlichkeit durch das Internet

Mit dem Aufkommen der digitalen, interaktiven Medien und neuer Beteiligungs- und Öffentlichkeitsformen haben sich auch die Strukturen von Öffentlichkeit verän-
5 dert. [...]
Obwohl die traditionellen Massenmedien wie Zeitung, Radio oder Fernsehen in Politik, Wirtschaft, Arbeit und Freizeit oder Bildung und Kunst auch heute noch allge-
10 genwärtig sind, haben sie inzwischen ihre Monopolstellung als Vermittler zwischen politischen Akteur/-innen und der Zivilgesellschaft verloren. Das Internet übernimmt zunehmend die Funktion eines digitalen
15 Versammlungsortes und eröffnet auch für kleinteiligere Gruppeninteressen die Option zur Veröffentlichung. [...] In diesem Zusammenhang kommt besonders den Sozialen Netzwerken wie *Facebook*, *YouTube*

oder *Twitter* eine neue Rolle zu: sie stellen 20 in einer sich zunehmend im digitalen Raum bewegenden Gesellschaft eine Option für andere politische und zivilgesellschaftliche Handlungsformen dar. [...] Politische und gesellschaftliche Entwicklungen wie der 25 sog. Arabische Frühling, die globale Occupy-Bewegung oder regionale und lokale Proteste von Bürgergruppen wie bei „Stuttgart 21" belegen, dass neue soziale Medien für den demokratischen Artikulationspro- 30 zess zunehmend auch inter- und transnational beträchtliche Bedeutung haben. [...] Durch neue Plattformen wird politische Kommunikation direkter, die Organisation von politischen Kampagnen flexibler und 35 gemeinschaftliches Handeln vernetzter.

Caja Thimm, Digitale Gesellschaft, Journal für Politische Bildung, 1/2016, S. 8f

M 7 ● Chancen und Risiken der digitalen (politischen) Öffentlichkeit

1. Die digitale Öffentlichkeit belebt die Demokratie, weil sich viel mehr Menschen zu jeder Zeit, unabhängig vom jeweiligen Ort und auch anonym beteiligen können.

5. Staatliche Geheim- und Nachrichtendienste haben nahezu ungehemmten Zugriff auf die Daten und können die digitalen Diskurse überwachen.

2. Viele Menschen finden über das Liken, Posten oder Kommentieren von politischen Inhalten den Weg zu anderen Formen der politischen Beteiligung.

3. Die digitale Öffentlichkeit führt zu einer Spaltung der Gesellschaft, denn es gibt viele Menschen, die sich in der Netzkultur nicht richtig auskennen bzw. diese nicht verstehen oder die sich bewusst gegen die Teilnahme an Sozialen Netzwerken entscheiden.

6. Die digitale Öffentlichkeit entwickelt eine enorme Dynamik. Schon ein Mausklick kann (weltweit) Millionen Reaktionen auslösen.

7. Die Menschen sind in der digitalen Öffentlichkeit schutzlos den Algorithmen der großen Medienkonzerne ausgeliefert.

4. Langwierige journalistische Recherche- und Agenda-Setting-Prozesse entfallen in der digitalen Öffentlichkeit, Inhalte können von jedem Nutzer direkt online gestellt werden.

8. Die digitale Öffentlichkeit bietet terroristischen Kräften und undemokratischen Organisationen ungeahnte Möglichkeiten Inhalte zu verbreiten und sich zu vernetzen.

Autorentext

H zu Aufgabe 2
Arbeiten Sie zunächst in Einzelarbeit und vergleichen Sie Ihre Ergebnisse dann mit Ihrem Nachbarn / Ihrer Nachbarin und begründen Sie Ihre Entscheidung.

Aufgaben

❶ Erläutern Sie am Beispiel des Einsatzes von Social Bots, wie sich die Öffentlichkeit im digitalen Zeitalter verändert hat. (M 4 - M 6)

❷ a) Beurteilen Sie, ob es sich bei den Thesen (M 7) um Chancen oder Risiken der digitalen Öffentlichkeit handelt.

b) Arbeiten Sie eine dieser Thesen zu einem Blogbeitrag zum Thema „Chancen und Risiken der digitalen Öffentlichkeit" aus. (M 7)

4.3   Medien zwischen Markt und Politik

Basiskonzept	Kategorie	Leitfragen
Akteure und deren Dispositionen Prozesse und Handeln Wandel	Interessen Ziele und Zielkonflikte Macht Transformation	· Welche Interessen haben Medienunternehmen und welche Ziele verfolgen sie? · Was sind Medienkonzerne? · Über welche Macht verfügen sie? · Wie hat sich der Zeitungsmarkt verändert? · Welche Auswirkungen hat dies für die Meinungsvielfalt und die politische Willensbildung?

4.3.1   Ist der Journalismus in Gefahr?

M 1 ● Presse im Wandel?

Karikatur: Thomas Plaßmann

M 2 ● Konzentration auf dem Zeitungsmarkt

Die Konzentration im deutschen Tageszeitungsmarkt ist weiterhin sehr hoch. Die zehn auflagenstärksten Verlagsgruppen erreichten im ersten Quartal des Jahres 2016
5 zusammen einen Marktanteil an der insgesamt verkauften Auflage von rund 60 Prozent. [...] Auflagenstärkste Verlagsgruppe bleibt unangefochten der Springer-Konzern, was zu einem Großteil mit der nach wie vor starken Auflage von Bild mit 1,9 10 Millionen Exemplaren zusammenhängt. [...] Die hohe horizontale Konzentration

und die damit verbundene Marktmacht weniger Verlage werden derzeit in der öf-
15 fentlichen Wahrnehmung überlagert von einer stark steigenden publizistischen Kon-zentration. [...] Der Funke-Konzern in Es-sen (ehemals WAZ-Konzern) hat schon vor Jahren begonnen, die Redaktionen unter-
20 schiedlicher Zeitungen zusammenzufas-sen. Im Frühjahr 2016 sind auch die beiden Hauptredaktionen der Stuttgarter Zeitung und der Stuttgarter Nachrichten zusam-mengelegt worden. [...] Das Modell, mit ei-
25 ner Zentralredaktion die Kosten im redak-tionellen Bereich zu senken, indem diese Redaktion immer stärker die Aufgaben von zuvor eigenständigen Hauptredaktionen mit den klassischen Ressorts übernimmt,
30 wird inzwischen von mehreren Verlags-

gruppen beschritten. [...] Mit den Zentral-redaktionen wird das Angebot unter-schiedlicher Zeitungen einer Verlagsgruppe immer ähnlicher. [...] Neben den die Zeitungsbranche beherrschenden Sparstra- 35 tegien zeigen sich in den beiden Problem-feldern Auflagen- und Werbeumsatzent-wicklung aber auch einige positive Tendenzen. Vom 1. Quartal 2015 bis zum 1. Quartal 2016 ist die Gesamtauflage der E- 40 Paper um knapp 25 Prozent auf 864 000 Exemplare gestiegen. Der Anteil an der ge-samten Verkaufsauflage ist mit 4,9 Prozent immer noch gering, aber steigend (2015: 3,7 %). 45

Horst Röper, Zeitungsmarkt 2016, in: Media Perspek-tiven 5/2016

M 3 ● Wird Lokaljournalismus vernachlässigt?

Regional- und Lokalzeitungen sind bisher die offensichtlichen Verlierer der Zeitungs-krise. [...] Diese Entwicklung ist besonders bedenklich, denn damit gehen nicht
5 nur journalistische Arbeitsplätze verloren, sondern auch demokratisches Potential. Lokaljournalismus, in welcher Form auch immer, ist eine wichtige Voraussetzung für politische Meinungsbildung und politische
10 Teilhabe. [...]
[D]er Mainzer Medien Disput [legt] [...] den Report vor, der die Chancen lokaler Öffent-lichkeit auslotet. [...]

15 Wesentliche Ergebnisse des Reports:
• Qualität im Lokaljournalismus ist eine zentrale Voraussetzung. Das sehen auch die Verlage so. In der Realität fahren sie aber oft einen einschneidenden Sparkurs,
20 schließen Lokalredaktionen, bauen Per-sonal ab oder scheren aus den Tarifver-trägen aus. Aber Qualität ist nicht mög-lich, wenn die Arbeitsbedingungen schlecht, die Redakteure unterbezahlt
25 und die Freien Mitarbeiter mit Niedrig-honoraren abgespeist werden. [...]

• Lokalzeitungen können eine wichtige kommunal- oder regionalpolitische Auf-gabe erfüllen. Lokalredaktionen sind aber auch eng in den politischen Alltag und 30 die regionale Machtarchitektur einge-bunden und damit häufig auch in Gefahr, den regionalen und lokalen Autoritäten zu nahe zu stehen. [...]
• Nach bisherigen Erkenntnissen können 35 Blogs die lokale Publizistik ergänzen, aber professionellen Journalismus nicht ersetzen. [...]
Da die Gefahr besteht, dass lokale Bericht-erstattung aus ökonomischen Gründen wei- 40 ter verschwindet, muss sich auch die Medi-enpolitik mit dieser Frage befassen: mit welchen Mitteln kann künftig sichergestellt werden, dass sich die Bevölkerung aus-reichend aus professionell-journalistischer 45 Quelle über das lokale Geschehen informie-ren kann? Diese Zukunftsaufgabe ist durch-aus mit der Frage verbunden, ob und mit welchem Ziel steuernd und unterstützend in den Markt eingegriffen werden soll? 50

Fritz Wolf, www.netzwerkrecherche.de, Salto Lokale. Das Chancenpotential lokaler Öffentlichkeit, 1.7.2011

M 4 ● Journalismus in der Krise?

Die angebliche Existenzkrise, ja Todesnähe der Zeitungen oder gleich gar des professionellen Journalismus gehört zu den Hysterien, die im Journalismus noch besser ge-
5 deihen als anderswo. [...] Viele alte Zeitungsleute reden heute vom Internet wie von einem neuen Hunneneinfall. Die Hunnen kamen vor 1500 Jahren aus dem Nichts, schlugen alles kurz und klein (und
10 verschwanden hundert Jahre später wieder). Das Internet schlägt aber gar nichts kurz und klein. Es ersetzt nicht gute Redakteure, es macht gute Journalisten nicht überflüssig. Im Gegenteil: Es macht sie
15 noch wichtiger als bisher. Noch nie hatten Journalisten ein größeres Publikum. Noch nie war Journalismus weltweit zugänglich. Und es gab wohl noch nie so viel Bedürfnis nach einem orientierenden, aufklärenden,
20 einordnenden und verlässlichen Journalismus wie heute. Leidenschaftlicher Journalismus muss das Internet nicht fürchten. Man sollte aufhören, Gegensätze zu konstruieren. Der gute klassische ist kein anderer
25 Journalismus als der gute digitale Journalismus. Die Grundlinien laufen quer durch diese Raster und Cluster: Es gibt guten und schlechten Journalismus, in allen Medien. So einfach ist das. [...] Die wirklich große
30 Gefahr für den Journalismus geht vom Journalismus selbst aus – wenn er seine Kernaufgaben verachtet und Larifari an die Stelle von Leidenschaft und Haltung setzt. Die Gefahr geht von Verlegern aus, die den
35 Journalismus aus echten und vermeintlichen Sparzwängen kaputt machen; sie geht von Medienunternehmern aus, die den Journalismus auf den Altar des Anzeigen- und des Werbemarkts legen. Pressefreiheit ist nicht die Freiheit, Redaktionen durch 40 Zeitarbeitsbüros zu ersetzen. Pressefreiheit ist nicht Freiheit zum Outsourcen von Redaktionsarbeit. Pressefreiheit ist nicht die Freiheit, Qualitätsjournalismus durch Billigstjournalismus zu ersetzen. Pressefreiheit 45 gibt es, weil die Presse eine Aufgabe hat. Wenn sie diese Aufgabe nicht mehr wahrnimmt, wird die Pressefreiheit hohl. Die Pressefreiheit ist ein Leuchtturm-Grundrecht – sie muss es sein und bleiben. Es gibt 50 viele Länder, die diesen Leuchtturm vergammeln lassen. Und es gibt Länder, die ihn abgeschaltet haben. In Deutschland wird von der Pressefreiheit zwar viel geredet – aber sie interessiert eigentlich nicht 55 wirklich. Vielen Politikern gilt sie als schmückender Tand, als Gedöns-Grundrecht, wie man im politischen Berlin sagt. [...] Es hat seinen Grund, warum es das Grundrecht der Pressefreiheit gibt: Presse- 60 freiheit ist Voraussetzung dafür, dass Demokratie funktioniert. Der Journalismus darf der Aufgabe, die er in der demokratischen Mediengesellschaft hat, nicht nur quantitativ nachkommen; Journalismus ist 65 eine qualitative Aufgabe. Journalismus – das sind nicht Maschinen. Journalismus – das sind Köpfe. Journalismus ist geistige Arbeit. Er braucht gute Journalisten. Ein Journalismus, dem die Leute trauen und 70 vertrauen, ist wichtiger denn je.

Heribert Prantl, Das tägliche Brot der Demokratie, in: Deutsche Gesellschaft Qualitätsjournalismus (Hg.): Quo vadis, Journalismus. Ein Allmanach, 2015, S. 10-13

Aufgaben

1 Beschreiben Sie die Lage auf dem Zeitungmarkt und die möglichen Auswirkungen auf die Qualität der journalistischen Arbeit und die Aufgabe, die die Medien in der Demokratie zu erfüllen haben. (M1-M3)

2 Recherchieren Sie vor Ort, ob sich ähnliche Tendenzen auf dem Zeitungsmarkt in Ihrer Region beobachten lassen?

3 Ist der Journalismus in der Krise? Analysieren Sie den Text des Journalisten Heribert Prantl M 4 und diskutieren Sie diese These.

4.3.2 Medienkonzerne – Macht ohne Mandat?

M 5 ● Medienkonzentration – Das Beispiel Bertelsmann SE & Co. KGaA

Als **Medienkonzern** bezeichnet man einen Wirtschaftskonzern im Mediensektor. Er ist ein Zusammenschluss mehrerer rechtlich selbständiger Einzelunternehmen, die ihre Umsätze mit Presse-, Rundfunk-, Film-, Musik- oder Online-Inhalten erwirtschaften. Die deutsche Bertelsmann SE & Co. KGaA steht auf Platz acht der weltweit größten Medienkonzerne.

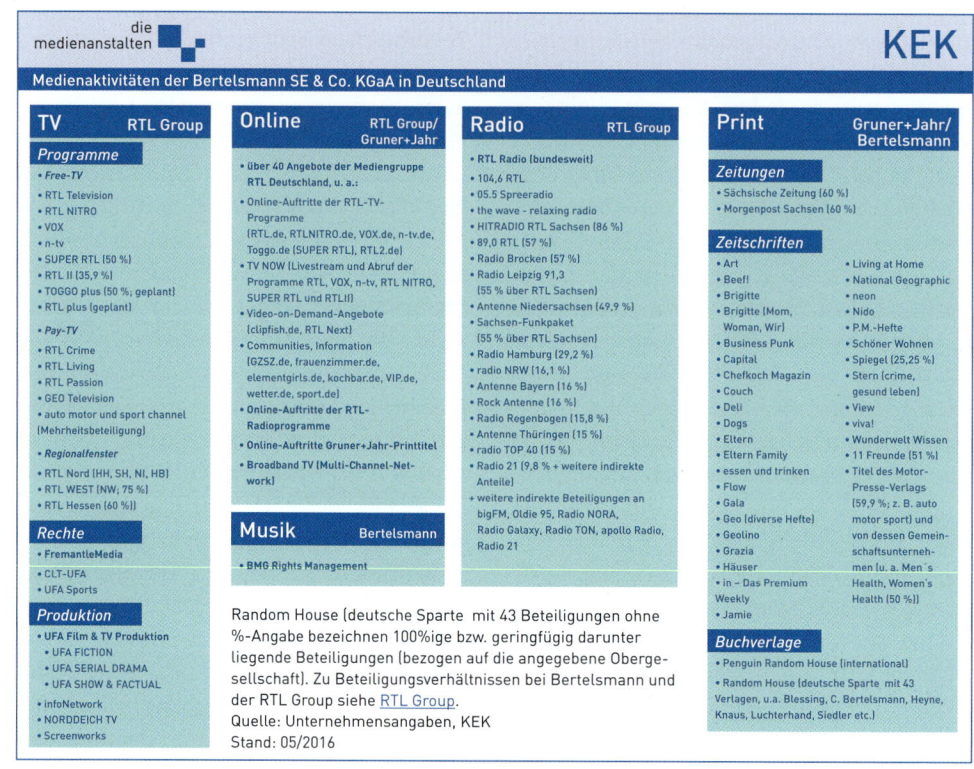

Nach: www.kek-online.de, Abruf am 4.10.2016

M 6 ● Was ist die Bertelsmann Stiftung?

Die **Bertelsmann Stiftung** wurde 1977 von Reinhard Mohn gegründet. Sie hält 77,6 Prozent des Aktienkapitals der Bertelsmann SE & Co. KGaA. Dem Stiftungs-Vorstand gehören auch Vertreter der Bertelsmann-Eigentümerfamilie Mohn an.

Gesellschaftliche Herausforderungen aufgreifen und nachhaltig in die Gesellschaft hineinwirken - das ist nach eigenen Angaben das Ziel der Bertelsmann Stiftung. Dafür arbeiten rund 300 Mitarbeiter an mehr
5 als 60 Projekten gleichzeitig. Sie sammeln und analysieren Daten und geben schließlich Handlungsempfehlungen an Entscheidungsträger ab. Es geht um Themen wie
10 etwa eine Reform des Krankenversicherungssystems, die Stärkung von Familien als Lebens- und Bildungsort, die Zukunft der sozialen Marktwirtschaft oder eben der Kommunen. In dieses letzte Themenfeld
15 fällt die aktuellste Studie der Stiftung, die sich mit den Möglichkeiten des Bundes befasst, den durch steigende Sozialausgaben

überforderten Kommunen unter die Arme zu greifen.
Gegründet wurde die Stiftung 1977 durch 20
den in Gütersloh ansässigen Unternehmer Reinhard Mohn, den damaligen Chef des Medienkonzerns Bertelsmann. Der Stiftungsetat betrug zur Gründung 18 Millionen Mark. Knapp 15 Jahre später übertrug 25
Mohn fast zwei Drittel des Aktienkapitals der Bertelsmann AG auf die Bertelsmann Stiftung. Heute hält sie über 77 Prozent der Aktien an einem der größten Medienunternehmen weltweit, zu dem unter anderem 30
das Verlagshaus Gruner+Jahr, die RTL Gruppe sowie der Geschäftsprozess-Dienstleister Arvato gehören.
Die Stiftung arbeitet operativ, das heißt sie

35 unterstützt nicht die Arbeit Dritter, sondern investiert ausschließlich in selbst initiierte Projekte, die sie - oftmals in Kooperation mit Partnern aus Politik, Wirtschaft, Gesellschaft oder wissenschaftlichen Insti-
40 tutionen - umsetzt. Dabei diene sie dem Gemeinnutzen und ist nach eigener Aussage zur höchsten Neutralität verpflichtet.
Diese Neutralität wurde in der Vergangenheit oft angezweifelt. So warf der frühere
45 SPD-Politiker Albrecht Müller dem „gefährlichen Kraken" - der Denkfabrik Bertelsmann - vor, einseitig eine neoliberale Ideologie und die Interessen der Wirtschaft zu vertreten. Das würde sich in den ein-
50 schlägigen Empfehlungen der Stiftung niederschlagen, die vielmals darauf abzielten, die untersuchten Lebensbereiche verstärkt nach marktwirtschaftlichen Wettbewerbskriterien zu gestalten, analysierte bei-
55 spielsweise der Journalist Harald Schumann.
Darüber hinaus ginge das Tätigkeitsfeld der Stiftung weit über eine Beratungsfunktion hinaus, warf der Stiftung etwa Frank
60 Böckelmann vor, Publizist und Autor eines Buches über den Bertelsmann-Konzern. Die Stiftung würde durch gezielte Absprachen einen direkten Einfluss auf die Politik nehmen. Allein schon die Tatsache, dass
65 eine der größten sozial- und arbeitspolitischen Reformen der letzten Jahre - die Hartz-Reform - auf Vorlagen einer von der Bertelsmann Stiftung ins Leben gerufenen Arbeitsgruppe basiert, zeuge von ihrer po-
70 litischen Macht, sagt auch der Autor Thomas Schuler gegenüber tagesschau.de.

Die stellvertretende Vorsitzende der Bertelsmanns Stiftung, Liz Mohn (li) und Bundeskanzlerin Angela Merkel auf der jährlichen Bertelsmann-Feier in Berlin (13.9.2007)

Eine direkte Einflussnahme streitet die Stiftung ab. „Unser Anspruch ist es, fachlich und methodisch unangreifbare Studi-
75 en vorzulegen, und das schaffen wir. Wir vertreten aber auch stets einen klaren Standpunkt, von dem aus wir mithilfe der Studienergebnisse Vorschläge aussprechen. Darauf, ob sich die Politiker unseren Vor-
80 schlägen anschließen, haben wir keinerlei Einfluss", erläutert Andreas Muhs, Kommunikationsmanager der Bertelsmann Stiftung, im Interview.
Nichtsdestotrotz schafft es die Stiftung mit
85 ihren selbstinitiierten Studien und Analysen immer wieder auf die Themen-Agenda der Entscheidungsträger. Im vergangenen Jahr hat sie über 50 Millionen Euro in die verschiedenen Forschungsprogramme in-
90 vestiert, seit ihrem Bestehen waren es 1,2 Milliarden.

Natalia Frumkina, www.tagesschau.de, 27.10.2015

Aufgaben

1 Führen Sie (arbeitsteilig) eine Hintergrundrecherche zu einzelnen Beteiligungen des Bertelmann-Konzerns durch.

2 Beschreiben und bewerten Sie die Medienaktivitäten des Bertelsmann-Konzerns. (M 5)

3 Stellen Sie die Aktivitäten der Bertelsmann-Stiftung dar. (M 6)

4 Stiftungen wie die Bertelmann-Stiftung sehen sich selbst gerne als „dritte Kraft" neben Wirtschaft und Politik. Diskutieren Sie, inwieweit das im Fall Bertelsmann zutrifft.

H zu Aufgabe 1
Die Kommission zur Ermittlung der Konzentration (KEK) im Medienbereich betreibt eine umfangreiche Mediendatenbank zu Medienaktivitäten:
http://www.kek-online. de/no_cache/information/ mediendatenbank. html?L=0&&c=197&

METHODE

Politik im Bild – Bilder in der Politik

■ „Wer die Bilder beherrscht, beherrscht auch die Köpfe".

Diese Feststellung verweist auf die große Bedeutung des Visuellen bei der menschlichen Wahrnehmung. Deshalb spielen Bilder bei der medialen Präsentation der Wirklichkeit, insbesondere auch der politischen
5 Wirklichkeit, eine wichtige Rolle. Sie eröffnen große Chancen bei der Vermittlung von Sachverhalten, weil sie die Dinge in einer Weise präsentieren können, die weit über den „Blickwinkel" des menschlichen Auges hinausgeht: So können Vergrößerungen und Verklei-
10 nerungen, Montagen oder Luftaufnahmen völlig neue Perspektiven eröffnen. Hierin liegt aber gleichzeitig auch eine Gefahr, denn die Wirklichkeit lässt sich in Bildern auch reduzieren oder entstellen. Bilder besitzen eine suggestive Kraft, weil man als
15 Betrachter das Gefühl hat, „dabei zu sein". Oft verliert man dabei die Distanz zum dargestellten Motiv. Filme und Bilder bilden die Wirklichkeit nie authentisch ab, denn allein schon die Auswahl eines Motivs,

der gewählte Ausschnitt, der Aufbau eines Bildes unterliegen den subjektiven Setzungen des Fotografen 20 oder Kameramannes.
Politiker aller Zeiten bedienten und bedienen sich der Bilder, um Macht und Einfluss zu demonstrieren, um Untertanen und Bürger zu gewinnen und um Wählerstimmen zu werben. Aber auch diejenigen, 25 die nicht im Besitz der politischen Macht sind, versuchen, mithilfe der Wirkung von Bildern auf ihr Anliegen aufmerksam zu machen, um z.B. auf Ungerechtigkeiten oder Missstände hinzuweisen.

Fotografien galten lange Zeit als dokumentarische 30 Abbildungen der Wirklichkeit. Im Zeitalter der digitalen Bildverarbeitung lassen sich Bilder jedoch leicht manipulieren. Es wird deshalb immer wichtiger, Bilder auf ihre Authentizität hin zu überprüfen.   35

■ Bilder sehen lernen – Aspekte der Bildanalyse

> Bilder lassen sich nach unterschiedlichen Aspekten untersuchen

■ Ästhetik

Hier untersucht man die gestalterischen Mittel: Farbe, Lichteffekte, Kameraeinstellung, Bildschärfe, Perspektive, Motivwahl. Diese Mittel tragen entscheidend zur Wirkung eines Bildes bei. So kann es entscheidend sein, ob ein Motiv in Nahaufnahme oder als Totale aufgenommen wurde.

■ Symbolik

Untersucht wird dabei der Inhalt eines Bildes, wobei Details, die eine Bedeutung transportieren, eine besondere Rolle spielen. Dabei kann es sich um Personen, ihre Beziehungen zueinander, Gegenstände oder auch Zeichen (Symbole) handeln.

■ Intention

Hier wird nach der beabsichtigen Wirkung eines Bildes gefragt. Nicht immer lässt sich diese aber genau erschließen und man muss auf den Kontext und die Entstehungsbedingungen zurückgreifen. Manche Bilder lassen sich jedoch sehr leicht auf ihre Intention hin analysieren: Z.B: Darstellung einer Person in „Heldenpose", besondere Ausleuchtung bestimmter Personen, Größenverhältnisse usw.

■ Subjektivität

Betrachter können auf Bilder sehr unterschiedlich reagieren und erfassen andere Gegenstände. Dies hat mit den individuellen Erfahrungen des Einzelnen zu tun und gilt insbesondere für mögliche emotionale Botschaften der Bilder. Bei der Analyse sollte man sich dieser unterschiedlichen Wirkungen bewusst sein.

■ **Ein Bild systematisch betrachten:**

1. Wirkung eines Bildes spontan erfassen und in Stichworten (z. B. in einer Mindmap) notieren.

3. Einordnung in den politischen oder gesellschaftlichen Kontext und Formulierung möglicher Aussageabsichten.

2. Das Bild nach den vier zuvor genannten Aspekten analysieren:

    a) Präzise Beschreibung

    b) Welche Wirkung wird mit welchen Mitteln erreicht?

4. Bewertung

    a) Gelingt es, die Aussageabsichten umzusetzen?

    b) Das Bild in einen größeren Zusammenhang setzen.

Bundespräsident Joachim Gauck und seine Lebensgefährtin Daniela Schadt am 13. Juni 2016 beim öffentlichen Fastenbrechen am Ende des Ramadan in Berlin-Moabit.

EU-Kommissionchef Junker, Israels Premier Netanjahu, Malis Präsident Keita, Frankreichs Präsident Hollande, Kanzlerin Merkel, EU-Ratspräsident Tusk und Palästinenserpräsident Abbas u.a. Trauerzug zum Gedenken an die Opfer des Anschlags auf die Redaktion der französischen Satirezeitung Charlie Hebdo, 11.01.2015

Bundesverteidigungsministerin Ursula von der Leyen auf dem NATO-Stützpunkt Hohn in Schleswig-Holstein am 15.08.2014.

Aufgaben

1️⃣ a) Wählen Sie eines der Beispielbilder aus und führen Sie eine systematische Bildanalyse durch. Formulieren Sie die vermutete Wirkungsabsicht in einem Satz.

   b) Alternativ können auch Bilder aus der Tageszeitung ausgewählt und analysiert werden.

2️⃣ Führen Sie eine Hintergrund-Recherche zum Foto vom Pariser Trauermarsch durch.

Mittler oder Macher? – Die Bedeutung der Medien für die Demokratie
Kap. 4.1:
M 2 – M 5

In der Demokratie erfüllen die Medien vier zentrale politische Aufgaben, die sich zum Teil auch überschneiden:
- Sie informieren die Bürgerinnen und Bürger über das alltägliche Geschehen in Politik, Wirtschaft, Gesellschaft.
- Sie stellen die unterschiedlichen Meinungen in der Bevölkerung dar und tragen durch meinungsorientierte Artikel und Kommentare zur politischen Meinungsbildung bei.
- Sie kontrollieren und kritisieren die gesellschaftlichen Institutionen und deren Repräsentanten.
- Sie setzen Themen auf die „politische Agenda".

Aufgrund dieser vielfältigen Aufgaben, die die Medien im politischen System einnehmen, werden sie neben Legislative, Exekutive und Judikative auch als „vierte Gewalt" bezeichnet. Dies gilt für die öffentlich-rechtlichen wie auch die privat organisierten Medien in gleichem Maße.

Internet und Politik
Kap. 4.2:
M 2 – M 6

Das Internet hat zu einer enormen Vielfalt der Informations- und Kommunikationsmöglichkeiten geführt. Es ist heute viel leichter, Informationen abzurufen oder mit Behörden oder Politikern in Kontakt zu treten. So unterhalten beispielsweise die Parteien Internetportale, auf denen man sich über die Parteien informieren, mit Vertretern der Parteien kommunizieren oder Kampagnen unterstützen kann. Dokumente des Bundestags können direkt abgerufen werden und Petitionen online übermittelt werden. Dies führt auch zu einer größeren Transparenz politischen Handelns. Allerdings wirft die Fülle der verfügbaren Informationen das Problem auf, dass die Angebote von den Nutzern selbst auf ihre Relevanz hin überprüft werden müssen. Hier werden hohe Anforderungen an die Medienkompetenz der Nutzer gestellt.

Medien zwischen Markt und Politik
Kap. 4.3:
M 2 – M 6

Abgesehen von den öffentlich-rechtlichen Rundfunk- und Fernsehanstalten befinden sich die meisten Medien in Privatbesitz. Es handelt sich also um Wirtschaftsunternehmen mit entsprechender Marktorientierung, die einen wesentlichen Teil ihrer Einnahmen über Werbung generieren. Überzogene Renditeerwartungen der Eigentümer, sinkende Auflagen und zurückgehende Werbeeinnahmen haben insbesondere bei den Printmedien zu verstärkten Sparmaßnahmen und Konzentrationsprozessen geführt. Die Sparmaßnahmen führen nicht selten zu einem Qualitätsverlust, da auf ausführliche Hintergrundberichte und sorgfältige Recherche zunehmend verzichtet wird.

(Grenzüberschreitende) Konzentrationsprozesse haben dazu geführt, dass einzelne Medienunternehmen eine starke Marktposition erlangen konnten. Dies kann dazu führen, dass Meinungsvielfalt eingeschränkt wird, wenn die Eigentümer versuchen, auf ihre Produkte inhaltlich Einfluss zu nehmen oder andere Unternehmen vom Markt zu drängen.

Staatliche Subventionen für den Zeitungsmarkt?

Die Öffentlichkeit leistet zur demokratischen Legitimation des staatlichen Handelns ihren Beitrag, indem sie politisch entscheidungsrelevante Gegenstände aus-
5 wählt, zu Problemstellungen verarbeitet und zusammen mit mehr oder weniger informierten und begründeten Stellungnahmen zu konkurrierenden öffentlichen Meinungen bündelt.
10 Auf diese Weise entfaltet die öffentliche Kommunikation für die Meinungs- und Willensbildung der Bürger eine stimulierende und zugleich orientierende Kraft, während sie das politische System gleich-
15 zeitig zu Transparenz und Anpassung nötigt. Ohne die Impulse einer meinungsbildenden Presse, die zuverlässig informiert und sorgfältig kommentiert, kann die Öffentlichkeit diese Energie nicht mehr
20 aufbringen.
Wenn es um Gas, Elektrizität oder Wasser geht, ist der Staat verpflichtet, die Energieversorgung der Bevölkerung sicherzustellen. Sollte er dazu nicht ebenso verpflich-
25 tet sein, wenn es um jene andere Art von „Energie" geht, ohne deren Zufluss Störungen auftreten, die den demokratischen Staat selbst beschädigen? Es ist kein „Systemfehler", wenn der Staat versucht, das
30 öffentliche Gut der Qualitätspresse im Einzelfall zu schützen. Es ist nur eine pragmatische Frage, wie er das am besten erreicht.
Die hessische Landesregierung hat seiner-
35 zeit der Frankfurter Rundschau mit einem Kredit unter die Arme gegriffen - ohne Erfolg. Einmalige Subventionen sind nur ein Mittel. Andere Wege sind Stiftungsmodelle mit öffentlicher Beteiligung oder Steuervergünstigungen für Familieneigen- 40 tum in dieser Branche. Keines dieser Experimente, die es andernorts schon gibt, ist ohne Folgeprobleme. Aber zunächst ist der Gedanke der Subventionierung von Zeitungen und Zeitschriften selber gewöh- 45 nungsbedürftig. [...]
Der Markt hat einst die Bühne gebildet, auf der sich subversive Gedanken von staatlicher Unterdrückung emanzipieren konnten. Aber der Markt kann diese Funktion nur 50 solange erfüllen, wie die ökonomischen Gesetzmäßigkeiten nicht in die Poren der kulturellen und politischen Inhalte eindringen, die über den Markt verbreitet werden. [...] Argwöhnische Beobachtung 55 ist geboten, weil sich keine Demokratie ein Marktversagen auf diesem Sektor leisten kann.

Jürgen Habermas, Keine Demokratie kann sich das leisten, in: Süddeutsche Zeitung, 19. 5. 2010

Jürgen Habermas (*1929) ist einer der weltweit meistrezipierten Philosophen und Soziologen der Gegenwart und u.a. Autor der „Theorie des kommunikativen Handelns".

Aufgabe

Erarbeiten Sie die zentralen Argumente und erörtern Sie die Vor- und Nachteile der staatlichen Förderungen für den Zeitungsmarkt.

> Jenseits von Korruptionsskandalen sind Verbände eine „Schule der Demokratie":
> Sie bündeln und wählen Interessen aus, bieten den Bürgerinnen und Bürgern die Möglichkeit zur Partizipation und ermöglichen eine Selbststeuerung der Gesellschaft.

Alexander Straßner. APuZ 15-15, 2008

Karikatur: Gerhard Mester

Gemeinwohl und organisierte Interessen

Parteien und Verbände ringen in modernen Gesellschaften mit- und untereinander um Einfluss und danach, die Gesellschaft nach ihren Interessen und Werten zu gestalten. Die Frage, auf welche Weise gesellschaftliche Interessen in politische Institutionen vermittelt werden, war stets Gegenstand kritischer Betrachtungen. Insbesondere der Einfluss von Lobbygruppen wird sehr häufig als negativ bewertet und z.B. in einen Zusammenhang mit Korruption gebracht.

Es stellen sich deshalb folgende Fragen: Auf welche Weise werden gesellschaftliche Interessen in staatliche Institutionen vermittelt? Wie wichtig sind Verbände für unser politisches System und das Sozialstaatsprinzip? Betreiben politische Parteien z.T. Klientelpolitik? Ist das Vertreten von partikularen Interessen durch Lobbygruppen schädlich für das Gemeinwohl? Welchen Einfluss haben soziale Bewegungen und der Wertewandel auf politische Entscheidungen?

In diesem Kapitel werden diese Fragen anhand des in der Öffentlichkeit vieldiskutierten Beispiels der Geschlechterquote eingeleitet. Nachfolgend werden die Funktionen von Verbänden thematisiert und mögliche problematische Formen der Interessenvertretung betrachtet und in diesem Zusammenhang das Sozialstaatsprinzip und konkurrierende Gerechtigkeitsbegriffe verglichen. Anhand des Themas „Gleichgeschlechtliche Ehe" werden soziale Bewegungen im Zusammenhang mit Wertewandel und deren Einfluss auf politische Entscheidungen betrachtet.

KOMPETENZEN

Am Ende dieses Kapitels sollten Sie Folgendes wissen und können:

... erklären, inwiefern Verbände sich zwischen legalen und illegalen Formen der Interessenvertretung bewegen.

... erläutern, was unter Klientelpolitik zu verstehen ist.

... beurteilen, ob das Sozialstaatsprinzip Interessenvertretung voraussetzt.

... konkurrierende Gerechtigkeitsbegriffe unterscheiden.

... Wertewandel und soziale Bewegungen sowie deren Einfluss auf politische Entscheidungen erklären.

Was wissen und können Sie schon?

1. Interpretieren Sie die Karikatur.
2. Erklären Sie, inwiefern die Aussage Straßners im Widerspruch zur Aussage der Karikatur steht.
3. „Einflussnahme durch Verbände auf Politiker sollte verboten werden". Diskutieren Sie diese Frage in Ihrer Klasse.

5 Gemeinwohl und organisierte Interessen

Basiskonzepte	Kategorien	Leitfragen
Akteure und deren Dispositionen	Interessen und Bedürfnisse Ziele und Zielkonflikte Nutzen / Kosten Wertebezug	· Welche Funktion haben Verbände und Parteien bei der Vertretung von gesellschaftlichen Interessen? · Welche Kritik gibt es an der Interessenvertretung von Verbänden? · In welchem Spannungsfeld zwischen Klientelismus und Allgemeinwohl agieren Parteien? · Auf welche Weise erfolgt ein Interessensausgleich in der Sozialstaatspolitik? · Wie nehmen soziale Bewegungen Einfluss auf den Wertewandel unserer Gesellschaft?
Prozesse und Handeln	Gesetzgebung Entscheidung	· Welchen Einfluss haben Lobbyismus und Klientelismus auf politische Entscheidungen?
Wandel	Transformation	· Warum verfolgen soziale Bewegungen einen Wertewandel?

5.1 Verbände in der Debatte um die Geschlechterquote

M 1 ● Aussagen zur Frauenquote

> Eine Frauenquote ist schädlich für Unternehmen, da sie die unternehmerische Freiheit einschränkt und damit zu einer geringeren Produktivität führen kann.

> „Quotenfrauen" erfahren im Unternehmen keine Anerkennung, da sie nicht aufgrund ihrer Leistung eingestellt wurden.

> Frauen zeichnet ein anderes Führungsverhalten aus, da sie verantwortlicher, sozialer und weniger egoistisch sind. Diese Eigenschaften fördern den Unternehmenserfolg.

> Frauen stellen die Hälfte der Nachfrager. Wenn Frauen damit auch auf der Angebotsseite adäquat vertreten sind, führt dies zu mehr Produktivität.

> Frauen repräsentieren die Hälfte der Gesellschaft und Kompetenzen sind über die Geschlechter gleichverteilt, es ist ungerecht, wenn sie dann nicht auch die Hälfte des Führungspersonals stellen.

Zusammenstellung des Autors

M 2 ● Unterschiede zwischen Männern und Frauen in Spitzenpositionen?

Frauenanteil in den DAX-Aufsichtsräten nach Unternehmen

Dax-Firma	Anteil in %	Dax-Firma	Anteil in %
Henkel KGaA	44	Beiersdorf	25
Munich Re	40	Daimler	25
Infineon Technologies	38	Lanxess	25
Merck KGaA	38	ThyssenKrupp	25
Commerzbank	35	SAP	22
Deutsche Bank	35	Bayer	20
Deutsche Post	35	Continental	20
Deutsche Telekom	35	Volkswagen	20
Adidas	33	E.on	17
Allianz	33	Heidelberg Cement	17
Deutsche Börse	33	Linde	17
BMW	30	RWE	15
Dt. Lufthansa	30	K+S	13
Siemens	30	Fresenius	0
BASF	25	FMC	0

Nach: www.welt.de, 10.10.2015

M 3 ● Positionen von Verbänden zur Geschlechterquote

Die Einigung von Union und SPD auf eine gesetzliche Frauenquote in Aufsichtsräten trifft in der Wirtschaft auf scharfen Protest. Arbeitgeber und Industrie sprachen am
5 Montag von einem erheblichen Eingriff in die unternehmerischen Freiheiten, die Besonderheiten der Betriebe und Branchen blieben dabei unberücksichtigt. „Eine starre Frauenquote ist der falsche Weg, um den
10 Anteil von Frauen in Führungspositionen zu erhöhen", kritisierte die Bundesvereinigung der Deutschen Arbeitgeberverbände (BDA). Neue gesetzliche Regelungen seien nicht erforderlich und belasteten unnötig
15 die Unternehmen.
Der Bundesverband der Deutschen Industrie klagte, die Privatwirtschaft werde „einseitig zur Verwirklichung gesellschaftspolitischer Ziele in die Pflicht genommen und
20 in ihrer unternehmerischen Freiheit erheblich eingeschränkt". Von einer Quote für staatliche Institutionen sei dagegen keine Rede. „Wozu will die Politik den Unternehmen eine Quote aufzwingen, wenn es die
25 Frauen durch Führungskraft und Qualifi-

kation selbst schaffen?", fragte der Präsident der Familienunternehmer, Lutz Goebel. Schließlich werde schon jetzt jedes vierte Familienunternehmen von einer Frau geführt.
30 Gesamtmetall-Präsident Rainer Dulger verwies auf den generell geringen Frauenanteil in seiner Branche. Nur 20 Prozent der Ingenieursabsolventen seien weiblich. „Ich halte es für sehr gewagt zu glauben,
35 dass eine verbindliche Quote bei den Aufsichtsräten das ändern wird", meinte Dulger. Die Chefin der Jungen Unternehmer, Lencke Wischhusen, kritisierte, die Union werde „immer mehr zum Durchregulierer".
40 Als Unternehmerin wolle sie ihre Mitarbeiter „nach ihrer Qualifikation aussuchen, nicht nach dem Geschlecht". [...]
Die Lobbygruppe FidAR und ihre Chefin Schulz-Strelow [hat sich] in den vergange-
45 nen Jahren zu Wortführern für die Frauenquote gemacht. Das Familienministerium hat die FidAR-Arbeit seit 2009 mit insgesamt 590.000 Euro gefördert, ähnlich wie den Deutschen Juristinnenbund (djb): Seit
50

Geschlechterquote in Deutschland

Seit dem 1. Januar 2016 gilt die feste Geschlechterquote von 30 Prozent für neu zu besetzende Aufsichtsratsposten in börsennotierten und voll mitbestimmten Unternehmen. Etwa 3500 weitere Unternehmen sind verpflichtet, sich eigene Zielgrößen zur Erhöhung des Frauenanteils in Aufsichtsräten, Vorständen und obersten Management-Ebenen zu setzen. Und auch für den öffentlichen Dienst gilt für die Besetzung von Aufsichtsgremien, in denen dem Bund mindestens drei Sitze zustehen, ab 2016 eine Geschlechterquote von mindestens 30 Prozent für alle Neubesetzungen dieser Sitze. Grundlage dieser Regelungen ist das Gesetz für die gleichberechtigte Teilhabe von Frauen und Männern an Führungspositionen in der Privatwirtschaft und im öffentlichen Dienst [...].

Erste jährliche Information der Bundesregierung über die Entwicklung des Frauen- und Männeranteils an Führungsebenen und in Gremien der Privatwirtschaft und des öffentlichen Dienstes www.bmfsfj.de, 8.3.2016

Ⓜ zu Aufgabe 1
Verfassen Sie jeweils einen kurzen Steckbrief zu dieser Organisation und stellen sich diese gegenseitig vor.

Ⓕ zu Aufgabe 3b
Differenzieren Sie dabei zwischen Einzel- und Allgemeininteressen.

2010 besuchen die Juristinnen Hauptversammlungen börsennotierter Unternehmen – allein im Jahr 2012 waren es 76. Im April 2014 läuft die finanzielle Förderung des
55 Familienministeriums aus – bis dahin wird der djb für seine Arbeit rund 650.000 Euro erhalten haben.
Zwar lag der Fokus von FidAR und djb bislang immer auf den börsennotierten Fir-
60 men, FidAR-Chefin Schulz-Strelow erweiterte ihre Forderung nach Frauenquoten aber unlängst auf Unternehmen der öffentlichen Hand. Das allerdings geht der Politik dann wohl doch etwas zu schnell. Zusammen mit dem Wissenschaftler Ulf Papen-
65 fuß, Junior-Professor für Public Management an der Universität Leipzig, muss Schulz-Strelow sich nun erst einmal auf eine Inventur der Frauen in den Spitzengremien der öffentlichen Unternehmen be-
70 schränken.

Stefan von Borstel, Sven Clausen, www.welt.de, 18.11.2013

M 4 ● Ist der Frauenanteil in Führungspositionen von der Unternehmensgröße abhängig?

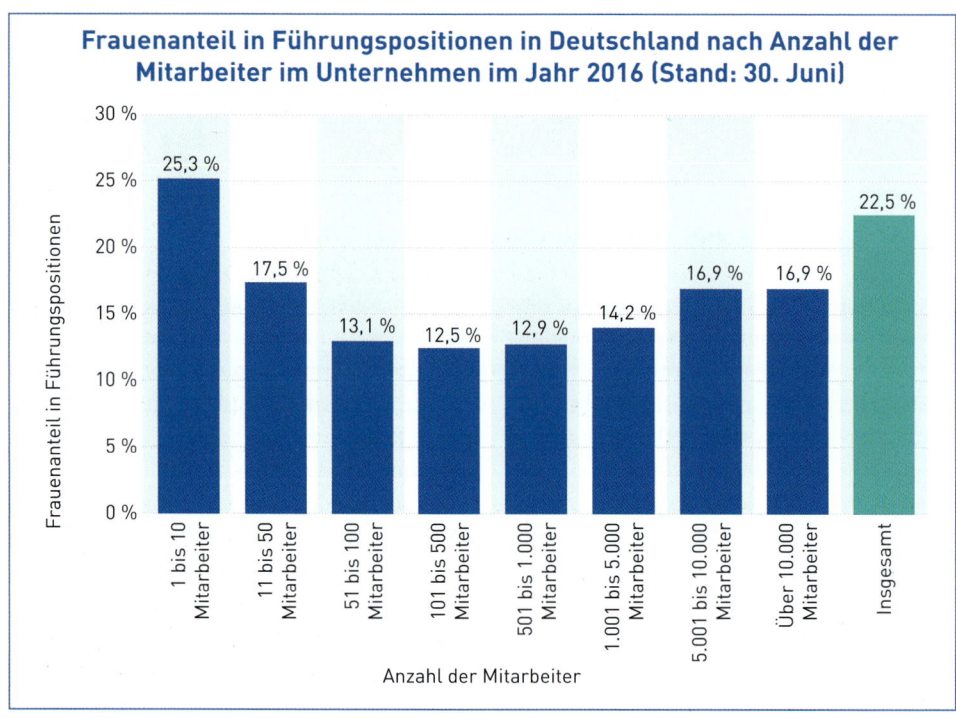

Nach: Bürgel. Statista 2017

Aufgaben

① Teilen Sie sich in Gruppen auf und überlegen Sie jeweils, was für Organisationen Aussagen wie in M 1 treffen könnten.

② Analysieren Sie die Grafik M 2.

③ a) Definieren Sie den Begriff „Geschlechterquote". (M 3, Randspalte)

b) Stellen Sie die Position von Verbänden zu der Fragestellung einander gegenüber.

④ Soll in Deutschland eine gesetzliche Geschlechterquote eingeführt werden? Nehmen Sie begründet Stellung dazu.

5.2 Lobbyismus – problematische Einflussnahme?

M 5 ● Wie nehmen Verbände Einfluss auf politische Entscheidungen?

a) Strukturen und Mittel der Einflussnahme

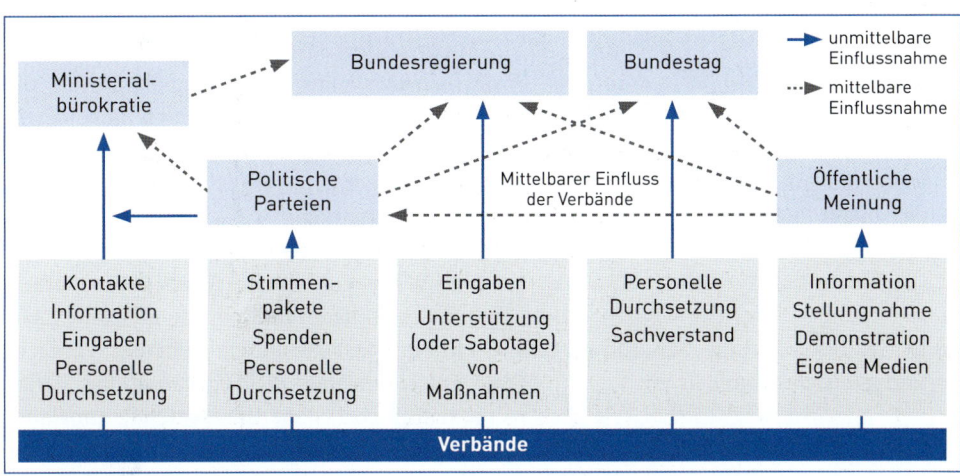

Wolfgang Rudzio, Das politische System der Bundesrepublik Deutschland, 8. Auflage, Wiesbaden 2011, S. 89

b) Adressaten des Lobby-Einflusses

Am wichtigsten für lobbyistische Kontakte und Einflussanstrengungen – wenigstens in parlamentarischen Regierungssystemen – ist die Ministerialbürokratie. In deren
5 Referaten werden nämlich die Gesetzentwürfe und die Entwürfe für Verordnungen „gefertigt" [...].
Doch selbst wenn ein Lobbyist beste Verbindungen in „sein" Referat unterhält, mag
10 dies unzureichend sein, um die spezifisch vertretenen Interessen durchzusetzen und frühzeitig auf den Gesetzgebungs- oder Verordnungsprozess Einfluss zu nehmen. Die Frage stellt sich nämlich, wer eigent-
15 lich den Anstoß für eine Gesetzesinitiative gibt, die dann in dem Referat eines Ministeriums ausgearbeitet wird. [...] Die Initiative kann natürlich von politischer Seite, von einem Minister oder einem Staatsse-
20 kretär, von einem Parlamentarier kommen. Denkbar ist aber auch, dass andere Verbände und Lobbyisten einen politischen Akteur entsprechend beeinflusst haben. Nicht immer eindeutig und nach keinem klaren
25 Muster wird also ein bestimmtes Problem

auf die Tagesordnung gesetzt. Der gewiefte Lobbyist [...] muss aber in der Lage sein, sich bereits in den Prozess des „Agenda Setting" einzuschalten. Oder er wird schon eine Stufe früher tätig, indem er selbst oder 30 jemand anderes, ein kollegial verbundener Lobbyist, das zu lösende Problem identifiziert, das dann in einen Gesetzgebungs- oder Verordnungsprozess mündet. Der Gang eines Gesetzes oder einer Verordnung 35 durchläuft [...] mehrere Phasen, bevor das Parlament damit überhaupt befasst wird:

(1) Identifikation eines latent vorhandenen, aber noch nicht aktualisierten Problems. 40

(2) Das Problem wird auf die politische Tagesordnung gesetzt: Die Initialzündung geht in der Regel von einem Politiker, nicht von einem Lobbyisten aus.

45 (3) Ein Referent bzw. Hilfsreferent im Ministerium wird beauftragt, einen Gesetzentwurf zu „fertigen".

(4) Der Abteilungsleiter erhält den Gesetzentwurf zur Kontrolle und Überarbei-
50 tung.

(5) Vom Abteilungsleiter geht der Entwurf weiter an einen beamteten, u.U. auch an einen parlamentarischen Staatssekretär.

55 (6) Der Minister bringt den Entwurf als Vorlage in das Kabinett ein.

(7) Das Kabinett beschließt über die Gesetzesvorlage. Für einen Minister bedeutet es eine schwere politische Niederlage,
60 wenn ein derartiger Gesetzesentwurf zur Überarbeitung an „sein" Haus zurückverwiesen wird.

(8) Die Kabinettsvorlage wird im Parlament eingebracht und geht im bundesrepublikanischen Regierungssystem zunächst 65 an den Bundesrat zur Stellungnahme.

Alle Stufen einer Gesetzesvorlage bzw. des Entwurfs einer Verordnung „begleiten" die an der Materie interessierten Lobbyisten. Je weiter eine Vorlage voranschreitet, um 70 so weniger ist an ihr allerdings noch etwas zu ändern. [...]
In parlamentarischen Regierungssystemen wird die eigentliche Gesetzgebungsarbeit in der Ministerialbürokratie „geleistet". Aus 75 dieser Tatsache kann leicht der Verdacht entstehen, dass die Legislative, das Parlament, von den Bürokraten entmachtet worden ist. Unumstößlich ist aber, dass nach Art. 77 GG der Bundestag die Bun- 80 desgesetze beschließt. Ob sie im Parlament beraten, diskutiert, im Plenum beraten und dann entschieden werden, ist in der Verfassung nicht geregelt.

Peter Lösche, Verbände und Lobbyismus in Deutschland, Stuttgart 2007, S. 66 ff.

M 6 ● Interessenverbände im Pluralismus

Artikel 9 (1) GG Vereinigungsfreiheit

Alle Deutschen haben das Recht, Vereine und Gesellschaften zu bilden.

Die Mitwirkung des Bürgers muss die Möglichkeit einschließen, durch Mitgliedschaft und Mitarbeit in den Interessenorganisationen an der Regelung der Alltags-
5 fragen teilzunehmen, die ihn unmittelbar berühren. [...]
Mitarbeit des Bürgers in der parlamentarischen Demokratie gewährt dem einzelnen das unmittelbare politische Wahlrecht;
10 Mitarbeit des Bürgers in der pluralistischen Demokratie gewährt dem einzelnen ein mittelbares durch die Parteien und Verbände geltend zu machendes Mitgestaltungsrecht auf die öffentliche Meinung, die Fraktionen
15 und damit auch auf Regierung und Parlament. [...]

Ein richtig verstandener Pluralismus ist sich der Tatsache bewusst, dass das Mit- und Nebeneinander der Gruppen nur dann zur Begründung eines [...] Gemeinwohls zu 20 führen vermag, wenn die Spielregeln des politischen Wettbewerbs mit Fairness gehandhabt werden, wenn die Rechtsnormen, die den politischen Willensbildungsprozess regeln, unverbrüchlich eingehalten werden, 25 und wenn die Grundprinzipien gesitteten menschlichen Zusammenlebens uneingeschränkt respektiert werden [...].

Ernst Fraenkel, in: Ders., Gesammelte Schriften, Bd. 5: Demokratie und Pluralismus, Baden-Baden 2007, S. 294 f. (Reihenfolge geändert)

M 7 ● Welche Funktionen haben Interessenverbände?

Wenn hier von „Funktionen" gesprochen wird, sind damit die Leistungen gemeint, die für das politische System als solches erbracht werden. [...]

● Die *Artikulationsfunktion*
Interessengruppen ermöglichen es gesellschaftlichen Interessen, Gehör zu finden. Umgekehrt heißt dies für das politische System, dass es diese Interessen besser wahrnehmen kann. [...] Kein demokratisches System kann auf Dauer gegen die Interessen der Bürger funktionieren.

● Die *Aggregationsfunktion*
Interessengruppen bündeln die zahllosen Einzelinteressen und machen diese überschaubarer. Damit reduzieren sie ganz wesentlich die Komplexität der gesellschaftlichen Interessen. Dies geschieht häufig in einem durchaus konflikthaften innerorganisatorischen Prozess. Da gibt es Machtkämpfe zwischen den Flügeln eines Verbandes, Intrigen werden gesponnen und schließlich müssen Kompromisse gesucht und gefunden werden. Schafft es die jeweilige Interessengruppe jedoch, eine halbwegs konsistente Position zu erarbeiten, erbringt sie nicht nur für das politische System eine zentrale Leistung, sondern erhöht auch substantiell die Chancen, die eigenen, nun einheitlichen Forderungen, wirkungsvoll in den politischen Prozess einzubinden.

● Die *Vermittlungsfunktion*
Werden Interessengruppen an wichtigen politischen Entscheidungen beteiligt, müssen sie das Ergebnis der Verhandlungen ihren Mitgliedern vermitteln. Wie weit die Interessengruppen hierbei gehen können, mit anderen Worten, wie weitgehend die Zugeständnisse in den Verhandlungen sein können, ist nicht immer leicht zu beurteilen. Weil die Verhandlungsergebnisse anschließend den Mitgliedern vermittelt werden müssen, ist hier sehr viel Fingerspitzengefühl gefragt. Eine gewisse Rolle spielt dabei auch, wie zuverlässig ein Verband zentralistisch und hierarchisch organisiert ist.

● Zuletzt erfüllen Verbände zeitweise auch eine *Informationsfunktion*:
Deren Mitarbeiter und Funktionäre verfügen sehr häufig über ein hohes Maß an Expertenwissen, das von politischen Entscheidungsträgern benötigt werden kann, um eventuelle Folgen ihrer Entscheidungen abzusehen.

Wilhelm Hofmann, Nicolai Dose, Dieter Wolf, Politikwissenschaft, Konstanz 2007, S. 123 f.

M 8 ● Interessenvertretung: weiß, grau und schwarz

Der weiße und der schwarze Sektor
[Die] [...] pluralistische Gesellschaftsordnung [schützt] gezielt die breit gefächerte Interessenartikulation. Sie betont die notwendige Repräsentanz vielfältiger Organisationen im Kräfteparallelogramm der Gesellschaft, die eben nicht den Staat [...] als Garanten des Gemeinwohls sieht, sondern erst die Konkurrenz der Einzelinteressen [...] zum Allgemeinwohl führe. [...] Ziel ist ein pluralistischer Wettstreit um die besten Argumente. So weit, so gut: Alles, was legal und legitim ist, gehört zum weißen Sektor. Dem weißen Sektor gegenüber befindet sich der schwarze, der Bereich des kriminellen Einflusses. Hierzu zählt alles, was klar verboten, was illegal und illegitim ist. Handlungsmotivation ist hier eine Nutzen-

maximierung gegenüber normgeleitetem Agieren im öffentlichen Raum. Mit dem Durchsetzen egoistisch motivierter Ziele, welche nicht in einem multipolaren Entscheidungsprozess getroffen werden, wird das zentrale Charakteristikum demokratischer Politik umgangen: das verfasste egalitäre Prinzip. Zu diesem Sektor gehört auch jegliche Parteien- oder Politikfinanzierung, die gegen die Gesetze verstößt. [...]

Die Grauzone ist die Problemzone
[...] Während der zuvor beschriebene weiße und schwarze Sektor eine klare Einteilung in antagonistische Pole erfahren haben, ist eine eindeutige Zuordnung der Grauzone schwieriger zu umreißen [...]. Die gezielte Beeinflussung durch Unternehmensverbände ist bislang primär unter der theoretischen Lupe unproblematisch. Die als legitim eingestufte Interessensvertretung verdunkelt sich leicht durch die Praxis lobbyistischen Handelns: [...] Der Lobbyismus ist [nicht] vor einem Absickern in die Grauzone problematischen Verhaltens gefeit.
Information und Kommunikation: [...] Persönliche Kontakte zu allen wesentlichen politischen Entscheidungsträgern in Parlament, Regierung, Parteien und Medien sind für die Lobbyisten legitim und notwendig. Das gilt auch für die Werbe- und Informationskampagnen in eigenen Verlautbarungen [...]. Information und Kommunikation sind [...] zu beanstanden, wenn die Quelle verunklart wird. Vermeintliche Public Interest Groups, Bürgerkonvente oder beispielsweise die „Initiative Neue Soziale Marktwirtschaft" werden zu Recht problematisiert, wenn sich dahinter einseitige Financiers, zum Beispiel Arbeitgeberverbände, verbergen. Wenn sich private Interessen mit Gemeinwohlideologien tarnen, ist generell Vorsicht angebracht.
Integration und Selbstregulierung: Hier segeln vermeintlich wissenschaftliche Experten gerne unter einer getarnten Flagge von Interessenorganisationen. [Die] übliche Praxis [...] der Positionsvergabe an einflussreiche Politiker ist [zudem] mit einem demokratiekritischen Geschmack behaftet: Erfolgt sie vor einer Entscheidung, welche zugunsten der Interessengruppen ausfällt, liegt der Verdacht nahe, dass es sich um den Aspekt der Vorteilsnahme handelt - ein Straftatbestand, problemlos als illegal einzustufen. Erhalten hingegen Akteure ex post hoch dotierte Posten, erhellt sich der verdunkelte Bereich, der Vorwurf illegaler Einflussnahme verblasst. Dennoch stellt sich die Frage, ob der Schritt bereits hinter verschlossenen Türen im Hinblick auf später getroffene Entscheidungen besprochen wurde. Das wäre schlicht illegitim. [...]
Politikfinanzierung: Parteispenden müssen in der Bundesrepublik diffus sein, dürfen keine konkreten Handlungserwartungen zur Motivation haben. Einflussspenden sind verboten. Das ist kompliziert im Hinblick auf die Zuordnung, denn Parteihandeln ist eng an öffentliche Meinungen geknüpft, da mittelfristig die Wiederwahl Ziel parteipolitischer Akteure ist. Demnach werden Parteien stets Interessen der Wählerinnen und Wähler im Auge behalten, jedwede Parteispende könnte so auch als Unterstützungsleistung für parteipolitische Entscheidungen interpretiert werden.

Ulrich von Alemann, Florian Eckert, www.bpb.de, 6.4.2006

Aufgaben

1 Fassen Sie zusammen, welche Aufgaben und Funktionen haben Interessenverbände und wie sie diese wahrnehmen. (M 5 - M 7)

2 Erläutern Sie, mit welchen Mitteln Verbände Einfluss auf die Auseinandersetzung um die Frauenquote genommen haben könnten. (M 5 - M 7)

3 a) Fassen Sie die Kernaussagen des Textes zusammen. (M 8)

b) Erläutern Sie, welche Formen der Einflussnahmen legitim und illegitim sind. (M 8)

4 Verbände – Unverzichtbar für das politische System? Beurteilen Sie diese Frage.

Z zu Aufgabe 1
Recherchieren Sie im Internet nach einem Verband und stellen Sie dar, inwiefern er den Aufgaben und Funktionen von Verbänden entspricht.

5.3 Parteien zwischen Gemeinwohl und Klientelismus

M 9 ● Positionen der Parteien zur Geschlechterquote

CDU und CSU

Der CDU-Parteitag hat sich für die sogenannte „Flexi-Quote" ausgesprochen, ein Modell von Familienministerin Kristina Schröder. Das Konzept setzt auf eine freiwillige Regelung der Unternehmen und sieht vor, bis zum Jahr 2020 im Schnitt 30 Prozent der Positionen in Vorständen und Aufsichtsräten mit Frauen zu besetzen. Die Unternehmen sollen ihre Quoten öffentlich ausweisen und nicht nachträglich nach unten berichtigen dürfen. Vielen Frauen in der Union, unter ihnen Arbeitsministerin Ursula von der Leyen war das nicht genug. Darum hat man nun noch einmal nachgebessert. Ins Wahlprogramm wollen CDU und CSU nun auch eine gesetzliche Frauenquote aufnehmen. Von 2020 an soll für die Aufsichtsräte von börsennotierten und mitstimmungspflichtigen Betrieben eine feste Quote von 30 Prozent gelten.

FDP

Die Liberalen lehnen eine gesetzliche Regelung ab - Nein zur Frauenquote. Die Partei fühle sich dem „Gebot der Chancengerechtigkeit von Frauen und Männer verpflichtet", heißt es im FDP-Programm. Gleichzeitig entspreche es dem Freiheitsverständnis der FDP, „bei der tatsächlichen Gleichberechtigung den Weg von Selbstbestimmung, Eigenverantwortung und Wettbewerb zu gehen". Aus diesem Grund spreche sich die Partei gegen „Zwangsquoten" aus.

Die Grünen

Die Bundestagsfraktion unterstützt den Hamburger Gesetzentwurf. Es sei wichtig, „jetzt die Weiche für die Quote zu stellen", heißt es auf der Internetseite.

SPD

Die Sozialdemokraten fordern eine Frauenquote von mindestens 40 Prozent in den Aufsichtsräten von börsennotierten und der Mitbestimmung unterliegenden Unternehmen. Ein vom Bundesrat gebilligter Gesetzentwurf aus Hamburg sieht vor, dass von 2018 an 20 Prozent der Mitglieder von Aufsichts- und Verwaltungsräten Frauen sein sollen. 2023 soll die Quote auf 40 Prozent steigen.

Die Linke

„Eine 50-Prozentquote für alle Aufsichtsräte und Vorstände" - so lautet die Kernforderung der Linken zur Frauenquote. „Gleichzeitig brauchen wir vor allem eine Arbeitsmarkt- und Frauenpolitik, die im Blick hat, dass Frauen auf allen Hierarchieebenen der Arbeitswelt unterrepräsentiert sind und einen geringeren Verdienst und weniger Sondervergütungen erhalten als ihre männlichen Kollegen."

Hendrik Ankenbrand, reuters, www.spiegel.de, 15.4.2013

§ 2 Begriff der Partei

(1) Parteien sind Vereinigungen von Bürgern, die dauernd oder für längere Zeit für den Bereich des Bundes oder eines Landes auf die politische Willensbildung Einfluss nehmen und an der Vertretung des Volkes im Deutschen Bundestag oder einem Landtag mitwirken wollen, wenn sie nach dem Gesamtbild der tatsächlichen Verhältnisse, insbesondere nach Umfang und Festigkeit ihrer Organisation, nach der Zahl ihrer Mitglieder und nach ihrem Hervortreten in der Öffentlichkeit eine ausreichende Gewähr für die Ernsthaftigkeit dieser Zielsetzung bieten.

Parteiengesetz

Zur Funktion von Parteien
→ vgl. Kapitel 2.1.2, M 6

M 10 ● „Wir haben eine Parteienoligarchie und keine Parteiendemokratie"

Auszug aus einem Gespräch mit Hildegard Hamm-Brücher, ehemalige Politikerin der FDP

Frau Hamm-Brücher, Sie haben vor ein ⁵ **paar Jahren ein Buch herausgegeben, das hieß: „Demokratie, das sind wir alle". Sind Sie heute noch so sicher?**
Ich hoffe es, dass wir uns darauf besinnen, dass wir nicht nur eine Parteiendemokratie ¹⁰ sind, sondern eine Bürgerdemokratie, und diese zweite Dimension der Demokratie ist für mich immer ein großes Anliegen gewesen. [...]

Wenn Sie aber jetzt, und deshalb auch ¹⁵ **diese Eingangsfrage, die aktuelle Entwicklung sehen [... z.B. Stuttgart 21] ist das nicht eine Klienteldemokratie [...]?**
[...] All diese großen Protestaktionen fallen ja nicht vom Himmel, die werden ja orga- ²⁰ nisiert. Aber ich denke, es ist ein Symptom, dass nicht nur der Bahnhof ärgert, sondern die Entfremdung der Profipolitik von den Bürgern. Das Bedürfnis danach, doch mehr beteiligt zu werden an großen Entschei- ²⁵ dungen, nimmt zu, und ich begrüße das. [...] ich plädiere sehr dafür, dass sich die Parteien darüber klar werden, wie sehr sie aus dem ganzen System der Bürger, im Interesse der Zustimmung und so weiter ³⁰ mehr und mehr entfremdet werden.

Vielleicht hat ja auch dazu beigetragen, dass die Parteien zu mächtig geworden sind. [...] Die Parteien wirken an der politischen Willensbildung mit. Aber ist es ³⁵ **nicht so, dass die Parteien eigentlich im Laufe der letzten Jahrzehnte einen Monopolanspruch auf die politische Willensbildung entwickelt haben?**
Ich bin da genau Ihrer Meinung. Ich finde, ⁴⁰ dass der Anspruch der Parteien, bei allem und jedem die Entscheidung zu treffen,

nicht mehr möglich ist. Also erstens: Die Mitgliedschaft in den Parteien insgesamt beträgt gerade mal drei Prozent der Wahlbevölkerung. Drei Prozent der Wahlbevöl- ⁴⁵ kerung, ungefähr ein Mehrfaches, ein Vielfaches mehr engagieren sich irgendwo in der Gesellschaft und sind da Mitglied. Also irgendwas stimmt doch nicht in der Relation, und ich wage manchmal die provozie- ⁵⁰ rende Formulierung: Wir haben eine Parteienoligarchie und keine Parteiendemokratie. Und das ist eine ganz gefährliche Geschichte, denn in den Parteien mit ihren wenigen Mitgliedern vergleichsweise mit ⁵⁵ der Wahlbevölkerung, erstens tun die meisten nicht mit, und die anderen meisten haben keine Möglichkeit, wirklich Einfluss zu nehmen auf ihre Partei. Es ist eine Fiktion, sie wirken zwar mit, aber sie vertreten ⁶⁰ eben das Volk nicht mehr. [...]

[...] Die FDP ist abgestürzt innerhalb eines Jahres von gut 15 Prozent auf drei Prozent, [im Jahr 2011] [...]. Worauf führen Sie das zurück? [...] ist das mögli- ⁶⁵ **cherweise auch eine Entwicklung, dass der Liberalismus, der vielleicht sehr viele konservative Wähler angelockt hat, einfach durch seine Klientelpolitik diese Wähler enttäuscht hat?** ⁷⁰
Also ich glaube, es ist eine Mischung von beidem. Erstens wurde das Hauptwahlversprechen sozusagen, die Wundertüte mit den Steuerermäßigungen war nicht zu machen, da sind schon mal sehr viele abge- ⁷⁵ sprungen, und das Zweite war, dass sich die FDP in dieser Regierung einfach nicht wirklich richtig dargestellt hat, man überhaupt auch mit der Kanzlerin zwar fleißig war und sicher sich alle Mühe gegeben hat, ⁸⁰ aber die Hoffnung nicht erfüllt hat der Wählerinnen und Wähler.

Interview: Rainer Burchardt mit Hildegard Hamm-Brücher, www.deutschlandfunk.de, 27.1.2011

M 11 ● Klientelpolitik durch Parteien?

Aber was heißt das eigentlich - Klientelpolitik? „Die Verfolgung einer Politik unter Ausklammerung des Gemeinwohls" [...]. Zugunsten von nahestehenden Interessen-
5 gruppen werden Entscheidungen zulasten der Allgemeinheit getroffen. [...]
Wenn [eine Bundesregierung] das macht, was sie vor der Wahl angekündigt hat, ist der Vorwurf unsinnig, meint der Parteien-
10 forscher Karl-Rudolf Korte. Vor allem dann, wenn die getroffenen Entscheidungen transparent sind. [...] Im Großen und Ganzen pflegen die Parteien die bekannten Grundlinien ihrer Politik. Wenn Landwirte
15 und private Krankenversicherer gut wegkommen, kann man das Klientelpolitik nennen. Aber das ist dann ein ziemlich hohler Vorwurf. Aber die gezielte Hinwendung an die freien Berufe ist sicher auffäl-
20 lig. [...]
Problematischer sind sicher Personalentscheidungen, die nicht über alle Zweifel erhaben sind, denn hier gibt es tatsächlich die Möglichkeit zur „indirekten Einfluss-
25 nahme", wie es Karl-Rudolph Korte nennt. Seine Sicht: „In Ministerien erwartet man gemeinwohlorientierte Entscheidungen, nicht das Bedienen privater Einzelinteressen." Normal ist dabei, wenn Minister die
30 Führungsebene der Ministerien auswechseln. Staatssekretäre und Spitzenbeamte sind Machtmakler, die den Kontakt zum Parlament halten und dem Minister kompetente Lageeinschätzungen liefern müs-

sen. Ihnen muss der Ressortchef blind ver- 35 trauen können. Dass diese Posten auch nach Parteibuch besetzt werden, ist deshalb nicht ehrenrührig. Aber es gibt Grenzfälle. [...] Wichtig ist: Die Berufungen sind publik, die Funktionen bekannt. Man kann 40 die Kandidaten also genau anhand ihrer Arbeit auf Unabhängigkeit prüfen. Klientelpolitik? Volksparteien sind „Konsenstanker", sagt Korte. Stärker dem Allgemeinwohl verpflichtet als kleinere Parteien. 45 Aber wer regiert, ist allen Wählern verpflichtet. Ein Spagat. Ob er gelingt, können die Wähler dann wieder bei den nächsten Wahlen entscheiden.

Norbert Wallet, www.stuttgarter-zeitung.de, 1.2.2010

Karikatur: Sepp Buchegger

Aufgaben

1 Ordnen Sie die Positionen der Parteien (M 9) zur Einführung einer gesetzlichen Frauenquote in eine Pro-Kontra-Tabelle ein.

2 Arbeiten Sie aus dem Text heraus, inwiefern Hamm-Brücher die Parteien und Klientelpolitik als Problem beschreibt.

3 Erläutern Sie, was man unter Klientelpolitik versteht. (M 11)

4 Beurteilen Sie, ob Parteien grundsätzlich nur dem Gemeinwohl verschrieben seien sollten und inwiefern Klientelpolitik vertretbar ist.

5.4   Verbände und Parteien als Vermittler im politischen System

M 12 ● Modell des politischen Systems

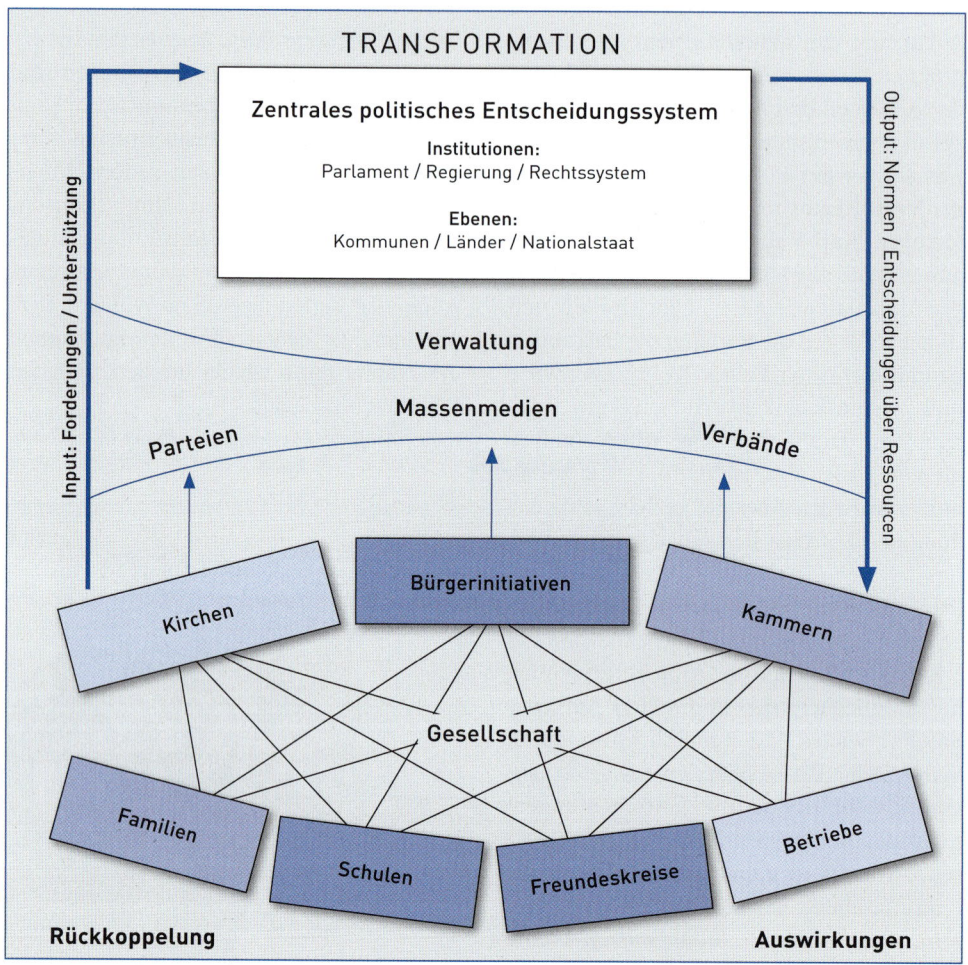

Modelle stellen eine vereinfachte Darstellung grundlegender Merkmale eines Sachverhaltes, eines Begriffes oder eines Phänomens dar. Sie sind somit nicht der Gegenstand selbst, erleichtern jedoch ein strukturelles Verstehen.

M 13 ● Unterschiedliche Ziele zur Erreichung des Gemeinwohls

a) „Die pluralistische Theorie des Gemeinwohls bestreitet […] keineswegs den Umstand, dass es weite Gebiete des staatlichen und gesellschaftlichen Lebens gibt, über 5 deren Regelung Meinungsverschiedenheiten zwischen verschiedenen Gruppen existieren […], sondern erachtet dies als unvermeidlich, ja geradezu als ein Indiz eines in Freiheit pulsierenden öffentlichen Lebens. Sie hält es weder für wünschenswert noch 10 für möglich, dass in einem freiheitlichen Staatswesen ein einheitlicher Gemeinwille besteht, der die divergierenden Gruppenwillen restlich in sich aufsaugt.“

Ernst Fraenkel, Deutschland und die westlichen Demokratien, 1973 S. 199 ff.

b) „In der Tat kann jeder einzelne als Mensch einen besonderen Willen haben, der dem allgemeinen Willen [...] zuwiderläuft oder mit dem er doch nicht überall in Einklang steht. Sein besonderes Interesse kann ganz andere Anforderungen an ihn stellen als das gemeinsame Interesse [...] [und] deren Umsichgreifen den Untergang des Staatskörpers herbeiführen würde. Damit demnach der Gesellschaftsvertrag keine leere Form sei, enthält er stillschweigend folgende Verpflichtung, die allein den übrigen Kraft gewähren kann; sie besteht darin, dass jeder, der dem allgemeinen Willen den Gehorsam verweigert, von dem ganzen Körper dazu gezwungen werden soll; das hat keine andere Bedeutung, als dass man ihn zwingen werde, frei zu sein.“

Jean Jacques Rousseau, Vom Gesellschaftsvertrag, 1785, www.gutenberg.spiegel.de, Abruf am 15.3.2016 (Übersetzung: H. Denhardt)

Info

Interessenverbände ≠ Parteien

	Interessenverbände	Parteien
Programmatik	eher auf wenige Themen bezogen (bis zu *single-issue*-Verbänden)	eher umfassend
Ziel	Durchsetzung von Partikularinteressen; keine Regierungsbeteiligung	Erhalt formal abgesicherter Macht (z. B. Regierungsbeteiligung)
Machtquelle/n	informelle Einflussnahme; offizielle Anhörung vor politischen Repräsentanten; Aufbau öffentlichen Drucks	Souverän → Wahlen → (Mit)Entscheidungsbefugnis Delegation auf Zeit
innere Organisation	unbestimmt; auch abhängig von der juristischen Verfasstheit (eingetragener Verein etc.)	verpflichtend demokratisch
Grundgesetz	Art. 9 GG (Vereinigungsfreiheit)	Art. 21 GG (Parteien)
Sonstiges	erbringen z. T. Serviceleistungen für Mitglieder (z. B. ADAC, Mieterschutzbund)	

Zusammenstellung des Autors

Aufgaben

1 Erläutern Sie, wie gesellschaftliche Interessen in politische Institutionen eingebracht werden (M 12) und gehen Sie dabei auch auf den intermediären Bereich ein.

2 Wie kann Allgemeinwohl erreicht werden? Erstellen Sie mithilfe von M 13 jeweils ein Schaubild.

3 Bewerten Sie das Bestehen von Verbänden und Parteien aus den Perspektiven Rousseaus und Fraenkels. (M 13)

4 Erläutern, inwiefern Parteien und Verbände auf unterschiedliche Art und Weise im politischen System agieren. (M 13)

Gemeinwohl

[...] Politisch-soziologische Bezeichnung für das Gemein- oder Gesamtinteresse einer Gesellschaft, das oft als Gegensatz zum Individual- oder Gruppeninteresse gesetzt wird. [...] Obwohl es allgemein gesehen das gemeinsame Gute zweifellos gibt, bleibt strittig, a) ob sich das jeweils konkrete Gemeinwohl lediglich als Summe der individuellen Interessen ergibt oder ob es eine eigene spezifische Qualität hat und b) ob erst rückblickend (ex post) oder bereits vorher (ex ante) festgestellt werden kann, ob ein konkretes Vorhaben dem Gemeinwohl [...] dient.
Klaus Schubert, Martina Klein: Das Politiklexikon. 6., aktual. u. erw. Aufl. Bonn: Dietz 2016. Lizenzausgabe Bonn: Bundeszentrale für politische Bildung

Pluralismus

Ein politisches System, in dem der Wettbewerb zwischen vielen unterschiedlichster und z.T. entgegengesetzter politischer, sozialer und wirtschaftlicher Interessen durch Verbände und Partien, aber auch die Möglichkeit zu Konsens und Koalition ein wesentlicher Teil der politischen Willensbildung ist.

F zu Aufgabe 6
Entwickeln Sie Konzepte, in denen Sie alternative Formen zur Einbringung gesellschaftlicher Interessen in politische Institutionen darstellen.

5.5 Sozialstaatsprinzip und politischer Interessensausgleich

M 14 ● Sozialstaat und Sozialpolitik

Sozialstaatlichkeit

Die Sozialstaatlichkeit ist im Grundgesetz an zwei Stellen verankert: so in Art. 20 Abs. 1, der den sozialen Bundesstaat fordert, und in Art. 28, in dem die Bundesre-
5 publik Deutschland als „sozialer Rechtsstaat" bezeichnet wird.

Anders als das Rechtsstaatsprinzip wird der soziale Auftrag des Staates, das Sozialstaatsgebot, nur an wenigen Stellen des
10 Grundgesetzes im Einzelnen konkretisiert. Der Parlamentarische Rat hat [...] die Ausgestaltung weitgehend dem Gesetzgeber überlassen.

Sozialstaatsprinzip

[...] Soziale Gerechtigkeit, die zentrale Zielsetzung des Sozialstaates, lässt sich nicht
15 ein für alle Mal verbindlich definieren. Ihre Ausgestaltung hängt ab von der wirtschaftlichen und sozialen Entwicklung sowie dem gesellschaftlichen Bewusstsein.
20 Das Sozialstaatsprinzip ist somit ein dynamisches Prinzip, das den Gesetzgeber verpflichtet, die sozialen Verhältnisse immer wieder neu zu regeln. [...]

Sozialpolitik

Gesetzgebung und Rechtsprechung haben
25 das Sozialstaatsgebot auf vielfältige Weise in die Tat umgesetzt. Sozialpolitik ist nicht auf einen bestimmten Politikbereich be-

schränkt, sondern greift mit dem Ziel der Angleichung der Lebenschancen und der Verbesserung der Lebensbedingungen in 30 viele Bereiche ein. Kern der Sozialpolitik sind die klassischen Systeme der sozialen Sicherung gegen Lebensrisiken: Alter, Krankheit, Unfall, Pflegebedürftigkeit, Arbeitslosigkeit. Dazu gehören ferner Maß- 35 nahmen des sozialen Ausgleichs und der Hilfe in Notlagen: Kindergeld, Kinderfreibeträge, Erziehungsgeld, Mutterschutz, Wohngeld und Sozialhilfe. Sozialpolitik im weiteren Sinne umfasst Maßnahmen der 40 Bildungspolitik (Ausbildungsförderung für Schülerinnen und Schüler sowie Studierende), der Wohnungsbaupolitik (sozialer Wohnungsbau, und Wohnungsbauprämien), der Arbeitsmarktpolitik (Arbeitsbe- 45 schaffungsmaßnahmen, Fortbildung und Umschulung von Arbeitslosen, Kurzarbeitergeld), der Steuerpolitik (Steuerermäßigungen und -befreiungen für niedrige Einkommen). 50

Horst Pötzsch, www.bpb.de, 15.12.2009

Der Historiker und Politologe Horst Pötzsch war bis 1992 Leiter der Abteilung „Politische Bildung in der Schule" der Bundeszentrale für politische Bildung.

✪ M 15 ● Soziale Gerechtigkeit(en)

Unter „sozialer Gerechtigkeit" sind allgemein akzeptierte und wirksame Regeln zu verstehen, die der Verteilung von Gütern und Lasten durch gesellschaftliche Einrich-
5 tungen (Unternehmen, Fiskus, Sozialversicherungen, Behörden etc.) an eine Vielzahl von Gesellschaftsmitgliedern zugrunde liegen, [...].

Soziale Gerechtigkeit findet sich auf meh-
10 reren Ebenen: Erstens ist sie gewissermaßen „eingebaut" in viele gesellschaftliche Einrichtungen [...] Zweitens ist soziale Gerechtigkeit in den Einstellungen der Men-

schen enthalten. Und drittens wird sie deutlich in deren Verhalten, z. B. in der po- 15 litischen Partizipation.

Konzentriert man sich auf die Einstellungen der Menschen, so finden sich in ihren Köpfen [...] Vorstellungen von *Leistungsgerechtigkeit,* fordern, dass Menschen so viel 20 erhalten sollen (Lohn, Schulnoten, Lob etc.), wie ihr persönlicher Beitrag und/oder ihr Aufwand für die jeweilige Gesellschaft ausmachen. Konzepte der Leistungsgerechtigkeit sehen also ungleiche Belohnungen 25 vor, um die Menschen für ungleiche Bemü-

hung und ungleiche Effektivität zu belohnen, sie zur weiteren Anstrengung zu
motivieren und so für alle Menschen bes-
30 sere Lebensbedingungen zu erreichen.
Vorstellungen von *(Start-)Chancengerech-*
tigkeit zielen darauf ab, dass alle Menschen, die im Wettbewerb um die Erlan-
gung von Gütern und die Vermeidung von
35 Lasten stehen, die gleichen Chancen haben
sollen, Leistungsfähigkeit zu entwickeln
und Leistungen hervorzubringen. Das Konzept der Chancengerechtigkeit bezieht sich
also [...] auf die Ausgestaltung von Leis-
40 tungswettbewerb. Unterstellt werden
durchaus ungleiche Verteilungsergebnisse.
Die Vorstellung von Chancengerechtigkeit
hat nur dann einen Sinn, wenn Chancen
bestehen, mehr oder weniger große Erfolge
45 zu erzielen (zum Beispiel das Abitur statt
einen Hauptschulabschluss zu absolvie-
ren). [...]
Als *bedarfsgerecht* gelten Verteilungen, die
dem „objektiven" Bedarf von Menschen
50 entsprechen, insbesondere ihren Mindest-
bedarf berücksichtigen. Empirisch vorzu-
finden ist Bedarfsgerechtigkeit zum Beispiel in den unterschiedlichen Steuerklassen
des Einkommensteuerrechts. Hinter die-
55 sem Konzept steht die Einsicht, dass Chan-
cen- und Leistungsgerechtigkeit nicht in
der Lage sind, dem jeweiligen Bedarf der
nicht Leistungsfähigen, das heißt der Kran-

ken, Alten, Kinder etc. gerecht zu werden.
60 Dem Konzept der *egalitären* Gerechtigkeit
[Gerechtigkeit als Gleichheit] zufolge sollen Güter und Lasten möglichst gleich verteilt werden. In einer abgeschwächten Version dieser Gerechtigkeitsvorstellung
65 werden auch Verteilungen von Gütern und
Lasten, die gewisse Bandbreiten der Ungleichheit nicht überschreiten, als gerecht
angesehen. Empirisch äußern sich egalitäre
Gerechtigkeitsvorstellungen zum Beispiel
70 in der Kritik an bestimmten Managerge-
hältern allein aufgrund ihrer enormen
Höhe oder an der Erwartung, dass eine
„gerechte" Gesundheitsversorgung für alle
Menschen gleich gut sein müsse. [...]
75 Die vier Grundtypen sozialer Gerechtigkeitsvorstellungen sind nicht alle vereinbar. Wer Leistungsgerechtigkeit und/oder
Chancengerechtigkeit fordert, befürwortet
die Verteilung von ungleich hohen Beloh-
80 nungen, also soziale Ungleichheit. Wer
sich jedoch für Gleichheitsgerechtigkeit
oder Bedarfsgerechtigkeit ausspricht, sieht
gleich oder ähnlich hohe Belohnungen als
Kern der Gerechtigkeit. Diese Konzeptpaare
85 stehen also im Widerspruch zueinander
und können nicht ohne weiteres gleichzeitig gefordert werden.

Stefan Hradil, Soziale Ungleichheit, in: ders. Hrsg., Deutsche Verhältnisse. Eine Sozialkunde, Bonn: Bundeszentrale für politische Bildung 2012, 181 – 184.

Aufgaben

1 Erläutern Sie, was unter dem Sozialstaatsprinzip zu verstehen ist. (M 14)
2 Beurteilen Sie, ob die Vermittlung gesellschaftlicher Interessen in politische Entscheidungen grundlegend für das Sozialstaatsprinzip ist. (M 14)
3 Erstellen Sie eine Tabelle, in deren linken Spalte Sie die im Text genannten Begriffe/Formen von Gerechtigkeit und in der rechten Spalte in eigenen Worten eine Erklärung eintragen. (M 15)
4 Erläutern Sie, inwiefern sich bei der Einführung einer Frauenquote verschiedene Gerechtigkeitsbegriffe widersprechen. (M 1 - M 3, M 15)
5 „Soziale Gerechtigkeit [...] besagt, dass es bei der Verteilung von Gütern und Lasten zu keiner systematischen Bevorzugung oder Benachteiligung einzelner Gruppen kommen soll (Unparteilichkeit), die bestehenden Verteilungsregeln für alle gleich angewandt werden sollen (Gleichheitsgrundsatz) und der Einzelne als legitim angesehene Anrechte geltend machen kann." Erörtern Sie, ob die Interessenvertretung durch Parteien und Verbände eher eine Voraussetzung oder eher eine Gefahr für soziale Gerechtigkeit ist.

✪ 5.6   Soziale Bewegungen und Wertewandel

M 16 ● Umfrage zur gleichgeschlechtlichen Ehe

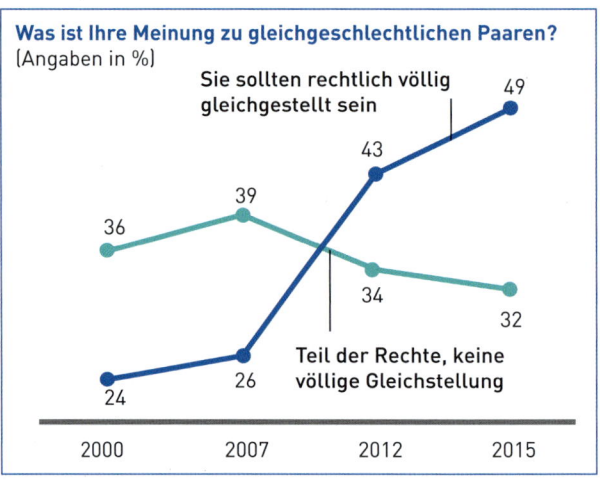

Was ist Ihre Meinung zu gleichgeschlechtlichen Paaren?
(Angaben in %)

Sie sollten rechtlich völlig gleichgestellt sein

Teil der Rechte, keine völlige Gleichstellung

Nach: www.faz.de, Abruf am 6.10.216

M 17 ● Ist die gleichgeschlechtliche Ehe nur eine Frage der Zeit?

Interview mit dem amerikanischen Historiker Robert Beachy.

SPIEGEL ONLINE: Glauben Sie, dass Deutschland die Homo-Ehe einführen
5 wird?
Beachy: Ja. Das ist nur eine Frage der Zeit.
SPIEGEL ONLINE: Es gibt nach wie vor politischen Widerstand. Was stimmt Sie so zuversichtlich?
10 Beachy: Der allgemeine historische Trend spricht für die Einführung der Homo-Ehe. Außerdem wäre sie ein weiterer Schritt in der langen Geschichte der Homosexuellenbewegung in Deutschland.
15 [...] Die Vorstellung, dass Homosexualität angeboren ist, entsteht in Deutschland in den Fünfziger, Sechziger- und Siebzigerjahren des 19. Jahrhunderts. Zu dieser Zeit halten die meisten Homosexualität für eine
20 Perversion. Es sind deutsche Ärzte, Wissenschaftler und Aktivisten, die erstmals sagen: Nein, das ist keine Krankheit, sondern ein Teil des Wesens einer Gruppe von Menschen. So prägen sie unser heutiges
25 Verständnis von Homosexualität.

SPIEGEL ONLINE: Was folgte damals daraus?
Beachy: Sehr bald forderten die ersten Aktivisten Rechte für Homosexuelle. Im August 1867 hielt der Jurist Karl Heinrich 30 Ulrichs eine Rede vor dem Deutschen Juristentag in München. Dort verlangte er die Abschaffung der Gesetze, die sexuelle Handlungen zwischen Männern unter Strafe stellten. Viele der mehr als 500 an- 35 wesenden Juristen waren empört. Sie beschimpften Ulrichs und zwangen ihn, seine Rede abzubrechen. Dennoch: Die Ansprache gilt als erstes öffentliches Coming-out eines Schwulen in der modernen Geschich- 40 te. Sie zog viel Aufmerksamkeit auf das Phänomen gleichgeschlechtlicher erotischer Anziehung. Vor allem machte sie Ärzte und Psychiater darauf aufmerksam. [...] 45
SPIEGEL ONLINE: Trotzdem [...] wurde der „Schwulenparagraf" bis 1994 nicht aus dem Strafgesetzbuch gestrichen.
Kann die einstige Vorreiterposition Deutschlands bei der derzeitigen Debatte 50 um die Ehe für Homosexuelle helfen?

Beachy: Auf den Kampf um Homosexuellenrechte kann man in Deutschland heute stolz sein. Eigentlich sollten die Deutschen
55 diesen Teil ihrer Geschichte herausposaunen, ihn auf Briefmarken und Plakate an der Autobahn drucken. Vielleicht würde das auch jene überzeugen, die im Moment noch gegen die Homo-Ehe sind.

Interview: Alexander Sarovic, www.spiegel.de, 4.7.2015

M 18 ● Entwicklung der Rechte für gleichgeschlechtliche Paare in Deutschland

Während der NS-Zeit:	Verfolgung, Inhaftierung und Ermordung homosexueller Männer
1949:	Strafrechts-Paragraf 175 bleibt in der BRD bestehen. Er bestraft «widernatürliche Unzucht zwischen Männern» egal welchen Alters.
1969:	Die Bundesregierung entschärft den Paragrafen 175. Praktizierte männliche Homosexualität ist nicht mehr strafbar. Bis 1969 ca. 50.000 Urteile
1970:	Uraufführung des Films „Nicht der Homosexuelle ist pervers, sondern die Situation"
1972:	Erste Demonstration homosexueller Männer in Münster
1979:	Erster „Christopher Street Day" in Bremen und Berlin
1986:	Gründung des Bundesverband Homosexualität
1990:	Erster Kuss zwischen zwei Männern im Deutschen Fernsehen
1994:	Abschaffung von Strafrechtsparagraf 175
2001:	Einführung der Lebenspartnerschaft für gleichgeschlechtliche Paare
	Klaus Wowereit steht als erster deutscher Spitzenpolitiker zu seiner Homosexualität
2002:	Das BVerfG urteilt, dass der besondere Schutz der Ehe in Art. 6 Abs. 1 GG den Gesetzgeber nicht hindere, für die gleichgeschlechtliche Lebenspartnerschaft Rechte und Pflichten vorzusehen, die denen der Ehe gleiche
2014:	Eingetragene Lebenspartner erhalten das Recht auf eine Sukzessivadoption
Seit 2016:	Debatte um Entschädigung von Opfern des Strafrechtsparagrafen 175

Zusammenstellung des Autors

Aufgaben

❶ Überprüfen Sie, inwiefern es sich bei dem Thema „Gleichgeschlechtliche Ehe" um eine soziale Bewegung und einen gesellschaftlichen Wertewandel handelt. (M 16 - M 18)

❷ Erläutern Sie, welche Formen der Interessenvertretung homosexuelle Menschen haben und welche Schwierigkeiten damit verbunden waren bzw. sind. (M 17, M 18)

❸ Nehmen Sie Stellung zu der Frage, ob in Deutschland die gleichgeschlechtliche Ehe eingeführt werden soll.

Wertewandel

Die Veränderung gesellschaftlicher Wertvorstellung bzw. moralischer Überzeugung, bei denen bisher akzeptierte Werte ihre soziale Akzeptanz verlieren und durch neue ersetzt werden (z.B. Rache)

Sukzessivadoption

Lebenspartner dürfen ein Kind adoptieren, das der andere Partner bereits adoptiert hat.

Ⓩ zu Aufgabe 3
Recherchieren Sie, inwiefern sich eine Gleichstellung der Ehe für gleichgeschlechtliche Paare auf das Steuerrecht und das Adoptionsrecht auswirken würde und stellen Sie die Ergebnisse in einem Kurzvortrag ihren Mitschülern vor.

ORIENTIERUNGSWISSEN

Debatte um Geschlechterquote
M 1 – M 3, M 8

Frauen sind in den Aufsichtsräten deutscher Unternehmen weiterhin unterrepräsentiert. Bei der Frage, ob deshalb eine **gesetzliche Geschlechterquote** eingeführt werden soll, stehen sich durch Verbände und Parteien vertretene Interessen gegenüber.

Interessenverbände
M 4 - M 7

Interessenvertretung wird in Deutschland durch Verbände wahrgenommen. Indem diese **Interessen artikulieren und aggregieren**, **vermitteln** sie diese in politische Entscheidung und **informieren** politische Entscheidungsträger. Ihnen stehen dabei verschiedenste Mittel zur Verfügung, wobei es Formen gibt, die illegal sind.

Parteien zwischen Allgemeinwohl und Klientelismus
M 9, M 10

Parteien haben ein gesetzlich verankertes Recht an der politischen Willensbildung teilzunehmen. Neben der **Vertretung des Allgemeinwillens** kommt es jedoch auch zur sogenannten **Klientelpolitik**, bei der die Interessen einer kleinen Gruppe überrepräsentiert in politische Entscheidungen berücksichtigt wird.

Gemeinwohl
M 13

Bei der Frage, wie in einer Gesellschaft Gemeinwohl erreicht werden kann, stehen sich die Vorstellungen von **Rousseau** und **Fraenkel** gegenüber. Während Rousseau fordert, dass sich individuelle Interessen dem Gemeinwohl unterordnen, hat sich die Vorstellung von Fraenkel, dass die Aushandlung divergierende Interessen erst zum Gemeinwohl führt, in Deutschland durchgesetzt. Parteien und Verbände sind demnach wichtige Vermittler gesellschaftlicher Interessen in politische Institutionen.

Sozialstaatsprinzip
M 14

Die Ausgestaltung des Sozialstaats hängt von der wirtschaftlichen und sozialen Entwicklung sowie dem gesellschaftlichen Bewusstsein der Gesellschaft ab. Verbände und Parteien haben dabei eine wichtige Rolle im Vermitteln dieser in politische Institutionen.

Konkurrierende Gerechtigkeitsbegriffe
M 15

Bei der Frage nach sozialer Gerechtigkeit besteht zum Teil eine Konkurrenz zwischen verschiedenen Gerechtigkeitsbegriffen, die einander ausschließen. Die **Bedarfsgerechtigkeit** setzt die **Leistungsgerechtigkeit** z. B. außer Kraft, wenn Menschen ohne etwas zu leisten eine Leistung erhalten. Ungeachtet dessen sind sie zum Teil jedoch auch Voraussetzung füreinander. Die motivierenden und produktiven Kräfte der **Chancen-** und **Leistungsgerechtigkeit** schaffen z. B. die Voraussetzung, um Bedarfs- und Gleichheitsgerechtigkeit zu erreichen.

Soziale Bewegungen und Wertewandel
M 16 – M 18

Soziale Bewegungen versuchen, ausgelöst durch einen Wertewandel, wirtschaftliche und politische Verhältnisse zu verändern. Diese Veränderungen finden oft langfristig statt.

Verbandseinfluss strenger regulieren und kontrollieren – Eine politische Forderung

Registrierung: Ein Transparenzregister, das die Lobbyisten gegenüber dem Parlament (und auch der Regierung) lizenziert, stellt es den Akteuren frei, sich selbst als Lobbyist zu definieren und einen Antrag auf Ak-
5 kreditierung zu stellen [...]. Lobbyist ist, wer im Register eingetragen wird. Nur akkreditierten Lobbyisten stehen aber bestimmte Wege der Interessenvertretung gegenüber
10 dem Parlament legitimerweise offen. [...]

Bundestagsabgeordnete: Die bisherige Bagatellgrenze von 1.000 Euro pro Einkommensquelle solle beibehalten werden. Nebentätigkeiten, die Lobbyarbeit enthalten
15 oder Abgeordnete auf andere Weise in Interessenkonflikte bringen können, müssten verboten werden. Außerdem sei eine Deckelung der Nebeneinkünfte zu diskutieren. [...]

„Drehtüreffekt": Der Seitenwechsel von
20 Ex-Politikern und -Beamten ist nur eines der Instrumente in der Unternehmens- und Lobbykonkurrenz. Und er ist im persönlichen, materiellen wie emotional-psychischen Interesse einer kleinen Schicht von Spitzenpolitikern. Aber sie generieren 25 nachhaltige Probleme auf der politisch-legitimatorischen Ebene. [...]

Regierung und Parlament behalten im Rahmen öffentlicher, transparenter Verfahren die Entscheidungskompetenz in jedem 30 Einzelfall. [...]

Gesetzentwürfe: Externe Zuarbeit zur oder die teilweise oder komplette externe Formulierung von Gesetzen wird [...] zum Ausnahmefall erklärt, aber unter bestimm- 35 ten Umständen nicht ausgeschlossen. Die erste Bedingung ist, dass für die Dringlichkeit der Mitwirkung Externer eine nachvollziehbare und glaubwürdige Begründung gegeben und der Nachweis 40 erbracht wird, dass die jeweilige Gesetzesmaterie aufgrund qualifikatorischer Lücken hausintern nicht hinlänglich bearbeitet werden kann. Die zweite Bedingung ist die Transparenz der Auftragsvergabe. 45

Andreas Kolbe u. a., Marktordnung für Lobbyisten, Frankfurt a.M. 2011 (OBS-Arbeitsheft 70), S. 60 ff. Überschriften eingefügt

Aufgaben

1 Analysieren Sie die Karikatur unter Beachtung der am Lobbyismus bestehenden Kritik.
2 Führen Sie zu den einzelnen Reformvorschlägen ein Gruppenpuzzle durch.
3 Beurteilen Sie schriftlich, ob sie die einzelnen Vorschläge für sinnvoll halten.

„Deutschland –
deine Rezessionen"

Süddeutsche Zeitung, 17.5.2010

„Bürger und Firmen
treiben deutsches
Wachstum an"

Spiegel Online, 23.5.2014

Aufschwung

Krise

„Auf ewig
im Hamsterrad"

Süddeutsche Zeitung, 31.10.2014

„Ein gesunder
Organismus
beendet sein
Wachstum
irgendwann"

Spiegel Online, 15.4.2014

Konjunkturanalyse und Konjunkturpolitik – Herausforderungen prozessorientierter Wirtschaftspolitik

Wachstum gilt als ein wichtiges Ziel der Wirtschaftspolitik. Die Entwicklung der Wirtschaft ist jedoch zyklischen Schwankungen unterworfen, die diesem Ziel entgegenstehen. Wirtschaftspolitiker und -theoretiker haben es sich daher zum Ziel gesetzt, wirtschaftliche Schwächephasen frühzeitig zu erkennen und geeignete Maßnahmen zu ergreifen, die möglichst schnell zurück auf den Wachstumspfad führen.

Um diesen Zielen gerecht werden zu können, ist es erforderlich, das konjunkturelle Auf und Ab der Wirtschaft genauer zu analysieren (Kap. 6.1): Wie lässt sich die Entwicklung der Wirtschaft beschreiben? Welche Faktoren bedingen ein Wirtschaftswachstum, welche führen zu einem wirtschaftlichen Abschwung?

Auf dieser Grundlage können Maßnahmen zur Belebung der Konjunktur entwickelt und ergriffen werden. In diesem Zusammenhang gilt zunächst die nachfrageorientierte Stabilisierungspolitik nach John Maynard Keynes (Kap. 6.2) als maßgeblich. Ihr Gegenmodell einer angebotsorientierten Wirtschaftspolitik lernen Sie in Kapitel 7 kennen.

KOMPETENZEN

Am Ende dieses Kapitels sollten Sie Folgendes wissen und können:

... die wirtschaftliche Entwicklung in Marktwirtschaften wie der Bundesrepublik Deutschland mithilfe des Konjunkturzyklus' bzw. der Konjunkturtheorie beschreiben und analysieren.

... die wirtschaftspolitische Position der Nachfrageorientierung (Keynesianismus) hinsichtlich ihrer Grundannahmen und maßgeblichen Instrumente darstellen und anhand konkreter Maßnahmen erläutern.

... die Möglichkeiten und Grenzen keynesianischer Stabilisierungspolitik bei der Beurteilung wirtschaftspolitischer Kontroversen berücksichtigen.

Was wissen und können Sie schon?

1 Begründen Sie, warum Wirtschaftswachstum in unserer Gesellschaftsordnung vielfach als notwendig angesehen wird. Gehen Sie dabei von den Fotos auf der linken Seite aus.

2 Entwickeln Sie erste Ideen, auf welche Weise staatliche Wirtschaftspolitik Wirtschaftswachstum erzeugen bzw. sichern kann.

6.1 Das Auf und Ab der Wirtschaft: Ursachen und Folgen konjunktureller Schwankungen

Basiskonzepte	Fachkategorien	Leitfragen
System und Struktur	Koordination und Interdependenz durch Märkte und Kreisläufe	· Warum schwankt die Wirtschafsleistung moderner Gesellschaften? · Welche Folgen haben konjunkturelle Schwankungen?

6.1.1   Wenn der Konjunkturmotor stockt

M 1 ● Das Auf und Ab der Wirtschaft: Schlagzeilen

Erwerbstätigkeit auf
Rekordniveau
Anziehende Konjunktur lässt
Arbeitslosigkeit sinken

Investition auf dem Tiefpunkt
Unternehmen blicken in unsichere Zukunft

**Nach
Steuererleichterung
und Kaufprämie:**
Deutsche sind wieder konsumfreudig(er)

Massenarbeitslosigkeit
in Europa:
Unternehmen müssen Produktion drosseln
und verzichten auf Neueinstellungen

Kein Konsum nirgends
Nach Bankenpleite und Börsencrash
haben Verbraucher Angst vor der Zukunft

3D-Druck, Biotech und BigData:
**Unternehmen investieren
in Zukunftstechnologien**

*Autorentexte auf Grundlage der
Medienberichterstattung der globalen Finanz- und Wirtschaftskrise
2008ff.*

**Erklärfilm zum
Bruttoinlandsprodukt**

Mediencode: 72024-09

Info

Bruttoinlandsprodukt (BIP)

Mit dem Bruttoinlandsprodukt (BIP) wird der Wert aller pro Jahr in einer Volkswirtschaft produzierten Güter (Waren und Dienstleistungen) abgebildet. Von der Entwicklung dieses Indikators wird politisch oft der (Miss-)Erfolg der Wirtschaftspolitik abgeleitet. Das BIP erfasst allerdings unentgeltliche Arbeiten (z.B. Haus- und Erziehungsarbeit, ehrenamtliche Arbeit) nicht.

Autorentext

M 2 ● Wirtschaftliche Entwicklung in Deutschland

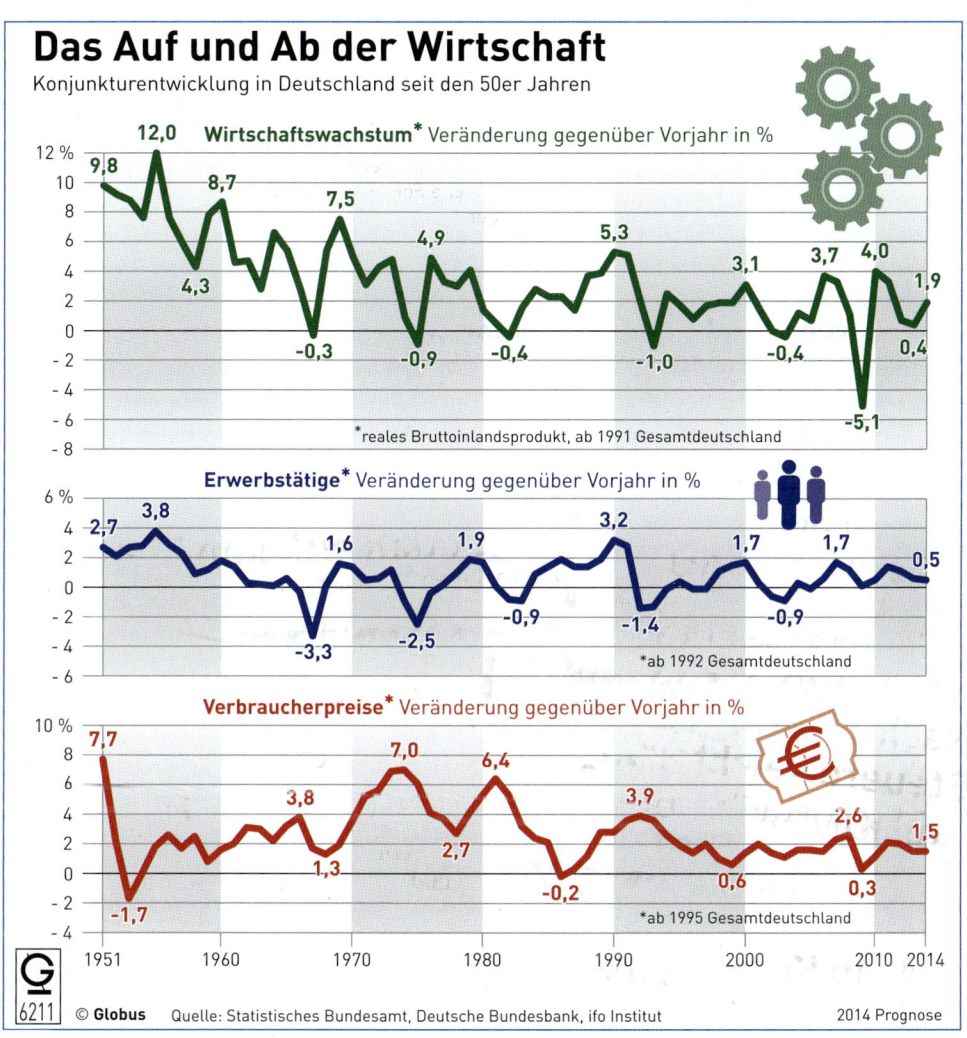

Das Auf und Ab der Wirtschaft
Konjunkturentwicklung in Deutschland seit den 50er Jahren

Wirtschaftswachstum* Veränderung gegenüber Vorjahr in %

9,8 · 12,0 · 8,7 · 4,3 · 7,5 · -0,3 · -0,9 · 4,9 · -0,4 · 5,3 · -1,0 · 3,1 · 3,7 · -0,4 · 4,0 · -5,1 · 0,4 · 1,9

*reales Bruttoinlandsprodukt, ab 1991 Gesamtdeutschland

Erwerbstätige* Veränderung gegenüber Vorjahr in %

2,7 · 3,8 · -3,3 · 1,6 · -2,5 · 1,9 · -0,9 · 3,2 · -1,4 · 1,7 · -0,9 · 1,7 · 0,5

*ab 1992 Gesamtdeutschland

Verbraucherpreise* Veränderung gegenüber Vorjahr in %

7,7 · -1,7 · 3,8 · 1,3 · 7,0 · 2,7 · 6,4 · -0,2 · 3,9 · 0,6 · 0,3 · 2,6 · 1,5

*ab 1995 Gesamtdeutschland

1951 · 1960 · 1970 · 1980 · 1990 · 2000 · 2010 · 2014

G 6211   © **Globus**   Quelle: Statistisches Bundesamt, Deutsche Bundesbank, ifo Institut   2014 Prognose

Aufgaben

1. a) Beschreiben Sie die wirtschaftliche Situation und das Verhalten der privaten Haushalte und Unternehmen der jeweiligen Schlagzeile. (M 1)

   b) Erklären Sie (mögliche) wirtschaftliche Zusammenhänge zwischen den in den Schlagzeilen angesprochenen Situationen und Ereignissen.

2. Beschreiben Sie die wirtschaftliche Entwicklung in der Bundesrepublik Deutschland von 1951 bis zur Gegenwart. (M 2)

3. Vergleichen Sie die wirtschaftliche Situation der Jahre 1960, 1975, 1990 und 2008 und arbeiten Sie Zusammenhänge zwischen den Wirtschaftsindikatoren BIP, Beschäftigungsvolumen und Preisniveau heraus. (M 2)

Ⓗ zu Aufgabe 1b
Bringen Sie hierfür zunächst die Schlagzeilen in eine plausible Reihenfolge (Wirkungskette).

Ⓗ zu Aufgabe 2
a) Ordnen Sie die Schlagzeilen passenden Phasen der wirtschaftlichen Entwicklung Deutschlands zu.
b) Gliedern Sie die Entwicklung in größere Abschnitte, die Sie durch knappe Titel charakterisieren.

6.1.2 Was ist Konjunktur und wie misst man sie?

M 3 ● Strukturelle, konjunkturelle und saisonale Schwankungen der Wirtschaft

Nikolai Dimitrijewitsch Kondratieff

(1892–1938) gilt als Begründer der „Theorie der langen Wellen". Nach dem auf ihn zurückgehenden Modell kommt es alle 30 bis 50 Jahre zu Basisinnovationen, die die wirtschaftliche Dynamik langfristig prägen.

Langfristiges Wachstum

Vgl. zu wirtschaftspolitischen Konzeptionen für langfristiger Wachstum auch Kap. 7

Das Phänomen ist dem Menschen seit jeher bekannt: Die wirtschaftliche Entwicklung vollzieht sich nicht regelmäßig, sondern in „Schwankungen". Selbst die Bibel berichtet
5 von den „sieben fetten und den sieben mageren Jahren". Je nach der Dauer der wirtschaftlichen Schwankungen, die in der Regel an der Entwicklung des Bruttoinlandsprodukts gemessen werden, unterscheidet
10 man langfristige (strukturelle), mittelfristige (konjunkturelle) und kurzfristige (saisonale) Wirtschaftsschwankungen.

Strukturelle Schwankungen: Im Jahr 1926 stellte der Russe N. D. Kondratieff die
15 Theorie auf, dass sich die kapitalistische (marktwirtschaftliche) Wirtschaft in Form „langer Wellen" fortentwickle, wobei die Dauer dieser Wellen rund 50 bis 60 Jahre beträgt. Die Ursachen dieser sogenannten
20 „Kondratieff-Wellen" liegen in tiefgreifenden strukturellen Wandlungen der Wirtschaft, die durch technische Neuerungen hervorgerufen werden (Dampfmaschine, Eisenbahn, Flugzeuge, Raumfahrt, Com-
25 puter).

Konjunkturelle Schwankungen: Mittelfristige Wirtschaftsschwankungen werden als Konjunkturschwankungen bezeichnet. Man rechnet heute mit einer Zyklendauer von rund 4 bis 8 Jahren. 30

Saisonschwankungen: Die jahreszeitlich wiederkehrenden saisonalen Schwankungen haben ihre Ursachen in erster Linie im Klimawechsel der Jahreszeiten. So ist beispielsweise die Bau-, Land-, Forst- und 35 Transportwirtschaft im Winter mehr oder weniger stark betroffen. Die Jahreszeiten beeinflussen ferner die Bekleidungs- und Getränkeindustrie sowie den Brennstoffhandel. Auch die Lage besonderer Festtage 40 (Ostern, Weihnachten) sowie die traditionellen Ferienzeiten beeinflussen den Umsatz (die Beschäftigung) vieler Wirtschaftsbereiche (z. B. Einzelhandel, Reiseveranstalter). Saisonschwankungen sind 45 somit kurzfristige Wirtschaftsschwankungen ohne erheblichen Nachteil für die Gesamtwirtschaft. Sie sind voraussehbar und damit auch einplanbar.

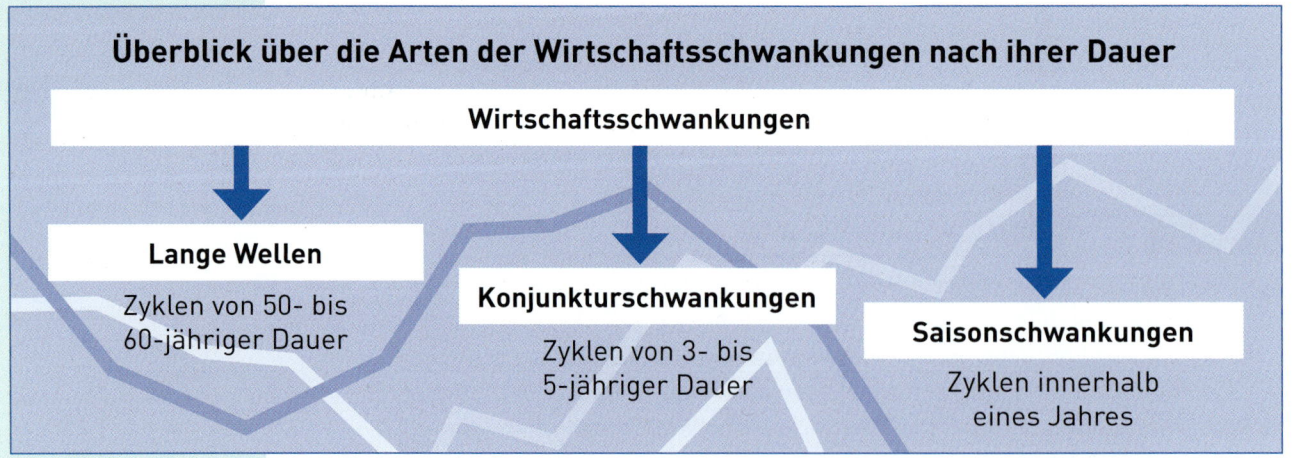

Überblick über die Arten der Wirtschaftsschwankungen nach ihrer Dauer

Wirtschaftsschwankungen

Lange Wellen
Zyklen von 50- bis 60-jähriger Dauer

Konjunkturschwankungen
Zyklen von 3- bis 5-jähriger Dauer

Saisonschwankungen
Zyklen innerhalb eines Jahres

Gernot Hartmann, Volks- und Weltwirtschaft, 26. Auflage, Rinteln 2007, S. 420 f.

M 4 ● Die Phasen des Konjunkturzyklus'

Darstellung eines Konjunkturzyklus von vierjähriger Dauer

Herbert Sperber, Wirtschaft verstehen, 4. Auflage, Stuttgart 2012, S. 113

Das idealtypische Schema eines Konjunkturzyklus' wird durch den Ablauf von vier Phasen beschrieben:

- Die Phase eines **Konjunkturaufschwungs**
5 folgt nach der Überwindung einer vorherigen Konjunkturkrise. Die Auslastungsquoten des Produktionspotenzials nehmen zu; das Wachstum des Sozialprodukts beschleunigt sich. Mit der be-
10 schleunigten Zunahme der Produktion nehmen in der Regel die Arbeitsproduktivität und die Gewinne der Unternehmen zu. Das Vertrauen in die wirtschaftliche Entwicklung eines Landes wendet sich in
15 positiver Richtung.
- In der **Boomphase** wird die Normalauslastung überschritten. In verschiedenen Sektoren werden Produktionsengpässe erreicht; die Zuwachsraten der Produktion
20 werden allgemein geringer. Die Gefahr von Kosten- und Preissteigerungen wird in dieser Konjunkturphase relativ größer als in der frühen Aufschwungphase.

- Nach einem oberen Wendepunkt folgt die Phase des **Konjunkturabschwungs** mit 25 sinkender Kapazitätsauslastung.
- Die **Rezession** kennzeichnet dann die Phase der Unterauslastung der Kapazitäten. Die Nachfrage bleibt offenbar deutlich hinter den Produktionsmöglichkei- 30 ten zurück. Der geringen Auslastung folgt häufig eine negative Entwicklung der Beschäftigung und eine steigende Arbeitslosigkeit. Bei geringer Kapazitätsauslastung verstärkt sich regelmäßig der Kos- 35 tendruck in der Wirtschaft.

Die Länge des Konjunkturzyklus' erfasst den Zeitraum zwischen zwei oberen (oder unteren) Wendepunkten der Konjunkturentwicklung. Die Amplitude der Konjunktur 40 misst die prozentuale Abweichung der Produktion zwischen dem unteren und dem oberen Wendepunkt.

Heinz-Dieter Hardes, Jürgen Mertes, Grundzüge der Volkswirtschaftslehre, München 1994, S. 259

Erklärfilm zu Konjunkturzyklen

Mediencode: 72024-10

⚙ M 5 ● Wie lassen sich konjunkturelle Schwankungen theoretisch erklären?

In den Wirtschaftswissenschaften wurden zahlreiche Theorien entwickelt, die das Auf und Ab konjektureller Schwankungen erklären sollen.

5 Dabei weisen **exogene Konjunkturtheorien** vor allem Entwicklungen außerhalb der wirtschaftlichen Sphäre die entscheidende Erklärungskraft zu. So können beispielsweise ein starkes Bevölkerungswachstum 10 oder technische Innovationen zu einem wirtschaftlichen Aufschwung führen.

Da längst nicht alle Konjunkturbewegungen auf diese Weise erklärt werden können, beschreiben **endogene Konjunkturtheorien** 15 Strukturen und Prozesse innerhalb des Wirtschaftssystems, denen entscheidender Einfluss auf Konjunkturzyklen zugeschrieben werden kann.

Aus der Perspektive der **monetären Konjunkturtheorien** 20 spielen dabei Veränderungen hinsichtlich der Geldströme und -menge eine besondere Rolle. So kann das Zinsniveau die Investitionsneigung von Unternehmen sowie die Spar- bzw. Konsumneigung der privaten Haushalte und 25 somit die Veränderungen des BIP stark beeinflussen.

Demgegenüber schreiben **güterwirtschaftliche Konjunkturtheorien** vor allem Entwicklungen des Güterangebots bzw. der 30 Güternachfrage entscheidende Bedeutung zu. Beispielsweise bauen Unternehmen auf boomenden Märkten in Erwartung weiterer Gewinnaussichten ihre Produktionskapazitäten zu schnell und zu stark aus; wenn 35 dann eine Nachfragesättigung eintritt, führt der entstandene Überhang an Gütern und Produktionskapazitäten zu einem Abschwung der Konjunktur (Überinvestitionstheorie). 40 Umgekehrt kann die Nachfrage nach Produkten weitaus geringer ausfallen als das zur Verfügung stehende Produktionspotential (Unterkonsumtionstheorie), was beispielsweise Folge der Sparneigung der privaten Haushalte sein 45 kann und somit unmittelbar mit monetären Erklärungsansätzen in Beziehung steht.

Autorentext

M 6 ● Wie lässt sich die Konjunktur messen?

Die Prognose der Entwicklung der gesamtwirtschaftlichen Lage ist eine sehr komplexe Aufgabe und wird je nach Auswahl und Gewichtung einzelner herangezogener Faktoren 5 unterschiedlich ausfallen. Verschiedene Wirtschaftsinstitute, die Bundesregierung und Verbände kommen so regelmäßig zu unterschiedlichen Einschätzungen der künftigen Wirtschaftsentwicklung. Für die 10 Prognose der zukünftigen und die Beschreibung der aktuellen gesamtwirtschaftlichen Lage ist es notwendig, Indikatoren heranzuziehen: Messgrößen, die eine objektive Einschätzung der wirtschaftlichen Entwicklung eines Landes ermöglichen. Die Auswahl 15 und Erhebung von geeigneten Indikatoren ist nicht unumstritten. Für Prognosen werden vielfach sogenannte Frühindikatoren herangezogen.

Zur Beschreibung der aktuellen wirtschaftlichen 20 Lage und der jüngsten Vergangenheit eignen sich Präsens- und Spätindikatoren. Sie können auch Aufschluss darüber geben, inwieweit eine Politik mit dem Ziel des Ausgleichs von Konjunkturschwankungen 25 erfolgreich ist.

Nicht nur die Auswahl, Erhebung und Gewichtung der Indikatoren ist umstritten, auch die Zuordnung der Indikatoren darf nicht als eindeutig betrachtet werden. So 30 werden z. B. die Zahlen des Arbeitsmarktes manchmal zu den Präsensindikatoren gezählt, was in Zeiten hoher Arbeitslosigkeit, flexiblerer Beschäftigungsverhältnisse und einem zunehmenden Anteil an Leiharbeit 35 auch plausibel erscheinen kann. Je nach Wahl der einzelnen Konjunkturindikatoren ergeben sich somit unterschiedliche Kon-

junkturwellen (s. Abbildung). Eine Einteilung
40 der Indikatoren kann auch nach anderen
Kriterien erfolgen. So werden Mengen-
(Auftragseingang, Lagerhaltung ...) und
Preisindikatoren (Löhne, Lebenshaltung ...),

Angebots- und Nachfrageindikatoren oder
quantitative und qualitative Indikatoren 45
(nach Art der Erhebung) unterschieden.

Autorentext

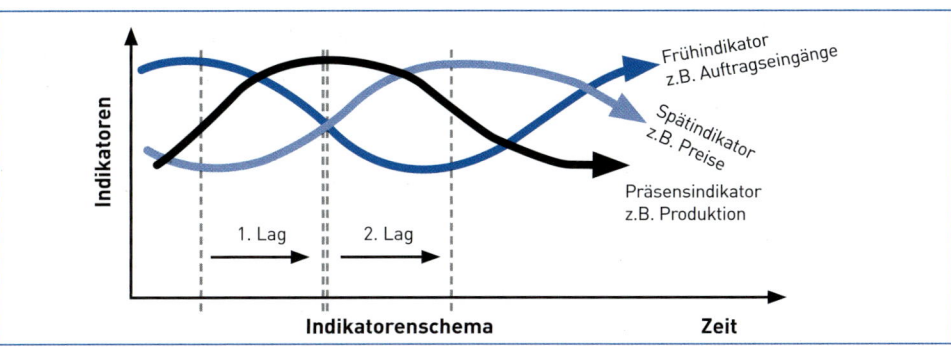

Artur Woll, Wirtschaftspolitik, 2. Auflage, München 1994, S. 152

Info

Prognoseinstrumente in Deutschland

In Deutschland werden vor allem die folgenden Frühindikatoren genutzt, um zukünftige konjunkturelle Entwicklungen vorherzusagen:
· die Auftragseingänge in der Industrie, die das Statistische Bundesamt veröffentlicht;
· die Geschäftserwartungen der Unternehmen – zum Beispiel anhand des „Geschäftsklimaindex" des ifo-Instituts;
· die Aktienkursentwicklung – beispielsweise gemessen an der Entwicklung des DAX;

· die Konsumneigung der privaten Haushalte – gemessen etwa durch den „Konsumklimaindex" der GfK;
· die Preisentwicklung wichtiger Rohstoffe
· und die Ergebnisse der Frühjahrs- und der Herbstumfrage der DIHK zu den Geschäftserwartungen ihrer Mitgliedsunternehmen.

Thomas Siebe, Martin Wenke, Makroökonomie. Wachstum, Konjunktur und Beschäftigung, Konstanz 2014, S. 122

Aufgaben

1 a) Fassen Sie in einer Tabelle die typischen Veränderungen folgender Indikatoren im Verlauf eines Konjunkturzyklus' zusammen (M 4): Produktion und Kapazitätsauslastung, Konsum, Preise, Löhne, Beschäftigungsstand, Zinsen.

b) Erläutern Sie aus der Perspektive von privaten Haushalten, Unternehmen und dem Staat Chancen und Risiken der Phasen eines Konjunkturzyklus'. (M 4)

2 Analysieren Sie mithilfe der Konjunkturtheorie (M 3 – M 5) die wirtschaftliche Entwicklung der Bundesrepublik Deutschland. (M 1, M 2)

3 Erklären Sie anhand ausgewählter Indikatoren Möglichkeiten und Grenzen der Prognose konjunktureller Entwicklungen. (M 6, Info)

H zu Aufgabe 2
Identifizieren Sie zunächst Übereinstimmungen zwischen der realen konjunkturellen Entwicklung und einzelnen Konjunkturphasen.

F zu Aufgabe 3
Recherchieren Sie die Daten für einen der Frühindikatoren, vergleichen Sie diesen mit der realen Wirtschaftsentwicklung und beurteilen Sie dessen Prognosefähigkeit.

6.2 Was kann staatliche Wirtschaftspolitik tun? Ansätze nachfrageorientierter Stabilisierungspolitik

Basiskonzepte	Fachkategorien	Leitfragen
System und Struktur	Anreize und Restriktionen durch Staatseingriffe	· Mit welchen Maßnahmen agiert die nachfrageorientierte Wirtschaftspolitik in konjunkturellen Krisen?
Prozesse und Handeln	Prozesspolitik	· Welche Chancen und Risiken birgt die nachfrageorientierte Konjunkturpolitik?

6.2.1 Staatskonsum und Entlastung privater Haushalte: Das Modell keynesianischer Nachfragepolitik

M 1 ● Neue Wirtschaftspolitik gesucht: Die Weltwirtschaftskrise 1929

a) „Der Schwarze Freitag"

Am 25. Oktober 1929, dem „Schwarzen Freitag", brachen in New York die Börsenkurse zusammen und rissen die Notierungen in allen westlichen Staaten mit nach unten. Über Nacht verloren Millionäre ihr Vermögen, Rentner ihre Ersparnisse. […] In der Folge kam es zur großen Weltwirtschaftskrise, der tiefsten Depression seit Beginn des Industriezeitalters mit einer noch nie erlebten Massenarbeitslosigkeit.

Herbert Sperber, Wirtschaft verstehen, 4. Auflage, Stuttgart 2012, S. 151

b) Arbeitslosigkeit in Deutschland

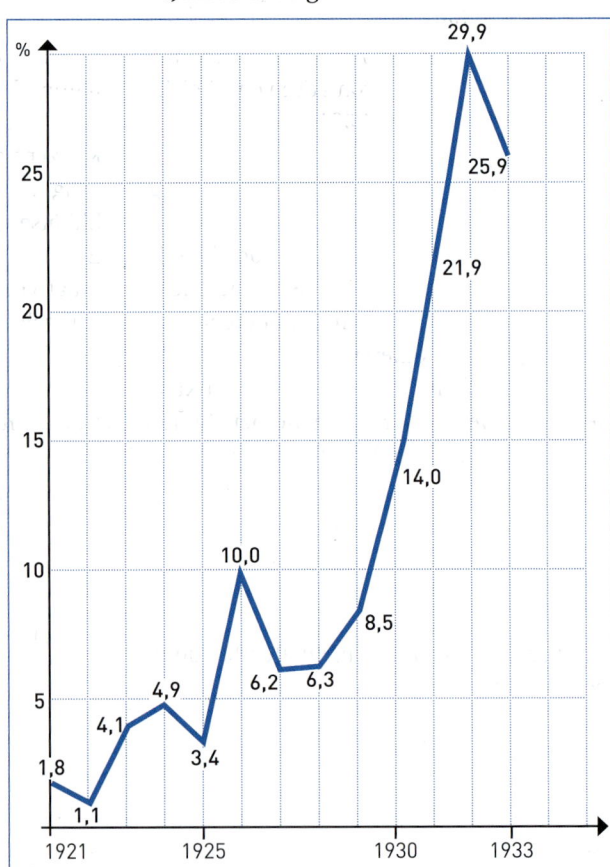

Angaben in % der abhängigen Erwerbspersonen

Nach: Dietmar Petzina u. a., Sozialgeschichtliches Arbeitsbuch III, München 1978, S. 119

M 2 ● Die „keynesianische Revolution": Mit Fiskalpolitik aus der Wirtschaftskrise

[Angesichts der Wirtschaftskrise rieten] die führenden Ökonomen [...] den Regierungen abzuwarten und bei den öffentlichen Ausgaben zu sparen. Der britische National-
5 ökonom John Maynard Keynes hingegen forderte genau das Gegenteil. Er empfahl der britischen Regierung, sich bei den Banken Geld zu leihen und damit Aufträge an die Industrie zu finanzieren. Die aufge-
10 nommenen Kredite könne man in der dann folgenden Boomphase, wenn bei hoher Beschäftigung die Steuern reichlicher fließen, wieder zurückzahlen.

Das Keynessche Rezept des so genannten
15 Deficit-Spending bildet heute einen normalen Bestandteil der Fiskalpolitik. Damals jedoch war es ein Frontalangriff gegen die herrschende Lehre der Klassiker, die staatliche Interventionen in den Wirtschaftsab-
20 lauf ablehnten und darauf vertrauten, dass sich auf lange Sicht automatisch ein Gleichgewicht bei Vollbeschäftigung einstellen werde. [vgl. Kap. 7] Die von Keynes darauf gegebene Antwort ist Legende: „In the long
25 run", bemerkte er, „we are all dead."
Keynes stellte die Grundpfeiler des klassischen Systems infrage: Das Saysche Theorem [vgl. Info] könne unter anderem deshalb nicht funktionieren, da die Leute Geld
30 nicht nur halten, um damit Güter zu kaufen oder Wertpapiere zu erwerben (deren Gegenwert dann als Kredit den Investoren zufließt), sondern auch als Wertaufbewahrungsmittel in Form einer so genannten
35 *Spekulationskasse*. Durch dieses Horten von Geld kommt es zu einem effektiven Nachfrageausfall. Erschwerend tritt hinzu, dass die Löhne nach unten nicht flexibel sind, sondern starr. Dadurch ist der zweite von
40 den Klassikern behauptete Mechanismus der Anpassung in Richtung eines Gleichgewichts bei Vollbeschäftigung blockiert. Vielmehr besteht die Gefahr, dass es zu einem *Unterbeschäftigungsgleichgewicht*
45 kommt, aus dem sich die privaten Wirtschaftssubjekte alleine nicht befreien kön-

nen (siehe Schaubild).
Es kann deshalb nach Keynes nur der Staat sein, der durch eine expansive Politik die fehlende gesamtwirtschaftliche Nachfrage 50 erzeugt und damit einen multiplikativen Aufschwung in Gang setzt. Im Schaubild würde sich die Nachfragekurve nach rechts verschieben. Bei steigendem Preisniveau (und – damit verbunden – sinkenden Real- 55 löhnen) nehmen die Produktion und die Beschäftigung zu. Dabei unterstellt Keynes [...], dass die Arbeiter der Geldillusion unterliegen: Sie erkennen den vollen Umfang der Preisniveauerhöhung nicht und akzep- 60 tieren deshalb die entstehende Reallohnsenkung. [...]
Die Gedanken des von Keynes und seinen Anhängern entwickelten Keynesianismus haben die Theorie und die Wirtschaftspoli- 65 tik nach dem Zweiten Weltkrieg so nachhaltig beeinflusst, dass man von der „keynesianischen Revolution" sprach. Das Konzept der keynesianischen Globalsteuerung fand beispielsweise im deutschen Sta- 70 bilitätsgesetz von 1967 seinen Niederschlag. Es bildet die Grundlage dafür, dass der Staat von Fall zu Fall (diskretionär) in den Wirtschaftsablauf eingreift. Als Mittel der Stabilisierungspolitik kommen insbesonde- 75 re fiskalpolitische Maßnahmen – also die Variation von Steuern bzw. Staatseinnahmen und Staatsausgaben – infrage.

Herbert Sperber, Wirtschaft verstehen, 4. Auflage, Stuttgart 2012, S. 151 ff.

John Maynard Keynes

John Maynard Keynes (1883 – 1946), britischer Ökonom und Regierungsberater, gilt als Begründer der nachfrageorientierten Wirtschaftspolitik.

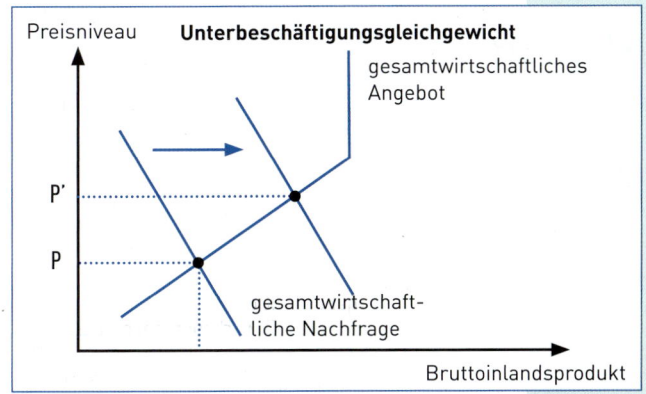

Info

Saysches Theorem

Nach dem französischen Nationalökonomen Jean Baptiste Say (*1767, gestorben 1832) bezeichneter ökonomischer Lehrsatz, bei dem angenommen wird, dass sich jedes volkswirtschaftliche Angebot seine eigene Nachfrage selbst schafft, da mit der Herstellung von Gütern gleichzeitig das Geld verdient wird, um diese Güter zu kaufen. Gesamtwirtschaftliches Angebot und Nachfrage haben danach die Tendenz zu einem Gleichgewichtszustand, bei dem Vollbeschäftigung herrscht.

Achim Pollert u. a., Das Lexikon der Wirtschaft, 2. Auflage, Bonn 2004, S. 118

M 3 ● Wie Nachfragesteuerung wirken soll: Der Multiplikatoreffekt

Der Multiplikatoreffekt bezeichnet in der Wirtschaftstheorie die Zuwächse des Bruttoinlandsprodukts, die sich durch zusätzliche Ausgaben des Staates, der privaten Haushalte oder des Auslands (Exporteinnahmen) sowie vermehrter Investitionsaufgaben von Unternehmen ergeben.

Diese Vervielfältigungswirkungen können beispielsweise dadurch zustande kommen, dass infolge steigender Unternehmensinvestitionen neue Arbeitsplätze geschaffen und somit zusätzliche Einkommen auf Seiten der privaten Haushalte generiert werden. Führt dieses höhere Einkommen auch zu höheren Konsumausgaben – ein Teil des Einkommens wird in der Regel gespart –, können durch eine steigende Nachfrage wiederum neue Arbeitsplätze entstehen.

Dieselben Prozesse können auch von steigenden Exporten (Exportmultiplikator) und höheren Ausgaben des Staates (Staatsausgabenmultiplikator, vgl. Antizyklische Fiskalpolitik nach Keynes) ausgelöst werden.

Der Multiplikatoreffekt kann jedoch durch verschiedene Faktoren begrenzt werden. Hierzu sind insbesondere höhere Steuerbelastungen, eine hohe Sparneigung der privaten Haushalte oder eine stärkere Kapitalmarktorientierung der Unternehmen (z.B. Ausschüttung der höheren Unternehmensumsätze als Dividende statt Reinvestition) zu zählen.

Die Multiplikatoreffekt-Theorie hat in der ökonomischen Praxis Bedeutung für die Prognose konjunktureller Entwicklungen sowie für wirtschaftspolitische Entschei-

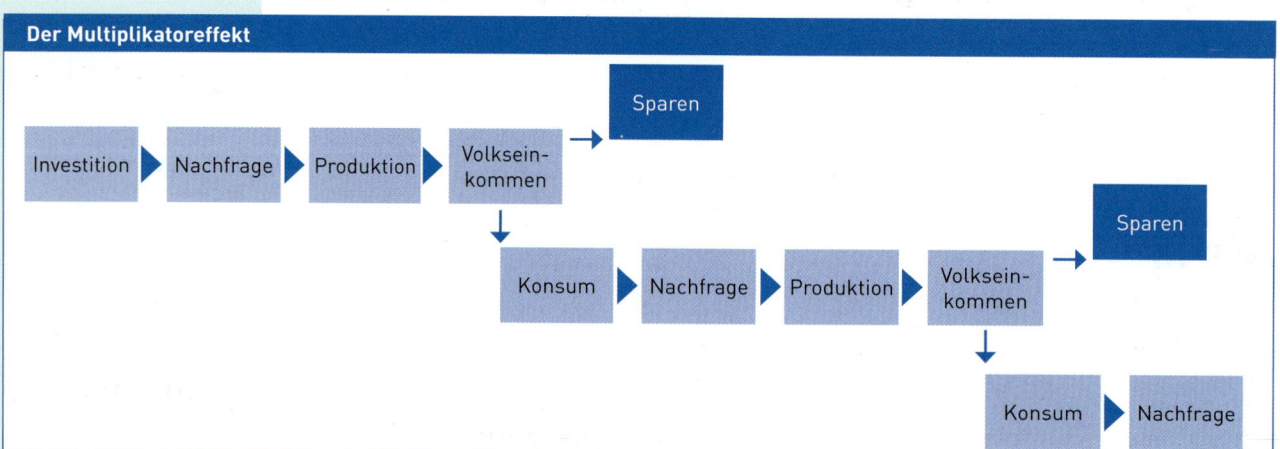

Der Multiplikatoreffekt

Nach: Herbert Sperber, Wirtschaft verstehen. 120 Lernmodule für Schule, Studium und Beruf, Stuttgart: Schäffer-Poeschel 2012, Seite 126

dungen, wobei sein Ausmaß jedoch sehr unterschiedlich eingeschätzt wird: Während Keynes davon ausging, dass der Mul-
40 tiplikator fiskalpolitischer Maßnahmen bei 2,5 liege – ein Dollar Staatsausgaben also 2,50 Dollar zusätzliche Wirtschaftsleistung

generiere –, gehen jüngere Forschungen von niedrigeren Werten aus, wobei in ungünstigen Fällen der Multiplikator sogar 45 unter 1,0 liege und somit die Wirtschaftsleistung begrenze (vgl. M 4).

Autorentext

M 4 ● Der Multiplikatoreffekt in der Praxis

Erwartete Effekte fiskalpolitischer Maßnahmen in den USA:

Maßnahme	Geschätzter Anstieg des realen BIP pro $ an Kosten der Maßnahme
Verlängerung der Bezugsdauer von Arbeitslosengeld	1,73
Senkung der Einkommenssteuersätze von 15 % auf 10 %	1,34
Finanzhilfen für Bundesstaaten	1,24
Steuergutschriften für Kinder	1,04
Senkung der Grenzsteuersätze für Personen mit höheren Einkommen	0,59
Verbesserte steuerrechtliche Abschreibungsmöglichkeiten für Unternehmen	0,24
Senkung der Dividendenbesteuerung	0,09
Senkung der Erbschaftssteuer	0,00

Paul Krugman, Robin Wells, Volkswirtschaftslehre, Stuttgart 2010, S. 938, Aus dem amerikanischen Englisch übertragen von Klaus Dieter John, www.economy.com

Info

Fiskalpolitik

Einsatz der öffentlichen Finanzen im Dienste der Konjunktur- und Wachstumspolitik. Expansive Fiskalpolitik: nachfrageerhöhend, z.B. durch Senkung der Steuern; kontraktive bzw. restriktive Fiskalpolitik: nachfragedämpfend, z.B. durch Steuererhöhung.
„Während Keynes Konjunkturimpulse al-

lein durch unmittelbaren Staatskonsum (z.B. steuerfinanzierte Infrastrukturprojekte) realisieren wollte, spielen in der wirtschaftspolitischen Praxis und in den Überlegungen von ‚Neo-Keynesianern‘ auch Konsumanreize (z.B. durch Steuererleichterungen oder zweckgebundene Kaufprämien) eine wichtige Rolle.“

Aufgaben

1 Stellen Sie den Ansatz der nachfrageorientierten Wirtschaftspolitik nach Keynes dar. (M 1 – M 3)

2 Analysieren Sie die anvisierte Wirkungsweise der nachfrageorientierten Wirtschaftspolitik mithilfe des (erweiterten) Wirtschaftskreislaufmodells. (vgl. Folgeseiten)

3 Erläutern und diskutieren Sie die unterschiedlichen Auswirkungen ausgewählter wirtschaftspolitischer Maßnahmen (z.B. Senkung der Einkommenssteuer, Senkung der Erbschaftssteuer) auf das Wirtschaftswachstum. (M 4)

H zu Aufgabe 1
Strukturieren Sie Ihre Darstellung anhand folgender Aspekte:
· Analyse der Ursachen (Warum kann es zu Wirtschaftskrisen kommen? Welche Grundannahmen zur wirtschaftlichen Gesamtnachfrage liegen der Ursachenerklärung zugrunde?)
· wirtschaftspolitische Maßnahmen (Welche Maßnahmen werden von der Politik vorgegeben?)
· Rolle des Staates (In welchem Maße greift der Staat in Marktprozesse ein?)

In Kapitel 7.3 werden Sie anhand derselben Aspekte das Gegenmodell einer angebotsorientierten Wirtschaftspolitik untersuchen.

H zu Aufgabe 2
Berücksichtigen Sie dabei auch den Multiplikatoreffekt.

M zu Aufgabe 3
Gestalten Sie in der Rolle (keynesianisch orientierter) Wirtschaftsexperten eine Empfehlung an die Regierung Portugals oder Spaniens, welche fiskalpolitischen Maßnahmen zur Überwindung der Wirtschaftskrise ergriffen werden sollten.

METHODE

Der Wirtschaftskreislauf – drei Modelle

Jede Person ist ständig in komplexe wirtschaftliche Austauschprozesse eingebunden. Durch den Kauf eines Smartphones z. B. erhält man gegen die Bezahlung des verlangten Preises von einem **Unternehmen**
5 das Smartphone. Der Konsument – der **private Haushalt** – könnte dazu einen Kredit bei einer **Bank** aufgenommen haben. Der Verkaufspreis des Smartphones beinhaltet die Mehrwertsteuer, die an den **Staat** abgeführt wird, der damit z. B. Infrastrukturmaßnah-
10 men und Schulen finanziert. Das Unternehmen hat das Smartphone höchstwahrscheinlich von einem Hersteller aus dem **Ausland** bezogen. Der Gewinn des Unternehmens wird durch den Staat besteuert. Die Investitionskosten des Unternehmens für Laden-
15 räume etc. hat es sicher zum Teil über Kredite bei Banken finanziert. Banken können Kredite vergeben, da private Haushalte und Unternehmen, aber auch der Staat und das Ausland bei ihnen Geld anlegen (z. B. Sparanlagen).
20 In der Realität laufen solche Prozesse mit einer Vielzahl von Akteuren vielfach miteinander verwoben permanent ab. Will man z. B. vor einer politischen Entscheidung über die Veränderung der Mehrwertsteuer die Auswirkungen dieser Maßnahme ausloten,
25 so muss man diese Prozesse in einem Modell beschreiben. Dabei müssen Prozesse qualitativ und quantitativ erfasst werden. Das Modell des Wirt-

schaftskreislaufs kann hier auf unterschiedlichen Komplexitätsstufen die gegenseitigen Abhängigkeiten der Wirtschaftssubjekte beschreiben. Dem ge- 30 schlossenen Kreislaufmodell liegt die Annahme zugrunde, dass an jedem Akteur (Pol) die Summe der Zuströme gleich der Summe der Abströme ist (z. B. geben die privaten Haushalte ihr gesamtes Einkommen für Konsum oder Sparen aus). Das Statistische 35 Bundesamt verwendet solche Kreislaufmodelle, um die (Geld-)Ströme zwischen den Wirtschaftssubjekten zu messen und so die Wirtschaftsleistung in der Bundesrepublik zu bestimmen.
Jedes der folgenden Kreislaufmodelle vereinfacht die 40 Realität sehr stark, einige (Geld-)Ströme werden grafisch nicht dargestellt, um die Kreislaufmodelle übersichtlich zu halten.

Der einfache Wirtschaftskreislauf (ohne Ausland)
Unternehmen produzieren Konsumgüter und Dienst- 45 leistungen, die von den **privaten Haushalten** gekauft werden. Andererseits stellen die privaten Haushalte den Unternehmen Faktorleistungen (Boden, Kapital, Arbeit) zur Verfügung. Dadurch entstehen Güterströme, denen in gleicher Höhe entgegengesetzte Geld- 50 ströme entsprechen, deshalb wird in der Regel darauf verzichtet, beide Stromarten darzustellen.

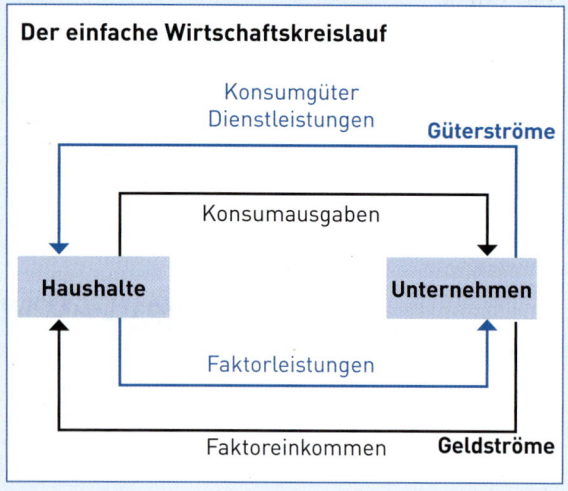

Der einfache Wirtschaftskreislauf

Faktorleistungen
Boden, Kapital, Arbeit

Faktoreinkommen
Mieten, Zinsen, Löhne

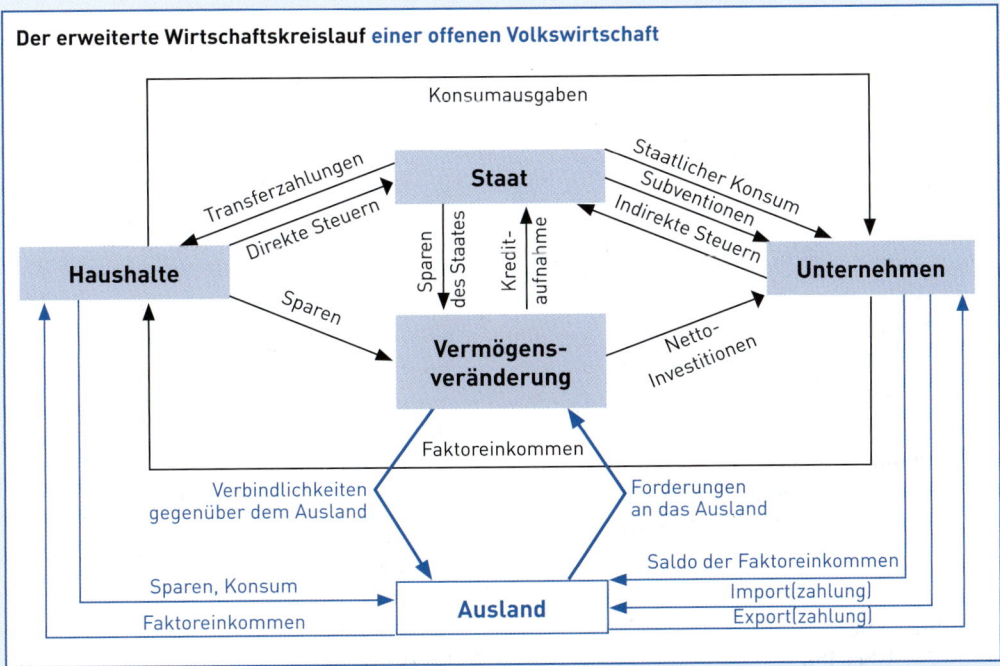

Der erweiterte Wirtschaftskreislauf einer offenen Volkswirtschaft

Der erweiterte Wirtschaftskreislauf

In der Realität geben die Haushalte nicht ihr ganzes
55 Einkommen für Konsum aus, sondern sparen einen
Teil. Es werden auch nicht alle Güter verbraucht,
sondern zum Teil auch für Investitionszwecke genutzt. Dies wird im erweiterten Wirtschaftskreislauf
ebenso berücksichtigt wie der **Staat** als Akteur.
60 Die Ersparnisse der Haushalte, des Staates und der
Unternehmen (z. B. Rücklagen) fließen dem Sektor
Vermögensveränderung (Bankensystem, Anleihe-
und Aktienmarkt, Investmentgesellschaften...) zu, sie
erhalten dafür Zinsen. Vom Sektor der **Vermögens-**
65 **veränderung** werden die Ersparnisse zur Finanzierung von Investitionen an Unternehmen und als Kredite an den Staat weitergegeben. Der staatliche
Sektor konsumiert Güter der Unternehmen, stellt öffentliche Güter bereit und leistet Transferzahlungen
70 an Unternehmen und Haushalte (z. B. Subventionen
und Sozialleistungen). Dem Staat fließen andererseits
Mittel von Unternehmen und Haushalten (z. B. in
Form von indirekten und direkten Steuern, Gebühren
und Sozialabgaben) zu.

75 **Wirtschaftskreislauf einer offenen Volkswirtschaft**
Nimmt man zum erweiterten Wirtschaftskreislauf
noch die Transaktionen mit dem **Ausland** in das
Kreislaufmodell mit auf, so spricht man vom Wirt-

schaftskreislauf einer offenen Volkswirtschaft.
Haushalte und Unternehmen können z. B. Faktor- 80
einkommen aus dem Ausland beziehen und umgekehrt. Es können Sparleistungen vom Ausland in
den Sektor Vermögensveränderung fließen und
umgekehrt. Waren und Dienstleistungen können
exportiert und importiert werden. Der Kreislauf ei- 85
ner offenen Volkswirtschaft berücksichtigt also
auch die Ein- und Ausfuhr von Kapital, Waren und
Dienstleistungen.

Autorentext und –grafiken

6.2.2   Mit Nachfragepolitik aus der Krise?

M 5 ● Regierungserklärung zum Konjunkturpaket II

Wirtschaftskrise 2008

Nachdem die globale Finanz- und Wirtschaftskrise 2008/2009 auch die Bundesrepublik erreichte (vgl. Kap. 6.1, M 1, M 2), ergriff die Bundesregierung in Form des Konjunkturpaketes II Maßnahmen, die die drohende Rezession abwenden sollte.

Vor uns liegt ein schwieriges Jahr. Gerade deswegen ist heute ein entscheidender Tag. Ich sage: Es ist ein guter Tag; denn mit dem Pakt für Beschäftigung und Stabilität in
5 Deutschland [„Konjunkturpaket II"] gibt die Bundesregierung eine umfassende Antwort auf die weltweite Wirtschafts- und Finanzkrise, die uns alle Handlungsoptionen eröffnet.
10 [...] Bund, Länder und Kommunen werden ein Maßnahmenpaket auf den Weg bringen, das es in der Geschichte der Bundesrepublik Deutschland so noch nicht gegeben hat. Zusammen mit den schon im Herbst
15 beschlossenen Maßnahmen werden wir über 80 Milliarden Euro einsetzen.
[...] In den Mittelpunkt unserer Maßnahmen stellen wir die Arbeitsplätze: die vorhandenen Arbeitsplätze, die wir sichern
20 wollen, und die künftigen, für die wir trotz aller Sorgen des Tages jetzt die Grundlagen legen wollen. [...]
Die Selbstheilungskräfte des Marktes können erst wieder voll wirken, wenn die Marktkräfte auch wirklich funktionieren. 25 Wenn zum Beispiel ein gesundes Unternehmen mit Weltmarktführung für seine Investitionen heute keine Kredite bekommt oder nur Kredite zu Konditionen, die ein rentables [= Gewinn bringend] Wirtschaften nicht 30 mehr möglich machen, weil die Banken sich untereinander noch nicht richtig vertrauen, dann muss der Markt – das ist unsere politische Aufgabe – wieder funktionstüchtig gemacht werden. Wir müssen den 35 Kräften des Marktes Hilfestellung leisten, um sie gesunden zu lassen.

Angela Merkel, in: Deutscher Bundestag, Stenografischer Bericht. 198. Sitzung. Berlin, Mittwoch, den 14. Januar 2009, S. 21425f.

M 6 ● Das Konjunkturpaket II im Überblick

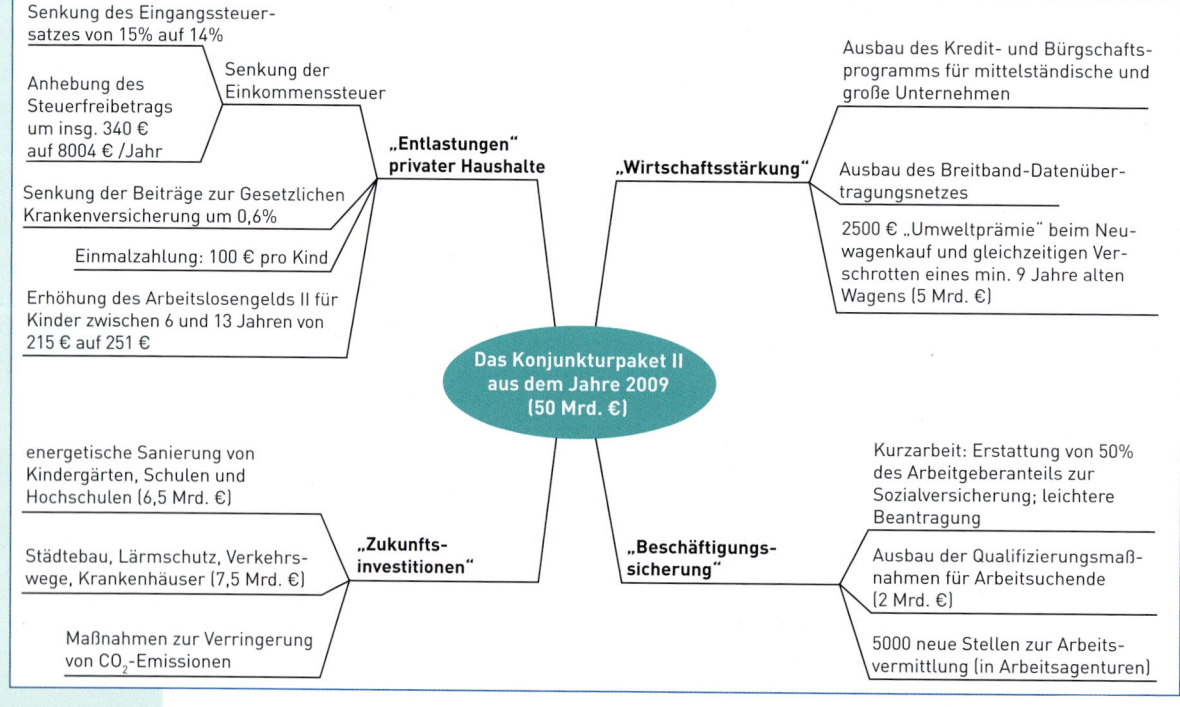

Senkung des Eingangssteuersatzes von 15% auf 14%

Anhebung des Steuerfreibetrags um insg. 340 € auf 8004 € /Jahr

Senkung der Einkommensteuer

Senkung der Beiträge zur Gesetzlichen Krankenversicherung um 0,6%

Einmalzahlung: 100 € pro Kind

Erhöhung des Arbeitslosengelds II für Kinder zwischen 6 und 13 Jahren von 215 € auf 251 €

„Entlastungen" privater Haushalte

Ausbau des Kredit- und Bürgschaftsprogramms für mittelständische und große Unternehmen

„Wirtschaftsstärkung"

Ausbau des Breitband-Datenübertragungsnetzes

2500 € „Umweltprämie" beim Neuwagenkauf und gleichzeitigen Verschrotten eines min. 9 Jahre alten Wagens (5 Mrd. €)

Das Konjunkturpaket II aus dem Jahre 2009 (50 Mrd. €)

energetische Sanierung von Kindergärten, Schulen und Hochschulen (6,5 Mrd. €)

Städtebau, Lärmschutz, Verkehrswege, Krankenhäuser (7,5 Mrd. €)

Maßnahmen zur Verringerung von CO_2-Emissionen

„Zukunftsinvestitionen"

„Beschäftigungssicherung"

Kurzarbeit: Erstattung von 50% des Arbeitgeberanteils zur Sozialversicherung; leichtere Beantragung

Ausbau der Qualifizierungsmaßnahmen für Arbeitsuchende (2 Mrd. €)

5000 neue Stellen zur Arbeitsvermittlung (in Arbeitsagenturen)

✪ M 7 ● Möglichkeiten und Grenzen nachfrageorientierter Stabilisierungspolitik

In den 1970er Jahren geriet das keynesianisch-fordistische Modell weltweit in die Krise. Die Erwartungen, mit Stabilitäts- und Arbeitsförderungsgesetzen Massen-
5 und Dauerarbeitslosigkeit verhindern zu können, wurden nur noch unzureichend erfüllt.

Im Gefolge der ersten Ölkrise 1973/1974 stieg die Zahl der Arbeitslosen in Deutsch-
10 land schlagartig von 270.000 auf über eine Million an. Trotz einer günstigen konjunkturellen Entwicklung in der zweiten Hälfte der 1970er Jahre und nicht unerheblicher Konjunkturprogramme blieb ein hoher Ar-
15 beitslosensockel von über 800.000 erhalten. Die ökonomische Schule der Angebotstheoretiker [vgl. Kap. 7] sah darin den Beweis für das eklatante Versagen einer Nachfragesteuerung à la Keynes [...]. Die
20 Keynesianer wiesen zur Verteidigung ihrer Konzeption auf durchaus vorhandene Erfolge hin. So wäre ohne die massive staatliche Konjunkturstütze die Arbeitslosigkeit schon Ende der 70er Jahre deutlich über
25 die Millionengrenze angestiegen. Insbesondere das Zukunftsinvestitionsprogramm wurde als sehr erfolgreich herausgehoben, das in vier Jahren 20 Mrd. DM in Infrastrukturmaßnahmen fließen ließ und
30 damit neben einem geschätzten Beschäfti-

gungseffekt von 400.000 (Gesamtzunahme der abhängig Beschäftigten 1977 – 1980 immerhin: 931.000!) auch wichtige (infra-) strukturelle Vorleistungen für die 1980er Jahre erbrachte. [...] 35
Zum Hauptproblem der [keynesianischen] Globalsteuerung [vgl. M 2] wurde in vielen Ländern die Lohnpolitik. Sorgt der Staat über Globalsteuerung für Vollbeschäftigung, sehen sich Arbeiter und Gewerk- 40
schaften in einer starken Verhandlungsposition. Ihre hohen Lohnforderungen stoßen bei den Unternehmen auf relativ wenig Gegenwehr, da sie gute Überwälzungsmöglichkeiten der Lohnkosten auf die 45
[Verbraucher-]Preise haben. Dies wiederum führt zu Nachschlagsforderungen bei den Löhnen (sog. Zweitrunden-Effekte). In den USA und England kam es so zu zweistelligen Inflationsraten. Diese Lohn-Preis-Spi- 50
rale führt schnell zu steigenden Inflationsraten und stellt die Globalsteuerung vor das Dilemma: Vollbeschäftigung sichern oder Inflation bekämpfen [sog. Phillipskurven-Zielkonflikt]. 55

Lothar F. Neumann/Klaus Schaper, Die Sozialordnung der Bundesrepublik Deutschland, Bonn: Bundeszentrale für politische Bildung (Schriftenreihe, Band 649) 2008 (5. Auflage), Seite 130f.

Inflation und ihre Ursachen

Zu den unterschiedlichen Inflationsursachen vgl. Kap. 8.1.2.

🅗 zu Aufgabe 1b
Berücksichtigen Sie dabei, dass die Bundesregierung der Sicherung von Arbeitsplätzen eine besondere Bedeutung beimisst.

🅗 zu Aufgabe 2
Nutzen Sie für Ihre Argumentation auch die Multiplikatoreffekte unterschiedlicher fiskalpolitischer Maßnahmen. [M 4]

🅕 zu Aufgabe 2
Gestalten Sie Ihr politisches Urteil in Form eines Debattenbeitrages im Deutschen Bundestag. Wählen Sie hierfür eine politische Partei, die Ihrer Position vermutlich nahesteht.

Aufgaben

❶ a) Erläutern Sie nachfragepolitische Elemente des Konjunkturpaketes II. [M 2, M 3, M 5, M 6]

b) Analysieren Sie die beabsichtigten (ökonomischen) Wirkungszusammenhänge der nachfragepolitischen Maßnahmen mithilfe des (erweiterten) Wirtschaftskreislaufmodells. [M 5, M 6, Methodenseiten]

❷ Erörtern Sie am Beispiel des Konjunkturpaketes II Chancen und Risiken einer nachfrageorientierten Wirtschaftspolitik. [M 2, M 3, M 5 – M 7]

ORIENTIERUNGSWISSEN

**Wirtschaftliche
Schwankungen**
Kap. 6.1, M 3

Die schwankende Wirtschaftsentwicklung, die sich auch für Deutschland nachweisen lässt, ist als eine Grundtatsache von (marktwirtschaftlichen) Wirtschaftssystemen zu bezeichnen. Die Ursachen für den unstetigen Wirtschaftsverlauf können dabei struktureller (= langfristiger), konjunktureller (= mittelfristiger) oder saisonaler Natur sein.

Konjunkturzyklen
Kap. 6.1, M 4, M 5

Konjunkturelle Schwankungen sind Wachstumsschwankungen, die sich in dem Grundmuster eines Konjunkturzyklus' mit vier Phasen darstellen lassen. Ein **Aufschwung** ist gekennzeichnet durch steigendes BIP-Wachstum, sinkende Arbeitslosigkeit und steigende Kaufkraft. Zunehmende Kapazitätsauslastung bewirkt eine steigende Investitionstätigkeit, insgesamt wächst das Vertrauen in die wirtschaftliche Entwicklung („**Boom**"). Im **Abschwung** geht demgegenüber die Produktivität der Unternehmen zurück. Sie investieren aufgrund sinkender Gewinnerwartungen weniger. Um Überkapazitäten abzubauen und Kosten zu senken, werden Arbeitnehmer entlassen. Die Grundhaltung der Verbraucher und Unternehmer wird pessimistischer. Die nun einsetzende Konsumzurückhaltung verstärkt die negativen Effekte. Die Bewältigung der daraus resultierenden **Rezessionen** ist eine der größten Herausforderungen staatlicher Wirtschaftspolitik, für die es unterschiedliche Denkschulen und Konzepte gibt.

**Keynes:
Nachfrageorientierte Stabilisierungspolitik**
Kap. 6.2, M 2, M 3

Die Nachfragetheorie geht auf den englischen Nationalökonomen John Maynard Keynes zurück und sieht wirtschaftliche Schrumpfung und Arbeitslosigkeit in einer unzureichenden gesamtwirtschaftlichen Nachfrage begründet. Da der Markt allein nicht in der Lage sei, aus sich heraus das Gleichgewicht zwischen Angebot und Nachfrage herzustellen, sollte der Staat eine aktive Konjunkturpolitik betreiben und dafür sorgen, dass zusätzliche Nachfrage entsteht. Im Mittelpunkt der Maßnahmen steht daher vor allem der unmittelbare Staatskonsum (etwa durch öffentliche Aufträge für Infrastrukturmaßnahmen), aber auch Konsumanreize für private Haushalte, die durch den **Multiplikatoreffekt** verstärkt zu erneutem Wirtschaftswachstum beitragen. Die Maßnahmen seien demnach so zu treffen, dass sie in Zeiten der Hochkonjunktur die Nachfrage dämpfen und in Zeiten der Rezession die Nachfrage beleben (**antizyklische Wirtschaftspolitik**). Die dabei erforderlichen, meist durch Schulden finanzierten Mehrausgaben des Staates sollen in der Hochkonjunkturphase durch die erhöhten Steuereinnahmen zurückgeführt werden.
Die Schwächen der keynesianischen Beschäftigungspolitik werden in den zu erwartenden zeitlichen Verzögerungen zwischen den wirtschaftspolitischen Entscheidungen und ihren Wirkungen, im Ansteigen der Staatsquote und damit der Abgaben- und Steuerbelastung sowie der steigenden Staatsverschuldung (**deficit spending**) gesehen, da diese aus politischem Kalkül oft nicht abgebaut wird.

KOMPETENZEN ANWENDEN

Mit einem neuen Marshallplan aus der europäischen (Wirtschafts-)Krise?

„Die Lösung ist, das Vertrauen der Europäer wieder herzustellen – in die wirtschaftliche Zukunft ihrer Länder und von Europa als Ganzem." So beschrieb George C. Marshall 1947 den Zweck des Aufbauprogramms der USA für Europa. Wenig später hatte dieser „Marshallplan" rund 14 Milliarden US-Dollar in das vom Krieg zerstörte Europa geleitet (nach heutigem Wert 135 Milliarden Dollar).

Heute leidet Europa [...] unter den Folgen einer zerstörerischen Krise: In einigen Ländern ist jeder Vierte arbeitslos, Armut breitet sich aus. Die Kürzungspolitik [zur Konsolidierung der Staatshaushalte] führt immer tiefer in die Depression und zerstört Wirtschaftsstrukturen. Auch in Nicht-Krisenstaaten schwindet die Zukunftsfähigkeit: In Deutschland verrotten Straßen, Brücken und Abwasserkanäle vor sich hin. [...] Der Investitionsbedarf ist immens.

Deshalb schlägt der Deutsche Gewerkschaftsbund einen auf zehn Jahre angelegten neuen „Marshallplan für Europa" vor. Eine Investitionsoffensive von jährlich 260 Milliarden Euro, zwei Prozent des EU-BIP, soll die Voraussetzung für Wettbewerbsfähigkeit und wirtschaftlichen Erfolg Europas schaffen. Investitionen von jährlich 150 Milliarden Euro in erneuerbare Energien, Netze und energetische Gebäudesanierung senken den EU-Energiebedarf [...]. 60 Milliarden Euro schaffen eine nachhaltige Verkehrsinfrastruktur und angemessen ausgestattete Krankenhäuser und Schulen in Europa. Zulagen und zinsgünstige Kredite in Höhe von 30 Milliarden Euro könnten private Investitionen in Aufbau und Erhalt industrieller Strukturen fördern [...]. Die Europäische Union kann das aus eigener Kraft stemmen [...]. In Westeuropa gibt es rund 27 Billionen Euro an privatem Geldvermögen. Krisenbedingt fehlt es aber an sicheren Anlageformen – etwa für Versicherungen und Pensionsfonds. [...] Dem Investitionsbedarf in Europa steht also Anlage suchendes Kapital gegenüber.

Um beides zusammenzubringen, fordert der DGB, einen „Europäischen Zukunftsfonds", der vom Europäischen Parlament kontrolliert wird. Dieser Fonds gibt verzinsliche Anleihen aus und schafft so Anlagemöglichkeiten. Zins- und Tilgungszahlen kommen aus den Einnahmen einer Finanztransaktionssteuer. Damit der Fonds genug Kapital einsammeln kann, muss er als solventer Schuldner gelten. Dazu braucht er genug Eigenkapital, das durch eine einmalige Vermögensabgabe aufgebracht werden kann.

Der Marshallplan würde die EU-Wirtschaftsleistung um rund 400 Milliarden Euro pro Jahr erhöhen. Eine gute Grundlage für neun bis elf Millionen zusätzliche Vollzeitjobs, und zusätzliche Einnahmen an Steuern und Sozialversicherungsbeiträgen. Mit Prosperität und Wohlstand für alle wächst dann auch wieder das Vertrauen der Europäer – in die Zukunft ihrer Länder und in Europa als Ganzes.

Klaus Matecki, www.dgb.de, 17.7.2013

DGB-Marshallplan: Langfristiger jährlicher Nutzen
- für die EU 27 - in Mrd. Euro

Wachstumsimpuls
400

Steuereinnahmen
104

Sozialversicherungsbeiträge
56

Einsparungen an Arbeitslosigkeit
20

Einsparungen an Brennstoffimporten
300

Nach: www.dgb.de, 8.12.2012

Aufgaben

1. Fassen Sie die Problemdiagnose und wirtschaftspolitische Forderung des DGB zusammen.

2. Vergleichen Sie den vorgeschlagenen „neuen Marshallplan für Europa" mit der nachfrageorientierten Stabilisierungspolitik nach Keynes.

3. Nehmen Sie zur wirtschaftspolitischen Konzeption [Forderung] des DGB Stellung.

Nachhaltiges Wachstum und fairer Wettbewerb – Herausforderungen wirtschaftlicher Ordnungspolitik

Die ökonomische Basis menschlichen Zusammenlebens wird durch das Wirtschaften gelegt, das der Koordinierung bedarf. In marktwirtschaftlichen Systemen wie der Bundesrepublik Deutschland übernehmen Märkte diese Koordinierungsfunktion. Die Funktionsweise von Märkten, die Bildung von Preisen und die zugrundeliegenden Prinzipien individuellen wirtschaftlichen Handelns erarbeiten Sie in Kap. 7.1, wobei auch die Tragfähigkeit wirtschaftstheoretischer Modelle diskutiert wird.

Die Geschichte der realen Wirtschaft sowie wirtschaftspolitischer Ideen kennt unterschiedliche Vorstellungen darüber, ob es Märkte geben soll und in welcher Weise diese ggf. durch staatliche Vorgaben reguliert werden. Diese Vorstellungen lernen Sie in Kap. 7.2 kennen und unterscheiden zunächst die idealtypischen Ordnungsmodelle der Freien Markt- und der Zentralverwaltungswirtschaft. Sodann erarbeiten Sie die Konzeption der die bundesrepublikanische Wirtschaftspolitik prägenden Sozialen Marktwirtschaft und ihr zentrales Instrument – die Wettbewerbspolitik.

Für alle Wirtschaftsordnungen stellt sich die Frage, auf welche Weise wirtschaftliches Wachstum gefördert werden kann (vgl. Kap. 6). In ordnungspolitischer Hinsicht sind dabei – als Gegenmodell zur nachfrageorientierten Wirtschaftspolitik des Keynesianismus – Annahmen und Instrumente der angebotsorientierten Wirtschaftspolitik (Kap. 7.3) von Interesse.

KOMPETENZEN

Am Ende dieses Kapitels sollten Sie Folgendes wissen und können:

... Markt- und ökonomische Verhaltensmodelle erläutern und hinsichtlich ihrer Eignung zur Erklärung wirtschaftlicher Zusammenhänge beurteilen.

... Idealtypen von Wirtschaftsordnungen sowie die Konzeption des Wirtschaftssystems der Bundesrepublik Deutschland („Soziale Marktwirtschaft") aspektorientiert darstellen.

... die wirtschaftspolitische Position der Angebotsorientierung (nach Milton Friedman) hinsichtlich ihrer Grundannahmen und maßgeblichen Instrumente erläutern.

... wirtschaftspolitische Maßnahmen und Ordnungsvorstellungen unter Berücksichtigung historischer Erfahrungen sowie der zu Grunde liegenden Vorstellungen über ökonomisches Handeln beurteilen und bewerten.

Was wissen und können Sie schon?

1 Beschreiben Sie die Gemeinsamkeiten und Unterschiede der dargestellten Märkte. Berücksichtigen Sie dabei mindestens die Marktteilnehmer, die gehandelten Produkte sowie das Zustandekommen von Preisen.

2 Diskutieren Sie, ob einzelne dieser Märkte bestimmte Regeln benötigen, um für alle Beteiligten optimal zu funktionieren. Wie sollten diese Regeln ausgestaltet sein?

7.1 Wie Unternehmen und Konsumenten auf Märkten (inter)agieren – neoklassische Annahmen

Basiskonzepte	Fachkategorien	Leitfragen
Akteure und deren Dispositionen	Nutzen, Kosten	· Wie handeln Konsumenten und Unternehmen, um ihre Ziele und Wirtschaftspläne auf Märkten zu realisieren?
System und Struktur	Koordination und Interdependenz durch Märkte	· Wie werden die Wirtschaftspläne und divergierenden Ziele von Konsumenten und Unternehmen auf Märkten koordiniert?

7.1.1 Wie verhalten sich Nachfrager und Anbieter auf Märkten?

M 1 ● Saisonaler Schlussverkauf

M 2 ● Individuelle Nachfrage und Preis – eine Abhängigkeit

Nachfrage eines Haushalts nach Spargel (Klasse 1) in Abhängigkeit vom Preis in tabellarischer Übersicht und in Preis-Konsum-Kurve:

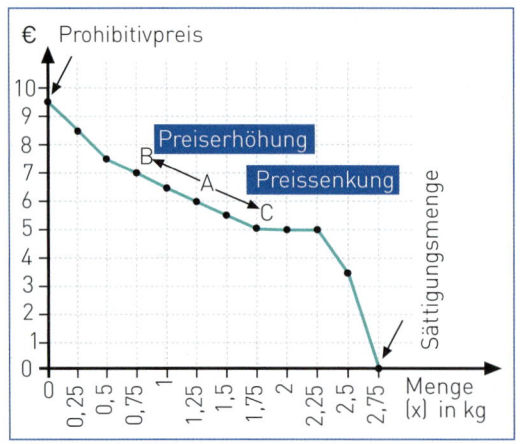

Preis je kg (in €)	Nachgefragte Menge (in kg)
9,50	0
8,50	0,25
7,50	0,5
7,00	0,75
6,50	1
6,00	1,25
5,50	1,5
5,00	1,75
3,50	2,5
0	2,75

Info

Die Ceteris-paribus-Klausel

Sowohl das Angebot als auch die Nachfrage nach Gütern ist von einer Vielzahl von Faktoren abhängig. Angebotsfaktoren können je nach Gut z. B. die Produktionskapazitäten der Unternehmen, der Preis für das Gut und der für andere (alternativ herstellbare) Güter und die Zahl der Anbieter sein. Aufseiten der Nachfrage sind ebenfalls die Preise sehr bedeutsam; dazu kommen die Haushaltsvermögen und -einkommen und die Bedürfnisstrukturen bzw. Nutzeneinschätzungen der privaten Haushalte. Da niemals alle Faktoren im Modell abgebildet werden können, untersuchen Wirtschaftswissenschaftler nur die Zusammenhänge zwischen einzelnen Größen mithilfe der Ceteris-paribus-Klausel: Ceteris-paribus (lateinisch für „wobei die übrigen Dinge gleich sind") bedeutet, dass ein Ökonom eine hypothetische Situation konstruiert, in der alle Faktoren konstant bleiben mit Ausnahme des zu untersuchenden Faktors. So kann man in der Theorie den Preis aufgrund von Nachfrage- oder Angebotsänderungen genau bestimmen.

Autorentext

M 3 ● Preisänderung = Nachfrageänderung

1. Der Begriff der **direkten Preiselastizität der Nachfrage** kennzeichnet das Ausmaß, in dem die Konsumenten ihr Nachfrageverhalten den Marktbedingungen und -ge-
5 schehnissen anpassen. Die Nachfrage ist **elastisch**, wenn Preisveränderungen eine signifikante Nachfrageveränderung nach sich ziehen, also beispielsweise Konsumenten ihre Nachfrage nach einem Produkt
10 nach einer deutlichen Preissteigerung erkennbar drosseln. Nur Güter, auf die man verzichten kann, (Luxusgüter) oder die man ersetzen kann, weisen eine hohe Elastizität auf. Die Nachfrage ist **unelastisch**,
15 wenn Preisveränderungen keine oder nur minimale Nachfrageveränderungen nach sich ziehen. Dies gilt insbesondere für lebensnotwendige Güter.

2. Als **Einkommenselastizität der Nachfrage** wird die Stärke der Nachfrageveränderung 20 bei einem Gut aufgrund von Einkommensänderungen bezeichnet. Bestimmte substituierbare Nichtluxusgüter würden bei steigendem Einkommen gegeneinander ersetzt. Das ausgetauschte nennt man auch **inferiores** 25 **Gut** (untergeordnetes; z.B. Supermarktkaffee), das neu nachgefragte auch **superiores Gut** (übergeordnetes; z.B. frisch gemahlener, fair gehandelter Biokaffee). Bei Lohnzuwächsen kann es überdies z. B. zu einer erhöhten 30 Luxusgutnachfrage kommen.

Autorentext

M 4 ● Anbieten, was teuer wird?

Stellen Sie sich vor, Sie wären der Inhaber von „Studenten-Eis", einer kleinen Unternehmung zur Herstellung und zum Verkauf von Speiseeis. Wovon wird die Menge
5 an Speiseeis abhängen, die Sie herstellen und verkaufen möchten? Hier sind einige mögliche Antworten:

Preis
Der Preis ist gewiss eine der Bestimmungsgrößen des Angebots. Wenn der Preis von 10 Speiseeis hoch ist, lohnt sich der Verkauf noch mehr als bei dem zuvor gegebenen niedrigen Preis. Ohne dass man Näheres über die Produktions- und Kostenfunktion weiß, wird man denken, dass bei höherem 15 Preis eine größere Menge angeboten wird. Als Eishersteller mit der Studenten-Firma würden Sie wohl Ihre tägliche Arbeitszeit ausdehnen, einige zusätzliche Eismaschi-

Wann lohnt sich das Angebot von Speiseeis?

20 nen kaufen und Arbeitskräfte einstellen. Im Gegensatz dazu würden Sie wohl bei einem niedrigeren Preis und einer insgesamt weniger profitablen Speiseeisherstellung eher kleinere Mengen anbieten. Fiele 25 der Marktpreis unter Ihre Stück- oder Durchschnittskosten, so wären Verluste vorprogrammiert. Unterschreitet der vom Markt gegebene Verkaufspreis Ihre Gewinnschwelle, so bieten Sie die Menge null 30 an; vielleicht ziehen Sie sich sogar aus dem Markt zurück. Da die angebotene Menge bei steigendem Marktpreis ansteigt und bei fallendem Marktpreis zurückgeht, sagt man, die Angebotsmenge ist positiv vom 35 Preis abhängig. Diese funktionale Verknüpfung zwischen Preis und angebotener Menge nennt man das Gesetz des Angebots: Bei sonst unveränderten Randbedingungen (ceteris paribus) steigt
40   die angebotene Menge eines Gutes bei steigendem Preis des Gutes.

Kosten

Die Firma „Studenten-Eis" benötigt verschiedene Inputs

oder Faktoreinsätze, die von Beschaffungsmärkten stammen und die Kosten der Produktion ausmachen. Manches wird fortlaufend zur jeweiligen Produktion passend eingekauft: Sahne, Zucker, Aroma- 50 stoffe, Arbeitseinsatz von Aushilfskräften. Anderes wird per Investition für mehrere Perioden beschafft: Eismaschinen, Fabrikgebäude und Arbeitseinsätze des Stammpersonals. Wenn die Einkaufspreise stei- 55 gen, drückt dies ebenso auf den Gewinn wie ein Rückgang der Verkaufspreise. Sehr große und dauerhafte Erhöhungen der Einkaufspreise können die Existenz der Unternehmung auf ähnliche Weise gefährden 60 wie die oben erörterten Einbrüche beim Verkaufspreis. Halten wir fest: Die produzierte und angebotene Menge eines Gutes ist negativ mit den Einkaufs- oder Input-Preisen verknüpft.

65

Technologie

Eine weitere Einflussgröße der Angebotsmenge ist die Technologie für die Umwandlung der Inputs in Speiseeis. So hat z. B. die Erfindung einer mechanisierten 70 Eismaschine den bei der Eisherstellung notwendigen Arbeitseinsatz stark reduziert. Technologischer Fortschritt senkt die Produktionskosten und erhöht – ceteris paribus – die angebotene Gütermenge. 75

Erwartungen

Die von Ihnen heute produzierte und angebotene Menge an Speiseeis mag von Ihren Zukunftserwartungen abhängen. Wenn Sie z. B. einen kräftigen Anstieg des Markt- 80 preises in der nahen Zukunft erwarten, werden Sie von der gegenwärtigen Produktion einiges einlagern und nicht sofort anbieten.

Nach: N. Gregory Mankiw, Mark P. Taylor, Grundzüge der Volkswirtschaftslehre, übersetzt von Marco Herrmann, Adolf Wagner, 5. Auflage, Stuttgart 2012, S. 88 ff.

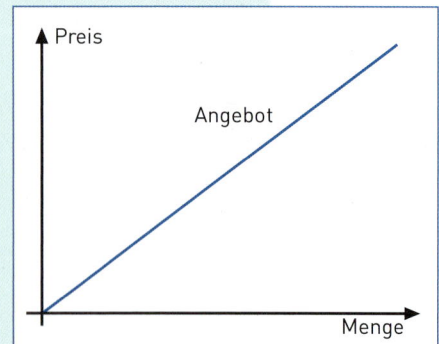

Die Angebotskurve

M 5 ● Wie hängen Preise und Marktangebot zusammen?

Entsprechend der Marktnachfrage versteht man unter dem Marktangebot die Summe der individuellen Angebote für ein Gut. Mit steigendem Preis eines Gutes wächst
5 die Angebotsmenge dieses Gutes. Da sich die Gewinnchancen verbessern, lasten die Anbieter ihre Kapazitäten weiter aus oder vergrößern sie sogar. Weitere Anbieter treten in den Markt ein. Bei sinkendem Preis
10 eines Gutes wird auch die angebotene Menge sinken, da sich zunehmend mehr Anbieter aus dem Markt zurückziehen oder zumindest ihre Angebotsmenge verringern, da es sich aus Kostengründen nicht
15 mehr lohnt, weiter die gleiche Menge zu produzieren.
Entsprechend zur Preiselastizität der Nachfrage (M 3) bezeichnet man das Angebot als elastisch, wenn es stark auf eine Preis-

änderung reagiert. Reagiert die Angebots- 20
menge kaum merklich auf Preisänderungen, so gilt das Angebot als unelastisch.

Beispiel Nachhilfe
Ein Schüler bietet Mathematiknachhilfe für Mittelstufenschüler an. Er hat zur Zeit fünf 25 Nachhilfeschüler und verlangt 10 Euro pro Stunde. Da er dadurch zeitlich stark belastet ist, bleibt ihm kaum noch Freizeit. Er wird deshalb einen weiteren Nachhilfeschüler nur annehmen, wenn er von die- 30 sem einen höheren Preis erhält (die Opportunitätskosten für die letzte angebotene Nachhilfestunde sind höher als die der vorhergehenden). Das Angebot steigt also bei steigendem Preis. 35

Autorentext

i)
In neuen, breit veröffentlichten Studien wird gezeigt, dass Apfelsaft gesundheitlich wertvoller ist, als bisher angenommen wurde.

ii)
Die Apfelernte ist viel schlechter als in den vergangenen Jahren.

iii)
Apfelsaft wird zum Trendgetränk.

Info

Grenzkosten und Grenzerlös

Grenzkosten: der Kostenzuwachs der Gesamtkosten (fixe und variable Kosten), der entsteht, wenn bei einer bestimmten Produktionsmenge eine weitere Gütereinheit hergestellt wird.
Grenzerlös: der zusätzliche Erlös, den ein Unternehmen durch die Produktion bzw. den Absatz einer zusätzlichen Gütereinheit erzielt.
Solange die Grenzkosten für die Herstellung einer jeweils weiteren Gütereinheit geringer sind als die Grenzerlöse, bringt die Produktionserhöhung für das Unternehmen einen Gewinn.

Achim Pollert u. a., Das Lexikon der Wirtschaft, Grundlegendes Wissen von A-Z, Mannheim 2013, S. 67 f.

Aufgaben

❶ a) Beschreiben Sie die typische Schlussverkaufssituation (M 1) hinsichtlich des angebotenen Sortiments sowie der Verkaufspreise.

b) Erläutern Sie, warum der Schlussverkauf sowohl für Konsumenten als auch Unternehmen ökonomischen Nutzen aufweist.

❷ Arbeiten Sie die Gesetzmäßigkeiten des Nachfrageverhaltens auf Märkten heraus. (M 2, M 3)

❸ Arbeiten Sie am Beispiel der Firma „Studenten-Eis" die Faktoren heraus, die das Angebotsverhalten von Unternehmen bestimmen. (M 4, M 5)

❹ Erläutern Sie, wie sich die dargestellten Ereignisse (Randspalte) auf das Nachfrager- bzw. Anbieterverhalten auf dem Apfelsaftmarkt in Deutschland auswirken.

Ⓗ zu Aufgabe 2
Nutzen Sie dabei die Begriffe Marktnachfrage, Grenznutzen, Preis und Preiselastizität der Nachfrage.

Ⓗ zu Aufgabe 3
Verwenden Sie dabei die Begriffe Angebot, Kosten, Erwartungen, Grenzkosten und Grenzerlös.

Ⓜ zu Aufgabe 2 und 3
Bearbeiten Sie die Aufgaben 2 und 3 in Form eines Partner- oder Gruppenpuzzles:
a) Erarbeiten Sie arbeitsteilig Ihr Expertenwissen zum Anbieter- bzw. Nachfrageverhalten.
b) Vermitteln Sie sich gegenseitig dieses Expertenwissen in gemischten Paarungen bzw. Gruppen.

Ⓗ zu Aufgabe 4
Berücksichtigen Sie dabei auch die Preiselastizität der Nachfrage.

7.1.2 Wie werden die Aktivitäten von Anbietern und Nachfragern koordiniert?

M 6 ● Wie Angebot und Nachfrage den Preis bestimmen

Das **Gleichgewicht** findet man da, wo sich Angebots- und Nachfragekurve schneiden (a). Beim Gleichgewichtspreis entspricht die angebotene Menge der nachgefragten
5 Menge. Hier beträgt der Gleichgewichtspreis € 2,– (je Kugel Eiscreme): Zu diesem Preis werden 7 Kugeln Eiscreme angeboten und 7 Kugeln Speiseeis nachgefragt.

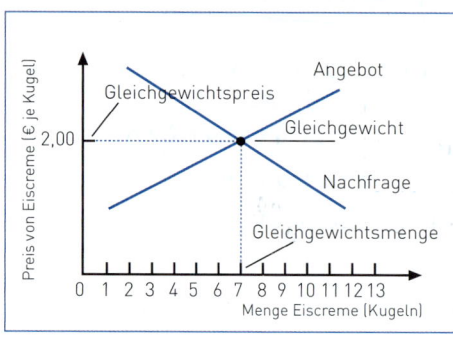

Märkte abseits des Gleichgewichts
10 Im Diagramm (b) herrscht ein Angebotsüberschuss. Da der Marktpreis von € 2,50 über dem Gleichgewichtspreis liegt, übersteigt die angebotene Menge (10 Kugeln) die nachgefragte Menge (4 Kugeln). Die
15 Anbieter versuchen, den Absatz durch Preissenkungen zu steigern; und dies verändert den Preis in Richtung auf den Gleichgewichtspreis.
Wenn der Marktpreis von € 1,50 unter dem
20 Gleichgewichtspreis liegt, übersteigt die

nachgefragte Menge (10 Kugeln) die angebotene Menge (4) (Nachfrageüberschuss). Da zu viele Käufer Jagd auf die zu geringe Gütermenge machen, können die Anbieter den Preis erhöhen, so führen 25 Anpassungsbewegungen auch hier zum Marktgleichgewicht.

Wie ein Angebotsrückgang das Gleichgewicht verändert
Ein Ereignis, das die Angebotsmenge zu je- 30 dem beliebigen denkbaren Preis vermindert, bewirkt eine Linksverschiebung der Angebotskurve (c). Der Gleichgewichtspreis steigt und die Gleichgewichtsmenge sinkt. Annahmegemäß habe ein Erdbeben die 35 Angebotskurve von A1 nach A2 verschoben und dadurch den Gleichgewichtspreis von € 2,– auf € 2,50 ansteigen sowie die Gleichgewichtsmenge von 7 auf 4 Stück absinken lassen. Ein Ereignis, das die Nach- 40 fragemenge zu beliebigen denkbaren Preisen erhöht (z.B. ein ungewöhnlich heißer Sommer), bewirkt eine Rechtsverschiebung der Nachfragekurve. Sowohl der Gleichgewichtspreis als auch die Gleichgewichts- 45 menge steigen.

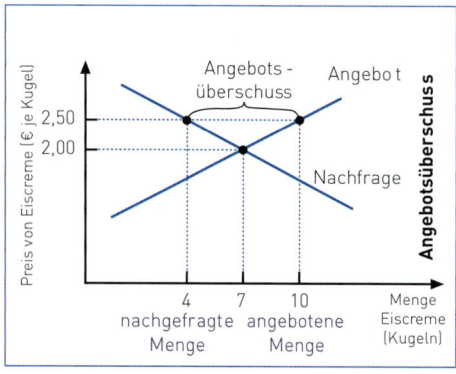

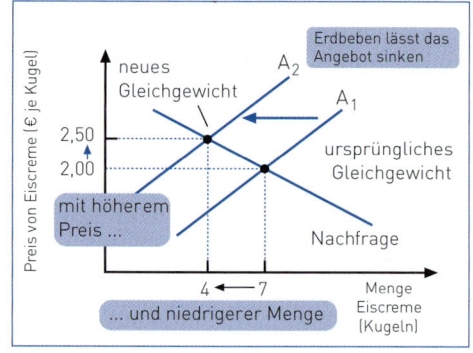

Nach: N. Gregory Mankiw, Mark P. Taylor, Grundzüge der Volkswirtschaftslehre, übersetzt von: Marco Herrmann, Adolf Wagner, 5. Auflage, Stuttgart 2012, S. 93 ff.

M 7 ● Welche Funktionen haben Preise auf Märkten?

In einer Marktwirtschaft erfüllen die Preise wichtige Funktionen bei der Steuerung und Koordinierung des Marktgeschehens:

Information
Die Preise informieren über den relativen Knappheitsgrad der einzelnen Güter und Dienstleistungen. Die Preise werden deshalb auch als Knappheitsindikatoren bezeichnet. Sie spiegeln die Wertschätzung für einzelne Güter und Dienstleistungen wider. Der Preismechanismus bewertet so die wirtschaftlichen Leistungen für eine Gesellschaft. Unternehmen, die Gewinne erwirtschaften, verbessern die Knappheitssituation. Unternehmen, die Verluste verzeichnen, verzehren mehr Werte, als sie herstellen.

Koordination und Ausgleich
Preisveränderungen sorgen tendenziell dafür, dass sich Angebot und Nachfrage ausgleichen. Die Preisbildung ist ein fortlaufender Prozess, da sich die Bedürfnisse und Knappheitsverhältnisse ständig verändern.

Funktionen

Anreiz und Lenkung
Die Preise lenken die Produktionsfaktoren Arbeit und Kapital (in Form von Rohstoffen und Maschinen) an den Ort, wo die Nachfrage und damit die erzielbaren Einkommen am höchsten sind. Somit ist ein ständiger Anreiz gegeben, sich in der Produktion knapper Güter besonders zu engagieren und knappe Produktionsfaktoren (z. B. Energie) besonders sparsam einzusetzen. Gleichzeitig stellen hohe Preise einen Anreiz dar, das Angebot ständig zu optimieren und neue Waren herzustellen.

Zuteilung und Auslese
Auf der Nachfrageseite teilen die Preise das Angebot den Nachfragern zu, die bereit sind, den jeweiligen Angebotspreis zu akzeptieren. Auf der Angebotsseite können nur diejenigen bestehen, die zumindest kostendeckend anbieten. Somit hat der Preis sowohl auf der Nachfrage- als auch auf der Angebotsseite eine Auslesefunktion.

Nach: Werner Heiring, Walter Lippens, Im Kreislauf der Wirtschaft, Einführung in die Volkswirtschaftslehre, Köln 2002, S. 91 f.

Aufgaben

1 Erläutern Sie die ökonomischen Hintergründe der in M 1 dargestellten Rabattaktion. (M 6)

2 Erklären Sie die Wirkung eines Nachfrageüberschusses bzw. einer Nachfragesteigerung für die Anbieter und die Nachfrager. (M 6)

3 Erläutern Sie am Beispiel eines Marktes (z.B. Smartphones, Schwarzmarkt für Fußball-Tickets, Speiseeis) die Funktionen von Preisen.

⭐ 4 Es gibt Märkte, auf denen der Preis seine Funktion ganz oder teilweise eingebüßt hat. Charakterisieren Sie, welche Bedingungen auf der Anbieterseite zur Einschränkung der Preisfunktionen führen (können) und welche Auswirkungen diese Einschränkungen für die Nachfrager haben. (M 7)

7.1.3 Sind Menschen rationale Nutzenmaximierer? Das Modell des homo oeconomicus in der Diskussion

M 8 ● Homo oeconomicus – die ökonomische Verhaltenstheorie

Was genau ist unter der „ökonomischen Verhaltenstheorie" zu verstehen? Hier sind sechs wesentliche Elemente zu nennen:

1. Die ökonomische Verhaltenstheorie trifft
5 Aussagen über Entscheidungen und Handlungen von Individuen. Dabei bildet sie nicht „jedes beobachtbare Verhalten von Individuen und nicht [das] beobachtete Verhalten jedes einzelnen Individuums" ab.
10 Vielmehr bietet sie Mustererklärungen an, die für sich in Anspruch nehmen, für große Gesamtheiten das übliche Verhalten vieler Menschen (nicht eines Durchschnitts!) zu erklären. So mag es immer auch beobacht-
15 bare Fälle/Situationen geben, in denen einzelne Menschen sich anders entscheiden bzw. anders handeln als von der Theorie für die Mehrheit prognostiziert.

2. Die ökonomische Verhaltenstheorie er-
20 klärt Entscheidungen und Handlungen von Menschen aus einem Zusammenspiel von (individuellen) Präferenzen – das sind Wünsche, Ziele, Werte usw. – und überindividuellen Rahmenbedingungen [...]. Nicht
25 jedes Ziel kann (sofort) erreicht werden. Restriktionen begrenzen den Handlungsraum von Individuen. Nicht immer reicht das Einkommen, um der Tochter den Wunsch nach einem Pferd zu erfüllen; und
30 isst jemand gerne Fisch, auf dem Büfett findet sich jedoch nur Fleisch, Wurst und Salat, dann kann er – auch wenn er es möchte – keinen Fisch essen. Individuelle Ziele werden – nach einer Formulierung
35 von Homann und Suchanek – „unter Nebenbedingungen" verfolgt.

3. Wie wählen Menschen nun aus vielen möglichen Optionen ihre Handlungen aus? Die ökonomische Verhaltenstheorie unter-
40 stellt, dass Menschen dies nicht immer wieder willkürlich, sondern nach einem bestimmten Muster tun: Sie entscheiden sich rational unter den Möglichkeiten, die ihnen ins Blickfeld geraten, i. d. R. syste-
45 matisch für die für sie vorteilhafteste Alternative. Aber Achtung: Dies bedeutet nicht, dass die gewählte Handlungsoption objektiv die beste ist: Schon die Lebensweisheit „Hinterher ist man immer schlau-
50 er!" zeigt, dass man sich auch trotz (vermeintlich) guter Argumente falsch entscheiden kann. Es kommt also auf die wahrgenommenen (entdeckten) Möglichkeiten und deren Bewertungen durch die
55 Individuen an. Unter diesen wird dann diejenige verfolgt, die die kostengünstigste Erreichung des Ziels verspricht. Dabei bezieht sich „Kosten" nicht nur auf monetär messbare Größen wie Ausgaben, Verlust
60 usw. [...], vielmehr unterstellt die ökonomische Verhaltenstheorie auch die Einbeziehung immaterieller Größen wie Prestige, Zeit, Macht, Status usw. in die individuelle Nutzenabwägung.

65 4. Nun haben in der ökonomischen Verhaltenstheorie die beiden Erklärungsvariablen – Präferenzen und Restriktionen – einen unterschiedlichen Rang: Wenn auch beide Faktoren das Handeln beeinflussen, so er-
70 klärt die ökonomische Verhaltenstheorie das Verhalten der Menschen mit den Anreizen, denen diese ausgesetzt sind, und somit auch Verhaltensveränderungen zunächst nicht mit einer Veränderung der
75 Präferenzen, sondern mit Veränderungen der Restriktionen bzw. der (äußeren) Handlungsanreize. [...] Rahmenbedingungen (und vor allem deren Veränderungen) lassen sich viel leichter ermitteln und beob-
80 achten als individuelle Präferenzen. Werden Ökonomen um Empfehlungen gebeten, wie bestimmte Missstände zu entschärfen sind, so raten sie ebenfalls zu Veränderungen der Handlungsbedingungen, da diese
85 i. d. R. leichter und sicherer zu bewerkstelligen sind als die Beeinflussung unzähliger individueller Einstellungen.

5. Daher untersucht die ökonomische Ver-

haltenstheorie eher Situationen als Perso-
90 nen: Deren Ziele werden als mittelfristig
konstant angesehen. Was dann das Handeln beeinflusst und Handlungsverände-
rungen hervorruft, sind die (Veränderungen der) Rahmenbedingungen bzw. Anreize
95 in der jeweiligen Handlungssituation.
6. Wenn sich die ökonomische Verhaltenstheorie auf individuelle Entscheidungen
und Handlungen bezieht [sog. methodolo-
gischer Individualismus], welchen Beitrag
100 kann sie dann zur Erklärung gesellschaftlicher Phänomene, zum Verhalten von
Gruppen, von Kollektiven leisten? Der Ansatz der ökonomischen Verhaltenstheorie
führt kollektives Verhalten bzw. dessen
105 Auswirkungen (bspw. Umweltbelastungen)
stets auf das Verhalten/die Handlungen
von Individuen zurück. Parteien, Gewerkschaften, Verbände usw. entscheiden und
handeln nicht wie eine Person, sondern
110 Stellungnahmen und das Verhalten dieser

Gruppen ergeben sich aus dem Zusammenspiel des Verhaltens ihrer einzelnen Mitglieder. Diese wiederum, so unterstellt die
ökonomische Verhaltenstheorie, folgen
auch innerhalb ihrer Verbände rational ih- 115
ren jeweils eigenen Interessen.

Andreas Zoerner, Unterricht Wirtschaft, Heft 22,
2/2005, S. 27

Info

Opportunitäts-/Alternativkosten

Bei Opportunitätskosten handelt es sich um die Kosten (bzw. besser den
entgangenen Nutzen), die jeder (ökonomische) Akteur in Kauf nimmt,
wenn er eine (wirtschaftliche) Entscheidung für etwas und damit gegen
die denkbaren Alternativen trifft (daher: Alternativkosten). Wenn also
das Taschengeld für neue Kleidung, die Aufrüstung des PCs oder Kon-
zertkarten eingesetzt und nicht auf einem Bankkonto gespart wird, sind
die Opportunitätskosten einerseits die entgangenen Zinsgewinne (möglicher Opportunitätserlös) und andererseits die Möglichkeit, das gespar-
te Geld später für etwas anderes ausgeben zu können.

Autorentext

M 9 ● Ökonomisches Verhalten im Experiment

Wir [Forscher des Massachusetts Institut of
Technology] stellten vor einem großen öffentlichen Gebäude einen Tisch auf und
boten zwei Sorten Schokolade an – Lindt-
5 Trüffel und Hershey's Kisses. Über dem
Tisch stand auf einem großen Plakat:

„Eine Praline pro Kunde." Wenn die potenziellen Kunden näher traten, konnten sie
die beiden Sorten und ihren Preis sehen.
10 [...] Die Schokotrüffel von Lindt gelten als
besonders hervorragend [...]. Sie kosten in
den USA pro Stück etwa 50 (Dollar-)Cent,
wenn man sie lose kauft. Die Hershey's
Kisses hingegen [...] sind [...] ziemlich ge-
15 wöhnlich: Hershey produziert davon täg-

lich 80 Millionen Stück. [...]
Als wir den Preis für eine
Lindt-Trüffel auf 15 ct fest-
setzten und den für einen
Hershey's Kiss auf 1 ct [...],
verglichen unsere Kunden
den Preis und die Qualität der Hershey-
Praline mit dem Preis und der Qualität der
Lindt-Trüffel und trafen dann ihre Wahl:
Etwa 73 Prozent wählten eine Trüffel und 25
27 Prozent einen Kiss.
Anschließend [...] boten wir
die Lindt-Trüffel für 14 ct
und den Kiss gratis an. Würde nun ein anderes Ergebnis
herauskommen? [...] An die
69 Prozent unserer Kunden

entschieden sich für den Gratis-Kiss, während die Lindt-Trüffel regelrecht abstürzte:
Der Anteil der Kunden, die sich für sie ent- 35
schieden, sank von 73 auf 31 Prozent.

Dan Ariely, Denken hilft zwar, nützt aber nichts, über-
setzt von: Gabriele Gockel, Maria Zyback, München
2008, S. 77 f.

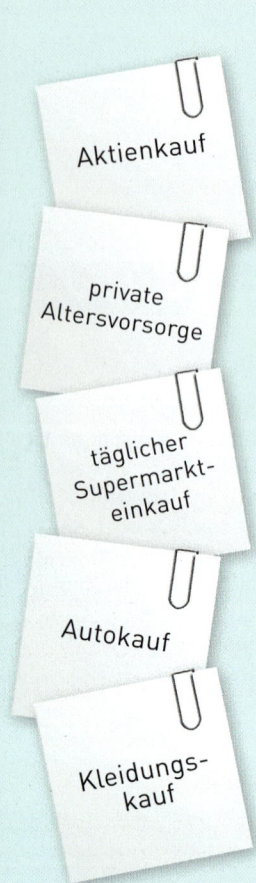

Aktienkauf

private Altersvorsorge

täglicher Supermarkt-einkauf

Autokauf

Kleidungs-kauf

M 10 ● Abschied vom homo oeconomicus? Die Verhaltensökonomik

Die vielfältigen Forschungsergebnisse der Verhaltensökonomik zeigen immer wieder systematische Abweichungen von dem, was man auf Grund rationaler Entschei-
5 dungsfindung erwarten würde.

Diese Ergebnisse lassen sich in fünf Punkten zusammenfassen. Erstens können Menschen gar nicht perfekt rational entscheiden, weil ihnen in der Praxis die Voraussetzungen da-
10 für fehlen. Sie verfügen weder über alle notwendigen Informationen noch sind ihre Zielsetzungen (Präferenzen) stabil. Bei ihren Entscheidungen orientieren sie sich vielmehr an erprobten und bewährten Heuristiken
15 [vereinfachende Erklärungstechniken], nach denen Verhaltensweisen zustande kommen, die vom Rationalverhalten deutlich abweichen können. Derartige Alltagsheuristiken bestehen darin, dass man sich erstens mit
20 befriedigenden Alternativen anstelle einer optimalen zufrieden gibt (satisficing), man sich an hervorstechenden Merkmalen orientiert (Repräsentativität) oder auch verschiedenen Schemata folgt, Ankersituationen be-
25 vorzugt, bei Gewinnchancen Verzerrungen in Kauf nimmt oder einfach Verluste vermeidet. Menschen streben zweitens nicht immer nur nach Vorteilen, sie zeigen häufig auch ein beachtlich starkes Gefühl der Fairness/
30 Gerechtigkeit. Daraus lassen sich ethisch begründete Abweichungen vom logisch rationalen Handeln ableiten [...], so die Neigung der Menschen, anderen möglichst wenig schaden zu wollen (no harm). Auch zeigt es

sich häufig, dass Menschen einen kurzfristi- 35 gen, schnell zu erzielenden Nutzen einem langfristigen späteren vorziehen (fixed pie), dass sie sich gerne am Herkömmlichen, am Gewohnten orientieren (status quo), dass sie Fremden gegenüber Vorbehalte zeigen und 40 dass sie ihre subjektiven Ansprüche legitimer einschätzen als die anderer Leute [...]. Darüber hinaus verfügen Menschen drittens nur über ein begrenztes Maß an Selbstkontrolle, so dass sie [...] nur begrenzt längerfris- 45 tig planen und daher rational entscheiden können, Außerdem unterliegen sie viertens einem hohen Konformitätsdruck, weil sie ihr Verhalten am Verhalten anderer Leute messen und mit diesen „mithalten" wollen. Darin 50 zeigt sich u. a., dass sie fünftens auch andere als rationale Ziele verfolgen und gelegentlich intrinsischen Motivationen, z. B. der sozialen Wertschätzung, den Vorzug vor rationalen geben. 55
Diese Beobachtungen und Einwendungen gegen das neoklassische Modell des *homo oeconomicus* dürfen allerdings nicht in dem Sinne missverstanden werden, als ob die Verhaltensökonomik daraus schlussfol- 60 gern würde, die Menschen verhielten sich bei ihren ökonomischen Entscheidungen schlichtweg irrational. [...] Menschen handeln in konkreten ökonomischen Situationen nicht irrational, sondern eben be- 65 schränkt rational.

Toni Pierenkemper, Geschichte des modernen ökonomischen Denkens, Göttingen 2012, S. 214-216

Aufgaben

❶ Geben Sie die zentralen Annahmen des homo oeconomicus-Modells wieder. (M 8)

❷ Überprüfen Sie, inwieweit die Ergebnisse der ökonomischen Experimente (M 9) mit dem Modell des Homo oeconomicus (M 8) erklärt werden können.

❸ a) Entwickeln Sie verallgemeinerte, möglichst realitätsnahe Annahmen über das ökonomische Verhalten von Menschen in den in der Randspalte angegebenen Situationen.

  b) Vergleichen Sie Ihre Annahmen über das menschliche Verhalten mit den Erkenntnissen der Verhaltensökonomik. (M 10)

❹ Beurteilen Sie vergleichend den Erklärungswert des *Homo oeconomicus*-Modells und den der Verhaltensökonomie für menschliches Agieren in wirtschaftlichen Entscheidungssituationen. (M 1 - M 5, M 8 - M 10)

Ⓗ zu Aufgabe 4
Berücksichtigen Sie folgende Aussage: Die „Vertreter [der Verhaltensökonomik] können lediglich auf Unzulänglichkeiten des Standardmodells [homo oeconomicus] [...] verweisen und Vorschläge zu einer systematischen Erweiterung des Modells unterbreiten." [Pierenkemper, a.a.O., S. 216]

ORIENTIERUNGSWISSEN

Es existieren mehrere Relationen zwischen dem Preis und der Gesamtnachfrage eines Guts: Erstens sinkt die Nachfrage bei steigendem Preis (die Nachfragekurve fällt). Zweitens hängt die Nachfrage von der Ersetzbarkeit des verteuerten Gutes durch ein sog. Substitutionsgut ab. Drittens könnte die Nachfrage bei Einkommenserhöhungen der Konsumenten steigen (**Nachfrageelastizität**).

Das Angebot wird im Falle der Preissteigerung nur so lange erhöht, bis die **Grenzkosten** des Angebots (= Kosten der letzten produzierten Einheit) nicht über dem **Grenzerlös** liegen (= Erlös der letzten produzierten Einheit). Der Grenzerlös entspricht dabei dem Marktpreis.

Einflüsse des Preises auf Nachfrage und Angebot
M 3 – M 5

Unter den (theoretischen) Bedingungen vollständiger Konkurrenz und Information kann man die Preisentwicklung mittels Angebots- bzw. Nachfrageverschiebungen erklären. Dabei nimmt man im Modell alle anderen Einflussfaktoren als konstant an (Ceteris-paribus): Auf einem idealen Markt pendelt sich der Preis für ein Gut beim sogenannten **Gleichgewichtspreis** (Schnittpunkt aus Angebots- und Nachfragekurve) ein. Die angebotene Menge wird zu diesem Preis exakt nachgefragt (**Markträumung**). Dieses standardökonomische Modell des Preismechanismus hat den Vorteil der Komplexitätsreduktion, bildet aber tatsächlich Entstehungsprozesse von Preisen nur unzureichend ab.

Der Preis informiert Anbieter und Nachfrager über die Knappheit eines Gutes (**Informationsfunktion**). Dadurch entstehen Anreize, die Produktion zu erhöhen oder zu drosseln (**Lenkungsfunktion**). Auch „entscheidet" der Preis, welche Nachfrager ein Gut erhalten können (**Zuteilungs- und Auslesefunktion**).

Bildung und Funktion von Preisen
M 6, M 7

Das Verhaltensmodell des Homo oeconomicus ist ein theoretisches Modell zur Beschreibung des Verhaltens von Akteuren in ökonomischen Entscheidungssituationen. Es wird postuliert, dass sich der ökonomisch handelnde Mensch auf der Basis **umfassender Informationen** und **stabiler Präferenzen** egoistisch bzw. seinen **eigenen Nutzen maximierend** verhält. Die **rationale Nutzenabwägung** stellt dabei beispielsweise die **Opportunitätskosten** und somit den Nutzenverlust der nicht gewählten Option in Rechnung.

Das Bild des homo oeconomicus wird durch die vor allem experimentelle Forschung der **Verhaltensökonomik** ergänzt bzw. modifiziert. Diese Ansätze können zeigen, dass der ökonomisch handelnde Mensch selten rationale Entscheidungen trifft; viel stärker werden diese von psychologisch erklärbaren **verzerrten Wahrnehmungen** (z.B. „Status Quo Bias" beim Kauf des immer gleichen Produktes, „Herdentrieb" beim Run auf bestimmte, möglicherweise jedoch überbewertete Aktien) sowie individuellen bzw. kollektiven **Werthaltungen (Fairness und Gerechtigkeit)** beeinflusst.

Das neoklassische ökonomische Verhaltensmodell
(Homo oeconomicus)
M 8, M 10

KOMPETENZEN ANWENDEN

Preisbildung und Bieterverhalten bei Auktionen

„Drei, zwei, eins – meins" freuen sich die Käufer in der Werbung des Internet-Auktionshauses Ebay und wirken wie glückliche Sieger. Vermutlich haben sie noch nie et-
5 was vom Fluch des Siegers gehört, sonst wäre ihr Jubel verhaltener: Die Grundidee des Fluches des Siegers ist nämlich, dass derjenige, der eine Auktion gewinnt, der wahre Verlierer ist, weil er zu viel für das
10 von ihm ersteigerte Stück gezahlt hat.

Die Ökonomen Max Bazerman und Paul Samuelson haben mittels eines einfachen Versuchs im Hörsaal den Fluch des Siegers demonstriert: Sie versteigerten unter ihren
15 Studenten einen mit Münzen gefüllten Krug. Das Ergebnis vieler Auktionen: Das durchschnittliche Gebot aller Studenten lag zwar unter dem Wert des Kruges, doch das durchschnittliche Gebot, das die Aukti-
20 on gewann, lag deutlich über dem Wert des Kruges. Im Durchschnitt schätzten die Studenten den Wert des Kruges also zu niedrig ein, doch die Gewinner der Auktion zahlten zu viel für das Objekt ihrer Begierde –
25 und das ist der Fluch des Siegers.

Die Idee des Fluches stammt aus dem Ölgeschäft, wo viele Ölfirmen in Auktionen die Explorationsrechte für Ölfelder ersteigern. Jede Firma lässt zunächst von ihren Exper-
30 ten schätzen, wie hoch der Wert dieser Rechte ist, und bietet entsprechend diesen Schätzungen. Sind die Schätzungen unverzerrt und rational, so werden einige von ihnen unter dem wahren Wert der Rechte liegen, andere Schätzungen darüber, aber 35 im Durchschnitt sollten sie den wahren Wert der Explorationsrechte wiedergeben. Da aber der Bieter mit der höchsten Schätzung – die ja über dem Durchschnitt und damit dem wahren Wert der Rechte liegt – 40 die Auktion gewinnt, fällt er höchstwahrscheinlich dem Fluch des Siegers zum Opfer: Er zahlt zu viel.

Der Grund für den Fluch des Siegers liegt darin, dass die Teilnehmer die Auktion als 45 entscheidungstheoretisches Problem begreifen [...] Man fällt dann dem Fluch anheim und gewinnt die Auktion, wenn man den Wert der eigenen Informationen überschätzt und umgekehrt die Informationen, 50 die man aus den Geboten der anderen Auktionsteilnehmer herauslesen kann, unterschätzt. Wer in einer Auktion das höchste Gebot abgibt, muss sich fragen, warum denn die anderen Teilnehmer weniger bie- 55 ten als er – entweder, sie unterschätzen alle den Wert des zu ersteigernden Objektes systematisch, oder aber man selbst überschätzt den Wert des Objektes. Die Tatsache, dass alle anderen Bieter weniger für 60 das Objekt bieten, ist also unter Umständen eine wertvolle Information – ein Warnsignal, das aber zu leicht missachtet wird.

Karen Horn, www.faz.net, 18.9.2007

Aufgaben

❶ Fassen Sie die Besonderheiten der Koordination von Wirtschaftsplänen durch (Erstpreis) Auktionen zusammen.

❷ Erläutern Sie den für Auktionen typischen „Fluch des Siegers" mithilfe neoklassischer sowie verhaltensökonomischer Annahmen über individuelles ökonomisches Verhalten und Preisbildung auf Märkten.

❸ Der Ökonom William Vickrey schlug auf der Grundlage seiner ökonomischen Analyse von Auktionen das Modell der „Zweitpreisauktion" vor, bei der der Bieter mit dem höchsten Gebot den Zuschlag bekommt, jedoch nur den Preis des zweithöchsten Gebotes zu entrichten hat. Überprüfen Sie, inwieweit dieses Auktionsmodell geeignet ist, eine effiziente Koordination von Wirtschaftsplänen herbeizuführen.

7.2 Mit (reguliertem) Wettbewerb zu Wohlstand? Ordnungspolitische Konzeptionen in der Diskussion

Basiskonzepte	Fachkategorien	Leitfragen
System und Struktur	Wirtschaftsordnung/ Ordnungspolitik	· Auf welche Weise können die Ordnungsprinzipien der Sozialen Marktwirtschaft zu Wachstum und Wohlstand beitragen?

7.2.1 Den Markt sich selbst überlassen oder abschaffen? Wirtschaftsordnungen im Vergleich

M 1 ● Motive des Wirtschaftens

Karikatur: Dirk Meissner

M 2 ● Adam Smith: Das Modell der Freien Marktwirtschaft

Markt und Preis

„Jeder Einzelne bemüht sich darum, sein Kapital so einzusetzen, dass es den größten Ertrag erbringt. Im Allgemeinen wird er
5 weder bestrebt sein, das öffentliche Wohl zu fördern, noch wird er wissen, inwieweit er es fördert. Er interessiert sich nur für seine eigene Sicherheit und seinen eigenen Gewinn. Und gerade dabei wird er von einer unsichtbaren Hand geleitet, ein Ziel zu 10
fördern, das er von sich aus nicht anstrebt. Indem er seine eigenen Interessen verfolgt, fördert er das Wohl der Gemeinschaft häufig wirksamer, als wenn er es beabsichtigt hätte." 15

Adam Smith, Der Wohlstand der Nationen.
Eine Untersuchung seiner Natur und seiner Ursachen,
1993, S. 369 (Übersetzung: Horst Claus Reckterwald)

Adam Smith

(1723–1790) war
Moralphilosoph und
Wirtschaftstheoretiker.
Er gilt als Begründer
der modernen
Nationalökonomie.

**Wachstum
in der Ökonomie**

Der Wohlstand einer
Volkswirtschaft kann
sich in kurz-, mittel- und
langfristigem Wachstum
zeigen. Vgl. zu den
unterschiedlichen
Zeithorizonten des
Wachstums Kap. 6.1.2

Der britische Nationalökonom Adam Smith (1723 – 1790) war fasziniert von der Erkenntnis, dass marktwirtschaftliche
20 Systeme „selbstregulierende Systeme" sind, die im Laufe der Menschheitsentwicklung entstanden sind.

Das Modell der Freien Marktwirtschaft basiert auf seinen Gedanken und fordert die
25 wirtschaftliche Handlungsfreiheit der Wirtschaftssubjekte, die selbstständig und eigenverantwortlich eine unübersehbare Anzahl von Wirtschaftsplänen aufstellen – die privaten Haushalte Konsumpläne
30 und die Unternehmen Produktionspläne. Einzelpläne ergeben aber noch keine Ordnung. Sie müssen aufeinander abgestimmt werden. Diese Steuerung erfolgt nicht über eine zentrale Planungsbehörde, son-
35 dern dezentral am Markt. Ein Markt im wirtschaftlichen Sinne ist jeder Ort, an dem Güter getauscht werden. Der Wochenmarkt auf einem festgelegten Platz ist ebenso ein Markt wie Internetverkaufs-
40 börsen, bei denen Güter angeboten oder nachgefragt werden. Der Markt ist das Nervenzentrum der Wirtschaft, dort treffen die Wünsche und Absichten von Konsumenten und Produzenten aufeinander,
45 von Arbeitgebern und -nehmern, von Vermietern und Mietern, von Kapitalgebern und -nehmern – kurz: von Angebot und Nachfrage. Die Marktteilnehmer verfolgen unterschiedliche, aber immer ihre eigenen
50 egoistischen Ziele: Der Konsument möchte möglichst billig einkaufen, der Produzent möglichst teuer verkaufen. Der Ausgleich der Interessen erfolgt durch den Markt- bzw. Preismechanismus. Auf na-
55 türliche Weise, wie von einer unsichtbaren Hand gesteuert, treibt das Verhalten der Käufer und Verkäufer die Märkte zum Gleichgewicht.

Aus diesen Vorüberlegungen ergeben sich
60 für Adam Smith und anderen ihm folgende liberale bzw. (neo-)klassische Ökonomen folgende Konturen einer „Freien Markt-

wirtschaft", die gleichwohl weltweit nicht realisiert wurde.

- **Wettbewerbsprinzip**: Auf den Märkten 65 herrscht Konkurrenz auf Anbieter- und Nachfragerseite, d.h., die Marktmacht des Einzelnen ist so gering, dass er keinen Einfluss auf die Preise hat und den Preismechanismus nicht außer Kraft setzen 70 kann.
- **Privateigentum**: Der Preismechanismus kann nur funktionieren, wenn Haushalte und Unternehmen eigenverantwortlich über die Verwendung der Produktions- 75 faktoren und Güter bestimmen können. Ein Unternehmen wird nur dann gegründet, wenn der Unternehmer über seine Maschinen und seinen Gewinn verfügen kann. Haushalte fragen nur 80 solche Güter nach, über deren Verwendung sie selbst bestimmen können. Entscheidend ist daher, dass die Eigentumsrechte bei den Wirtschaftssubjekten liegen. 85
- **Freiheitsverbürgungen**: Vertragsfreiheit, Freiheit der Berufs- und Arbeitsplatzwahl, Gewerbefreiheit, Produktions- und Konsumfreiheit müssen garantiert sein. 90
- **Passive Rolle des Staates**: In der Freien Marktwirtschaft haben private Entscheidungen der Wirtschaftssubjekte Vorrang. Der Staat, verstanden als die Summe der Gebietskörperschaften und der Sozial- 95 versicherung, hält sich weitestgehend aus dem Wirtschaftsgeschehen heraus, er übernimmt lediglich Aufsichts- und Ordnungsfunktionen. Die wirtschaftliche Aktivität des Staates ist im Wesentlichen 100 auf die Bereitstellung öffentlicher Güter und solche Produktionen beschränkt, die – wie z.B. die Wasserversorgung – nicht wettbewerblich angeboten werden können.

Max Bauer, Das Modell „Freie Marktwirtschaft", in: Kompentium Politik, neue Ausgabe, Bamberg 2013, S. 97 ff.

M 3 ● Lactanien – eine fiktive freie Marktwirtschaft

Nach der Unabhängigkeit hat Lactanien die freie Marktwirtschaft als Wirtschaftsordnung in der Verfassung verankert. Lactanien ist weltweit berühmt für seine Milch-
5 produkte. Geprägt von vielen Wäldern, aber vor allem von leicht hügeligen Wiesengegenden finden Rinder, Schafe und Ziegenherden hier traditionell hervorragende Weiden vor. Viele Bewohner Lacta-
10 niens sind seit Langem in kleinen und mittleren Betrieben in der Milchproduktion und -verarbeitung (Molkereien, Käsereien) beschäftigt.

a) Vor einiger Zeit schlossen sich im Sü-
15 den Lactaniens ein Großteil der dort ansässigen Milchproduzenten und -verarbeiter zusammen, wodurch das erste Großunternehmen – „Südlac" – des Landes entstand, das nun 80 % der Milchwirtschaft im Süd-
20 teil kontrolliert. Als Unternehmensstrategie hat „Südlac" ausgegeben, seine Produkte nicht mehr nur schwerpunktmäßig regio-

nal zu vertreiben, sondern auch im großen Stil in die anderen Landesteile zu liefern.

b) Das Großunternehmen „Südlac" verfügt – auch das eine Neuerung in der lactanischen Volkswirtschaft – über eine Entwicklungsabteilung. Als erstes großes Projekt wurde ein völlig neues Dünge-mittel entwickelt, das zugleich schädlingsvertilgend

Hügeliges Weideland – gute Voraussetzung für die Milchwirtschaft

wirkt. Das Gras auf den Weiden des südlac- 35 tanischen Konzerns ist damit deutlich ergiebiger als zuvor, was zu einer erhöhten Milchproduktion bei den Kühen führt. Dadurch kann „Südlac" den Preis von einem Liter Frischmilch von 89 auf 82 Lactan- 40 Cent senken und trotzdem profitabel arbeiten.

Autorentext

M 4 ● Das Modell der Zentralverwaltungswirtschaft

Historischer Hintergrund

„In den Kohle- und Eisenbergwerken arbeiten Kinder von 4, 5, 7 Jahren; die meisten sind indes über 8 Jahre alt. Sie werden ge-
5 braucht, um das losgebrochene Material von der Bruchstelle nach dem Pferdeweg oder Hauptschacht zu transportieren [...]. Die gewöhnliche Arbeitszeit ist 11 – 12 Stunden, oft länger, in Schottland bis zu
10 14 Stunden, und sehr häufig wird doppelte Zeit gearbeitet, sodass Arbeiter 24, ja nicht selten 36 Stunden hintereinander unter der Erde sind."

Kinderarbeit nach Berichten der königlichen
Englischen Kommission, 1844

Kinderarbeit und das Elend von Hunderttausenden von Fabrikarbeitern im frühkapitalistischen England waren für Karl Marx (1818 – 1883) und Friedrich Engels
5 (1820 – 1895) Beleg dafür, dass die Verwirklichung der liberalen, marktwirtschaft-

lichen Ordnung zu wirtschaftlichen Krisen und einer ungerechten Verteilung von Vermögen, Einkommen und wirtschaftlicher Macht führt. Sie sehen in der Verfügungs- 10 gewalt über die Produktionsmittel das zentrale Problem und fordern die Enteignung der privaten Produktionsmittel und ihre Überführung in Kollektiveigentum. Da nun nicht mehr die Eigentümer den Betrieb be- 15 herrschen, sondern – zumindest theoretisch – die im Betrieb arbeitenden Menschen, ist nach Marx eine Ausbeutung der Arbeiter nicht mehr möglich. Die Zentralverwaltungswirtschaft, auch Planwirt- 20 schaft genannt, basiert auf den Grundgedanken von Marx´ Ideen.

Dem Idealtyp der Zentralverwaltungswirtschaft entsprachen in der historischen Ausprägung am ehesten nach der Oktoberrevo- 25 lution von 1917 die Sowjetunion und nach dem Zweiten Weltkrieg die anderen Länder

Versorgung in der DDR

Die Wartezeit für eine zentral vergebene Wohnung lag bei etwa 5 Jahren, die für einen Telefonanschluss bei 10, die für ein Auto der Marke „Wartburg" sogar bei 15 Jahren.

des Ostblocks. [...] In der Gegenwart gibt es nur noch wenige planwirtschaftlich organi-
30 sierte Staaten. Dazu gehören etwa Nordkorea, Kuba und Weißrussland.

Merkmale des Modells

In der Zentralverwaltungswirtschaft werden
35 alle wirtschaftlichen Entscheidungen von staatlichen Stellen im Rahmen eines Gesamtplans zentral festgelegt. Der Staat ermittelt den Gesamtbedarf der Volkswirtschaft und setzt die Prioritäten über Art, Umfang und Rangfolge der zu befriedigenden Bedürfnis-
40 se fest. Die Preise werden staatlich reglementiert, ebenso die Investitionen, der von Staatsgesellschaften betriebene Außenhan-

del und die behördlich festgelegten Löhne. Märkte, nach denen sich Angebot und Nachfrage über bewegliche Preise einpen- 45 deln können, gibt es nur in rudimentärer Form, illegal als Schwarzmärkte oder gar nicht. Eine wichtige Bedingung der Zentralverwaltungswirtschaft besteht darin, dass die Verfügungsgewalt über die Produktionsmittel Boden und Kapital in der Hand 50 des Staates liegen. Daher gibt es in Zentralverwaltungswirtschaften kein Privateigentum an Produktionsmitteln. Die Koordination von Bedarfs- und Produktionsplanung orientiert sich der Theorie nach am Bedarf. 55

Max Bauer, Zentralverwaltungswirtschaft, in: Kompendium Politik, neue Ausgabe, Bamberg 2013, S. 100 f.

M 5 ● Die Grenzen der Zentralverwaltungswirtschaft – das Beispiel DDR

Der Versuch, [in der DDR] soziale Gerechtigkeit, Konsum für jedermann und stabile Preise [...] per Planbeschluss zu erreichen, ging mit einer rigorosen [drastischen]
5 staatlichen Lenkung der Volkswirtschaft einher, die die Verwaltung überforderte und die wirtschaftliche Produktivität hemmte. So führten die verordnet stabilen und niedrigen Preise etwa für Grundnah-
10 rungsmittel, Wohnungsmieten, Heizung oder im sozialen Bereich zu immer horrenderen [extrem übertriebenen] Subventionssummen, die nur durch Überteuerung anderer Produkte (etwa technischer Geräte
15 und „Luxusartikel") oder durch Kredite zu finanzieren waren.
Dass zur Erwirtschaftung der nötigen Devisen darüber hinaus massiv in DDR-Betrieben produzierte Waren ins Ausland verkauft

wurden und somit der eigenen Bevölkerung 20 fehlten, [...] zeigt deutlich, dass sich die DDR-Wirtschaft in einem Teufelskreis bewegte [...].
Bis zum Ende der DDR blieben Versorgungsschwierigkeiten ständiger Begleiter 25 im Alltag. Es war tatsächlich eine eigene sozialistische Konsumkultur entstanden, anders aber, als sich das die wirtschaftliche Führung ausgemalt hatte: Das Schlangestehen vor den Geschäften gehörte ebenso 30 dazu wie der Tauschhandel, die Eigenversorgung mit allem, was der Garten hergab, und die Verschwendung hochsubventionierter Lebensmittel wie zum Beispiel von Brot, das als Tierfutter billiger war als die 35 Erzeugnisse der volkseigenen Futtermittelproduktion.

Wirtschaft in der DDR, www.mdr.de, Abruf am 15.3.2017

Ⓗ zu Aufgabe 2b
Gliedern Sie Ihren Vergleich anhand der Aspekte Menschenbild und Wertebasis, Art und Akteur der Wirtschaftslenkung, Preisbildung, Eigentumsverfassung, Rolle des Staates.

Ⓜ zu Aufgabe 3
Inszenieren Sie ein Streitgespräch oder eine Talk-Show zur Frage einer optimalen Wirtschaftsordnung, an dem/der ein Moderator sowie (je zwei) Anhänger der Zentralverwaltungswirtschaft und der Freien Marktwirtschaft teilnehmen.

Aufgaben

1 Analysieren Sie die Karikatur M 1.

2 a) Erläutern Sie die wirtschaftliche Organisation von Bäckereidienstleistungen in einer Freien Markt- bzw. einer Zentralverwaltungswirtschaft. (M 2, M 4)

  b) Vergleichen Sie die Grundkonzeptionen der Freien Marktwirtschaft und der Zentralverwaltungswirtschaft.

3 Erörtern Sie vergleichend die Konzeption von Zentralverwaltungswirtschaft und Freier Marktwirtschaft. Berücksichtigen Sie dabei auch die Grenzen beider Modelle. (M 3, M 5)

7.2.2 Den Wettbewerb sichern, um seine Vorteile zu nutzen: Das Modell der Sozialen Marktwirtschaft

M 6 ● Welchen Grundideen folgt die Soziale Marktwirtschaft?

1. Die Soziale Marktwirtschaft basiert auf den Funktionen eines beweglichen und sich dynamisch entwickelnden Marktes.

2. **Die Soziale Marktwirtschaft ist ange-**
5 **treten mit dem Anspruch, durch den marktwirtschaftlichen Prozess nicht nur die Gütererzeugung anzuheben, den Bereich persönlicher freier Gestaltungsmöglichkeiten für die Einzelnen**
10 **zu erweitern, sondern auch soziale Fortschritte zu bringen.**

3. Die Soziale Marktwirtschaft fordert keinen schwachen Staat, sondern sieht in einem starken demokratischen Staat die
15 Voraussetzungen für das Funktionieren dieser Ordnung. Der Staat hat nicht nur der Sicherung der Privatrechtsordnung zu dienen, er [hat] [...] sich für die Erhaltung eines echten Wettbewerbs [...] ein-
20 zusetzen. Die vom Staat zu sichernde Wettbewerbsordnung wehrt zugleich Machteinflüsse auf dem Markt ab.

4. Garant des sozialen Anspruchs der Marktwirtschaft ist nicht nur der Markt,
25 dessen wirtschaftliche Leistungen sehr oft schon sozialen Fortschritt bedeuten. Der Staat hat vielmehr die unbestrittene Aufgabe, über den Staatshaushalt und die öffentlichen Versicherungen die aus
30 dem Markt resultierenden Einkommensströme umzuleiten und soziale Leistungen, wie Kindergeld, Mietbeihilfen, Renten, Pensionen, Sozialsubventionen und so weiter, zu ermöglichen. [...]
35 Das bedeutet keineswegs ein Hinüberwechseln aus dem Markt in den staatlichen Bereich, sofern man sich dabei bewusst ist, dass die Mittel, die der Staat transformiert [hier: umleitet], von der
40 wirtschaftlichen Leistung des Marktes abhängig bleiben und marktkonform sein müssen. Es muss die Grenze eingehalten werden, deren Überschreitung eine Störung der Marktvorgänge be-
45 wirkt.

5. Neben den engeren Aufgaben der Wettbewerbssicherung und den weiteren Aufgaben des sozialen Schutzes steht der Staat seit je und heute bewusster als
50 früher vor Aufgaben der Gesellschaftspolitik, um die [...] Lebensumstände für alle zu verbessern. [...] Ich nenne Erweiterung der Vermögensbildung, Verbesserungen der Investitionen im
55 Bereich des Verkehrs, des Gesundheitswesens, Aufwendungen für Bildung und Forschung, Schutz gegen die wachsende Verschlechterung vieler Umweltbedingungen, Städtebauförderung.

6. Die Ordnung der Sozialen Marktwirt-
60 schaft schließt also alle Ziele, die wir auch für eine weitere Zukunft ins Auge zu fassen haben, ein. Sie bleibt insofern Marktwirtschaft, als sie darauf besteht, dass das durch freie Betätigung aller
65 Gruppen gesicherte Privateigentum, eine gesicherte Rechtsordnung und stetes Wirtschaftswachstum auch [...] in der Zukunft die besten Grundlagen bieten, um die Fülle der vor uns stehenden Auf-
70 gaben im staatlichen und privaten Bereich zu fördern. [...] Die Soziale Marktwirtschaft ist ein Stil, der ein festes Formprinzip mit der Fülle der Gestaltungsmöglichkeiten im Einzelnen ver-
75 bindet.

Alfred Müller-Armack, Unser Jahrhundert der Ordnungsexperimente, in: Genealogie der sozialen Marktwirtschaft, 2. Auflage, Bern/Stuttgart 1981, S. 150

Alfred Müller-Armack
Wirtschaftswissenschaftler und Soziologe (1901-1978) gilt als einer der Begründer der Sozialen Marktwirtschaft und schöpfte den Begriff bereits 1946. Ab 1952 war er enger Mitarbeiter von Wirtschaftsminister Ludwig Erhard.

M 7 ● Prinzipien Sozialer Marktwirtschaft

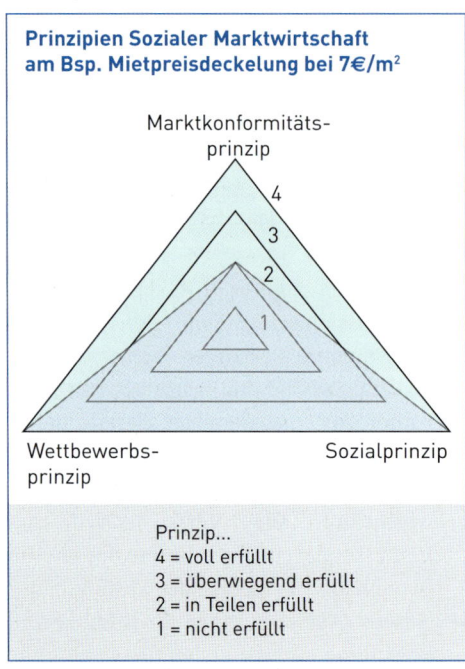

Prinzipien Sozialer Marktwirtschaft am Bsp. Mietpreisdeckelung bei 7€/m²

Marktkonformitäts-prinzip

4
3
2
1

Wettbewerbs-prinzip

Sozialprinzip

Prinzip...
4 = voll erfüllt
3 = überwiegend erfüllt
2 = in Teilen erfüllt
1 = nicht erfüllt

Die Konzeption Sozialer Marktwirtschaft basiert auf drei zentralen Prinzipien:

(1) Nach dem **Wettbewerbsprinzip** muss der Staat dafür Sorge tragen, dass in allen
5 Branchen und Sektoren möglichst (große) Konkurrenz herrscht. Monopole und Oligopole sind zu verhindern. In Deutschland übernehmen das Bundeskartellamt und der Bundeswirtschaftsminister diese Aufgabe.
10 (2) **Das Prinzip der Marktkonformität** besagt, dass kein (wirtschafts)politischer Eingriff des Staates die Preisbildung aus Angebot und Nachfrage stören darf (z.B. dürften Vermietern keine festen Quadratmeter-
15 preise vorgeschrieben werden).

(3) Allerdings bleibt es nach dem Sozialprinzip möglich, aus sozialen Gründen Mitglieder der Gesellschaft zu unterstützen, damit sie (durch Konsum) am Markt teilnehmen kön-
20 nen (z.B. Finanzierung der Wohnungsmiete). Insbesondere das Sozial- und das Marktkonformitätsprinzip stehen also in einem Spannungsverhältnis zueinander. Wie stark das **Sozialprinzip** gewichtet wird, ist
25 von der jeweiligen Konstellation in den politischen Entscheidungsgremien und der gesellschaftlichen Situation abhängig.

Um die Gewichtung der Prinzipien bei konkreten politischen Vorschlägen oder Ent-
30 scheidungen zu veranschaulichen, kann man sich ein gleichschenkliges Dreieck vorstellen, dessen Ecken jeweils die vollständige Erfüllung eines der drei Prinzipien symbolisieren. Je weniger ein Prinzip
35 berücksichtigt wurde, desto weiter zur Mitte des Dreiecks würde der Bezugspunkt rücken. Beispiel: Eine staatlich vorgeschriebene maximale Mietpreishöhe bei 7,- Euro pro Quadratmeter würde eine starke Umsetzung
40 des Sozialprinzips bedeuten, da sich auch Mitglieder unterer Einkommensgruppen größere Wohnungen in begehrterer Lage leisten könnten (4). Allerdings wäre das Marktkonformitätsprinzip nur in Teilen be-
45 rücksichtigt (2), da eine freie Preisbildung aus der Relation von Angebot und Nachfrage stark eingeschränkt würde. Das Wettbewerbsprinzip wäre nicht berührt (4).

Autorentext und -grafik

✪ M 8 ● Wie ist die Soziale Marktwirtschaft entstanden?

Es war die Große Depression von 1929 – 32, die das bis dahin dominierende wirtschaftsliberale Denken der Neoklassik [vgl. Kap. 7.1] aus den Fugen geraten ließ. Die
5 Vorstellung einer störungsfreien Marktwirtschaft, die weitgehend ohne Staat für eine harmonische Selbstregulierung der

wirtschaftlichen Prozesse sorgt (Laissez-faire-Prinzip), war vor dem Hintergrund horrender Massenarbeitslosigkeit, existen-
10 zieller Armut und Hunger [...] nicht mehr aufrecht zu erhalten. Interventionistische, marktskeptische Konzepte der Wirtschaftspolitik wie die von John Maynard Keynes

15 (1883 – 1946 [vgl. Kap. 6]) gewannen international an Einfluss und lösten eine Revolution in der Wirtschaftswissenschaft aus.

Unter dem Eindruck dieser Veränderungen 20 suchten auch die wirtschaftsliberalen Vertreter nach realitätstauglicheren Konzepten und begründeten zu Beginn der 1990er Jahre einen „neuen" Liberalismus. [...] Das 1932 erstmals formulierte neoliberale Ver- 25 ständnis eines „liberalen Interventionismus" (Alexander Rüstow, 1885 – 1963) bildet zugleich den programmatischen Kern der späteren Konzeption der [späteren] Sozialen Marktwirtschaft, die in der 30 unmittelbaren Nachkriegszeit politisch wirksam werden sollte.

Die deutschen Neoliberalen, die seit den 1950er Jahren aufgrund ihrer ordnungspolitischen Affinität unter der Bezeichnung des „Ordoliberalismus" [vgl. M 5] firmie- 35 ren, sind die geistigen Wegbereiter der [...] Sozialen Marktwirtschaft. Ihr wirtschaftspolitisches Credo wurde seit den 1930er Jahren insbesondere durch die „Freiburger Schule" um Walter Eucken (1891 – 1950) 40 [...] erarbeitet. [...]

Wesentliche theoretische Grundlagen der Sozialen Marktwirtschaft waren damit bereits vor 1945 formuliert. [...] Die positive Rezeption der Sozialen Marktwirtschaft 45 speist sich allerdings weniger aus ihrem [...] konzeptionellen Gehalt als vielmehr aus der Gleichsetzung mit der erfolgreichsten wirtschaftspolitischen Phase der Bundesrepublik Deutschland, die einen Mythos 50 der Nachkriegszeit begründet: Das sogenannte Wirtschaftswunder.

Ralf Ptak, Soziale Marktwirtschaft. Mythos oder Orientierung?, in: Praxis Politik 3/2014, Seite 4 f.

M 9 ● Ordoliberalismus – theoretische Grundlagen Sozialer Marktwirtschaft

Im deutschsprachigen Raum wurden bereits in den dreißiger Jahren, quasi im Untergrund, die Grundgedanken für eine marktwirtschaftliche Neukonzipierung der 5 Wirtschaftspolitik nach dem Kriege entwickelt. [Walter] Eucken formulierte sieben konstituierende Ordnungsprinzipien. Sie lassen sich zu folgenden vier Grundpfeilern einer marktwirtschaftlichen Ord- 10 nungspolitik zusammenfassen:

a) Schaffung funktionsfähiger Märkte

Die Sicherung der Funktionsfähigkeit des Preismechanismus wird von Eucken als das wirtschaftsverfassungsrechtliche Grund- 15 prinzip schlechthin bezeichnet. Hierzu ist es erforderlich, die entsprechenden Grundfreiheiten zu gewährleisten: Gewerbe- und Konsumfreiheit, Freiheit der Berufs- und Arbeitsplatzwahl, Freizügigkeit, Vertrags- 20 freiheit und Koalitionsfreiheit.

Weiterhin soll eine Wettbewerbspolitik betrieben werden, die in erster Linie darauf ausgerichtet ist, die Offenheit der Märkte für Newcomer zu gewährleisten (Prinzip der offenen Märkte). Denn nur bei mög- 25 lichst freiem Marktzutritt können sich keine dauerhaften Monopole bilden. [...] Unvermeidbare Monopole [z. B. Strom- oder Schienennetze] sind einer staatlichen Missbrauchsaufsicht zu unterwerfen. [...] 30 Die beste Marktöffnungspolitik ist zudem eine liberale Außenwirtschaftspolitik (Freihandelsprinzip).

[...] Von der Vertragsfreiheit auszunehmen sind jedoch Verträge, die dem Ziel dienen, 35 den Wettbewerb auszuschalten (Verbot von Kartellverträgen).

b) Konsequente Politik der Preisniveaustabilität

Funktionierende Märkte setzen weiterhin 40 eine strikt am Ziel der Preisniveaustabilität ausgerichtete Geldpolitik voraus. Denn nur in einer inflationsfreien Wirtschaft vermag der Preismechanismus seine Signal- und Lenkungsfunktion voll zu entfalten. [...] 45 Die Vorstellung läuft letztlich darauf hinaus, dass eine (unabhängige) Zentralbank die Geldmenge in dem Maße ausweitet, wie

die gesamtwirtschaftliche Produktion
50 wächst. [...]

c) Privateigentum und volle Haftung

Das Recht auf Privateigentum an Produktionsmitteln ist verfassungsrechtlich zu verankern. Hierdurch soll gewährleistet
55 werden, dass die Produzenten in bedarfsgerechter Weise auf die Preissignale reagieren und das Produktivkapital effizient eingesetzt wird. Es muss insbesondere gewährleistet sein, dass die Eigentümer von
60 Produktivkapital sich nicht nur die Gewinne aneignen, sondern auch die volle Haftung für getroffene Fehlentscheidungen tragen (Prinzip der vollen Haftung). [...]

d) Stetige und berechenbare Wirtschafts-
65 **politik**

Im Übrigen soll eine stetige und berechenbare Wirtschaftspolitik gewährleisten, dass ohnehin existierende [wirtschaftliche] Unsicherheiten nicht noch durch wirtschafts-
70 politisch verursachte Unsicherheiten verstärkt werden. [...] Plädiert wird dagegen für den Vorrang der Ordnungspolitik (Gestaltung der Rahmenbedingungen) und den Verzicht auf [...] prozesspolitische
75 Interventionen in das Marktsystem. [...]

Nach [ordo]liberalem Verständnis ist eine marktwirtschaftliche Ordnung per se „sozial". Sie sichert die individuelle Freiheit der Individuen und führt [...] zu einer best-
80 möglichen Güterversorgung. [...] Korrekturen der herrschenden Verteilung von Ein-

kommen und Vermögen, z.B. durch eine progressive [mit zunehmendem Einkommen prozentual steigende] Einkommensteuer, werden zwar nicht schlechthin 85 abgelehnt, durch derartige Verteilungskorrekturen dürfe jedoch weder die Investitionsneigung zu stark belastet, noch die Leistungsbereitschaft der Individuen über Gebühr untergraben werden. [...] 90

Eine begrenzte betriebliche Mitwirkung der Arbeitnehmer bei der Gestaltung der Arbeitsbedingungen [wird] nicht ausgeschlossen [...]. Eine überbetriebliche paritätische Mitbestimmung [z.B. durch Gewerk- 95 schaften], die Kompetenzen aus den Betrieben hinaus verlagert, wird strikt abgelehnt. [...]

Insgesamt hat die Sozialpolitik nur den Restbestand an Versorgungs- und Fürsorge- 100 aufgaben zu übernehmen, der auch in einer funktionierenden Wettbewerbswirtschaft noch verbleibt. [...] Ein umfassender öffentlicher Sicherungs- und Versorgungsapparat [sei] nicht nur unnötig, sondern 105 wegen der damit verbundenen Einschränkung des Leistungswillens der Individuen und dem bürokratischen Aufwand auch gefährlich.

Jürgen Pätzold, Soziale Marktwirtschaft, www.juergen-paetzold.de (Stand: 29.12.2009) (Rechtschreibung angepasst)
Jürgen Pätzold ist Honorarprofessor für Wirtschaftswissenschaften an der Universität Hohenheim.

Walter Eucken
Wirtschaftswissenschaftler und Begründer der sog. Freiburger Schule (1893–1950). Die Freiburger Schule bezeichnete sich selbst auch als „ordoliberal".

ⓗ zu Aufgabe 2
Nutzen Sie hierfür eines der folgenden Beispiele – Fernbusreisen, Lebensmittelversorgung, Wohnungsmarkt – und gehen Sie auf grundlegende Ziele der Sozialen Marktwirtschaft ein.

Aufgaben

❶ Fassen Sie die wesentlichen Ziele und Prinzipien des Konzepts der Sozialen Marktwirtschaft nach Müller-Armack zusammen. (M 6 – M 7)

❷ Erläutern Sie die Bedeutung des – ggf. staatlich „erzwungenen" – Wettbewerbs für das Modell der Sozialen Marktwirtschaft.

❸ Vergleichen Sie das wirtschaftspolitische Modell der Sozialen Marktwirtschaft (M 6 – M 7) mit den theoretischen Annahmen des Ordoliberalismus. (M 9)

❹ Vielfach wird die Soziale Marktwirtschaft als „dritter Weg" zwischen freier Marktwirtschaft und Zentralverwaltungswirtschaft bezeichnet. Überprüfen Sie diese Aussage.

7.2.3 Wettbewerb schaffen oder regulieren? Wettbewerbspolitik in der Praxis

M 10 ● Die Etablierung des Wettbewerbs im deutschen Fernbusverkehr

Fernbus des
Marktführers
Flixbus

Als der Gesetzgeber zum 1. Januar 2013 das aus den 1930er Jahren stammende Verbot von Linienbusangeboten parallel zu Bahnstrecken kippte, traten mit viel Elan
5 einige Unternehmen in den neuen Markt ein. DeinBus.de, MeinFernbus, Flixbus, dazu Berlin Linien Bus (BLB), das schon vor der Marktliberalisierung mit einer Ausnahmeregelung in begrenztem Maße Fern-
10 busverkehr anbot, sowie city2city, eine Tochter des britischen Bahnbetreibers National Express. Eine ganze Reihe von Anbietern versuchte, den Markt zu erobern. Die Post startete gemeinsam mit dem ADAC ihr
15 Angebot im Herbst 2013. Zeitweise zählten Marktbeobachter mehr als 40 Anbieter.
Die Folge: Es entstanden jede Menge Buslinien. Vor der Liberalisierung zählte das IGES-Institut, das den Markt laufend beob-
20 achtet, 69 innerdeutsche Verbindungen, Ende 2014 waren es schon mehr als 250, derzeit sind es fast 300. Auch die Zahl der Fahrten pro Woche stieg kräftig. Ende 2013 wurden rund 4.600 Fahrten wöchentlich
25 angeboten, mittlerweile sind es über 9.000.
Das Angebot traf auf großes Interesse: Die

Zahl der Fahrgäste wuchs binnen Kurzem gewaltig – von 8,2 Millionen im Jahr 2013 auf 20 Millionen [2015]. Das sind zwar immer noch nur ein Bruchteil der 131 Millio- 30 nen, die 2015 den Fernverkehr der Eisenbahn nutzten. Doch der kräftige Anstieg der Fernbuskundenzahl verwundert nicht. Schließlich galten die Fahrten als unglaublich günstig, insbesondere im Vergleich zu 35 den Tickets der Deutschen Bahn.
Und je mehr Anbieter in den Markt kamen, umso mehr gingen die Preise nach unten. 2013 etwa zahlte man für die Fahrt von Berlin nach Köln um die 22 Euro, ein Jahr 40 später gab es für diese Strecke schon Tickets ab 15 Euro. Wer die Preise verglich, kam für unter 7 Euro von Berlin nach Hamburg oder für 3,50 Euro von Stuttgart nach München. Nicht nur Studenten, die 45 am Wochenende von der Uni- in die Heimatstadt fuhren, wählten vor allem aus Kostengründen den Fernbus. Auch Ältere entdeckten den Kostenvorteil und nahmen die längere Fahrzeit der Busse gegenüber 50 einem ICE in Kauf.

Matthias Breitinger, www.zeit.de, 3.8.2016

Wettbewerbsrecht

Das Gesetz gegen Wettbewerbsbeschränkungen (GWB) ist – neben dem Gesetz gegen den unlauteren Wettbewerb (UWG) – die Zentralnorm des deutschen Wettbewerbsrechts. Für seine Ausführung und Überwachung ist in erster Linie das Bundeskartellamt zuständig. Sanktionsmöglichkeiten des Bundeskartellamtes sind beispielsweise Auflagen für die Preisgestaltung oder Bußgelder.

M 11 ● Instrumente der Wettbewerbspolitik

Nach: Markus Fredebeul-Krein u.a., Grundlagen der Wirtschaftspolitik, Konstanz: UVK 2014 (4. Auflage), Seite 114

M 12 ● Von Fusion zu Fusion: Das Ende des freien Wettbewerbs auf dem Fernbusmarkt?

Im August 2016 wurde bekannt, dass der Marktführer Flixbus zum 1.11.2016 auch Postbus übernehmen wird:

Allerdings [...]: kostendeckend arbeitet keiner der Fernbusanbieter. Das ruinöse Preis-
5 dumping blieb nicht folgenlos: Schon bald [nach der Marktliberalisierung] verschwand city2city wieder, Deinbus.de stand vor der Insolvenz, der ADAC stieg aus dem gemeinsamen Projekt mit der Post aus. 10 Schließlich fusionierte Flixbus 2015 mit MeinFernbus und übernahm kürzlich das gesamte kontinentaleuropäische Geschäft des britischen Anbieters Megabus.

Jetzt, mit der Übernahme von Postbus 15 durch Flixbus, ist der Verdrängungswettbewerb faktisch an sein Ende gekommen. Zumal das nächste Aus womöglich schon bald kommt: Die Bahn, die selbst auch Fernbusse betreibt, will das Angebot auf 20 den Prüfstand stellen – wegen des hohen Wettbewerbsdrucks. Bahnchef Rüdiger Grube hatte bereits erklärt, er werde den „Blödsinn" nicht mehr lange mitmachen. [...] Sollte die Bahn ihr Angebot tatsächlich 25 einschränken oder gar ganz aufgeben, bleibt kaum noch Konkurrenz. Der schwungvoll gestartete innerdeutsche Fernbusmarkt würde praktisch zu einem Quasimonopol.

Matthias Breitinger, www.zeit.de, 3.8.2016

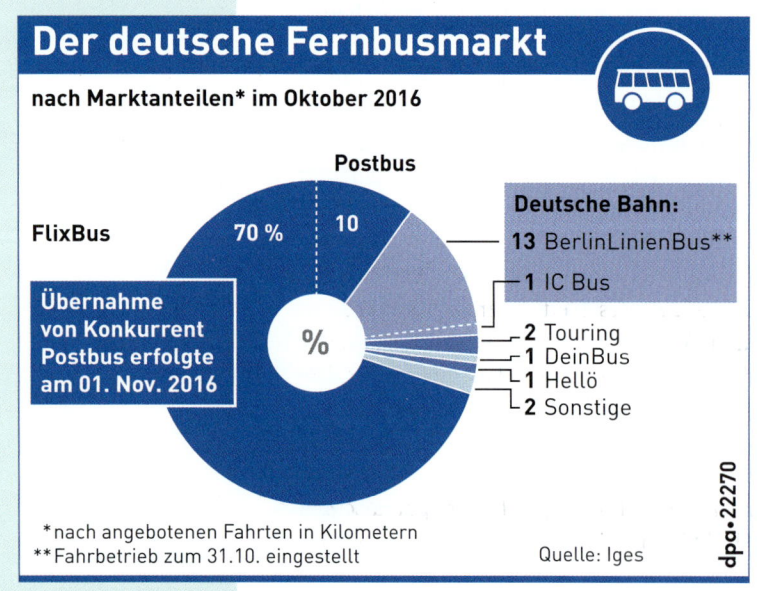

M 13 ● Ziele und Funktionen der Wettbewerbspolitik

Die Wettbewerbspolitik soll allgemein zur Erhaltung der wirtschaftlichen Freiheit beitragen: Freiheit unternehmerischer Tätigkeit, Freiheit der Berufs- und Arbeits-
5 platzwahl, Freiheit der Konsumgüterwahl usw. [...]
Wettbewerb und die daraus resultierende Freiheit ist allerdings nicht nur Selbstzweck. Vielmehr dient der Wettbewerb als
10 Instrument zur Erreichung diverser ökonomischer (und nicht-ökonomischer) Zielfunktionen. Üblicherweise werden dem Wettbewerb folgende wichtige Funktionen zugesprochen:

Wettbewerb lenkt die knappen Produktionsfaktoren der Volkswirtschaft in die von den Nachfragern gewünschte Verwendung [...] und sorgt dafür, dass die Produktionsfaktoren in den Unternehmen möglichst effizient verwendet werden (**Allokationsfunktion**). Dies wird dadurch erreicht, dass die sich ändernden Preise für Produkte und Produktionsfaktoren Signale für andere Marktteilnehmer über Knappheiten der Güter und damit Gewinnmöglichkeiten darstellen (**Informationsfunktion**) und Reaktionen hervorrufen. Dabei kommt es im Allgemeinen zu einem Ausgleich von Angebot und Nachfrage (**Marktausgleichsfunktion**). [...]

Wettbewerb sorgt dafür, dass wirtschaftliche Machtpositionen nicht dauerhaft möglich sind (**Funktion der Beschränkung wirtschaftlicher Macht**), denn gute Gewinnaussichten locken neue Anbieter an. [...]

Wettbewerb trägt zur Einführung kostengünstigerer Produktionsverfahren und zur Entwicklung neuer Produkte und besserer Qualitäten (Prozess- und Produktinnovationen) bei (**Innovationsfunktion**). Zu einem solchen Verhalten werden die Unternehmen durch den Wettbewerb gezwungen: Kostenvorteile verschaffen diesen höhere Gewinne gegenüber weniger fortschrittlichen Konkurrenten, denn der Verkauf neuer und verbesserter Produkte erlaubt es, höhere Preise zu verlangen. Bei offenem Wettbewerb sind solche Sondergewinne der „Pionierunternehmen", eine Bezeichnung, die von Joseph Alois Schumpeter (1893 – 1950) geprägt wurde, indes nur kurzfristig: Nachahmung (Imitation) führt zu ihrem Abbau. Die Kostenvorteile müssen infolge des Kostendrucks (steigendes Angebot der Imitatoren) in sinkenden Preisen an die Nachfrager weitergegeben werden. Wettbewerb ist demnach durch eine Abfolge von Inventionen (Erfindungen), Innovationen (Neuerungen im Sinne von realisierten Inventionen) und Imitationen (Nachahmungen) gekennzeichnet. Er soll auch eine höhere Anpassungseffizienz an gesamtwirtschaftliche Datenänderungen, an Änderungen der Rechts- und Sozialordnung gewährleisten (**Anpassungsfunktion**). [...]

Außerdem besitzt der Wettbewerb eine **Sanktionsfunktion**. Der Tüchtige wird durch Gewinne belohnt, derjenige, der Marktentwicklungen nicht rechtzeitig erkennt oder Managementfehler begeht, wird durch Verluste, im Extremfall durch den Konkurs, bestraft.

Schließlich wird dem Wettbewerb auch die Eigenschaft zugesprochen, für eine leistungsgerechte Einkommensverteilung auf den Faktormärkten zu sorgen (**Verteilungsfunktion**). Gewinne und Verluste von Unternehmen spiegeln dabei auf wettbewerblichen Märkten deren Leistungen im Wettbewerb wider.

Markus Fredebeul-Krein u.a., Grundlagen der Wirtschaftspolitik, Konstanz: UVK 2014 (4. Auflage), S. 106

✪ M 14 ● Marktformen

Je nach Anzahl der Marktteilnehmer erhält der Markt insbesondere im Hinblick auf die Preisbildung eine ganz spezifische Ausprägung. Die [...] atomistische Marktform wird
5 Polypol genannt. Sind auf einer Seite nur wenige Marktpartner vorhanden, spricht man von einem Oligopol, und wenn es lediglich einen einzigen Anbieter oder Nachfrager gibt, handelt es sich um ein Mono-
10 pol. [...] Abhängig von der Marktform

finden wir ganz unterschiedliche Ausgestaltungen des Wettbewerbs. [...] Wäre auf allen Märkten die Bedingung der vollständigen Konkurrenz gegeben, so würde also automatisch die effiziente Allokation er- 15 reicht.
Den Gegenpart zur vollständigen Konkurrenz bildet das Angebotsmonopol, also die Marktform, in der die Nachfrager nur auf einen einzigen Anbieter treffen. Aus öko- 20

Polypol

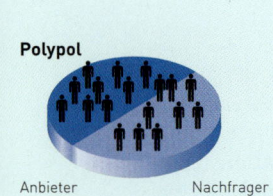

Anbieter   Nachfrager

Oligopol

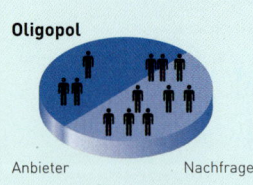

Anbieter   Nachfrager

Monopol

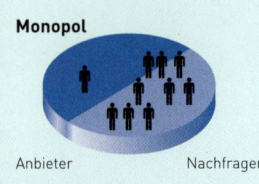

Anbieter   Nachfrager

Allokation
optimale Verwendung /
Verteilung aller Mittel

 F zu Aufgabe 2a, b
Stellen Sie dabei
auch Bezüge zu den
Prinzipien der
Sozialen Marktwirt-
schaft (vgl. Kap.
7.2.2) her.

 H zu Aufgabe 3a
Ordnen Sie hierzu
den deutschen
Fernbusmarkt zu
unterschiedlichen
Zeiten (2013/2016)
den Marktformen (M
14) zu und benennen
Sie die jeweils
typischen Marktei-
genschaften.

nomischer Sicht lässt sich feststellen, dass [...] die Preise hier im Vergleich wesentlich höher liegen. Gleichzeitig sind Monopol-märkte durch geringere Angebotsmengen und damit durch eine schlech-tere Marktversorgung gekennzeichnet. [...]. (25)

In der Realität findet man vollständige Konkurrenz und Monopol nur äußerst sel-ten in ihrer Reinform. [...] Häufig treten [...] oligopolistische Strukturen mit einer ge-ringen Zahl von Anbietern in Erscheinung. Diese Strukturen werden mit dem Instru-ment der Unternehmenskonzentration nä-her beschrieben. Abhängig vom Grad [die-ser] drohen auch auf oligopolistischen Märkten ähnliche Auswirkungen [...] Der Begriff der Marktmacht spielt in diesem Zu-sammenhang eine wesentliche Rolle. (30, 35)

Mit der Marktmacht gehen oft Möglichkei-ten einher, potenziellen Wettbewerbern den Zugang zum Wettbewerb über Markt-eintrittsbarrieren zu verwehren. Darunter werden alle spezifischen Kostennachteile für neu eintretende Unternehmen verstan-den. So müssen diese in den entsprechen-den Märkten hohe Kosten aufwenden, um z.B. gegen fest etablierte Marken und be-stehende Größenvorteile der bereits am Markt agierenden Unternehmen konkurrie-ren zu können. Darüber hinaus droht, dass etablierte Anbieter ihre Marktposition mit Hilfe eines aggressiven Wettbewerbs (z.B. über Kampfpreise) verteidigen könnten. (40, 45, 50)

Hans Kaminski, oec. Ökonomie. Grundfragen wirt-schaftlichen Handelns, Braunschweig 2005, S. 390 ff.

M 15 ● Muss der Fernbusmarkt kontrolliert werden?

Die Bonner Wettbewerbsbehörde darf sich bei Fusionen nur einschalten, wenn drei Schwellenwerte überschritten werden: Bei-de Firmen müssen weltweit mehr als 500 Millionen Euro erwirtschaften, eine von ihnen gleichzeitig mehr als 25 Millionen Euro in Deutschland, die andere hierzulan-de mehr als fünf Millionen Euro. (5)

Doch Flixbus und Postbus bilanzieren le-diglich die Vermittlungsprovisionen, denn die eigentliche Beförderung wird von meist mittelständischen Busfirmen erledigt. (10)

Marktführer Flixbus kam so im vergange-nen Jahr auf gerade einmal 187 Millionen Euro [...]. (15)

Verbrauchern bleibt daher nur, auf die Missbrauchskontrolle des Bundeskartell-amts zu hoffen. Sollten sich die Bustickets wie erwartet kräftig verteuern, dürfte es die marktbeherrschende Stellung von Flixbus kritisch unter die Lupe nehmen. Nur: Rück-gängig machen kann sie die Fusion mit Postbus dann nicht mehr. (20)

Christoph Schlautmann, www.wiwo.de, 3.8.2016

Aufgaben

❶ Beschreiben Sie die Entwicklung des Fernbusmarktes in Deutschland nach dessen Liberalisierung im Jahr 2013. (M 10)

❷ a) Erläutern Sie am Beispiel des Fernbusmarktes die Ziele und Funktionen der Wettbewerbspolitik. (M 13)

b) Ordnen Sie die Schaffung eines Fernbusmarktes (M 10) in die Instrumente der Wettbewerbspolitik (M 11) ein.

❸ a) Arbeiten Sie die wettbewerbspolitischen Herausforderungen heraus, die sich aus der jüngeren Entwicklung auf dem deutschen Fernbusmarkt ergeben. (M 12, M 14)

b) Beurteilen Sie, ob der deutsche Fernbusmarkt einer erneuten wettbewerbspoliti-schen Regulierung bedarf. Gestalten Sie Ihr Urteil als Leserkommentar zu M 15.

✪ 7.2.4 Wettbewerbspolitik der Europäischen Union

M 16 ● EU-Wettbewerbspolitik

Die Regelungen zur Wettbewerbspolitik der Europäischen Union bzw. ihrer Vorgängerorganisationen legen den Grundstein für die Schaffung eines europäischen Wirtschaftsraumes und waren bzw. sind somit wichtige Instrumente zur Vertiefung der wirtschaftlichen Beziehungen zwischen den EU-Mitgliedstaaten: [5]

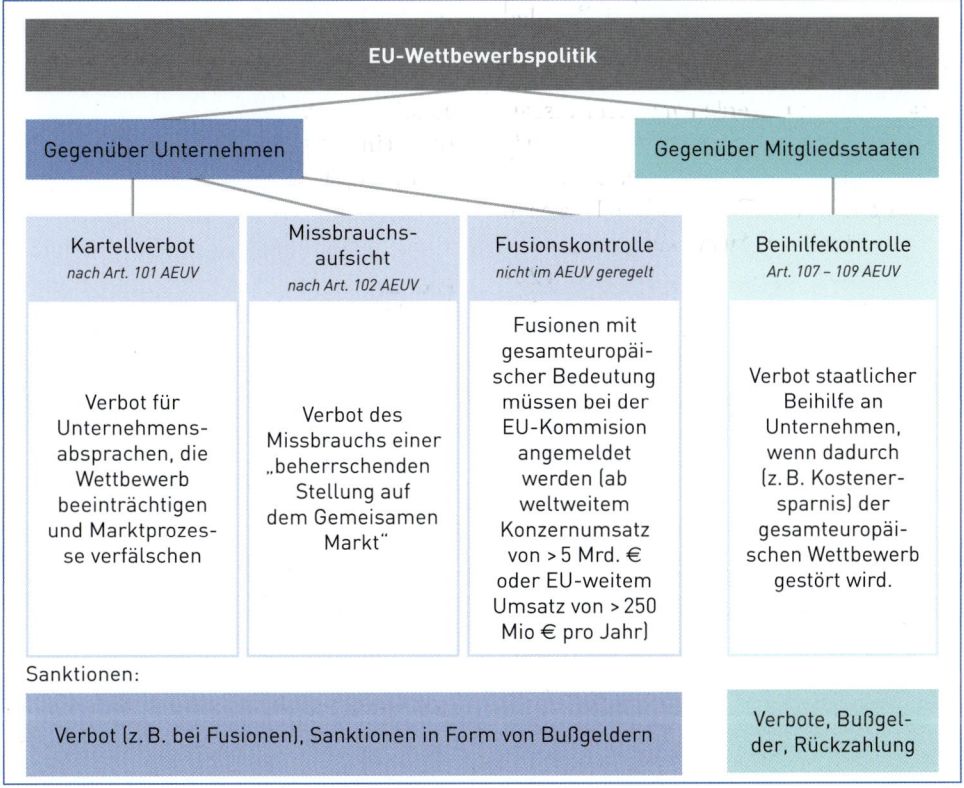

Autorengrafik nach: Berthold Busch, EU-Wettbewerbspolitik. Neue Entwicklungen und Kritik, Köln: Institut der deutschen Wirtschaft 2010, Seite 20 und Holger B. Friedrich, Wettbewerbspolitik, in: Werner Weidenfeld/Wolfgangs Wessels Hrsg., Europa von A bis Z, Bonn: Bundeszentrale für politische Bildung 2011, Seite 387 – 391

M 17 ● Deutsche Energiepolitik vs. Europäische Wettbewerbspolitik – Staatliche Beihilfen vor Gericht

a) Aus einer Mitteilung des Bundeswirtschaftsministeriums:

Die Bundesregierung hat am 2. Februar 2015 Klage gegen den Beschluss der Europäischen Kommission vom 25. November 2014 erhoben. Mit der Klage soll grundsätzlich geklärt werden, ob das EEG überhaupt dem EU-Beihilferegime unterliegt und wie der Beihilfebegriff im Europarecht auszulegen ist. In ihrem Beschluss [...] hatte die Europäische Kommission in einem Beihilfeprüfverfahren das (alte) EEG 2012 als Beihilfe eingeordnet. [...] Das mittlerweile geltende EEG 2014 [...] ist von der Klage nicht betroffen.   *www.bmwi.de, 17.2.2015*

Das Erneuerbare-Energien-Gesetz (EEG)

Über das Erneuerbare-Energien-Gesetz (EEG) fördert Deutschland Produzenten von Ökostrom. Diese Förderung finanziert sich über die EEG-Umlage, die Stromverbraucher zahlen müssen. Bestimmte energieintensive Unternehmen, etwa der chemischen sowie der Stahl- und Aluminiumindustrie, sind von der Umlage befreit, damit sie international wettbewerbsfähig bleiben.
Kristin Palitza/dpa/AFP, www.spiegel.de, 10.5.2016

b) Die Frankfurter Allgemeine Zeitung berichtet über die Positionen vor der Gerichtsverhandlung:

Nach der Klage der Bundesregierung wegen einer EU-Entscheidung zum Erneuerbare-Energien-Gesetz (EEG) hat die EU-Kommission Standhaftigkeit angekündigt. „Die Kommission wird ihre Beihilfe-Entscheidung zum EEG 2012 vor Gericht verteidigen", erklärte ein Sprecher der Behörde [...].
„Wir sind in der Entscheidung zu dem Schluss gekommen, dass das EEG 2012 mit staatlichen Beihilfen verbunden ist", erläuterte der Sprecher [...]. Er führte unter anderem an, dass Deutschland im Rahmen des EEG eine Umlage eingeführt habe, „um mit diesen staatlichen Mitteln die Erzeugung von Strom aus erneuerbaren Quellen zu fördern". [...]
Generell sind Subventionen in der EU verboten. Bei Entscheidungen darüber prüft die EU-Kommission, ob es sich um Staatshilfen handelt, und dann gegebenenfalls, ob diese als Ausnahmen rechtmäßig sind.
www.faz.net, 17.2.2015

c) „Spiegel Online" berichtet über die Entscheidung des EU-Gerichts (EuG):

Deutschland hat nach einem Urteil des EU-Gerichts (EuG) teilweise unzulässige Industrierabatte bei der Ökostrom-Umlage gewährt. Die Richter in Luxemburg wiesen [...] eine Klage Deutschlands ab. [...]
Zwar sei die Unterstützung der Ökostrom-Erzeuger mit EU-Recht vereinbar, die Befreiung energieintensiver Unternehmen jedoch teilweise nicht. [...] Das EuG bestätigte nun die Entscheidung der EU-Kommission: Zwar werde die Umlage nicht vom Staat, sondern von den privaten Netzbetreibern verwaltet, dies geschehe aber komplett nach staatlich vorgegebenen Regeln. Daher handele es sich um staatliche Beihilfen, [...]
Kristin Palitza /dpa/AFP, www.spiegel.de, 10.5.2016

H zu Aufgabe 2b
Setzen Sie zunächst die umstrittene Maßnahme im Rahmen des Erneuerbare-Energien-Gesetzes zu den grundlegenden Prinzipien der Sozialen Marktwirtschaft in Beziehung.

H zu Aufgabe 3
Berücksichtigen Sie bei Ihrem politischen Urteil unterschiedliche Perspektiven und Urteilskategorien.

Aufgaben

1. Erklären Sie die Notwendigkeit einer gemeinsamen EU-Wettbewerbspolitik (M 16) bei der Vollendung des Europäischen Binnenmarktes bzw. der ökonomischen Integration der EU.

2. a) Arbeiten Sie den wettbewerbspolitischen Konflikt zwischen der Bundesregierung und der EU-Kommission (M 17) heraus.
   b) Überprüfen Sie am Beispiel dieses Konfliktes, ob bzw. inwieweit die EU-Wettbewerbspolitik und die wirtschaftspolitischen Prinzipien der Sozialen Marktwirtschaft miteinander vereinbar sind. (M 17)

3. Die EU-Wettbewerbspolitik behindert gesellschaftspolitische Projekte in den Mitgliedstaaten. Nehmen Sie zu dieser These begründet Stellung.

ORIENTIERUNGSWISSEN

Hinsichtlich der Frage, wie eine Gesellschaft das ökonomische Handeln ihrer Mitglieder organisiert, lassen sich mit der „Freien Marktwirtschaft" und der „Zentralverwaltungswirtschaft" (auch Planwirtschaft) zwei idealtypische Ordnungsmodelle unterscheiden: Das Modell der **Freien Marktwirtschaft** basiert auf der vollkommenen individuellen Vertragsfreiheit, staatlich geschütztem Privateigentum sowie ungeregelten Märkten, die nach der Vorstellung der **„unsichtbaren Hand" (Adam Smith)** in der Lage seien, gesellschaftliche Ressourcen optimal zu verteilen (Allokation) und somit gesellschaftlichen Wohlstand zu generieren. Diese Wirtschaftsordnung wird jedoch dahingehend problematisiert, dass sie zu einer äußerst ungleichen Verteilung führe und die Versorgung leistungsschwächerer Bürger nicht gewährleiste.

Die ungleichen Marktergebnisse sucht **die Zentralverwaltungswirtschaft** durch die **staatliche Steuerung** sämtlicher wirtschaftlicher Vorgänge auszuschließen. Seine Steuerungsfähigkeit soll der Staat hier durch die (weitgehende) Aufhebung des Privateigentums erlangen, durch die er die Güterverteilung steuern kann. Kritiker sehen dieses Modell jedoch als ineffizient an. Komplexe Wirtschaftsräume seien nicht zentral steuerbar, sodass es letztlich zu Versorgungsengpässen komme. Insbesondere fehle es diesem System an materiellen Leistungsanreizen für individuelles Engagement und daraus resultierende Innovationen.

Grundformen von Wirtschaftsordnungen
M 2, M 4

Die Soziale Marktwirtschaft ist ideengeschichtlich eine eindeutig liberale Wirtschaftsordnung. Staatliche Ordnungspolitik soll den Wettbewerb als Wohlstandsmotor sichern (**Wettbewerbsprinzip**) und sollte den Preisbildungsmechanismus von Angebot und Nachfrage nicht stören (**Marktkonformitätsprinzip**). Hierin sind auch deutlich die Wurzeln der Sozialen Marktwirtschaft im Ordoliberalismus Walters Euckens zu erkennen. Allerdings fordert das Konzept eine (marktkonforme) Unterstützung sozial schwächer gestellter Bevölkerungsgruppen (**Sozialprinzip**). Das Maß dieser Unterstützung und somit auch die Gewichtung der drei Prinzipien der Sozialen Marktwirtschaft sind abhängig von den jeweils dominierenden Gerechtigkeitsvorstellungen und der (partei-)politischen Konstellation.

Das Modell der Sozialen Marktwirtschaft
M 6, M 7

Entsprechend ihrer liberalen Wurzeln ist die **Schaffung funktionierender Wettbewerbsmärkte** die ordnungspolitische Basis der Sozialen Marktwirtschaft. Dementsprechend verfügt das **Bundeskartellamt** über Instrumente zur Sicherung des Wettbewerbs. Dies erscheint besonders wichtig, da auch Wettbewerbsmärkte zur **Marktkonzentration** neigen und Anbieter**oligopole** bzw. -**monopole** für Nachfrager nachteilige Ergebnisse hervorbringen.

Weiterhin werden – dies gilt auch für die Wettbewerbspolitik der EU – **Märkte liberalisiert**, um durch Anbietervielfalt Wohlfahrtsgewinne zu erzeugen. Vordergründig erscheint die EU-Wettbewerbspolitik somit mit der Konzeption der Sozialen Marktwirtschaft vereinbar, wird aber aufgrund einer geringeren Berücksichtigung gemeinwohlorientierter Ziele (Sozialprinzip, Nachhaltigkeit) kritisiert.

Wettbewerbspolitik in Deutschland und der EU
M 11, M 12, M 14, M 16

7.3 Möglichkeiten und Grenzen angebotsorientierter Wirtschaftspolitik

Basiskonzepte	Fachkategorien	Leitfragen
System und Struktur	Anreize und Restriktionen durch Staatseingriffe, Ordnungspolitik	· Mit welchen Maßnahmen kann angebotsorientierte Wirtschaftspolitik Wohlstand und Wachstum fördern? · Welche Chancen und Risiken birgt die angebotsorientierte Wirtschaftspolitik?

7.3.1 Annahmen und Instrumente der angebotsorientierten Wirtschaftspolitik

M 1 ● Die Geburt der Angebotstheorie

Es war Mitte der siebziger Jahre, als der Sachverständigenrat zur Begutachtung der gesamtwirtschaftlichen Entwicklung den Schwerpunkt seiner wirtschaftspolitischen
5 Aussagen auf die Angebotsseite verlegte. Das war ein Paradigmenwechsel, manche sprachen von einer kopernikanischen Wende. Nicht mehr Geld- und Fiskalpolitik standen im Fokus der Wirtschaftspolitik.

Ins Visier rückten vielmehr Kosten, Steuern, 10 Sozialabgaben, Arbeitsbeziehungen und Investitionshemmnisse aller Art. Der Staat war nicht mehr die Lösung, sondern zum Problem geworden. Denn das Grundvertrauen in das Zusammenspiel von Staat 15 und Markt war gestört.

Gerhard Fels, Die Geburt der Angebotspolitik, iwd Nr. 26, 24.6.2004, S. 4 f.

M 2 ● Milton Friedman und die Angebotstheorie

Milton Friedman
Der US-amerikanische Wirtschaftsnobelpreisträger (1912 – 2006) gilt als einer der einflussreichsten Ökonomen des 20. Jahrhunderts.

In den 1960er Jahren feierte der Keynesianismus [vgl. M 7] glanzvolle Erfolge. Es war die Zeit, in der viele glaubten, man könne die Wirtschaft nach Belieben „an-
5 kurbeln" oder „bremsen". In den 1970er-Jahren verstärkten sich allerdings die Zweifel an einer derartigen Machbarkeit der Konjunktur. Ausschlaggebend waren die einsetzende wirtschaftliche Stagnation
10 und hohe Arbeitslosigkeit bei gleichzeitiger Inflation. Das [damit geborene] Phänomen der Stagflation stand im krassen Widerspruch zur Keynesianischen Theorie [und war somit erklärungsbedürftig].
15 Der schärfste Kritiker des Keynesianismus war Milton Friedman (1912-2006). Die britische Zeitschrift „Economist" bezeichnete den 1,55 Meter großen Gelehrten, der 1976 den Nobelpreis für Ökonomie erhielt, als

„verrückten Gnom". Wahrscheinlich rührt 20 das daher, dass Friedman eine kompromisslos kapitalistische Linie vertrat. Seiner Meinung nach gehört beispielsweise der ganze „Sozialklimbim" wie Kinder- oder Wohngeld abgeschafft. Eine der Ersten, die 25 Friedmans Ideen umzusetzen begannen, war 1979 die englische Premierministerin Margaret Thatcher.
Friedman gilt als Begründer des Monetarismus. Dessen Anhänger, die in der Tradi- 30 tion der Klassik stehenden Monetaristen, sind davon überzeugt, dass das marktwirtschaftliche System stabil ist, das heißt zur Vollbeschäftigung tendiert. [...]
Die Möglichkeit der Arbeitslosigkeit wird 35 [...] zwar nicht geleugnet; eine Ankurbelung der Wirtschaft, etwa durch höhere Staatsausgaben, hat aber ihrer Meinung

nach nur eine sehr begrenzte, wenn nicht
40 sogar negative Wirkung auf die Beschäftigung. Denn der Staat muss sich das zur Ausgabenfinanzierung nötige Geld auf dem Kapitalmarkt leihen. Dadurch steigen die Zinsen, und kreditfinanzierte private
45 Investitionen werden zurückgedrängt *(Crowding-out-Effekt)*. Im Falle von Crowding-out verschiebt eine Staatsausgabenerhöhung die Nachfragekurve nicht oder nur in geringerem Maße nach rechts. Ein ähnli-
50 cher Effekt stellt sich ein, wenn die erhöhten Staatsausgaben durch Steuern finanziert werden. Und wenn sich der Staat das Geld direkt bei der Zentralbank besorgt, so bewirkt die damit verbundene Geldschöp-
55 fung früher oder später Inflation.

Die Monetaristen vertreten außerdem die Ansicht, dass es in jeder Volkswirtschaft eine gewisse natürliche Arbeitslosigkeit gibt, weil sich nicht alle Arbeitnehmer an
60 veränderte Strukturen anpassen können oder wollen bzw. bei den geforderten Reallöhnen die Arbeitsnachfrage der Unternehmen zu gering ist. Diese Art der Arbeitslosigkeit lasse sich mittels einer expansiven
65 Wirtschaftspolitik, also einer staatlichen Ausgabenerhöhung oder Geldmengenaus-

dehnung, grundsätzlich nicht überwinden (siehe Schaubild): Ausgehend von Situation 1 kommt es (wenn kein spürbarer Crowding-out-Effekt eintritt) durch die Ver-
70 schiebung der Nachfragekurve nach rechts zwar kurzfristig zu einer Mehrproduktion und zu Neueinstellungen (Situation 2, „kurzfristig", sagte Friedman gerne, „sind wir alle Keynesianer").

Sobald die Gewerkschaften aber bemerken, dass auch die Preise gestiegen sind, werden sie als Ausgleich höhere Löhne fordern (Angebotskurve verschiebt sich nach oben). In der Folge sinken Produktion und Beschäftigung wieder auf ihr altes, „natürliches" Niveau zurück, während sich das Preisniveau insgesamt von P auf P' erhoht hat (Situation 3). [...]

Aufgrund umfangreicher empirischer Stu-
95 dien kam Friedman zu dem Schluss, dass die Geldmenge das nominale Volkseinkommen bzw. Inlandsprodukt beeinflusst. Und zwar wirkt sich eine Geldmengenerhöhung kurzfristig auf das reale Inlands-
100 produkt aus, langfristig schlägt sie aber praktisch immer auf das Preisniveau durch, wirkt also inflationstreibend.

Herbert Sperber, Wirtschaft verstehen, 4. Auflage, Stuttgart 2012, S. 153 ff.

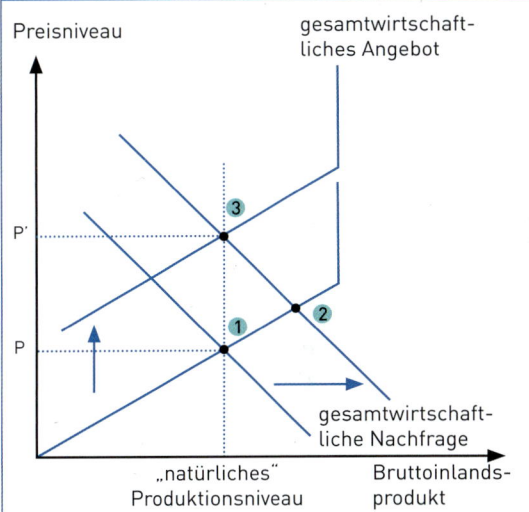

Info

Angebotsorientierte Wirtschaftspolitik konkret

[Angebotsorientierte Ökonomen] fordern generell den Abbau von Staatseingriffen, um, wie sie sagen, die „Flexibilität" und „Innovation" in der deutschen Wirtschaft zu verbessern, um die Rentabilität der inländischen Produktion zu erhöhen. Dazu seien Deregulierungen, adäquate Löhne, Steuer- und Abgabenerleichterungen für Unternehmen (vor allem die Senkung der sogenannten „Lohnnebenkosten") nötig. Ziel ist es, ein gleichmäßiges Wachstum und eine internationale Wettbewerbsfähigkeit zu erreichen, was dann zu Vollbeschäftigung führe. Allerdings bleibe es vermutlich bei einer „natürlichen Rate der Arbeitslosigkeit", weil Löhne nicht elastisch genug seien. *Autorentext*

Info

Monetarismus

Der Begriff steht für eine Position in der Wirtschaftstheorie und Wirtschaftspolitik, nach der die Regulierung der Geldmenge die wichtigste Stellgröße zur Steuerung des Wirtschaftsablaufes darstellt. Eine zu starke Ausdehnung der Geldmenge führt demnach zu Inflation, eine zu starke Bremsung des Geldmengenwachstums zu Deflation. Kurzfristige Eingriffe des Staates zur punktuellen Steuerung der Wirtschaft werden abgelehnt. *Autorentext*

M 3 ● Nachfragenorientierung vs. Angebotsorientierung: Wirtschaftspolitische Konzepte im Vergleich

Die zwei Strategien der Wirtschaftspolitik – eine Gegenüberstellung

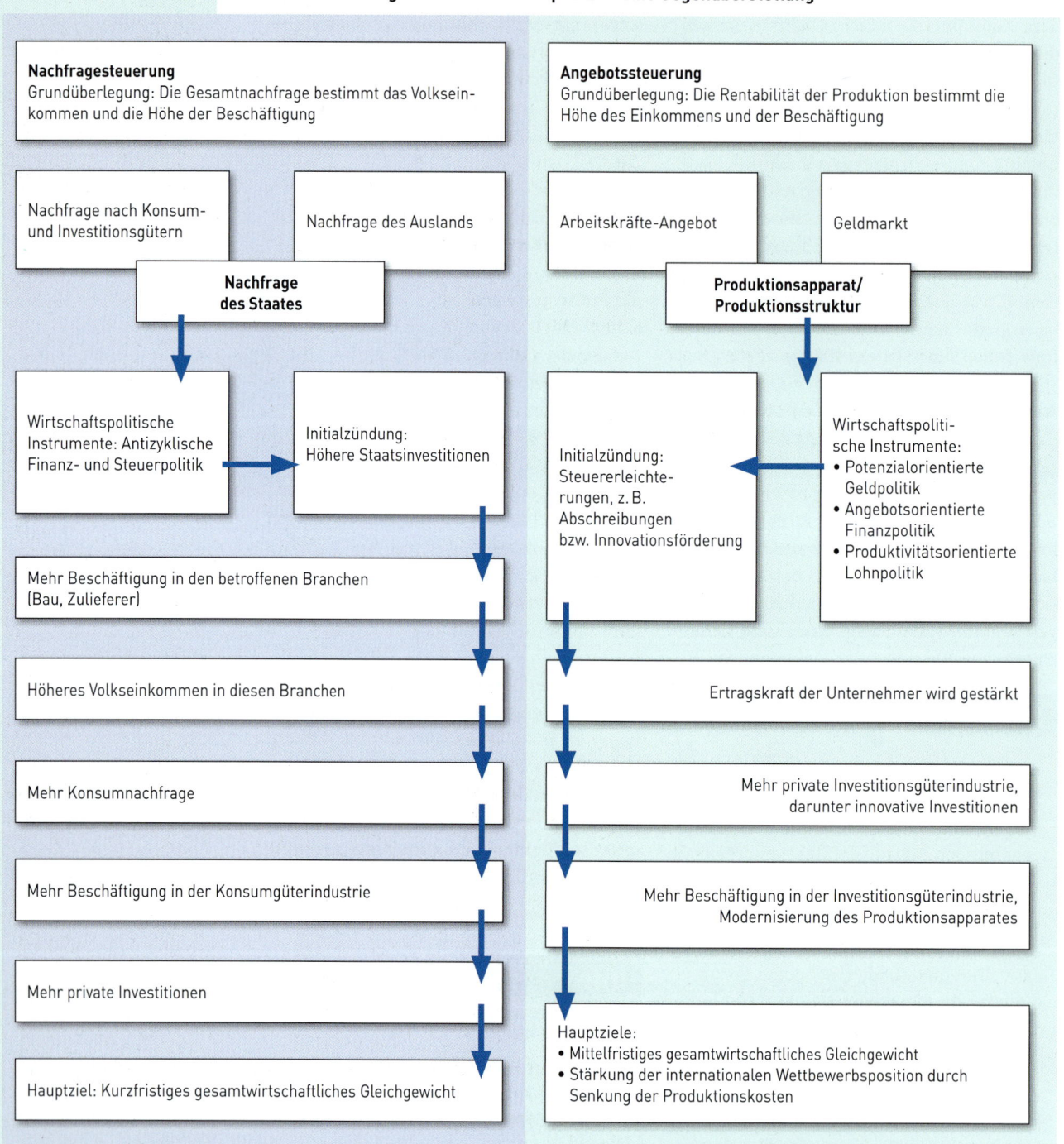

Heinrich Köppen, Konjunkturpolitik. Schülerheft, 7. Aufl., Stuttgart 1998, S. 47

M 4 ● Möglichkeiten und Grenzen angebotsorientierter Wirtschaftspolitik

Die keynesianische Konzeption der Beschäftigungspolitik [vgl. Kap. 6.2] wurde im Gefolge der zweiten Ölkrise nach 1979/80 durch die erfolgreiche Konterrevolution der neoklassischen Angebotsökonomik in der Wirtschaftspolitik vieler Länder förmlich abgefertigt [...]. Man spricht von der neoliberalen Wende in der Wirtschaftspolitik. Die 1980er Jahre sollten zum Testfall dieses Programms werden. [...] In Großbritannien (Margret Thatcher) wurde dieses Konzept weitgehend durchexerziert. Sehenswerten Erfolgen bei der Sanierung der Staatsfinanzen und der Senkung der Inflationsrate standen zunächst bescheidene Fortschritte bei der Schaffung von Arbeitsplätzen gegenüber. Anfang der 1990er Jahre sank die trotz hoher Umverteilung zugunsten der Gewinnempfänger niedrige Investitionsquote weiter ab. Die Staatsfinanzen gerieten durch steigende Ausgaben für Sozialfürsorge für die wachsende Zahl von Armen wieder ins Defizit, obwohl die Unterstützungsleistungen auf ein im Vergleich zur Bundesrepublik bescheidenes Niveau gekürzt wurden. In der zweiten Hälfte der 1990er Jahre entwickelte sich Großbritannien dann zum Vorzeigeland der Neoliberalen. Die Arbeitslosigkeit ging sehr deutlich herunter (von 8,5 Prozent (1995) auf 5,4 Prozent (2000)), das Wirtschaftswachstum stieg und die Masseneinkommen entwickelten sich trotz des großen Niedriglohnsektors positiv.

Diese[s] britische „Wirtschaftswunder" wird von den Neoliberalen als eindeutiger Beweis für die Wirksamkeit ihrer Therapie gefeiert. Damit konfrontiert verweisen Keynesianer auf den erheblichen Beitrag der Makropolitik zum Wachstum der britischen Wirtschaft. Die Überwindung der Krise zu Beginn der 1990er Jahre war vor allem der massiven Abwertung des Pfundes und den daraus resultierenden Exporterfolgen zuzuschreiben. Die Geldpolitik der Bank of England wurde reformiert und an den beiden Zielen Stabilität und Wachstum ausgerichtet. [...] Das passt kaum zu der neoliberalen Erklärung des britischen Aufschwungs.

Lothar F. Neumann/Klaus Schaper, Die Sozialordnung der Bundesrepublik Deutschland, Bonn: Bundeszentrale für politische Bildung (Schriftenreihe, Band 649) 2008 (5. Auflage), Seite 131f.

Margaret Thatcher
Die britische Politikerin (Spitzname: „Eiserne Lady") war von 1975 bis 1990 Vorsitzende der Konservativen Partei und von Mai 1979 bis November 1990 Premierministerin des Vereinigten Königreichs.

Ⓗ zu Aufgabe 1
Strukturieren Sie Ihre Darstellung anhand folgender Aspekte:
• Analyse der Ursachen (Warum kann es zu Wirtschaftskrisen kommen? Welche Grundannahmen zur wirtschaftlichen Gesamtnachfrage liegen der Ursachenerklärung zugrunde?)
• wirtschaftspolitische Maßnahmen (Welche Maßnahmen werden von der Politik vorgegeben?)
• Rolle des Staates (In welchem Maße greift der Staat in Marktprozesse ein?)

Ⓕ zu Aufgabe 4
Gestalten Sie eine Kritik am Konzept eines europäischen Marshall-Planes aus angebotstheoretischer Perspektive.

Aufgaben

❶ Stellen Sie den Ansatz der angebotsorientierten Wirtschaftspolitik im Anschluss an Friedman dar. (M 1 – M 3)

❷ a) Ordnen Sie Maßnahmen des Konjunkturpaketes II (2009, siehe S. xx) der angebotsorientierten Wirtschaftspolitik zu.

b) Erläutern Sie die anvisierte Wirkungsweise dieser angebotspolitischen Maßnahmen mithilfe des (erweiterten) Wirtschaftskreislaufmodells. (vgl. Kap. 6.2.1)

❸ Vergleichen Sie die wirtschaftspolitischen Konzepte der Nachfrage- und Angebotsorientierung hinsichtlich der in der Randspalte angegebenen Aspekte (vgl. Kap. 6.2.1, M 1 – 4).

❹ Beurteilen Sie Möglichkeiten und Grenzen der angebotsorientierten Maßnahmen des Konjunkturpaketes II von 2009. (M 4)

7.3.2 Wirtschaftspolitische Herausforderungen: Europäische Volkswirtschaften im Wettbewerb

M 5 ● Wie wohlhabend sind die EU-Bürger? Bruttoinlandsprodukt pro Kopf

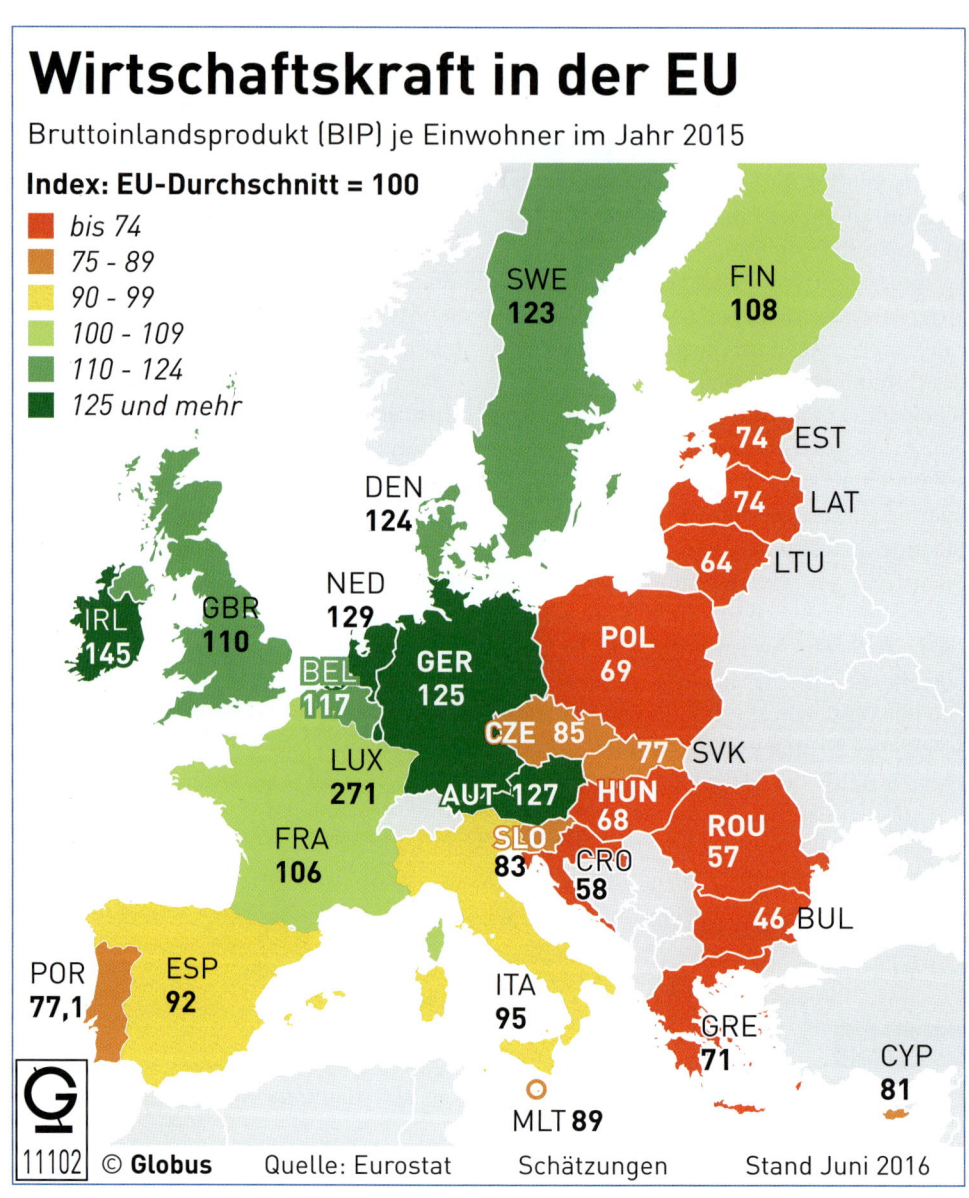

Wirtschaftskraft in der EU

Bruttoinlandsprodukt (BIP) je Einwohner im Jahr 2015

Index: EU-Durchschnitt = 100

- bis 74
- 75 – 89
- 90 – 99
- 100 – 109
- 110 – 124
- 125 und mehr

SWE 123
FIN 108
EST 74
LAT 74
LTU 64
DEN 124
NED 129
IRL 145
GBR 110
BEL 117
GER 125
POL 69
CZE 85
SVK 77
LUX 271
AUT 127
HUN 68
ROU 57
FRA 106
SLO 83
CRO 58
BUL 46
POR 77,1
ESP 92
ITA 95
GRE 71
CYP 81
MLT 89

© **Globus**   Quelle: Eurostat   Schätzungen   Stand Juni 2016

11102

M 6 ● Wirtschaftliche Rahmenbedingungen: Lohnstückkosten und Produktivität in Europa

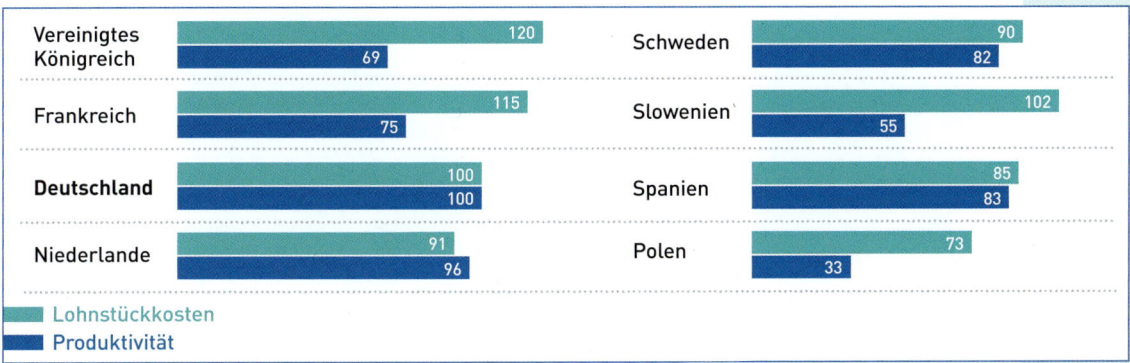

Lohnstückkosten[1] und Produktivität in Kaufkraftparitäten[2] im verarbeitenden Gewerbe 2012 im Vergleich (Deutschland = 100)

Christoph Schröder, Produktivität und Lohnstückkosten der Industrie im internationalen Vergleich (IW-Trends 4/2013), Köln 2013, S. 104

[1] *Lohnstückkosten: Der auf eine Leistungseinheit (z. B. auf ein einzelnes produziertes Stück) rechnerisch entfallende Anteil der gesamten Lohnkosten eines Unternehmens; Verhältnis von Arbeitskosten je Beschäftigungsstunde in Preisen von 2008 zur Produktivität*
[2] *Produktivität in Kaufkraftparitäten: Verhältnis produzierter Güter zu den zu ihrer Herstellung benötigten Produktionsfaktoren; hier Quotient aus Produktionsmenge (Ausbringungsmenge) und eingesetzten Arbeitsstunden*

M 7 ● Politische Rahmenbedingungen I: Internetzugänge – zukunftsfähige Infrastruktur in Europa?

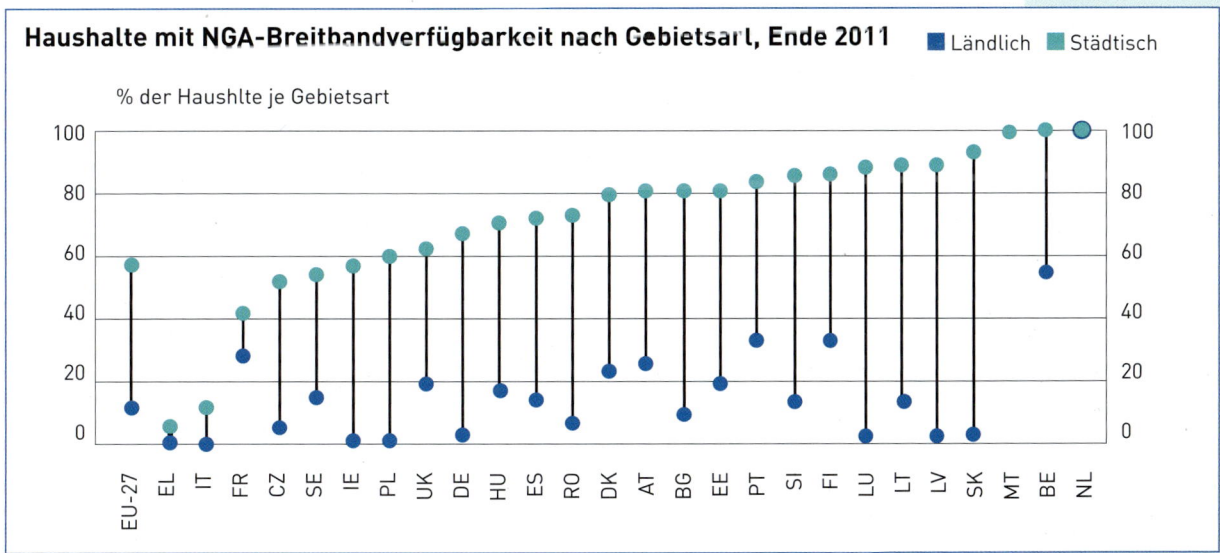

Nach: Europäische Kommission, Investition in Beschäftigung und Wachstum. Sechster Bericht über den wirtschaftlichen, sozialen und territorialen Zusammenhalt, Brüssel 2014, S. 40

Niedriges Bildungsniveau

Als niedrigeres Bildungsniveau definiert die Europäische Kommission eine grundlegende Schulbildung ohne einen höherwertigen Sekundarabschluss.

M 8 ● Soziale Rahmenbedingungen: Bildungsniveaus in der EU

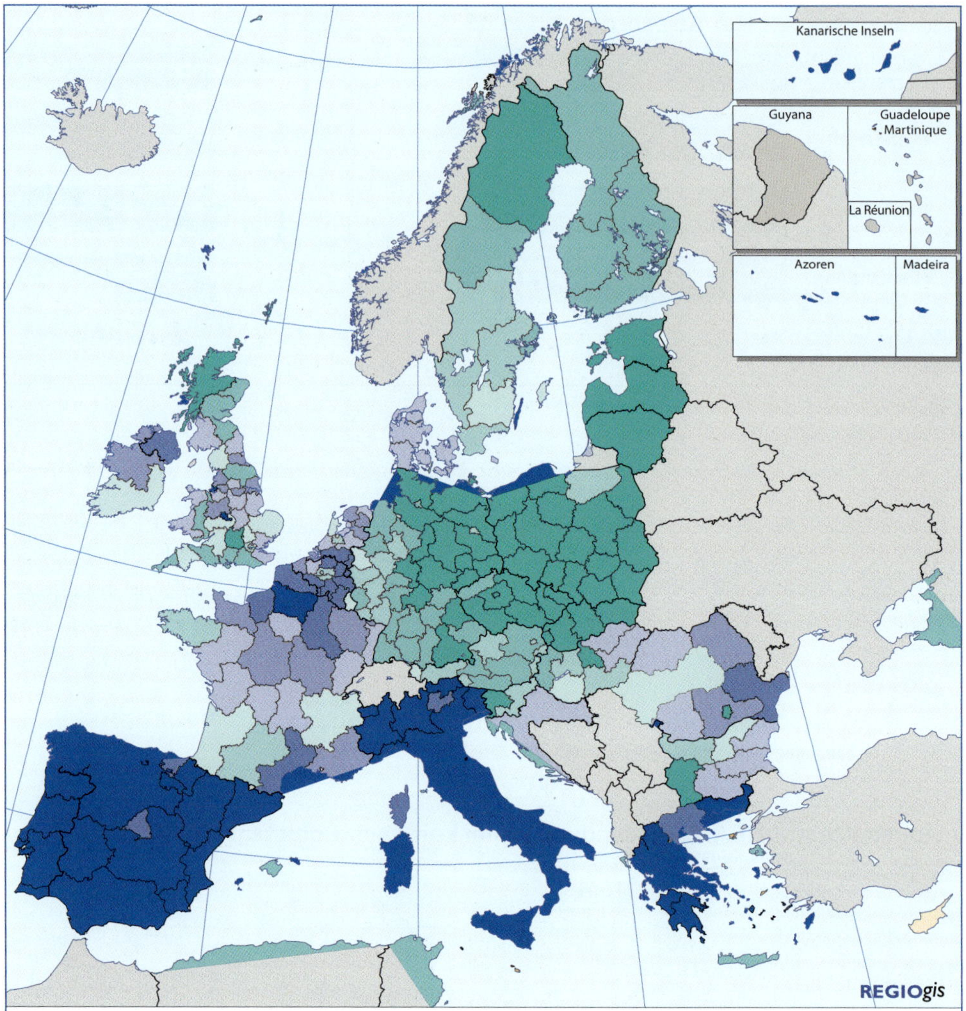

Karte 1.18 Bevölkerung im Alter von 25 bis 64 Jahren mit niedrigem Bildungsabschluss, 2013

% der Bevölkerung im Alter von 25–64 Jahren

- <13
- <13–16
- <16–19
- <19–22
- <22–25
- <25–28
- <28–36
- >36
- keine Daten

EU-28 –24,8
ISCED-Ebenen 1 und 2

Quelle:Eurostat

Nach: Europäische Kommission, Investition in Beschäftigung und Wachstum. Sechster Bericht über den wirtschaftlichen, sozialen und territorialen Zusammenhalt, Brüssel 2014, Seite 36

M 9 ● Politische Rahmenbedingungen II: Öffentliche Haushalte in Europa

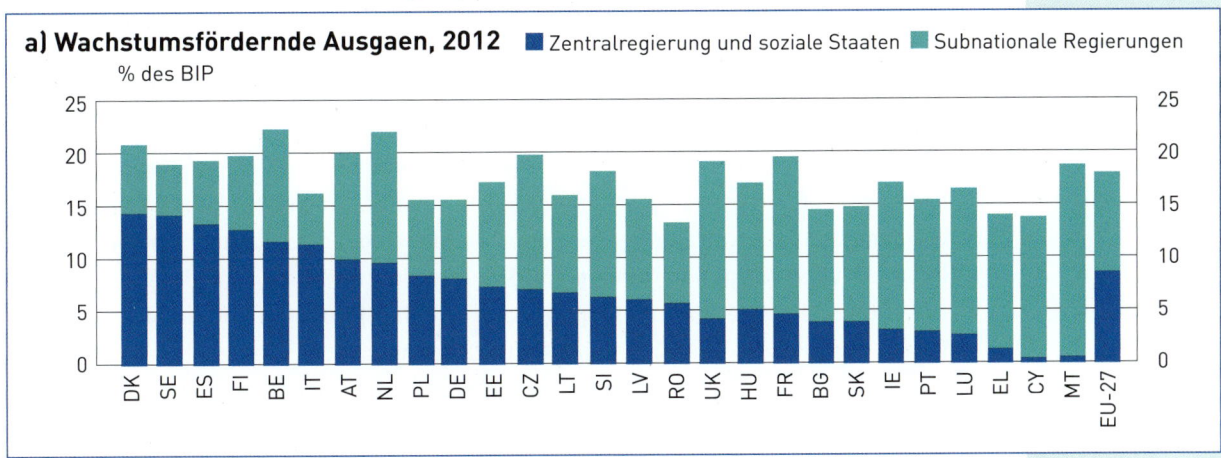

a) Wachstumsfördernde Ausgaen, 2012 ■ Zentralregierung und soziale Staaten ■ Subnationale Regierungen

Nach: Europäische Kommission, Investition in Beschäftigung und Wachstum. Sechster Bericht über den wirtschaftlichen, sozialen und territorialen Zusammenhalt, Brüssel 2014, Seite 147

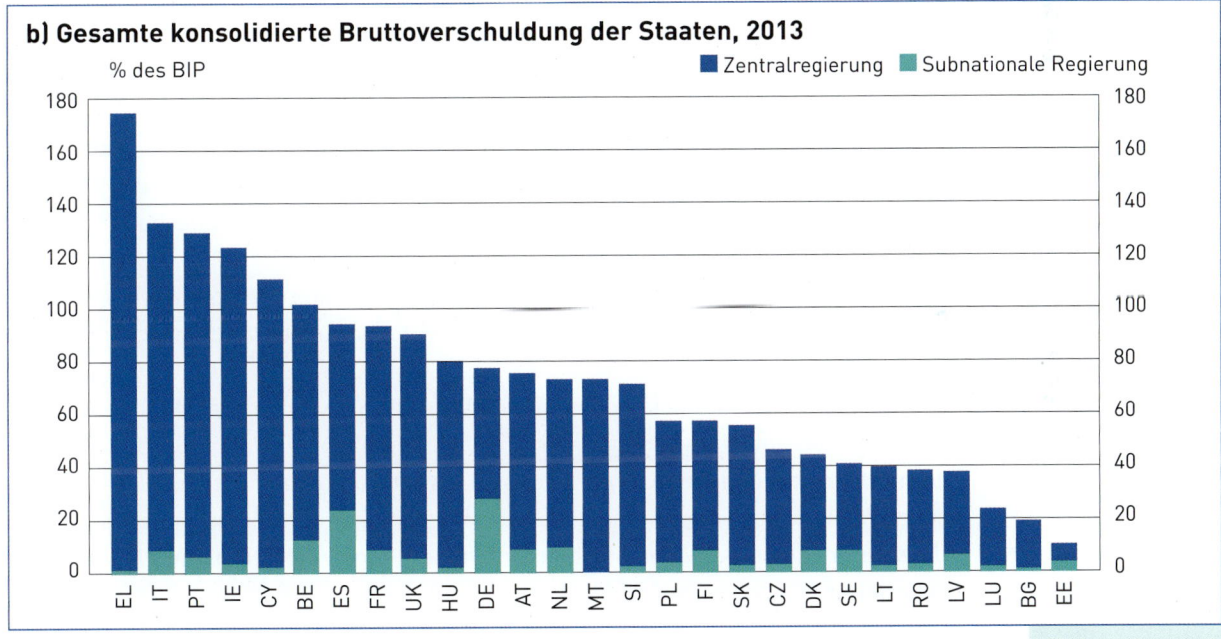

b) Gesamte konsolidierte Bruttoverschuldung der Staaten, 2013 ■ Zentralregierung ■ Subnationale Regierung

Nach: Europäische Kommission, Investition in Beschäftigung und Wachstum. Sechster Bericht über den wirtschaftlichen, sozialen und territorialen Zusammenhalt, Brüssel 2014, Seite 154

Aufgaben

❶ Beschreiben und analysieren Sie die Grafik M 5 hinsichtlich möglicher sozialer und ökonomischer Herausforderungen für die europäische Integration.

❷ Analysieren Sie (arbeitsteilig) die Grafiken M 6 – M 9 hinsichtlich der ökonomischen Wettbewerbssituation zwischen den Volkswirtschaften der Europäischen Union.

❸ Gestalten Sie einen Expertenbericht an die Europäische Kommission, in dem Sie die sozioökonomische Lage der EU-Mitgliedstaaten, die sie prägenden Rahmenbedingungen sowie mögliche Handlungsnotwendigkeiten für die EU darlegen.

Ⓜ zu Aufgabe 1 – 3
Bearbeiten Sie die Aufgaben nach den Prinzipien des Kooperativen Lernens:
„Think" (= Einzelarbeit, Aufgabe 1) –
„Pair" (= Partnerarbeit, Aufgabe 2) –
„Share" (= 5er-Gruppen)

ORIENTIERUNGSWISSEN

Angebots-orientierte Wirtschaftspolitik
M 2, M 3, M 11

Gemäß der Theorie des ökonomischen Liberalismus hat der Staat nur eine passive Rolle bei der Gestaltung von Wirtschaftsprozessen. Träger wirtschaftlichen Handelns ist das rational handelnde, nutzenmaximierende Individuum, zentrales Koordinationsinstrument dieses Handelns ist der **freie Markt** (vgl. Kap. 7.3.1). Die neoklassisch orientierte Wirtschaftspolitik sieht Wachstums- und Beschäftigungskrisen deshalb eher strukturell als konjunkturell bedingt. Wachstum und Beschäftigung würden durch strukturelle Restriktionen auf der Angebotsseite gebremst, staatliche Interventionen wirkten hemmend auf das unternehmerische Handeln ein.

Angebotsorientierte Wirtschaftspolitik nach Milton Friedman und anderen ist insofern in erster Linie langfristig angelegte Ordnungspolitik. Diese solle vor allem auf eine Entlastung von Unternehmen abzielen, um ihre Investitionsneigung zu erhöhen.

Angebots- vs. Nachfrage-orientierte Wirtschaftspolitik
M 4, M 10

Die angebotsorientierte Wirtschaftspolitik unterscheidet sich damit fundamental von der keynesianischen Nachfragepolitik, die als Konjunkturpolitik kurzfristig angelegt ist und an der Nachfrageseite des Marktes ansetzt: Durch unmittelbaren Staatskonsum und/oder durch beispielsweise steuerliche Anreize für privaten Konsum soll das gesamtwirtschaftliche Angebot erhöht werden, wodurch Wachstum generiert und Beschäftigung ausgeweitet werden sollen (vgl. Kap. 6.2).

Auch bei der Bewältigung der (süd-)europäischen Wirtschafts- und Finanzkrise ist der Gegensatz von angebots- und nachfrageorientierter Wirtschaftspolitik prägend. Während Anhänger des Keynesianismus dabei häufig einen „europäischen Marshall-Plan" zur Förderung der Nachfrage fordern, ist für neoklassisch orientierte Wirtschaftspolitiker die Sanierung der Staatshaushalte (Austeritätspolitik) eine wesentliche Voraussetzung zur Wiedererlangung der wirtschaftlichen Wettbewerbsfähigkeit.

Sozioökonomische Disparitäten und Staatenwettbewerb in der EU
M 5, M 6

Der Ausgleich der sozioökonomischen Disparitäten zwischen den Mitgliedstaaten der EU gilt als eine der wichtigsten politischen Aufgaben der Union. Gerade in Zeiten der Wirtschafts- und Finanzkrise zeigt sich, dass die Mitgliedstaaten in unterschiedlicher Weise in der Lage sind, die Wettbewerbsfähigkeit ihrer Volkswirtschaften und Unternehmen positiv zu beeinflussen und in der Folge Wachstum und Wohlstand zu generieren.

Dies gilt umso mehr für die Mitglieder der Eurozone, da durch die Teilnahme an der Gemeinschaftswährung gängige währungspolitische Optionen (Abwertung) zur Herstellung von Wettbewerbsfähigkeit fehlen.

Wachstumspolitik für Europa, aber wie?

FAZ: Herr Wieland, in Europa ist eine Debatte über die richtige Wirtschaftspolitik in der Krise ausgebrochen. Gibt es aus Ihrer Sicht einen Gegensatz zwischen
5 Austeritäts- und Wachstumspolitik?

Volker Wieland: Überhaupt nicht. Dieser Widerspruch existiert nicht. Das Ziel der Austeritätspolitik besteht darin, den Bestand an Staatsschulden im Verhältnis zum
10 Bruttoinlandsprodukt zu reduzieren. Hierfür ist Wirtschaftswachstum ein wichtiger Bestandteil. Das ist in einer Rezession natürlich schwierig. Aber die Rückgewinnung der Schuldentragfähigkeit ist ohnehin ein
15 langfristiger Prozess. Daher ist es wichtig, Maßnahmen zu treffen, die langfristig zu mehr Wirtschaftswachstum führen.

FAZ: Welche Möglichkeiten zur Kräftigung des Wirtschaftswachstums sehen
20 Sie?

Volker Wieland: Das wichtigste Mittel ist Angebotspolitik mit dem Ziel, die Wirtschaft von Hemmnissen zu befreien, um eine effektivere Nutzung von Kapital und
25 Arbeit zu ermöglichen. Hierzu müssen die Produkt- und Arbeitsmärkte flexibler gestaltet werden. Außerdem sollte das Steuersystem so gestaltet sein, dass es Anreize zu Produktion und wirtschaftlicher Dyna-
30 mik möglichst wenig schwächt. Woher soll sonst Wachstum kommen? Keynesianische Ausgabenprogramme können sich viele hoch verschuldete Staaten überhaupt nicht leisten. Überdies zeigen die Erfahrungen
35 aus den Vereinigten Staaten seit dem Jahre 2009, dass solche Ausgabenprogramme ohnehin kaum wirken.

FAZ: Die Kritiker der Austeritätspolitik fürchten eine konjunkturelle Abwärtsspirale: Die Rezession vergrößert die staatli-40 che Neuverschuldung, als deren Folge Austeritätspolitik beschlossen wird, die wiederum die Rezession verschärft.

Volker Wieland: In einer solchen Situation kann es durchaus sinnvoll sein, die fiskali-45 sche Konsolidierung zeitlich zu strecken. Die Befürchtung, dass Kürzungen von Staatsausgaben in einer Rezession die Rezession verschärfen, ist ja nicht unbegründet.
50
FAZ: Was halten Sie von Steuererhöhungen als Alternative zu Ausgabenkürzungen?

Volker Wieland: Höhere Steuern bringen größere Nachteile mit sich, da sie wirt-55 schaftliche Entscheidungen verzerren, und damit in der Regel das langfristig mögliche Wirtschaftswachstum reduzieren. [...] Die Frage ist aber, wie sehr sich ein Land es leisten kann, seine fiskalpolitische Konso-60 lidierung zu strecken, ohne die Fähigkeit zu verlieren, seine Verschuldung am Kapitalmarkt zu refinanzieren. Das hängt von der Glaubwürdigkeit der Politik eines Landes ab. Ein Land, das seine fiskalpolitische 65 Konsolidierung strecken will, muss im Gegenzug bei der Liberalisierung seiner Arbeitsmärkte voranschreiten.

Interview: Gerald Braunberger, www.faz.net, 2.5.2012

Volker Wieland ist Stiftungsprofessor für Monetäre Ökonomie an der Goethe-Universität Frankfurt/Main und seit März 2013 Mitglied des Sachverständigenrates zur Begutachtung der gesamtwirtschaftlichen Entwicklung (die sogenannten „Wirtschaftsweisen").

Aufgaben

1 Geben Sie die wirtschaftspolitischen Forderungen Volker Wielands hinsichtlich des Umgangs mit der (süd-)europäischen Finanz- und Wirtschaftskrise wieder.

2 Erläutern Sie die wirtschaftspolitischen Grundannahmen, die Wielands Position zugrunde liegen.

3 Nehmen Sie zu Wielands wirtschaftspolitischen Forderungen Stellung.

4 Überprüfen Sie, ob bzw. inwieweit Wielands Position mit dem Modell der Sozialen Marktwirtschaft kompatibel ist.

Titelbild von:
Der Spiegel, 2002, Heft 1

Die Europäische Währungsunion – Preisniveaustabilität im Euroraum?

Im Jahr 2016 ist in 19 (von 28) EU-Staaten der Euro als Zahlungsmittel eingeführt. Viele Erwartungen wurden in den Euro gesetzt: z.B. eine Verringerung und Stabilisierung der Inflationsrate in „Euro-Land" insgesamt und eine Erleichterung des zwischenstaatlichen Handels durch fehlende Umtauschkosten und Wechselkursschwankungen. Aber bereits zur Zeit seiner Einführung hatten nicht wenige deutsche Bürger Angst davor, ihre im internationalen Vergleich stabile D-Markt aufzugeben. Durchaus renommierte Ökonomen sahen die Hauptschwierigkeit des Euro in der wirtschaftlichen sehr unterschiedlichen Entwicklung der Euro-Staaten bei gleichzeitig fehlender gemeinsamer Beschäftigungs-, Sozial- und Strukturpolitik in diesen Ländern.

Haben sich eher die Hoffnungen oder eher die Befürchtungen bewahrheitet? Diese Frage können Sie mithilfe der Materialien und Aufgaben in Kapitel 8.1 beantworten. Zudem erhalten Sie notwendige und interessante Einblicke in die theoretischen Fragen der Entstehung und Auswirkungen von Inflation und Deflation sowie die für die Euro-Einführung zentrale „Theorie optimaler Währungsräume".

Im Anschluss (Kapitel 8.2) können Sie Orientierungswissen zu den Aufgaben und zur Zusammensetzung der Europäischen Zentralbank – also zur Notenbank der Euro-Zone – erwerben und die Politik der EZB im Anschluss an die Euro-Krise beurteilen.

KOMPETENZEN

Am Ende dieses Kapitels sollten Sie Folgendes wissen und können:

... Funktionen, Entwicklung, Vorzüge und Probleme des Euro als Gemeinschaftswährung differenziert und fachsprachlich korrekt beschreiben.

... einen möglichen Zielkonflikt zwischen lockerer Geldpolitik und dem Geldwert-Stabilisierungsziel der Europäischen Zentralbank erfassen.

... die Geldpolitik der Europäischen Zentralbank (als institutionalisiertem Akteur) im Anschluss an die Staatsschuldenkrise in der Euro-Zone beurteilen bzw. Urteile dazu kriteriengeleitet überprüfen.

Was wissen und können Sie schon?

1. Analysieren Sie die jeweilige Bildsymbolik.
2. Vergleichen Sie die (möglichen) Aussagen der beiden Abbildungen.
3. Stimmen Sie eher der Aussage des Bildes im Vordergrund oder der Abbildung im Hintergrund zu? Positionieren Sie sich auf einer Meinungslinie und begründen Sie Ihre Haltung.

8.1   Der Euro – Hoffnungen und Herausforderungen

Basiskonzept	Kategorien	Leitfragen
System und Struktur	Wirtschaftsordnung	· Wie ist der Euro rechtlich verankert? · Welche Vorzüge und Schwächen weist der Euro als Gemeinschaftswährung auf?
Prozesse und Handeln	Risiko	· Welche Chancen und Gefahren waren und sind mit der Schaffung bzw. Erweiterung der Euro-Zone verbunden?

8.1.1   Warum gibt es den Euro als Gemeinschaftswährung?

M 1 ● Roman Herzog über die Bedeutung des Euro

Die Zeit der nationalen Wirtschaften ist lange vorbei. Die deutschen Bürger, die fürchten, ihre harte Mark in der Währungsunion zu verlieren, argumentieren
5 durchaus aus einer berechtigten Position. Aber sie müssen sich auch sagen lassen, dass die Härte dieser Mark schon heute nicht allein in der Hand der Deutschen Bundesbank liegt. Sie hängt auch von der Offenheit ausländischer Märkte für deut- 10 sche Exporte ab, die allein 30 % des deutschen Bruttosozialprodukts ausmachen. Und mehr als zwei Drittel aller deutschen Exporte gehen wiederum in europäische Länder. Mit anderen Worten: Die Härte der 15 DM war stets auch ein Gewinn, der der wirtschaftlichen Integration Europas zu verdanken war.

Ich will auch sagen, was droht, wenn wir diesen Weg [zur Gemeinschaftswährung] nicht gemeinsam finden. Es drohen Abwertungswettläufe, Handelskriege, Protektionismus, Renationalisierung der Wirtschaftspolitik, Deflation, vielleicht sogar Depression. ❝

Roman Herzog (damaliger Bundespräsident)
vor dem Europäischen Parlament in Straßburg, 10.10.1995

M 2 ● Was soll(te) die Gemeinschaftswährung bringen?

Die Währungsunion soll der Europäischen Union ökonomische und politische Vorteile bringen. Das naheliegendste ökonomische Argument liegt im Wegfall der Kosten beim
5 Umtausch von Währungen. Die einheitliche Währung spart Auslandsreisenden und Unternehmen im Außenhandel Zeit, Geld und Mühe. Dieser Vorteil ist nicht trivial, aber das zentrale ökonomische Argument
10 für die Währungsunion ist ein anderes: die Ergänzung des einheitlichen Binnenmark- tes (vgl. Kap. 4.1.1). [...] Die Währungsunion vervollkommnet den Binnenmarkt, denn sie sorgt endgültig für stabile und klare Währungsverhältnisse in Europa. 15
● Die EU-Länder wickeln den größten Teil ihres Außenhandels untereinander ab. Dieser Teil des Außenhandels wird durch die EWU für immer vom Wechselkursrisiko befreit. Aber nicht nur der Handel, 20 auch Investitionen werden durch die gemeinsame Währung erleichtert. Die Pla-

---

Abwertungswettlauf

Konkurrenz zwischen Staaten um Geldentwertung, um die eigenen Exporte gegenüber den Handelspartnern zu verbilligen und damit den Absatz anzuheizen sowie um sich durch die Ausweitung der Geldmenge auf Kosten anderer zu entschulden

Deflation

Wertsteigerung des Geldes mit dem großen Nachteil der Einnahmerückgänge von Unternehmen durch Preisverfall

Depression

schweres und meist lang anhaltendes Konjunkturtief

Protektionismus

Schutz der im Land hergestellten Güter vor Wettbewerbern aus dem Ausland, z. B. durch Importzölle

nungssicherheit für Unternehmen steigt, Investitionsentscheidungen werden in-
25 nerhalb des EWU-Raums nicht mehr von schwer berechenbaren Wechselkursent-
wicklungen beeinflusst.

• Die gemeinsame Währung macht den Binnenmarkt unabhängig von stets mög-
30 lichen Turbulenzen auf den Weltdevisen-
märkten. Massive Wechselkursverände-
rungen vor allem zwischen dem US-Dollar und der D-Mark haben in den 70er-, 80er- und frühen 90er-Jahren im-
35 mer wieder Unruhe in das europäische Wirtschaftsgeschehen hineingetragen. Selbstverständlich kann der Euro gegenüber dem US-Dollar stark schwanken, aber innerhalb des Euro-Raums bleiben
40 die Währungsverhältnisse dann unver-
ändert, weil von Lappland bis Sizilien der Euro gilt.

• Die gemeinsame Währung erhöht die Markttransparenz im Binnenmarkt. [...]
45 Der [dadurch] vermehrte Wettbewerb kommt auch der Preisstabilität zugute, da er die Preiserhöhungsspielräume der Unternehmen begrenzt – ein unmittelbarer Vorteil für die europäi-
50 schen Verbraucher.

• Durch die Währungsunion steigt auch die Leistungsfähigkeit der Kapitalmärkte. Die vormals nationalen Akti-
en- und Anleihemärkte wachsen zu-
55 sammen, Marktbreite und -tiefe nehmen zu. Für Sparer erweitert sich das Spektrum der Anlagemöglichkei-
ten ohne Wechselkursrisiko beträcht-
lich. Kapitalnachfragern – das heißt
60 vor allem Unternehmen – wird die Ka-
pitalaufnahme durch das leichtere Ausgeben von Aktien und Anleihen erleichtert.

• [Dadurch, dass die EWU-Staaten eine
65 gemeinsame Währung besitzen, kann es nicht mehr zu sog. „Abwertungs-
wettläufen" kommen.]

Die wirtschaftlichen Vorteile der Währungsunion sind überwiegend langfristi-
70 ger Natur. Niemand sollte sich Wunder-
dinge vom Euro erwarten. [...] Für die Währungsunion werden neben den öko-

nomischen auch politische Gründe geltend gemacht.

• Sie soll die Mitgliedstaaten zusammen- 75 schweißen und die europäische Einigung gegen Rückfälle in Nationalismus absichern.

• Nicht zuletzt soll der Euro die EU als glo-
balen Akteur gegenüber gegenwärtigen 80 Großmächten wie den USA und Japan sowie gegenüber künftigen Großmächten wie China und Indien stärken.

Holger Sandte, in: Europa – Auf dem Weg zur Einheit, Hannover 2000, S. 52 f.

M 3 ● Euroland ≠ EU

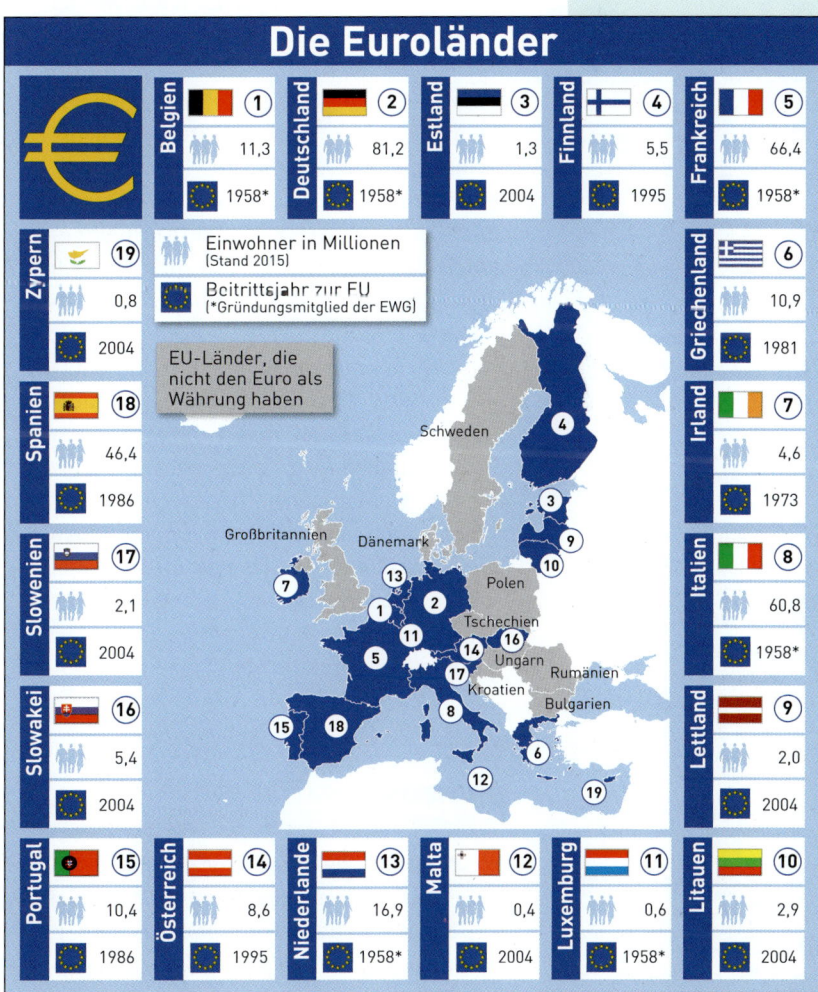

Quelle: Eurostat Stand 2016 © Globus

M 4 ● Stabilitäts- und Wachstumspakt – die Bedingungen zur Euro-Einführung

Bereits im Vertrag von Maastricht (1991) wurde von den damals 12 Mitgliedstaaten der Europäischen Union u.a. die Einführung der gemeinsamen Währung „Euro"
5 beschlossen. Alle Länder der EU sollten (unabhängig von der Währung) die vier sogenannten „Konvergenzkriterien" erfüllen:

* jährliche Neuverschuldung max. 3% des
10 BIP, Staatsverschuldung gesamt max. 60% des BIP
* Inflationsrate nicht mehr als 1,5% über denen der drei preisstabilsten Mitgliedsstaaten
15 * Wechselkursänderung der alten Währung zum Euro zwei Jahre vor dessen Einführung max. 15%
* Zinssatz langfristiger Staatsanleihen max. 2% über dem der drei Mitglieds-
20 staaten mit der niedrigsten Inflation

Diese Regelung ist in § 140 des Vertrags über die Arbeitsweise der EU (AEU) eingegangen und beruht auf § 126 AEU, wonach alle „Mitgliedstaaten [...] übermäßige öf-
25 fentliche Defizite" vermeiden müssen. Die Konvergenzkriterien sind in den sog. „Stabilitäts- und Wachstumspakt" (2005) aufgenommen und vor dem Hintergrund der Staatsschuldenkrisen mehrerer Euro-Län-
30 der 2011 weiter verschärft worden:

* Neben der kurzfristigen Defizitgrenze von jährlich 3% ist das mittelfristige Ziel eines ausgeglichenen Staatshaushalts formuliert.
35 * Länder mit mehr als 60% Staatsverschul-

dung eines Jahres-BIP müssen jährlich 5% der Differenz zwischen ihren Schulden und der Defizitgrenze abbauen.

Bei mehrfachem Verstoß gegen die Kon-
40 vergenzkriterien oder bei Täuschungen im Rahmen der Haushaltsstatistik soll die **Europäische Kommission** einen Plan zum Defizitabbau verlangen und es sollen **Sanktionen** automatisch verhängt werden (u.a. Strafzahlungen zwischen 0,2 und
45 0,5% des BIP an die EU). Diese Sanktionen treten in Kraft, wenn sie nicht vom **Ministerrat** mit qualifizierter Mehrheit (seit 2007: 55% der Mitgliedstaaten, die mindestens 65% der Bevölkerung repräsentie-
50 ren müssen) abgelehnt werden.

Der Euro soll in allen 27 EU-Ländern automatisch die alte Währung ablösen, die die Konvergenzkriterien erfüllen und deren Inflationsrate sich in den Jahren vor der Eu-
55 ro-Einführung innerhalb der Spannbreite der Euro-Länder bewegt. Allerdings sicherten sich Großbritannien und Dänemark eine sog. „Opt-out-Regelung", d.h. sie können trotz erfüllter Kriterien ihre alte Wäh-
60 rung behalten. Der Euro wurde 1999 als Buch- und 2002 als Bargeld eingeführt. Zurzeit besteht die **Euro-Zone** aus 19 EU-Staaten.

Ausgegeben wird der Euro allein von der
65 1998 gegründeten Europäischen Zentralbank (EZB). Oberstes Ziel der Notenbank ist Preisniveaustabilität.

Autorentext

Konvergenz (Randspalte)

Konvergenz

Annäherung, Aufeinanderzustreben; hier: Annäherung der in den Kriterien erfassten Wirtschaftsdaten

F zu Aufgabe 1
Stellen Sie den Prozess der Entscheidung für die Einheitswährung Euro sowie für eine einheitliche Geldpolitik durch die Europäische Zentralbank (EZB) dar. Erläutern Sie in diesem Zusammenhang, warum vor allem deutsche Finanzpolitiker wie Theo Waigel Geldwertstabilität als oberstes Ziel für die EZB durchsetzten.

H zu Aufgabe 1
Unterscheiden Sie ökonomische und politische Ziele.

Aufgaben

1 Fassen Sie die mit der Euro-Einführung beabsichtigten Ziele zusammen. (M 1 – M 3)

2 Erläutern Sie die Bedeutung von „Konvergenzkriterien" für eine nationenübergreifende Gemeinschaftswährung wie den Euro. (M 2, M 4)

3 Stellen Sie – eventuell vor dem Hintergrund aktueller Entwicklungen – Hypothesen darüber auf, ob die Gemeinschaftswährung zur Stabilität der Euro-Zone beigetragen hat.

8.1.2   Brachte der Euro Währungsstabilität?

M 5 ● Angst vor der Euro-Einführung?

*Spiegel-Titelseite
vom 9.12.1991*

**Film der Europäischen
Zentralbank zur
Bedeutung von
Preisniveaustabilität**

Mediencode: 72024-11

Info

Inflation und Deflation

Inflation (also Geldentwertung) hat zur Folge, dass sowohl Sparguthaben als auch die Forderungen von Kreditgebern (Gläubiger) gegenüber Schuldnern an Wert verlieren (soweit die Zinsen nicht über der Inflationsrate liegen). Somit nutzt eine (zumindest moderate) Inflation Kreditnehmern und auch der Konsumwirtschaft, da die Menschen ihr Geld eher ausgeben als im großen Stil sparen werden. Für nahezu alle Wirtschaftsteilnehmer nachteilig ist aber eine galoppierende Inflation (Teuerungsrate über 20% pro Jahr) oder sogar eine Hyperinflation wie im Deutschland der 1920er Jahre.

Volkswirtschaftlich deutlich schädlicher als eine sanfte Inflation ist die sog. **Deflation** (Preisverfall für Waren und Dienstleistungen). Durch das Absinken des Gesamtpreisniveaus üben die Konsumenten in Erwartung immer weiter fallender Preise Kaufzurückhaltung, was zu Umsatzeinbrüchen und schließlich zu vielen Unternehmenspleiten führen kann. Die dadurch ausgelöste Angst vor einem drohenden Arbeitsplatzverlust führt – eine Art Teufelskreis – zu weiterer Kaufzurückhaltung usw. Deflation kann dadurch ausgelöst werden, dass Unternehmen Preise senken, um ihre eigenen Marktanteile zu erhöhen (und andere zum Nachziehen „zwingen"), oder dadurch, dass private Haushalte ihre Sparquote deutlich erhöhen.

Autorentext

✪ M 6 ● Ursachen von Inflation

Zur Entwicklung des Preisniveaus im Konjunkturzyklus → vgl. Kap. 6.1.2

a) Angebots- bzw. Nachfrageinflation

In der Regel steigt in Deutschland jährlich das Gesamtniveau der Verbraucherpreise um wenige (Zehntel-)Prozentpunkte an. Andersherum kann man auch von einer
5 moderaten Geldentwertung (Inflation) sprechen, da für die gleiche nominelle Geldsumme weniger Güter als im Vorjahr erworben werden können. Wirtschaftswissenschaftler haben dafür verschiedene Er-
10 klärungsansätze formuliert: Grundsätzlich kann man dabei zwischen monetären (In-
flation vor allem durch eine Ausweitung der Geldmenge durch die Zentralbank) und nichtmonetären Theorien unterscheiden. Die nichtmonetären Erklärungen lassen 15 sich in angebotsseitige (z.B. notwendige Erhöhung der Preise durch Lohnsteigerungen oder verteuerte Importe) und nachfrageseitige [...] differenzieren. Das folgende Schaubild zeigt den Grundmechanismus 20 des nachfrageseitigen Ansatzes:

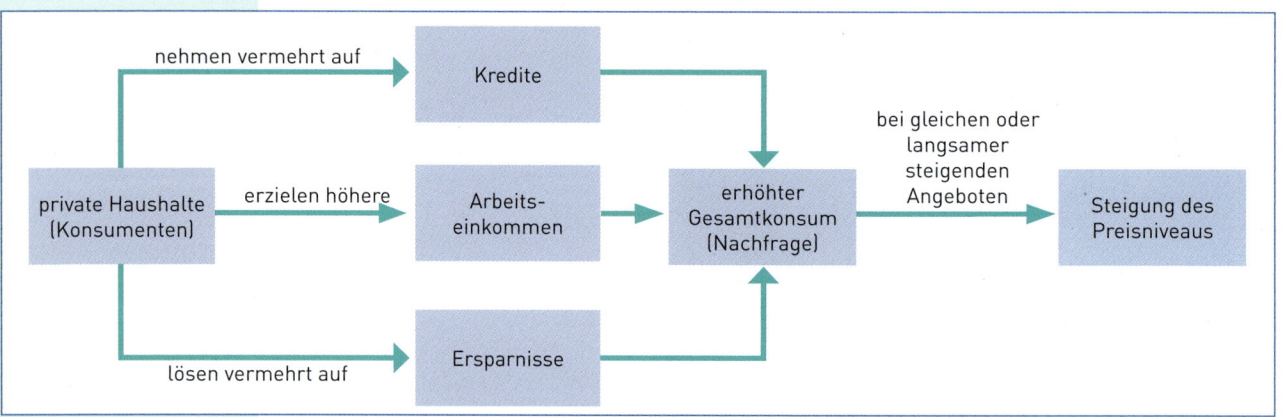

Autorentext und -grafik

Monetarismus

in den 1960er Jahren entwickelte Wirtschaftstheorie, die an die Quantitätentheorie anschließt; in deutlichem Kontrast zur nachfragetheoretischen Wirtschaftstheorie lehnen Monetaristen kurzfristige Staatseingriffe in die Wirtschaft vollkommen ab.

Zur Bedeutung von Geldpolitik für die angebotsorientierte Wirtschaftspolitik → vgl. Kap. 7.3.1

b) Inflation durch Erhöhung der Geldmenge – die Quantitätentheorie

Grundüberlegung [der Theorie] ist, dass [...] der Geldstrom [in einer Volkswirtschaft] genau dem wertmäßigen Güterstrom entspricht. [...] [In einer Gleichung ausge-
5 drückt] wird die umlaufende Geldmenge mit G bezeichnet, die Umlaufgeschwindigkeit des Geldes mit U, das Preisniveau mit P und das Handelsvolumen (d.h. alle umgesetzten Güter und Dienstleistungen in
10 einer Periode) mit H. Diese *Quantitätsgleichung* [...] lautet: $G \times U = H \times P$ oder Geldseite = Güterseite. [...]
[Die] Quantitätsgleichung [...] zeigt z.B., dass jede Veränderung der Geldseite eine
15 entsprechende Veränderung auf der Güterseite bewirkt und umgekehrt. Eine Erhöhung der Geldmenge auf der einen Seite wird danach immer dann zu Preiserhöhungen und damit zu inflationären Entwick-

lungen auf der anderen Seite führen, wenn 20 Vollbeschäftigung in der Wirtschaft herrscht, die Gütermenge also nicht gleichzeitig erhöht werden kann. [...] Das bedeutet, dass die Geldmenge und die Gütermenge gesamtwirtschaftlich immer im richtigen 25 Verhältnis stehen müssen, damit der Geldwert stabil bleibt. Für den Fall, dass die Geldmenge schneller ansteigt als die Gütermenge, ist die Folge eine Inflation. Steigt die Gütermenge schneller als die Geldmenge, ist die Folge eine Deflation. [...] 30
Die Quantitätstheorie bildet die Grundlage für die geldpolitische Auffassung des Monetarismus.

Duden Wirtschaft von A bis Z: Grundlagenwissen für Schule und Studium, Beruf und Alltag. 5. Aufl. Mannheim: Bibliographisches Institut 2013. Lizenzausgabe Bonn: Bundeszentrale für politische Bildung 2013.

M 7 ● Euro = Teuro? Verbraucherpreisentwicklung in ausgewählten Euro-Staaten

Jahresdurchschnittlicher Anstieg der Verbraucherpreise in Prozent

Im Zeitraum von	In nationaler Währung				Nach der Euro-Einführung
	1960 bis 1970	1970 bis 1980	1980 bis 1990	1990 bis 1998	2000 bis 2016*
Deutschland	2,7	5,1	2,6	2,6	1,5
Frankreich	4,1	9,6	6,3	1,9	1,6
Irland	4,7	13,7	7,7	2,3	1,7
Niederlande	4,2	7,4	2,5	2,6	1,9
Italien	3,9	13,9	9,6	4,1	1,9
Portugal	4,5	18,6	17,1	5,4	2,0
Spanien	6,0	15,3	9,3	4,1	2,1
Griechenland	2,1	14,3	19,0	9,3	2,2

Für die Jahre 2015 und 2016 ist eine Prognose in die Berechnung eingeflossen.

Zahlen nach: Institut der deutschen Wirtschaft Köln 2010, Eurostat, EU-Kommission

M 8 ● Glättung der Wechselkurswellen durch den Euro

[Viele] verkennen [...] die Vorteile, die der Euro Deutschland gebracht hat – allen voran der Exportwirtschaft. Die wichtigsten Absatzmärkte der deutschen Unternehmen liegen nach wie vor in der Euro-Zone – wo etwa 40 Prozent der deutschen Ausfuhren hingehen.

Vor der Einführung der Gemeinschaftswährung hatte die harte D-Mark den deutschen Firmen schwer zu schaffen gemacht. Wann immer es an den Märkten kritisch wurde, flüchteten Investoren in deutsche Bundesanleihen und trieben damit den Wechselkurs der D-Mark in die Höhe. Durch die kontinuierliche Aufwertung der Landeswährung wurden deutsche Exportgüter im Ausland teurer und verloren damit an Attraktivität. Dieser unerwünschte Effekt ist durch die Gemeinschaftswährung komplett verschwunden. [...]

Vor der Euro-Einführung sorgten plötzliche Auf- und Abwertungen für stetige Unsicherheit bei den Exporteuren – und bremsten so den Handel. Wissenschaftliche Studien kommen im Schnitt zu dem Ergebnis, dass der Handel innerhalb der Eurozone dank des Euro um etwa 15 Prozent zugenommen hat – was einem Volumen von rund 620 Milliarden Euro entspricht.

Jan Mallien, www.handelsblatt.de, 13.6.2012

Aufgaben

1. Interpretieren Sie die Spiegel-Titelseite vom 9.12.1991. (M 5)
2. ⭐ Stellen Sie mögliche Ursachen und Folgen von Inflation und Deflation dar. (M 6, Info)
3. Vergleichen Sie die Verbraucherpreisentwicklung vor und nach der Einführung des Euro. (M 7)
4. Beurteilen Sie die Wirkung des Euro hinsichtlich der Schaffung von Preisniveau- bzw. Währungsstabilität. (M 5 - M 8, Info)

Ⓗ zu Aufgabe 2
Visualisieren Sie – arbeitsteilig – die Angebots- und die Quantitätentheorie der Inflation analog zum Schaubild der Nachfragetheorie.

8.1.3　Welche Risiken birgt der Euro als Gemeinschaftswährung?

M 9 ● Gleiche Währung – unterschiedliche Wirtschaft?

Staat	Anteil am BIP nach Wirtschaftssektoren (2014)			BIP pro Kopf (2015)	Bevölke-rungsgröße in Mio. (2015)	Arbeitslosenquote (und Jugendar-beitslosigkeit) in % (April 2016)	Wesentliche Wirtschaftszweige
	Landwirt-schaft	Industrie	Dienst-leistung				
Deutschland	0,75%	30,69%	68,56%	37.100	81,2	4,2 (7,0)	Fahrzeug- und Maschinenbau, Chemieindustrie, Versiche-rungswirtschaft
Frankreich	1,68%	19,44%	78,89%	32.200	66,4	9,9 (23,5)	Telekommunikation, Automo-bilbau, Luftfahrt-/Rüstungsin-dustrie, Tourismus
Griechenland	3,81%	13,34%	82,85%	16.200	10,9	24,2 (51,4)	Tourismus, Nahrungsmittel, Schifffahrtsunternehmen
Litauen	3,64%	16,95%	79,42%	12.800	2,9	8,2 (13,8)	Nahrungsmittel, Chemieindus-trie, Textilindustrie
Spanien	2,49%	23,08%	74,43%	23.300	46,4	20,1 (45,0)	Tourismus, Nahrungsmittel (u.a. Wein, Tomaten), Kommu-nikations- und Informations-technik
Tschechien	2,62%	37,92%	59,46%	14.700	10,5	4,1 (9,5)	Industrieanlagenbau, Automobilbau, Metallverarbei-tung

Daten nach: www.statista.com, Abruf am 6.10.2016

M 10 ● Keine Abwertung – Probleme einer Gemeinschaftswährung

Auf-/Abwertung

Von Aufwertung spricht man, wenn eine Währung gegenüber einer anderen an Wert gewinnt (Wechselkurs-steigerung). Abwertung ist dementsprechend ein Wertverlust gegenüber einer anderen Währung.

Staatsanleihen

von Staaten ausgegebe-ne Wertpapiere mit einer vorher festgeleg-ten Laufzeit; der jährliche Zinssatz, den die ausgebenden Staaten an die Käufer zahlen, richtet sich v. a. nach dem Ausfallrisiko (Gefahr des Staatsbank-rotts); die Einkünfte aus

[D]er renommierte belgische Ökonom Paul De Grauwe [...] vergleicht [...] Spanien und Großbritannien, die beide stark steigende Staatsschulden aufweisen. [...] Großbritan-nien muss [2011] für eine 10-jährige Staatsanleihe nur eine Rendite von 3,1 Prozent bieten. Bei Spanien sind es 5,5 Prozent. Die Anleger schätzen also das Ri-siko deutlich höher ein, dass Spanien zah-lungsunfähig wird. Aber warum?
Ganz einfach: Spanien hat den Euro – und ist anders als Großbritannien nicht mehr durch eine eigene Währung davor ge-schützt, in eine Staatspleite zu rutschen. Diesen Zusammenhang erläutert De Grau-we mit einem Gedankenexperiment: Ange-nommen, die Investoren würden befürch-ten, dass Großbritannien demnächst pleite ist. Dann würden sie ihre Staatsanleihen verkaufen, dafür Pfund erhalten – und die-

ses Geld in eine andere Währung umtau-schen, wo sich bessere Anlagemöglichkei-ten bieten. Dieser Ausverkauf britischer Staatsanleihen würde aber ziemlich bald enden, denn der Kurs des Pfundes würde so stark sinken, dass es für die Investoren at-traktiver wäre, im Pfund zu bleiben. [...] Sie würden entweder die britischen Staatsan-leihen behalten oder aber die Verkaufserlö-se wieder in Großbritannien anlegen. Es käme nicht zu Liquiditätsengpässen [= Zahlungsschwierigkeiten]. Zudem würde das sinkende Pfund dafür sorgen, dass die britische Wirtschaft international wettbe-werbsfähiger wird. Die Panik unter den In-vestoren würde sich also wieder legen: Sie würden erneut britische Staatsanleihen kaufen. Zudem könnte auch noch die briti-sche Zentralbank einspringen, falls sich kein Anleger findet – und einfach selbst

Staatsanleihen erwerben. Eine britische Staatspleite ist also faktisch ausgeschlossen.

Völlig anders stellt sich die Lage in Spanien, Italien oder Belgien dar. Wenn die Investoren dort nervös werden und ihre Staatsanleihen abstoßen, erhalten sie Euros, die sie ohne Umtausch außer Landes schaffen können, um sie etwa in Deutschland anzulegen. Es kommt zu einem echten Liquiditätsengpass in den gefährdeten Staaten. Zudem bleibt der Eurokurs bei diesen Transaktionen stabil, so dass auch die Wettbewerbsfähigkeit der betroffenen Länder nicht steigt.

Ulrike Herrmann, Achtung, Ansteckungsgefahr, die tageszeitung, 23.6.2011

dem „Verkauf" von Staatsanleihen dienen der Finanzierung von Staatsaufgaben (Infrastruktur, Soziales, Bildung, Militär…).

Info

Rating-Agenturen

Firmen, die die Kreditwürdigkeit (= Bonität) von Unternehmen oder Staaten aufgrund einer ständig aktualisierten Analyse betriebs- bzw. volkswirtschaftlicher Daten einschätzen. Diese Einschätzung wird in Buchstabenkombinationen von AAA (höchst kreditwürdig) bis D (zahlungsunfähig) angegeben.

Potenzielle Investoren bzw. bestehende Gläubiger haben großes Interesse an dieser Einschätzung, da sie dadurch das Risiko eines Zahlungsausfalls besser einschätzen können. Ein höheres Risiko muss von den Kreditnehmern in der Regel mit einem höheren Zins für geliehenes Geld vergütet werden. Ökonomisch gesprochen verringern Rating-Agenturen die Informationskosten für Investoren und Gläubiger.

Kritik: Erstens verfügen die drei großen Agenturen (Moody's, Standard & Poor's, Fitch Rating) über die Macht, ganze Unternehmen oder Staaten in Zahlungsschwierigkeiten zu bringen. Zweitens sind diese mächtigen Agenturen Privatunternehmen und unterliegen nur einer geringen öffentlichen Kontrolle. Drittens waren sie am Entstehen der Finanzkrise 2007 beteiligt, da sie Wertpapiere als sehr investitionswürdig einschätzten, die im Gegenteil äußerst risikobehaftet waren.

Autorentext

✪ M 11 ● Theorie optimaler Währungsräume

Schon 1961 entwickelte [Robert Mundell] seine Theorie der optimalen Währungsräume. Danach kann eine Währungsunion auf Dauer nur gelingen, wenn sich ähnliche Volkswirtschaften mit hoher Mobilität der Arbeitskräfte zusammenschließen. Mit einer einheitlichen Währung verzichten die Länder auf den Wechselkurspuffer, der Unterschiede in den wirtschaftlichen Entwicklungen ausgleichen kann.

Durch eine Abwertung steigt die preisliche Wettbewerbsfähigkeit. Dann können die Waren im Ausland billiger angeboten werden, wodurch dort die Nachfrage steigt. Das Überschussangebot und die Arbeitslosigkeit schrumpfen, die Preise stabilisieren sich. In einer Währungsunion aber funktioniert dieser Mechanismus nicht. Ein Ersatz dafür ist dann laut Mundell die Mobilität der Arbeit. Arbeitnehmer, die in ihrem Heimatland keine Beschäftigung mehr finden, wandern in eine Region mit stabiler Nachfrage und höheren Löhnen ab – und zwar so lange, bis sich Lohn- und Preisniveau zwischen Heimat- und Zielland angeglichen haben. Damit das reibungslos geschehen kann, müssen Löhne und Preise in und zwischen den Ländern, die einen gemeinsamen Währungsraum bilden, flexibel sein.

1963 führt der Kanadier Ronald McKinnon, aufbauend auf den Forschungen seines Landsmanns Mundell, den Offenheitsgrad als zusätzliche Bedingung für einen optimalen Währungsraum ein: Je mehr die Mitgliedsländer untereinander handeln, desto schädlicher sind die Folgen einer Wechselkursänderung. Daraus leitet er ab, dass Länder, zwischen denen ein reger Warenaustausch stattfindet, eher geeignet

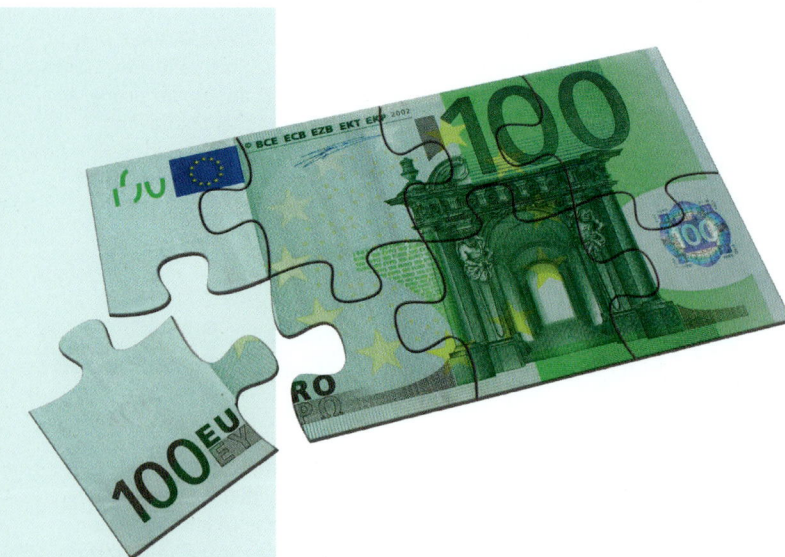

sind, einen optimalen Währungsraum zu bilden. Aber auch die Struktur der Volkswirtschaften ist laut dem Princeton-Ökonomen Peter Kenen entscheidend. Hat ein Land viele verschiedene Wirtschaftszwei- 45 ge, ist es tendenziell geeignet für eine Währungsunion, weil es Krisen in einzelnen Branchen besser verkraften und auf den Wechselkurs als Puffer verzichten kann. 50

[Frankel und Rose ergänzten Ende des 20. Jahrhunderts die wissenschaftlich und politisch immer noch sehr umstrittene These, dass sich die Teilnehmer einer Währungsunion wirtschaftlich einander annähern 55 würden und nicht von vornherein zueinander passen müssten.]

Anne Kunz, Robert Mundell, www.wiwo.de, 14.5.2016

M 12 ● Ist/Wird die Euro-Zone ein optimaler Währungsraum?

Die Euro-Zone in ihrer jetzigen Form ist offensichtlich kein optimaler Währungsraum. Dafür sind die Volkswirtschaften der Mitgliedsstaaten zu unterschiedlich. Dass
5 derzeit Massen von arbeitslosen Griechen nach Westeuropa wandern, ist nicht zu beobachten. Vor allem die Sprachbarrieren dürften noch für Jahrzehnte dafür sorgen, dass die Mobilität zwischen den Euro-
10 Staaten relativ gering bleibt.
Trotzdem glaubte Mundell unverdrossen an die Zukunft des Euro, dessen Einführung er als intellektueller Pate begleitet

hatte [...]. Die Gemeinschaftswährung werde erzwingen, dass die Euro-Zone irgend- 15 wann ein optimaler Währungsraum werde, meinte er. Die Regierungen müssten lernen, dass nur mehr Flexibilität am Arbeitsmarkt, eine zurückhaltende Lohnpolitik und sinkende Steuern die Wirtschaft bele- 20 ben und die Arbeitslosigkeit senken könnten.

Anne Kunz, Der Pate – Robert Mundell, in: Roland Tichy (Hg.), Große Ökonomen und ihre Ideen. Wien 2012, S. 166

H zu Aufgabe 1
Fassen Sie Ihren Vergleich abschließend in einem Fazit zusammen.

H zu Aufgabe 4
Visualisieren Sie die Annahmen der „Theorie optimaler Währungsräume" in einem Schaubild (z. B. Flussdiagramm).

F zu Aufgabe 4
Erörtern Sie Robert Mundells Überzeugungen (M 11, M 12) – auch unter Berücksichtigung der Grundannahmen der nachfrageorientierten Wirtschaftspolitik (vgl. Kap. 6).

Aufgaben

1 Vergleichen Sie die Wirtschaftsdaten der ausgewählten Staaten der Euro-Zone. (M 9)

2 Arbeiten Sie aus den Wirtschaftsdaten mögliche Probleme für den Euro als gemeinsame Währung heraus. (M 9)

3 Erklären Sie, warum (bzw. für wen) fehlende Abwertungsmöglichkeiten in einem gemeinsamen Währungsraum sowohl ein Problem als auch einen Vorteil darstellen können. (M 10)

✪ 4 Erläutern Sie, warum es sich bei der Euro-Zone nicht um einen optimalen Währungsraum handelt. (M 9, M 11, M 12)

8.2 Die Europäische Zentralbank – Stabilisator des Preisniveaus oder Konjunkturmotor?

Basiskonzept	Kategorie/n	Leitfragen
System und Struktur	Wirtschaftsordnung	· Welche Aufgaben und Befugnisse hat die EZB?
	Anreize und Restriktionen	· Welche Anreize werden durch die EZB mit ihrer aktuellen Geldpolitik gesetzt?
Prozesse und Handeln	politische Gestaltung	· Welche geldpolitischen (und konjunkturpolitischen) Mittel nutzt die EZB bzw. sollte sie nutzen?

8.2.1 Wie agiert die EZB in der europäischen Staatsschuldenkrise?

M 1 ● Die Aufgabe der EZB?

Karikatur: Paolo Calleri, 5.6.2014

Originaltitel der Karikatur: „Verbraten – EZB senkt Leitzins auf 0,15%"

Konjunktur

Zyklische Schwankungen (vier Phasen: Aufschwung, Boom, Abschwung, Rezession) der gesamtwirtschaftlichen Aktivität/der Ausschöpfung des Produktivitätspotenzials einer Volkswirtschaft (ablesbar u. a. in Beschäftigung, Preisen, Produktionsmenge). Wichtigster Indikator ist das Bruttoinlandsprodukt (BIP).

M 2 ● Das klassische geldpolitische Instrumentarium der EZB

Zur Wahrung ihrer Aufgaben stehen der EZB verschiedene geldpolitische Instrumente zur Verfügung. Diese werden vorrangig darauf ausgerichtet, die Volkswirt-
5 schaften einerseits ausreichend mit Geld auszustatten, andererseits Preisniveaustabilität zu gewährleisten. Die EZB kann ihre geldpolitischen Ziele aber nur indirekt erreichen. Das bedeutet: Will ein Unternehmen investieren oder ein privater Haushalt 10 ein Auto anschaffen, wird meist ein Kredit bei einer Bank aufgenommen. Um Kredite gewähren zu können, müssen sich die Banken aber selbst mit Geld versorgen, d.h., sie

Das neue Gebäude der Europäischen Zentralbank in Frankfurt am Main.

15 müssen sich „refinanzieren" – und das können sie bei der Zentralbank. Und wie bei jeder Kreditgewährung werden auch hier Zinsen fällig.

Genau da setzt die EZB mit ihrem Instru-
20 mentarium an. Erhöht sie die Zinsen, zu denen die Zentralbankgeld an die Banken abgibt, verteuert sie deren Kreditaufnahme. Die Banken geben aber ihre höheren Geldbeschaffungskosten an die privaten Kreditnehmer – Unternehmen und private 25 Haushalte – weiter, indem sie höhere Zinsen für deren Bankkredite verlangen. Manche kreditfinanzierte Investition wird für Unternehmer jetzt unrentabel, weil die höheren Kreditkosten sich im Vergleich zum 30 erwarteten Gewinn nicht rechnen. Auch mancher Bauherr oder Autokäufer wird angesichts höherer Zinsen seine kreditfinanzierten Bau- oder Kaufpläne erst einmal nicht realisieren. Gleichzeitig sorgen 35 steigende Zinsen dafür, dass die Sparneigung zunimmt. Diese Maßnahme der EZB wirkt also doppelt: Sie dämpft die kreditfinanzierte Nachfrage und trägt durch Sparanreize dazu bei, dass dem Wirtschafts- 40 kreislauf Geld entzogen wird und auch auf diesem Wege die Nachfrage nach Waren und Dienstleistungen zurückgeht, damit sich der Preisanstieg verlangsamt. Über die Variation des Zinssatzes kann die Zentral- 45 bank das Zinsniveau in den Volkswirtschaften steuern. Der Bedeutung entsprechend spricht man daher vom Leitzins. Inflation hängt letztlich immer auch mit einer Zunahme der nachfragewirksamen 50 Geldmenge zusammen. Die EZB kann daher zur Inflationsbekämpfung neben der Erhöhung der Zinsen auch den Umfang der Kreditvergabe an die Geschäftsbanken einschränken. Umgekehrt kann die Zentral- 55 bank aber auch die Kreditspielräume der Geschäftsbanken erweitern und über günstige Konditionen das Zinsniveau in den Volkswirtschaften senken, um einen umgekehrten Prozess in Gang zu setzen. 60
Der Wirksamkeit geldpolitischer Maßnahmen sind Grenzen gesetzt. Internationale Finanzströme können ebenso die Inflation fördern wie zu hohe Lohnabschlüsse der Tarifparteien. Daneben können selbst stei- 65 gende Zinsen die Investitions- und Konsumbereitschaft nicht dämpfen, wenn eine optimistische Grundstimmung herrscht.

Max Bauer, in: Kompendium Politik, Bamberg 2013, S. 139 ff.

Info

Staatsschuldenkrise im Euro-Raum

Infolge überkommener bzw. wenig differenzierter Wirtschaftsstrukturen, teilweise staatlicher Misswirtschaft und starker ökonomischer Ungleichgewichte in der Euro Zone sowie verstärkt durch die Weltwirtschaftskrise 2009 kam es in Spanien, Portugal, Irland und vor allem in Griechenland um 2010 zur sog. Staatsschuldenkrise. Die genannten Länder hatten große Schwierigkeiten, ihren Haushalt an internationalen Finanzmärkten zu finanzieren, also v. a. Staatsanleihen zu verkaufen, da das Ausfallrisiko dieser Papiere Investoren zu hoch erschien. Die Euro-Gruppe und der Internationale Währungsfond (IWF) legten Programme zur alternativen Staatsfinanzierung gegen strikte Sparauflagen auf („Austerität"). Diese Auflagen führten zwar in den Staaten (außer Griechenland) zur Konsolidierung der Staatsfinanzen, trugen aber auch zu sehr harten sozialen Einschnitten und anhaltend hoher (Jugend-)Arbeitslosigkeit bei.

Autorentext

M 3 ● EZB-Politik in der Krise

a) Die Leitzinssetzung der EZB

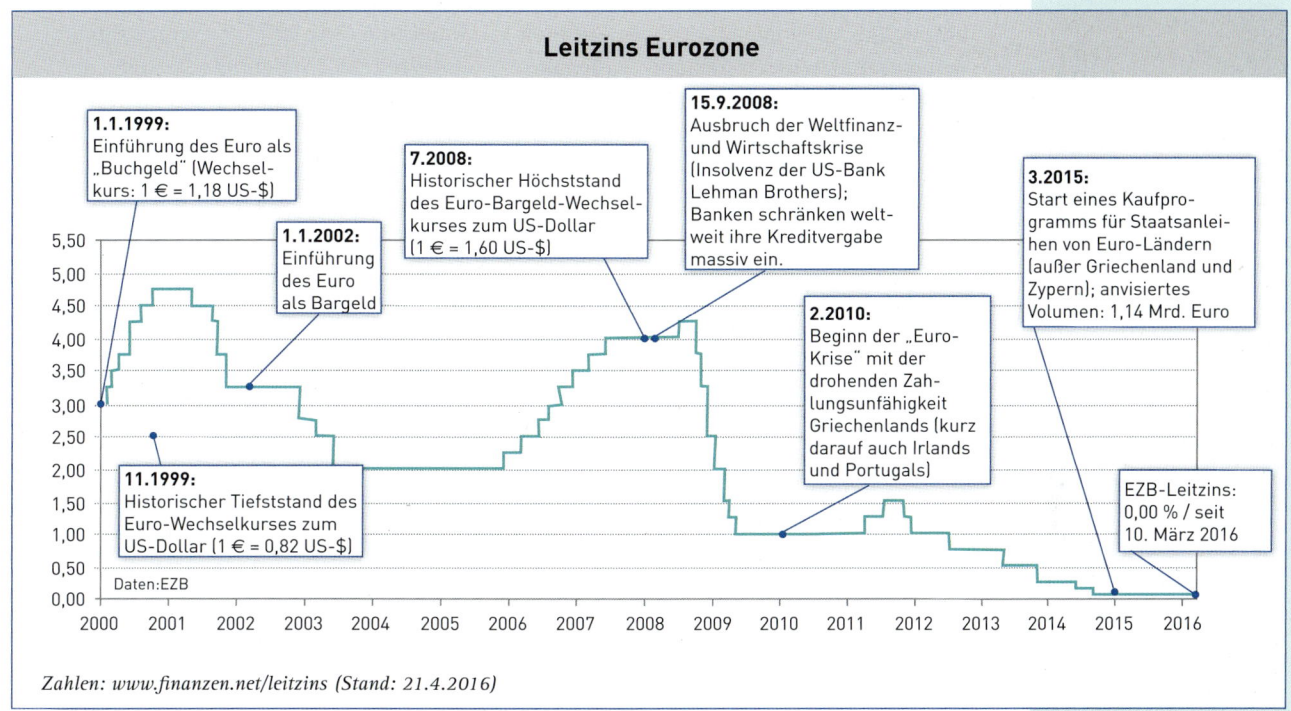

Leitzins Eurozone

1.1.1999:
Einführung des Euro als „Buchgeld" (Wechselkurs: 1 € = 1,18 US-$)

1.1.2002:
Einführung des Euro als Bargeld

7.2008:
Historischer Höchststand des Euro-Bargeld-Wechselkurses zum US-Dollar (1 € = 1,60 US-$)

15.9.2008:
Ausbruch der Weltfinanz- und Wirtschaftskrise (Insolvenz der US-Bank Lehman Brothers); Banken schränken weltweit ihre Kreditvergabe massiv ein.

3.2015:
Start eines Kaufprogramms für Staatsanleihen von Euro-Ländern (außer Griechenland und Zypern); anvisiertes Volumen: 1,14 Mrd. Euro

2.2010:
Beginn der „Euro-Krise" mit der drohenden Zahlungsunfähigkeit Griechenlands (kurz darauf auch Irlands und Portugals)

11.1999:
Historischer Tiefststand des Euro-Wechselkurses zum US-Dollar (1 € = 0,82 US-$)

EZB-Leitzins: 0,00 % / seit 10. März 2016

Daten: EZB

Zahlen: www.finanzen.net/leitzins (Stand: 21.4.2016)

b) Weitere Kriseninterventionen der EZB

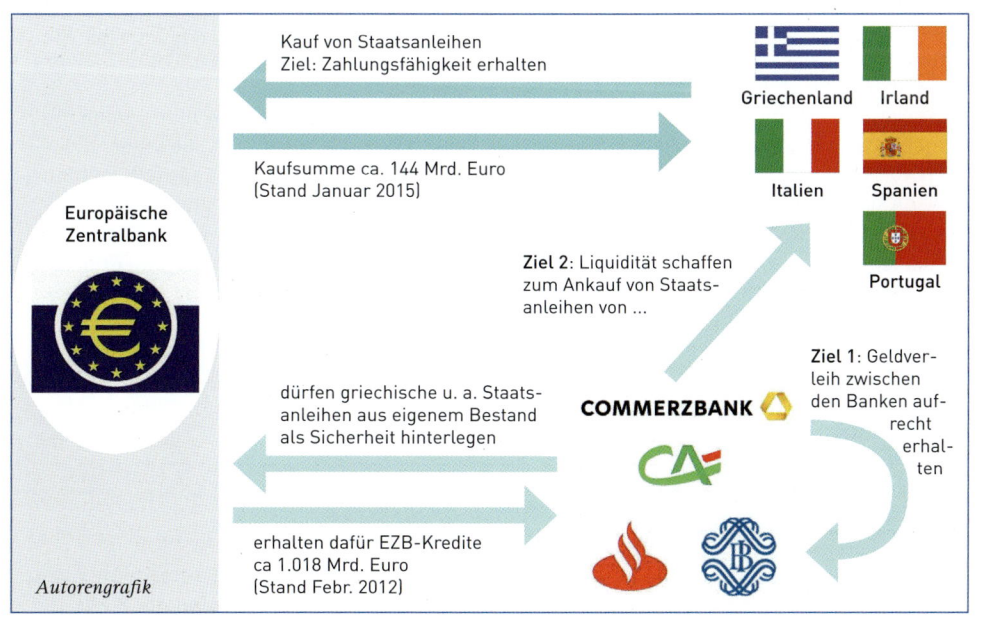

Kauf von Staatsanleihen
Ziel: Zahlungsfähigkeit erhalten

Griechenland   Irland

Italien   Spanien

Portugal

Kaufsumme ca. 144 Mrd. Euro (Stand Januar 2015)

Europäische Zentralbank

Ziel 2: Liquidität schaffen zum Ankauf von Staatsanleihen von ...

dürfen griechische u. a. Staatsanleihen aus eigenem Bestand als Sicherheit hinterlegen

COMMERZBANK

Ziel 1: Geldverleih zwischen den Banken aufrecht erhalten

erhalten dafür EZB-Kredite ca 1.018 Mrd. Euro (Stand Febr. 2012)

Autorengrafik

Quantitative Easing-Programms (QE)

Mit dem Ziel der Inflation von 2% kaufte die EZB im Rahmen des sog. QE-Programms zusätzlich zwischen März 2015 und September 2016 monatlich Staatsanleihen der Euro-Staaten (außer Griechenland) im Nennwert von 60 Mrd. Euro (insg. ca. 1.700 Mrd. Euro).

Mario Draghi

EZB-Präsident seit
November 2011

Bail-out

(engl.: aus der Klemme
helfen): Schuldenüber-
nahme für andere durch
direkte Tilgung oder
Haftung

**Preis(niveau)-
stabilität**

Stabilität der durch-
schnittlichen Preise
eines vorher festgeleg-
ten Güterbündels
(zumeist Verbrauchs-
güter); Stabilität
herrscht nach
EZB-Definition
bei einer jährlichen
Inflationsrate von unter,
aber nahe 2 % Teuerung.

H zu Aufgabe 1
Arbeiten Sie die
Bedeutung von
Leitzins- und damit
Bankzinssenkungen
für Spareinlagen
heraus.

F zu Aufgabe 4
Charakterisieren
Sie, in welcher
wirtschaftspoliti-
schen Beziehung
das Geldwert-Stabi-
lisierungszeit und
die derzeitige
Geldpolitik der EZB
stehen (könnten).

M 4 ● Vertrag über die Arbeitsweise der Europäischen Union (AEU-Vertrag)

§ 125

(1) Die Union haftet nicht für die Verbindlichkeiten der Zentralregierungen,
der regionalen oder lokalen Gebietskörperschaften oder von anderen öffentlich-
rechtlichen Körperschaften, sonstiger
Einrichtungen des öffentlichen Rechts
oder öffentlicher Unternehmen von Mitgliedstaaten und tritt nicht für derartige
Verbindlichkeiten ein [...].

§ 127

(1) Das vorrangige Ziel des Europäischen
Systems der Zentralbanken [...] ist es, die
Preisstabilität zu gewährleisten. Soweit
dies ohne Beeinträchtigung des Zieles der
Preisstabilität möglich ist, unterstützt das
ESZB die allgemeine Wirtschaftspolitik in
der Union [...].

(2) Die grundlegenden Aufgaben des ESZB
bestehen darin,

- die Geldpolitik der Union festzulegen
  und auszuführen,
- Devisengeschäfte [...] durchzuführen [...],
- die offiziellen Währungsreserven der Mitgliedstaaten zu halten und zu verwalten,
  [...]

§ 282

(1) Die Europäische Zentralbank und die
nationalen Zentralbanken der Mitgliedstaaten, deren Währung der Euro ist, bilden das Euro-System und betreiben die
Währungspolitik der Union. [...]

(3) Die Europäische Zentralbank [...] allein
ist befugt, die Ausgabe des Euro zu geneh-
migen. Sie ist in der Ausübung ihrer Befugnisse und der Verwaltung ihrer Mittel
unabhängig. [...]

Zitiert nach: http://dejure.org/gesetze/AEUV

Info

Beziehungen zwischen wirtschaftlichen Zielen

Die wirtschaftspolitischen Ziele der Bundesrepublik Deutschland werden als „magisches Sechseck" bezeichnet, weil ein
gleichzeitiges Erreichen aller Ziele unmöglich ist. Zwischen den Zielen bestehen vielmehr drei mögliche Zielbeziehungen:
(1) Von **Zielkomplementarität** spricht man,
wenn das Verfolgen eines Ziels das Erreichen eines weiteren ebenfalls fördert. Viele
Ökonomen und Politiker gehen von einer
Komplementarität zwischen „Wirtschaftswachstum" und „hohem Beschäftigungsstand" aus.

(2) **Zielneutralität** ist gegeben, wenn Maßnahmen zur Realisierung eines Ziels ein
anderes weder positiv noch negativ beeinflussen.
(3) **Zielkonflikte** existieren dann, wenn die
Verwirklichung eines Ziels die eines anderen behindert. Solche Gegensätze werden
häufig für die Zielbeziehungen „Wirtschaftswachstum – Umweltschutz" und
„hoher Beschäftigungsstand – Preisniveaustabilität" behauptet.

Autorentext

Aufgaben

1 Analysieren Sie die Karikatur. (M 1)

2 Stellen Sie die Aufgaben und Instrumente der EZB zusammenfassend dar. (M 2 - M 4)

3 Erläutern Sie, warum die Maßnahmen der EZB im Rahmen der Staatsschulden-Krise
als Erweiterung ihres eigentlichen Instrumentariums zu verstehen sind. (M 2 - M 4)

4 Diskutieren Sie die EZB-Maßnahmen in der Krise. Beachten Sie dabei auch die
Bestimmungen im AEU-Vertrag sowie die bisherige Geldpolitik der EZB.

8.2.2 Wie kann die Krisenpolitik der EZB beurteilt werden?

M 5 ● Zitate zur EZB-Krisenpolitik

a) Mario Draghi, EZB-Präsident
„The first message I would like to send, is that the euro is much, much stronger, the euro area is much, much stronger than people acknowledge today. [...] But there is another message I want to tell you. Within our mandate, the ECB [EZB] is ready to do whatever it takes to preserve the euro. And believe me, it will be enough."
Aus: Rede anlässlich der Global Investment Conference in London, 26. Juli 2012

b) Jens Weidmann, Bundesbankpräsident
„Wir erwarten [...] [ohnehin] ein Anziehen der Konjunktur und der Preise. Es droht keine Deflation. [...] Ich habe aber immer wieder darauf hingewiesen, dass die Wirkung der ultralockeren Geldpolitik schwächer wird, je länger sie andauert. [...] Gleichzeitig gilt: Je stärker man Gas gibt, desto größer werden Risiken und Nebenwirkungen."
Zitiert nach: Jens Weidmann, www.heute.de, 20.5.2016

M 6 ● Kontrovers diskutiert: Handelte die EZB in der Krise richtig?

Zur Bekämpfung der Folgen der Staatsschuldenkrise ergriff die EZB im Wesentlichen drei Maßnahmen: Erstens senkte sie den Leitzins, also den Zins, zu dem sich Geschäftsbanken Geld bei der Zentralbank leihen können bzw. den sie auf ihre Einlagen bei der EZB erhalten, auf 0%. Zweitens akzeptierte sie als Sicherheit für Hilfskredite Staatsanleihen von
5 Krisenländern, die auf den freien Finanzmärkten nicht mehr oder nur unter Inkaufnahme hoher Zinsen loszuwerden waren. Drittens legte sie ein Quantitative easing-Programm auf, innerhalb dessen bis 2017 für 1.700 Milliarden Euro Staatsanleihen gekauft werden.

Die Liquidität der Geschäftsbanken wird erhöht, wodurch diese Kredite an Firmen weitergeben können, was zu erhöhter Produktion, steigender Beschäftigung und damit Wirtschaftswachstum führen soll.

Bürger erhalten günstige Kredite z. B. zum Bau oder Kauf von Immobilien oder zu deren energetischen Sanierung. Das hat auch positive Auswirkungen auf die Bauwirtschaft und den Umweltschutz.

Die Guthaben von Sparern und die Geldanlagen für die Altersvorsorge werden durch die Inflationsrate unterschreitende (oder ganz fehlende) Zinsen real immer weiter entwertet.

Auf der Suche nach Anlagemöglichkeiten für die niedrig verzinsten EZB-Kredite könnten Spekulationsblasen entstehen, wenn z. B. Immobilienpreise rasch steigen und die Immobilien dafür eigentlich keinen Gegenwert darstellen.

In Zeiten höherer Leitzinsen und damit Zinsen auf Sparguthaben gab es oft noch größere reale Vermögensverluste, nämlich wenn die Inflationsrate den Sparzins überstieg.

Die erhöhte Geldmenge führt zu einer Annäherung an das Inflationsziel der EZB (ca. 2% Geldentwertung/Jahr im Euroraum) und verhindert Deflation. Letztere würde sich selbst verstärken (Kaufzurückhaltung) und hätte extrem negative Folgen für Produktion und Beschäftigung.

Finanzhilfe für andere Staaten ist (laut Mandat) nicht Aufgabe der EZB, sondern sollte in der Entscheidungsbefugnis anderer Staaten bzw. von deren Parlamenten liegen.

Durch die zinsgünstige Refinanzierung für Krisenstaaten durch die EZB könnte für diese der Anreiz verlorengehen, Schulden abzubauen sowie wirtschaftliche Strukturreformen einzuleiten bzw. durchzuhalten.

Eine so lockere Geldpolitik verstärkt eher die Unsicherheit und wirkt nicht konjunkturfördernd, da Geschäftsbanken aufgrund von Ausfallbefürchtungen nur sehr vorsichtig Kredite an Firmen vergeben.

Die durch den niedrigen Leitzins ebenfalls niedrigen Geldanlagezinsen europäischer Banken führen zu „Abwanderung" des Euro in ausländische Anlagen. Das führt zu einer Abwertung des Euro z. B. gegenüber dem US-Dollar, was wegen der günstigen Euro-Preise die Exportwirtschaft ins Nicht-Euro-Ausland ankurbelt.

Autorentext

★ M 7 ● Zwei Zentralbanken, unterschiedliche Geldpolitik?

	Europäische Zentralbank (EZB)	Federal Reserve (FED)
Ziele	• Primäres Ziel: Preisniveaustabilität (jährliche Inflationsrate mittelfristig konstant um 2% Jahr) • Unterstützung der Wirtschaftspolitik in der Gemeinschaft, soweit Preisniveaustabilität dadurch nicht beeinträchtigt	Mehrere gleichberechtigte Ziele: • Hoher Beschäftigungsstand • Preisniveaustabilität • Moderate langfristige Zinsen
Aufgaben (Auswahl)	• Festlegung der Geldpolitik • Verwaltung der offiziellen Währungsreserven • Devisenmarktinterventionen • Emittieren der Banknoten	
Unabhängigkeit	• keine Weisungen (von Regierungen...) • freie Wahl der geldpolitischen Instrumente • eigener Haushalt	• Rechenschaftspflicht gegenüber dem Kongress • freie Wahl der geldpolitischen Instrumente • eigener Haushalt
Primäres geldpolitisches Instrument	• Kredite an Geschäftsbanken (Veränderung der Geldmenge durch Leitzinsänderung)	• Offenmarktgeschäfte (Kauf und Verkauf von Wertpapieren inkl. Staatsanleihen zur Regulierung des Tagesgeldzinses)

Philipp Buss, www.uni-ulm.de, 21.5.2016

Aufgaben

① Arbeiten Sie den Gegensatz zwischen den Aussagen Mario Draghis und Jens Weidmanns heraus. (M 5)

② Erklären Sie die Argumente für und gegen die Geldpolitik der EZB seit 2012 an selbst konstruierten eigenen bzw. recherchierten Beispielen. (M 6)

③ Erörtern Sie, ob es sich bei den genannten geldpolitischen Maßnahmen der EZB um effiziente (und legitime) Mittel zur Euro-Stabilisierung handelt. (M 6)

★ ④ Vergleichen Sie die Ziele und die zentralen Strategien der EZB und der FED miteinander und untersuchen Sie, ob sich die EZB mit ihrer Geldpolitik in der Euro-Krise der der FED annähert. (M 7)

Ⓗ zu Aufgabe 3
Beziehen Sie zunächst jeweils inhaltlich zusammengehörige Pro- und Kontra-Argumente aufeinander.

Ⓜ zu Aufgabe 3
Führen Sie dazu eine Podiumsdiskussion durch.

Der 1999 als Buch- und 2002 als Bargeld eingeführte Euro sollte erstens den Geld-wert in der Euro-Zone insgesamt stabilisieren. Zweitens sollten sich verschuldete Staaten nicht mehr durch Abwertung ihrer Heimatwährung ihrer Schulden in ande-rer Währung entledigen können (sog. „Abwertungswettläufe"). Zudem war drittens eine Vereinfachung des innereuropäischen Waren- und Finanzhandels beabsichtigt (Wegfall der Umtauschkosten und der Währungsrisiken). Alle (zunächst 12, zurzeit 19) Euro-Länder wiesen zwischen 1999 und 2013 eine niedrigere und stabilere Infla-tionsrate auf als zuvor. Der innereuropäische Handel nahm stetig zu.

Um den Euro stabil zu halten, wird von den EU-Staaten sowohl vor als auch nach der Euro-Einführung das Einhalten der sog. (wirtschaftlichen) Konvergenzkriterien ver-langt, die erstmals im Vertrag von Maastricht (1992) formuliert und letztmals 2011 verschärft wurden:

- jährliche Neuverschuldung max. 3% des BIP, Staatsverschuldung gesamt max. 60% des BIP; mittelfristiges Ziel eines ausgeglichenen Staatshaushalts
- Inflationsrate nicht mehr als 1,5% über denen der drei preisstabilsten Mitglieds-staaten
- Wechselkursänderung der alten Währung zum Euro zwei Jahre vor dessen Einfüh-rung max. 15%
- Zinssatz langfristiger Staatsanleihen max. 2% über dem der drei Mitgliedsstaaten mit der niedrigsten Inflation

Beim (wiederholten) Verstoß gegen eine oder mehrere dieser Anforderungen treten automatisch Sanktionen (bis hin zu Strafzahlungen) in Kraft, um ihn zur Haushalts- und Finanzdisziplin zu drängen. Nur die EU-Kommission kann diese Strafen ausset-zen.

Im Zusammenhang mit der Euro-Einführung wurde die Kompetenz, geld- und wäh-rungspolitische Maßnahmen zu ergreifen, von den nationalen Notenbanken auf die 1998 gegründete Europäische Zentralbank (EZB) übertragen. Die EZB verfolgt das **Hauptziel**, den **Geldwert in der Eurozone stabil** zu halten (Geldwertstabilität nach der gängigen Definition: unter, aber nahe an 2% Geldentwertung im Jahr). Darin unterscheidet sie sich z.B. deutlich von der US-amerikanischen Notenbank Federal Reserve (FED), die neben Preisstabilität auch einen hohen Beschäftigungsstand (über Konjunkturpolitik) und mittelfristig moderate Zinsen zur Aufgabe hat.

Die **Geldwertstabilität** ist deshalb von übergeordneter Bedeutung, da durch Preis-anstiege die Kaufkraft sinkt, denn Löhne, Gehälter und Renten steigen nur mit Ver-zögerung und ggf. nicht im gleichen Maße, wie die Preise klettern (Reallohnverlust). Ebenso verlieren dadurch (langfristige) Geldanlagen – wie z.B. private Rentenverträ-ge – ihren Wert. Bei zu deutlicher **Inflation** könnte das Vertrauen in die Währung schwinden, das Geld verlöre seine Wertaufbewahrungsfunktion. Noch gravierender wäre eine **Deflation** (Spirale der Preissenkungen), da sich Konsumenten an fallende Preise gewöhnen und Käufe aufschieben. Dadurch bricht der Absatz ein und Unter-nehmen geraten in wirtschaftliche Schieflage. Arbeitsplatzverluste (oder die Angst davor) verstärken die Konsumzurückhaltung zusätzlich.

Ziele der Euro-Einführung und Konvergenz-kriterien in der Europäischen Währungsunion („Euro-Zone")
M 4

Aufgaben und Struktur der Euro-päischen Zentral-bank (EZB)
Kap. 8.2:
M 2, M 4, M 7

ORIENTIERUNGSWISSEN

ORIENTIERUNGSWISSEN

Als **wichtigstes Instrument** steht der EZB der **Leitzins** zur Verfügung. Zu diesem können sich Banken bei der EZB Geld leihen. Bei niedrigem Leitzins wird tendenziell mehr Geld in Umlauf gebracht, die **Geldmenge** steigt; umgekehrt sinkt sie bei höheren Leitzinsen.

Die EZB ist nicht an politische Weisungen gebunden. Sie kann also die ihr zur Verfügung stehenden geldpolitischen Instrumente **unabhängig** von Vorstellungen nationaler oder supranationaler Entscheidungsorgane einsetzen.

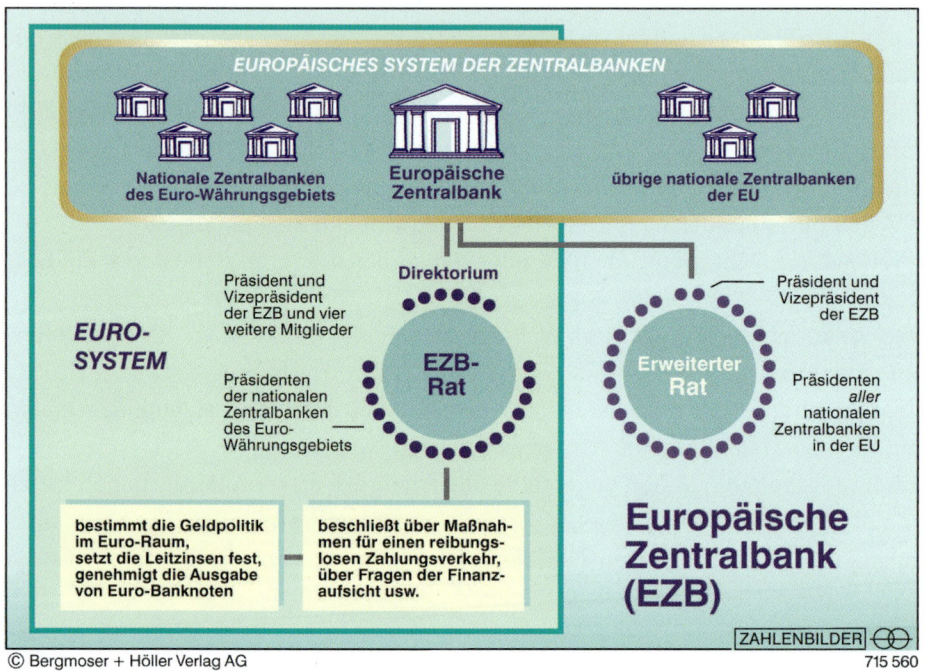

© Bergmoser + Höller Verlag AG

715 560

Die Politik der EZB in der Krise
Kap. 8.2:
M 3, M 6

Zur Bekämpfung der Euro-Krise wich die EZB von ihrem eigentlichen Vorgehen ab und „kaufte" griechische u. a. Staatsanleihen, um die Staaten liquide zu halten. Dadurch (und durch eine massive Ausweitung des Kreditvolumens an Banken) erhöhte sie aber – faktisch mit sehr risikobehafteten Sicherheiten – die Geldmenge im Euro-Raum, was die Gefahr inflationärer Tendenzen birgt. Zudem existiert im EU-Vertragswerk auch die sogenannte **„No-bail-out-Klausel"** (§ 125 AEU-Vertrag), die besagt, dass kein Mitgliedsland oder eine andere EU-Körperschaft für die Schulden eines anderen Mitglieds haftet. Kritiker sprechen davon, dass die EZB gegen diesen Passus verstoßen habe.

Um die stockende Konjunktur in vielen Staaten des Euro-Raums anzukurbeln und eventuellen deflationären Tendenzen vorzubeugen, legte die EZB ein Programm auf, durch das bis 2017 für insg. 1,7 Billionen Euro Staatsanleihen gekauft werden sollten. Kritiker sprechen wiederum von verbotener direkter Staatsfinanzierung sowie von einem unpassenden Mittel, da keine Deflation drohe, sondern die Preise eher wegen des (von außen kommenden) niedrigen Ölpreises relativ moderat seien.

KOMPETENZEN ANWENDEN

Mario, starte den Helikopter

Die Geldpolitik wird immer lockerer, doch das Gespenst der Deflation weicht nicht. Sollte die Zentralbank lieber jedem Bürger 3.500 Euro schenken?

5 Das gab es noch nie in Europa: Wenn eine Privatbank sich nun bei der Europäischen Zentralbank (EZB) Geld leiht, dann muss sie dafür genau null Prozent Zinsen zahlen. Zudem weitet die EZB ihr Aufkaufpro-

10 gramm für Anleihen aus und flutet die Finanzmärkte von April [2016] an mit 80 statt bisher 60 Milliarden Euro monatlich. [...] Doch diese neuerliche Lockerung einer ohnehin schon ultralockeren Geldpolitik

15 wird weder das Deflationsgespenst aus Europa vertreiben noch die maue Konjunktur im Euroraum aufhellen können.

Der Geldregen lässt nicht, wie erhofft, die Kreditvergabe der Banken an die Realwirt-

20 schaft steigen, sondern die Aktienkurse und damit die Vermögensungleichheit und die Blasenbildung an den Kapitalmärkten. Die Zinsmanipulationen und massiven Aufkaufprogramme setzten marktwirt-

25 schaftliche Mechanismen außer Kraft, schäumen die schärfsten Kritiker von EZB-Präsident Mario Draghi, von denen die meisten in Deutschland sitzen. Die EZB versaue den Banken das Zinsgeschäft und

30 ändere wenig am hohen Bestand fauler Kredite. Ist Europas Zentralbank wirklich mit ihrem Latein am Ende? Oder lässt sich noch ein Kaninchen aus dem Hut zaubern? Wenn, dann darf der eigentlich Marktradi-

35 kale Milton Friedman als Erfinder dieses Zaubertricks gelten. Er behauptete in den 1960er Jahren, eine Zentralbank könne eine Deflation immer überwinden. Wenn nötig, müsse sie nur Geld aus einem Hub-

40 schrauber abwerfen, also zins- und tilgungsfrei Geld, das sie ja drucken kann, verschenken. Möglichkeit eins: Jeder Bürger erhält eine Bürgerdividende. Die mit dem bisherigen, auf den Finanzmarkt aus-

45 gerichteten Quantitative-Easing-Programm (QE) anvisierten 1,7 Billionen Euro entsprächen ungefähr 3.500 Euro pro Kopf. Möglichkeit zwei: Der Staat erhält das Geld als Geschenk für ökologische und soziale Investitionsprojekte. Das fordert die zivil-

50 gesellschaftliche europäische Initiative *QE for People*.

Der Forderung haben sich prominente Ökonomen wie der frühere Chef der britischen Finanzmarktaufsichtsbehörde, Adair

55 Turner, angeschlossen. Nur so ließen sich unmittelbar die Stagnation und Deflation im Euroraum durch Anregung des privaten Konsums oder öffentliche Investitionen etwa in grüne Infrastruktur überwinden.

60 Sollten dadurch nicht, wie allseits erhofft, die Preise zumindest leicht steigen, müsse die Geschenkprozedur wiederholt werden, fordert der Ökonom Daniel Stelter. [...] [In] Zeiten wie diesen ist drohende Inflation,

65 deren Rate die EZB für 2016 mit 0,1 Prozent prognostiziert, nicht das Problem.

Helge Peukert, der Freitag, 24.3.2016

Helge Peukert ist außerplanmäßiger Professor für Finanzwissenschaft an der Universität Erfurt und Autor des Buches „Das Moneyfest".

Aufgaben

1 Geben Sie die Ziele und die beabsichtigte Wirkweise des „Helikoptergelds" wieder.

2 Vergleichen Sie die Idee des „Helikoptergeldes" mit den bisherigen geldpolitischen Maßnahmen der EZB und deren Absichten in den Jahren nach 2012.

⭐ 3 Ordnen Sie die Maßnahme des „Helikoptergeldes" inflationstheoretisch sowie wirtschaftspolitisch (Angebots vs. Nachfrageorientierung, vgl. Kap. 6 und 7) ein.

4 Erörtern Sie Peukerts Forderung.

1900 erzeugte ein Landwirt mit seiner Arbeitskraft Nahrung für **4** Personen, **1950** konnte er schon **10** Menschen ernähren, **2009** waren es aufgrund der Technisierung **133** Menschen.

Quelle: Deutscher Bauernverband, bpb, Fluter, Nr. 36 / 2010, S. 10

Durchschnittliche Wochenarbeitszeiten von Vollzeit-Erwerbstätigen (2007)
- Deutschland: 40,3 Stunden
- Großbritannien: 42,5 Stunden
- EU: 40,5 Stunden
- Südkorea: ca. 46 Stunden

Quelle: IAQ Report / OECD, bpb, Fluter, Nr. 36 / 2010, S. 10

Eingesetzte Industrie- und Serviceroboter weltweit: 6,5 Millionen

Quelle: International Federation of Robotics, bpb, Fluter, Nr. 36 / 2010, S. 10

Anteil am Bruttoinlandsprodukt (2008):
- Primärer Sektor: 0,88 %
- Sekundärer Sektor: 30,16 %
- Tertiärer Sektor: 68,97 %

Quelle: Statistisches Bundesamt, bpb, Fluter, Nr. 36 / 2010, S. 10

9 Arbeitsmarkt- und Tarifpolitik

„Arbeit ist des Bürgers Zierde" (Friedrich Schiller) – diese und andere geflügelte Worte verweisen auf den Umstand, dass Arbeit in allen modernen Gesellschaften als der zentrale Integrationsmodus gilt. Durch Arbeit entfalten viele Menschen ihre Identität und ihre berufliche Position, bestimmt vielfach auch ihren gesellschaftlichen Status – doch immer mit Erfolg? Zunächst analysieren Sie (Kap. 9.1) gegenwärtige Strukturen des deutschen Arbeitsmarktes und daraus resultierend der deutschen Sozialstruktur. Hier eröffnen sich Anknüpfungspunkte, um über soziale Gerechtigkeit vertiefend nachzudenken. Die Strukturen des Arbeitsmarktes werden nicht allein durch staatliche Politik, sondern auch durch Interessenverbände strukturiert. Die Interessenverbände von Arbeitnehmern und Arbeitgebern – Gewerkschaften und Arbeitgeberverbände – gestalten im Rahmen der Tarifautonomie (Kap. 9.2) in hohem Maße Arbeitsbedingungen mit und wirken auf diese Weise auf staatliche Arbeitsmarktpolitik zurück. Zahlreiche öffentlichkeitswirksame Streiks der letzten Jahre werfen die Frage nach der politischen und ökonomischen Funktionalität der tarifpolitischen Institutionen und Organisationen auf.

Staatliche Arbeitsmarktpolitik ist vor allem auf die Schaffung neuer Arbeitsplätze bzw. die Bekämpfung von Arbeitslosigkeit ausgerichtet. In Kapitel 9.3 analysieren Sie zunächst das Problem der Arbeitslosigkeit in Deutschland, um vor diesem Hintergrund ausgewählte staatliche – ordnungs- und strukturpolitische – Instrumente der Arbeitsmarktpolitik zu erarbeiten und zu beurteilen.

Was wissen und können Sie schon?

1. Erläutern Sie die Bedeutung der Berufstätigkeit für den Einzelnen und den Staat.
2. Beschreiben Sie ausgehend von den dargestllten Zahlen und Bildern Merkmale der modernen Arbeitswelt.
3. Diskutieren Sie vor diesem Hintergrund (mögliche) Aufgaben der Politik hinsichtlich der Ausgestaltung der Arbeitswelt.

9.1 Durch Arbeit zu Wohlstand? Arbeitsmarkt und Sozialstruktur in Deutschland

Basiskonzepte	Fachkategorien	Leitfragen
Wandel	Gewordenheit, Instabilitäten Alternativen	· Wie hat sich Arbeit als zentrale gesellschaftliche Integrationsinstanz entwickelt? · Welche zukünftigen Entwicklungen sind wahrscheinlich?

9.1.1 Der deutsche Arbeitsmarkt – eine Erfolgsgeschichte?

M 1 ● Beschäftigung und Unterbeschäftigung in Deutschland

Die Kategorie der Unterbeschäftigung erfasst neben den registrierten Arbeitslosen auch Personen, die z.B. an Qualifizierungsmaßnahmen teilnehmen; somit wird der Umfang fehlender Arbeitsplätze auf dem regulären ersten Arbeitsmarkt genauer erfasst.

Vgl. zur langfristigen Entwicklung von Arbeitslosigkeit in der Bundesrepublik Deutschland auch Kap. 6.1.1.

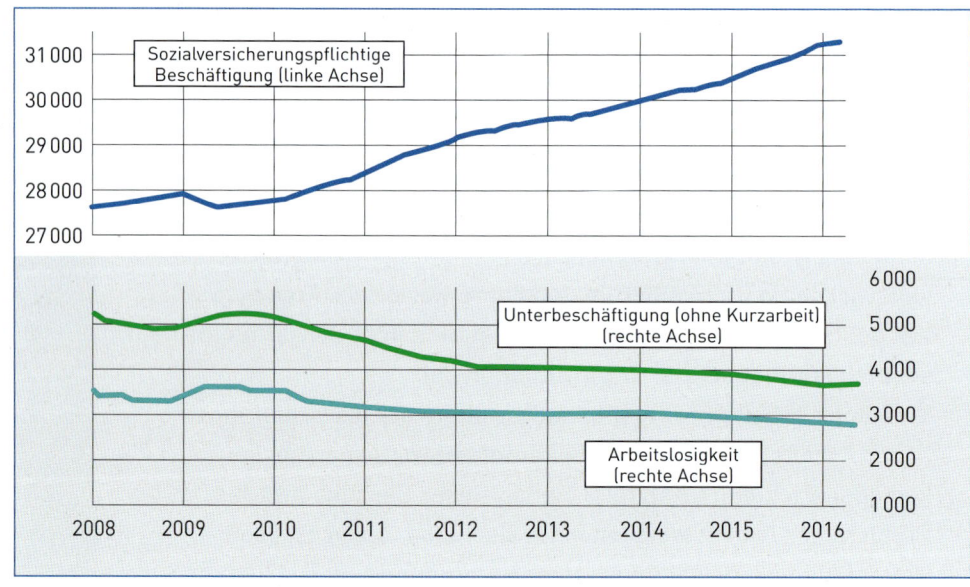

Nach: Bundesagentur für Arbeit, 27.4.2016

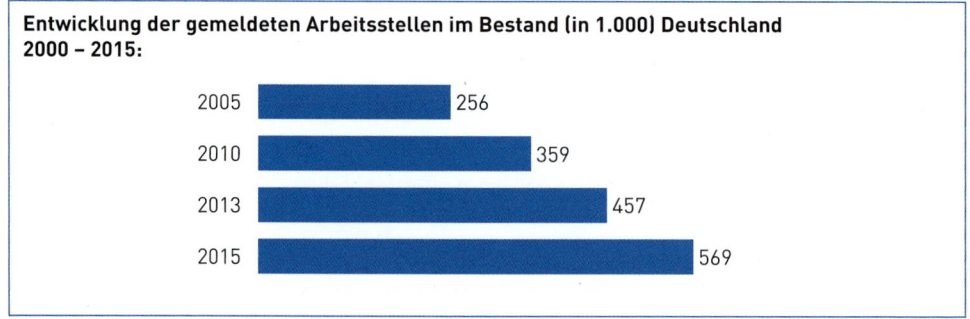

Nach: Bundesagentur für Arbeit, 27.4.2016

M 2 ● Wer arbeitet in welcher Erwerbsform?

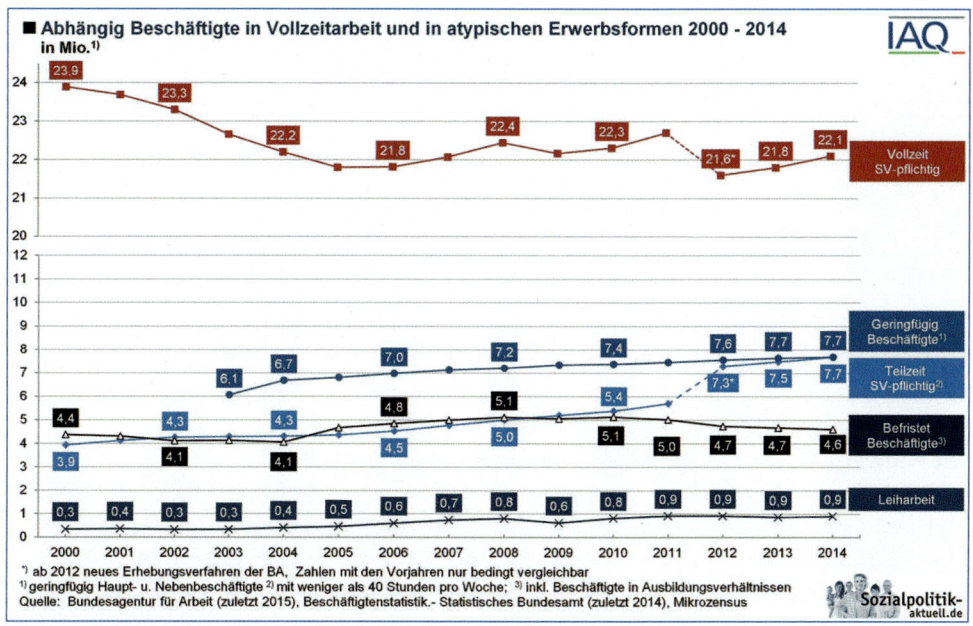

www.sozialpolitik-aktuell.de, 23.10.2016

Info

Atypische Beschäftigung

Der Begriff des **Normalarbeitsverhältnisses** beschreibt die gesellschaftliche Normvorstellung einer vollzeitigen Beschäftigung in einem Angestelltenverhältnis, das über die gesamte Dauer der eigenen Erwerbstätigkeit Bestand hat und aus dem sozialrechtliche Privilegierungen wie ein ausgeprägter Kündigungsschutz sowie lebensstandardsichernde Sozialleistungen (insbesondere in Form einer auskömmlichen Altersrente) erwachsen.

Dieser Begriff wird in den letzten Jahren mit demjenigen der **Atypischen Beschäftigung** kontrastiert, der sämtliche Beschäftigungsformen umfasst, die dem Bild des Normalarbeitsverhältnisses nicht entsprechen. Hierzu zählen insbesondere befristete Arbeitsverträge, Teilzeitarbeit, Leiharbeit sowie Geringfüge Beschäftigung. Da mit atypischer Beschäftigung häufiger auch eine geringere Bezahlung sowie eine geringere Soziale Sicherung einhergehen, wird vielfach auch der Begriff der **Prekären Beschäftigung** verwendet.

Ⓗ zu Aufgabe 2
Berücksichtigen Sie dabei die methodischen Hinweise zur Analyse von Statistiken auf den Folgeseiten.

Ⓕ zu Aufgabe 1–3
Führen Sie eine differenzierte Analyse der Arbeitsmarktdaten Ihres Landkreises/Ihrer Stadt durch. Nutzen Sie hierfür die Daten der Bundesagentur für Arbeit (*www.statistik. arbeitsagentur.de*).

Aufgaben

① „Das deutsche Jobwunder" – Erläutern Sie Indikatoren (Messgrößen), die ein Jobwunder dokumentieren könnten.

② Analysieren Sie die Strukturen und Veränderungen auf dem deutschen Arbeitsmarkt. (M 1 – M 2)

③ „Der deutsche Arbeitsmarkt – eine Erfolgsgeschichte"? Beurteilen Sie die Leitfrage auf der Grundlage der analysierten Statistiken.

Statistiken analysieren (Analysekompetenz I)

A) Aufgabenstellung

Thema	Der deutsche Arbeitsmarkt – ein Erfolgsmodell?
Aufgabe	Analysieren Sie die die vorliegende Statistik zum deutschen Arbeitsmarkt.
Operator	„Analysieren" (AFB II): Aspekte und Merkmale eines Materials – z.B. einer Statistik – kriteriengeleitet untersuchen und die Analyseergebnisse aspektorientiert bzw. gedanklich strukturiert und zusammenhängend verdeutlichen

Darstellungsformen:
· Kreis- bzw. Tortendiagramm
· Balkendiagramm
· Säulendiagramm
· Kurvendiagramm
· Tabelle

Zahlenarten:
· Absolute Zahlen (–> Maßeinheit angeben!)
· Relative Zahlen bzw. Prozentwerte
· Indexzahlen (Relation zu einem = 100 definierten Bezugswert)
· Exakte vs. gerundete Werte
· *· Statistische Ermittlung vergangener Sachverhalte, vorläufige Werte, Prognosen, geschätzte Werte

Häufige Ursachen verzerrter Darstellungen
· Sprünge in Achsen (ausgelassene Werte bzw. Jahre)
· Bei Kurvendiagrammen: Stauchung der Achsen suggeriert eine eher mäßige Steigerung bzw. Abschwächung; Streckung der Achsen suggeriert eine deutliche Steigerung bzw. Abschwächung
· Verzerrungen durch ungeeignete Gruppenbildung
· Scheinkorrelation: zwei Indikatoren weisen eine parallele Entwicklung auf, stehen aber in keinem kausalen Zusammenhang zueinander

B) Hinweise zur Bearbeitung der Aufgabe

Verständnis der Aufgabe sichern:
Die Aufgabenlösung soll so angelegt sein, dass die vorliegende Statistik hinsichtlich ihres Aufbaus, der Datengrundlage, des thematischen Zusammenhanges verständlich beschrieben wird und die zentralen problembezogenen Aussagen herausgestellt und – soweit möglich – mithilfe unterrichtlichen Wissens näher erklärt werden. Abschließend sollte die Aussagekraft der Statistik kritisch beurteilt werden.

Vorbereitende Arbeitsschritte:
• Vergegenwärtigen Sie sich zunächst den thematischen Zusammenhang der Statistik und formulieren Sie eine – politisch, gesellschaftlich oder wirtschaftlich relevante – Leitfrage, auf die die Statistik eine Antwort gibt. Die Überschriften geben hierzu in der Regel Anregungen, sollten aber aufgrund ihrer oft technischen Formulierung nicht einfach übernommen werden.
• Stellen Sie nun fest, wie die Statistik/Grafik aufgebaut ist. Klären Sie also vor allem, was jede einzelne in der Statistik zu lesende Zahl konkret bedeutet. Wichtig hierfür sind die Indikatoren und Maßeinheiten von Achsen oder Tabellenreihen bzw. -spalten.
• Betrachten Sie nun die Zahlenwerte genauer. Bei Zeitreihen ist von Interesse, welche Tendenzen sich herauslesen lassen (bei mehreren Indikatoren: Scherenbewegungen, parallele Entwicklungen) und/oder ob sich bestimmte Zeitabschnitte bilden lassen. Hierfür sind vor allem Minima und Maxima der unterschiedlichen Indikatoren zu beachten.
• Um Relationen zwischen dargestellten Werten genau einschätzen zu können, ist es oft hilfreich, absolute Zahlen (zumindest überschlägig) in Prozentangaben umzurechnen.
• Beantworten Sie die eingangs formulierte Leitfrage mithilfe der Statistik.

C) Die Analyse ausformulieren

• Beginnen Sie die Analyse mit einem Einleitungssatz, in dem Sie das Material thematisch und formal exakt (Quelle) vorstellen und mit eigenen Worten formulieren, was Sie im Folgenden tun werden.
• Arbeiten Sie im Hauptteil Ihre Analyse detailliert aus. Gehen Sie dabei nach dem Prinzip „von außen nach innen" bzw. „vom Allgemeinen zum Besonderen" vor, indem Sie zunächst die Statistik allgemein (Aufbau, Datengrundlage) vorstellen, ehe Sie die thematisch relevanten Teilaussagen beispielhaft herausstellen. Belegen Sie dabei Ihre Aussagen am Material.

KOMPETENZEN AUSBILDEN

- Gehen Sie in diesem Hauptteil aspektorientiert vor und verdeutlichen Sie diese gedankliche Strukturierung durch Absätze.
- Formulieren Sie am Ende Ihrer Ausführungen ein Fazit, in dem Sie wesentliche Erkenntnisse Ihrer Analyse pointiert zusammenfassen und ggf. in den unterrichtlichen Zusammenhang einordnen.
- Achten Sie darauf, dass Ihre Aussagen sinnvoll miteinander verknüpft sind (z.B. durch richtig verwendete Konjunktionen).
- In dieser Aufgabenstellung ist eine sachliche Materialerschließung gefordert. Vermeiden Sie daher persönliche Wertungen (Ausnahme: begründete Materialkritik).

Lösungsbeispiel:

Einleitung	Die vorliegende Statistik [Titel], die am 23.10.2016 auf der Internetseite www.sozialpolitik-aktuell.de veröffentlicht wurde, bietet Informationen über die in Deutschland verbreiteten Erwerbsformen und leistet somit einen Beitrag zur Bewertung der gegenwärtigen Arbeitsmarktsituation in der Bundesrepublik. [...]
Hauptteil	
(1) Operationalisierung (Indikatoren, Zeitraum/-punkt, Zahlenarten)	Hierfür wird für die Jahre 2000 bis 2015 in Form eines Kurvendiagramms dargestellt, wie viele Personen der abhängig beschäftigten Arbeitnehmer (absolute Zahlen) Vollzeit („Normalarbeitsverhältnis") gearbeitet haben bzw. wie viele von ihnen in sogenannten „atypischen Beschäftigungsverhältnissen" (Teilzeit, Befristung, Leiharbeit, geringfügige Beschäftigung) erwerbstätig waren. [...]
(2) Datenbasis	Die Statistik beruht dabei auf Daten der Bundesagentur für Arbeit, dem Statistischen Bundesamt sowie dem Mikrozensus. Es handelt sich um amtliche Daten, die somit als zuverlässig eingestuft werden können. Aufgrund eines veränderten Erhebungsverfahrens auf Seiten der BA sind die Daten ab 2012 jedoch nur bedingt mit den vorherigen vergleichbar.
(3) Beschreibung der Daten	Im Jahr 2000 sind 23,9 Mio. Erwerbstätige in Vollzeit beschäftigt; dies sind 73,5 % aller 32,5 Mio. offiziell erfassten Beschäftigten. Befristete Beschäftigung (4,4 Mio.), Teilzeitarbeit (3,9 Mio.) und vor allem Leiharbeit mit knapp einem Prozent aller Beschäftigten machen ein deutlich geringeres Volumen aus. [...] *(Dieses Prozedere sollte für weitere Jahre wiederholt werden; hierfür bieten sich v.a. 2004, 2006, 2008, 2009, 2012, 2015 an.)*
(4) Analyse von Tendenzen und Zusammenhängen	Das gesamte Beschäftigungsvolumen steigt im gesamten dargestellten Zeitraum kontinuierlich, wobei jedoch das modifizierte Erhebungsverfahren ab 2012 zu berücksichtigen ist. Während im Jahr 2000 insgesamt 32,5 Mio. Menschen als beschäftigt gemeldet sind, verzeichnet die Statistik des Jahres 2015 insgesamt 44,1 Mio. (135 % des Ursprungswertes) Beschäftigte. [...] Dabei ist auffällig, dass in der ersten Hälfte der 2000er-Jahre ein Rückgang der Vollzeiterwerbstätigkeit von 23,9 Mio. 2000 auf 22,2 Mio. 2005 durch die Ausweitung „atypischer Beschäftigung" statistisch kompensiert wird. Hierbei ist jedoch zu bedenken, dass erst ab 2003 die geringfügige Beschäftigung erfasst wird und der dargestellte Zusammenhang somit auch ein statistischer Fehlschluss sein könnte. [...] In der Zeit seit der globalen Finanz- und Wirtschaftskrise (nach 2009) ist die Ausweitung des Beschäftigungsvolumens jedoch auch auf einen Wiederanstieg der Vollzeiterwerbstätigkeit zurückzuführen, die von 21,6 Mio. (2012) auf 22,6 Mio. (2015) angestiegen ist. Während parallel die Befristete Beschäftigung bei unter 5 Mio. Beschäftigten und die Leiharbeit bei knapp 1 Mio. Beschäftigten stagnieren, ist die Ausweitung des Beschäftigungsvolumens gleichwohl auch auf eine weitere Ausweitung von Teilzeit- und Geringfügiger Beschäftigung zurückzuführen. [...]
(5) Beurteilung der Daten/der Darstellung	[...]
Schluss/Fazit	Trotz Einschränkungen in der Aussagekraft der Statistik kann festgehalten werden, dass sich der deutsche Arbeitsmarkt in der jüngeren Vergangenheit recht erfolgreich präsentiert und innerhalb von 15 Jahren eine erkennbare Ausweitung des Beschäftigungsvolumens erfuhr. Auch wenn die vollzeitige Erwerbstätigkeit dabei in den letzten Jahren eine gewisse Renaissance erfuhr, geht diese Beschäftigungszunahme mit einer deutlichen Zunahme „atypischer Beschäftigungsverhältnisse" einher. Während im Jahr 2000 – allerdings ohne Erfassung der geringfügigen Beschäftigung – nur ein Viertel aller Beschäftigten in diesen Erwerbsformen arbeiteten, sind dies im Jahr 2015 knapp die Hälfte aller Erwerbstätigen. Zudem kann vermutet werden, dass der Anstieg der Vollzeiterwerbstätigkeit ohne die sozialrechtliche Ermöglichung von atypischen Beschäftigungsverhältnissen größer ausgefallen wäre.

9.1.2 Schafft der Arbeitsmarkt gerechte Einkommen?

M 3 ● Die soziale Schere

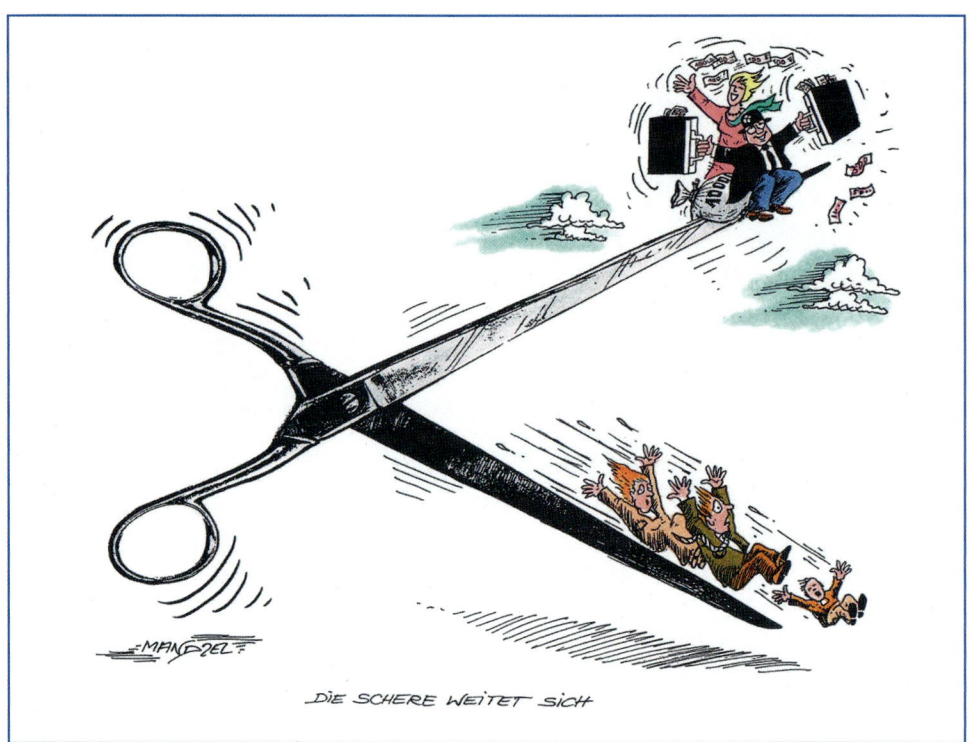

Karikatur: Mandzel

M 4 ● Wie entwickeln sich Einkommen in Deutschland?

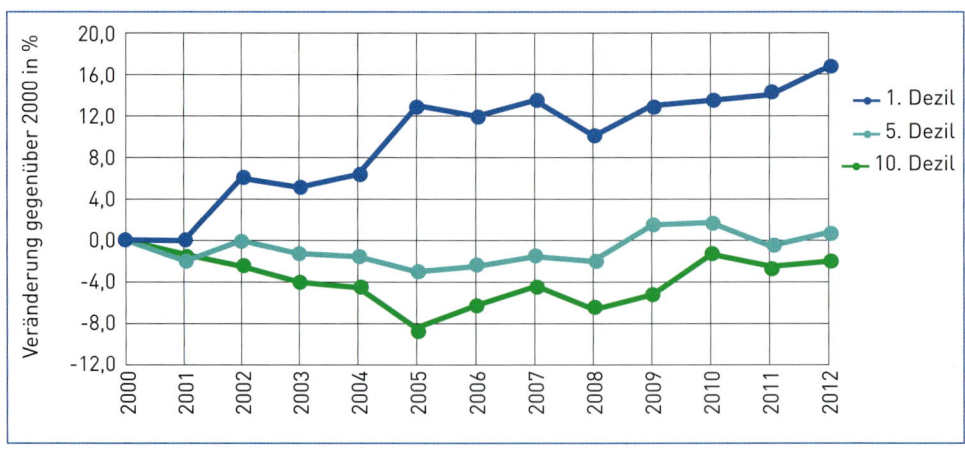

Erläuterung: Die Abbildung zeigt die Veränderung der verfügbaren Haushaltseinkommen für das 1., 5. (median) und 10. Dezil der Verteilung gegenüber dem Jahr 2000 in Prozent.
Hierfür werden die Haushalte der Bundesrepublik Deutschland in zehn gleich große Anteile (Dezile) gegliedert, deren verfügbares Haushaltseinkommen sodann zusammengefasst wird.
Nach: Marcel Fratzscher, Verteilungskampf. Warum Deutschland immer ungleicher wird, München 2016, S. 58

M 5 ● Markteinkommen = Verfügbares Einkommen?

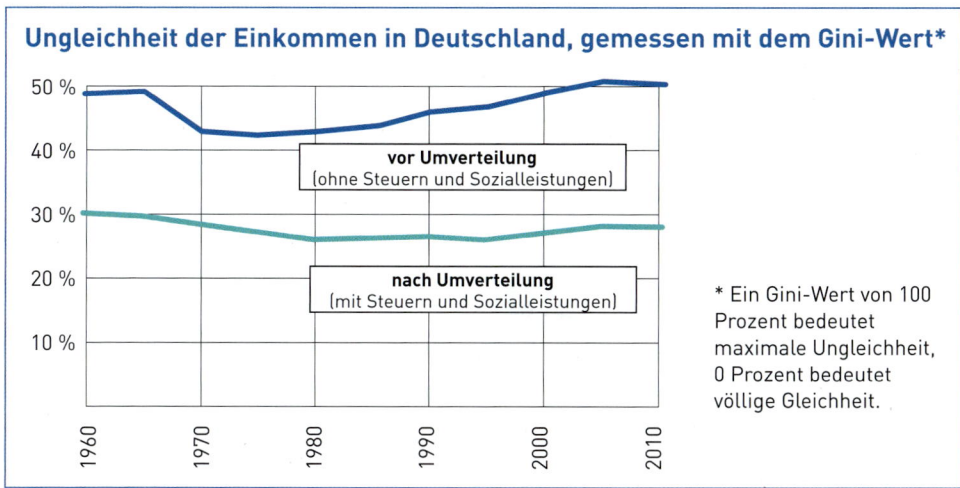

Ungleichheit der Einkommen in Deutschland, gemessen mit dem Gini-Wert*

(Diagramm: Gini-Wert von 10 % bis 50 %, Jahre 1960 bis 2010)

vor Umverteilung
(ohne Steuern und Sozialleistungen)

nach Umverteilung
(mit Steuern und Sozialleistungen)

* Ein Gini-Wert von 100 Prozent bedeutet maximale Ungleichheit, 0 Prozent bedeutet völlige Gleichheit.

Nach: Die ZEIT Nr. 15/2016, 31.5.2016, S. 19

Info

Gini-Koeffizient

Der Gini-Koeffizient ist ein statistisches Standardmaß zur Messung der Ungleichheit einer Verteilung. Am häufigsten eingesetzt wird der Koeffizient zur Bestimmung von Einkommensungleichheit. Er kann Werte zwischen 0 und 1 annehmen. Je höher der Wert, desto stärker ausgeprägt ist die gemessene Ungleichheit. Beispielsweise bedeutet ein Gini-Koeffizient von 0, dass alle verglichenen Personen genau das gleiche Einkommen haben. Ein Wert von 1 dagegen bedeutet, dass eine Person das gesamte Einkommen erhält und alle anderen nichts. [...] Benannt wurde der Koeffizient nach seinem Erfinder, dem italienischem Statistiker Corrado Gini.

Deutsches Institut für Wirtschaftsforschung e.V., Glossar, 3.1.2014

M 6 ● Einkommensverteilung im internationalen Vergleich

Die Organisation für wirtschaftliche Zusammenarbeit und Entwicklung (OECD) hat die Daten zur Einkommensverteilung ihrer Mitgliedsstaaten am Ende des ersten Jahrzehnts des dritten Jahrtausends zusammengetragen. Das Einkom-
5 men wird definiert als das verfügbare Einkommen der privaten Haushalte (unselbstständiger und selbstständiger Tätigkeit, Kapitaleinkünfte und staatliche Transferleistungen, abzüglich der entrichteten Einkommensteuern und Sozialversicherungsbeiträge) in einem bestimmten Jahr. Das Ein-
10 kommen des Haushalts wird den einzelnen Haushaltsmitgliedern zugeordnet.

OECD in Zahlen und Fakten 2011-2012, Einkommensungleichheit, www. oecd-ilibrary.org (3.1.2014)

Rang	Land	Gini-Koeffizient
1	Slowenien	0,24
2	Dänemark	0,25
3	Norwegen	0,25
9	Österreich	0,26
12	Frankreich	0,29
15	Deutschland	0,30
	OECD-Durchschnitt	0,31
28	Großbritannien	0,34
31	USA	0,38

M 7 ● Ungleiche Einkommen = Ungleiche Vermögen?

Der Gini-Koeffizient der Vermögensungleichheit beträgt in Deutschland, ebenso wie in Österreich, 0,76. In den USA beträgt er 0,87, in allen OECD-Staaten 0,68.

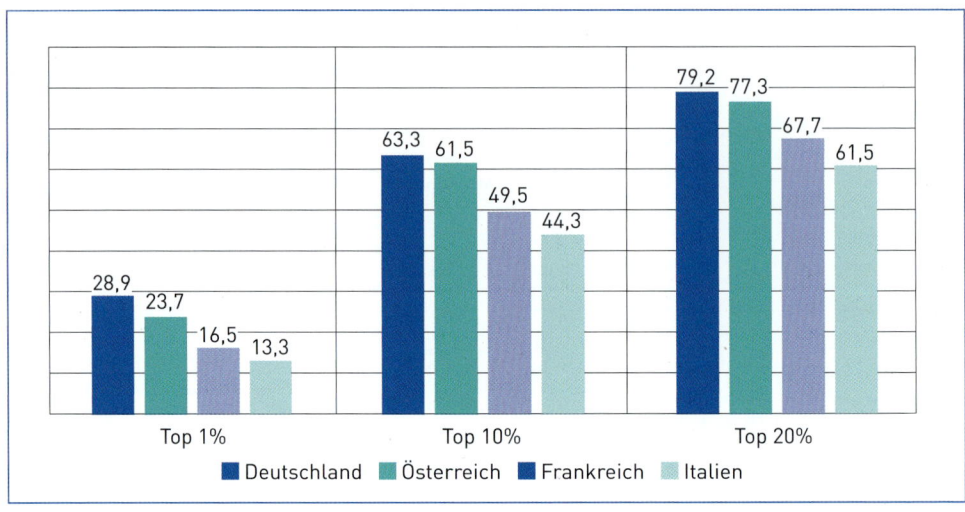

Erläuterung: Die Abbildung zeigt den Anteil der oberen 1 %, 10 % und 20 % am gesamten Nettovermögen im jeweiligen Land. Die Zahlen beschränken sich auf Haushalte, in denen die Referenzperson zwischen 25–60 Jahre alt ist.

Nach: Marcel Fratzscher, Verteilungskampf. Warum Deutschland immer ungleicher wird, München 2016, S. 45

M 8 ● Einkommen und Vermögen – Kontroversen um soziale Gerechtigkeit

Gert G. Wagner (*1953) ist Professor für Volkswirtschaftslehre an der TU Berlin und Vorstandsmitglied des Deutschen Instituts für Wirtschaftsforschung (DIW).

5 **Frankfurter Rundschau: Ein Investmentbanker verdient deutlich mehr als eine Altenpflegerin. Weil er mehr leistet?**

Das kommt auf den Maßstab an. Investmentbanking ist sicher eine anstrengende 10 Tätigkeit. Der Job der Altenpflegerin ist allerdings mit Sicherheit der mühsamere.

Jetzt wissen wir noch immer nicht, wer von beiden mehr leistet.

Individuelle Leistung kann man im Allgemeinen nicht messen. Das geht vielleicht 15 noch bei exakt gleichen Tätigkeiten: Der eine baut ein Regal bei gleicher Qualität schneller auf als der andere. Der Schnellere leistet mehr. Aber oft ist „gleiche Qualität" schwer messbar. Wer leistet mehr: Eine 20 Pflegerin, die einen alten Menschen in zehn Minuten angezogen hat? Oder eine Kollegin, die den alten Menschen hilft, sich selbst anzuziehen und deshalb 20 Minuten braucht? [...] 25

Wenn ein Leistungsvergleich zwischen Arbeitnehmern unmöglich ist: Warum verdient dann ein Investmentbanker viel mehr als eine Altenpflegerin?

Weil die Bank mehr Geld verdient als das 30 Pflegeheim. Die unterschiedliche Bezahlung hat mit der individuellen Anstrengung nichts zu tun. Das Gehalt wird von vielen Faktoren bestimmt. Eine wichtige Rolle spielt die ökonomische Leistung ei- 35 nes Betriebs, die nicht mit der individuellen Leistung verwechselt werden darf, sondern auch stark von der Nachfrage abhängt.

Und was ist für Sie als Ökonom die Leis- 40 tung?

Streng genommen gibt es gar keine feste

Leistung. Denn was eine konkrete Anstrengung ökonomisch wert ist, hängt davon ab,
45 ob sie oder ihr Produkt am Markt nachgefragt wird und welcher Preis dafür gezahlt
wird. Wächst die zahlungsfähige Nachfrage, wird die Anstrengung mehr wert. [...]
Wenn also [...] jemand hart arbeitet und
50 **etwas herstellt, das sich nicht verkauft,**
dann hat er gar nichts geleistet?
Ja, er hat sich ohne Zweifel angestrengt,
aber ökonomisch gesehen keine Leistung
abgeliefert. Und diese Leistungsbewertung
55 ist auch vernünftig. Warum sollen wir
knappe Ressourcen verschwenden für Produkte, die niemand kaufen will? [...]
Nun werden ja umgekehrt auch Dinge
nachgefragt und bezahlt, hinter denen
60 **keine Leistung steht. Ein Grundstücksbe-**
sitzer kann beispielsweise sein Land zu
Geld machen.
Wenn er das Grundstück samt der gesamten dazugehörigen Ver- und Entsorgung
65 geerbt hat, hat er Glück gehabt. Hinter den
Einnahmen steht tatsächlich keine persönliche Leistung. Daher gibt es ja auch gute
Argumente für eine Erbschaftssteuer nahe
100 Prozent. [...]
70 **Woran bemisst sich die Leistungsfähig-**
keit eines Unternehmers?
Am Erfolg! Der Unternehmer ist dafür verantwortlich, wie produktiv die Arbeitsplätze sind, ob die Arbeitnehmer mit veralteter
75 Technologie arbeiten oder nicht. Seine
Leistungsschwäche führt zum Ausscheiden
des Unternehmens aus dem Markt. Das
kann man nicht den Arbeitnehmern anlas-
ten. [...]
80 **Stichwort Gerechtigkeit: Sie sagen, die**
individuelle Anstrengung allein zählt

nicht, vielmehr liegt die Leistung des Arbeitnehmers im Erfolg des Unternehmens. Wie vernünftig ist dann die Forderung nach einem „leistungsgerechten 85
Lohn"?
Letztlich fordert man damit einen Lohn,
der die Rentabilität des Unternehmens sichert und dadurch Arbeitslosigkeit vermeidet. Dieses Motiv taucht in der öffentlichen 90
Debatte immer wieder auf: Wenn ein Unternehmen hohe Gewinne erzielt, dann
wird es als fair empfunden, dass die Belegschaft daran beteiligt wird. Schließlich sei
der Erfolg auf die Leistung der Beschäftig- 95
ten zurückzuführen. Steckt ein Betrieb in
der Krise, akzeptieren Gewerkschaften
häufig Lohneinbußen.
Und innerhalb eines Unternehmens?
Hier dient der Begriff der „leistungsgerech- 100
ten Bezahlung" dazu, Unzufriedenheit in
der Belegschaft zu vermeiden. Es ist eine
Legitimationsgrundlage für ein bestimmtes
Lohngefüge. Die Gehaltsunterschiede sollen durch Leistungsunterschiede gerecht- 105
fertigt werden. Was aber aus den genannten Gründen im Detail unmöglich ist.
Gibt es bei der Bezahlung letztlich keine
Gerechtigkeit?
Am Arbeitsmarkt gibt es – wie auf anderen 110
Märkten – keine Gerechtigkeit. Wenn man
mehr Gerechtigkeit anstrebt, dann kann
man nicht nur beim Lohn ansetzen. In modernen Staaten gibt es die Möglichkeit,
das, was als ungerecht hohes Einkommen 120
und Vermögen empfunden wird, zu ver-
kleinern: durch Steuern.

Interview: Stephan Kaufmann, Petra Roth, Frankfurter
Rundschau, 19.4.2014

Aufgaben

1 Beschreiben und interpretieren Sie die Grafik. (M 3)
2 Analysieren Sie die Statistiken zur Einkommens- und Vermögensverteilung in der
Bundesrepublik Deutschland. (M 4 – M 7)
3 Wird in Deutschland das Ziel einer gerechten Einkommens- und Vermögensverteilung
verfehlt? Nehmen Sie zu dieser Frage auf der Grundlage Ihrer Ergebnisse sowie der
Aussagen Wagners begründet Stellung. (M 8)

Ⓜ **zu Aufgabe 2**
Nutzen Sie den
Dreischritt des
kooperativen Lernens.
1. Analysieren Sie M 4
– M 7 arbeitsteilig in
Einzelarbeit.
2. Vergleichen Sie Ihre
Analyse mit einem
Partner.
3. Führen Sie die drei
Analyseergebnisse
in einer 3er- oder
6er-Gruppe zu einer
Gesamtaussage
zusammen.

Ⓕ **zu Aufgabe 3**
Verdeutlichen Sie dabei
Ihr Verständnis sozialer
Gerechtigkeit, das Ihrem
Urteil zugrunde liegt.
(Vgl. dazu grundlegende
Gerechtigkeitsbegriffe in
Kap. 5.1.4)

9.2 Wer hat die Macht? Arbeitnehmer- und Arbeitgeberinteressen in der Tarifautonomie

Basiskonzepte	Fachkategorien	Leitfragen
System und Struktur	Institutionen (Arbeits-markt), Wirtschaftsord-nung/Ordnungspolitik	· Welche Institutionen und Rechte prägen die Arbeitspolitik?
Prozesse und Handeln	Konflikte, Macht, Entschei-dung	· Über welche Machtmittel verfügen die Tarifparteien in arbeits- und tarifpolitischen Verhandlungssitua-tionen?

9.2.1 Tarifautonomie: Akteure und Machtverhältnisse in der Arbeitspolitik

M 1 ● Schlagzeilen

Arbeitskampf bei Lufthansa-Tochter: Eurowings-Flüge fallen aus

„Der Kampf um die Rente". Gewerkschaften kämpfen für höhere Renten – Arbeitgeber warnen vor einer „gefährlichen Dynamik"

Öffentlicher Dienst: Ver.di fordert sechs Prozent mehr Lohn

Streit nicht nur um Geld – Immer mehr Arbeitgeber kündigen Tarifverträge

Autorentexte auf der Grundlage der Medienberichterstattung

M 2 ● Die Ware „Arbeitskraft" und der Individualarbeitsvertrag

a) Die „doppelte Asymmetrie" von Angebot und Nachfrage auf Arbeitsmärkten

Im Kontext der individuellen Arbeitsver-träge zwischen Arbeitnehmern und Arbeit-gebern, wie sie für die Frühzeit der Indust-rialisierung prägend waren, ist im
5 Anschluss an Marx die „doppelte Asymmetrie" zwischen Kapital und Arbeit zu beachten:
1. Der Arbeiter steht unter Angebotszwang. Da er weder über Produktions- noch sons-tige Unterhaltsmittel verfügt, bleibt ihm 10 keine andere Wahl, als seine Arbeitskraft anzubieten, und zwar vorbehaltlos, da er nicht warten kann. Somit fehlt ihm „die Voraussetzung, von der die Nationalöko-nomie [Wirtschaftswissenschaft] ausgeht, 15 dass der Arbeiter gleich anderen Waren-verkäufern im Stande sei, das Angebot sei-ner Ware der Nachfrage anzupassen" (Lujo

Brentano 1890). Im Gegensatz dazu ist der

20 Unternehmer in seiner Nachfrage elastisch; er kann Einstellungen hinauszögern, Arbeitskräfte durch Maschinen ersetzen oder auch an anderen Orten mit für ihn günstigeren Arbeitsmarktbedingungen Produkti-

25 onsstätten eröffnen, ohne dass sein Lebensstandard beeinträchtigt würde.

2. Der Arbeitsvertrag begründet ein Herrschaftsverhältnis. Da Warenverkäufer und Verkauftes [Ware „Arbeitskraft"] nicht von-

30 einander zu trennen sind, erwirbt der Unternehmer mit dem Kauf der Arbeitskraft zugleich die Mitverfügung über die Person des

Arbeiters. Die Freiheit des Arbeiters, über seine Arbeitskraft verfügen zu können, erlischt, sobald er sie verkauft hat. Dies 35 schlägt sich im Arbeitsvertrag dergestalt nieder, dass zwar die Leistungen des Unternehmers – in Form des Lohnsatzes – spezifiziert, die Leistungen des Arbeiters jedoch nur in groben Umrissen festgelegt werden. 40 Die Nutzung der lebendigen Arbeit erfolgt unter dem Direktionsrecht des Unternehmers.

Walther Müller-Jentsch, Strukturwandel der industriellen Beziehungen. ‚Industrial Citizenship' zwischen Markt und Regulierung, Wiesbaden 2007, S. 15 ff.

b) Machtverhältnisse im Individualarbeitsrecht

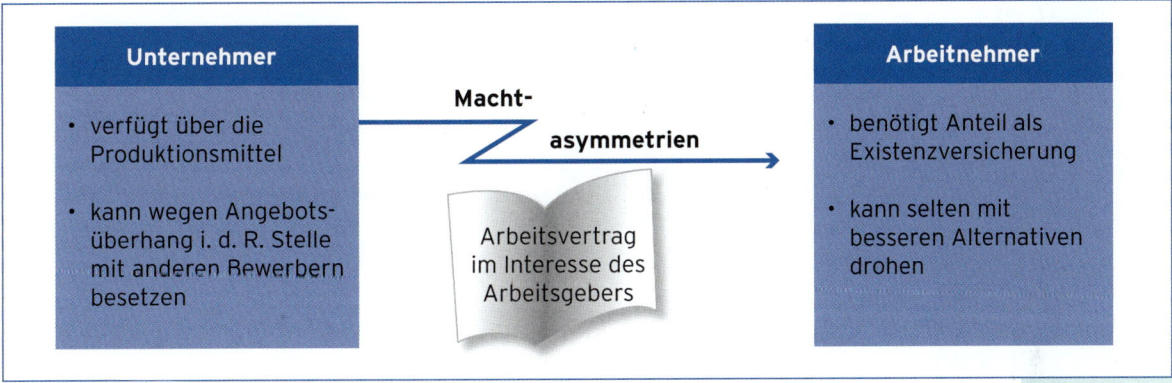

Autorengrafik

M 3 ● Von der unilateralen zur bilateralen Erwerbsregulierung

Auch nach Aufhebung des Koalitions- und Streikverbots [1872 im gesamten Deutschen Reich] versuchten Arbeiter und Unternehmer ihre Interessen weiterhin durch

5 einseitige Konfliktstrategien durchzusetzen. Wenn die Arbeiter den Preis der Arbeitskraft durch Organisierung und Arbeitsniederlegung zu beeinflussen suchten, verteidigten die Unternehmer ihre Marktvorteile durch Gegenorganisierung und

10 Aussperrung. Auf diese Weise erzeugte Angebots- und Nachfragebeschränkungen sollten die Gegenseite zur Akzeptierung des jeweils geforderten bzw. angebotenen

Preises für die Arbeitskraft zwingen. Da 15 Verhandlungen zunächst unüblich waren, endete der Ausstand in der Regel mit Sieg oder Niederlage. Diese vor allem mit wirtschaftskonjunkturellen Wechsel wiederkehrenden Konfliktkonstellationen gene- 20 rierten bei den beteiligten Akteuren Lernprozesse und Initiativen zur Bildung von Schiedsgerichten, Einigungsämtern oder Schlichtungskommissionen, gewöhnlich unter der Leitung unparteiischer 25 Persönlichkeiten. Später traten, mit zunehmender Konsolidierung und Bürokratisierung der Gewerkschaften und Arbeitgeber-

Ultima ratio = letztes Mittel

verbände, an ihre Stelle direkte
30 Verhandlungen zwischen beiden Organisationen. [...]

Die soeben angedeutete historische Se-
quenz vom Arbeitskampf über die Schlichtung zur Verhandlungen erscheint im ent-
35 wickelten Tarifvertragssystem – in exakter
Umkehr – als eine rationale Abfolge von
Regelungsstufen zur Beilegung eines Tarif-

konflikts: Am Anfang stehen Verhandlungen; scheitern diese, folgt gewöhnlich die
Schlichtung; kann sie den Interessenkon- 40
flikt nicht lösen, bleibt – als ultima ratio –
der Arbeitskampf.

Walther Müller-Jentsch, Strukturwandel der industri-
ellen Beziehungen. ,Industrial Citizenship' zwischen
Markt und Regulierung, Wiesbaden 2007, S. 24 f.

M 4 ● Tarifvertrag und Tarifautonomie in Deutschland

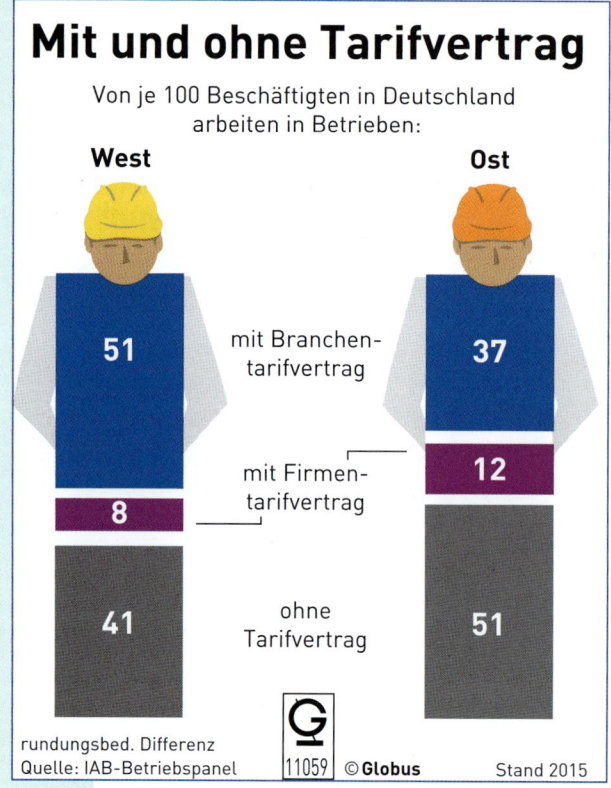

über Probleme und Besonderheiten in ihrer
Branche informiert sind und sich daher
auch direkt miteinander an einen Tisch
setzen sollten. 15

Die Tarifautonomie gibt es, mit Unterbre-
chung durch die NS-Zeit, bereits seit 1918.
Damals schlossen Arbeitgeberverbände
und Gewerkschaften ein Abkommen, mit
dem sie sich gegenseitig als Tarifpartner 20
anerkannten, gemeinsame Vereinbarungen
trafen und Schlichtungsstellen einrichte-
ten. Auch in Artikel 9 des Grundgesetzes,
der die Koalitionsfreiheit festlegt, findet
sich die Tarifautonomie wieder – sie ge- 25
nießt also verfassungsrechtlichen Schutz.

Gesetzlich konkreter wird die Tarifautonomie im Tarifvertragsgesetz behandelt. Es
stellt fest, was überhaupt ein Tarifvertrag
ist und wer ihn abschließen kann. Um 30
überhaupt verhandeln zu können, müssen
beide Parteien „tariffähig" sein [...].

Sind beide Parteien tariffähig, wird miteinander verhandelt. Wenn Arbeitgeber und
Arbeitnehmer miteinander sprechen, müs- 35
sen Interessensgegensätze überwunden
werden. Dabei spielt nicht nur die Frage
der Lohnhöhe eine Rolle. Die Tarifparteien
verhandeln auch über Urlaubstage, Ar-
beitszeiten, Fortbildungen oder den Schutz 40
älterer Arbeitnehmer. In der Öffentlichkeit
steht meist nur die konkrete Lohnforde-
rung im Mittelpunkt. Tatsächlich aber betreiben die Tarifpartner durch ihre eigenständige Ausgestaltung der Tarifverträge 45
eine Art branchenspezifische Sozialpolitik.
Zwar mischt sich der Staat nicht ein. Er

In Deutschland gilt das Prinzip der Tarifautonomie. Ihr Ziel ist es, dass die Vertreter
von Arbeitnehmern und Arbeitgebern
selbst die Arbeitsbedingungen in ihren je-
5 weiligen Branchen regeln. Der Staat bleibt
dabei außen vor. Bei entscheidenden Tarif-
streitigkeiten [wie größeren Streiks in be-
deutenden Branchen] kann der Staat aber
in die Vermittlerrolle schlüpfen. Generell
10 geht das Prinzip der Tarifautonomie jedoch
davon aus, dass die Tarifpartner am besten

setzt aber der Tarifautonomie dort Grenzen, wo er dem Schutz des Arbeitnehmers
50 Vorrang gibt – etwa durch einen gesetzlichen Mindesturlaubsanspruch [oder den gesetzlichen Mindestlohn]. Und trotz nächtelanger Verhandlungen können die Gegensätze der Tarifparteien zu groß sein –
55 dann droht Streik. Auch er ist im Sinne der Tarifautonomie gewollt: Und zwar als Arbeitskampf, „der zur Wahrung und Förderung der Arbeits- und Wirtschaftsbedingungen" geführt wird.

Maren Osterloh, www.welt.de, 8.4.2010

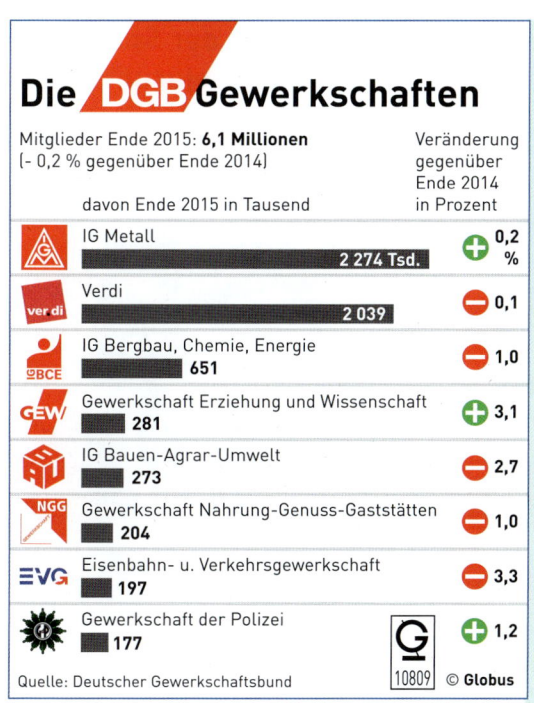

Info

Tarifparteien

Die Tarifparteien werden auf Arbeitgeberseite durch die Bundesvereinigung der Deutschen Arbeitgeberverbände (BDA) repräsentiert. Die in 14 branchenunabhängigen Landesverbänden gegliederte Organisation vertritt bundesweit etwa eine Million Unternehmen. Während der Bundesverband sich vor allem an der politischen Willensbildung beteiligt, werden die Tarifverhandlungen von Branchenverbänden und ihren Unternehmen geführt.

Die Seite der Arbeitnehmer wird durch die Gewerkschaften vertreten. Aus den historisch prägenden Berufsgewerkschaften haben sich branchenübergreifende Gewerkschaften – insbesondere Ver.di, die IG Metall oder die IG Bergbau, Chemie, Energie – herausgebildet, die im Deutschen Gewerkschaftsbund (DGB) mit insgesamt gut sechs Millionen Mitgliedern (Stand: 2015) organisiert sind. Das öffentliche Bild der Gewerkschaften wird jedoch mehr und mehr von Spartengewerkschaften, die einige hoch spezialisierte Berufe vertreten (vgl. Kap. 9.2.2), geprägt.

Autorentext

Aufgaben

❶ a) Vergleichen Sie den Arbeitsmarkt hinsichtlich der Koordination von Angebot und Nachfrage (Preisbildung, Angebots- und Nachfrageelastizität) mit „normalen" Gütermärkten (vgl. Kap. 7.1) und stellen Sie vor allem Unterschiede heraus. (M 1)

b) Begründen Sie darauf aufbauend die „Schutzbedürftigkeit" der Arbeitnehmerseite. (M 2, M 3)

❷ Erläutern Sie die Leistungen der bilateralen Erwerbsregulierung im Rahmen der Tarifautonomie (M 3, M 4) für das Funktionieren des Arbeitsmarktes sowie den sozialen Frieden.

❸ Die Deregulierung von Tarifverträgen wird häufig auch unter beschäftigungspolitischen Gesichtspunkten gefordert. Erörtern Sie diese Forderung.

Ⓜ zu Aufgabe 2
Visualisieren Sie (in Analogie zum Schaubild M 2b) die Funktionsweise des kollektiven Arbeitsrechts.

Ⓗ zu Aufgabe 2
Erklären Sie zunächst, inwiefern Flächentarifverträge das Problem der „doppelten Asymmetrie" am Arbeitsmarkt lösen bzw. entschärfen. (M 2, M 4)

Ⓗ zu Aufgabe 3
Berücksichtigen Sie dabei die Perspektive der beteiligten Akteure sowie die Charakteristika des Arbeitsmarktes als „Markt".

9.2.2 Die Macht der Spartengewerkschaften – Entsolidarisierungstendenzen in der Arbeitspolitik?

M 5 ● Kleine Gewerkschaften – große Macht?

Im Interview mit dem Deutschlandfunk erläutert der Bonner Politikwissenschaftler Michael Schneider die Entwicklungstendenzen der deutschen Gewerkschaften:

5 DF: Herr Schneider, das ist jetzt der dritte Lokführerstreik in Deutschland innerhalb weniger Tage. Ist das ein Zeichen dafür, dass die Gewerkschaften in Deutschland aggressiver werden?

10 Schneider: Also ich glaube nicht, dass man das so verallgemeinern kann. Zum einen erscheint es uns jetzt nur als besonders aggressiv, weil wir in den letzten Jahren, [...] verwöhnt worden sind. [...] Der Streik 15 der GDL hat aus meiner Sicht ein etwas anderes Signal: Es ist eine doppelte Signalstellung – einerseits eine Entsolidarisierung innerhalb der Gewerkschaftsbewegung, [...]

20 Das heißt, dass sich kleinere Gewerkschaften abspalten und versuchen, mehr Einfluss zu gewinnen.

... genau, weil sie eine Arbeitnehmergruppe vertreten, die eine hohe Qualifikation hat 25 und dann eine Schlüsselposition innerhalb ihrer Branche. Das gilt für die Lokführer. Ohne Lokführer fährt kein Zug. Das ist eine ideale Situation. Wenn man dann noch einen hohen Organisationsgrad hat, [...]

dann stärkt das die Position nochmal. 30 Aber der zweite Punkt, der dabei eine Rolle spielt, ist, dass dies eine Flanke ist, die die anderen Gewerkschaften offengelassen haben, die Großgewerkschaften des DGB, die eben diese Identifizierung mit dem eigenen 35 Beruf und die Vertretung der eigenen Interessen nur dieser Berufsgruppe hinten anstellen zugunsten einer größer gespannten Solidarität innerhalb von großen Industriegewerkschaften. [...] 40

Aber das Besondere an der GDL ist ja jetzt, dass sie gar nicht mehr nur diese kleine Schlüsselgruppe der Lokführer vertreten will, sondern im Gegenteil: Sie kämpft ja gerade in diesem Streik dafür, 45 dass sie [...] auch andere Bahnangestellte mit ins Boot holen darf, also dass sie [...] die große Gewerkschaft wird.

Das ist die zweite Dimension, die in diesem Konflikt [...] eine besondere Rolle spielt 50 [...]. Die GDL, die ja eben zum Deutschen Beamtenbund und eben nicht zum DGB gehört, fischt damit im Gewässer, in dem [bislang] [...] die Eisenbahn- und Verkehrsgewerkschaft, die dem DGB angehört, or- 55 ganisiert und die Interessen der dortigen Arbeitnehmer vertritt.

Von daher kommt es hier zu einer Konkurrenz zwischen zwei Gewerkschaften, wobei es bis 2010 völlig klar war, dass mit dem 60 Ziel der Tarifeinheit die stärkere Gewerkschaft jeweils auch die Vertretung gegenüber den Arbeitgebern hatte. Mit einem Bundesarbeitsgerichtsurteil ist das aufgehoben, und [...] die GDL kann [seitdem] 65 ihre Sondertarifverträge gegenüber dem Arbeitgeber versuchen auszuhandeln [...].

[...] Sehen wir denn eine solche Entwicklung auch in anderen Branchen, dass sich da kleine Gewerkschaften abspalten und 70 Muskeln zeigen?

Ja. Wir brauchen nur auf die ja auch in den

letzten Tagen immer wieder in die Schlagzeilen geratenen Streiks bei Lufthansa und Germanwings zu schauen, Cockpit ist auch so eine Spartengewerkschaft, in diesem Falle eben der Piloten. Wir erinnern uns an die Fluglotsen, die mit ihrer eigenen Organisation auch in der Lage waren, Flughäfen lahmzulegen. Der eigentliche Knüller bei dieser Entwicklung ist, dass es, anders als bei diesen Großstreiks, die ich vorhin angesprochen habe, Schlüsselbereiche einer modernen, mobilen Gesellschaft sind, die angesprochen werden. [...] Also kleine Gruppen in kleinen Gewerkschaften mit hohem Organisationsgrad in einer Schlüsselposition haben eine ganz besondere Auswirkung auf unser aller Leben.

Interview: Tobias Armbrüster, www.deutschlandfunk. de, 18.10.2014

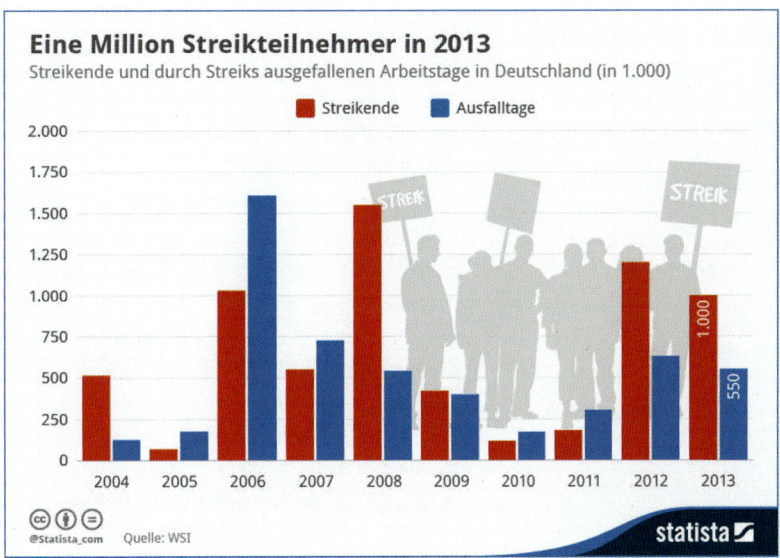

www.statista.com, Abruf am 1.11.2016

Info

Spartengewerkschaften – Die großen Sechs

Gewerk-schaft	Marburger Bund (MB)	Gewerkschaft Deutscher Lokomotivführer (GDL)	Unabhängige Flugbegleiter Organisation (UFO)	Vereinigung Cockpit (VC)	Gewerkschaft der Flugsicherung (GdF)	Deutscher Journalisten-verband (DJV)
Berufsgruppe/Branche	Ärzte/Medizin	Lokführer/Verkehr	Flugbegleiter/Verkehr	Piloten/Verkehr	Fluglotsen/Verkehr	Journalisten/Medien
Gründung	1947	1867	1992	1969	1952/2004	1949
Mitglieder	117.000	34.000	> 10.000	8.300	3.800	36.000
Organisationsgrad	70 %	60 %	40 – 50 %	80 – 90 %	80 %	k.A.
Streikaktionen seit 2010	25	7	6	6	1	1

Zusammenstellung des Autors nach: Reinhard Bispinck, Wirklich alles Gold, was glänzt? Zur Rolle der Berufs- und Spartengewerkschaften in der Tarifpolitik, www.gegenblende.de, 11.5.2015

M 6 ● Das Tarifeinheitsgesetz – eine sinnvolle Antwort auf die Tendenzen der Tarifpolitik?

Versteht eigentlich noch jemand, was sich bei der Bahn abspielt? Die Frage stammt von Sigmar Gabriel. Der Mann versteht etwas von Rhetorik: „Nein", ist die erwünschte und prompt vernehmbare Antwort, die Gabriel auf seine rhetorische Frage erwartet. „Völlig durchgeknallt", dieser Weselsky, soll das wohl heißen: Der Vorsitzende der Lokführergewerkschaft GDL lässt zum achten Mal seine Leute streiken, ganze sechs Tage lang. Wer weiß, wann das nächste Mal wieder die Züge stehen. Schluss jetzt!

Nein, so einfach sollten wir es dem SPD-

Tarifeinheitsgesetz

Das seit Juni 2015 geltende „Gesetz zur Tarifeinheit" regelt die Gültigkeit von Tarifverträgen für Unternehmen, in denen mehrere Gewerkschaften aktiv sind (vgl. M 6). Gegen das Gesetz sind vor allem von Gewerkschaftsseite Verfassungsbeschwerden anhängig.

15 Vorsitzenden nicht machen. Weselsky [...] hat [...] erkannt, dass es in diesem Streit [...] um ein grundsätzliches Thema: Wie halten wir es mit den Freiheitsrechten von Minderheiten?

20 Was Gabriel [...] verschweigt: Die große Koalition selbst war es, die Weselsky in diesen verfahrenen Streik hineingetrieben hat. Das sogenannte Tarifeinheitsgesetz aus dem Hause von Arbeitsministerin Andrea Nahles (SPD) ist nicht die mögliche Lösung des Konflikts, sondern in Wirklichkeit seine Ursache. Angeblich, so heißt es in diesem Gesetz, sei die Funktionsfähigkeit der Tarifautonomie in Deutschland gefährdet, wenn es in einem Betrieb zwei oder mehrere konkurrierende Gewerkschaften gibt. Der Gesetzgeber fühlt sich aufgefordert, hier eine „befriedende Rolle" zu spielen, für „innerbetriebliche Lohngerechtigkeit" zu sorgen, um „Entsolidarisierung der Belegschaften" zu verhindern. Schaffen es die konkurrierenden Gewerkschaften nicht, sich untereinander abzustimmen, soll eine Mehrheitsregel den Tarifvertrag jener Gewerkschaft zur Anwendung bringen, welche die meisten Mitglieder in diesem Betrieb hat.

[...] Das Grundrecht der Koalitionsfreiheit wird leichtfertig ausgehebelt mit der durch nichts bewiesenen Voraussetzung einer theoretischen Gefährdung des Tariffriedens. Wenn Lokführer, weil sie sich von der Mehrheitsgewerkschaft schlecht behandelt fühlen, selbst für ihre Einkommen kämpfen wollen, dann nennt das Gesetz dies Entsolidarisierung. Wenn Klinikärzte nicht einsehen, dass sie weniger verdienen als Real-

schullehrer, dann sieht der Gesetzgeber den Frieden bedroht und belohnt jene Gewerkschaft, die sich bei den Krankenschwestern größere Organisationserfolge verspricht.

Scheinheilig heißt, Lokführer und Ärzte dürften auch fürderhin für ihre Ziele streiken. Doch selbst wenn sie siegen, würde ihr Vertrag sogleich von der Mehrheitsgewerkschaft kassiert. Wer zöge dafür in die Schlacht? Zumal die Arbeitsgerichte alles Recht hätten, solche potemkinschen Streiks als unverhältnismäßig zu verbieten. [...]

Es ist die Ironie der Geschichte, dass SPD-Minister sich zum Handlanger der Bundesvereinigung der Arbeitgeberverbände (und von Teilen des Deutschen Gewerkschaftsbundes) machen lassen: Die beiden Kartellverbände fühlen sich aus unterschiedlichen Gründen von den kleinen Gewerkschaften bedroht und verstehen es prächtig, ihre Machtanmaßung als Gemeinwohlinteresse zu kaschieren. In Wirklichkeit soll das Diktat der Mehrheit die Minderheit ersticken. [...]

Wohlgemerkt: [...] Man kann auch darüber nachdenken, in staatsnahen Monopolunternehmen – wie etwa der Bahn – das Streikrecht einzuschränken, weil das Kampfesrisiko aller Gewerkschaften dort niedriger ist als in der privaten Wirtschaft. Man sollte sich aber [nicht] einreden lassen, kleine Gewerkschaften neigten zu Exzessen und ruinierten die Tarifpartnerschaft. In Wirklichkeit ruiniert dieses Tarifeinheitsgesetz die in einer Demokratie geschützten Freiheitsrechte von Minderheiten.

Rainer Hank, www.faz.net, 10.5.2015

ⓗ zu Aufgabe 1
Gehen Sie dabei auf die im Interview genannte „doppelte Entsolidarisierung" ein.

ⓗ zu Aufgabe 2
Gehen Sie dabei auf die Rolle des Staates in der Sozialen Marktwirtschaft (vgl. Kap. 7.2) ein.

Aufgaben

❶ Beschreiben Sie aktuelle Tendenzen im Bereich der Tarifautonomie in der Bundesrepublik. (M 5)

❷ Erläutern Sie vor diesem Hintergrund die Ziele und Eckpunkte des „Tarifeinheitsgesetzes". (M 6)

❸ „In Wirklichkeit ruiniert dieses Tarifeinheitsgesetz die in einer Demokratie geschützten Freiheitsrechte von Minderheiten." Diskutieren Sie die Einführung des Tarifeinheitsgesetzes unter Berücksichtigung verfassungsrechtlicher, politischer und ökonomischer Aspekte.

9.3 Wie kann der Staat den Arbeitsmarkt beeinflussen? Arbeitslosigkeit und arbeitsmarktpolitische Instrumente

Basiskonzepte	Fachkategorien	Leitfragen
System und Struktur	Institutionen (Arbeitsmarkt), Wirtschaftsordnung/Ordnungspolitik	· Wie kann der Staat den Arbeitsmarkt beeinflussen?
Akteure und deren Dispositionen	Interessen und Bedürfnisse	· Welche wirtschaftlichen Interessen wirken auf arbeitsmarktpolitische Strukturen und Prozesse ein?

9.3.1 Warum gibt es Arbeitslosigkeit?

M 1 ● Wer wird arbeitslos?

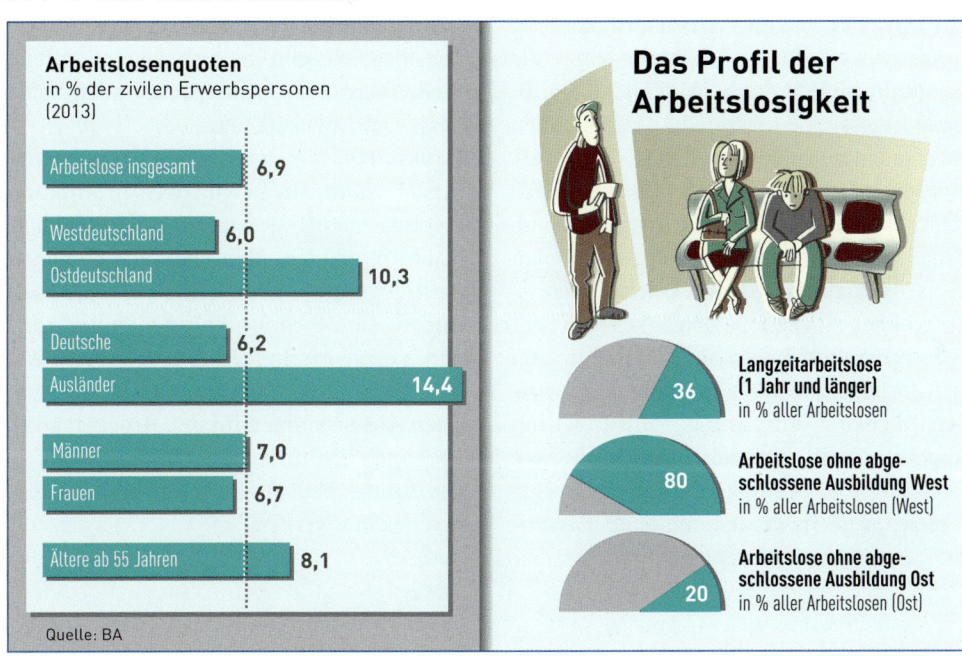

Bergmoser + Höller Verlag AG, Zahlenbilder, 258 330 (aktualisiert)

M 2 ● Typen von Arbeitslosigkeit

Arbeitslosigkeit kann unterschiedliche Ursachen haben. Arbeitslosigkeit wird einerseits hinsichtlich ihrer Zeitdauer (kurzfristig, vorübergehend, dauerhaft-verfestigt) und andererseits hinsichtlich ihres Ausmaßes als gesamtwirtschaftliches Phänomen oder als Problem einzelner Branchen oder Regionen (teilwirtschaftliches Phänomen) unterschieden. Die Unterscheidung von Typen der Arbeitslosigkeit hat praktische Relevanz, da für unterschiedliche Problembereiche je eigene wirtschafts- und sozialpolitische Lösungsstrategien gefunden werden müssen.

15 Kurzfristige Arbeitslosigkeit kann immer dann auftreten, wenn ein Arbeitnehmer einen Arbeitsplatzwechsel anstrebt. Ein solcher Wechsel fordert im Allgemeinen Zeit und Kosten für die Recherche, bei Umzü-
20 gen mit größerer Distanz noch zusätzlichen Aufwand. Die hierdurch entstehende kurzfristige Arbeitslosigkeit wird **friktionelle Arbeitslosigkeit** (Sucharbeitslosigkeit) genannt.

25 Ebenfalls kurzfristig arbeitslos sind Personen, die durch saisonale Faktoren, wie sie etwa in der Landwirtschaft, dem Tourismus und im Baugewerbe – und damit in Teilbereichen der Wirtschaft – auftreten, für
30 eine kurze Zeitspanne ihre Beschäftigung verlieren (**saisonale Arbeitslosigkeit**).

Als vorübergehende Arbeitslosigkeit im gesamtwirtschaftlichen Rahmen kann die **konjunkturelle Arbeitslosigkeit** gelten. In
35 einer Rezession entlassen die Unternehmen infolge einer schlechten Ertrags- und Auftragslage Beschäftigte, die dann – nach dem Modell des Konjunkturzyklus' (vgl. Kap. 6.1.3) – in einer konjunkturellen
40 Aufschwungphase wieder Arbeit finden.

Die hohe ‚Sockelarbeitslosigkeit' in der Bundesrepublik Deutschland, also die Arbeitslosigkeit, die auch im Falle eines wirtschaftlichen Aufschwungs nicht wieder
45 abgebaut wird, verweist auf verfestigte Strukturen. Als Grund für diese verfestigte Arbeitslosigkeit werden fehlende Passungen zwischen unterschiedlichen Parametern der Volkswirtschaft (Wachstum, Pro-
50 duktivität, Qualifikation) oder einzelner Branchen – also den wirtschaftlichen Strukturen – angenommen, weshalb diese unter dem Begriff der **strukturellen Arbeitslosigkeit** zusammengefasst wird. Da-
55 bei sind folgende grundlegende Typen zu unterscheiden:

Einzelne Teilbereiche (Branchen, Regionen) der Volkswirtschaft sind von merkmalsstruktureller Arbeitslosigkeit gekennzeich-
60 net (auch: strukturelle Arbeitslosigkeit im engeren Sinne), wenn die Arbeitskraftanbieter nicht über die geforderten Qualifikationen verfügen, da sie beispielsweise bei ihrer Wahl von Ausbildungsgängen nicht
65 die nachgefragten Berufszweige berücksichtigt haben. Bei dieser „mismatch"-Arbeitslosigkeit gibt es also sowohl offene Stellen als auch Arbeitslose, aber beide passen nicht zusammen.

70 Strukturelle Arbeitslosigkeit (im weiteren Sinne) kann auftreten, wenn Strukturmerkmale einer gesamten Volkswirtschaft dazu führen, dass Menschen ihren eigenen Anstrengungen zum Trotz keine Arbeit
75 finden. Zu diesen Strukturmerkmalen können volkswirtschaftliche Indikatoren wie Wachstum und Außenhandelsbilanz (mit ihren Auswirkungen für den Arbeitsmarkt), aber auch institutionelle Arrangements wie
80 das Arbeitsrecht und das Ausbildungssystem gezählt werden.

Autorentext

M 3 ● Ursachen von Arbeitslosigkeit – Fallbeispiele

a) **Sandro Bertini** (30) ist Metallbauer und arbeitete bis vor kurzem in einem kleinen Betrieb in Ü. Der Betrieb produziert fast alles, was am Bau aus Metall ist: Zäune, Auf-
5 züge, Konstruktionen, Industriehallen usw. Trotz der anhaltenden Flaute im Baugewerbe war der Betrieb ausgelastet. Dem Inhaber gelang es erstaunlich gut, immer wieder neue Aufträge an Land zu ziehen –
10 bis zu diesem Frühjahr, als die Aufträge plötzlich ausblieben. Es wurden zwei Mitarbeiter entlassen, darunter Sandro Bertini. Herr Bertini hofft jedoch, in seiner ehemaligen Firma wieder eingestellt zu werden, wenn sich die Wirtschaftslage verbessert.
15 b) Sein Berufsleben lang schon arbeitet **Herr Gassmann** (55) als Bankkaufmann in einer Großbank, zuletzt im Zahlungsverkehr, der zentral für zwei Bundesländer in D. bearbeitet wird. Verbesserungen der
20 Elektronik und der Telekommunikation machen es möglich, künftig den gesamten

Zahlungsverkehr nur noch an zwei Standorten abzuwickeln. Die Bank will dadurch
25 Kosten senken und hat beschlossen, die anderen Standorte in Deutschland aufzulösen. Herr Gassmann hat kein Angebot von seinem Arbeitgeber erhalten und wird deshalb am Ende des Jahres arbeitslos.
30 c) **Jenny Burkhardt** (17) aus N. ist auch arbeitslos, genauer gesagt: Sie hat keinen Ausbildungsplatz, obwohl sie bereits über 35 Bewerbungen geschrieben hat und auch bereit ist, eine Lehre für unterschiedliche

35 Berufe zu machen.
Ein Grund für ihre Situation ist sicherlich der Umstand, dass sie in Mecklenburg-Vorpommern lebt. Ganz Ostdeutschland ist in besonderem Maße vom Lehrstellenmangel
40 betroffen, da nach der deutschen Wiedervereinigung ganze Industriezweige zusammengebrochen sind, und diese Arbeitsplätze bis heute fehlen. Jenny überlegt ernsthaft wegzuziehen.

Lothar Schaechterle, Bundeszentrale für politische Bildung: Themenblätter im Unterricht, Nr. 30, Bonn 2003

M 4 ● Wirtschaftlicher Strukturwandel und Arbeitsmarkt

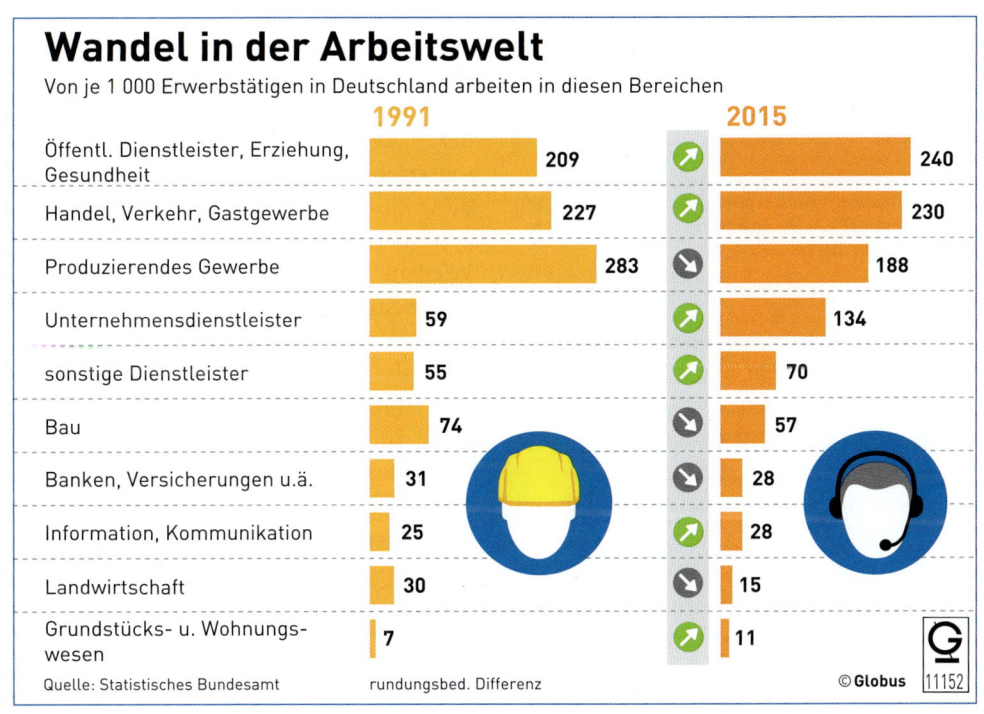

Drei-Sektoren-Hypothese

Im Rahmen des wirtschaftlichen Strukturwandels verschob sich das Gewicht von Wertschöpfung und Beschäftigungsquote zwischen den Sektoren zunehmend in Richtung des tertiären Sektors. Diese Beobachtung fasste der französische Soziologe Jean Fourastié erstmals in der „Drei-Sektoren-Hypothese" zusammen.

Wirtschaftlicher Strukturwandel
→ vgl. Kapitel 6.5

M 5 ● Die „wahren" Wurzeln der Arbeitslosigkeit – eine wirtschaftshistorische Diagnose

Der Höhepunkt des Konjunkturbooms ist [im Jahr 2008] überschritten, und die Kommentatoren freuen sich darüber, dass erstmals der sogenannte Arbeitslosenso
5 ckel leicht nachgegeben hat: die Zahl jener Menschen, die auch im Wirtschaftswachstum keine Arbeit finden. [...]

Es gibt trotzdem keinen Grund zum Jubeln. Der Sockel ist nach wie vor sehr hoch. In der alten Bundesrepublik hat er einmal bei
10 150.000 Personen gelegen. Heute und auf absehbare Zeit ist in ganz Deutschland mit hartnäckiger Arbeitslosigkeit für 3 Mio. Menschen zu rechnen, auch in der Hoch-

Fordismus		Postfordismus
Es dominiert die standardisierte Fließbandmontage → monotone, manuelle Tätigkeiten	**Produktionsbedingungen**	Neben „Dienstleistungsprodukti-on" dominiert die kundenspezifi-sche Herstellung komplexer Produkte → Forschung und Entwicklung → Beratung → komplexe, spezialisierte Produktionsprozesse in (teil-)autonomen Teams
• geringe bis mittlere Qualifikationen • Anlerntätigkeiten • „soft skills": Arbeitsdisziplin und Anpassung an gegebene Arbeitsstrukturen	**Qualifikations-anforderungen**	• hohe und spezialisierte Qualifikationen • „soft skills": Selbstständigkeit/Eigeninitiative, Teamfähigkeit, lebenslanges Lernen
• große Güternachfrage aufgrund steigender Massenkaufkraft • männliche Vollzeiterwerbstätig-keit, die – sozialstaatlich flankiert – als Familieneinkom-men ausreicht	**gesellschaftliche Einbettung**	• Sättigung der Nachfrage nach Massen-/Konsumgütern • Rückbau sozialstaatlicher (Transfer-)Leistungen • Individualisierung der Lebens-führung

Zusammenstellung des Autors nach: Uwe Schimank, Sozialer Wandel: Wohin geht die Entwicklung?, in: Stefan Hradil (Hg.), Deutsche Verhältnisse. Eine Sozialkunde, Bonn 2012, S. 22 ff.

15 konjunktur. Im kommenden Abschwung wird sich auf diesem Sockel wieder neue, konjunkturelle Arbeitslosigkeit aufbauen. Dieser harte Kern entzieht sich allen konventionellen Arbeitsmarkttherapien.

20 Wir müssen [dabei] vorwiegend auf die [strukturellen Ursachen] schauen: [...] Die deutsche Volkswirtschaft leidet [...] an einem Mangel an qualifizierten Arbeitskräften, dem ein Überschuss an unqualifizier-
25 ter Arbeitskraft gegenübersteht. Dieser entzieht sich jeder produktiven Verwendung. Er will so gar nicht in eine Wirtschaft passen, deren wichtigste Export-

branchen – Maschinenbau, Chemie, Fahrzeuge und Elektrotechnik – den Groß- 30 teil ihrer Wertschöpfung aus verwissenschaftlichter Produktion gewinnen. Mehr als zwei Drittel der Erwerbstätigen üben heute qualifizierte bis hochqualifizierte Tä- tigkeiten aus, vom Facharbeiter bis zum 35 Spitzenmanager. Sie sind unbestritten wettbewerbsfähig.

Die Arbeit der anderen gut 30 Prozent wird hingegen kaum noch nachgefragt. Ein Vergleich der qualifikationsspezifischen Ar- 40 beitslosenquoten macht dies deutlich. In den vergangenen drei Jahrzehnten lag die Arbeitslosenquote der Hoch- oder Fachschüler in den alten Ländern bei 3,3 Prozent, die der Kräfte ohne Berufsabschluss 45 aber blieb bei 19,8 Prozent.

Dahinter verbirgt sich die zentrale Ursache der Massenarbeitslosigkeit. Die wirtschaftspolitische Fehlsteuerung, die für diese Misere verantwortlich ist, liegt lange 50 zurück. Die besonderen Bedingungen [des Wiederaufbaus] förderten nach dem Zweiten Weltkrieg einen Anachronismus: Sie machten standardisierte Massenproduktion erstmals auch in Deutschland marktfähig. 55 Der Triumph der Fließbandarbeit hatte jedoch arbeitsmarktpolitische Folgen. Weil die fordistische Fabrik [die auf Henry Ford zurückgehende Fließbandproduktion] unqualifizierte Arbeitskräfte brauchte und 60 zudem relativ gut bezahlte, sank die Attraktivität beruflicher Bildung.

Werner Abelshauser, Die wahren Wurzeln der Arbeitslosigkeit, in: Die ZEIT Nr. 35, 21.8.2008

Werner Abelshauser war Inhaber des Lehrstuhls für Wirtschafts- und Sozialgeschichte an der Universität Bielefeld.

Aufgaben

1 Analysieren Sie die Statistik M 1 hinsichtlich des Arbeitsmarktrisikos unterschiedlicher Personengruppen.

2 a) Gliedern Sie die Typen von Arbeitslosigkeit (M 2) anhand der im Text angegebenen Kriterien in einer Tabelle.

b) Ordnen Sie die Fallbeispiele aus M 3 in diese Systematik ein.

3 Analysieren Sie die Zusammenhänge zwischen dem Strukturwandel der Arbeitswelt und den Risikogruppen am deutschen Arbeitsmarkt. (M 1, M 4, M 5)

9.3.2 Wie kann der Staat den Arbeitsmarkt beeinflussen?

M 6 ● **Forderungen zur Lösung des Beschäftigungsproblems**

Autorengrafik

M 7 ● **Wirtschaftspolitische Handlungsfelder**

Ordnungspolitik...	Strukturpolitik...	Konjunkturpolitik...
legt die allgemeinen rechtlichen sozialen und wirtschaftlichen **Rahmenbedingungen** für wirtschaftliches Handeln fest	begleitet/gestaltet den **regionalen und sektoralen** (branchenspezifischen) **Strukturwandel**	zielt auf die **Stabilisierung der gesamtwirtschaftlichen Entwicklung** (Konjunktur) im Rahmen der bestehenden Wirtschaftsordnung
• Wettbewerbsordnung (z. B. Kartellrecht) • Verbraucherschutz • Sozialordnung (z. B. Sozialversicherung, Sozialhilfe) • Umweltschutz • Geldordnung (monetäre Ordnung) • Arbeitsrecht	• Regionalentwicklung • Infrastrukturentwicklung • Einkommens- und Vermögensverteilung zwischen Regionen • Forschungsentwicklung • Strukturanpassung • Ausbildung • Arbeitsmarktpolitik	• Geld- und Währungspolitik der autonomen Zentralbank (Europäische Zentralbank (EZB)) • Fiskalpolitik (Einnahmen- und Ausgabenpolitik) der Gebietskörperschaften (Bund, Länder, Gemeinden)
eher **langfristig** angelegt	eher **mittelfristig** angelegt	eher **kurzfristig** angelegt
beeinflusst **primär** das Handeln und Verhalten der **mikroökonomischen Einheiten** (Haushalte, Unternehmen)	beeinflusst **primär** Bedingungen und Entwicklung der **mesoökonomischen Einheiten** (Regionen, einzelne Branchen, Gruppen)	zielt **primär** auf die Stabilisierung von **makroökonomischen Größen** (BIP, privater Konsum, Investitionen)

Nach: Karl-Josef Burkard, Handlungsfelder der Wirtschaftspolitik, in: Unterricht Wirtschaft 9 (Heft 1, Beiheft), 2003, S. 9 (Angaben ergänzt)

✪ M 8 ● (Wie) Lässt sich Arbeitslosigkeit beseitigen?
Ökonomische Arbeitsmarkttheorien

In der **neoklassischen Theorie** [vgl. Kap. 7] wird davon ausgegangen, dass es sich beim Arbeitsmarkt um einen Markt wie jeden anderen Gütermarkt handelt. Ein Markt-
5 gleichgewicht zwischen Angebot [...] und Nachfrage [...] wird wesentlich durch den Preismechanismus, also die Lohnhöhe, hergestellt. Arbeitslosigkeit kann daher nur in Folge überhöhter Reallöhne entstehen [...]
10 [In der keynesianischen Theorie (Kap. 6) entsteht Arbeitslosigkeit durch mangelnde gesamtwirtschaftliche Nachfrage und somit die unvollständige Nutzung der Produktionsmöglichkeiten] Das beste Gegen-
15 mittel gegen Arbeitslosigkeit [...] ist danach eine Stärkung der (Binnen-)Nachfrage. [...]
Die **Humankapitaltheorie** [...] räumt mit der Annahme homogener Arbeitskräfte auf und stellt das Risiko von Bildungsinvesti-
20 onen in Rechnung. Investitionen in Humankapital sind ein Abwägungsproblem: Einerseits verursacht Ausbildung direkte Kosten und während der Ausbildungszeit muss auf Einkommen weitgehend verzich-
25 tet werden; andererseits besteht die Erwartung, im Verlauf des Erwerbslebens ein höheres Einkommen zu erzielen. Diese Rendite ist jedoch [...] unsicher. Es besteht daher die Gefahr sowohl zu geringer als
30 auch falscher Investitionen in Humankapital. [...] Die Diskrepanz zwischen Angebot und Nachfrage auf dem Arbeitsmarkt kann aus humankapitaltheoretischer Sicht nur dadurch beseitigt werden, dass alle un-
35 oder fehlqualifizierten Arbeitskräfte sich durch eine der Nachfrage entsprechenden Ausbildung oder Weiterbildung konkurrenzfähig machen. [...]
Die **Insider-Outsider-Theorie** [...] erklärt Arbeitslosigkeit mit einem Konflikt zwi- 40 schen arbeitslosen und beschäftigten Arbeitnehmern. [Sie] zeigt, wie die Insider aufgrund von Einstellungs- und Entlassungskosten gegen eine [geringfügige] Unterbietung durch die Outsider geschützt 45 werden. Dabei gründet sich die Machtposition der Insider hauptsächlich auf Kostenvorteilen gegenüber den Outsidern [...]. Die Ersparnis, die sich durch Nichtaustausch der Beschäftigten ergibt, kann von den In- 50 sidern in Lohnverhandlungen abgeschöpft werden. Dadurch wird das Lohnniveau so stark über den marträumenden Gleichgewichtslohn angehoben, dass [...] Arbeitslosigkeit entsteht. Die Outsider können durch 55 Unterbieten der herrschenden Löhne ihre Ausgangssituation nicht verbessern, denn die Insider sind durch kooperatives strategisches Handeln in der Lage, sowohl gegenüber den Unternehmen als auch gegen- 60 über den Outsidern die Anstellung von Arbeitslosen für die Unternehmen so kostspielig zu machen, dass die Bedrohung durch Arbeitslosigkeit kein wirkungsvolles Druckmittel auf die Beschäftigten (Insider) 65 darstellt. Die Theorie unterstellt, dass bei kollektiven Lohnverhandlungen die Gewerkschaften bei ihren Lohnforderungen allein die Interessen der Insider vertreten.

Frank Oschmiansky, www.bpb.de, 1.6.2010

Aufgaben

❶ a) Ordnen Sie die arbeitsmarktpolitischen Vorschläge den wirtschaftspolitischen Handlungsfeldern zu. (M 6 – M 7)

b) Stellen Sie begründete Vorstellungen hinsichtlich der „Urheber" dieser realen Forderungen auf.

✪ **❷** Setzen Sie die arbeitsmarktpolitischen Vorschläge zu den Arbeitsmarkttheorien in Beziehung. (M 6, M 8)

❸ Überprüfen Sie, inwiefern die vorliegenden Vorschläge Reaktionen auf die Strukturen und Probleme des deutschen Arbeitsmarktes darstellen.

🄵 zu Aufgabe 3
Beziehen Sie auch die Grundannahmen und Schlussfolgerungen unterschiedlicher Arbeitsmarkttheorien in Ihre Überlegungen mit ein. (M 8)

9.3.3 Arbeitsmärkte flexibilisieren? Ordnungspolitische Instrumente der Arbeitsmarktpolitik

M 9 ● Zeitarbeit in der Karikatur

Karikatur: Kostas Koufogiorgos, 2012

Info

Zeit- und Leiharbeit in Deutschland

Leiharbeit ist durch eine Dreiecksbeziehung zwischen Leiharbeitsfirma (Verleiher), Leiharbeitnehmer und dem entleihenden Unternehmen gekennzeichnet. Wenn ein Arbeitgeber als Verleiher einem Dritten (Entleiher) Arbeitskräfte (Leiharbeitnehmer) zur Erbringung einer Arbeitsleistung zur Verfügung stellt, wird von Leiharbeit bzw. von Arbeitnehmerüberlassung oder Zeitarbeit gesprochen. Die nach dem Arbeitnehmerüberlassungsgesetz festgeschriebene Bezeichnung der Arbeitnehmerüberlassung lautet „Leiharbeit". Der Begriff der Leiharbeit wird auch von Seiten der Kritiker verwendet, während Befürworter eher den Begriff Zeitarbeit benutzen [...]. Die drei Begriffe werden synonym verwendet. [...]

[Im Rahmen der Hartz-Gesetzgebung wurde die Leiharbeit mit dem Ziel einer Flexibilisierung des Arbeitsmarktes] grundlegend überarbeitet. Mit Beginn des Jahres 2004 wurden das besondere Befristungsverbot (eine Beschäftigung kann nicht wiederholt befristet werden, ohne dass ein sachlicher Grund in der Person des Leiharbeiters liegt), das Wiedereinstellungsverbot (Leiharbeitsfirmen dürfen gekündigte Mitarbeiter innerhalb eines Zeitraums von drei Monaten nicht erneut einstellen), das Synchronisationsverbot (Mitarbeiter dürfen von einer Zeitarbeitsfirma nicht nur für die Zeit der Leihtätigkeit eingestellt sein) sowie die Beschränkung der Überlassungsdauer auf 24 Monate ersatzlos aufgehoben. Zudem sind Ausnahmen vom Verbot der Arbeitnehmerüberlassung in Betrieben des Baugewerbes durch Tarifverträge ermöglicht worden.

Frank Oschmiansky, Jürgen Kühl, Tim Obermeier, www.bpb.de, 12.8.2014

M 10 ● Arbeitsmarkt- und sozialpolitische Effekte von Leiharbeit

a) Wer übt Leiharbeit aus?

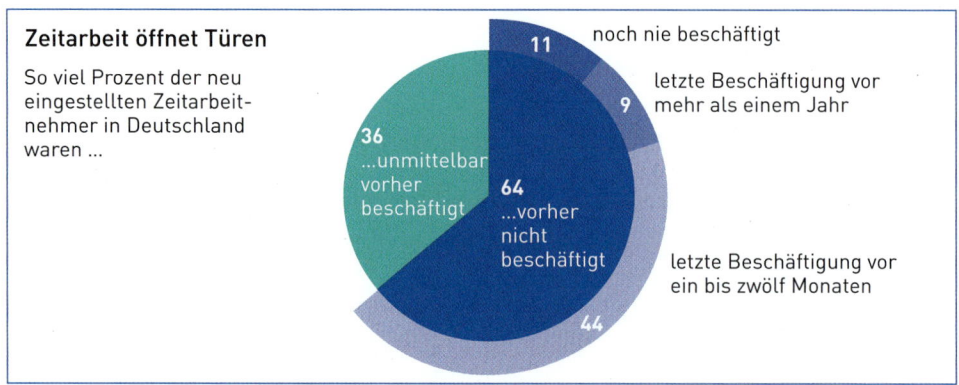

Zeitarbeit öffnet Türen

So viel Prozent der neu eingestellten Zeitarbeitnehmer in Deutschland waren ...

b) Was „verdienen" Leiharbeiter?

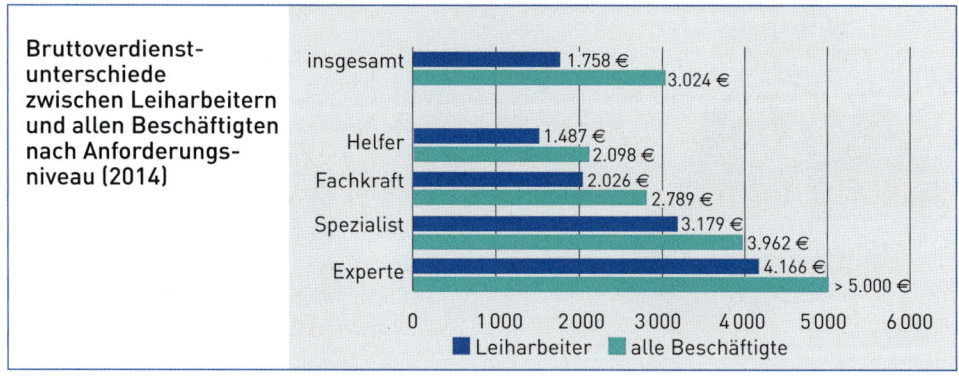

Bruttoverdienstunterschiede zwischen Leiharbeitern und allen Beschäftigten nach Anforderungsniveau (2014)

c) Was wird aus Leiharbeitern?

Mit den Deregulierungen der Zeitarbeit seit 2004 verbanden sich verschiedene Hoffnungen. [...] Zeitarbeit sollte vor allem Arbeitslosen wieder eine Chance geben, auf
5　dem Arbeitsmarkt Fuß zu fassen (Integrationsfunktion). Zudem sollte die Zeitarbeit eine Brücke in reguläre Beschäftigung außerhalb der Zeitarbeitsbranche sein [Brückenfunktion]. Eine weitere Funktion der
10　Leiharbeit sollte die Möglichkeit sein, dass Leiharbeiter nach ihrem Einsatz eine normale Beschäftigung im Entleihunternehmen aufnehmen (Klebeeffekt). [...] Eine Studie im Auftrag der Bertelsmann
15　Stiftung ermittelte einen Klebeeffekt für sieben Prozent der Zeitarbeitskräfte. Der Klebeeffekt findet in kleinen öfter als in großen Betrieben statt. Die Wirkungsforschung zu den Folgen der Hartz-Gesetze,
20　in dessen Rahmen die Leiharbeit deregu-

liert wurde, bilanzierte zum Klebeeffekt: „Die mit Leiharbeit ebenfalls erhofften Klebeeffekte sind relativ gering und spielen lediglich im Bereich qualifizierter Tätigkeiten eine nennenswerte Rolle."　25
Auf die Funktion der Zeitarbeit als Beschäftigungsperspektive und Integrationsinstrument für Arbeitslose deuten zunächst die Zahlen der Bundesagentur für Arbeit hin [vgl. Statistik a]. Die [Zeitarbeits-]　30
Branche ist [demnach] zwar aufnahmefähig für Personen aus der Arbeitslosigkeit, gleichzeitig werden jedoch überdurchschnittliche viele Personen aus der Leiharbeit, häufig nach sehr kurzen Beschäfti-　35
gungsdauern, direkt wieder in die Arbeitslosigkeit entlassen. Das Risiko als Leiharbeiter wieder arbeitslos zu werden liegt fünfmal so hoch wie im Schnitt der restlichen Branchen. [...] Zeitarbeit ist [...]　40
eine Branche mit einer sehr hohen Dyna-

mik, das heißt einer hohen Anzahl von neu begonnen und beendeten Beschäftigungsverhältnissen.

45 Zur Beurteilung der Brückenfunktion der Leiharbeit müssen jedoch längere Erwerbsverläufe betrachtet werden. Eine Studie des Instituts für Arbeitsmarkt- und Berufsforschung, die die Erwerbsverläufe von Leih-
50 arbeitern des Jahres 2006 betrachtet, kommt zu dem Ergebnis, dass Leiharbeit im Gegensatz zu einer fortwährenden Arbeitslosigkeit für eine künftige Beschäftigung gerade für Langzeitarbeitslose von

55 Vorteil ist [...]. Insgesamt schaffen es 17 Prozent [...] der ehemals Arbeitslosen in einem Jahr nach ihrem Einsatz in Leiharbeit außerhalb der Leiharbeit beschäftigt zu werden. Die Autoren fassen ihre Ergebnis-
60 se deshalb wie folgt zusammen: „Somit zeigen die [Daten], dass für ehemals Arbeitslose mittels Leiharbeit keine breite Brücke, sondern wohl eher ein schmaler Steg aus Arbeitslosigkeit in Beschäftigung
65 außerhalb der Branche führt."

Frank Oschmiansky, Jürgen Kühl, Tim Obermeier, www.bpb.de, 12.8.2014

M 11 ● Muss Leiharbeit (re-)reguliert werden? Ein Gesetzesentwurf der Bundesregierung

Auf Initiative der Bundesregierung hat der Deutsche Bundestag Änderungen in der Leiharbeit beschlossen, die ab 1. April 2017 in Kraft treten:

5 Eine Million Beschäftigte gibt es in Deutschland in der Leiharbeit. [...] Für sie ändert sich im Arbeitnehmerüberlassung-Gesetz – so der offizielle Titel – Vieles zum Vorteil. [...]

10 Mit dem Gesetz wird eine Höchstdauer für die Überlassung an andere Betriebe von 18 Monaten eingeführt. Danach müssen Leiharbeitnehmer übernommen werden, wenn sie weiterhin dort arbeiten sollen. Andern-
15 falls muss der Verleiher sie abziehen. Tarifpartner können sich durch Tarifvertrag auf eine längere Überlassung einigen. „Wer setzlichen Änderungen gilt [außerdem] „Equal Pay": Das heißt, Leiharbeitnehmer
20 müssen spätestens nach neun Monaten das gleiche Arbeitsentgelt bekommen wie ver-

gleichbare Stammbeschäftigte. „Viele machen in der Pflege oder in der Fabrik die gleiche Arbeit, aber zu niedrigeren Löh-
25 nen. Dem wollen wir einen Riegel vorschieben", so Nahles. Abweichen können Entleihfirmen nur über Branchen-Zusatztarifverträge. Leiharbeitnehmer müssen dann stufenweise, spätestens jedoch nach
30 15 Monaten das gleiche Arbeitsentgelt bekommen. Verbesserungen seien bereits nach sechs Wochen durch Zuschläge zu erreichen, erklärte die Arbeitsministerin. Leiharbeitnehmer dürfen nicht mehr als
35 Streikbrecher eingesetzt werden. Sie dürfen aber in einem bestreikten Betrieb arbeiten, wenn sie keine Tätigkeiten von streikenden Beschäftigten ausführen.

www.bundesregierung.de, 21.10.2016

Ⓜ zu Aufgabe 3
Bearbeiten Sie die Materialien arbeitsteilig in einem Placemat und führen Sie Ihre Analyseergebnisse in einer Gesamteinschätzung in der Mitte des Placemats zusammen.

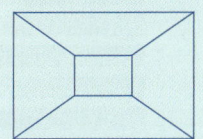

Ⓗ zu Aufgabe 4
Berücksichtigen Sie dabei gleichermaßen Effizienzkriterien sowie Ihre individuellen Gerechtigkeitsvorstellungen.

Aufgaben

1. Analysieren Sie die Karikatur M 9.
2. Erläutern Sie die anvisierten Ziele einer ausgeweiteten Leiharbeit und die damit verbundenen Annahmen über ihre Funktionsweise. (Info-Box)
3. Überprüfen Sie die Erreichung der arbeitsmarktpolitischen Zielsetzungen. (M 10, vgl. Kap. 9.1.1, M 2)
4. Nehmen Sie zum Gesetz zur Re-Regulierung der Leiharbeit in Deutschland. (M 11)

9.3.4 Unternehmensansiedlung und Infrastrukturprojekte – strukturpolitische Instrumente der Arbeitsmarktpolitik

M 12 ● Motive regionaler Wirtschaftsförderung

Das Terminal des „Kassel Airports", aufgenommen am 09.11.2015 in Calden.

Das hr-Fernsehen berichtet am 4.4.2013 über die Eröffnung des Regionalflughafens Kassel Airport (Kassel-Calden):

Calden sei nun „Hessens nördlichstes Tor
5 zu Welt", sagte [Ministerpräsident] Bouffier [CDU] während des Festaktes in einem Zelt auf dem Flughafen-Gelände. „Nordhessen hat heute Flügel bekommen." Kassel-Calden ergänze das Straßen- und Schienen-
10 netz der Region optimal, betonte Bouffier – und verteidigte die Kosten in Höhe von 271 Millionen Euro. 233 Millionen Euro davon trägt das Land Hessen. Es ist mit 68 Prozent größter Anteilseigner, weitere An-teile an der Flughafen-Gesellschaft halten 15 die Stadt und der Landkreis Kassel sowie die Gemeinde Calden. [...]

Das Geld sei eine „zukunftsweisende In-vestition in die Verkehrsinfrastruktur Nordhessens", sagte der Kasseler Oberbür- 20 germeister Bertram Hilgen (SPD). „Der Ausbau des Flughafens war erforderlich, damit Nordhessen nicht ins Hintertreffen gerät." Von dem Flughafen profitiere der Tourismus und die heimische Wirtschaft. 25 Zudem würden viele neue Arbeitsplätze entstehen: Laut Hilgen wurden bei der Flughafen GmbH 23 Arbeitslose zu Luftsi-cherheitsassistenten ausgebildet. Zudem sei die Zahl der Mitarbeiter seit Anfang 30 2012 von 50 auf jetzt 150 gestiegen. Die Betriebe am Flughafen stellten bereits mehr als 700 Arbeitsplätze, ergänzte der Oberbürgermeister. [...]

Rund ein Dutzend Verbindungen pro Wo- 35 che stehen auf dem Flugplan: Es geht vor allem zu den klassischen Touristenzielen Mallorca und Antalya. Angepeilt sind aber

Wachstumsmarkt Flugverkehr

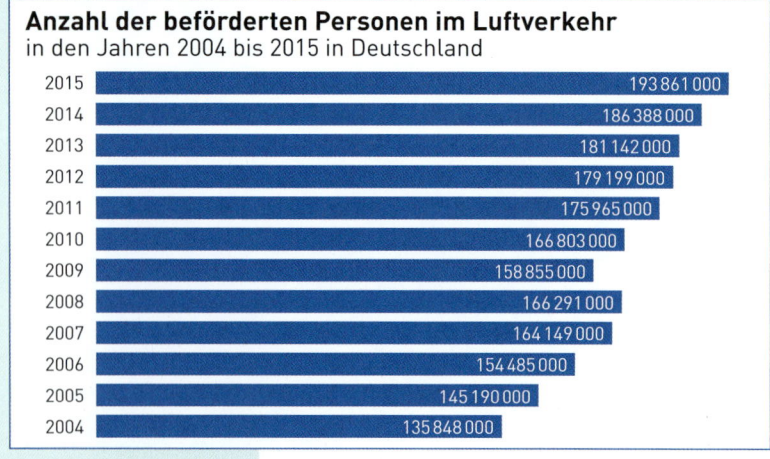

Anzahl der beförderten Personen im Luftverkehr
in den Jahren 2004 bis 2015 in Deutschland

Jahr	Anzahl
2015	193 861 000
2014	186 388 000
2013	181 142 000
2012	179 199 000
2011	175 965 000
2010	166 803 000
2009	158 855 000
2008	166 291 000
2007	164 149 000
2006	154 485 000
2005	145 190 000
2004	135 848 000

www.destatis.de, Abruf am 26.10.2016

auch einzelne Charterflüge nach Zypern,
40 Reykjavik, Sardinien, Armenien und zur
Seidenstraße (Usbekistan). Flughafen-Auf-
sichtsratsschef Schäfer [zugleich Hessischer Finanzminister] kündigte ein langsa-
mes Wachstum des Airports an. [...]
45 Der bisherige Flugplatz in Calden (Kassel)
hatte lediglich eine 1.500 Meter lange Pis-
te, die für Geschäfts- und Sportflugzeuge
ausreichte. Für größere Maschinen – etwa
Charterflugzeuge von Reiseanbietern - war
50 die Start- und Landebahn jedoch zu kurz.
Diese Flieger landeten bislang entweder im
rund 70 Kilometer entfernten Airport Pa-
derborn-Lippstadt oder in Frankfurt und
Hannover, jeweils knapp 200 Kilometer
55 von dem Standort in Nordhessen entfernt.
Etwa 17.000 Passagiere zählte der Kasseler
Flugplatz nach eigenen Angaben im Jahr
2011. Um auch Kassel-Calden für den

Eröffnung des Flughafens: Passagiere checken am
04.04.2013 auf dem Flughafen Kassel-Calden (Hessen) für den ersten regulären Flug Richtung Antalya
ein.

Charterflug interessant zu machen, ließen
die Gesellschafter eine rund 2.500 Meter 60
lange Landebahn und neue Gebäude bau-
en. Im Jahr 2020 wird mit 660.000 Passagieren jährlich geplant.

Bernhard Böth, www.hr-online.de, 4.4.2013

M 13 ● Prinzipien und Instrumente von Strukturpolitik

Strukturpolitik bezeichnet alle wirtschaftspolitischen Maßnahmen, die darauf abzielen, branchenspezifische oder regionale Wirtschaftsstrukturen so zu verändern bzw. zu fördern, dass diese mit aktuellen und zukünftigen Markterfordernissen kompatibel sind. Wesentliches Motiv von Strukturpolitik ist somit die sozialverträgliche Gestaltung wirtschaftlicher Wandlungsprozesse:

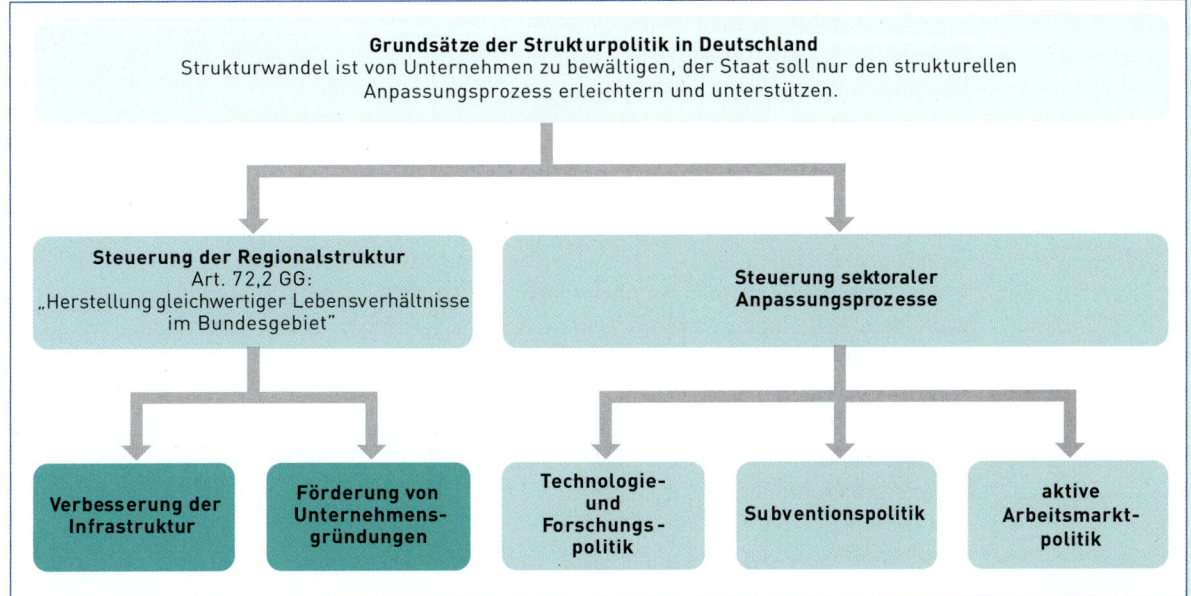

Autorengrafik

M 14 ● Regionalflughäfen –
effiziente Wirtschaftsförderung in der Region?

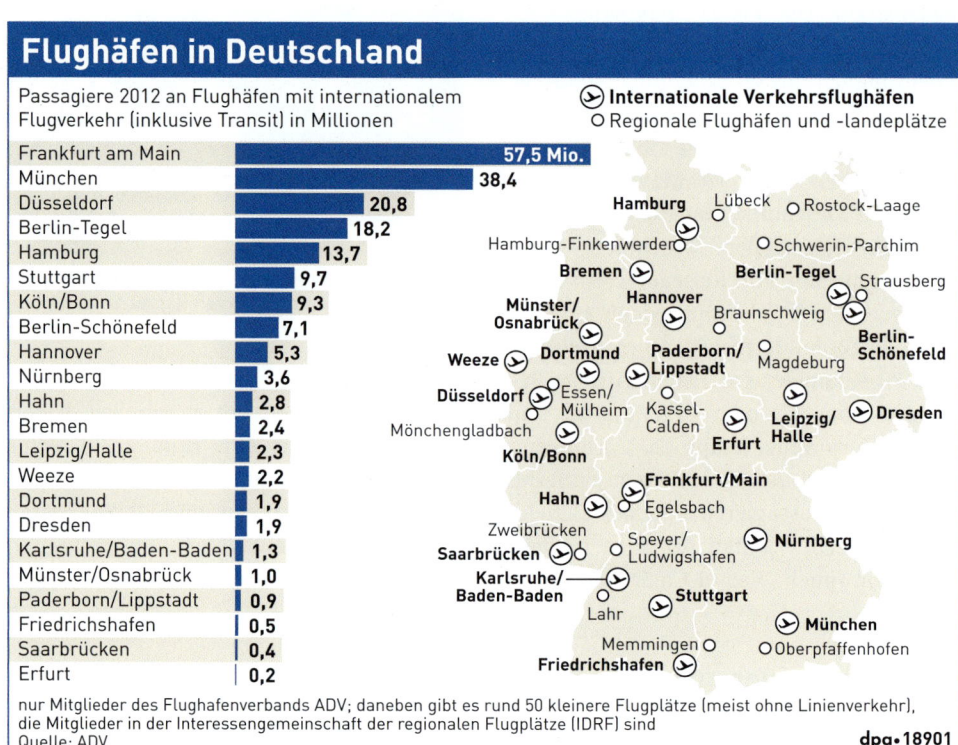

Flughäfen in Deutschland

Passagiere 2012 an Flughäfen mit internationalem Flugverkehr (inklusive Transit) in Millionen

◉ Internationale Verkehrsflughäfen
○ Regionale Flughäfen und -landeplätze

Frankfurt am Main	57,5 Mio.
München	38,4
Düsseldorf	20,8
Berlin-Tegel	18,2
Hamburg	13,7
Stuttgart	9,7
Köln/Bonn	9,3
Berlin-Schönefeld	7,1
Hannover	5,3
Nürnberg	3,6
Hahn	2,8
Bremen	2,4
Leipzig/Halle	2,3
Weeze	2,2
Dortmund	1,9
Dresden	1,9
Karlsruhe/Baden-Baden	1,3
Münster/Osnabrück	1,0
Paderborn/Lippstadt	0,9
Friedrichshafen	0,5
Saarbrücken	0,4
Erfurt	0,2

nur Mitglieder des Flughafenverbands ADV; daneben gibt es rund 50 kleinere Flugplätze (meist ohne Linienverkehr), die Mitglieder in der Interessengemeinschaft der regionalen Flugplätze (IDRF) sind
Quelle: ADV
dpa ● 18901

Größere Flugzeuge sind am Airport Magdeburg-Cochstedt in den vergangenen Monaten nur noch selten gesichtet worden. [...] Vor kurzem entzog das Landesverwal-
5 tungsamt Sachsen-Anhalt dem insolventen Flugplatz sogar die Betriebsfreigabe, da die Betreiber ihre wirtschaftliche Leistungsfähigkeit nicht nachweisen konnten. Seither ruht der Flugbetrieb ganz.
10 Ergeht es so auch bald dem Flughafen Kassel? Noch ist nicht absehbar, dass die Politik das Projekt fallen lässt. Aber die Probleme werden immer größer. [Im September 2016 gab] die Fluggesellschaft Germania
15 [bekannt, dass sie] sich vom krisengeschüttelten Regionalflughafen zurückzieht und im Sommer 2017 keine Flüge mehr aus Nordhessen anbietet. [...] Germania ist der bislang größte Kunde des Flughafens.
20 Den Optimismus hat man in der Documenta-Stadt offenbar dennoch nicht verloren. Der Flughafen führe bereits „seit einiger Zeit Gespräche auch mit neuen Airline-

Partnern, um im Sommer 2017 ein ausgewogenes und attraktives Flugprogramm 25 anbieten zu können", teilte die Geschäftsführung [...] mit. [...] Der Flughafen setze zudem auf das Frachtgeschäft. „Basierend auf den derzeit stabilen Auslastungen im Frachtbereich" soll damit ein zweites 30 Standbein aufgebaut und vermarktet werden. [...]
Im vergangenen Jahr hatte der Flughafen vor allem wegen mangelnder Auslastung sechs Millionen Euro Miese eingeflogen – 35 2,1 Millionen Euro weniger als 2014. [...] Insgesamt wurden 65.000 Passagiere abgefertigt. Von den ursprünglichen Planungen ist der 2013 eröffnete Flughafen aber weit entfernt. Die gingen für das Jahr 2024 von 40 497.000 Passagieren aus. Die schwarz-grüne Landesregierung will den Airport 2017 auf den Prüfstand stellen.
Das Schicksal roter Zahlen teilen Magdeburg und Kassel mit vielen Regionalflug- 45 häfen. „Mit wenigen Ausnahmen waren

die Ergebnisse der Regionalflughäfen in den vergangenen zehn Jahren negativ", sagt Eric Heymann von Deutsche Bank Re-
50 search. Prinzipiell sei es schwer, einen kleineren Flughafen mit internationalem Verkehr wirtschaftlich zu betreiben. Das liege vor allem an den hohen Fixkosten – etwa für Feuerwehr und Personal. [...] Die Regi-
55 onalflughäfen sind äußerst abhängig vom touristischen Geschäft. Durch die Terroranschläge Anfang 2016 in Istanbul brachen Türkeireisen um rund 30 Prozent ein. Die Airports können solche Schwankungen oft
60 nicht ausgleichen. [...]
Die negative Entwicklung der Regionalairports geht nach Auffassung von Heymann auch auf politische Entscheidungen zurück. Die 2011 eingeführte Luftverkehrsab-
65 gabe habe das Fliegen in Deutschland teurer gemacht. Dies habe zuerst die

schwächeren Flughäfen getroffen. Noch kritischer sieht Heymann die Subventionspolitik. Als Beispiel nennt er den Flughafen Kassel. Die Kosten für die Errichtung von 70 282 Millionen Euro hat vor allem das Land Hessen getragen – ohne dass es genügend Nachfrage gegeben hätte. [...]
Schaut man in die Bilanzen der Flughäfen genauer hinein, fällt auf, dass fast kein 75 Flughafen allein mit Lande- und Passagiergebühren seine Kosten decken kann. Gewinnbringer sind die sogenannten Non-Aviation-Geschäfte. Das sind Einkünfte aus Einzelhandel, Gastronomie, Parken 80 oder Flächenvermarktung. In Frankfurt und München mit Shoppingmalls wird damit viel Geld verdient, in anderen Regionalflughäfen gibt es gerade mal einen Flughafenladen. 85

Steffen Höhne, Frankfurter Rundschau, 23.9.2016

M 15 ● Subventionen: Ursache strukturpolitischer Fehlsteuerungen

Subventionen stellen als direkte Finanzzuweisungen sowie Steuererleichterungen eines der zentralen Elemente sektoraler und regionaler Strukturpolitik dar.
5 Von der Subventionsgewährung versprechen sich die politischen Entscheidungsträger positive Wirkungen auf die Wirtschaft. Häufig vorgetragene Ziele [...] sind die Förderung von Innovationen und In-
10 vestitionen, die Ansiedelung oder Gründung von Unternehmen, die Absatzförderung (so genannte Marktentwicklung), die Verhinderung von Marktbereinigungen (Arbeitsplatzabbau und Konkurse) sowie
15 die Lenkung des Strukturwandels. Allgemein können also Schutz- und Unterstützungsfunktion von Subventionen unterschieden werden.
Oberflächlich betrachtet bietet das wirt-
20 schaftspolitische Instrument der Subvention eine einfache und rasch wirkende Möglichkeit, wirtschaftlichen „Fehlentwicklungen" entgegenzuwirken. Es ist ein weitverbreiteter Irrglaube, durch den Einsatz von
25 Subventionen ließe sich die Wettbewerbs-

fähigkeit von Wirtschaftseinheiten verbessern. [...]
Tatsächlich besteht eine der wesentlichen Wirkungen von Subventionen darin, die Leistungsbereitschaft der Begünstigten zu 30 reduzieren. [...] Wer auch ohne besondere Leistungen Mittel erhält, lehnt sich zurück und gewöhnt sich recht bald an das gesichert erscheinende Leben. [...] Schließlich schrumpft die einzelwirtschaftliche Leis- 35 tungsbereitschaft auf ein Minimum, während die Last für die Gemeinschaft ihr Maximum erreicht. [...] Der Gewöhnungseffekt wird umso stärker ausgeprägt sein, je wichtiger die Subvention für die Wirt- 40 schaftseinheit ist und je länger sie gewährt wird. [...]
Die leistungsmindernde Wirkung von Subventionen kommt auch daher, dass sie den Wettbewerbsdruck herabsetzen, dem ein 45 Akteur auf den Märkten ausgesetzt ist. Unternehmen werden mehr oder weniger dem marktwirtschaftlichen Zwang enthoben, überlegt, wirtschaftlich und sparsam mit den knappen Ressourcen umzugehen, 50

ständig Verbesserungen hervorzubringen, sich flexibel an veränderte Bedingungen anzupassen und Risiken vorsichtig abzuwägen. [...] Unter Wettbewerbsbedingungen stellen Unternehmen ein nachfragegerechtes Angebot bereit, bei Subventionen ein politikgerechtes. Nicht was die Konsumenten durch ihre Zahlungen belohnen wird bereitgestellt, sondern was Politiker mit Zuschüssen goutieren. Wenn dieses „falsche" Angebot dann später keinen hinreichenden Absatz findet, ist wieder ein Anlass für weitergehende staatliche Maßnahmen gegeben. Ein Unternehmen, das die Nachfragerwünsche trifft, ist von selbst erfolgreich und braucht keine Subventionen. Ein Unternehmen, das dies nicht schafft, muss den Markt verlassen [...]. Nachlassende Wettbewerbsfähigkeit zeigt sich in überhöhten Kosten, in sinkender Angebotsattraktivität sowie in abnehmender Kunden- und Marktorientierung.

Man geht eher unkalkulierte Risiken ein, wenn davon ausgegangen werden kann, dass der Staat im Falle des Scheiterns einspringen wird. [...] Auch die Verwendung gewährter Subventionsmittel ist problematisch: Mit fremdem Geld wird für gewöhnlich nachlässiger umgegangen als mit eigenem: Ein geschenkter Euro aus der Staatskasse wird deshalb in jedem Fall weniger produktiv eingesetzt als ein Eigenkapitaleuro. Riskantere und weniger produktive Investitionen schmälern jedoch die Wettbewerbsfähigkeit.

Das gilt nicht zuletzt im Hinblick auf Innovationen – einem sehr beliebten Argument für staatliche Fördermaßnahmen. Vieles spricht dafür, dass die Innovationskraft von Wirtschaftseinheiten durch Subventionen in der Summe eher ab- als zunimmt. Das Geld fließt unabhängig vom (ohnehin ungewissen) Ergebnis der Innovationsaktivität. Was im Bereich wissenschaftlicher Forschung richtig und geboten ist – breite, ausreichende und ergebnisunabhängige finanzielle Förderung der Wissenschaft –, erweist sich bei der (Mit-)Finanzierung privater Forschung und Entwicklung (FuE) häufig als fatal.

Walter Kortmann, Subventionen: Die verkannten Nebenwirkungen, in: Wirtschaftsdienst, Zeitschrift für Wirtschaftspolitik, Heft 7, 2004, S. 462 ff.

Die Entwicklung von Kassel Airport

	Flugbewegungen insgesamt	Passagiere	Luftfracht	Beschäftigte
2013	22.891	46.557	23 t	147
2014	26.419	47.088	49 t	146
2015	29.156	64.926	168 t	135

Nach: www.wikipedia.de, Abruf am 25.10.2016

zu Aufgabe 1 a)
Verwenden Sie dabei auch den Begriff des Multiplikatoreffektes. (Vgl. Kap 6.2)

zu Aufgabe 2
Die hessische Landesregierung von CDU und Grünen hat in ihrem Koalitionsvertrag verabredet, den Betrieb von Kassel Airport auf den Prüfstand zu stellen.
Gestalten Sie eine begründete Empfehlung an die Landesregierung, ob der Flughafenbetrieb durch die Bereitstellung von Landesmitteln fortgeführt werden soll.

zu Aufgabe 3
Erläutern Sie zunächst die positiven und problematischen Auswirkungen von Subventionen.

zu Aufgabe 3
Problematisieren Sie die Vereinbarkeit von Strukturpolitik mit den Prinzipien der Sozialen Marktwirtschaft. (vgl. Kap. 7.2)

Aufgaben

1. a) Arbeiten Sie die Ziele und Motive des Kasseler Flughafenausbaus heraus. (M 12, Randspalte)

   b) Charakterisieren Sie den Kasseler Flughafenausbau als eine strukturpolitische Maßnahme. (M 13)

2. Erläutern Sie aktuelle Entwicklungen und deren Einflussfaktoren (M 14), die dem Erfolg des Regionalflughafens Kassel im Wege stehen.

3. Erörtern Sie – ausgehend vom Fallbeispiel sowie unter Berücksichtigung von M 15 – Möglichkeiten und Grenzen von Regionalpolitik.

Der Bundesrepublik Deutschland wird in den letzten Jahren ein „**Jobwunder**" zu geschrieben: Die Arbeitslosenquote steht mit 5,9 % (September 2016) auf einem historischen Tiefststand und die Nachfrage nach Arbeitskräften ist in vielen Branchen ungebrochen.

Gleichwohl sind noch immer etwa vier Millionen Menschen „**unterbeschäftigt**", also unfreiwillig ohne Job. Zugleich zeigen sich auf dem deutschen Arbeitsmarkt dahingehend Spaltungstendenzen, dass es einen konstanten bzw. relativ steigenden Anteil von Beschäftigten im Niedriglohnsektor sowie in sogenannten atypischen Beschäftigungsverhältnissen – insbesondere befristete Verträge und Leiharbeit – gibt, die somit in **prekären**, unsicheren sozioökonomischen Verhältnissen leben.

In diesem Zusammenhang hat laut statistischen Erhebungen die **Ungleichheit** der auf dem Arbeitsmarkt erzielten **Einkommen** in den letzten Jahren weiter zugenommen.

Strukturen des deutschen Arbeitsmarktes
Kap. 9.1:
M1, M 3, M 6

Diese **Einkommensungleichheit** besteht auch, obwohl durch steuerpolitische Maßnahmen eine **Umverteilung** von oben nach unten vorgenommen werden soll. Da jedoch Sozialversicherungsbeiträge bei niedrigen Einkommen besonders ins Gewicht fallen und zudem viele steuerpolitische Maßnahmen eher bei mittleren Einkommen nutzen, führt staatliche Umverteilung nur zu vergleichsweise geringen Angleichungseffekten zwischen den Einkommensgruppen. Daraus resultiert auf lange Sicht zudem eine erhebliche **Vermögensungleichheit** – statistisch erfasst im Gini-Koeffizienten – , die durch intergenerationale Erbschaften verstärkt wird.

Beide Ungleichheitsstrukturen sind Gegenstand kontroverser politischer Auseinandersetzungen, in denen sich unterschiedliche **Konzepte Sozialer Gerechtigkeit** – insbesondere der Leistungs- und Verteilungsgerechtigkeit – gegenüberstehen.

Einkommen und Vermögen in Deutschland – Kontroversen um Soziale Gerechtigkeit
Kap. 9.1: M 7 – M 9

Die **Tarifautonomie** ist durch Artikel 9 Absatz 3 GG gesichert, in dem die **Koalitionsfreiheit** als demokratisches Grundrecht festgeschrieben ist. Das heißt, Arbeitgeber und Arbeitnehmer legen in freier Vereinbarung die Arbeitsbedingungen in den Unternehmen ohne Eingreifen des Staates fest. Diese Regelungen werden in Tarifverträgen fixiert, die den Vertragspartnern ein hohes Maß an rechtlicher Verbindlichkeit gewähren.

Auf Arbeitnehmerseite erschwert die in manchen Branchen bzw. Unternehmen existierende Konkurrenz unterschiedlicher Gewerkschaften die Kooperation im Rahmen der Tarifautonomie. Einzelne **Spartengewerkschaften**, die hoch spezialisierte Berufsgruppen organisieren und somit über erhebliche Machtmittel verfügen, haben mit Arbeitskämpfen Aufsehen erregt, mit denen sie auch den Anspruch vertreten, weitere Berufsgruppen vertreten zu dürfen.

Dieser Entwicklung versuchte die Bundesregierung mithilfe des – verfassungsrechtlich und politisch höchst umstrittenen – **Tarifeinheitsgesetzes** entgegenzuwirken.

Tarifautonomie und die Macht der Spartengewerkschaften
Kap. 9.2:
M 4 – M 6

Arbeitslosigkeit als sozial- und wirtschaftspolitische Herausforderung
Kap. 9.3: M 3, M 4

Arbeitslosigkeit bedeutet für die betroffenen Individuen, in einer **psychosozialen Belastungssituation** leben zu müssen. Auch für die **Gesamtgesellschaft** ist die Erwerbslosigkeit vieler Mitglieder mit erheblichen Nachteilen verbunden. Erwerbslose „fehlen" als Beitragszahler in den Sozialversicherungen und „verursachen" als Leistungsempfänger der öffentlichen Hand zudem „**Kosten**" für die Gemeinschaft.

Ursachen von Arbeitslosigkeit und wirtschaftspolitische Antworten
Kap. 9.3: M 5, M 6, M 8, M 11, M 12

Menschen im erwerbsfähigen Alter sind dem Risiko, arbeitslos zu werden, unterschiedlich stark ausgesetzt. Für den bundesdeutschen Arbeitsmarkt lassen sich als Merkmalsbündel **Risiken** bei **älteren, gering qualifizierten Menschen** ausmachen, die bereits über einen **längeren Zeitraum** arbeitslos waren.
Hinsichtlich der Ursachen von Arbeitslosigkeit lassen sich die Typen der **friktionellen**, der **saisonalen**, der **konjunkturellen** sowie der **strukturellen** Arbeitslosigkeit unterscheiden.
Wie der im Zeitverlauf sukzessive Anstieg der „Sockelarbeitslosigkeit" in Deutschland zeigt, ist die **strukturelle Arbeitslosigkeit** besonders **prägend**. Auf dem Weg in die Wissensgesellschaft sind die Anforderungen an Arbeitskräfte massiv gestiegen, weshalb besonders gering Qualifizierte zu Risikogruppen werden.

Ordnungspolitische Strategien
Kap. 9.3: Info-Box, M 15

Ordnungspolitische Strategien der Arbeitsmarktpolitik streben eine **langfristige** und grundlegende Beeinflussung der **Rahmenbedingungen** des wirtschaftlichen Handelns von Arbeitgebern und potentiellen Beschäftigten an. Der Arbeitsmarkt sollte demnach so strukturiert sein, dass das Angebot an und die Nachfrage nach Arbeitskräften möglichst optimal zueinander führt.
Für viele Politiker und Experten ist dabei die **Deregulierung** bzw. Flexibilisierung des Arbeitsmarktes der erfolgversprechende Weg. Wenn möglichst wenige Vorschriften (z.B. Kündigungsschutz, Arbeitszeit) zur Ausgestaltung von Arbeitsverträgen zu beachten sind, würden Arbeitgeber mehr Arbeitnehmer einstellen. Der Deregulierung steht häufig der Wunsch nach einer **(Re-)Regulierung** gegenüber, da Arbeitnehmer in wenig geregelten Arbeitsverhältnissen ausbeuterischen Arbeitsbedingungen ausgeliefert seien.

Strukturpolitische Strategien
Kap. 9.3: M 16, M 17, M 19

Struktur- und regionalpolitische Maßnahmen zielen auf die Veränderung der Strukturen einzelner Branchen oder Regionen, die wirtschaftlichen Wandlungsprozessen in besonderem Maße ausgesetzt sind. Häufige Instrumente sind Subventionen (Direktzahlungen, Steuererleichterungen) an Unternehmen einer Branche oder **staatliche Investitionen** (v.a. Infrastrukturprojekte) in strukturschwachen Regionen.
Auch wenn sich diese Maßnahmen häufig mit Verweis auf das Sozial(staats)prinzip begründen lassen, ist ihre **wirtschaftliche Effizienz** vielfach zu bezweifeln. So führen Infrastrukturprojekte häufig nicht zu den erhofften Folgeinvestitionen und Subventionszahlungen schmälern den Anreiz, ein Unternehmen schnell an veränderte Marktbedingungen anzupassen.

Auf dem Weg in eine neue Arbeitsmarktpolitik?

Die Arbeitswelt befindet sich im Umbruch. Als vor zehn Jahren die rot-grüne Bundesregierung die Strukturprobleme auf dem Arbeitsmarkt anpackte, gab es vier Millio-
5 nen Arbeitslose und eine weitere Million Menschen, die in Beschäftigungsmaßnahmen „geparkt" waren. Heute hat sich die Zahl der Arbeitslosen fast halbiert. Die vermeintliche Schönwetterlage auf dem Ar-
10 beitsmarkt ist aber nur die Ruhe vor dem Sturm.
Im Zuge der demografischen Entwicklung und einer stärker auf Wissen basierenden Wirtschaft wird der Bedarf an qualifizier-
15 ten Arbeitskräften steigen und das Arbeitskräfteangebot insgesamt zurückgehen. Während die Arbeitsmarktpolitik Jahrzehnte lang vom Kampf gegen Massenarbeitslosigkeit geprägt war, droht uns nun
20 ein gespaltener Arbeitsmarkt – mit Fachkräftemangel auf der einen und Langzeitarbeitslosigkeit sowie prekärer Beschäftigung auf der anderen Seite.
Die Antwort auf diese Herausforderung
25 muss eine investive Arbeitsmarktpolitik sein, mit einer neu zu schaffenden Arbeitsversicherung. Die Arbeitsversicherung soll – ergänzend zu den Leistungen der bisherigen Arbeitslosenversicherung – die Risiken
30 von beruflichen Übergängen und Erwerbsunterbrechungen besser absichern und gleichzeitig Chancen für Neuanfänge und berufliches Fortkommen eröffnen. Denn

immer seltener üben Menschen denselben Beruf ein Leben lang am selben Ort und für 35 dasselbe Unternehmen aus. [...]
Kern einer solchen Arbeitsversicherung soll ein Recht auf Weiterbildung und damit verbunden das Recht auf Freistellung sowie Entgeltfortzahlung in der Qualifizie- 40 rungsphase sein. Das ergibt nur Sinn, wenn die Finanzierung solide ist: Zunächst wird ein Teil des Beitrags der Arbeitslosenversicherung angespart. Hinzu kommen muss eine Ko-Finanzierung, die je nach Einzel- 45 fall von Arbeitgebern, durch tarifliche Fonds, die Beschäftigten selbst oder auch aus Steuermitteln erbracht wird. Mit einer so organisierten, neuen Arbeitsversicherung kann Arbeitslosigkeit entgegen ge- 50 wirkt werden, bevor sie entsteht.
Keine Frage: diese Vorsorge wird Geld kosten, aber diese Investitionen wären eine gute Anlage. Denn sie werden helfen, Arbeitslosigkeit zu verhindern, vielen 55 Menschen den sozialen Aufstieg zu ermöglichen und so den drohenden Fachkräftemangel im Keim zu ersticken. Vor allem wird sie helfen, dass Menschen stabile Erwerbsbiografien und gute Einkommen ha- 60 ben. Das ist der beste Schutz vor Altersarmut.

Hubertus Heil, Eine neue Arbeitsmarktpolitik, in: Frankfurter Rundschau, 8.10.2012
Hubertus Heil ist stellvertretender Vorsitzender der SPD-Bundestagsfraktion.

Aufgaben

1 Stellen Sie die anvisierte Funktionsweise des von Hubertus Heil skizzierten Konzeptes dar.

2 Erläutern Sie die arbeitsmarktpolitischen Herausforderungen, auf die das Konzept eine Antwort darstellen soll.

3 Ordnen Sie das vorliegende Konzept wirtschafts- und arbeitsmarktpolitisch ein.

4 Die Arbeitsversicherung soll dazu dienen, „Arbeitslosigkeit zu verhindern [und] vielen Menschen den sozialen Aufstieg zu ermöglichen [...]" (Z. 55 ff.). Erörtern Sie das vorliegende Konzept vor dem Hintergrund seiner selbst gesteckten Ziele sowie Ihrer Kenntnisse über die Sozialstruktur und den Arbeitsmarkt der Bundesrepublik Deutschland.

Karikatur: Klaus Stuttmann, 2014

Gerechte Sozialpolitik und solide Staatsfinanzen – ein unauflösbarer Widerspruch?

Spätestens seit der Agenda 2010 und der sogenannten Hartz-Gesetzgebung um das Jahr 2005 herum ist die Frage nach einer gerechten Sozialpolitik wieder ständiges Thema harter politischer Auseinandersetzungen. Damals hatte die SPD-Grünen-Regierung unter Kanzler Gerhard Schröder deutliche Einschnitte vor allem am System der Arbeitslosen-, aber auch der Rentenversicherung vorgenommen, um die Staatsfinanzen zu konsolidieren und die Arbeitgeber von angeblich überhöhten Sozialbeiträgen zu entlasten. Besonders kontrovers wurde und wird das Arbeitslosengeld II (Zusammenlegung aus Arbeitslosen- und Sozialhilfe, nach dem Gesetzespaket umgangssprachlich „Hartz IV" genannt) diskutiert, das gerade so die Existenz sichern soll, um die langzeitarbeitslosen Bezieher der Leistung zur Aufnahme jedweder Arbeit zu bewegen.

Doch wie steht es um den bundesdeutschen Sozialstaat heute? Gibt es Bedarf und Möglichkeiten, Sozialleistungen bzw. -ausgaben in einigen Bereichen zu erhöhen und diese Erhöhungen durch Steuern zu finanzieren – z. B. wenn eine Generation gegenüber einer anderen oder eine Gruppe innerhalb einer Alterskohorte gegenüber einer anderen benachteiligt wäre? Und würde eine solche Ausgabenerhöhung nicht die Stabilität der Staatsfinanzen gefährden und somit kontraproduktiv wirken? Hier bietet sich auch der Vergleich mit anderen Ländern in der Euro-Zone an, die – auch ausgabenbedingt – teilweise in schwere Staatsschuldenkrisen hineingeraten sind.

Was wissen und können Sie schon?

1. Beschreiben Sie die Karikatur.
2. Skizzieren Sie hypothetisch wesentliche Elemente des Lebenslaufs einer der Figuren in der Schlange vor dem Abfalleimer. Wie könnte sie in diese Lage geraten sein?
3. a) Arbeiten Sie das Sozialstaatsverständnis des Passanten heraus.
   b) Bewerten Sie vorläufig das Sozialstaatsverständnis des Passanten.

KOMPETENZEN

Am Ende dieses Kapitels sollten Sie Folgendes wissen und können:

... die verfassungsrechtliche Verankerung des Sozialstaats und nationale wie europäische Staatsschuldengrenzen beschreiben.

... das (mögliche) Spannungsverhältnis zwischen wünschenswerten Sozialausgaben und stabilen Staatsfinanzen erklären sowie Möglichkeiten und Grenzen steuerfinanzierter Sozialpolitik erläutern.

... die Einnahme- und Ausgabenstruktur des Bundeshaushalts analysieren.

★ ... sozialpolitische Positionen gerechtigkeitstheoretisch einordnen.

... sozialpolitische Forderungen bewerten.

10.1 (Kinder-)Armut stärker sozialpolitisch bekämpfen? Chancen und Grenzen steuerfinanzierter Sozialpolitik

Basiskonzept	Kategorie/n	Leitfragen
System und Struktur	Wirtschafts- und Sozialordnung	· Nach welchen grundlegenden Prinzipien ist der bundesdeutsche Sozialstaat aufgebaut und verfassungsrechtlich verankert?
Akteure und deren Dispositionen	Wertebezug, Grundorientierungen Ziele und Zielkonflikte	· Welche Vorstellungen sozialer Gerechtigkeit (und Sicherheit) prägen die unterschiedlichen Sozialstaatsvorstellungen? · (Wie) Lässt sich das Ziel einer angemessenen staatlichen Daseinsfür- und -vorsorge mit dem Ziel stabiler Staatsfinanzen vereinbaren?

10.1.1 (Kinder-)Armut in Deutschland – ein sozialpolitisches Problem?!

M 1 ● Wie zeigt sich Armut von Kindern in Deutschland?

Schön wäre es ja schon, im Fußballverein zu spielen. Der Einstieg ins Training würde dem Kind auch mit einem Zehn-Euro-Gutschein leichter gemacht. Zehn Euro pro
5 Monat und Kind stehen Familien zu, die sich zum Beispiel Musikstunden oder eine Mitgliedschaft im Verein nicht leisten können - so sieht es das staatliche Bildungs- und Teilhabepaket vor. Auf dem Spielfeld
10 aber wäre es mit der Chancengleichheit schnell vorbei. Denn was nützen zehn Euro im Monat, wenn das Kind auch noch ein Trikot, Stutzen und Fußballschuhe braucht? Dann mal besser nicht anmelden. Das Kind bleibt zu Hause, das ist gratis. Der Verein 15 oder die Freunde bekommen von all diesen Gedankenspielen nichts mit.

Armut ist peinlich. Armut ist oft unsichtbar. Sie geschieht im Geheimen. Betroffene Familien verstecken sie verschämt. 20 In den Kirchen zum Beispiel: Da kommen Kinder ohne Frühstück in die Spielgruppe der Gemeinde. Wenn Müsli, Kakao und Marmeladenbrot für wenig Geld angeboten werden, „vergessen" Eltern immer wieder 25 zu zahlen. Das berichtet Nikolaus Schneider, der ehemalige EKD-Ratsvorsitzende[1] [...]. Er erzählt von Familien, bei denen die Teilnahme an der Konfirmandenfahrt zu keinem Termin passen will. Oder die An- 30 meldung zum Konfirmationsunterricht flachfällt, weil die Feier zu teuer wird.

Jahr für Jahr kommen die Statistiken, wonach jedes fünfte Kind in Deutschland arm ist oder von Armut bedroht. Dass jedes 35 siebte Kind von Hartz-IV-Leistungen lebt.

Ulrike Heidenreich, www.sueddeutsche.de, 31.5.2016

1 EKD = Evangelische Kirche in Deutschland

Plakat der Kampagne „Aktiv-gegen-Armut" vom Sozialverband VdK Niedersachsen-Bremen.

M 2 ● Hängen Einkommen und Lebenserwartung zusammen?

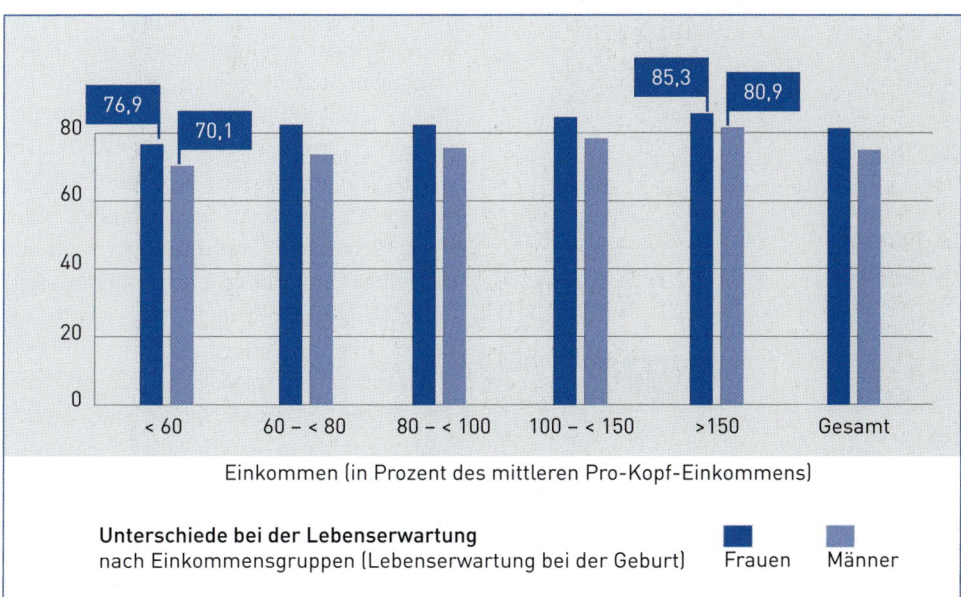

Unterschiede bei der Lebenserwartung
nach Einkommensgruppen (Lebenserwartung bei der Geburt) ■ Frauen ■ Männer

Nach: www.welt.de. 30.3.2016

M 3 ● Welche unmittelbaren Folgen hat Kinderarmut?

Fast drei Millionen Kinder leben am Rande des Existenzminimums, also in Familien, denen weniger als 60 Prozent des durchschnittlichen Nettoeinkommens zur Verfü-
5 gung steht. Bedürftige Kinder aus diesen Familien werden systematisch benachteiligt, haben schlechtere Chancen in der Schule, überhaupt im Leben.
Der Zustand der Zähne, das Ernährungs-
10 verhalten, mögliche Schlafstörungen und die Körperhaltung erzählen viel über die Lebenssituation von Kindern. Alle vier Jahre werden in Deutschland Schulkinder in den Klassen 5, 7 und 9 auf Herz und
15 Nieren geprüft. Diese repräsentative Untersuchung nennt sich „Health Behaviour in School-aged Children" (HBSC). Aufgrund der jüngsten Studie von 2013 waren das Kinderhilfswerk Unicef und der Familien-
20 soziologe Hans Bertram in ihrem „Bericht zur Lage der Kinder" zu bedrückenden Ergebnissen gekommen: Wie gesund Kinder in Deutschland sind, hängt sehr wesentlich davon ab, ob ihre Eltern arm oder reich
25 sind. Kinder aus sozial schwachen Famili-

en treiben zu wenig Sport, sitzen zu häufig vor Computer und Fernseher. Der Nachwuchs aus sozial schwachen Familien raucht nachweislich häufiger. Wenn All-
30 tagsroutinen in der Familie fehlen, etwa das gemeinsame Essen, habe dies oft einen lebenslangen, nachteiligen Effekt.
Kinder aus alleinerziehenden Familien haben bereits am Ende der vierten Klasse ei-
35 nen Leistungsrückstand in Mathematik gegenüber Kindern aus Paarfamilien. Dies liegt nicht an der Familienform, sondern vor allem am ökonomischen Hintergrund. Alleinerziehende sind häufiger arbeitslos
40 und schlechter ausgebildet.
[...] Wer als Kind in einem Umfeld startet, in dem Geld und Zuwendung Mangelware sind, hat es sein Leben lang schwerer. Die Bundesarbeitsgemeinschaft Katholische
45 Jugendsozialarbeit, [...] kommt gar zu dem Schluss: Armut ist erblich. [...] 61 Prozent der Jugendlichen, die ohne Hauptschulabschluss die Schule verlassen, bleiben später ohne Berufsausbildung. [...]
50 Wer als Kind dauerhaft unterhalb der Ar-

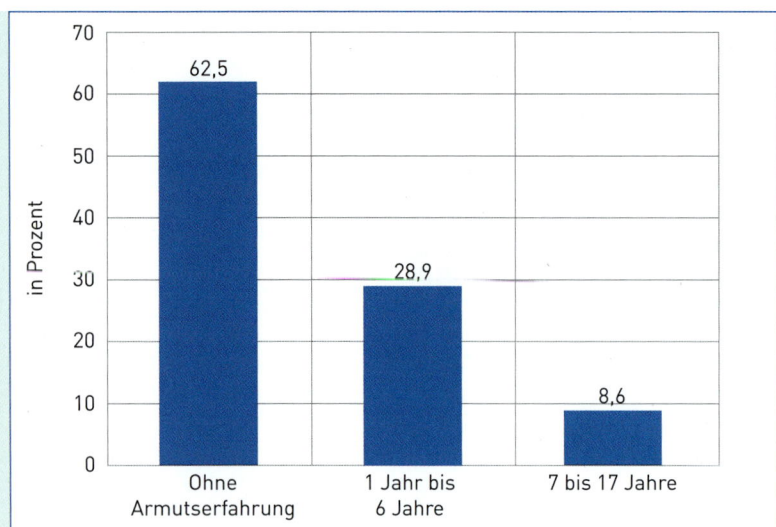

Anteil der Kinder nach Anzahl der Jahre (in den ersten 17 Lebensjahren) unter der Armutsrisikoschwelle von 60% des Durchschnittseinkommens

Nach: www.unicef.de, 10.6.2016

mutsgrenze lebt, ist als Erwachsener deutlich unzufriedener mit seinem Leben. Auch das Wesen der Kinderarmut hat sich in den vergangenen Jahrzehnten gewandelt: [...] „Früher hieß es: Wenn du dich sehr an- 55 strengst, kommst du nach oben. Wir aber wachsen in eine Gesellschaft hinein, in der es nur ein Drinnen und Draußen gibt. Wenn schon ein Zwölfjähriger sagt, ich werde Hartzer – dann ist der draußen", sagt 60 Heinz Hilgers, Präsident des Deutschen Kinderschutzbundes.

Wer genau hinschaut, sieht die armen Kinder schon in Deutschland: Sie stehen Schlange an den Tafeln, die Lebensmittel 65 verteilen. Laut Bundesverband Deutsche Tafel sind 24 Prozent der Bedürftigen dort Jugendliche unter 18 Jahren. Das sind etwa 350.000 junge Menschen.

Ulrike Heidenreich, www.sueddeutsche.de, 31.5.2016

Info

Armut, Armutsgefährdung

Armut wird heute als multidimensionaler Begriff verstanden. Es wird also nicht auf materielle Armut (Einkommens-/Vermögensarmut) beschränkt, sondern erweitert, z. B. um das Armutsempfinden bzw. -erleben. Materielle Armutsgefährdung wird nach der gängigen Skala der Organisation für wirtschaftliche Zusammenarbeit und Entwicklung (OECD) folgendermaßen gemessen: Zunächst wird das Medianeinkommen erhoben (Einkommen, bei dem die Anzahl der Haushalte mit geringerem und höherem Einkommen gleich groß ist). 60% dieses **Medianeinkommens** gelten als Betrag der Armutsschwelle.

Um den Bedarf von Kindern, Jugendlichen und Erwachsenen sowie Familien und Alleinstehenden schlüssiger erfassen zu können, wird das sogenannte **Nettoäquiva-**

lenzeinkommen gebildet. Darunter wird ein Nettobetrag verstanden, der jedem Haushaltmitglied, wäre es erwachsen und lebte es alleine, den gleichen Lebensstandard ermöglichen würde. Dabei wird der erste Erwachsene im Haushalt mit dem Faktor 1,0 multipliziert, jeder weitere Erwachsene und jeder Jugendliche über 14 Jahre mit dem Faktor 0,5 und jedes Kind bis einschließlich 13 Jahren mit dem Faktor 0,3. Beispiel: Eine Familie bestehend aus einer Alleinerziehenden mit einem fünf- und einem 15-jährigen Kind hätte also den Multiplikationsfaktor 1,8 (1,0+0,5+0,3). Steht dieser Familie also weniger als 60% des 1,8-Fachen des jeweiligen Medianeinkommens zur Verfügung, gilt sie als armutsgefährdet.

Autorentext

H zu Aufgabe 1
Nutzen Sie auch eigene alltagsnahe Beispiele.

Klassenfahrt

Anfrage für Kino-Nachmittag

Fußballstation-Besuch

Shopping-Bummel mit Freunden

Übernachtungs-wunsch eines Freundes

F zu Aufgabe 3
Oftmals wird von einem „Teufelskreis der Armut" gesprochen. Visualisieren Sie diesen mithilfe eines (sich zeitweise verzweigenden) Kreislaufdiagramms.

Aufgaben

① Arbeiten Sie (mögliche) Gefühle von Kindern einkommensarmer Familien in sozialen Situationen heraus. (M 1)

② Analysieren Sie die Statistik zur Lebenswartung und erklären Sie die Folgen von Einkommensarmut insgesamt. (M 2, M 3)

③ Charakterisieren Sie Armut als sozialpolitisches Problem.

10.1.2 Arme Eltern, arme Kinder! - Grundsicherung als Armutsfalle?

M 4 ● Hält Hartz IV arm? – Eine Schlagzeile

Die bittere Bilanz der Hartz-IV-Kinder

Rund 2,6 Millionen Kinder bundesweit müssen laut einer Studie wegen niedriger Einkommen ihrer Eltern mit riesigen Benachteiligungen leben. Bei manchen reicht es nicht mal für einen Internetanschluss.

www.welt.de, 9.5.2015

M 5 ● Familiäre Armutsrisiken?

Im Jahr 2015 [...] waren knapp 1,1 Mio. Bedarfsgemeinschaften mit 1,92 Mio. minderjährigen Kindern im Hartz-IV-Bezug. Die leicht steigende Zahl bedürftiger Fami-
5 lien mit Kindern ist auch insofern bemerkenswert, als die Gesamtzahl der Kinder im Zuge des demografischen Wandels abnimmt. D. h. das Land hat weniger Kinder, ohne dass deren Armutsbetroffenheit ab-
10 nehmen würde.
Die Wahrscheinlichkeit, dass Familienhaushalte von Hartz IV abhängig werden, steigt mit der Anzahl der Kinder. Dies gilt für Paarhaushalte mit Kindern und – auf
15 deutlich höherem Niveau – für Haushalte von Alleinerziehenden. Während bundesweit im November 2015 jeder zehnte Haushalt auf Hartz IV angewiesen war, waren es bei den Alleinerziehenden fast 38 Prozent.
20 Paare mit Kindern liegen hingegen mit einer Quote von 7,3 Prozent unterhalb der allgemeinen Bedürftigkeitsquote. Betrachtet man ergänzend die Zahl der im Haushalt lebenden Kinder, steigt die Hartz-
25 IV-Bedürftigkeit von Haushalten Alleinerziehender von knapp 33 Prozent (bei einem Kind) über 43 Prozent (bei zwei Kindern) auf gut 70 Prozent bei drei oder mehr Kindern. Bei den Paarhaushalten mit Kindern
30 ist erst ab dem dritten Kind und einer Hartz-IV-Bedürftigkeitsquote von knapp 17 Prozent ein stark erhöhtes Armutsrisiko gegeben. [...]
Die Armutsforschung zeigt, dass die Dauer
35 der Armutserfahrung im Kindheitsalter erhebliche Auswirkungen für den gesamten Lebensweg hat. Auch von daher sind die Befunde aus dem Hartz-IV-System alarmierend, dass fast 40 Prozent der unter
40 15-jährigen Hilfeempfänger bereits vier Jahre oder länger im Hartz-IV-Bezug leben. Wobei dies für Kinder unter vier Jahren, die quasi in die Hartz-IV-Lebensverhältnisse hineingeboren werden, statistisch
45 noch gar nicht möglich ist. D. h., das Hineingeborenwerden in Hartz-IV-Verhältnisse und ein längerer Verbleib während der Kindheit in Armut sind keine Einzelschicksale in unserem Land, sondern ein breit zu
50 beobachtendes Phänomen.

Nach: Deutscher Gewerkschaftsbund, arbeitsmarktaktuell, 3/2016, S. 4 ff.

Hartz IV-Bedürftigkeitsquoten in %

	2013	2014	2015 (Jan-Sep)
Insgesamt (0-64 Jahre)	9,6	9,5	9,5
Erwerbsfähige (15-64 Jahre)	8,3	8,2	8,2
Kinder (0-15 Jahre)	15,3	15,4	15,6

„Hartz IV"

umgangssprachliche Bezeichnung für Arbeitslosengeld II (ALG II), also die Grundsicherung für erwerbslose, aber erwerbsfähige Menschen (zwischen 15 und 67 Jahren, min. drei Stunden täglich arbeitsfähig); Bezug von ALG II gekoppelt an Arbeitswilligkeit: angebotene Arbeitsstellen auch unter Qualifikationsniveau und relativ weit entfernt vom Wohnort müssen angenommen werden, sonst droht ALG II-Kürzung.

M 6 ● Wie hoch ist die staatliche Grundsicherung (für Familien)?

Haushaltskonstellation	Armuts- gefährdung	Monatliche Leistung nach dem SGB II (2016) in Euro			
	60%-Schwelle (2013)	Regelleis- tung (2016)	Mehrbedarf (2016)	ø Leistung für Unterkunft und Heizung (2013)	insgesamt
Alleinstehende	985	404	/	300	704
Alleinerziehende					
Mit einem Kind unter 7 Jahren	1.281	641	146	414	1.201
Mit zwei Kindern (eines unter 7 und eines unter 14 Jahren)	1.773	911	146	481	1.538
Paare					
Mit einem Kind unter 7 Jahren	1.921	965	/	499	1.464
Mit zwei Kindern (eines unter 7 und eines unter 15 Jahren)	2.413	1.235	/	575	1.810

Regelleistungssätze nach: Presse- und Informationsamt der Bundesregierung, www.bundesregierung.de, 23.6.2016 Leistung für Unterkunft und Heizung nach: Silke Tophoven et al., Kinder- und Familienarmut. Lebensumstände von Kindern in der Grundsicherung. Gütersloh 2015, S. 8

Info

Bildungspaket

Anlass für eine Neuregelung der Unterstützung für Kinder von sozial schwächeren Familien, dem sog. Bildungspaket, war ein Urteil des Bundesverfassungsgerichts vom Februar 2010. Es verlangte vom Gesetzgeber wegen der bis dahin geltenden nicht verfassungsgerechten Regelsätze für Kinder von Arbeitslosengeld-II-Empfängern („Hartz IV") eine Neuregelung. Nach langen Verhandlungen zwischen den Regierungsparteien CDU/CSU und FDP auf der einen und der SPD auf der anderen Seite kam es zu einem entsprechenden Gesetzesentwurf, der im Frühsommer 2011 Bundestag und Bundesrat passierte.

Demnach haben bedürftige Kinder und Jugendliche einen Rechtsanspruch aufs Mitmachen in Kindertagesstätten, Horten, Schulen, bei Musik, Sport und Spiel in Vereinen und Gruppen. Das Gesetz unterstützt Kinder und Jugendliche, deren Eltern nach dem Sozialgesetzbuch II (insbesondere Arbeitslosengeld II oder Sozialgeld) oder nach § 2 des Asylbewerber-Leistungsgesetzes leistungsberechtigt sind oder Sozialhilfe, Kinderzuschlag oder Wohngeld beziehen. Es soll ihnen bessere Lebens- und Entwicklungschancen eröffnen. Mit dem „Bildungspaket" werden z. B. auch Lernmaterialien bezuschusst. Eine qualifizierte Lernförderung wird unter bestimmten Umständen ermöglicht, wenn Kinder und Jugendliche in der Schule nicht mehr mitkommen. *Autorentext*

Zentrale Elemente des Gesetzes zu Bildungs- und Teilhabechancen

- Zuschuss zum Mittagessen in Schulen (Eigenbeitrag 1 €)
- Nachhilfe, jedoch nur bei erkennbarer Versetzungsgefährdung
- 10 € monatlich für Kultur- und Sportangebote
- Erstattung der Kosten von Schulausflügen
- Zuschuss zum Schulbedarf (100 €)
- Kostenübernahme der Schülerbeförderung

M 7 ● Schulabschlüsse Eltern und Kinder – ein Zusammenhang?

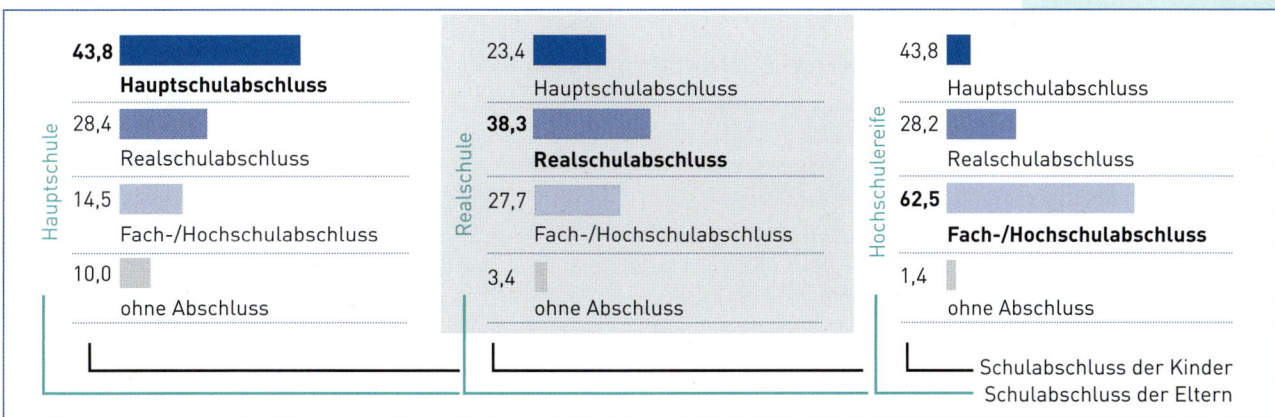

Nach: Bundesarbeitsge-
meinschaft Katholische
Jugendsozialarbeit e. V.
(Hg.), Monitor Jugendarmut
2016. Düsseldorf 2016,
S. 6. Daten: Statistisches
Bundesamt, (Stand: 2014)

M 8 ● Echte Teilhabe für Kinder durch 10 Euro?

Studierende des Fachbereichs Sozialwesen der Hochschule Würzburg-Schweinfurt haben unter der Leitung des Professors Dr. Ulrich Gartzke im Rahmen eines Projektes
5 den Aufwand und die Wirkung des Bildungs- und Teilhabepakets für die Kinder von Hartz-IV-Beziehern vor Ort untersucht. Sie wandten sich in Umfragen an Jobcenter, Kindertagesstätten, Schulen,
10 Vereine, Nachhilfe-Institute sowie an Leistungsempfänger. [...]
Ihr Ergebnis: Mit dem Beitrag können Angebote der Vereine wie Schwimmen, Schachspiel, Tischtennis und Fußball be-
15 zahlt werden. Anders sieht es bei Aktivitäten außerhalb von Vereinen aus: Hier belaufen sich die Kosten z.B. beim Klettern in Kletterhallen auf ca. 20 Euro, beim Eishockey würde die Ausrüstung mit ca. 250
20 Euro einen großen zusätzlichen Ausgabeposten darstellen. Auch Musik- oder Tanzunterricht erfordern erhebliche Zuzahlungen. „Nur wenige Teilhabeleistungen sind

mit zehn Euro pro Monat tatsächlich um-25 setzbar, wenn man die Nebenkosten mit berücksichtigt", fasst Student Lukas Ballweg zusammen. „Diese Nebenkosten müssten aber aus dem Regelsatz gezahlt werden, was für viele Antragsteller ein Hindernis sein könnte." [...] 30
Um eine finanzielle Unterstützung aus dem Bildungspaket zu erhalten, hat der Staat keine Bringschuld, sondern Interessierte haben eine Holschuld. Inwieweit sind alle am Bildungspaket involvierten Stellen und 35 Empfänger informiert? [...] Das Ergebnis: Rund die Hälfte gab an, ausreichend über die Anträge und Leistungen des Bildungspaketes informiert worden zu sein. Die Umfrage-Teilnehmer, die noch keine An-40 träge gestellt hätten, gaben als Hinderungsgrund neben dem hohen Aufwand auch die Angst vor Diskriminierung bzw. Stigmatisierung an.

Hochschule für angewandte Wissenschaften Würzburg/
Schweinfurt, Pressemeldung, www.fhws.de, 20.7.2011

Hartz IV–
Regelsätze

(Stand 2017)
Monatsbeträge in Euro
für Erwachsene   409
für Jugendliche   311
für Kinder   291
für Kinder
unter 6 Jahren   237

Zahlen nach: www.bundes-
regierung.de, 21.9.2016

H zu Aufgabe 3
Nutzen Sie zur Bewertung z. B. Argumente zu Kriterien wie „Zielgenauigkeit Maßnahme", „Verantwortlichkeit der Betroffenen", „Minimalprinzip/Finanzierbarkeit", „(langfristige) Wirksamkeit" und „(un)erwünschte Nebenfolgen" sowie den Grundwert „soziale Gerechtigkeit".

Aufgaben

1 Stellen Sie die Ursachen von Kinder- und Jugendlichen-Armut dar. (M 4 – M 7)

2 Untersuchen Sie, wie mit Hilfe von Arbeitslosengeld II und dem sog. Bildungspaket auf Armut von Kindern und Jugendlichen staatlicherseits reagiert wird. (M 6)

3 Bewerten Sie die Höhe der Grundsicherung und das Bildungspaket als zentrale Elemente zur Bekämpfung von Armut von Kindern und Jugendlichen. (M 6 – M 8)

Gerhard Schröder ist ein ehemaliger deutscher SPD-Politiker. Er war von Oktober 1998 bis November 2005 Bundeskanzler der Bundesrepublik Deutschland.

Toni Blair ist ein britischer Politiker (Labour Party) und war von 1997 bis 2007 Premierminister des Vereinigten Königreichs.

Soziale Gerechtigkeit

Es existieren sehr unterschiedliche Vorstellungen von sozialer bzw. Verteilungsgerechtigkeit, deren Aufeinandertreffen immer wieder zu politischen Auseinandersetzungen führt.
→ vgl. Kap. 5.1.4, M 16

10.1.3 Wie hat sich der Sozialstaat im 21. Jahrhundert verändert?

M 9 ● Gerhard Schröder und Toni Blair zum aktivierenden Sozialstaat

1999 legten der damalige Bundeskanzler Gerhard Schröder (SPD) und der damalige englische Premierminister (Labour) im sog. Schröder-Blair-Papier Grundüberlegungen zu einer Neuausrichtung der Sozialstaaten ihrer Länder vor.

„Der Staat soll nicht rudern, sondern steuern, weniger kontrollieren als herausfordern. [...] Ein Sozialversicherungssystem, das die Fähigkeit, Arbeit zu finden, behindert, muss reformiert werden. Moderne Sozialdemokraten wollen das Sicherheitsnetz aus Ansprüchen in ein Sprungbrett in die Eigenverantwortung umwandeln. [...] Zeiten der Arbeitslosigkeit müssen in einer Wirtschaft, in der es den lebenslangen Arbeitsplatz nicht mehr gibt, eine Chance für Qualifizierung und persönliche Weiterbildung sein. Teilzeitarbeit und geringfügige Arbeit sind besser als gar keine Arbeit, denn sie erleichtern den Übergang von Arbeitslosigkeit in Beschäftigung. [...] [Wir] erwarten aber auch, dass jeder die ihm gebotenen Chancen annimmt. Es reicht aber nicht, die Menschen mit den Fähigkeiten und Kenntnissen auszurüsten, die sie brauchen, um erwerbstätig zu werden. Das System der Steuern und Sozialleistungen muss sicherstellen, dass es im Interesse der Menschen liegt, zu arbeiten."

Zitiert nach: Jürgen Boeckh et al., Aktuelle sozialpolitische Leitbilder, in: Informationen zur politischen Bildung 327 (2015), S. 31

Info

Sozialpolitik – Aufgaben und Charakteristika

Da Sozialpolitik immer an Wertvorstellungen geknüpft ist, gibt es nicht die richtige oder falsche Sozialpolitik. Unabhängig davon, wie sie verstanden wird, hat sie jedoch immer Auswirkungen auf die Verhaltenserwartungen (Normen) und Lebenslagen von Menschen. In einer marktwirtschaftlich-kapitalistischen Ordnung soll Sozialpolitik möglichst zu einem gesellschaftlich akzeptablen Verteilungskompromiss von (materiellen und immateriellen) Rechten, Pflichten und Unterstützungsleistungen führen. Sie umfasst dabei „all jene Maßnahmen, Leistungen und Dienste, die darauf abzielen,
· dem Entstehen sozialer Risiken und Probleme vorzubeugen,
· die Voraussetzungen dafür zu schaffen, dass die Bürgerinnen und Bürger befähigt werden, soziale Probleme zu bewältigen,
· die Wirkungen sozialer Probleme auszugleichen und
· die Lebenslage einzelner Personen oder Personengruppen zu sichern und zu verbessern." (Gerhard Bäcker u.?a., Sozialpolitik, Bd. 1, 2008, S. 43)
[...]
Je nach Ergebnis stellen [sozialpolitische] Entscheidungen Kompromisse, aber auch politisch gewollte Richtungsentscheidungen dar. Sie befriedigen das Verteilungsinteresse des einen und verletzen damit das eines anderen.

Jürgen Boeckh et al., Sozialpolitik – ein systematischer Überblick, in: Informationen zur politischen Bildung, H. 327, 2015, S. 5

M 10 ● Weg vom Wohlfahrtsstaat?!
Veränderung des Sozialstaats im 21. Jahrhundert

	kompensatorischer Sozialstaat („Wohlfahrtsstaat")	aktivierender Sozialstaat
Verständnis staatlicher Steuerung	steuernder Staat (hierarchisch, bestimmend)	vermittelnder Staat (kooperativ, verhandelnd)
wirtschaftstheoretische Position	Staat fängt negative Auswirkungen des Marktgeschehens auf	Staat schafft Möglichkeiten, negative Marktauswirkungen individuell aufzufangen
sozialpolitische Ausrichtung	· Versicherung · Versorgung · Fürsorge	· Eigenverantwortung · Aktivierung · Leistungsgesetze
individueller Schutz	Schutz vor Armut; Verringerung der Marktabhängigkeit der Arbeitnehmer → Ressourcenumverteilung	Verknüpfung individueller Sicherheit mit Marktorientierung
rechtliche Ausgestaltung	universelle Rechtsansprüche auf standardisierte Leistungen	individualisierte Leistungen geknüpft an Mitwirkungspflichten

Nach: Jürgen Boeckh et al., Aktuelle sozialpolitische Leitbilder, in: Informationen zur politischen Bildung 327 (2015), S. 30

M 11 ● (Wie) Ist der Sozialstaat in der Verfassung verankert?

Das Grundgesetz enthält eine Reihe von Artikeln, die den Staat auf soziales Handeln verpflichten. Eine Änderung der Artikel 1 und 20 GG ist nach Artikel 79 Abs. 3 unzulässig. Dadurch gilt die sogenannte „Ewigkeitsklausel" für das Sozialstaatsgebot des Grundgesetzes.

Art. 1: (1) Die Würde des Menschen ist unantastbar. Sie zu achten und zu schützen ist Verpflichtung aller staatlichen Gewalt. [...]

Art. 3: (2) Männer und Frauen sind gleichberechtigt. Der Staat fördert die tatsächliche Durchsetzung der Gleichberechtigung von Frauen und Männern und wirkt auf die Beseitigung bestehender Nachteile hin. (3) Niemand darf wegen seines Geschlechtes, seiner Abstammung, seiner Rasse, seiner Sprache, seiner Heimat und Herkunft, seines Glaubens, seiner religiösen oder politischen Anschauungen benachteiligt oder bevorzugt werden. Niemand darf wegen seiner Behinderung benachteiligt werden. [...]

Beispiele sozialpolitischer Maßnahmen in Deutschland

Bezahlung von Angehörigen für Pflege von Familienmitgliedern (aus Mitteln der Pflegeversicherung)

staatliche Bezuschussung privater Rentenversicherungen („Riester-Rente")

Anbieten von Arbeitsstellen für ALG II-Empfänger (auch unter Qualifikationsniveau), Sanktion bei Nicht-Annahme

Wesen des Sozialstaats:

„[Der] Sozialstaat [ist] nicht die Verwirklichung eines in der Verfassung im Einzelnen vorgegebenen oder vorgeschriebenen Modells, sondern er ist zum großen Teil Resultat politischer Gestaltung und Rechtsetzung. Auf demselben Weg, auf dem er entstanden und gewachsen ist, kann der Sozialstaat fortentwickelt, geändert, angepasst und grundsätzlich auch in Maßen wieder zurückgebaut werden."

Hans-Jürgen Papier (2002-2010 Präsident des Bundesverfassungsgerichts)

Sozialstaatsgebot des Grundgesetzes

→ vgl. auch Kap. 1.1.6

Art. 6: (1) Ehe und Familie stehen unter dem besonderen Schutze der staatlichen Ordnung. (2) Pflege und Erziehung der Kinder sind das natürliche Recht der Eltern und die zuvörderst ihnen obliegende Pflicht. Über ihre Betätigung wacht die staatliche Gemeinschaft. (3) Gegen den Willen der Erziehungsberechtigten dürfen Kinder nur auf Grund eines Gesetzes von der Familie getrennt werden, wenn die Erziehungsberechtigten versagen oder wenn die Kinder aus anderen Gründen zu verwahrlosen drohen. (4) Jede Mutter hat Anspruch auf den Schutz und die Fürsorge der Gemeinschaft. (5) Den unehelichen Kindern sind durch die Gesetzgebung die gleichen Bedingungen für ihre leibliche und seelische Entwicklung und ihre Stellung in der Gesellschaft zu schaffen wie den ehelichen Kindern. [...]

Art. 9: (1) Alle Deutschen haben das Recht, Vereine und Gesellschaften zu bilden. [...] (3) Das Recht, zur Wahrung und Förderung der Arbeits- und Wirtschaftsbedingungen Vereinigungen zu bilden, ist für jedermann und für alle Berufe gewährleistet. [...]

Art. 20: (1) Die Bundesrepublik Deutschland ist ein demokratischer und sozialer Bundesstaat. [...]

Art. 28: (1) Die verfassungsmäßige Ordnung in den Ländern muss den Grundsätzen des republikanischen, demokratischen und sozialen Rechtsstaates im Sinne dieses Grundgesetzes entsprechen.

Info

Solidarität und Subsidiarität

Solidarität und Subsidiarität sind die beiden grundlegenden Charakteristika des bundesdeutschen Sozialstaats. **Solidarität** wird hier insofern entpersonalisiert verstanden, als dass sich nicht ein Individuum einem anderen gegenüber solidarisch (= zusammengehörig) verhalten muss. Vielmehr geht es um eine durch staatliche Institutionen abgesicherte Verteilung materieller Mittel von leistungsstärkeren Gesellschaftsmitgliedern zu leistungsschwächeren, um deren Existenz in diesem Moment und in der Zukunft zu sichern. Umverteilt wird dabei z. B. von Arbeitnehmern zu Arbeitslosen, von Arbeitenden zu nicht mehr (Rentnern...) oder noch nicht Arbeitenden (Kinder, Studenten...) und von Gesunden zu Kranken. Institutionalisierte Solidarität im Sinne materieller Transfers über Steuern und/oder Sozialversicherungsbeiträge sagt aber noch nichts darüber aus, ob die konkrete Umverteilung auch als sozial gerecht empfunden wird (zu Dimensionen des Gerechtigkeitsbegriffs vgl. Kap. 5.1.4, M 16).

Subsidiarität meint, dass immer die dem Betroffenen nächstgelegene, kleine Einheit Verantwortung für dessen Wohlergehen tragen muss. So werden zunächst Familienmitglieder, andere Verwandte oder Lebensgefährten belangt. Erst wenn deren Kräfte (nach dem Gebot der Verhältnismäßigkeit) erschöpft sind, greifen kommunale, Landes- und schließlich Bundes- oder EU-Institutionen. Dabei können staatliche Stellen die von ihnen getragene Leistungserbringung auch an Wohlfahrtsverbände o. ä. delegieren.

Autorentext

✪ M 12 ● Welche Zukunftsaufgaben warten auf den Sozialstaat?

Betrachtet man […] die empirischen Ergebnisse, so haben sich die sozialen Verhältnisse in Deutschland sehr ungleich entwickelt. Dieses betrifft über die
5 Einkommens- und Vermögensverteilung hinaus insbesondere auch die Alterssicherung. Im Gesundheitswesen gibt es Stimmen, die inzwischen von einer Zwei-Klassen-Medizin sprechen. Und erst recht im
10 Bildungswesen zeigen sich – wie internationale Vergleichsstudien belegen – erhebliche soziale Benachteiligungen, die keinesfalls nur bestimmte Kinder mit Migrationshintergrund, sondern insgesamt
15 Kinder aus sozialen Unterschichten betreffen. Insofern ist […] der Hinweis auf den allgemeinen Fahrstuhleffekt zumindest zu relativieren […]: Soziale Lebenslagen werden […] weiterhin „sozial vererbt".
20 Und genau hier liegt das Problem: Solidarisch finanzierte soziale Mindestsicherungs-, Lebensstandardsicherungs-, Gesundheits- und Bildungssysteme setzen auf den Ausgleich sozialer Lebensgrundlagen.
25 Dieses war und ist nicht erfolglos, wenn man beispielsweise die Anwendung neuerer medizinischer Erkenntnisse und Heilmethoden, die Anhebung des Bildungsniveaus und Verbesserungen etwa von
30 Wohnbedingungen betrachtet. Die zunehmende soziale Polarisierung in der Gesellschaft aber stellt genau dieses für die Zukunft in Frage. Dabei geht es weniger um einen Generationenkonflikt zwischen Alten und Jungen, sondern mehr um einen 35 intragenerativen Konflikt zwischen denen, die in einem solidarischen System abgeben müssten, und denen, für die diese Wohlhabenden nicht mehr im bisherigen Umfange zu zahlen bereit sind. Es geht letztlich um 40 Verteilung des nach wie vor vorhandenen beachtlichen Wohlstands. […]
Wie löst sich diese Spannung zwischen sozialer Polarisierung mit zunehmender Armut, auch Altersarmut, auf der einen Seite 45 und enormer Anhäufung von Finanzkapital auf der anderen […]? Hier geht es um Fragen zukünftiger Verteilungsgerechtigkeit, und letztlich um die Bildung politischer Mehrheitsmeinungen: Wie viel Ei- 50 genverantwortung soll der bzw. die Einzelne zukünftig übernehmen bzw. tragen? Wie viel Solidarität soll aufrechterhalten bzw. weiterentwickelt werden? Und was soll mit denen geschehen, die weder 55 zur Übernahme von Eigenverantwortung in der Lage sind, noch einem Solidarverbund, etwa im Rahmen der Sozialversicherung, angehören?

Jürgen Boeckh et al., Ausblick – zentrale sozialpolitische Trends, in: Informationen zur politischen Bildung 327 (2015), S. 71f.

Fahrstuhleffekt
von dem Ulrich Beck (Soziologe, 1944-2015) entwickelter Begriff; bezeichnet die Annahme, dass sich im Zuge der Wirtschaftsexpansion nach dem Zweiten Weltkrieg zwar die Einkommensunterschiede nicht aufgehoben haben, aber alle Bevölkerungsschichten insofern profitiert hätten, als dass analog zu einem Fahrstuhl der Lebensstandard (Freizeit, Bildung, Einkommen) aller angehoben worden sei.

Aufgaben

1 Stellen Sie das Verhältnis (Sozial-)Staat – Bürger dar, das im Schröder-Blair-Papier zum Ausdruck kommt. (M 9)

2 a) Ordnen Sie die drei beispielhaften Maßnahmen (Randspalte) begründet in Felder des „aktivierenden Sozialstaats" ein.

b) Vergleichen Sie an diesen Beispielen einen Wohlfahrtsstaat mit einem aktivierenden Sozialstaat und erklären Sie die Unterschiede. (M 9, M 10)

✪ 3 Erklären Sie die verfassungsmäßige Möglichkeit des Paradigmenwechsels vom Wohlfahrtsstaat zum aktivierenden Sozialstaat. (M 9 - M 11)

4 Erläutern Sie vor dem Hintergrund Ihrer bisherigen Ergebnisse, warum es nach Boeckh et al. zukünftig eher zu intra- als zu intergenerationellen sozialpolitischen Gerechtigkeitsproblemen kommt. (M 12)

F zu Aufgabe 3
Ordnen Sie den aktivierenden Sozialstaat gerechtigkeitstheoretisch ein und arbeiten Sie das Menschenbild seiner Befürworter heraus.

H zu Aufgabe 4
Beschreiben Sie zunächst den Unterschied zwischen intra- und intergenerationellen Gerechtigkeitsproblemen.

10.1.4 Kann sich der Staat das alles leisten? – Staatseinnahmen und Sozialausgaben

M 13 ● Zu hohe Sozialausgaben in Deutschland?

Wolfgang Schäuble (*1942), CDU-Politiker und seit 2009 Bundesminister der Finanzen; zuvor u. a. zweimal Bundesinnenminister

> Wir sollten […] einen kritischen Blick auf die Struktur unserer Haushalte werfen […]. Es hat in den vergangenen Jahrzehnten […] eine Verschiebung von Ausgaben zulasten von Investitionen und zugunsten von eher gegenwartsorientierten Sozialausgaben gegeben. Dafür gab es im Einzelnen immer gute Gründe. Dennoch müssen wir wieder stärker auf die Zukunftsorientierung unserer Ausgaben achten.

Nach: Wolfgang Schäuble, Bundeshaushalte ohne Neuverschuldung sollten am 2015 Normalität werden. Rede vor dem Deutschen Bundestag am 9. September 2014, in: www.wolfgang-schaeuble.de, Abruf am 26.6.2016

Info

Prinzipien der sozialen Sicherung: Fürsorge, Versorgung, Versicherung

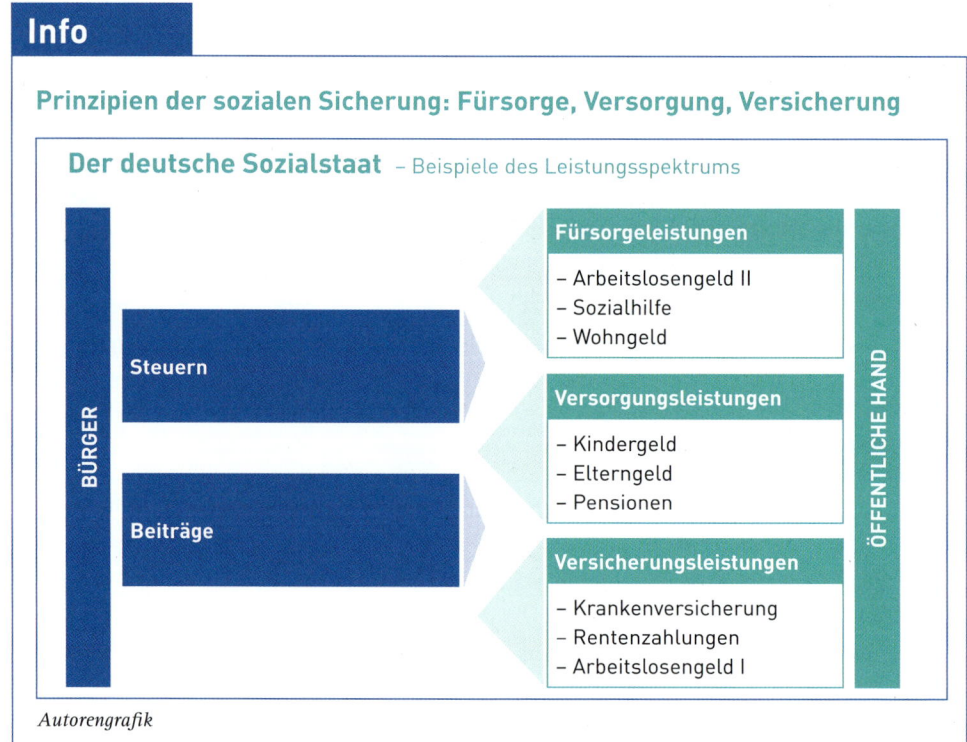

Autorengrafik

M 14 ● Wie entwickeln sich die staatlichen Sozialausgaben?

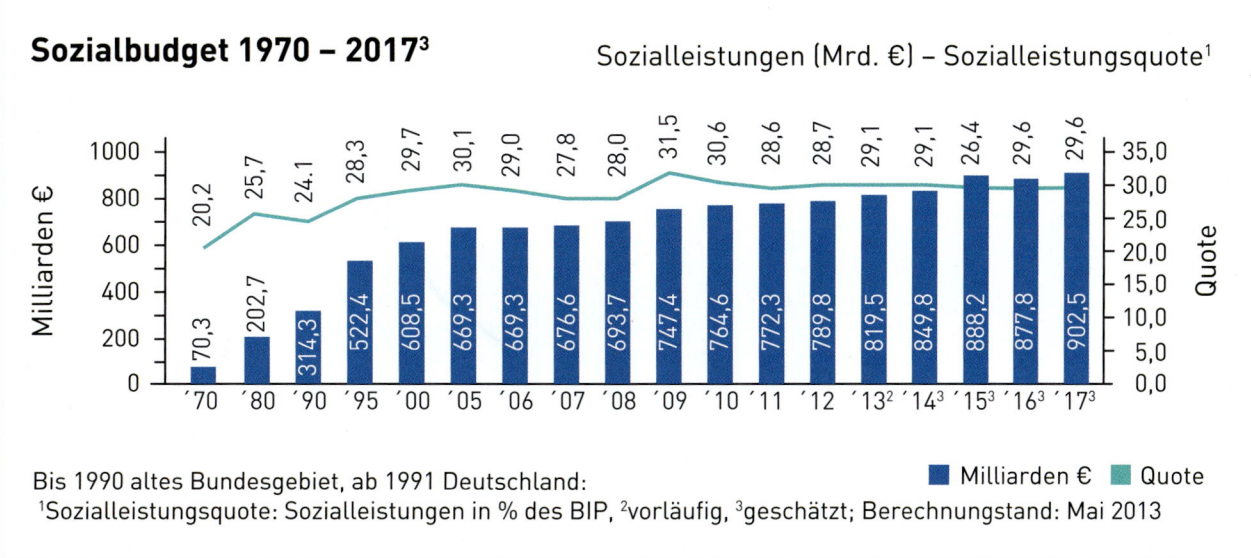

Sozialbudget 1970 – 2017³ Sozialleistungen (Mrd. €) – Sozialleistungsquote¹

Bis 1990 altes Bundesgebiet, ab 1991 Deutschland:
¹Sozialleistungsquote: Sozialleistungen in % des BIP, ²vorläufig, ³geschätzt; Berechnungstand: Mai 2013

■ Milliarden € ■ Quote

Quelle: Bundesministerium für Arbeit und Soziales, 2013

M 15 ● Wofür werden die Sozialausgaben aufgewendet?

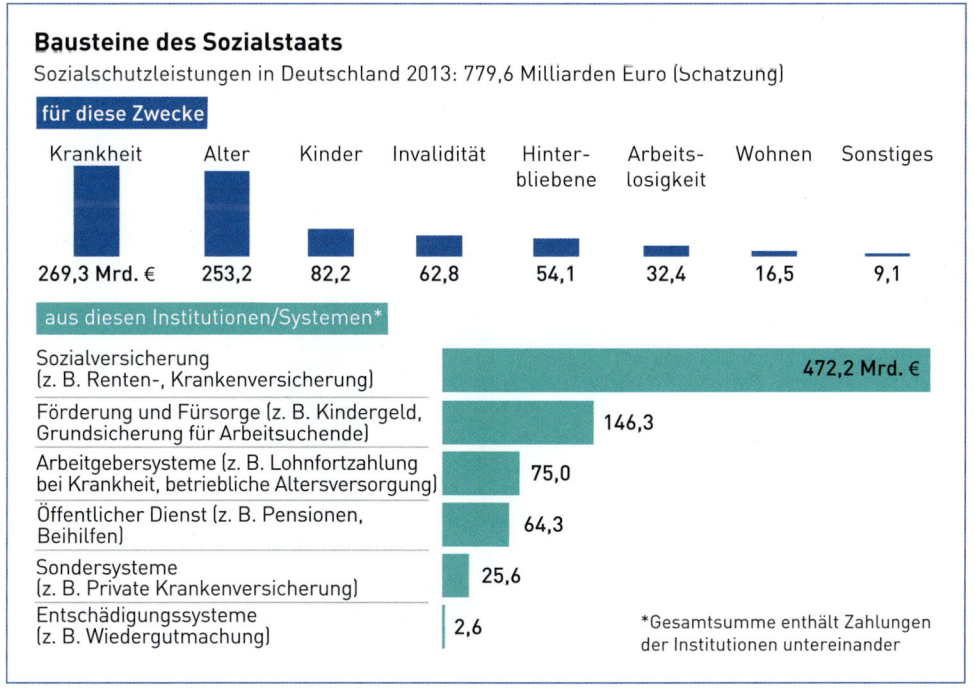

Bausteine des Sozialstaats
Sozialschutzleistungen in Deutschland 2013: 779,6 Milliarden Euro (Schätzung)

für diese Zwecke

Krankheit	Alter	Kinder	Invalidität	Hinter-bliebene	Arbeits-losigkeit	Wohnen	Sonstiges
269,3 Mrd. €	253,2	82,2	62,8	54,1	32,4	16,5	9,1

aus diesen Institutionen/Systemen*

Sozialversicherung (z. B. Renten-, Krankenversicherung)	472,2 Mrd. €
Förderung und Fürsorge (z. B. Kindergeld, Grundsicherung für Arbeitsuchende)	146,3
Arbeitgebersysteme (z. B. Lohnfortzahlung bei Krankheit, betriebliche Altersversorgung)	75,0
Öffentlicher Dienst (z. B. Pensionen, Beihilfen)	64,3
Sondersysteme (z. B. Private Krankenversicherung)	25,6
Entschädigungssysteme (z. B. Wiedergutmachung)	2,6

*Gesamtsumme enthält Zahlungen der Institutionen untereinander

© Globus-Grafik 10012, Quelle: BMAS

Finanzierung von Sozialausgaben

Sozialversicherungs-leistungen (z. B. Arbeitslosengeld I, staatliche Krankenversicherung, Rentenversicherung) werden in aller Regel aus Beiträgen der Arbeitnehmer und Arbeitgeber finanziert, die prozentual vom Brutto-Einkommen erhoben werden. Nur wenn die Sozialversicherungen die Leistungen nicht erbringen können, kann eine Querfinanzierung über Steuern stattfinden. **Fürsorge-** (z. B. Arbeitslosengeld II, Sozialgeld, Wohngeld) und **Versorgungsleistungen** (z. B. Beamtenpensionen, Kriegsversehrtenunterstützung) sind steuerfinanziert.

M 16 ● Woraus werden Sozialleistungen finanziert?

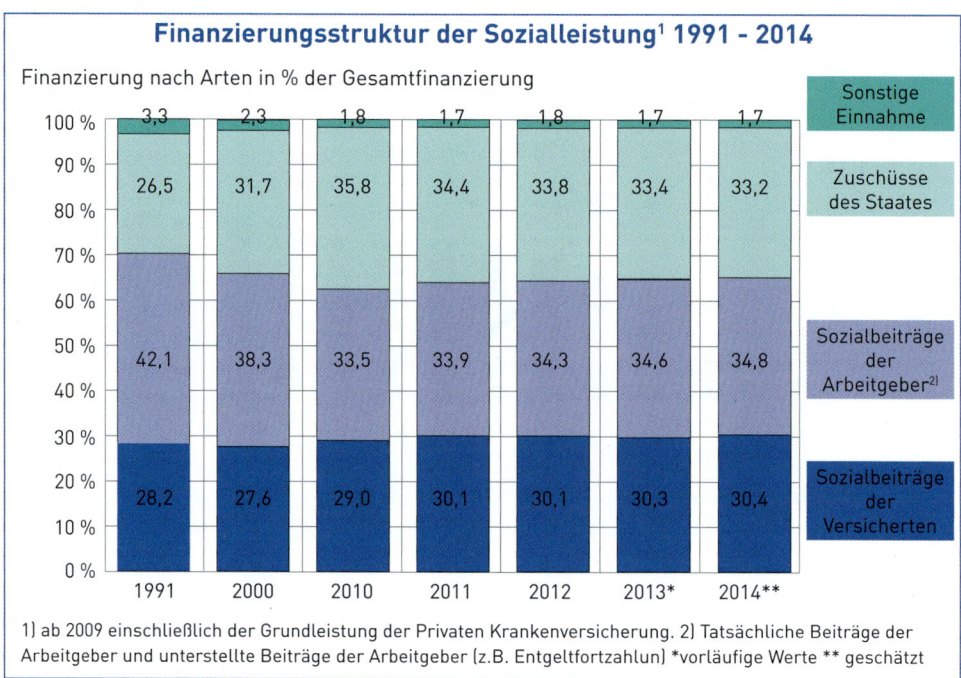

Finanzierungsstruktur der Sozialleistung[1] 1991 - 2014

Finanzierung nach Arten in % der Gesamtfinanzierung

1) ab 2009 einschließlich der Grundleistung der Privaten Krankenversicherung. 2) Tatsächliche Beiträge der Arbeitgeber und unterstellte Beiträge der Arbeitgeber (z.B. Entgeltfortzahlun) *vorläufige Werte ** geschätzt

www.sozialpolitik-aktuell.de, Abruf am 27.6.2016

M 17 ● Anteil der Sozialleistungsausgaben am Bundeshaushalt

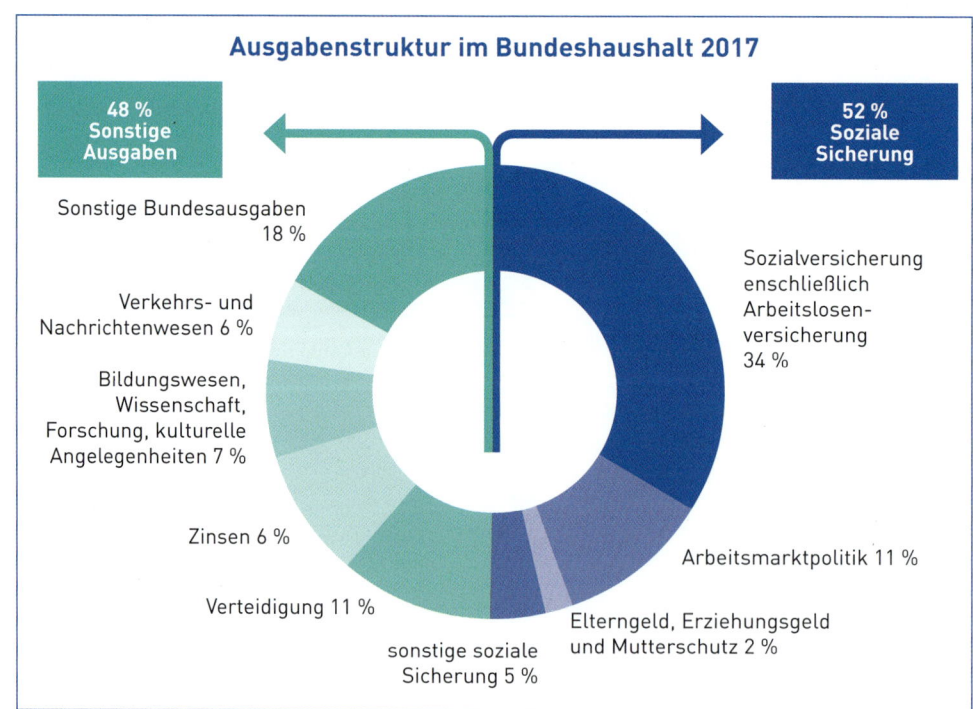

Ausgabenstruktur im Bundeshaushalt 2017

48 % Sonstige Ausgaben

52 % Soziale Sicherung

Sonstige Bundesausgaben 18 %

Verkehrs- und Nachrichtenwesen 6 %

Bildungswesen, Wissenschaft, Forschung, kulturelle Angelegenheiten 7 %

Zinsen 6 %

Verteidigung 11 %

sonstige soziale Sicherung 5 %

Sozialversicherung enschließlich Arbeitslosen-versicherung 34 %

Arbeitsmarktpolitik 11 %

Elterngeld, Erziehungsgeld und Mutterschutz 2 %

Nach: www.bundesfinanzministerium.de, 23.3.2017

M 18 ● Woher nimmt der Bund seine Einnahmen?

2015
Einnahmen
in Tausend Euro
311.715.928
Istwerte des
Haushaltsjahres 2015

**Bundesministerium für
Wirtschaft und Energie:
4.430.761**

**Bundesministerium für
Verkehr und digitale
Infrastruktur: 7.000.801**

Weitere: 8.240.040

Allgemeine Finanzverwaltung:	**292.044.327**
darunter Umsatzsteuer:	109.694.000
Lohnsteuer:	76.028.000
Energiesteuer:	39.594.000
Einkommenssteuer:	20.647.000

Nach: www.bundesfinanzministerium.de, 26.6.2016

Aufgaben

1. Beschreiben Sie das Sozialbudget der Bundesrepublik und leiten Sie aus den Ergebnissen mögliche Problemfragen ab. (M 14)
2. Analysieren Sie die Statistiken zu den Zwecken und der Finanzierungsstruktur sowie zu den Gesamtausgaben und Einnahmen des Staates. (M 15 – M 18)
3. Setzen Sie die Ergebnisse der Statistikanalyse zueinander in Beziehung und formulieren Sie einige wenige kurze Gesamtaussagen.
4. Es existieren keinerlei Spielräume, um zusätzliche Sozialausgaben zu beschließen und über Steuern zu finanzieren! Beurteilen Sie diese Aussage vor dem Hintergrund Ihrer bisherigen Ergebnisse. (M 13 – M 17, Randspalte)

M zu Aufgabe 4
Gehen Sie in 4er-Gruppen zu Aufgabe 3 zunächst arbeitsteilig vor und bearbeiten Sie Aufgabe 4 dann gemeinsam.

F zu Aufgabe 4
Recherchieren Sie Forderungen nach Erhöhung der Erbschaftssteuer oder Einführung einer Finanztransaktionssteuer und untersuchen Sie, inwieweit solche Steuern sozialpolitisch nutzbar wären.

10.2 Deutsche Staatsschuldenbremse – notwendig oder sozial fatal?

Basiskonzept	Kategorie/n	Leitfragen
Akteure und deren Dispositionen	Interessen und Bedürfnisse, Kosten	· Welche negativen Auswirkungen (Kosten) haben instabile Staatsfinanzen für die Bürger und die Wirtschaft eines Landes?
Wandel	Gewordenheit, Transformation	· Wie und warum sind die deutsche „Schuldenbremse" und die Euro-Konvergenzkriterien entwickelt worden? · Sollte die Finanzpolitik europäisiert werden und die EU das Recht erhalten, Steuern zu erheben?

✪ 10.2.1 Was bedeutet eine Staatsschuldenkrise oder sogar -insolvenz?

M 1 ● Können Staaten überhaupt pleitegehen?

„Es gibt das Gerücht, dass Staaten nicht pleitegehen können. Dieses Gerücht stimmt nicht."

Bundeskanzlerin Angela Merkel (CDU), Zitiert nach: Der Spiegel, 26.01.2009, S. 50

Häufigste Staatspleiten Seit 1800 (Auswahl)				
	davon:	1800–1900	1901–2000	2001–2015
Ecuador	10	3	6	1
Venezuela	10	6	3	1
Costa Rica	9	3	6	
Chile	9	2	7	
Brasilien	9	2	7	
Uruguay	8	2	5	1
Peru	8	2	6	
Mexiko	8	5	3	
Spanien	8			
Argentinien	7	2	4	1
Kolumbien	7	4	3	
Österreich	7	5	2	
Deutschland	7	5	2	
Griechenland	6	4	1	1
Türkei	6	1	5	
Russland	5	2	3	
Japan	1		1	

Insgesamt gab es seit 1824 mehr als 260 Staatsinsolvenzen weltweit.

Nach: Hermann Sieleitsch-Parzer, www.kurier.at, 14.9.2015

M 2 ● Staatsinsolvenz[1] – wie es dazu kommen kann und was sie bedeutet

Willkommen in Musterland! Musterland liegt in Europa, es ist EU-Mitglied. In Musterland stehen mehrere große Banken vor dem Ruin – und zahllose Unternehmen. [...]
5 In Musterland kann man erfahren, was es heißt, wenn [...] ein Land kippt. [...] Musterland [...] konnte problemlos den Kapitalmarkt anzapfen – die Investoren konnten ja sicher sein, ihr Geld zurückzu-
10 bekommen. [...] Das ist jetzt anders. [...] Die Investoren machen plötzlich einen Bogen um die bislang so beliebten Staatspapiere. [...] Musterlands Schuldentitel werden wöchentlich im Rahmen einer Auktion ange-
15 boten, zu den Käufern gehören Banken, Pensionsfonds[2], Privatinvestoren. Es ist auch das Geld der Sparer, das auf dem Spiel steht. Die letzte Auktion wird mangels Bieterinteresse verschoben. Muster-
20 land geht das Geld aus. [...] Der Staat hat sich viele Hundert Milliarden Dollar geliehen, ein Großteil davon im Ausland. Jedes Jahr werden Kredite fällig, die verlängert werden müssen. Jedes Jahr muss Muster-
25 land die Kapitalmärkte davon überzeugen, dass es sich rechnet, ihm Geld zu geben. Der Finanzminister telefoniert mit den großen Investoren. Er erklärt ihnen die Stärken seines Landes, verweist auf die gut
30 ausgebildete Bevölkerung, das stabile politische System, die [...] Industrie. Die Regierung werde ihre Schulden bedienen, versichert er. Man könne die Ausgaben kürzen. Oder die Steuern erhöhen. Dann sei wieder
35 Geld da. Doch die Investoren bleiben skeptisch. Wer soll Steuererhöhungen durchsetzen, wenn jetzt immer mehr Menschen immer weniger haben? Die Regierung will die Investoren mit höheren Zinsen locken.
40 Doch diese wissen genau, dass die höhere Zinslast den Etat zusätzlich belastet. Dass der Staat dann noch weniger fähig sein wird, seine Schulden zu bedienen. Musterland ist in einer Abwärtsspirale gefangen.
45 [...] Das Land hat immer weniger Geld für seine Schulen, für den Straßenbau, für das soziale Netz. [...]

Das hilft jetzt nicht weiter. Das stolze Musterland braucht andere. Die Regierung wendet sich an den Internationalen Wäh-
50 rungsfonds (IWF). Der hält eine Art Sicherheitsnetz für die Weltwirtschaft bereit. [...] [Dennoch] ziehen Scharen von Investoren ihr Kapital ab, die Zinsen steigen. Die Wirtschaft stürzt ab. Die Preise fallen. Tödlich
55 ist das für das hoch verschuldete Land. Wenn die Preise sinken, steigt der Wert der Verbindlichkeiten. [...] Die Anleihen von Musterland gelten jetzt an den Finanzmärkten als junk, als Schrott. Niemand will
60 sie mehr haben. [...]
Die Staatskasse leert sich jetzt immer schneller. Innerhalb weniger Wochen wird das Geld so knapp, dass die Regierung vor der Wahl steht, wie immer am Monatsende
65 die Löhne an die Beamten auszuzahlen oder die Kredite ausländischer Gläubiger zu bedienen. Sie entscheidet sich für die Beamten. Musterland bezahlt seine Schulden nicht mehr fristgerecht. So wie Russ-
70 land im Jahr 1998, Argentinien 2002 oder Island 2008. Musterland ist pleite.
An den Finanzmärkten gilt es jetzt als Paria [= Außgestoßener], es bekommt kein Geld mehr. Der Kapitalverkehr wird streng
75 kontrolliert, damit wenigstens das Geld, das noch da ist, im Land bleibt. [...] Die Besonnenen im Land machen sich Sorgen um Anderes, um Größeres. Wie werden die Menschen auf das Desaster reagieren?
80 Werden die Demonstrationen zu Krawallen ausarten? Wann brennen die ersten Autos? Werden die Leute bei der Wahl die Extremen stärken, rechts wie links – oder werden sie einfach zu Hause bleiben? Aus
85 Frust, aus Enttäuschung, weil sie an nichts mehr glauben. Nicht an die Politik, nicht an die Wirtschaft, nicht an den Markt – und auch nicht an die Demokratie.

Peter Dausend, Mark Schieritz, www.zeit.de, 5.3.2009

1 Insolvenz = Zahlungsunfähigkeit
2 Pensionsfonds: angelegter Geldbestand zur betrieblichen Altersvorsorge von Mitarbeitern, finanziert von Arbeitgebern und ggf. Arbeitnehmern

Staatsanleihen

von Staaten ausgegebene Wertpapiere mit einer vorher festgelegten Laufzeit; der jährliche Zinssatz, den die ausgebenden Staaten an die Käufer zahlen, richtet sich v. a. nach dem Ausfallrisiko (Gefahr des Staatsbankrotts); die Einkünfte aus dem „Verkauf" von Staatsanleihen dienen der Finanzierung von Staatsaufgaben (Infrastruktur, Soziales, Bildung, Militär...).

Der Bundesschatzbrief war die wohl bekannteste und beliebteste Art der Geldanlage in Form von Bundeswertpapieren. Er bot maximale Sicherheit bei progressiv steigender Verzinsung und überschaubaren Laufzeiten. 2013 hat die verantwortliche Bundesfinanzagentur das Privatkundengeschäft eingestellt.

Zahlen: Eurostat

Rating Agenturen

private (denkbar aber auch öffentliche) Unternehmen, die die Kreditwürdigkeit (= Bonität) von Firmen, Banken oder Staaten aufgrund einer ständig aktualisierten Analyse betriebs- bzw. volkswirtschaftlicher Daten einschätzen. Diese Einschätzung wird in Buchstabenkombinationen von AAA (höchst kreditwürdig) bis D (zahlungsunfähig) angegeben. Kritik: (1) faktisches Rating-Oligopol dreier Großagenturen; (2) nur geringe öffentliche Kontrolle trotz großer Macht; (3) Zuverlässigkeit der Aussagen nicht durchgängig gegeben.

M 3 ● Wie entwickelten sich die griechischen Staatsschulden?

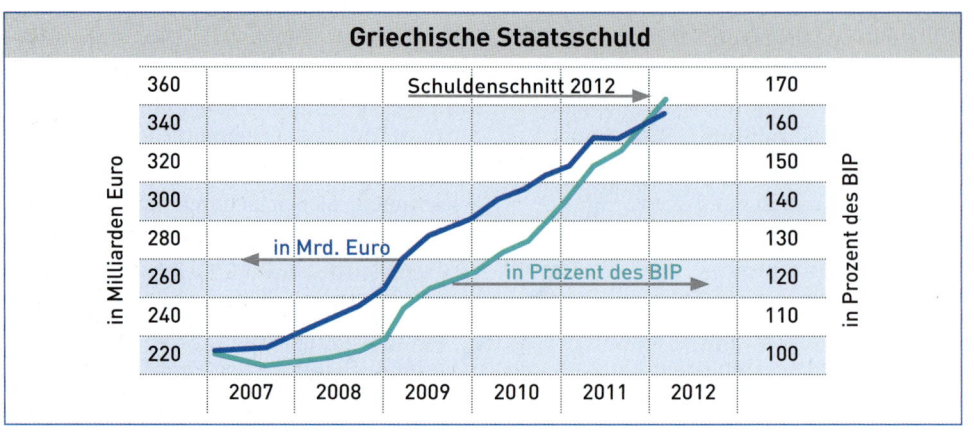

Info

Die Entwicklung der Staatsschuldenkrise in Griechenland

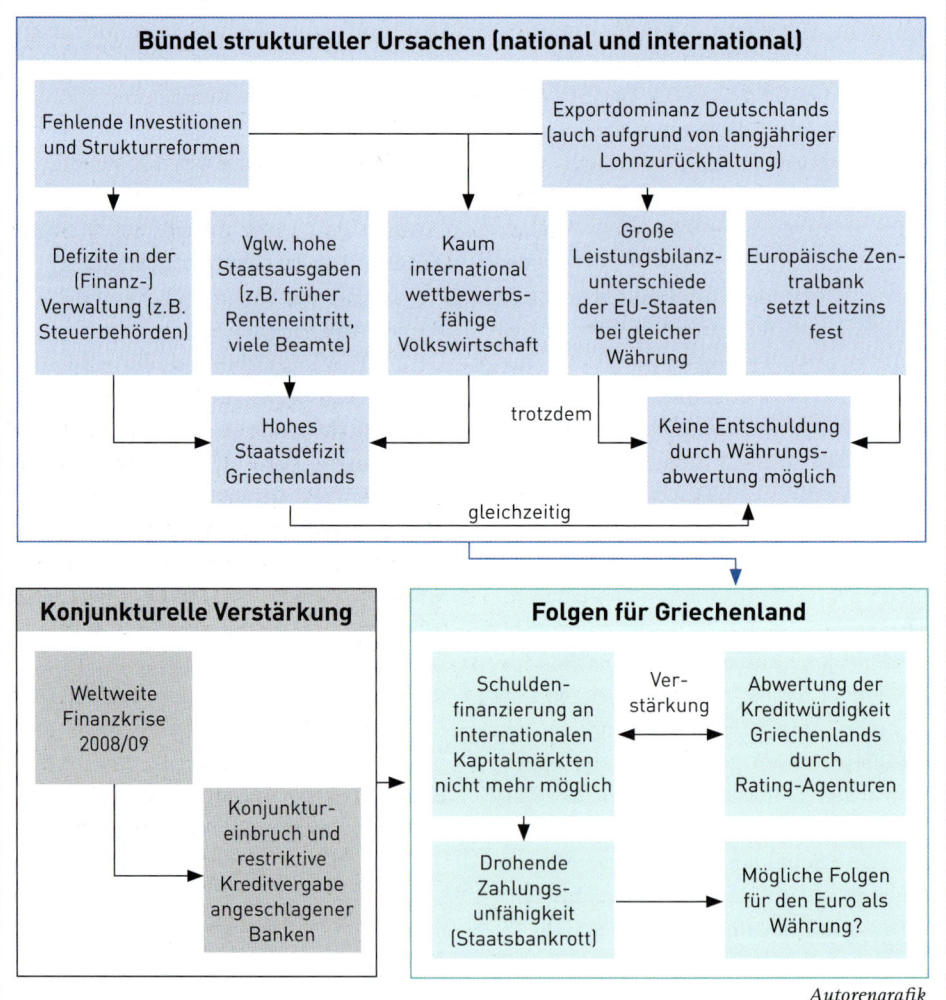

Autorengrafik

M 4 ● Welche Auswirkungen hatte die griechische Staatsschuldenkrise?

a) Reformen gegen Auflagen

Da sich Griechenland seit 2010 kein Geld mehr an Finanzmärkten leihen konnte, war es gezwungen, auf Hilfsangebote von EU-Kommission, Europäischer Zentralbank (EZB) und Internationalem Währungsfond (IWF) zurückzugreifen. Diese sog.
5 Troika zahlt allerdings Gelder nur gegen strenge Spar- und Reformauflagen aus:

Beamte (2012)

· Kürzung der Bezüge um bis zu 20%
· Entlassung bzw. Frühpensionierung von mehreren tausend
10 Staatsbeamten

Gesundheitswesen (2012)

· Erhöhung der Eigenbeiträge für Medikamente
· Schließung und Fusionierung von Krankenhäusern

Steuerpolitik (2015)

15 · Erhöhung der Mehrwertsteuer insb. auf abgepackte Lebensmittel auf 23% (zum Vergleich: Kosten für 250g Butter jetzt ca. 1,90 Euro, für einen Schokoriegel 1,45 Euro)

Rentenreformen (2012, 2016)

· Senkung aller Renten um 5-15%
20 · Mindestrente von 384 Euro nach 15 Beitragsjahren; nach 40 Beitragsjahren 60% des letzten Gehalts
· Anhebung des Renteneintrittsalters auf 67 Jahre
· Senkung der max. Rentenhöhe von 2.700 auf 2.300 Euro/ Monat
25 · Anhebung der Rentenversicherungsbeiträge (v. a. für Landwirte und Selbstständige) von 7% auf 20%

Privatisierungen

U. a. zur Schuldentilgung sollte der Verkauf griechischen Staatsbesitzes 50 Mrd. Euro einbringen. Allerdings konnten bisher
30 lediglich Hotelanlagen u. ä. verkauft werden. Die umstrittenen Verkäufe von Einrichtungen der öffentlichen Daseinsfürsorge (Gas-, Strom-, Wassernetz und -unternehmen) wurden durch Teile der Regierung und Gewerkschaften gestoppt, die Privatisierung von Infrastruktureinrichtungen (Flughäfen, Eisenbahn,
35 Häfen) scheiterten bisher eher an den hohen Schulden dieser Firmen sowie am hohen Investitionsbedarf.

Autorentext

b) Entwicklung der (Jugend-)Arbeitslosigkeit in Griechenland

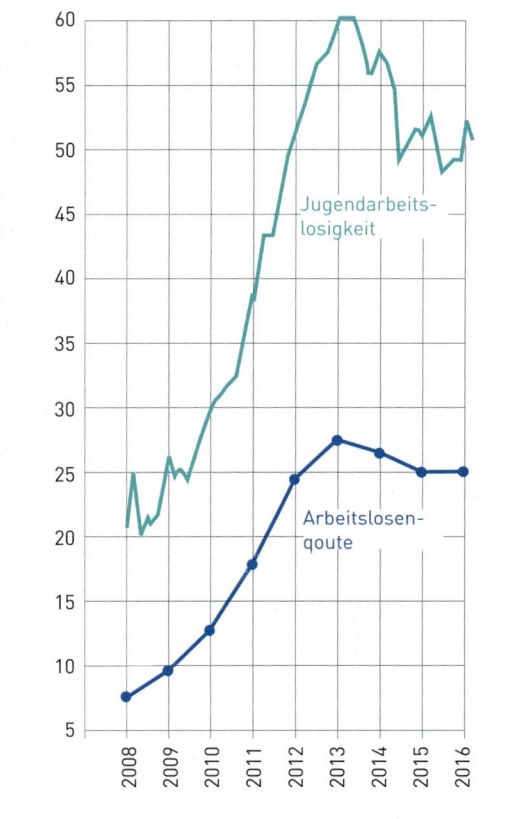

Griechenland: Arbeitslosenquote von 2008 bis 2016

Die Statistik zeigt die Arbeitslosenquote in Griechenland von 2008 bis 2016. Im Jahr 2016 lag die Arbeitslosenquote in Griechenland geschätzt bei rund 25 Prozent.

Nach: www.statista.com, Abruf am 27.6.2016

Aufgaben

❶ Beschreiben Sie die Statistik zu den Staatsinsolvenzen und leiten Sie daraus – allgemeine, nicht länderspezifische – Problemfragen ab. (M 1)

❷ Erklären Sie – am Beispiel Griechenlands seit 2009 – das Zustandekommen gravierender Staatsschuldenkrisen sowie deren Folgen für die Bevölkerung. (M 2 – M 4)

❸ Bewerten Sie die Spar- und Reformauflagen der internationalen Kreditgeber Griechenlands („Troika") aus Sicht der Bevölkerung. (M 3, M 4)

Ⓜ zu Aufgabe 3
Formulieren Sie dazu aus Sicht betroffener Bürger eine Europäische Bürgerinitiative (http://ec.europa.eu/ citizens-initiative/ public/welcome?lg=de; vgl. Kap. 3.2.3).

10.2.2 Warum soll die „0" stehen müssen? – Deutsche Schuldenbremse kontrovers

M 5 ● Schäubles „Schwarze 0" in der Karikatur

Interpretations-hilfe

Die Figur im Rollstuhl stellt den Bundesfinanz-minister Wolfgang Schäuble dar.

Bildsymbolik

Schwarze Null: umgangssprachlicher Ausdruck für einen Staatshaushalt, der ausgeglichen ist (Einnahmen = Ausgaben) oder der leichte Einnahmeüberschüsse aufweist

Karikatur: Luff, 2014

M 6 ● Die Haushaltsplanung der Bundesregierung

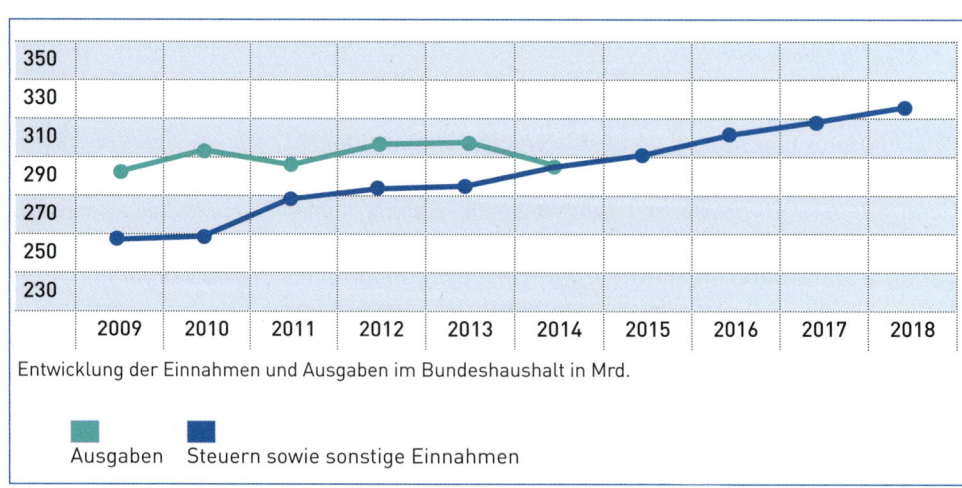

Entwicklung der Einnahmen und Ausgaben im Bundeshaushalt in Mrd.

■ Ausgaben ■ Steuern sowie sonstige Einnahmen

Nach: www.bundesfinanzministerium.de, 20.7.2015

Info

Schuldenbremse in der Bundesrepublik Deutschland

2009 in das Grundgesetz aufgenommene Bestimmungen, mit denen die Staatsverschuldung gebremst werden soll [Art. 109, 116, 143d GG]. Ab 2020 dürfen die Bundesländer keine neuen Schulden mehr machen, neue Schulden des Bundes dürfen ab 2016 höchstens 0,35% des Bruttoinlandsprodukts betragen. Ab 2011 soll mit dem Abbau der bestehenden Schulden begonnen werden, die 2009 für Bund, Bundesländer und Gemeinden insgesamt 1,6 Billionen Euro betrugen. [Im Falle von Naturkatastrophen oder anderen „außergewöhnlichen Notsituationen" darf der Bundestag die Neuverschuldungsobergrenze überschreiten. Kritiker bemängeln hierbei die ihrer Meinung nach nicht hinreichende Beschreibung solcher (wirtschaftlicher) Notlagen.]

Eckart Thurich, pocket politik. Demokratie in Deutschland. Überarb. Neuauflage Bonn 2011.

M 7 ● Kontrovers diskutiert

a) Staatsschulden – Fesseln für staatliches Handeln

Zunächst einmal bedeutet eine zunehmende Verschuldung, dass ein ständig wachsender Teil der Staatseinnahmen bereits blockiert wird für den Schuldendienst (d. h.
5 für Verzinsung und Tilgung); dies engt den finanzpolitischen Spielraum der öffentlichen Hand ein. [...] Wenn der Schuldendienst nicht aus den laufenden Einnahmen geleistet werden kann, sind neue Kredite
10 allein zur Verzinsung alter Schulden erforderlich – von Tilgung ist nicht die Rede –, woraus sich eine Schraube ohne Ende ergibt: die sogenannte Schuldenfalle [...].
Staatsverschuldung in größerem Umfange
15 kann den heimischen Geld- und Kapitalmarkt so beanspruchen, dass die Kreditzinsen steigen. Der Zusammenhang mit der kreditinduzierten Inflation ist das Hauptargument gegen exzessive Staatsver-
20 schuldung, wobei wiederum der ständig auftauchende Zielkonflikt zwischen Konjunkturanregung bzw. Beschäftigungsförderung und Preisstabilität deutlich wird. [...] [Es] ist aber zu beachten, dass am Kre-
25 ditmarkt nicht „der Staat" als riesiger Kreditnehmer auftritt, sondern eine Vielzahl von einzelnen Kreditnehmern in Gestalt von Bund, Ländern und Gemeinden. Eine nachhaltige Beeinflussung des Zinsniveaus

ist dann zu erwarten, wenn eine plötzliche 30 und massive Erhöhung der staatlichen Kreditnachfrage insgesamt eintritt, welche die Ausdehnungsmöglichkeiten des Kreditangebots überfordert. [...]
Schließlich hat die öffentliche Kreditauf- 35 nahme auch Umverteilungseffekte, da die Teilmenge der (meist) besser verdienenden privaten Kreditgläubiger von der Gesamtmenge der Steuerzahler refinanziert werden. Dem ist entgegenzuhalten, dass dieser 40 Effekt durch ein progressives Besteuerungssystem – zumindest tendenziell – abgemildert wird, d. h. wer dem Staat Mittel zu Verfügung stellen kann, wird tendenziell stärker besteuert als andere. [...] 45
Auch eine Verteilungswirkung im längerfristigen Zeitablauf ist zu berücksichtigen. Kreditfinanzierung heute zu tätigender Ausgaben kommt den heutigen Bürgern ohne Belastungen zugute. Verzinsung und 50 Tilgung dieser Schulden müssen aber in der Zukunft geleistet werden, so dass möglicherweise die nächste Generation noch die Schulden abzutragen hat, die heute gemacht wurden, ohne in gleichem Maße 55 Nutznießer dieser Ausgaben zu sein.

Jörn Altmann, Wirtschaftspolitik. Eine praxisorientierte Einführung, 8. überarb. Auflage, Stuttgart 2007, S. 350 ff.

Der Wirtschaftswissenschaftler Prof. Dr. Jörn Altmann ist Emeritus der Hochschule Reutlingen.

Mythos (griech.)
im ursprünglichen Sinne Erzählung, die Welterklärung enthält, hier: unwahre, aber dauerhaft geglaubte Behauptung

b) Staatsschulden – notwendig für Staat und Bürger

Fast alle Menschen und Politiker glauben [...], dass der Staat mit dem Aufnehmen neuer Schulden etwas grundsätzlich Unanständiges tut, weil er dadurch die zukünfti-
5 gen Generationen belastet [...].
Bei der [...] Überzeugung handelt es sich schon deswegen um einen Mythos, weil Schulden ja auch im privaten Bereich die Vermögenssituation nicht belasten, wenn
10 mit dem geliehenen Geld Vermögenstitel erworben werden. Wenn ich ein Haus auf Kredit kaufe oder der Staat auf Kredit eine Schule baut, werden die künftigen Generationen gerade nicht belastet, sondern man
15 versucht, mithilfe der heute zur Verfügung stehenden Kaufkraft, also der Ersparnisse anderer Gruppen, [...] die Situation der Kinder oder zukünftiger Generationen generell zu verbessern, indem man ihnen
20 eine Infrastruktur und andere reale Vermögensgegenstände (die Ökonomen sprechen hier von einem Kapitalstock) überlässt, aus dem man hohen Nutzen ziehen bzw. mit dessen Hilfe man ein hohes Einkommen er-
25 zielen kann.

Investitionen in Bildung gehen nicht auf Kosten der nächsten Generation – im Gegenteil.

Dieser Glaube ist aber selbst dann fundamental falsch, wenn der Staat das geliehene Geld nicht investiert, sondern für den Konsum verwendet. Hinter jedem geliehenen Euro steht nämlich eine Forderung ge- 30 gen den Staat, die sich in den Händen eines privaten Haushalts oder eines Unternehmens befindet. Wann immer der Staat seine Verschuldung erhöht, muss er ja jemanden finden (einen privaten Haushalt in der 35 Regel, in Krisenzeiten auch die Notenbank), der ihm einen Teil seiner Ersparnisse zur Verfügung stellt, der also nicht konsumiert in der Hoffnung, jemand werde sich das Ersparte leihen und ihm einen vernünfti- 40 gen Zins bezahlen. Wenn aber die Forderungen an den Staat in gleichem Maße wachsen wie seine Schulden, ist es kompletter Unsinn zu behaupten, die Verschuldung des Staates belaste zukünftige Gene- 45 rationen, weil diese zwar zum einen immer die Schulden des Staates erben, von ihren Eltern zum anderen aber auch die Forderungen gegen den Staat. Folglich ändert sich durch staatliche Verschuldung die 50 Vermögensposition zukünftiger Generationen niemals [...]. Ganz gleich, wer konkret das staatliche Schuldpapier hält, also etwa Banken oder private Haushalte: Die zugehörige Vermögensposition ist immer vor- 55 handen, und sie ist, trotz mancher heutiger Zweifel, immer noch die sicherste Art von Vermögensposition, die es gibt.

Heiner Flassbeck, Zehn Mythen in der Krise, Frankfurt a.M. 2012, S. 34 f.

Der Wirtschaftswissenschaftler Heiner Flassbeck war 1998/99 Staatssekretär im Bundesfinanzministerium und von 2003 bis zu seiner Pensionierung 2012 Chefvolkswirt der UNO-Organisation für Welthandel und Entwicklung (UNCTAD).

F zu Aufgabe 3
Ordnen Sie die Position Flassbecks wirtschaftstheoretisch ein. (M 7b, Kap. 6.2.1)

H zu Aufgabe 4
Erklären Sie in diesem Zusammenhang, von welcher Art schuldenfinanzierte Staatsausgaben sein müssten, um den gesellschaftlichen Kapitalstock zu erhöhen und beziehen Sie sich auf das Sozialstaatsgebot des Grundgesetzes.

Aufgaben

1 Analysieren Sie die Karikatur. (M 5)

2 Beschreiben Sie die Statistik zur geplanten Entwicklung des Bundeshaushalts und beurteilen Sie vorläufig die Idee der „Schwarzen Null". (M 6)

3 Stellen Sie die Positionen und Argumentationen für und gegen Staatsverschuldung einander gegenüber. (M 7)

4 Nehmen Sie Stellung zur Schuldenbremse in der Bundesrepublik Deutschland.

10.2.3 Sollte die Finanzpolitik weiter europäisiert werden?

M 8 ● Wie entwickeln sich die Schulden von Euro-Staaten?

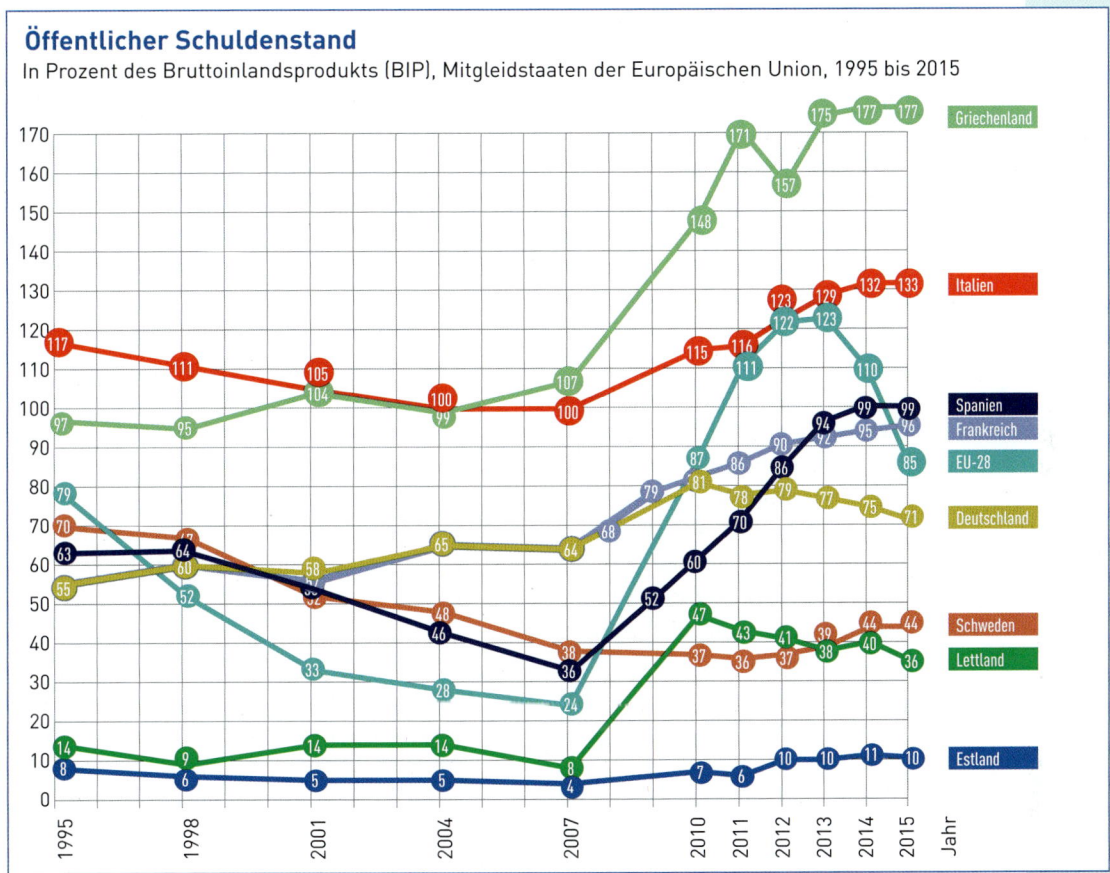

Öffentlicher Schuldenstand
In Prozent des Bruttoinlandsprodukts (BIP), Mitgleidstaaten der Europäischen Union, 1995 bis 2015

Nach: Creativ Commons by-nc-nd/3.0, www.bpb.de, Abruf am 27.6.2016

M 9 ● Entwicklung der Haushaltsdefizite/-überschüsse

	2013	2014	2015	2016*	2017*
Griechenland	-13,0	-3,6	-7,2	-3,1	-1,8
Italien	-2,9	-3,0	-2,6	-2,4	-1,9
Irland	-5,7	-3,8	-2,3	-1,1	-0,6
Deutschland	-0,1	+0,3	+0,7	+0,2	+0,1
Schweden	-1,4	-1,6	0,0	-0,4	-0,7
Lettland	-0,9	-1,6	-1,3	-1,0	-1,0
Estland	-0,2	+0,8	+0,4	-0,1	-0,2
Frankreich	-4,0	-4,0	-3,5	-3,4	-3,2
Spanien	-6,9	-5,9	-5,1	-3,9	-3,1

*Quelle: Eurostat, EU-Kommission; *Schätzung*

Haushaltsüberschüsse/-defizite in % des BIP

Europäische Schuldengrenzen / Euro-Konvergenz-kriterien

→ vgl. Kap. 8.1.1, M 4

M 10 ● Sollte die EU eigene Steuern erheben dürfen? – eine Position

[W]er eine echte Europäische Union will, der muss sich daran gewöhnen, dass die Institutionen, allen voran EU-Parlament und -Kommission, nicht nur mitreden, sondern auch handeln wollen. Dafür brauchen sie Macht – und Geld. Beides garantiert die EU-Steuer. [...]

Nach und nach könnte sich die Union allein aus automatisch fließenden Steuern in Europa finanzieren. Für den Übergang bliebe die EU zwar auf Zuweisungen der Mitglieder angewiesen. Die aber könnten schon mit der Einführung einer Steuer sinken [...].

Auch die Anforderungen an europäische Politik haben so enorm zugenommen, dass ein Umdenken in der Budgetpolitik geboten ist. Nie gab es so viele Herausforderungen, die nach europäischen Lösungen verlangen. Wohl kaum jemand zweifelt am Sinn großer europäischer Stromnetze oder am Ausbau der grenzüberschreitenden Verkehrswege. Auch die Bedeutung des Klimaschutzes wird niemand ernsthaft infrage stellen.

Dafür braucht Europa Geld. Höchste Zeit, sich so leidenschaftlich um die Einnahmen zu streiten wie um die Ausgaben. Die EU-Mitglieder sollten drei Einnahmen erwägen beziehungsweise neu gewichten:

Erstens: eine europäische Steuer auf Finanzgeschäfte. Die Kommission schlägt die Einführung einer Steuer auf Finanztransaktionen vor. Sie könnte wegen der enormen Größe der Finanzmärkte Milliarden Euro bringen. In der Höhe darf Brüssel nicht übertreiben – dann werden die Geschäfte außerhalb Europas gemacht. Weil eine weltweite Einigung außer Frage steht, ist die kleine europäische Lösung vernünftig und gerecht. Die Steuerzahler verstehen bis heute nicht, warum Banken und Versicherungen manche Staaten an den Rand des Bankrotts gebracht haben und nicht dafür zahlen sollen. Zugleich schreckt eine Steuer Spekulanten ab.

Zweitens: eine Umverteilung der Mehrwertsteuer. Auch sie wird von der Kommission ins Spiel gebracht. Schon heute wird ein Bruchteil der Mehrwertsteuereinnahmen nach Brüssel transferiert. Das geschieht aber so kompliziert, dass selbst Steuerexperten die Berechnungen kaum nachvollziehen können. Wie wäre es der Einfachheit halber damit: Ein Prozentpunkt der nationalen Mehrwertsteuer wird künftig für europäische Projekte verwendet.

Drittens: Die direkten Zahlungen nach Brüssel werden massiv gekürzt. Heute zahlen die Mitglieder höchstens 1,23 Prozent ihres Bruttonationaleinkommens, künftig sollte der Beitrag eher die Hälfte betragen. Je kleiner, desto leiser die Debatte um Nettozahler und -empfänger.

Schließlich dürfte der psychologische Nutzen einer EU-Steuer kaum zu überschätzen sein. Da die Belastung für die nationalen Haushalte nicht steigt, wäre sie für die Mitgliedsländer verkraftbar. Es wäre ein Schritt hin zu den Vereinigten Staaten von Europa. Ein wichtiger Schritt, wenn wir diese Union ernsthaft wollen.

Claas Tatje, www.zeit.de, 7.7.2011

Finanztransaktionssteuer (FTS)

auch „Tobin-tax"; Steuer mit einem sehr kleinen Steuersatz (z.B. 0,05 oder 0,1%), die auf jede Finanztransaktion erhoben wird (Banküberweisung, Wertpapierkauf/-verkauf, Währungskauf/-verkauf...). Aufgrund der Größenordnung des digitalisierten Bankenhandels mit Wertpapieren und Währungen kämen voraussichtlich Milliardensummen zusammen.

H zu Aufgabe 3
Entwickeln Sie zunächst eine Gegenargumentation zu Tatjes Ausführungen.

M zu Aufgabe 3
Führen Sie eine Podiumsdiskussion durch zum Thema: Sollte die EU eigene Steuern erheben (dürfen)? Lassen Sie dabei jeweils zwei Befürworter und Gegner diskutieren und öffnen Sie dann das Gespräch für das Publikum.

Aufgaben

1 Beschreiben Sie die Statistiken und vergleichen Sie die Ergebnisse mit den Konvergenzkriterien des EU-Stabilitäts- und Wachstumspakts. (M 8, M 9; Kap. 8.1.1, M 4)

2 Beurteilen Sie die bisherige Wirkung der europäisierten Finanzpolitik. (M 8, M 9; Kap. 8.1.2, M 6)

3 Diskutieren Sie die Forderung, die EU solle eigene Steuern erheben dürfen, wodurch die Europäisierung der Finanzpolitik deutlich vertieft würde. (M 10)

Häufig wurde in den vergangenen Jahren von einem intergenerationellen Gerechtigkeitsproblem (in zweierlei Hinsicht) gesprochen: Erstens lebe die jetzige Generation von Rentnern und auch Arbeitenden z. T. auf Kosten der heutigen Kinder und Jugendlichen, weil heute (z. B. für Sozialausgaben) angehäufte Staatsschulden von der nachwachsenden Generation getragen werden müssten. Zweitens müssten aufgrund der niedrigen Geburtenraten und verlängerten Lebenserwartung immer weniger Arbeitende (die heutigen Kinder) für immer mehr Rentner aufkommen. Dabei werden häufig – wahrscheinlich dringlichere – intragenerationelle Gerechtigkeitsprobleme vergessen: Die zunehmende Armutsgefährdung (insbesondere unter Langzeitarbeitslosen) ist bereits bei Erwachsenen ein Problem (z. B. der deutlich geringeren Lebenserwartung). Bei den 2,5 bis 3 Millionen armutsgefährdeten Kindern in Deutschland können die Folgen gravierend sein, zumal sich Unterprivilegierung über Generationen hinweg fortsetzt.

Offene sozialpolitische Regelungsbereiche
Kap. 10.1
M 1 - M 8

Für die Bekämpfung der Armutsgefährdung scheinen die derzeitigen sozialstaatlichen Maßnahmen unzureichend zu sein. Vor allem die Grundsicherung für Familien (darunter besonders betroffen: Alleinerziehende) ermöglicht kein Einkommen über der Armutsgefährdungsgrenze.
Im Verständnis der Grundsicherung, die im Wesentlichen über Arbeitslosengeld II realisiert wird, zeigt sich ein seit Anfang des 21. Jahrhunderts deutlich gewandeltes Sozialstaatsverständnis in Deutschland: Konnte man vorher näherungsweise von einem (kompensatorischen) Wohlfahrtsstaat sprechen, bei dem Bedürftige standardisierte Leistungen ohne Gegenleistung erhielten, ist heute deutlich vom Modell des aktivierenden Sozialstaats zu sprechen, bei dem individualisierte Leistungen an Mitwirkungspflichten (Gegenleistungen) geknüpft werden („Fördern und Fordern"). Kritiker bemängeln aber, dass die Seite des Förderns zu kurz käme, die existenziell betroffenen Menschen als nicht ausreichend Gelegenheit erhalten, ihr Potenzial zu entfalten.

Sozialstaat im Wandel
Kap. 10.1
M 10, M 11

Sozialleistungen machen mehr als 50% der deutschen Staatsausgaben aus, wobei der Löwenanteil für die Sozialversicherung (inkl. Arbeitslosenversicherung) aufgewendet wird. Dennoch nehmen auch die steuerfinanzierten Ausgaben einen erheblichen Raum ein, wobei einige eher wohlhabenderen Bevölkerungsschichten dienen (Elterngeld, auch Kindergeld) als ärmeren. Aufgrund des ohnehin hohen Sozialbudgets sind die Möglichkeiten an zusätzlichen Staatsausgaben für Sozialleistungen begrenzt, aber es gäbe Möglichkeiten einer signifikanten Umverteilung zu Gunsten von Bedürftigeren innerhalb der bisherigen Sozialleistungsquote.

Möglichkeiten und Grenzen steuerfinanzierter Sozialpolitik
Kap. 10.1
M 14 - M 18

(Aktuelle) Staats-
schuldenkrise und
(drohende) Staats-
insolvenz
Kap. 10.2
M 2, M 3

Nicht zuletzt aufgrund der drohenden Staatsinsolvenz Griechenlands stellt sich die Frage, ob nicht überhöhte Sozialausgaben zu einer Unwucht in den Staatsfinanzen führen (können). Allerdings ist das Ursachenbündel der griechischen Staatsschuldenkrise ungleich komplexer, wenn auch zu hohe Staatsausgaben einen wesentlichen Grund der Schieflage darstellen. Sehr problematisch sind allerdings die Folgen für die Bevölkerung. Die von den internationalen Kreditgebern (EU, EZB, IWF) geforderten Spar-, Wirtschaftsreform- und Sozialreformauflagen hatten herbe Einkommensverluste für breite Gesellschaftsteile zur Folge und trugen u. a. wegen der verringerten Kaufkraft dazu bei, die Konjunktur weiter erlahmen zu lassen und die extrem hohe Arbeitslosigkeit (um 25%, unter jungen Menschen um 50%) zu verfestigen.

„Schuldenbremse"
in der Bundesre-
publik
Kap. 10.2
M 6, M 7

Seit den wirtschaftspolitischen Maßnahmen zur Bekämpfung der Wirtschaftskrisenauswirkungen 2009 liegt der Schuldenstand der Bundesrepublik über der von der EU zugelassenen Grenze von 60% eines Jahres-BIPs. Um die Schulden nicht weiter ansteigen zu lassen, sondern mittelfristig abzubauen, setzte die Bundesregierung die sog. „Schuldenbremse" durch, wonach praktisch keine Neuverschuldung mehr möglich ist. Befürworter begrüßen auch, dass heutige Ausgaben nicht (als Tilgung und Zins) an zukünftige Arbeitnehmer-Generationen weitergegeben werden. Skeptiker führen aus, dass schuldenfinanzierte Investitionsausgaben (in Bildung, Forschung, Infrastruktur...) den volkswirtschaftlichen Kapitalstock (und zudem die Produktivität) erhöhen, sodass per Saldo gar keine Schulden weitergegeben würden.

Europäisierung der
Finanzpolitik
Kap. 10.2
M 8 - M 10

Mit den Konvergenzkriterien für Währungen in der Europäischen Union (vgl. Kap. 8.1.1) sowie den Sanktionen, die bei Verstößen gegen diese Kriterien automatisch in Kraft treten, gibt es bereits ordnungspolitische Ansätze einer europäischen Finanzpolitik. Diese beschränkt sich aber zurzeit auf das Ziel der Währungsstabilisierung. Das zentrale ordnungspolitische Instrument der Steuererhebung liegt allerdings noch vollauf bei den Nationalstaaten. Auch betreibt die Europäische Union (noch) keine Konjunkturpolitik (als prozesspolitische Seite der Finanzpolitik).
Es ist unwahrscheinlich, dass die Mitgliedstaaten der EU in absehbarer Zeit einen Teil ihres Steuererhebungsrechts an die Union abtreten (obwohl dies die europäische Integration erheblich voranbrächte), da diese Kompetenz staatliches Handeln überhaupt erst ermöglicht.

Tafeln – Wohltätigkeit oder Armutszeugnis?

Suppe wird dort nicht ausgeschenkt. „Die Tafel" ist keine Suppenküche im klassischen Sinn. Auf den Tafeln liegen Sachen, die man gut mitnehmen kann: Brot, Obst,
5 Gemüse, Wurst – Verderbliches oft, kurz vor dem Ablaufdatum gespendet. Marmelade, Schokolade, Tütensuppe. Die Tafeln sind Einkaufsorte, nein Ausgabestellen für Leute, die sich ein normales Einkaufen
10 nicht leisten können. Dort finden sie Lebensmittel und oft auch Kleidung. Wie nennt man Leute, die dort hingehen? „Kunden" klingt besser als „Arme". Es gibt immer mehr Kunden an immer mehr Ta-
15 feln. An manchen Tafeln zahlt man einen Euro am Eingang, an anderen fünf. So einen Obolus finden fast alle gerecht, die da anstehen. Das hilft gegen das Gefühl, es würde einem alles geschenkt.
20 Tafeln gehören zu den erfolgreichsten Einrichtungen in Deutschland. Sie expandieren wie sonst nichts. Sie expandieren, weil Not und Bedürftigkeit in Deutschland expandieren. Mehr als 900 Tafeln gibt es in
25 Deutschland, dort versorgen eineinhalb Millionen Kunden sich und ihre Familienangehörigen. [...]
Die Tafeln breiten ein deutschlandgroßes Tischtuch über die Armut. Es wäre eine Ka-
30 tastrophe, wenn es diese gemeinnützige Einrichtung nicht mehr gäbe. Es ist aber auch eine Katastrophe, dass es sie geben muss. Tafeln dürfte es in einem der reichsten Länder der Erde eigentlich gar nicht
35 geben. Die vielen Tafeln zeigen, dass die Not zurückgekehrt ist in ein reiches Land. Natürlich ist diese Not eine andere Not als die in Kalkutta. Die Armen in Deutschland sind relativ arm – sie sind arm dran. [...]

Die Tafelbewegung ist wohl die derzeit 40 größte Bürgerbewegung der Bundesrepublik. Mehr als vierzigtausend Menschen arbeiten ehrenamtlich dafür, dass Bedürftige ihr täglich Brot bekommen. Sie sammeln die Lebensmittel, die sonst als Biomüll ent- 45 sorgt werden müssten. Davon profitieren die Bedürftigen und die Spender. Erstere haben was zu essen, Letztere ersparen sich Entsorgungskosten (zum Teil werden sie an die Tafeln weitergegeben, weil letztlich 50 doch einiges im Müll landet). [...] Tafeln sind etwas Wunderbares, weil sie Pragmatismus mit Wohltätigkeit verbinden, weil die Idee, die hinter den Tafeln steckt, so verblüffend einfach ist. Aber: Soll man 55 wirklich als Großtat der Bürgergesellschaft feiern, was eigentlich ein Armutszeugnis ist?
Tafeln sind ein Notbehelf, sie bieten Almosen, sie liefern die Krümel vom Überfluss, 60 sie sind Gnadenbrot.

Heribert Prantl, Boom sozialer Einrichtungen. Die Not kehrt zurück, Süddeutsche Zeitung, 12.10.2012, S. 4

Heribert Prantl ist der leitende Redakteur für Innenpolitik bei der Süddeutschen Zeitung.

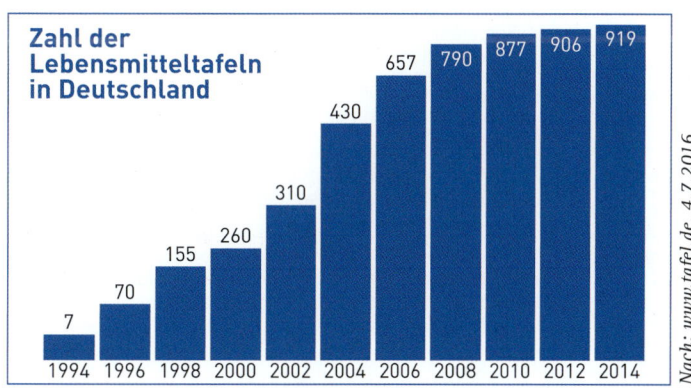

Zahl der Lebensmitteltafeln in Deutschland

Jahr	Anzahl
1994	7
1996	70
1998	155
2000	260
2002	310
2004	430
2006	657
2008	790
2010	877
2012	906
2014	919

Nach: www.tafel.de, 4.7.2016

Aufgaben

❶ Geben Sie Heribert Prantls Position und Argumentation zu Lebensmitteltafeln in Deutschland wieder.

❷ Setzen Sie die quantitative Entwicklung von Tafeln in Beziehung zur politischen Transformation vom kompensatorischen zum aktivierenden Sozialstaat.

❸ Setzen Sie sich mit Prantls Position auseinander.

OPERATOREN

Erläuterungen zu den Operatoren

Die folgenden Operatoren finden u.a. im Fach Politik und Wirtschaft Verwendung in den Aufgabenvorschlägen zum Landesabitur.

Operator(en)	Definition	Beispiel(e)	AFB
Anforderungsbereich I			
berechnen	anhand vorgegebener Daten durch Rechenoperationen zu einem Ergebnis gelangen und die Rechenschritte dokumentieren	Berechnen Sie den Arbeitnehmer- und Arbeitgeberanteil zur Sozialversicherung.	I–II
beschreiben	Aussagen, Sachverhalte, Strukturen o. Ä. in eigenen Worten strukturiert und fachsprachlich verdeutlichen	Beschreiben Sie die zentralen Merkmale der Epoche des Expressionismus. Beschreiben Sie die in der Rede deutlich werdende Haltung Hitlers gegenüber dem Judentum.	I–II
nennen	zielgerichtet Informationen zusammentragen, ohne diese zu kommentieren	Nennen Sie die zentralen Thesen der Mitleidsethik Arthur Schopenhauers. Nennen Sie die wichtigsten Stationen auf dem Weg zum Potsdamer Abkommen.	I
notieren	Noten und musikalische Zeichen traditionell oder graphisch aufschreiben	Notieren Sie Umkehrung und Krebs der Zwölftonreihe.	I–II
skizzieren	einen Sachverhalt oder Gedankengang in seinen Grundzügen angeben	Skizzieren Sie die Beweggründe des Protagonisten aus dem vorliegenden Romanauszug. Skizzieren Sie den Einfluss der Medien auf die politische Willensbildung.	I–II
wiedergeben	ausgehend von einem Einleitungssatz Informationen aus dem vorliegenden Material unter Verwendung der Fachsprache in eigenen Worten ausdrücken	Geben Sie den Textinhalt des Klavierliedes wieder.	I
zusammenfassen	ausgehend von einem Einleitungssatz die wesentlichen Aussagen eines Textes in strukturierter und komprimierter Form unter Verwendung der Fachsprache herausstellen	Fassen Sie den vorliegenden Text zur Präimplantationsdiagnostik (PID) in eigenen Worten zusammen.	I–II
Anforderungsbereich II			
analysieren	Merkmale eines Textes, Sachverhaltes oder Zusammenhanges kriterienorientiert bzw. aspektgeleitet erschließen und zusammenhängend verdeutlichen	Analysieren Sie die Liebesbeziehung in Goethes Gedicht auch unter Berücksichtigung sprachlich-formaler Aspekte.	II
anwenden	einen bekannten Sachverhalt oder eine bekannte Methode auf eine neue Problemstellung beziehen	Wenden Sie die Positionen absoluter Strafbegründung auf den vorliegenden Fall an.	II
auswerten	Daten, Einzelergebnisse oder Sachverhalte zu einer abschließenden Gesamtaussage zusammenführen	Werten Sie Material 1 aus, sodass Sie eine Aussage über die aktuellen Probleme des Naturraums treffen können.	II
charakterisieren	Vorgänge, Sachverhalte, Personen / Figuren in ihrer jeweiligen Eigenart treffend und anschaulich kennzeichnen und ggf. unter einem bestimmten Gesichtspunkt zusammenführen	Charakterisieren Sie den Protagonisten des vorgegebenen Textauszugs. Charakterisieren Sie die Themen der vorliegenden Komposition. Charakterisieren Sie die Organisation des Staates während der nationalsozialistischen Herrschaft.	II
darstellen	Sachverhalte o. Ä. und deren Bezüge sowie Zusammenhänge aufzeigen	Stellen Sie die Bedeutung der Szene im Kontext der Dramenhandlung dar. Stellen Sie Freuds Menschenbild dar, wie es sich aus dem psychischen Apparat und seiner Trieblehre ergibt.	I–II
einordnen / zuordnen	Texte oder Sachverhalte unter Verwendung von Vorwissen begründet in einen genannten Zusammenhang stellen	Ordnen Sie das Schreiben in die Geschichte der amerikanisch-sowjetischen Beziehungen zwischen 1941 und 1946 ein.	I–II

OPERATOREN

Operator(en)	Definition	Beispiel(e)	AFB
erklären	Materialien, Sachverhalte o. Ä. in einen Begründungszusammenhang stellen, z.B. durch Rückführung auf fachliche Grundprinzipien, Gesetzmäßigkeiten, Funktionszusammenhänge, Modelle oder Regeln	Erklären Sie die Funktion des Prologs für die Dramenhandlung. Erklären Sie, welche Kraftarten in Ihrer Prüfungssportart vorrangig benötigt werden, um erfolgreich zu sein.	II
erläutern	Materialien, Sachverhalte o. Ä. mit zusätzlichen Informationen und Beispielen verdeutlichen	Erläutern Sie ausgehend vom Text wesentliche Elemente des Modells der repräsentativen Demokratie.	II
gliedern	ein Musikstück begründet in Abschnitte einteilen und diese sprachlich bezeichnen	Gliedern Sie das vorliegende Notenbeispiel.	I–II
herausarbeiten	aus Materialien nicht explizit genannte Sachverhalte erschließen	Arbeiten Sie aus der Szene die Vorgeschichte der beiden Partner heraus.	II
in Beziehung setzen	Zusammenhänge unter vorgegebenen oder selbst gewählten Gesichtspunkten begründet herstellen	Setzen Sie die Grafik in Beziehung zum vorliegenden Text. Setzen Sie Dorothee Sölles Vorstellungen von Jesus Christus in Beziehung zu entsprechenden neutestamentlichen Aussagen.	II
untersuchen	Sachverhalte unter bestimmten Aspekten betrachten und belegen	Untersuchen Sie, inwieweit Büchners Kunstauffassung in diesem Text erkennbar ist.	II
vergleichen / gegenüberstellen	nach vorgegebenen oder selbst gewählten Gesichtspunkten Gemeinsamkeiten, Ähnlichkeiten und Unterschiede begründet darlegen	Vergleichen Sie die Naturschilderungen in den vorliegenden Gedichten von Eichendorff und Heym.	II–III
Anforderungsbereich III			
begründen	einen Sachverhalt bzw. eine Aussage durch Argumente stützen	Begründen Sie Ihr Trainingskonzept.	II–III
beurteilen	zu einem Sachverhalt oder einer Aussage unter Verwendung von Fachwissen und Fachmethoden eine begründete Einschätzung geben	Beurteilen Sie, welche Bedeutung dem in der Textvorlage dargestellten Menschenbild heute zukommt.	III
bewerten / Stellung nehmen	wie Operator ‚beurteilen', aber zusätzlich die eigenen Maßstäbe begründet darlegen	Nehmen Sie Stellung zu der Frage, inwieweit die oben erarbeiteten biblischen Vorstellungen von Gott heutzutage tragfähig sein können.	III
diskutieren / sich auseinandersetzen mit	zu einer Aussage, Problemstellung oder These eine Argumentation entwickeln, die zu einer begründeten Bewertung führt	Diskutieren Sie, ob es angemessen ist, die nationalsozialistische Machtergreifung als Revolution zu bezeichnen.	III
entwickeln	einen eigenen Gedankengang bzw. ein Konzept zu einem Thema entfalten und Schlussfolgerungen ziehen	Entwickeln Sie ein begründetes und nachvollziehbares Übungsprogramm.	III
erörtern	eine These oder Problemstellung unter Abwägen von Pro- und Kontraargumenten hinterfragen und zu einem eigenen Urteil gelangen	Erörtern Sie die These vor dem Hintergrund des Menschenbilds der Aufklärung. Erörtern Sie, inwiefern in einer an der Technik orientierten Gesellschaftsordnung totalitäre Tendenzen, wie sie bei Platon angelegt sind, entstehen können.	II–III
gestalten / entwerfen / verfassen	Aufgabenstellungen kreativ und produktorientiert bearbeiten, z.B. auf der Grundlage eines Materials und seiner inhaltlichen oder stilistischen Gegebenheiten eine kreative Idee in ein selbstständiges Produkt umsetzen	Gestalten Sie auf der Grundlage der vorgegebenen Informationen eine Petition der Gewerkschaftsvertreter an den Innenminister.	III
interpretieren	auf der Grundlage einer Analyse Sinnzusammenhänge aus Materialien methodisch reflektiert erschließen, um zu einer schlüssigen Gesamtauslegung zu gelangen	Interpretieren Sie das vorliegende Gedicht unter Berücksichtigung von inhaltlichen sowie sprachlich-formalen Aspekten. Interpretieren Sie die Statistik in Hinblick auf die Einkommenssituation der Dorfbevölkerung im Jahre 1897.	i.d.R. III
komponieren	ein Musikstück verfassen, ggf. unter Einbeziehung vorgegebener Merkmale	Komponieren Sie unter Verwendung Ihrer Entwürfe den ersten Abschnitt Ihres Werkes.	III
überprüfen	Aussagen auf der Grundlage von Fachkenntnissen kritisch hinterfragen und auf ihre Angemessenheit hin begründet einschätzen	Überprüfen Sie, inwieweit die Stellungnahme des UN-Generalsekretärs mit den „UN-Millenniumszielen" vereinbar ist.	III

OPERATOREN

Hinweise zur Bearbeitung von Aufgabenstellungen

Bis zum Abitur wird von Ihnen gefordert, mit Operatoren formulierte Aufgaben zu bearbeiten. Im Folgenden werden fünf häufig verwendete Operatoren näher erklärt, um Ihnen die Bearbeitung der Aufgaben zu erleichtern.

zusammenfassen

Sie sollen unter Beweis stellen, dass Sie einen fachspezifischen Text hinsichtlich seiner zentralen Aussagen „verstehen", indem Sie diesen mit eigenen Worten zusammenfassen.

Drei Gesichtspunkte sind hier zentral:
- die **inhaltliche Reduktion**; dabei ist zu beachten, dass oft in den Aufgaben ein Aspekt genannt wird, zu dem die Ausführungen zusammengefasst werden sollen. Alles andere sollte weggelassen werden.
- die **Strukturiertheit**; häufig ist es sinnvoll, sich vom Aufbau des Ausgangstextes selbst zu lösen und eine eigene sinnvolle Struktur für die Zusammenfassung zu finden.
- die **sprachliche Distanzierung**: Verwenden Sie durchgängig eigene Formulierungen (Ausnahme: Fachbegriffe) und grammatische Distanzierungsmittel (insb. Konjunktiv der indirekten Rede)

einordnen

Sie sollen – wie bei allen Aufgaben des Anforderungsbereichs II – fundierte Fachkenntnisse nachweisen, hier indem Sie diese in einem neuen Zusammenhang anwenden. Sie wählen sie bewusst aus und stellen diese nachvollziehbar dar.

Bearbeitungstipp: Stellen Sie sich einen nur wenig vorgebildeten Leser vor! Nichts ist „selbstverständlich", sondern muss diesem Leser genau erklärt werden (Fachbegriffe definieren, Zusammenhänge genau darstellen etc.).

Hier sind zwei unterschiedliche Aufgabenformate vorstellbar: erstens Aufgaben, die genau angeben, in welchen Sachverhalt eine Position eingeordnet werden soll (*„Ordnen Sie die vorgestellten Handlungsansätze zur Gestaltung von gleichen Bildungschancen in ein Schema von sinnvoll bis sehr wirksam ein."*); zweitens – und wahrscheinlicher – eine offenere Aufgabenstellung (*„Ordnen Sie den Markt für Emissionszertifikate in die Marktformen ein."*). Beim zweiten Typus sollten Sie bei der schriftlichen Beantwortung der Aufgabe zunächst kurz darlegen, welche Marktformen Sie zur Einordnung heranziehen. Dann können Sie ähnlich vorgehen wie bei der Aufgabenstellung → „vergleichen".

In beiden Varianten geht es oft darum, die im Material nicht unbedingt explizit geäußerten Grundannahmen etc. Fachkonzepten zuzuordnen und diese Zuordnung erklärend zu belegen.

erläutern

Hier sollten Sie unter Beweis stellen, dass Sie eine im vorliegenden Material nicht weiter begründete, aber allgemein als zutreffend angesehene Aussage („Sachverhalt") auf der Basis fundierten Fachwissens umfassend erklären können. Dadurch zeigen Sie, dass Sie gegebene Aussagen tief zu durchdringen verstehen.

Zwei Hauptschwierigkeiten beinhaltet der Operator „erläutern":

• Zum Ersten weist der Sachverhalt häufig mehrere zu erläuternde Dimensionen auf, die zunächst von Ihnen identifiziert und in der Einleitung zur Aufgabenbearbeitung dargestellt werden müssen. Materialbeispiel: *„Das Problem des anthropogenen Klimawandels stellt eine der Hauptbedrohungen für die Menschheit dar und konnte politisch bislang allerhöchstens in Ansätzen gelöst werden."* Hier finden sich drei zu erläuternde Aspekte, nämlich erstens die Menschengemachtheit der globalen Erwärmung, zweitens die Behauptung, der Klimawandel sei eine globale Hauptbedrohung, und drittens die fehlende politische Lösung.

• Zum Zweiten müssen sinnvolle Beispiele und/oder Theorien zur Verdeutlichung der Aussage angeführt werden.

Materialbeispiel: Das Bedrohungspotential des Klimawandels könnte am Beispiel bereits einsetzender Versteppung und daraus resultierender Nahrungskonkurrenz inkl. Hungermigration verdeutlicht werden. Zusätzlich wäre es möglich, das Nichtzustandekommen umfassender politischer Lösungen (Scheitern von Klimagipfeln) mit der Rational-choice-Theorie systematisch zu analysieren.

vergleichen

Vergleiche sind kein Selbstzweck, sondern dienen in der Regel dazu, die Spezifika eines Sachverhaltes durch die Abgrenzung von einem „verwandten" Sachverhalt zu erhellen.

Bearbeitungstipps: Vergegenwärtigen Sie sich die mögliche Zielsetzung des Vergleichs (Darlegen der Spezifika eines Sachverhalts durch Analogie und Abgrenzung), um eine problemorientierte Einleitung formulieren und tragfähige Vergleichskriterien entwickeln zu können.

Erfahrungsgemäß bereitet die **Kriterienorientierung** des Vergleichs die meisten Schwierigkeiten. Empfehlenswert ist daher in einem ersten Schritt, zur Vorbereitung auf die schriftliche Beantwortung der Aufgabe eine Matrix mit (min.) drei Spalten anzulegen: In der linken Spalte werden Vergleichskriterien festgehalten (die Sie in der Regel selbst finden müssen), zu denen dann die Spalten gefüllt werden.

Beispiel	Kennzeichen der modernen Industriegesellschaft	Kennzeichen der modernen post-industriellen Wissens- und Dienstleistungsgesellschaft
Bevölkerung		
Haushalte		
Bildung		
Erwerbstätigkeit		

OPERATOREN

Nicht immer müssen miteinander verglichene Gegenstände Gemeinsamkeiten und Ähnlichkeiten und Unterschiede aufweisen. Denkbar ist z. B. auch, dass sich nahezu ausschließlich Unterschiede finden.

Gemeinsamkeiten bzw. Ähnlichkeiten sowie Unterschiede könnten in einem zweiten Schritt farbig markiert werden. Im dritten Schritt kann der eigene Text anhand der Kriterien oder – meist empfehlenswerter – nach Gemeinsamkeiten und Unterschieden strukturiert werden, wobei die stärksten Übereinstimmungen/Unterschiede zuerst bzw. zuletzt genannt werden sollten.

erörtern

In Ihrer Erörterung (und das gilt genauso auch für die Operatoren „beurteilen" und „Stellung nehmen") sollen Sie unter Beweis stellen, dass Sie ein gegebenes Problem unter Nutzung Ihres Fachwissens und der Übernahme unterschiedlicher Perspektiven vielschichtig abwägen können. Es wird eine rein sachorientierte Sprachwahl verlangt.

Der erwartete Text unterscheidet sich daher deutlich von sich einseitig und oft polemisch positionierenden (Zeitungs-)Texten, die immer wieder auch Gegenstand des PoWi-Unterrichts sind.

Fünf Punkte sind wesentlich zu beachten:
- Ein politisches Urteil sollte unbedingt kategorial (Legitimität, Effizienz, Grundwerte) erfolgen und diese **Urteilskategorien** sollten je nach Problemstellung in **Kriterien** (z. B. Durchsetzbarkeit, Kosten, Legalität, Repräsentativität, Gleichheit, Freiheit, Sicherheit…) aufgefächert sein. Bei der schriftlichen Entfaltung von Argumenten sollten diese jeweils explizit den Kriterien zugeordnet werden, um dem Leser eine Orientierung zu ermöglichen.
- Der Operator „erörtern" fordert zwingend die Anführung von Pro- und Kontraargumenten.
- Jedes dieser Argumente muss durch einen (empirischen) **Beleg**, ein schlüssiges **Beispiel** oder eine **logische Herleitung** untermauert werden. Grenzen Sie diese umfassend und verständlich ausgearbeiteten Argumente stets durch Absätze ab.
- Die Argumente können auf zweierlei Weise angeordnet werden: Wenn Sie sich klar gewichten lassen, bietet sich das „**Sanduhrenmodell**" an (zuerst die Pro-, dann die Kontragesichtspunkte oder umgekehrt, endend mit dem überzeugendsten Argument für die eigene Meinung). Entkräften sich jeweils einzelne Argumente inhaltlich sinnvoll, ist das Modell „**dialektische Erörterung**" empfehlenswert (abwechselnd jeweils ein Pro- und ein Kontraargument auf der gleichen inhaltlichen Ebene, endend mit dem überzeugendsten Argument für die eigene Meinung).
- Im Schlussteil der Erörterung sollte die **eigene Position eindeutig geäußert** werden.

Bearbeitungstipp: Um Ihre Erörterung stimmig zu gliedern, muss Ihr Schreibziel, also die vertretene Position, im Voraus klar sein.
Hilfreich kann es hierfür sein, die Problemstellung in Form einer Meinungslinie zwischen den Enden „stimme vollauf zu" und „stimme überhaupt nicht zu" zu visualisieren und die eigene Position als Schreibziel darin zu markieren.

Probeklausur

Heribert Prantl: Sprich nicht mit dem Hitlerbärtchen

Die Forderung, Volksbegehren und Volksentscheid auch auf Bundesebene einzuführen, hat es kaum je so schwer gehabt wie jetzt. Soll das, so kann man fragen, die Zukunft der Demokratie sein? Diese Pöbelei, diese Aggression? Nein, danke. So nicht.

Und trotzdem: Die Forderung nach Plebisziten auf Bundesebene war und ist richtig. Wäre sie vor 22 Jahren, als sie ganz oben auf der politischen Tagesordnung stand, erfüllt worden – das Gefühl, dass „die da oben eh machen, was sie wollen" hätte sich nicht so gefährlich ausbreiten können. Aus einer Politikverdrossenheit, die schon seit Langem grassiert, wäre keine partielle Politikverachtung geworden – die bis in die bürgerliche Mitte reicht und die durchaus auch bei Bürgern zu Hause ist, die gegen Pegida[1] demonstrieren.

Vor 22 Jahren, als nach der Wiedervereinigung die große Kommission zur Überarbeitung des Grundgesetzes tagte, haben 266.319 Eingaben die Einführung sogenannter plebiszitärer Elemente gefordert; das war in der Zeit vor Facebook und Twitter sensationell viel. Die Mehrheitspolitik hat das abgewürgt. Das war ein Fehler.

Deutschland braucht [...] eine Hinwendung der Politik zu den Menschen. Die Demokratie muss näher hin zum Bürger: Das beginnt bei öffentlichen Fraktionssitzungen in den Kommunen, das setzt sich fort bei Regionalkonferenzen, die die Parteien nicht nur für ihre Mitglieder abhalten; das geht hin zu Volksabstimmungen auf Bundesebene. Der Souverän Bürger soll nicht das Gefühl haben müssen, nur alle vier oder fünf Jahre einmal gefragt zu sein, aber ansonsten die Klappe halten zu sollen. Demokratie braucht das andauernde Gespräch mit dem Bürger [...].

Eine direkte Demokratie, die die repräsentative ergänzt, würde zeigen, dass Pegida nicht das Volk, sondern nur ein kleiner Bruchteil davon ist.

Heribert Prantl, Süddeutsche Zeitung, 22.1.2015

Der Journalist und Jurist Heribert Prantl ist Leiter des Ressorts Innenpolitik der Süddeutschen Zeitung.

1 *Pegida: Islam- und fremdenfeindlicher, rechtspopulistischer Verein, der ab 2014 v. a. in Dresden öffentlichkeitswirksame Demonstrationen und Kundgebungen mit bis zu 25.000 Teilnehmern veranstaltete; Ableger und Aktionen in mehreren anderen deutschen Großstädten*

Aufgaben

1. Geben Sie Heribert Prantls Position und Argumentation zu direktdemokratischen Elementen auf Bundesebene wieder.

2. Vergleichen Sie repräsentative und direkte Demokratie in Grundzügen.

3. Arbeiten Sie – auch Prantls Aussagen ergänzend – Argumente heraus, die für bzw. gegen die Stärkung direktdemokratischer Elemente auf Bundesebene sprechen.

4. Verfassen Sie einen Leserbrief an Heribert Prantl, in dem Sie ein direktdemokratisches Element auf Bundesebene entwerfen, das die Vorteile solcher Elemente zum Tragen kommen lässt und deren mögliche Gefahren abschwächt.

Erwartungshorizont zur Probeklausur

Aufgabe 1

Lösungsskizze	Formulierungshilfen
• Der **Einleitungssatz** sollte neben den Formalia (Autor, Erscheinungsmedium und -datum, Textsorte) die **Kernaussage/n** des Textes enthalten: Heribert Prantl fordert die Stärkung direktdemokratischer Elemente auf kommunaler und die Einführung plebiszitärer Elemente auf Bundesebene um der souveränen Bürgerschaft auch zwischen den Wahlen einen angemessenen politischen Einfluss zu verleihen.	• Einleitung mit Nennung der Kernaussage: *In seinem Zeitungskommentar aus der Süddeutschen Zeitung vom 22.1.2015 formuliert Heribert Prantl seine Forderung, dass...* Mögliche Textsorten: meinungsbetonte (Kommentar, Leitartikel, Leserbrief, Rede...), nicht meinungsbetonte (Bericht, Reportage...)
• Zu referierende **Hauptaussagen** sind: Auf Bundesebene sollen Volksbegehren und -entscheid eingeführt werden. Auf kommunaler und Landesebene (auf denen bereits einige plebiszitäre Elemente verankert sind) sollten sich die Parteien bzw. Fraktionen stärker öffnen und die Bürger an den bisher internen Debatten beteiligen. Begründungen:	• Wiedergabe der Kernaussagen/-thesen/-argumente: *Der Verfasser legt dar/führt aus/begründet/erklärt dies mit/erläutert/betont/beweist/belegt/untermauert/plausibilisiert/stützt dies mit/zieht dazu heran/zeigt auf/führt zusammen/argumentiert/grenzt sich ab von...*
• Nach der deutschen Wiedervereinigung sollte eigentlich das Grundgesetz durch eine neue, gesamtdeutsche Verfassung abgelöst werden. Im Zuge der konstitutionellen Beratungen wurde die Einführung plebiszitärer Elemente massenhaft von den Bürgern gefordert.	• Sprachliche Mittel zur Verknüpfung von referierten Gesichtspunkten können sein: *Zum ersten... zum zweiten.../darüber hinaus/ ergänzend/damit zusammenhängend/ diesen Gedanken weiterführend/zentral für den Verfasser ist/daneben/*
• Das Volk (die Bürgerschaft) stellt in einer Demokratie den Souverän dar. Systematisch gesehen sollte man ihn nicht von den konkreten politischen Entscheidungen zwischen den Wahlen ausschließen.	
• Durch plebiszitäre Elemente steige das Gefühl des einzelnen Bürgers, Einfluss nehmen zu können. Umgekehrt sinke die Politikverdrossenheit und das Gefühl der Entkopplung zwischen politischen Entscheidern und Bürgern.	

Aufgabe 2

Lösungsskizze	Formulierungshilfen
• Zunächst könnte in einer **Einleitung** die Bedeutung der Aufgabenbeantwortung für die weiterführenden Aufgaben dargelegt werden.	• Mögliche Einleitung: *Im Folgenden werde ich direktdemokratische Systeme mit repräsentativ-demokratischen vergleichen. Dabei werden lediglich Grundzüge herangezogen, nicht aber Ausprägungen ganz konkreter politischer Systeme (z. B. präsidentielles oder parlamentarisches Regierungssystem). Meine Ausführungen werde ich im weiteren Verlauf dazu nutzen, Argumente für und gegen die Einführung direktdemokratischer Elemente herauszuarbeiten und auf dieser Grundlage ein sinnvolles Element für die Bundesrepublik Deutschland zu entwickeln.*
• Bei einem **Vergleich** sollten **systematisch Gemeinsamkeiten und Unterschiede** möglichst nachvollziehbar geordnet erläutert werden. Vermeiden sollten Sie, erst das eine und dann das andere System darzustellen, da sonst der Vergleich entweder zu kurz kommt oder sie bei einem angehängten Vergleich sehr viele Wiederholungen erzeugen (Tipp: Strukturieren Sie sich die zu vergleichenden Aspekte stichpunktartig in einer Tabelle vor).	

• **Gemeinsamkeiten:**
  - Das Volk ist der Souverän und damit grundsätzlich der Urheber jeder politischen Entscheidung.
  - In der Regel fallen die Beschlüsse mit Mehrheitsentscheidung (absolute Mehrheit, ggf. qualifizierte Mehrheiten z. B. bei Verfassungsänderungen)
  - Vor der Entscheidung findet ein (formal geregelter) Beratungsprozess statt.
  - Die Beschlüsse finden sich als für alle geltendes Recht in Gesetzesform.
  - Ein einmal gefasster Beschluss kann auch wieder geändert werden.
  - Je nach Verfassung existiert ggf. ein Verfassungskern, der in seinem Wesensgehalt nicht geändert werden darf. Entsprechende Beschlüsse wären unzulässig.

• Um Gemeinsamkeiten sprachlich auszudrücken, bieten sich sprachliche Wendungen wie die folgenden an: *Analog zu... / Vergleichbar mit... / Genauso wie in... sind in... / Ähnlich wie... /*

• **Unterschiede:**
  - Die Bürgerschaft besitzt in direktdemokratischen Systemen das formale Recht, Themen auf die politische Beschlussagenda zu setzen („Volksbegehren"). (Dazu sind in der Regel bestimmte zahlenmäßige Hürden zu überwinden.)
  - Die Bürgerschaft besitzt alleine oder neben gewählten das Recht, verbindliche Beschlüsse zu fassen.
  - Häufig muss bei einer Volksabstimmung eine Mindestbeteiligung oder sogar absolute Mindestzustimmung der Abstimmungsberechtigten vorliegen, damit das Ergebnis Gültigkeit erlangt (sog. „Quorum").
  - Sollten in einem direktdemokratischen System zusätzlich ein Beschlüsse fassendes Parlament existieren, so gehen die Beschlüsse der Bürgerschaft als unmittelbarem Souverän vor denen ihrer Repräsentanten.

• Zum Ausdrücken von Unterschieden stehen folgende Formulierungen zur Verfügung: **Im Unterschied zu...** / *In Abgrenzung von... / Gänzlich anders als in repräsentativen Systemen, sind in direktdemokratischen... /*

PROBEKLAUSUR

Aufgabe 3

Lösungsskizze	Formulierungshilfen
• In der **Einleitung** kann die Aufgabe reformuliert werden. Sie kann zudem ein Hinweis auf das jeweils besonders wesentliche Pro- und Kontraargument enthalten.	• Einleitung: *Im Folgenden werde ich wesentliche, auch von Heribert Prantl noch ungenannte Argumente für und gegen die Einführung direktdemokratischer Elemente auf Bundesebene herausarbeiten. Besonders positiv ist dabei auf der einen Seite hervorzuheben, dass unmittelbar vom souveränen Volk beschlossenen Gesetze ein Höchstmaß an Input-Legitimität aufweisen. Auf der anderen Seite besteht die Gefahr, dass komplexe politische Probleme und damit die Konsequenzen der Beschlüsse von der Bevölkerung nicht vollauf durchdrungen werden, was in bestimmten Politikbereichen zu problematischen Entscheidungen führen könnte.*
• Die **Darstellung der Argumente im Hauptteil** könnte in Blöcken erfolgen (zuerst Pro, dann Kontra oder umgekehrt) oder alternierend. Bei diesem – für den Leser oft gut nachvollziehbaren Vorgehen – sollten die Pro- und Kontra-Argumentpaare einen inhaltlichen Bezug zueinander aufweisen.	
• **Pro-Argumente**	• Zwischen Argumenten/Argumentblöcken für die eine bzw. die andere Seite bieten sich folgende sprachliche Überleitungen an: *die Kritiker/Befürworter hingegen argumentieren damit... / auf der einen Seite... auf der anderen Seite... / Entkräftet wird diese Aussage schlüssig durch die Überlegung... / Dem setzt die andere Seite das sehr starke Argument entgegen, wonach... / entweder... oder... /Entgegnet kann dem mit dem Argument...*
• Input-Legitimität durch unmittelbare Beschlüsse des Souveräns (Bürger)	
→ dadurch auch erhöhte Folgebereitschaft für Beschlüsse	
• Steigendes Politikinteresse durch erhöhte Bedeutung der eigenen Stimme	
• Steigende Qualität der Politikergebnisse einerseits durch Nutzung der Kenntnisse von Bürgern (z. B. bei Bürgerinitiative) und andererseits durch bessere Berücksichtigung der Interessen aller Bevölkerungsschichten	
• **Kontra-Argumente:**	
• Geringe Input-Legitimität, da überproportionale Beteiligung bildungsnäherer und einkommensstärkerer Milieus	
• Mittel- und langfristig eher sinkendes Politikinteresse durch Abstimmungsmüdigkeit	
• Problematische Politikergebnisse aufgrund von Populismusgefahren und hoher politischer Problemkomplexität (vgl. Brexit, Minarettverbot in der Schweiz)	
→ Gemeinwohlorientierung ggf. in einem repräsentativen höher	
• Wenn nicht in der Einleitung erfolgt, könnten in einem Schlusssatz die beiden zentralen Argumente einander gegenübergestellt werden. Auf alle Fälle wird im Aufgabentyp „herausarbeiten" kein eigenes abschließendes Urteil gefordert.	

METHODENGLOSSAR

Aufgabe 4

Lösungsskizze	Formulierungshilfen
• Die **Einleitung** sollte eine direkte, der Höflichkeitsform genügende Anrede an den Adressaten aufweisen sowie einen Bezug zum kommentierten Text herstellen. In Zeitungen abgedruckt werden in der Regel nur zentrale Aussagen eines Leserbriefs, der im Original also deutlich umfangreicher sein kann.	• Mögliche Einleitung: *Sehr geehrter Herr Prantl, mit großem Interesse habe ich Ihren Kommentar „Sprich nicht mit dem Hitlerbärtchen" in der Süddeutschen Zeitung vom 22.1.2015 gelesen. Ich kann Ihre Forderung nach der Ergänzung der repräsentativen Demokratie auf Bundesebene durch direktdemokratische Elemente nachvollziehen. Meines Erachtens sollte folgende Maßnahme umgesetzt werden, um die Chancen der Volksbeteiligung zum Tragen zu bringen, aber gleichzeitig die Gefahren, die in solchen Elementen liegen können, möglichst abzuschwächen.*
• Im **Hauptteil** entfalten Sie Ihre **Idee** und **erläutern**, warum sie die Vorteile direkter Demokratie transportiert, ihre Schwächen aber nicht zum Tragen bringt: • Beispielsweise könnten Bürgerinitiativen vorgeschlagen werden, deren Ergebnis konkrete Vorschläge für Gesetzesformulierungen sind. Sollte dann eine bestimmte Unterstützerzahl erreicht werden (z. B. 1 Millionen Unterschriften Wahlberechtigter) könnte der Bundestag dazu gezwungen werden, über den Vorschlag zu beraten (Lesungen) und zu entscheiden.	
• Eine andere Möglichkeit wäre, Volksabstimmungen durchzuführen, aber nur unter zwei Bedingungen: Erstens müsste entweder die absolute Mehrheit der Abgeordneten des Deutschen Bundestages eine Volksabstimmung beantragen oder eine Mindestunterschriftzahl durch Wahlberechtigte müsste erreicht werden. Zweitens könnten die Volksabstimmungen auf bestimmte Politikbereiche wie Innenpolitik (z. B. Innere Sicherheit) und Sozial- und Arbeitsmarktpolitik beschränkt werden.	• Formulierungsvorschläge für die Entfaltung einer entwickelten Position: *Meines Erachtens ist... unerlässlich. / Dabei sollte man aber bedenken, dass... / Um die Gefahren von ... und ... nicht zum Tragen kommen zu lassen, bietet es sich an,... / Für eine Übergangsphase könnte man zunächst ... einführen, um in einem weiteren Schritt... /*
• Im **Schlussteil** können Sie Ihre Hoffnung zum Ausdruck bringen, dass Ihre zentrale Argumentation auch zur weiteren Debatte abgedruckt wird, und Ihre Freude auf weitere themenbezogene Kommentare Herrn Prantls formulieren.	• Möglicher Schlusssatz: *Auch wenn eine politische Realisierung meines Vorschlags oder anderer Ideen zur direkten Bürgerbeteiligung zurzeit in den Sternen steht, hoffe ich, mit meinem Vorschlag einen Beitrag zur Diskussion geleistet zu haben. Ich freue mich sehr über die weitere öffentliche, auch durch die Süddeutsche Zeitung weitergeführte Debatte zur Etablierung direktdemokratischer Elemente auf Bundesebene.*

METHODENGLOSSAR

Unterrichtsmethoden

Amerikanische Debatte

▶ **Ziele:** Perspektivübernahme, Erarbeitung, Artikulation und Argumentation kontroverser Positionen; kommunikatives Handeln

▶ **Orte im U.:** Phase der Urteilsbildung

▶ **Ablauf:** Variante der Pro-Kontra-Debatte (vgl. S. 218): Die Klasse wird in Pro- und Kontra-Gruppen eingeteilt, die auf der Grundlage von Texten oder des vorangegangenen Unterrichts unterschiedliche Positionen zur Debattenfrage erarbeiten. Die Gruppen bestimmen die jeweiligen Diskutanten, deren Anzahl je nach Klassenstärke unterschiedlich sein kann. Die Diskutanten sitzen gegenüber und der Moderator eröffnet die Debatte und erteilt einer Seite das Wort. Das erste Argument wird genannt, die gegnerische Seite greift das Argument auf, versucht es zu widerlegen und nennt ein weiteres Argument, das wiederum von der anderen Seite aufgegriffen wird (siehe Abbildung). Sollten am Ende der Reihe noch nicht alle Argumente ausgetauscht sein, wird von vorne begonnen.
Der Moderator achtet auf die Einhaltung der Reihenfolge sowie der Redezeit und beendet die Debatte. Die Zuschauer bewerten im Anschluss die Diskussion.

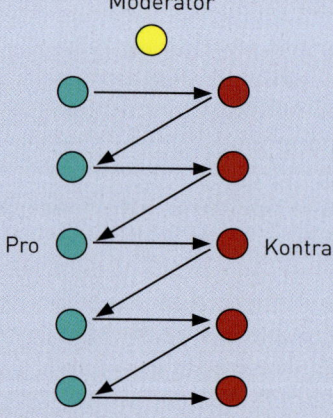

Moderator

Pro　　　　Kontra

▶ **Unbedingt beachten:** Zuspitzung der Themenstellung auf eine Ja-Nein-Frage (Entscheidungsfrage). Da die Debatte eine hoch formalisierte Form der Diskussion ist, sollten die Regeln unbedingt eingehalten werden. Die Redezeit sollte unbedingt begrenzt werden. Die Amerikanische Debatte ist deutlich anspruchsvoller als die „einfache" Pro-Kontra-Debatte, da die Diskutanten mit jedem Beitrag Bezug auf den Vorredner nehmen müssen. Sie empfiehlt sich vor allem für „starke" Lerngruppen.

Ampelkartenabfrage

▶ **Ziele:** Festlegung auf eine eindeutige eigene Position; Ermittlung eines Meinungsbildes der Gesamtgruppe

▶ **Orte im U.:** erste Meinungsabfrage, Einleitung der abschließenden Urteilsbildung

▶ **Ablauf:** Jeder Teilnehmer erhält eine grüne und eine rote Karte. Zu einer politischen Streitfrage (die als Entscheidungsfrage formuliert ist) oder einer kontroversen These positionieren Sie sich nach kurzer Bedenkzeit auf ein Zeichen des Lehrers, indem Sie entweder die grüne (Zustimmung) oder die rote Karte (Ablehnung) deutlich sichtbar hochhalten. Enthaltungen oder Zwischenpositionen sind nicht zugelassen. Einzelne Teilnehmer (ggf. im Blitzlichtverfahren auch alle) werden aufgefordert, ihre Meinung mit ihrem <u>Hauptargument</u> zu begründen. Dieses Argument kann auch in der Vorbereitungszeit stichwortartig bereits auf der (laminierten) Karte notiert werden.

▶ **Unbedingt beachten:** Alle Teilnehmer müssen sich <u>gleichzeitig</u> positionieren. Ein Meinungswechsel und eine Diskussion sind während der Ampelkartenabfrage nicht vorgesehen.

Fish-Bowl-Diskussion

▶ **Ziele:** Perspektivübernahme, Erarbeitung, Artikulation und Argumentation unterschiedlicher Positionen; kommunikatives Handeln

▶ **Orte im U.:** Phase der Urteilsbildung

▶ **Ablauf:** Eine Kleingruppe diskutiert in einem Innenkreis in der Mitte des Raumes ein Thema, während die übrigen Schüler in einem Außenkreis darum herumsitzen ("Fish-Bowl"), die Diskussion genau verfolgen und den Diskutanten im Anschluss eine Rückmeldung zum Diskussionsverhalten und Argumentation geben. Ein Moderator im Innenkreis leitet die Diskussion. In der Diskussionsrunde steht ein Stuhl mehr als es Teilnehmer gibt. Den freien Platz kann jemand aus der Beobachtergruppe einnehmen, um Fragen zu stellen oder seine Meinung einzubringen. Danach verlässt er die Diskussionsrunde wieder.

▶ **Variante:** Der Zuschauer verbleibt in der Diskussionsrunde, dafür verlässt ein anderer Diskutant die Runde und macht seinen Stuhl für einen anderen frei.

▶ **Unbedingt beachten:** Fragestellung sollte möglichst offen sein und in der Diskussion verschiedene Richtungen ermöglichen.

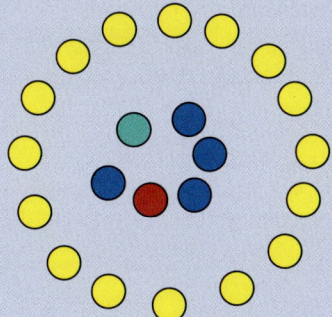

Variante Sitzkreis

🟢 Moderator
🔵 Gruppensprecher
🔴 freier Stuhl
🟡 Schüler

METHODENGLOSSAR

Gruppenpuzzle

▶ **Ziele:** Arbeitsteilige selbstständige Erarbeitung und Präsentation von (Teil-) Inhalten

▶ **Orte im U.:** Erarbeitung, Schaffung einer breiten Informationsbasis

▶ **Ablauf:** Ein Thema wird in unterschiedliche, möglichst gleichwertige Teilthemen/ -aufgaben (= Puzzleteile) unterteilt, die in Gruppen erarbeitet werden. Das Gruppenpuzzle arbeitet mit zwei Gruppenformen (Stamm- und Expertengruppe) und wird in drei Phasen durchgeführt:

1. In der ersten Phase werden die Schüler in Stammgruppen eingeteilt. Jedes Mitglied erhält eine Teilaufgabe (= Puzzleteil) einer Gesamtaufgabe, die es erarbeitet und für die es zum „Experten" wird.

2. In der zweiten Phase treffen sich alle „Experten", die dieselbe Teilaufgabe bearbeitet haben, in den sog. Expertengruppen, tauschen sich aus, klären offene Fragen und vertiefen ihr Expertenwissen.

   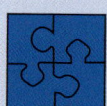

3. In der dritten Phase kehren die Experten in ihre jeweilige Stammgruppe zurück und informieren die Mitglieder der Stammgruppe über ihre Erkenntnisse (=Zusammensetzung der Puzzleteile).

▶ **Unbedingt beachten:** Nach dieser Phase muss jedes Gruppenmitglied über alle Teilaspekte eines Themas (= Puzzleteile) informiert sein. Die Teilergebnisse sollten zu einem Gesamtergebnis zusammengeführt werden.

Mindmap

▶ **Ziele:** Anschauliche Strukturierung von Informationen oder Themen; Entfaltung eines Themas und Vernetzung mit bereits bestehendem Vorwissen

▶ **Orte im U.:** Einstieg, (Beginn der) Erarbeitung eines Themas; Entfaltung eines Themengebiets, z.B. bei der Vorbereitung eines Referats, ggf. systematische Sicherung der Kernergebnisse einer Unterrichtsreihe

▶ **Ablauf:** 1. Verwenden Sie ein unlinertes Blatt DIN-A4 (oder größer), legen Sie es quer und schreiben Sie das Thema Ihrer Arbeit groß in die Mitte des Blattes.

2. Sammeln Sie wesentliche Aspekte zu Ihrem Thema und schreiben diese von den Hauptästen abgehend auf Ihr Blatt. Überlegen Sie genau, welche (Schlüssel-) Begriffe Sie hier verwenden, denn durch diesen Schritt strukturieren Sie Ihr Thema grundlegend.

3. Ergänzen Sie nun weitere Informationen zu den Teilaspekten, indem Sie kleinere Äste auf der zweiten (oder dritten) Gedankenebene anlegen.

4. Vervollständigen Sie abschließend Ihre Mindmap, indem Sie an jedem Ast passende Begriffe und Ideen ergänzen.

▶ **Unbedingt beachten:** Um das Mindmapping zu erlernen, empfiehlt es sich, in der vorgeschlagenen Weise vorzugehen. Entwickeln Sie dann mit der Zeit Ihren eigenen Stil.

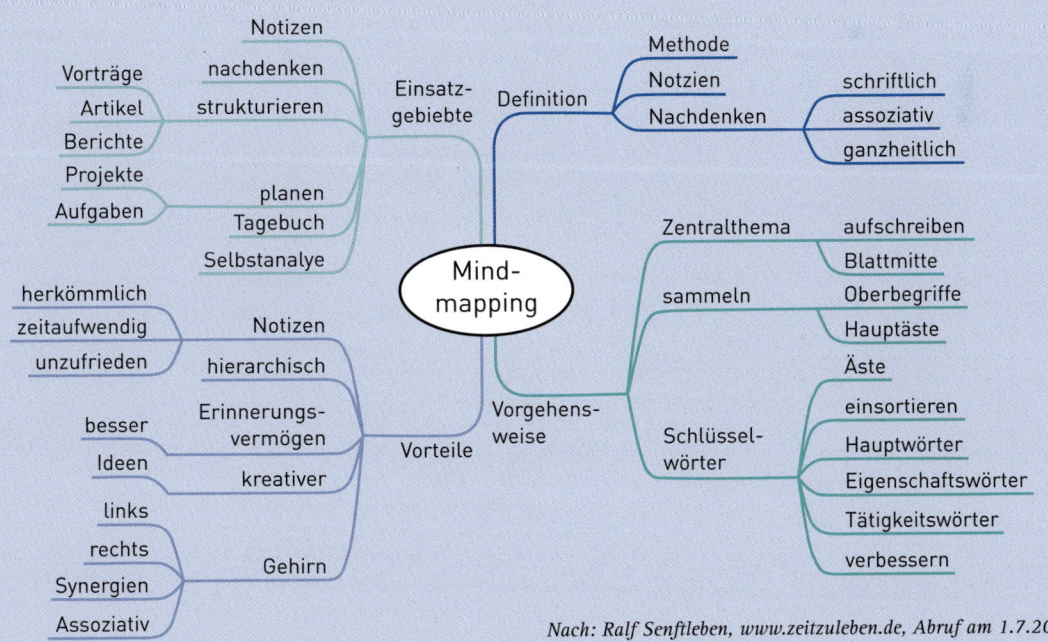

Nach: Ralf Senftleben, www.zeitzuleben.de, Abruf am 1.7.2015

METHODENGLOSSAR

Morphologischer Kasten

Ziele: Entwickeln einer kohärenten Gesamtlösung (als eine Kombination von Teillösungen) für ein politisches Problem

Orte im U.:   im Rahmen der Möglichkeitserörterung, am Ende einer Unterrichtsreihe oder in Vorbereitung auf eine schriftliche Aufgabenlösung (Operator „entwickeln")

Ablauf: **Phase 1** – Die Problemstellung wird möglichst genau beschrieben (Verursacher, Betroffene, Problemfolgen). Dabei ist schon die Problemauswahl zu beachten. Ein politisches Problem zeichnet sich im Gegensatz zu anderen Problemen zumindest durch folgende Merkmale aus: Es ist von mehr oder weniger existenzieller Bedeutung für eine Bevölkerungsgruppe, eine Problemlösung ist dringlich (kann also nicht beliebig lange aufgeschoben werden), es muss genau definiert werden und es weist divergierende Bewältigungsmöglichkeiten auf.

Phase 2 – Die einzelnen Problemursachen werden bestimmt, d. h. alle Teilaspekte des Problems werden festgelegt, die die Lösung beeinflussen können. Diese Teilaspekte müssen analytisch möglichst klar voneinander trennbar sein.

Phase 3 – Zunächst ohne weitere Prüfung (etwa auf Legitimität oder Effektivität) werden zu den Teilursachen des Problems Lösungsmöglichkeiten entworfen. Zu jeder Teilursache können unterschiedlich viele Lösungen vorgeschlagen werden.

Phase 4 – Lösungsmöglichkeiten für die Teilursachen des Gesamtproblems werden kombiniert. Diese Kombinationen müssen vorurteilsfrei vorgenommen werden, wobei darauf geachtet werden sollte, dass die entstehende Kombination keine widersprüchlichen Teillösungen integriert.

Phase 5 – Die aus der Kombination entstandenen Lösungsalternativen werden bewertet, um die geeignetste begründet auswählen zu können. Dies geschieht mit den bekannten Kategorien Legitimität und Effizienz (bzw. geeigneten Unterkriterien → s. Urteilsbildung).

Unbedingt beachten: Beim Entwickeln von Teillösungen (Schritt 3) ist Offenheit gefragt. Insbesondere an dieser Stelle sollten nicht bereits Ideen wegen ihrer (vermeintlichen) politischen Nichtdurchsetzbarkeit von vornherein verworfen werden. Auch bei der Auswahl der stimmigsten Lösung (Phase 5) können – z. B. im Klassengespräch – noch Optimierungen auf Ebene der Teillösungen vorgenommen werden.

Problem:	Der Ausstoß von CO_2 in Deutschland ist noch immer zu hoch, wodurch der Klimawandel vorangetrieben wird.				
Teilursachen	Denkbare Ansätze für Teillösungen (Auswahl)				
Zu hoher Verbrauch fossiler Brennstoffe beim Heizen	Anreize für Hausdämmung (z. B. zinsgünstige staatliche Kredite, steuerliche Absetzbarkeit der Sanierungskosten)	(Erhöhung der) Energienutzungssteuern und damit Verteuerung der Energieträger (Gas, Heizöl)	Gesetzlicher Zwang zur Hausdämmung/zur Einhaltung hoher Energienutzugsstandards		
Individualmobilität zumeist mit Hilfe von Verbrennungsmotoren	Anreize zur Nutzung schadstoffarmer/ -loser PKWs (z. B. kostenfreie Sonderparkplätze/ -spuren)	Anreize zum Erwerb schadstoffarmer/ -loser PKWs (z. B. direkte Kaufsubventionierung durch staatliche Mittel)	Erhebung einer Straßennutzungsgebühr (Maut) → Einnahmen zu Verwendung für Klimaschutzmaßnahmen an anderer Stelle	Staatliche Bezuschussung von Forschung und Entwicklung schadstoffarmer/ -loser PKWs	Ausbau des öffentlichen Personen(nah)-verkehrs und ggf. Preissenkung durch staatliche Zuschüsse
Stromerzeugung noch zu sehr mit fossilen Brennstoffen	Förderung der Entwicklung effizienter Stromspeicher	Ausbau des Stromtransportnetzes von Nord nach Süd	Schrittweises Verbot der Stromerzeugung aus fossilen Brennstoffen	Staatliche Förderung der Weiterentwicklung effizienter Stromerzeugung durch fossile Brennstoffe	

Podiumsdiskussion

Ziele: Perspektivübernahme, Erarbeitung, Artikulation und Argumentation unterschiedlicher Positionen; kommunikatives Handeln

Orte im U.: Phase der Urteilsbildung

Ablauf: Zur Vorbereitung werden unterschiedliche Positionen zu einer bestimmten Thematik (in Gruppenarbeit) erarbeitet (Rollenübernahme). Ein Moderator (in der Regel die Lehrperson) führt thematisch in die Diskussion ein, stellt die teilnehmenden Figuren und ihre jeweilige Position kurz vor. Darüber hinaus gibt er die Regeln bekannt: Zunächst soll jeder Diskutant seine Position in einem kurzen Statement (max. zwei Minuten) vorstellen. Nach Abschluss dieser ersten Runde können die übrigen Teilnehmer darauf Bezug nehmen. Der Moderator wahrt absolute Neutralität, stellt im Verlauf der Diskussion Gemeinsamkeiten und Unterschiede in den Positionen heraus, fragt nach, präzisiert, macht auf Widersprüche aufmerksam und setzt neue Impulse oder provoziert, um die Diskussion weiterzuentwickeln. Er achtet auf eine gleichmäßige Verteilung der Redeanteile und zieht am Ende der Diskussion eine Bilanz.

Variante: Die Zuschauer erhalten Rollenkarten und bewerten aus ihrer jeweiligen Position heraus die Diskussion.

Unbedingt beachten: Da die Moderatorenrolle äußerst anspruchsvoll ist, sollte sie nur in erfahrenen Lerngruppen an einen Schüler übertragen werden. Auf ein entsprechendes Setting (Podium, Bühne) achten.

Pro-Kontra-Debatte

Ziele: Perspektivübernahme, Erarbeitung, Artikulation und Argumentation unterschiedlicher Positionen; kommunikatives Handeln

Orte im U.: Phase der Urteilsbildung

Ablauf: Einteilung der Klasse in Pro- und Kontra-Gruppen und Erarbeitung der jeweiligen Positionen. Die Gruppen benennen einen Diskutanten. Moderator gibt das Thema bekannt und führt im Publikum eine erste Abstimmung durch. Jeder Debattenteilnehmer stellt seine Position in einem Kurzstatement vor (max. 2 Minuten). Hier empfiehlt sich ein Wechsel zwischen den Pro-Kontra-Positionen. In dieser Phase wird noch nicht aufeinander Bezug genommen. In der folgenden freien Aussprache (max. 10 Minuten) tauschen die Teilnehmer ihre Argumente aus, nehmen aufeinander Bezug. Am Ende sollen Mehrheiten für eine bestimmte Position gewonnen werden. Nach der freien Aussprache geben die Diskutanten ein Schlussplädoyer (max. 1 Min.) ab und werben noch einmal für ihre Position. Im Anschluss wird eine Schlussabstimmung im Publikum, den Adressaten der Debattenteilnehmer, durchgeführt.

Unbedingt beachten: Zuspitzung der Themenstellung auf eine Ja-Nein-Frage (Entscheidungsfrage) Da die Debatte eine hoch formalisierte Form der Diskussion ist, sollten die Regeln unbedingt eingehalten werden. (Zeitmanagement)

Positionierung im Raum, Meinungslinie

▶ **Ziele:** Festlegung auf eine eindeutige eigene Position; Ermittlung eines Urteilsbildes der Gesamtgruppe; ggf. Erhebung von Vorausurteilen (Meinungslinie)

▶ **Orte im U.:** abschließende, kriteriengeleitete Urteilsbildung; ggf. Einleitung der Urteilsbildung

▶ **Ablauf:** Der Unterrichtsraum wird durch zwei vorgestellte (oder auch mit Krepp-Band markierte) Koordinatenachsen durchschnitten; der Ursprung dieses Koordinatensystems liegt in der Mitte des Raumes. Jeweils eine der Achsen repräsentiert entweder die übergeordneten Urteilskategorien Legitimität und Effizienz oder aber themenrelevante Teilkriterien dieser Kategorien (→ Urteilsbildung, Kap. 6.1.4) wie z. B. Wirksamkeit und Nebenfolgen (Effizienz) sowie Partizipation (Legitimität). Nach einer Vorbereitungszeit positionieren sich alle Teilnehmer gemäß ihres eigenen Urteils im Koordinatensystem (z. B. bei voller Zustimmung zu Effizienz und Legitimität in der äußersten Ecke des entsprechenden Quadranten im Raum; z. B. bei hoher Legitimität und mittlerer Effizienz auf der Legitimitätsachse ganz an der Raumseite „hohe Legitimität"). Einzelne Teilnehmer werden aufgefordert, ihre Meinung mit ihrem <u>Hauptargument</u> zu begründen.

▶ **Variante:** Bei der Meinungslinie entfällt (a) entweder die Zuordnung zu Kategorien oder es wird (b) lediglich abgefragt, ob eine politische Maßnahme o. ä. entweder als (il)legitim oder als (in)effizient anzusehen ist.

▶ **Unbedingt beachten:** Alle Teilnehmer müssen sich <u>gleichzeitig</u> positionieren. Alle Positionen im Raum sind zugelassen. Ein Meinungswechsel und eine Diskussion sind während der Positionierung im Raum nicht mehr vorgesehen. Die Raumaufteilung sollte im Vorfeld visuell verdeutlicht werden.

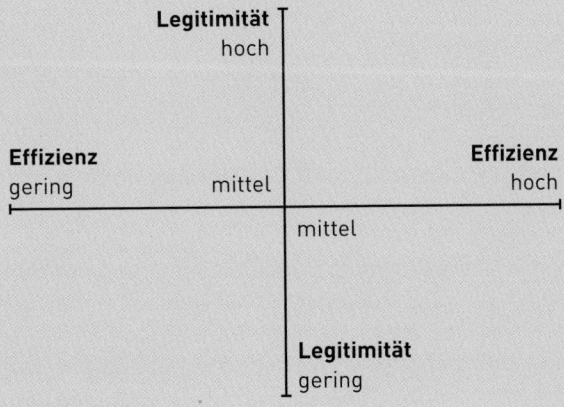

Strukturierte Kontroverse

Ziele: Intensive Vorbereitung der Urteilsbildung vor allem durch Perspektivübernahme

Orte im U.: Einleitung von Urteilsbildungsphasen

Ablauf: **Phase 1** – Materialgebunden werden zu einer politischen Entscheidungsfrage Argumente (inkl. Belegen, Beispielen) <u>für die eigene Position</u> erarbeitet. Zudem wird (in Partner- oder Kleingruppenarbeit) eine möglichst überzeugende Argumentationsstrategie entwickelt.
Phase 2 – Ein (ggf. moderiertes) Streitgespräch zwischen Pro- und Kontra-Gruppen wird mit wechselseitigem Rederecht durchgeführt.
Phase 3 – Die <u>entgegengesetzte Position</u> wird, allerdings ohne erneute Materialauswertung, eingenommen und aus dieser wird vor dem Hintergrund der ersten Diskussion eine geeignete Argumentationsstratege <u>gegen die eigene Meinung</u> entwickelt.
Phase 4 – Ein erneutes Streitgespräch wird – in der neuen Rollenverteilung – durchgeführt. Im Anschluss werden die Rollen verlassen, die Teilnehmer können sich kurz über die Erfahrungen innerhalb des Settings austauschen und es wird zur Urteilsbildung übergeleitet.

Variante: Die Diskussionen müssen nicht im oder vor dem Plenum, sondern können auch parallel im Unterrichtsraum stattfinden (Redelautstärke beachten!).

Unbedingt beachten: Die ungewohnte Fremdposition sollte mit Ernsthaftigkeit vertreten werden.
Die Argumente und Strategien sollten (ggf. durch Protokollanten) festgehalten werden, um sie in der anschließenden Urteilsbildung ggf. klären und gewichten zu können.

Tableset / Placemat

Ziele: Erhebung von Vorkenntnissen/Vorstellungen, Entwicklung von Ideen

Orte im U.: Vor der eigentlichen thematischen Erarbeitung, im Rahmen der Möglichkeitserörterung

Ablauf: Es werden 4er-Gruppen gebildet. Jede dieser Gruppen erhält ein quadratisches Papier (mindestens A3-Breite). Knapp die Hälfte der Fläche des Blattes wird durch ein aufgedrucktes Quadrat eingenommen, dessen Seiten immer den gleichen Abstand zum Blattrand aufweisen. In diesem Quadrat steht ein Begriff, eine Frage oder eine Aussage (zu Begriffen kann assoziiert, Fragen können beantwortet, Aussagen können erklärt oder beurteilt werden).
Phase 1 – Jede/r Schüler/in bearbeitet die gegebene Aufgabe für sich selbst und trägt seine Lösung in das vor ihr/ihm liegende Seitenfeld des Papiers leserlich (stichpunktartig) ein.
Phase 2 – Das Quadrat wird im Uhrzeigersinn gedreht, sodass jedes Gruppenmitglied die Ansätze der anderen zur Kenntnis nehmen kann.
Phase 3 – In der Gruppe können Nachfragen gestellt und Klärungen herbeigeführt werden.

Phase 4 – Die Gruppe entwickelt auf der Grundlage ihrer Ideen aus Phase 1 bis 3 eine gemeinsame Lösung für die Aufgabe, die sie gut lesbar im inneren Quadrat festhält. Diese kann im Anschluss präsentiert und mit den anderen Gruppenergebnissen verglichen werden.

▶ **Variante:** Die Gruppen können auch unterschiedliche Aufgaben erhalten. In Phase zwei können die Gruppenmitglieder bereits Fragen oder weiterführende Ideen mit einer anderen Farbe in den anderen Feldern eintragen.

▶ **Unbedingt beachten:** Während Phase eins und zwei wird nicht gesprochen. Für die Phasen müssen klare Zeitvorgaben gegeben werden, damit sinnvoll in die jeweils nächste Phase übergeleitet werden kann.

Table-Set für 4 Personen

World Café

▶ **Ziele:** Herausarbeiten von für die Teilnehmer zentralen Fragen zu einem politischen bzw. gesellschaftlichen Thema; Entwickeln von Ansatzpunkten für teilnehmerorientierte Lösungen politischer Fragen

▶ **Orte im U.:** Auftakt von Unterrichtseinheiten (Fragen formulieren); Einleitung der Möglichkeitserörterung (Lösungen andenken)

▶ **Ablauf:** **Phase 1** – Die Teilnehmer werden in Gruppen mit ca. vier bis fünf Schülern aufgeteilt. Sie erhalten entweder die Aufgabe, zu einem festgelegten Problembereich für sie zentrale Fragen zu formulieren, oder zu einer (arbeitsgleich) oder mehreren zentralen Fragen (arbeitsteilig) Lösungsideen zu entwickeln. Ihre Fragen/Ideen notieren die Teilnehmer auf der „Tischdecke" (Flipchart-Bögen o.ä.) ihres „Cafétisches" (lockere Gruppentischanordnung im Unterrichtsraum).
Phase 2 – Die Gruppen mischen sich selbst neu (oder werden neu gemischt), wobei jeweils ein Gruppenmitglied aus Phase 1 zur Einführung der „Neuen" am Tisch sitzen bleibt. An den Cafétischen ergeben sich neue Konstellationen, die die bisherigen Vorschläge ergänzen oder auch vor dem Hintergrund ihrer eigenen Überlegungen aus Phase 1 weiterentwickeln (und die Ergebnisse ebenfalls auf der Tischdecke notieren).
Phase 3 – Die moderierte Abschlussreflexion hat zum Ziel, die interessantesten Ergebnisse herauszustellen, um sie im Unterrichtsverlauf weiter bearbeiten zu können. Außerdem kann auf individueller Ebene von überraschenden, Gewinn bringenden Diskussionen oder Ideen berichtet werden.

▶ **Unbedingt beachten:** An den Cafétischen muss eine offene Atmosphäre herrschen, der thematische Fokus muss aufrecht erhalten bleiben (Beliebigkeit vermeiden!). Themenbezogene Ideen sollen frei geäußert, miteinander verknüpft und diskutiert werden. Notizen, Zeichnungen, Schaubilder... auf den Tischdecken sind dabei außerordentlich erwünscht. Beim Wechseln der Gruppen können je nach Bedarf mehrere Runden durchgeführt werden. Dabei ist „Pärchenbildung" aber unbedingt zu vermeiden; erwünscht sind also immer ganz neue Gruppenkonstellationen aus Personen, die sich bisher noch nicht (gut) kennen.

Register